◎ 民国浙江史资料丛书系列

民国浙江史资料丛书系列

沈定一集

（上）

陶水木 编

国家图书馆出版社

图书在版编目（CIP）数据

沈定一集/陶水木编. —北京：国家图书馆出版社，2010.6

ISBN 978－7－5013－3786－6

Ⅰ. 沈… Ⅱ. 陶… Ⅲ. 沈定一（1883～1928）－文集 Ⅳ. Z426

中国版本图书馆 CIP 数据核字（2009）第 011430 号

书名 沈定一集（全二册）

著者 陶水木 编

出版 国家图书馆出版社（100034 北京市西城区文津街 7 号）

发行 （010）66139745，66175620，66126153

66174391（传真），66126156（门市部）

E-mail cbs@nlc.gov.cn（投稿） btsfxb@nlc.gov.cn（邮购）

Website www.nlcpress.com

经销 新华书店

印刷 河北三河弘翰印务有限公司

开本 710×1000 毫米 1/16

印张 48.75

版次 2010 年 6 月第 1 版 2010 年 6 月第 1 次印刷

书号 ISBN 978－7－5013－3786－6

定价 98.00 元

沈定一肖像

沈定一与孙中山

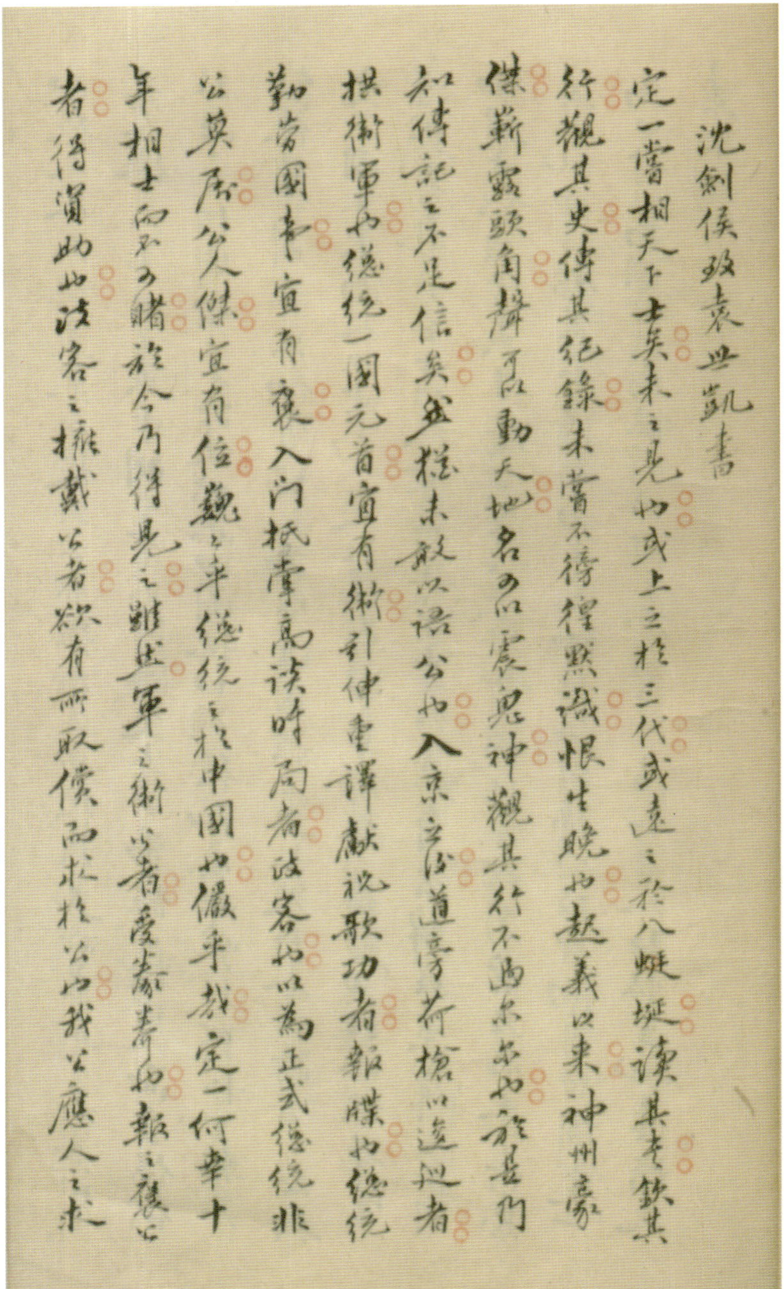

沈劍侯致袁世凱書

定一嘗相天下士矣未之見也或上之於三代或遠之於八埏讀其書欽其行觀其史傳其紀錄未嘗不徬徨默識恨生晚也起義以來神州豪傑嶄露頭角聲可以動天地名可以震鬼神觀其行不過爾爾於是乃知傳記之不足信矣然猶未敢以語公也入京之後道旁荷槍以迓迎者拱衛軍也總統一國元首宜有衛引伸重譯獻祝歌功者報牒也總統勤勞國事宜有褒入門抵掌高談時局者政客也以為正式總統非公莫屬公人傑宜有位觀之平總統之於中國也儼乎然定一何幸十年相士而不可睹於今乃得見之雖然軍之衛公者受公壽也報之褒公者得賞助也政客之擁戴公者欲有所取償而私於公也我公應人之求

沈定一致袁世凯书（一）(藏广东中山图书馆)

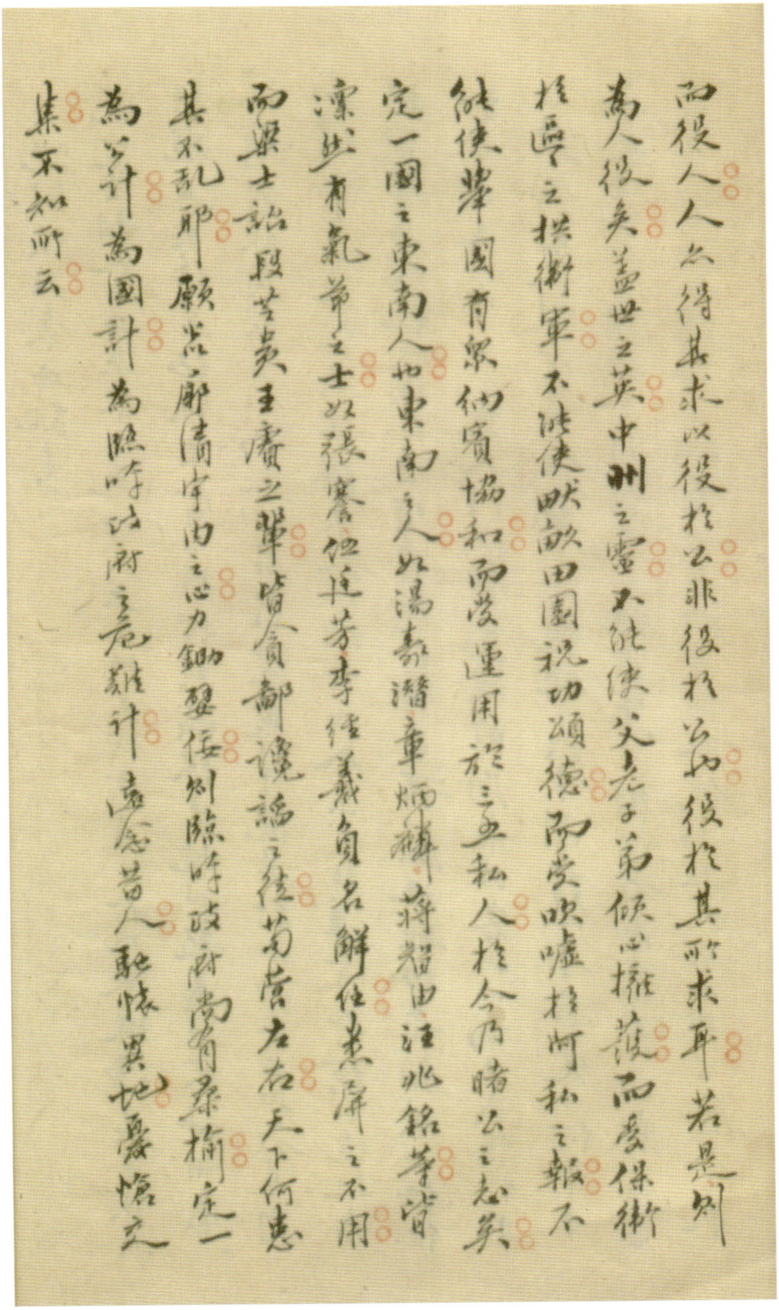
而役人人亦得其求以役於公非役於公而役於其所求耳若是則
為人役矣蓋世之英中州之靈不能使父老子弟傾心擁護而愛保衛
於懸之拱衛率不能使畎畝田園視功頌德而愛咏嘘於河私之報不
能使群國有衆似賓協和而愛運用於三五私人於今乃睹公之知矣
定一國之東南人如東南之人如湯壽潛章炳麟蔣智由汪兆銘等皆
凜然有氣節之士以張謇伍廷芳李經義負名解任忠屏之不用
而梁士詒段芝貴王賡之輩皆貪鄙讒諂之徒簡置左右天下何患
其不亂耶願公廓清宇內之心力鋤墾徒則臨時政府尚有柔摘定一
為公計為國計為臨時政府之危難計遍念昔人恥悵異地憂憤之
集不知所云

沈定一致袁世凯书（二）（藏广东中山图书馆）

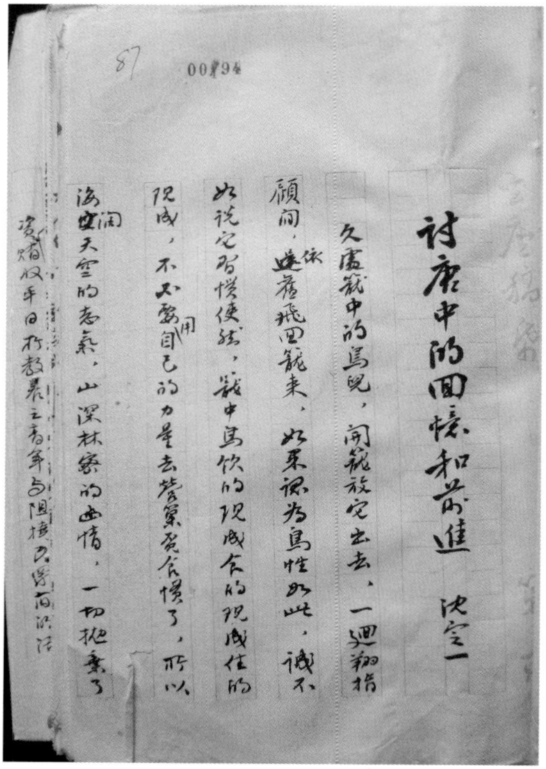

沈定一手迹（一）(藏萧山区法院档案室)

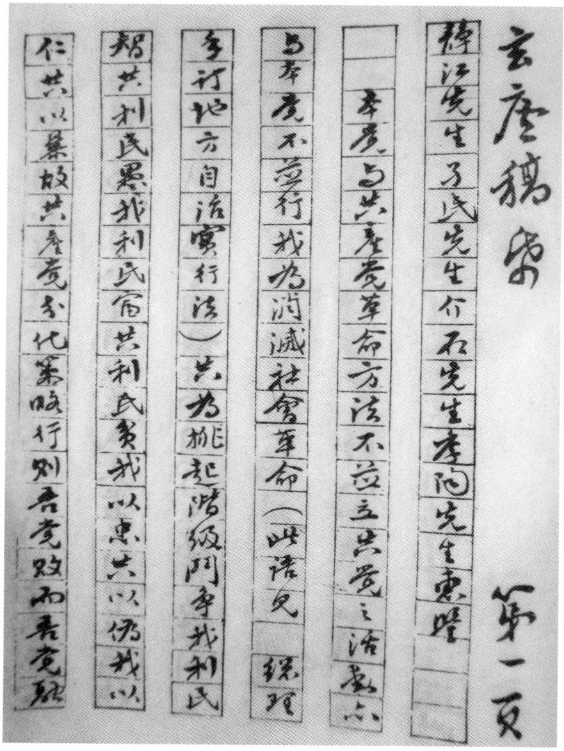

沈定一手迹(二)

前　言

沈定一（1883－1928）本名宗传，字叔言，又字剑侯，号玄庐。出生于萧山衙前的一个官绅之家，兄弟三人，排行居三，人称“三先生”。1901 年参加乡试中秀才，1904 年任云南广通县知县。时值清廷推行“新政”，他兴学校、办团练、革新警政，赢得民众称颂和上司赏识。1907 年被云南总督锡良任为署武定知州，不久改任省城巡警总办。他暗中与革命党人联络，推销革命书刊，扩大革命思想的传播。1908 年托词回籍，参加收回苏杭甬路权斗争，同时与光复会领袖陶成章联系，密谋光复华夏。武昌起义爆发后，参与攻打上海制造局，并组织中华民国学生军团。1912 年 5 月组织公民激进党，主张各政党应以国家、政见为重，积极调和党争，维护国家、民族利益。同年 9 月任浙江省议会议员，参与浙江光复后的立法建制工作。1913 年响应“二次革命”，发表宣言，支持“举义讨袁”，并联络省议会议员策动反袁。1914 年初因遭袁世凯政府通缉被迫流亡日本，并在日本组织留日学生总会，开展反袁活动，旋流亡东南亚，受聘华侨主办的《苏门答腊报》主笔。1916 年 6 月回国后当选浙江省议会议长，1917 年初组织领导“浙人治浙”、抵制北洋势力渗入浙江的斗争。同年 6 月，因反对浙督杨善德附和张勋复辟再遭通缉，被迫避居上海。五四运动爆发后，与戴季陶等于6 月在上海创办《星期评论》，宣传社会主义和十月革命，积极支持五四运动，被誉为浙江一师学生运动“有力的策士”。1920 年 5 月，与陈独秀等在上海组织马克思主义研究会，同年 8 月参与发起成立上海共产主义小组，是中国共产党的早期党员。在这期间，他从事工人运动，并在《共产党》、《劳动界》、《星期评论》和《民国日报》副刊“觉悟”发表大量文章，介绍唯物史观、剩余价值学说、无产阶级专政理论和马克思主义国家学说。1921 年 2 月，在广州创办《劳动与妇女》，成为广州宣传新思想的重要刊物。同年 4 月回浙江，发动和领导了以衙前为中心的萧绍农民运动。1923 年 8 月，参加“孙逸仙博士代表团”赴苏联考察，期间向国内发回多篇通信，介绍十月革命后的苏俄情况。同年底回国，由叶楚伧等介绍加入国民党。1924 年 1 月，作为孙中山指派代表出席国民党第一次全国代表大会，当选国民党中央候补执行委员。会后受国民党中央指派，回浙江筹建国民党浙江省党部，任临时省党部常务委员会委员，在浙江发展国民党组织。是年冬，受孙中山指派为浙江国民会议宣传员，深入浙江各地开展国民会议宣传活动。1925 年 1 月出席中国共产党第四次全国代表大会。同年 5 月，在国民党一届三次会议上，附和戴季陶的所谓“纯粹三民主义”，反对国共合作，不久被中共中央开除出党。11 月，参加国民党右派召开的西山会议，起草《告国民书》等重要文件、决议案，主张“分共”，竭力反对国共合作，被推举为伪国民党中央工人部长。1926 年 3 月，参与组织召开所谓的“国民党第二次全国代表大会”，被选为伪中央执行委员，在伪国民党二届一次全会上又当选 3 名常委之一。1927 年四一二政变后任伪中央政治会议浙江分会秘书长、浙江省清党委员会常务委员、国民党浙江省改组委员兼秘书长、国民党中央特别委员会农民运动委员会委员、浙江省反省院院长等职务。1928 年 8 月，因派系倾扎在萧山衙前被刺身亡。

沈定一身份复杂，出版《沈定一集》，是为人们研究中共党史、中国国民党史和中国近现代史，提供一些参考资料。

本书搜集沈氏著述、函电等 500 余篇，大体反映了沈定一的主要生平思想。本书收录的文章都是以沈定一的名、号名义发表的著述，一些不是以沈氏的名、号名义发表而被认为是沈氏所作的文章，本书暂不收录；沈定一任省议会议长期间大量以“浙江省议会议长沈定一”名义向省长的咨文也未予收录。如上所述，沈氏在孙中山逝世后，思想逐渐右转，成为西山会议派骨干，发表了一些主张“分共”、反对国共合作的言论，本书为真实、全面反映其思想，坚持实事求是的态度一并以原样收录这些文章，供研究者参考。原稿中一些烙有时代印记的词，如“满清”、“满人”等，为尊重历史原貌，编辑时未作改动；一些与通常写法不同的人名译文，如“马格斯”、“马克斯”（马克思）、“安格尔斯”（恩格斯）、“李宁”（列宁）等，也尊重原文。

本书各篇，大体上按时间先后为序，依次编订。原篇没有标注时间的，经考订甄别，能够确定时间的，加注时间；原篇没有时间而又无法考订确切时间的，依出版发表时间编次。仅有月份而无日期的置于月末，仅有年份而无月日的置于年末。篇目下所注时间，一律用公历；文内时间（包括农历月日和电报韵目代日），均按原文，不予更改。

本书各篇尽量沿用原文标题，原文没有标题的，用编者所拟标题。为方便读者阅读、理解，对某些篇目及一些人物、事件略加注释。

本书各篇一律标明出处。文内增补脱漏字句，置于〈　〉括号内；订正的错别字，置于［　］括号内；底本因年代、印刷、复制等原因字迹不清的，或无法识别的，则用“□”代替。

限于识见和水平，在材料搜集和编辑方面一定存有缺漏和错误，敬请读者指正。

编　者

2008 年 12 月

目 录

（上册）

(下册)

沈定一等发起中华民国公民急进党简章

（1912 年 3 月 13 日）

（一）缘起　满清灭，南北一，我国民，咸有责。党派兴，意见杂，公则百事举，私则全国裂。非有政事之方针、人心之药石，恐民国虽成不立。吾公民急进党缘是以出。

（二）定名　本党定名为公民急进党。

（三）宗旨　本党以养正锄非，化私就公，巩固民权，发展民意，俾全国人民各尽公民天职，造就完全共和国家为宗旨。

（四）党员资格　消除欲望，晓畅学术，以本党之宗旨为宗旨，得本党党员介绍者，得入本党（未成立以前，先由发起人介绍）。

（五）职员　凡本党党员皆负责任，由党员公选掌理一人，以总党事；协掌一人，以副其成；文牍一人、书记一人、庶务一人、会计一人，各专厥职。以一年为任期，任满续选（选举法另载详章）。

（六）会所　设本部于上海宝善街祥麟里，各地支部随时设立。

（七）进行　民国初成，意见叠起，或争权相贼，或假公济私，或戕害善良，欺弄愚鲁，或破坏建设，专断横行。凡此诸端，皆与共和本旨大相背驰，本党得实行监督而纠正之。其有染毒既深，积习成惯，或貌为革涤，胸塞狐疑，或因之驰范，或放弃公权，或罔知法律，强为异同，凡百种种，对于共和之基础，难期巩固，本党得提挈而善导之。其进行手续约分四端：（甲）刊行日报，以为发挥言论之机关；（乙）宣讲共和旨趣，以为普及民智之助力；（丙）编辑当务应用书籍，以为各种教科之准备；（丁）分地建设小学，以为培植公民之张本。

（八）经费　所有开办费用，概由发起人担任，凡入党者，纳入党费二元，每年纳经常费四元，分四季交纳。

（附则）本章乃发起简章，一俟本党发达后，另议详章。

发起人：周福鹏、徐扫千、罗鸣举、鄢江如、陈鹏云、沈剑侯、郑铁如、查士端、邹东山、田颂尧、高集生、梁炳麟。

（原载《申报》1912 年 3 月 13 日，
此据《辛亥革命在上海史料选辑》，第 795—796 页）

《公民急进党丛报》发刊词[①]

（1912 年 9 月 1 日）

天张翠盖，地涌华严。芸芸众生，生老病死于此间者，杳不知其何时始极，何时止也。放之大千，收之一芥，咸莫知其由来。及其无极，更莫能知其由来、之所以由来，无极之所以既极已。若是，则地转天回，废兴存亡，无不如石光梭影，莫名其妙而过我前也；若是，则利名华贵，贫贱困苦，更无一而非石光梭影，莫名其妙而过我去矣。乃混混沌沌，自古迄今，自今而后，历几许沧桑，经若干年度，其间一刹那时，忽然有我，又忽然有此世界，又忽然有此世界上之中华民国，又忽然而有此中华民国之公民急进党。是则，有我而后是世界，有我而后是中国，有我而后是政党。脱如无我，则我并我而莫之知，何有乎世界，何有乎国，更何有乎党。即使有我，而我喑不敢言，瞶不能视，聋不能察，跛不能走，挛不能举，与无我等耳。我乃不然。噫嘻！在十百千万茫茫历劫中，于风驰电掣经过间，此世此国此党，蓦地相逢于针锋嵌上，此岂肯轻易饶我哉？于是有我之责任，在夫万象峥嵘，罗列世界，无一而非造化之公物。羲轮擎起，六合通明，春风一来，万物更始，非可拾袭而据为已有者。故国也者，族类之公物也；党也者，国之公物也；我也者，党之公物也。谓之为公，则凡心意之感触，言论之发动，事实之举施，一著偏私，使明者失

① 本篇原名《元言》。

观，聪者失察矣。故语云：天下者，天下人之天下也。世亦以为私姓之国制，不得存立于世界，无他，私之所以为害也。顾何以凡百众生，处于家庭则私己，处于社会则私家，对［处］于全国则私县、私省。政人私其位，议士私其席，法团私其党。墨子曰："子自爱，不爱其父，欲亏其父以自利；弟自爱，不爱其兄，欲亏其兄以自利；盗爱其室，不爱异室，故窃人室以利其室。"亏盗相寻，几何不沦其国于盗薮耶？况乎袒同伐异，飞短流长，出奴入主，阴骋横施，此树一风，彼立一帜，掷全国之废兴存亡，而纳诸个人私利之旋涡，雀喜鹰饥，龙馋虎饿，以自酣嬉于独乐之中而速国之亡。此吾党之所以忧也，此丛报所以作也，此《元言》之所以由来也。顾化私为公，原吾党之宗旨也，而吾党应有之责任，岂仅仅是。虽然一私未化，纵有孔、墨之才，卢、赫之学，华、拿之概，阶之厉则有余，造其国则不能，故才者破其贪，毅者去其拗，刚者制其愎，谋深虑远者去其险诈。贪也，拗也，愎也，险诈也，无往而非私之一念有以肇之。矫揉以盗名，名亦非名，见利而思义，利亦非利。当天人交战之际，方寸十万甲兵，作无形之毒斗，此岂他人之所能为力哉？求在我者也。夫在十百千万茫茫历劫中，幸而有我，我后有所为于风驰电掣经过间。惟我即我，即是私我，我亦非我，便为公我，于古今上下，纵横往来，放之为恒河数。无量之我而合之，仍归一我，具大结力，广大神通，庶几党我党也，国我国也，世界我世界也。我愿世界一切我，我愿中国一切我，我愿吾党一切我，勿为私我为公我。

（原载《公民急进党丛报》第1期）

吾愿吾党

（1912年9月1日）

王阳明曰："本之至诚，以立其德。植之善类，以多其辅。示之以无不容之量，以安其情；扩之以无所竞之心，以平其气；昭之以不可夺之节，以端其向；神之以不可测之机，以摄其奸；形之以必可类之智，以收其望。”吾愿吾党勉为之。

墨子曰：“太上无败，其次败而有以成，此之谓用民。吾闻之曰，非无安居也，我无安心也；非无足财〈也〉，我无足心也。是故君子自难而易，彼众人自易而难，彼君子进不败其志，内不究其情（究义同疚），虽杂庸民终无怨心，彼有自信者也。是故为其所难者，必得其所欲焉，未闻为其所欲，而免其所恶者也。”吾愿吾党三复之。韩非之［子］曰：“工人数变业则失其功，作者数摇徙则亡其功，一人之作日亡半日，十日则亡五人之功矣；万人之作日亡半日，十日则亡五万人之功矣。然而数变业者，其人弥众，其亏弥大矣。”吾愿吾党力行之。

（原载《公民急进党丛报》第1期）

致伍秩庸书[①]

（1912年9月1日）

浩浩禹域，虎踞龙蟠。静则天下宁，动则寰球震。自有明失祚，越攘台割，韩亡五日之后，复受巨创于庚子之役。蟹去其螯，狮失牙爪，五十年事也。地维既缺，航权随丧。苟且幸存于国内，以与外商分润十一之利者，维一招商局耳。而管驾之权，尚授人柄。自革命军兴，帝纲凿破，凡有血气谋恢旧图，未丧者亟作牢补，已去者力策璧还。先生当鼎新之秋，举措事宜颇强人意，黄神骨肉佥以阁总与外台属望于君，诚以君之才之学，能为我同胞争此一口气也。读连日报载，局董串合刘问刍[②]卖之日本，

① 伍秩庸即伍廷芳，广东新会人。辛亥革命爆发后，任中华民国军政府外交总长，时任南京临时政府司法总长。

② 刘问刍，名学询，广东人。招商局董事。

各界股东纷电骇告，而局电又似铸错成已。势难收管，大错谁铸，还问局中，其受盛氏之运动欤？抗将为谁氏，子弥补大罅欤？窃以当局有先生在，应不大谬至此。噫！不料百尺红楼中，于昨宵明月初升时，已将此区区一脉，断送于先生与诸君子之手矣。诚如是也，局固已尔，先生亦未能免。然下走以先生故，未敢遽信为凿凿。愿先生取古人头璧之义，莫受伧父作弄，则国人所投地于先生者，永矢弗谖矣。翘首转榄，鹄候回玉。

附　伍秩庸复函

敬复者：顷奉琅函，详言国事，并承奖誉，感愧奚如。至谓招商局一脉之延，已于昨宵了却于鄙人及诸君子手，不知何见云然。惟刻下组织新公司，正在磋商，尚未定议。且当时报告，早已声明，不收洋股，岂有自昧初心，出尔反〈尔〉之理。其报纸登载，已在敝寓签字，并由日本汇来银两等语，毫无其事，全属子虚。鄙人前此甘为民国牺牲，岂肯反使民国铸成大错，宜乎先生之未敢遽信也。但欲热心整顿局务，反致谣诼纷来，争相诘责，当局者未免灰心，今已登报宣告辞退董事，以避贤路，请阅今日《民立报》、《时报》鄙人启事及复商务总会函，须知其中底蕴，而鄙人可告无罪于天下矣。统希亮鉴，是幸。

（原载《公民急进党丛报》第1期）

世界演说

（1912年9月1日）

举四千余年之老大帝国，一变而为最幼稚之中华民国，成绝单纯种族革命之功，而欲收绝复杂绝细密的政治革命之效果，事非一蹴可几［及］，非一蹴可几［及］，则当知先我而革命者何许国，运如何手腕，经几许困难，历几何年，所收何种功效。夫果一一陈列于我国人之前，以作我标准，非者吾戒，是者吾师，尤当环列地球以观验吾革命者何许国，何国赞同，何所有其赞同，何国反对，何所用其反对，何国因损，损何所损，何国因益，益何所益，不皆棋布星罗，鹰瞵虎视，以窥伺我之自生自灭耶。我尤当测后我而革命者何许国，以我之手腕、我之困难、我之经历、我之功效，十年之后昭昭在人，或承我为前事师，或引我为过去戒，我国人当此中枢，责綦重乎！

夫政治革命，万绪千头，非可于手忙脚乱中，武断而巧劫也。以学识为除代，以事实作经验，活泼泼地至有精神，泛骛理想者易蹈空层，杂意气者必扰乱，前既以种族革命开其端，继之以政治革命造其极，千锤百炼，国乃大成。若无真纯之学识，以行其健全之事实，建设尤甚于破坏，朝矛夕盾，纷变频仍，洪水猛兽无此烈祸，我国人不见夫我先导之革命乎？余请撮拾陈之，以为昭鉴。

（一）法兰西革命

我民国纪元前之一百二十二年（西一七八九），法人病王室贵族之病民也，革命军起，破巴士的狱，执路易王而僇之。其大多数之原动力，实为暴政所逼成，徒以推倒王室为快意之举，故芝岑多党溃灭以后，山狱党气飞扬，相济以屠杀为治，犹复分衍别派，各立门户，于是英、德、俄、荷、西、瑞诸国假义同盟，速合大举，而暴民复驰乱于内，党魁罗北斯比路及腾东利用危机以号召国民，凭陵义勇，靖内乱而御环攻，事草草定，罗氏复因争攘权利，猝杀腾东。腾东死，罗氏亦以不容于国而伏诛，事又粗定而朋角倾陷，纷更无已，拿坡岑乃以杰出之雄，挟其团结勇武之人民，鹰扬虎躏，扫荡全欧，民帝代更，国如传舍，再败以后法国之雄才毕，而元气丧矣。呜呼！世界者，国之世界；国者，人民之国也。人群挺生杰才以暴强其国，不若多生常才以渐滋其国，杰才不世出，出世之后，位之为专制之帝皇则可，位之为民国之首领则不可。盖非常之才能操纵一切常才，一切常才受其操纵而不知觉，故其行事居心，置一般人民于股掌而颠倒利用之，及其所之既尽，未有不归宿于败坏者。虽然彼法国经数十年斲丧，内政嚣张，外强环捣，私夺坏其半，纷扰坏其半，竞雄坏其半，而卒能幸免瓜分者，岂恃前后两雄之善战、善养乎？余敢断然曰，国人有雄健固结之精神，能破坏、能建设耳。噫！吾思之，吾思之！①

（原载《公民急进党丛报》第 1 期）

杂 感

（1912 年 9 月 1 日）

天灵一吼百灵惊，习俗何须祭石鲸。愁煞春风无奈老，邀来明月不胜情。祖龙掷玺海权抑，人彘登碣党祸横。锋利齿牙孤傲骨，那堪随和太平声。

未向辽阳隆铁马，先寻洛社抚铜驼。云端城郭眉稍［梢］幻，海外风涛耳际多。莫道楚弓还楚得，独翻秦曲和秦歌。从今休论封侯事，第一先机在枕戈。

万里飞鲸吞大鹿，一轮红日拥醒狮。嫦娥奔月寒应坠，精卫含沙恨更□。沧海梦魂风雨觉，英雄心迹水云知。王孙珍重春时节，莫到秋风老鬓丝。

（原载《公民急进党丛报》第 1 期）

---

① 原文注有“未完”字样，但至该刊第 5 期（现所见最后一期）终了未见续文。

剑侯飞公由虎拇战联吟胜者限韵负者饮赋

（1912 年 9 月 1 日）

南逾交岭北逾葱（虎），草草劳人类转蓬（虎）。笑捉牛刀刲鼠血（飞），痛挝麟鼓起虫声（虎）。慧宫佛寂么魔舞（剑），大陆潮生万马东（飞）。安得拈花参一指（剑），不教朝暮窘狙公（飞）。

仙卿何处饭胡麻（剑），千岁令威早去家（飞）。海若鸟踆回目仄（虎），山松龙臂入云拏（剑）。须弥能纳方知芥（飞），天女难收莫散花（虎）。便欲往从文与可（飞），万竿横竹写风沙（虎）。

大千何处觅藏鸠（剑），雪藕翻思丈八沟（虎）。腕底风雷惊颖脱（剑），水中日月倒大兜（飞）。鱼龙嘈杂鸣金缶（剑），鸾凤鞭囚碎玉瓯（飞）。为爱自由甘后死（虎），善刀日已失全牛（剑）。

翰海秋深塞马悲（剑），迷天风雨感凄其（飞）。哭知无泪翻成笑（虎），讳莫如深敢自欺（剑）。一骞还山愁短发（飞），群狐入社笑谋皮（剑）。高歌青眼吾将老（飞），寄语儿曹莫卖痴（虎）。

（原载《公民急进党丛报》第 1 期）

秋　夜

（1912 年 9 月 1 日）

新凉浅浅客萧萧，爽荡秋光酒一瓢。醉后开襟风外坐，手抛明月上扶摇。

跌宕［宕］人间三十年，低徊身世两茫然。狂来击剑光腾掷，化作流星射过天。

（原载《公民急进党丛报》第1期）

化乐村题壁

（1912年9月1日）

秋高风急雁声哀，薄暝群山霭不开。无限别离上明月，自分清瘦到寒梅。酒狂那管盘川绌，梦醒还教儿女猜。长铗莫嗟生计苦，远游端为看山来。

贫贱归来梦不惊，萧萧逆旅听秋声。更无风雨留人住，多谢江山送客行。曲水自流黄叶冷，远天低压白云平。道途莫说封侯事，一个西湖了此生。

（原载《公民急进党丛报》第1期）

看　月

（1912年9月1日）

碧天耿耿月轮孤，小立西风泪点粗。处世未能偕俗好，读书难得学糊涂。倘来富贵悲刍狗，为此江山愧丈夫。未必劈山真试了，鸿罗穿破直飞吴。

（原载《公民急进党丛报》第1期）

寄怀和心庵

（1912 年 9 月 1 日）

低鸿带得九霄风，懒弋秋声上碧空。明月在山云梦稳，茂林如海雨情浓。禅灯须待明时慧，幻境偏逢曲处通。休拂轻罗招锦蝶，繁华易惹可怜虫。

为参因果撷兰馨，手灌西湖入胆瓶。镜里看山胜读画，枕边数雨当听经。天河洗碧星飞白，春水笼烟柳染青。遥忆五华山馆月，别来几度到香亭。

（原载《公民急进党丛报》第 1 期）

在公民急进党鄂分部成立会上的演说

（1912 年 9 月 1 日）

维民国纪元九月一号，为公民急进党鄂分部成立之期。前屡得电促，以江轮行稽，到已翌日，不获握手坛场，前席致辞，效贡一得。一本不文，不揣谫陋，谨就管见所及，词而出之，为各党政友商榷焉。

一、共和原素说

造法必以人，行国必以法。以人造法者国恒用，以法行国者，则人不得肆，此共和也。凡事明则进理，昧则阻。月黑日暝，四表歇寂，此天昧也。故四时阻行，山沈谷烂，石冻云枯，此地昧也。故万物阻生，不耕不织，无栖无息，此人阻也。故休养生息之道绝。是故，为政者昧于国度，则万几阻理；为将者昧于形势，则三军阻行；财昧于源则竭，工昧于器则窳，教昧于文质则妄，外交昧于起伏刚柔则败。帝王之世，一人昧则举国昏昏，以其独裁也。以一陷众，民怨汇归，故咸集全力逐而去之，非徒去其人耳，去其独裁之法制也。国不可以一日无法，独制之法既去，则众制之法即生。今吾同胞广众，果一一能造所法乎？此一难问也。政体，民造也；国，民建也。造政体以建其国，舍全部人民之外，谁复有负其责任者？人民凭何者以建其政体？考诸文献不足征，循诸历史无可据，质诸方寸无所贮，斯亦曰顺世界潮流之所，趋席舶来之学说耳。顾欧美政法之精神，经吾国民之涉略，而灌入脑海以运用无间然者，万人未必得一选，即掠影标光，潆回门外，亦不数觏止。就使普及旁通，泛泛引用，而衣晏子以十尺则苦其长，纳防风以谢屐则嫌其窄，麟鸾之生质不同，凿柄之相容互异，此又一难问也。二难莫能群昧塞胸，世界通明，心胸漆墨，徒嚣嚣然曰“共和，共和”，是非语夏虫以冰，责舟人以鞭靮乎？虽然饥者易为食，寒者易为衣，我亦犹人非甘饥也，不得食耳；非甘寒也，不得衣耳。是故不耕而求食，终不得食；不织而求衣，终不得衣。求则得之，在我者也。然求共和之原素，惟何？一曰教育，二曰自治。教育为立身之基，自治为立己之母。树十年之木，必先培根；建五凤［层］之楼，必先谋〈基〉础。合万千亿众而谋国是，必人人知所以自立。知所立则明明，则无所昧，无所昧则无所阻，无阻亦无昧，斯人人具有建设之能，而进无不臧积骨肉毛肤而成人。骨肉毛肤不能自为生活也，于是有身体具积人而成社会。人不能离群而独自存也，于是有团体具积社会而成国。社会不能独立以应付内治外侮也，于是有国体具，再进则为世界矣。由是观之：一人之身，国之具体而微者也。入其境，土地辟，田野聚，工商相济，教育广茂，不必问其国政之何若也，而国立矣。入其境，土地弃，田野芜，工商窳萎，教育废弛，不必问其国政之何者也，而不国矣。是则，辟土地也，聚田野也，济工商也，广教育也，非一人为之而人自为之，非一人治之而人自治之，人自治之，人人自治之，持单独之法制以立己，合众造之法制以立国。余故以教育、自治为共和之原素也。即是立本论者，未必深非。然内治、外侮实逼处此民同沙散、国垒卵危，远水不能救近火，谁复能容我作十年、二十年迂徐之计耶？于是忧国之士呕心绞脑，各倾其学，奔走结合，树立政党，图以少数先觉之知识，为多数人谋幸福，而督策政府以进行，如统一党也，民社也，同盟会也，共和党也，焉往而非以国家为前提，谋有以扶掖，此进步之蹉跌者，卒以立识不坚，求效过促，道未成而魔先舞，功未见而祸旋踵，招召口实，横生倾轧，遂致一切观念引政党为举国之罪人，岂不大可悲哉！推原其故，虽由竞逐私利之徒妄张党势，摇感政枢，实则以先知自任者，泛骛笔舌，徘徊霄汉，择焉不精，语焉不详，无确当之政鹄，以力承射击之，所由致也。窃愿吾党之所主张者，胪列次第，以备采择而驳正之。

（一）议会选举说；（二）省官制说；（三）财政说；（四）农林工商说；（五）教育说；（六）军事说；（七）外交说。①

二、议会选举说

吾国以躐等跻于共和，操急一派往往昧于底蕴，徒张外耀驾美齐欧，未尝不有昧言之。然快意当前，适观而已矣。一般水深火热之同胞，平心内省，非但对于共和之基础、之建设、之进行，其缺点已为识者所默认，即对于共和之讲解，亦瞠目结舌而不知所云。非惟多数人民瞢然不知共和为何物，即征诸今之政府、今之议院、今之政党，所言、所行、所事事者，其所得共和之成分几何哉？故专制之说，受非弃于君主之朝，反蛰动于革命之后，所以将萌而不敢怒茁者，恐惊中原昆季，而引起争端耳。虽然无规矩不足以成方圆，无绳墨不足以名轮匠，无法制不足以构造政体。共和者，政体之名称，亦即法制之所构造者也。余前不言。夫国不可一日无制乎？地无论中外，事无论古今，但使有政府存，焉往而非以专制建其

① 至1913年1月该刊第五期即现所见最后一期未见教育说、军事说和外交说。

国者。皇帝时代，夺举国之自由集诸一人，以一人之意，而率举国以从，同此，个人为制而个人专之也。君主立宪，以少数人为制而以独裁之制专之也。共和云者，以多数人为制而多数人专之也。吾国革命以后，皇帝之迹熄，独裁之制销，今之所谓共和者，尚徒拥虚号耳。制固未之制也，未之制则必之制，必之制不能咸集全国人民而共为之制，此国会之所由来，议员之所从出也。夫议员非吾人民所公举之代表欤？非代表吾人民所当制之宪法欤？以神圣庄严之中华民国，合四万万之五族同胞，立千秋万禩以及于无穷之国脉，一旦而托于少数代议士之手，而制定其制，举国今后永奉专行，彼议员之责任，非有无穷之担负乎？使议员负此无穷之责任者，非吾投票人之一纸书乎？天下最割弃之事，莫过于抛弃选举权。世界最严重之文凭，莫过于投票纸。吾一般投票人，苟非有巨眼卓识，以自省择于社会之中，从吾所好，无论殉情也，慕势也，被欺诈也，受金钱之运动也，则近祸全国远祸子孙焉，往而非一票之下，其祸种欤？刑律之踵，其后犹其小焉者耳。其重也若此，其难也若此，推厥原因，实为吾中华全国人民中足以当议员之选举者，恒鲜也。且宪制一坏，祸不旋踵，持之过高，非攀跻不及，即横溢范围，泛滥飞扬，群雄竞角，乱久思治，帝王复活矣。甚或争持过厉，适为强邻之所乘，分剖交加，无葬地矣。若收之过窄，争议必多，用之未必适行，望之犹不满意，事实言论相持不下，积久生变，溃入乱流。其厉一也。如是种种，病在躐等。等既躐矣，万无还复旧制、重活独裁之理，惟有布发大纲，分别来则，视程度为乘除，随进步而更变，得寸进寸，得尺进尺，继长争高，循序而至。是以萄国新制，规定十年修改，非好革新也，国势民程之所关，非是无以福利耳。吾国民有当选之资格者，盖斟酌情势，简练揣摩，以备义务时代之作用乎？慎毋徒以铺张扬厉为壮观也。然而选举议员者，其目光当有所著矣，斯维就国会选举言之也。若夫议会之基础，实根于自治，前不言夫自治为共和之原素乎。然聚一般未受教育之人民而经营自治，不犹之合群盲以司视，集群聋以司听乎？虽然十步之泽有芳草，十室之邑有忠信，共和之根本由国会建树，已成倒戟之势而无伤，则个人之自治，未尝不可以地方自治而促进之。盖地方自治实兼具立法、行政之雏形也。其去民也亲且切，其处事也潜且密。由自治议会，进而县会，再进而省会，再进而国会，如浮图七级，自治实首之基源。其福者惟自治，阶之厉者，亦惟自治。辗卵不可雏，败絮不可纺，凡我国民对于地方自治之选举，为耳目视听之所能及者，当如何慎且重耶！而况于县会乎？况于省会乎？况于国会乎？嗟！予同胞者有众，幸毋以神圣不可侵犯之选举权，而放弃、而浪用之也。

三、省官制说

羡获而不思耕，羡布而不思织，羡利而不思义，此盗心之所由生，窃钩、窃国之所由来也。倒专制而建共和，所以谋国利民福也。利与福焉，非可以盗得之。不可以盗得之，必先有各尽义务之特权。是权也，是即共和国之民权也。是权不容于专制之世，于是排专制而去之，以行使其特权，握义务之权而不知行使，惟目优游于光阴瞬息之中，安坐而求福利，将毋同不耕而羡获、不织而羡布乎？其有不率天下以为盗贼者，几希矣。故欲明义务之所在者，必先知其责任；欲知其责任者，必先安其职司。共和国之人民，任全国之职司，负全国之责任，尽全国之义务者也。其为义务也，专其得权利也。普是以安全国人民于选举之职司，负选举之责任，尽选举之义务，而被选人出矣。安被选人于立法之职司，负立法之责任，尽立法之义务，而政治之模范具矣。任总统以代表全国而统治之，安阁省百官职司负司法、行政之责任，尽司法、行政之义务，而国是定矣。譬如筑室，石者砌而砖者垒，版者筑而木者构，斧杵刀锥，各呈其技而尽其所能，藉使石者纵斧而筑者操刀，紊乱牵掣，左右顾失，百工未安，徒慕轮奂，其可得哉！是以省官制者，因事而安职司也。欲职司各安其职，以负责任，以尽其义务，必先就政治上之性质以支配之。甲曰国家统一政，乙曰地方内务政，二性并立，主统权者鲜不采取甲义，引用大陆制度以掩乙说；主分权者鲜不采取乙义，引用合众制度以掩甲说。绝端主张，竞类背驰。然揣吾国之形势之习惯之性质，二义均不得专造一绝，盖形势广于法，省制不能废也。习性殊于美，地方不能凌统权也。就二政义之名分拆之，如军事也，外交也，司法也，民政也，财政也，无往而不当统治者；如教育也，实业也，交通也，省财政也，无往而非地方内务政也。大抵统治行政，必受成于中央，类趋于消极者居多。内务行政，必因地以制宜，类趋于积极者居多。若民政虽含有内务性质，然不得离中央而各治。若交通虽处于统治范围，然不得离积极之性质而发生。若是则新制所定为省总监者，一方代表中央，一方代表地方矣，既曰代表中央，则其承受命者，舍中央之外不能别有遵循，以代表中央之职司，而归诸民选得乎？既曰代表地方，则其所因意成政者，舍人民以外不能别有承奉，以代表地方之职司，而付诸简任得乎？民选不可，简任又不可，然则如之，何其可也。曰一经不理，不可成织。况省总监者，实职司之大经欤！味总监名称，不啻前清督抚。今去清制未远也，清之所以遭灭亡者，在人民与政府发生恶感耳。而督抚实构衅之媒介也。督抚之职位，处于人民与政府之间，一事造端，视中央之权力与地方之民气而左右之，以固其禄位。政府怒，民间谚；政府愿，民间怨；政府善，民间变。以一职司而拆人民、政府而二之，此满清所以致亡也。不知其覆辙而蹈之，则第二次铁血革命，不待二百年以后；知其覆辙而蹈之，则是案虽成未立，亟当剖解二政义之所注，以防其未然之。奈何所谓行使统治权者，为代表中央则宜出诸简任；所谓行使地方内务政者，为代表人民则宜出诸选举任，夫而后中央政府与省政府、中央议会与省议会，各就法定范围以任职司，以负责任，以尽其义务。在全国不失其统治之特权，在人民得长其自治之能力。以是立法，何法不立？以是行政，何政不行？顾何必舍源逐流，徒纷争一省总监之属诸选任、简任耶？即军民分治之争议，亦挂一漏万之谈，舍纲而就目焉耳。

四、财政说

壮士乏点金之术，孱王无避债之台，巧媳责无米之炊，小民受剥肤之痛，非吾民国财政之现象欤？挖肉以补疮，饮鸩而止渴，卧澈激之枯鱼，救车薪以杯水，非吾民国财政之悲观欤？即印度以商战倾，波兰以国债灭，安南以铁路亡，埃及以外资覆，非吾民国财政之前辙欤？说者曰："无伤也，是乃偶尔也，见前车未见来轸也。以吾国版图之广，田野之腴，宝藏之富，四千余年既苦于专制，又牢于贴刮，更封于故步。墨古鄙新，智囚慧剥，以农工为役劳，以商贾为下隶，以智巧为市诈，积习成惯，积非成是，致有今日。今何时乎？非睡狮梦醒之时乎？人竞其智，地兴其宝，辟土斲山，十年为计，列强虎视庸何伤。"是说非不经也。然灵龟先灼，神蛇先暴，象以齿搏，兰以膏焚。彼眈眈者，无非涎我有，而欲得甘心也。是故冶容者诲淫，谩葳者诲盗，今以久惯不舒之民族，厚拥富源而复炫耀之。谓之无伤，得毋以盗之怯其多金而不敢攫耶？就财政之根源言之，则展舒之策，姑待诸后（农之商说）。请先即国家财政以立吾说，财不外乎支纳两途，国家财政，完全消极之财政也，如立法、司法、行政、军事、教育、外偿，无一而非为支销之作用也。其所收纳之恒有者，舍粮厘赋税之外，无别铢求，以若所纳应若所支而不接，于是外债之心生，为渴急饮鸩之计。若是则旋借旋支，旋支旋借，以有数之外债，应无限之支销，就使虚耗，回扣磅亏，子息抵押，无［如］此等等，国家凭何者以保守信用于偿期？何况于此等等之外，犹犯我主权而毅然曰"监督"乎！我国民当此百孔千创、两难万困之际，不能回顾政体，默探"监督"二字之奥，敦促代表（指临时参议院及各省会议员）迫交预算，以斟酌损益，于不得已而支纳之定位，是我国民自弃其监督权也。政府不待决议，招借外资非一次矣。虽以忤民而止，而行事初，心未尝知有人民之为之监督也。参议院议员对于此种大不韪之事实，不问有如何之严诘，是代议士漠然弃置其监督权也。以齐庄中正之财政监督权，揆诸政府，政府不知；度之人民，人民弃之。而如遗质诸议士，议士等于敝履，彼人岂聩聩者，宁有入无人境之宝山而空手回哉？已乃遗弃如是。于是愤恶声之入，凭陵客气，高驾感情曰："国民捐也。"曰："不换券也。"曰："无息公债也。"演说之声动鬼神，印刷之品遍湫溢，惊涛骇浪震撼星球，气非不雄也。顾何以歌未终，诅且续言在耳。事忘心，再鼓以后，更复何望？海市呈光，昙花弄影，此当民气之不张耶？抑执事之无状耶？实则急促之，义愤不能济历久之效，用以有尽之余膏，不得供长宵之燃炷耳。是以捐少则石海难填，捐多则雪井莫满。况由政义推测之，其去于财政监督之问题，犹不可道里计耶。

由前立说，既不能从消极方而吸收外资，又不能举可说不可行之国民捐，徒示外人以力绝声嘶之窘状，岂将坐以待毙乎？曰：不然。宜统筹轻重缓急，合标本而兼治之。一曰定度量衡，二曰定金本位及各级货币，三曰立国家银行，统一纸币，四曰统计［一］度量衡。乃经济之准绳，若不厘定，漫无率循。无论师欧、师美、师古、师今，必决择其在世界上对各制之作用适普通多数之所宜者，而后举旧日各自为风之制作尽废禁之，以归于一，此非难事也。新制既定，然后取十一成数，以定银、铜各级币，更定金本位以统系之。本位之制，当择与中国交易最夥之国或挟世界上比较多数之资金者以为范，设以鼓铸实币为难，则权定为虚金本位（例如革命以后之临时参议院及临时大总统），此亦非难事也。币制既定，然后设立国家银行，统一纸币。夫曰国家银行属于全国人民所公共有者，以全国之资金为资金，即以全国之信用为信用，对内则信用与资金合而为一，对外则视其资金虚实以断其信用之强弱。其资金之吸纳有二道：其一吸收外资为成本，以所收之数发为纸币代行之，存其实资以为备；其一视国家岁入最大宗之款为比较，以发行纸币，兼商业、殖业二者之性质。资金流通于国中，尽收全国银行与银行类似之营业、之代币纳于一轨（如钱钞、银票之类）。夫尽收全国之代币，骤闻之大类可言不可行之事，但国家银行既兼具殖业性质，则举国与银行类似之营业，决非有业无资，即以其所挟之资为质于国家（合不动产而言），行使国家纸币而为其代币之转替，不但收统一纸币之效，且可以杜绝倒闭，纸币之危机抑，更可以厚中坚之信用（此惟赝币之风当一炽，防之以法无伤也）。于行政区域各设支所以司支纳（如县、旗之属），于上级之行政区域各设分行以事营业（如各省、盟部之属），而集权于中央，持全国之中枢，此亦非难事也。盖财政之患，不患在将来绝无希望，而患在目前无以图存。今以全国大宗之收入为比较数而发行纸币，其始实一虚位基金，全恃国民之信用，一年之后即以收入之现金为兑换纸币之接气，每一周岁贮其什一，并息而计，不出五、六年而银行之基金实备矣。银行既立，如血络之有心房，轮辐之有轐轴也。然后分区清理如钱粮、税则、厘关以及公产、公贮之种种收入，如军事、教育、内务以及各局所之种种支出，合而制成统计，盈虚亏益，通盘筹算。若在银行未开以先有必不能不支出之款，不妨昭揭预算，或问道于人民。或乞灵于邻国，谁复有议其后者，在人为之耳。今承紊乱之后，而徒为内部之冲突，不求实施。奚为焉？

五、农工商说

凡用材者，必先择其材之所长，察其习之有素，然后即其能而支配以事，材乃不旷，事乃不偾。即不得中行而与，天下亦断无弃材。是故，骏骥可以任重远，而驽骀亦可加鞭鞯；枣檀可以胜柱梁，而樗栎亦可供板筑，但视用之者之如何位置耳。立人如此，国亦犹然。神州以穑事立国者垂五千年，凡衣食之资、宫室之处、富丽之炫耀、声色之豪奢，无一不从犁锄中得来者。文兴以来，视农人若牛马，等畎亩于私产，豪商富室以田产取资较稳，足以供子孙之坐食，居之以为业，而驱一般天真烂熳之农夫，胼胝手足为之经营农事，既轻国本，乃坠耕之者一、食之者五，此贫弱之大因也。夫农者，工之母；工者，商之源也。苟无农，何有工？苟无工，何有商？入通衢之肆，涉足商场，凡触耳目者，舶来之货十而国产之货三，是今之所谓商者，真为他人代贾，假祖国作贩卖场耳。民需日习，国力日微，滚滚江河，一泻无极，岂徒托空谭之所能为力哉！此贫弱之大果也。一因一果，造作如是，若不之图，图且不及。处今日之势，不宜亟言商而当力事农工，不宜亟言进步改良而当力事推广，推广之道奈何？一曰以游民支配旷土，二曰兴普通工艺[①]。

（原载《公民急进党丛报》第 2 期）

致章太炎书

（1912 年 10 月 1 日）

太炎先生有道：沧海横飞，鱼龙腾掷，朝击扶桑，夕搏抑节，无流不乱，善毁为功，道丧人偾，国造论末，可胜痛哉！先生始以联合，继建统一，随结各团，屡聆尘教，嘱咐殷勤，徒以精石末光，不敢平分明月。然并党以后之变迁，不幸言中，及离合重搆，势已再衰。后奉书京门，藉献一得，固知先生必织云成棉，搏纱为佛也。无如三竭之势，县燧未转耳。夫政者，正也。政党者，正党也，所以正不政也。道德为之虚灵，学术为之根底，政见为之射鹄，故学与识为刚衡而名称实其虚位。今也不然。悬名号召，虚座委蛇，殉情慕势，倚畀为荣，奔走政议，折冲私权，入室公卿，出门秦、越，犹复假势力为合并之媒，误研究作争衡之因，几何不用党而覆其国哉！此先生所以作象外之超，而愿宋卿先生之得环中也。顾以黎公之功德言，以先生之品学识，夫岂因人成事者。虽然立国之道，不患无一二杰才，而患无众数常才。千金之裘非一狐腋，千镒之鼎非一钩金。取精而用宏，同道而合志，标义晰理，一致进行，是故有互成之党则国存，有媢嫉之党则国倾，政体使然，未可忽也。但第一任总统所处之地位，不宜有所阿附，此华盛顿所以能用两党也。先生若以是勖黎公，更道

① 原文注有“是说未完”，但至 1913 年 1 月该刊第 5 期（现所见最后一期）未见续文。

而勖袁公，则下责何敢妄渎党援之说？窃为先生不取矣。汪［狂］澜汹沸，砥柱匪难。惟愿一切众生，善用己长，更善用人长，则共和其庶几乎。清秋一鹤，遥首云天，承教有时，诸维珍重。

（原载《公民急进党丛报》第 2 期）

致绍兴《民兴报》函

（1912 年 10 月 1 日）

《民兴报》主笔先生英览：

定一不佞。六月之间不脱冠而过乡里，不获与贵主笔谋一良晤，引为深歉。时适蒋君尊簋[1]力辞督职，藉使便征集父老之意向。盖都督一职，一方为国家行政，代表中央，一方为内务行政，依据民意，稍失措必致互相抵触，挑起政府、人民之恶感。是故任命一督，必先征民好恶。绍虽一隅，莫非浙治，从违所出，治乱系之，岂弃取之权必范省垣以内，外县独不能过问耶？定一何心，宁甘为人作嫁而贸然运动乎？绍地既丁兵后，又因饥馑，知事一职，关键匪轻。前曾致电蒋督，请与民政司长加慎遴才（浙省委任知事，往往出自督令，不与民政长协议，恒以军人任行政），未尝有电之绍也。贵报以定一用旅沪同乡名义发电反对新知事陆，此事曾得徐君叔荪书，亦云接得去电，但未声叙何事，故特函询。今虽未覆如贵报云云，其殆反对定一者，假之以反对陆知事欤？陆电既伪，贵报所谓间接挽留者或亦可恕。至若萧山人不得越俎绍事，个人不得干预地方，是非定一所敢闻命。专制之世，防民结聚，故严划境封，厉禁骑冒，若秦、越相视，邻壑为能。昔犹未可，况当今乎？自由之权，载诸约法。炎炎詹詹，

---

① 蒋尊簋，字伯器，浙江诸暨人。时任浙江军政府都督。

护国之符，岂可忽乎？嗟！嗟！定一自退职军团，阁冠袭服，一人民耳。尝宵旦自励，勉为国民，惟恐所持不坚，流为禽兽，降为人奴，或者责躬未厚，远劳药言，抑以隔地流□，致乱清听。虽然，定一何幸，过有人知，而今而后，知加勉矣。

（原载《公民急进党丛报》第2期）

天人三竞篇

（1912年11月1日）

翘万物而出世，扩天地以为庐。矫揉动植，以活其衣食宫室；刻斲声色，以娱其视听起居。斲山锻土，以充货皿；煮海酿泉，以滋口舌。贼物以生人者谓之圣，盗物以与人者谓之哲。为之文字，以传其术；造作道德，以保其类。自有人类，无不残贼众理，以全其休养生息。杀物惟恐其绝也，于是活之，活之而复杀之，是活之尤暴于杀之也。芟物惟恐其尽也，于是植之，植之而复芟之，是植之尤戾于芟之也。活以备杀，植以备芟，此芸芸众生，无非生存于争竞天里，而蕃殖于暴戾之场也。其始也，人与物直接竞。其继也，人与物间接竞。物竞既捷，于是人与人竞，再进而为族与族竞，更进而为种与种竞。人与人竞，则根据家。族与族竞，则根据国。种与种竞，则根据其种类所殖之土地以为区。浑浑寰球，吾人去物竞之世必在仓皇造字以前，去人竞之世千有余年，去族竞之世将之告终。物竞之世谢，则人竞之世现，人竞之世过，则族竞之世出，族竞之世终，则种竞之世始矣。以人竞人，其丧也人；以族竞族，其夷也族；以种竞种，其灭也种。处种竞之秋，不得不以竞争以保其生存者，何也？人与人竞，以人卫人，故及于族，族与族竞，以族卫族，故及于种。（此自然理也。试验诸甲午之后，吾国人方欲得日本而甘心之，时及日、俄启衅，吾国人无论智愚老稚，咸翘企以望日人之报捷者，此岂有所诏［昭］示哉？种竞之自然理也）。及夫种与种竞，众寡不足量，刑德不足平，训练不足恃，喜怒不足迁，法令不足行，骁果不足择，六败之道，均失其任。天时不足以济其用，地形不足以助其胜，坚钢利铅不足以施其利，其所恃为最后之决胜者，合亿兆万众之机智耳。故人与物竞，非手足也，竞机智也；人与人竞，非戈矛也，竞机智也；族与族竞，非甲兵也，竞机智也。竞种之世，当不在五十年以后，吾人于此世界必有与吾种决最后之竞争者，将何以为备人人于方寸之中，先事天人三竞耳。三竞惟何？一曰身命竞，二曰富贵竞，三曰消极竞。三竞皆捷，懦弱者刚，贪鄙者廉，旷倘者知所自用。夫哀莫大于死，泰山鸿毛，恒时可以语豪杰，而不可语懦夫。及大势相逼，急难所驱，虽四尺之童，等身敝履，充其气之所届，血海可以作爱河，尸陵可以作绣榻，白刃蹈如氍毹，鼎镬甘如醇蜜，为时须臾间。气胜于身，义胜于气，大哀之念熄而乐死之事成，此勇士之所以敢死，君子之所以急义也。是或生死之观念既轻，万事皆随之而杳矣。夫岂然哉，富贵逼人来，抛撇倍难于身命。生死之争出，俄顷富贵之诱及终身。人具有眼、耳、鼻、舌感触者，目所视视［者］色，耳所听听［者］声，鼻所臭者馨，口所嗜者味，有所触发，即知有所谓色、声、香、味，知有所谓色、声、香、味，即知有所谓富贵矣。嗜欲诱之于外，感触迎之于内，有生一日，即被诱一日，被诱一日，即感触一日，感触一日，即激战一日。是故有赠头之壮士，而不能解脱于绮罗；有急难之王孙，而不能祛情于醇酒。每念铁血余生，往往为物欲所引，卒被子女、财帛所战败，身殉名裂，贻后世羞，岂不大可悲哉！是盖非有山岳之定力，日月之英光，河海之容量，不足以制此劲敌于终年者，此富贵竞之所以倍难于身命竞也。然富贵之观感旋空，消极之主义油作，举声色、货利而弃之不顾，举饮食、男女而亦掷诸太空，是岂犹是人情哉！此消极之竞争犹倍难于富贵也。故当成仁之时，而不能忘身者，物欲一也；处取与之间，而作非分之想者，物欲二也；具官骸之灵，而不能效力于种类，优游待死，闯入旁门者，物欲三也。三竞皆欲，最易者身命欲，其次富贵欲，其次消极欲，竞胜富贵而消极之欲即乘，竞胜消极而富贵之欲复活，居交竞之间，盖棺然后定胜负，此其所以难也。然竞消极之欲者有道乎？释氏有言："众生即我，我即众生。"《书》曰："万方有罪，罪在朕躬。"举大千世界之苦厄，而度其一切；举天下人之罪过，而咎诸一身，是皆足以力扼此消极之魔障之仁术也。嗟乎！以百年易尽之身，立玄黄交竞之会，不主于此，必奴于此，不卑于彼，必亢于彼。等富贵于浮云，以天下为己任，此《中庸》之所以难能、君子之所以修道也。历是三竞，不为欲胜，庶几一人之心千万人之心矣，一人之智千万人之智矣。人具有心，人具有智，合千万人之心，聚千万人之智，不谋而相洽无间者，此种竞时代最后之左券也，谁其操诸？

余更断然曰：人类者，生存于竞争之天，蕃殖于暴戾之场也。不能竞争无所谓恕，不能暴戾无所谓慈。慈恕云者，强可以加弱，而劣不能与优也。吾种类欲有以慈恕为世界先者，盍自反真天而力搏人欲。

（原载《公民急进党丛报》第3期）

砭　党

（1912年11月1日）

泥古之风，沿数千年而不能化，其始实出于夏禹之传子，作私家天下之俑。后生小子，遂景仰舜如天人，引而喻其作之君师者之公心天下也。其继则秦政一炬，举创作之根抵而火之。汉武乘其弊，以文章囚天下英雄，驱之入彀，鲁壁声动，后世更封于孔氏述作之义，而倾入诠释。及宋儒加之厉阶，桎梏新辟，历代帝王利用之以愚黔首。词赋之后，创为八股，以能拾古人之残唾，傀儡先哲之名言，为弋取功名之利器。降至满清，更加之甚。此空谈积弱之原因，即泥古之流毒也。

思虑为最灵敏之物，尚桎梏至数千年而不变，学说之力大矣哉。虽然，追穷梏绝不变则已，一变则尽其所有而变之，背道疾驰，瞬息千里，任其所趋，忘其所以，吾恐泥新之祸将有甚于泥古者。何以故？请于党禁之后而观察党争。

今之所谓党者亦夥矣。问其名，曰："政党，民党也。"问其旨，曰："国利民福，监督政府也。"名非不嘉，旨非不良焉。究其何以为政，何以为党，政何以党，民何以党，则政自政，民自民，党自党焉。一人而兼数党者不论已。一党之中，所主在此，所长在彼。入脱无恒，是非不一。其所奉为党魁者，不闻有健全之政见，可以维今而启后，位高而多金者当之也。其所称为党员者，不闻有信实之意示，足以翼辅其政见，殉情而趋势者当之也。若是，则所党者，党政欤？党人欤？抑别有所不得不党者欤？此其故，路人皆得而知之。路人知之，而皆欲有以党之，试即揣其所欲而知其所党矣。如是，而若所谓国利民福者，不犹之画饼充饥乎？画饼充饥虽不得食，无后灾。以若所党求若所欲，恐不至于国亡民丧者不止也。政党如是，若所谓民党也者，南山书竹，莫罄其名，慈善实业诸社会不列焉。或拾平均之吻，而不爱人室；或持自由之义，而侵出范围。或创和同，漫无制限；或挟武力，凌逼良懦。道德粪土，法律弁髦，丛虮于社会，蟊贼于家邦者，胡底也。若是，而犹曰监督政府，是不使政府监督之焉不止也。

昔人以法利其事，法久则生弊，然当其立法之初，未始无利。今人以法行其事，法未立而弊已生，此岂新法之不良，亦犹党人之所以为党耳。其言利国，而其行实足以覆国；其言福民，而其行实足以病民；其言监督，而其资实不过被监督。其故实由于政事知识之缺乏，自治能力之薄弱，经营私利之心太重耳。以是之心，结是之党，有不怀挟偏私、淆乱毁誉，颠倒一般知识浅陋之人民，以扰祸于国中者，未可得也。

余为兹言，余知集失于余者，且将大放厥词，然以余观于国中，足以当总理者几人？足以当总统者几人？足以当国会议员者又几人？冥心搜索，不知所可，不得已而思其次，亦晨星一二而已。复悉心静气以揆度国事，策画进行，计幅员之广博如是，人民之程度如是，财政之支绌如是，邻国之觊觎如是，蒙、藏之风云如是，地方之不靖如是，舰械之缺窳如是，一时万几毛集，如衣败絮入荆棘丛中，左牵右掣，若治棼丝，乃人才之缺也若此，党员之多也若彼，国是之困难也若此，党争之纷扰也若彼。纵加之于数十百年根蒂深固之国，且将颠覆于崇朝，何况缔造未成之新国乎？默揣根理，其故实出于私利之心而构成一种非分之想耳。特所以构成此一种非分之想者，当轴亦不能辞其咎。议院之立法，国院之行政，不急其要，不务其大，无以餍一般社会之希望之所由致也。希望既虚，于是蔑视中央之心生，岸然自恃，其一知半解，以为当之而无愧，况雄利豪禄随而诱其所欲耶？诚如是也，以立党为变新者，不犹之八股之所谓述古欤？掘井而昧其源，植木而颠其本，祸不较烈于泥古哉？然余亦党人之一分子也，以党非党，得不似戎服谈玄，恶醉强酒乎？但吾循良知以立论。非吾党者，若不被吾言之所犯，即吾党也。是吾党者，若适为吾言之所中，即非吾党也。吾惟知抱定吾党之宗旨，养正除非，化私就公，顺吾知以立吾说，即吾所以尽吾之天职者。茫茫禹域，其有同心。

（原载《公民急进党丛报》第3期）

国会前之参议院

（1912年11月1日）

参议院议员号于众曰“国民代表”，举国内外亦随声而附和之曰“代表国民”。噫！何其不思之甚耶？岁周之前，涕汗血泪，举国缤纷，非乐死也。于必不得已之时，不忍坐视先烈之捐縻，而为同胞谋建设之余地耳。南京临时政府筹备时，于仓卒间作简捷计。以各省都督派出之代表充代议士者，权宜也。凡我国民，茫然不知参议院议员为何种人物，不过视为临时政府之临时参议院议员耳。及南北统一，北定国都，全院迁乔，诸省应派，临时之继。重构临时，故约法之效，仅及国会，宪法未定以前者，亦权宜也。民国云者，以全体人民所造成之国也。造国之端，莫先国会。今组织国会，不付诸全体人民，而以非确当的参议院议员立组织国会之法者，亦权宜也。国会以前之参议院之议决案，我国民皆当视为一种经过法，不得据以为成宪也。证诸《国会组织法》之第四条云："各省选出众议院议员之名额，依人口多寡定之。每人口满八十万选出议员一名，但人口不满八百万之省亦得选出议员十名。"依此，则众议员选举必依人口多寡为标准，而下列"人口总调查未毕以前，各省选出之员额"，是参议院于立法时已料及人口比较之不及于现行人口之说，是则员额之法非也。员额之法行，则人口之法赘矣。后必废其一于是者。至若院制、选法以及种种制度，国会成立之后，其可否决正未可必也。吾愿现今参议院之议员，当取临时政府之所急务者，而急务之慎，毋徒以国民代表为荣施，谋手定国纲，作百世流光之计，则临时政府庶有赖焉。为日无多，好自为之。

（原载《公民急进党从报》第 3 期）

改革盐政之一斑

（1912 年 11 月 1 日）

以"种族"二字号于国内，而革二百六十八年满清之命易，以"专卖"二字著为政策，而革千数百年盐政之命难。税课之歧异，引票之阻梗，产销之不同，加以积弊深厚，基金匮乏，人材寥落，而欲以长策制胜，坐定艰巨，势非手足、日月所能奏绩也。今张君季直[①]，以民制树改

① 张季直，名謇，江苏南通人，时任南京临时政府实业总长。

良之基，官收总统一之柄，商运疏引票之气，立银行以调济官商之成本，按次第以开后起之进化。计非不苦，画非不周矣。乃吾人于其计画之前，而愿为之计画者，何也？一曰盐政独立，置终身官；二曰速定度量衡及弊［币］制。查监政岁入，较关税倍之，较地丁钱粮亦倍之。是非财政部一附科所得，而举张无遗也。官收举行，引岸销灭，久必成为一种国家托拉斯之营业，非朝出暮入之人员所能计其进化而负责任也，是宜定机关职司悬而待改革以后之执行，尤宜先定改革时代之经过职司专事策行改革者，事乃不紊，至在度量衡弊［币］制未定以先，凡百经济，悉无统系，而对于盐政之更张，若收卖、若分销、若川运加增，无非积毫厘丝忽而成为万亿兆京，量衡既殊，弊［币］制互异，商因之奸，吏因之滑，为便民计，卒至病民，况银行无本位可据，操纵远落于畸零，其能为力乎？他若蜀中自流火井，用异柴煎，于改制时代，足供研究。且川盐质味，远胜滇、黔，即较海产亦居优异，是当筹画通盘者所当均计也。

（原载《公民急进党从报》第 3 期）

吾党之观梁启超

（1912 年 11 月 1 日）

梁氏自戊戌政变，蹈迹扶桑，十有五年。庚辛之季，藉《清议》、《新民》两报，运送新知识于海内，时人以文豪目之。继而《新民》变旨，梁自以为究学程深，人视以为望赦心切。去秋鄂中举义，梁实非之，梁固不料成功若是之速也。果梁氏之无定力欤？抑国家进步必悉历完全之君主立宪乃可达于共和欤？今日之势已无容议，盖能共和，斯共和矣。未能共和，亦共和矣。于未能共和而共和之，如六月生儿，抚养匪易。梁氏果能协我而抚字此孤儿者，未始非阿保中之健妇也。盱衡禹甸，浩叹才难，愿梁氏尽忠，愿反对梁氏者尽恕。噫！快马归凫，吾今后见项城之魄力。

（原载《公民急进党从报》第 3 期）

过去未来之我闻我见

（1912 年 11 月 1 日）

苏督程德全、东督赵尔巽、吉督陈昭常之三子者，前清督抚中之佼佼者也。民国用得其人，可喜。此外十八人，军旅之事，吾闻命矣。政治之事，吾未尝有所见也。

前清资政院议员如何？今日参议院议员如何？橘过江化枳，鸠入水为蜃，人独不然，吾甚栗栗危惧于将来之国会议院。

符玺印章，流传二千年，明执守也。县有封，郡有境，省有名，朝有纪，国有号，符玺印章因而镌之，定权限也。昔者县有令，令以印行，文曰某县印；郡有守，守以印行，文曰某府印；省有督，督以关防行，文曰某省总督之关防；朝有代，代以宝行，文曰某代御宝。恐紊权限，乱执守也。革命之后，河北郡县，多仍旧制。各省都督，则已易关防为印矣。其文曰某省都督之印，所以标明某省云者，以国内非仅一省也。各省议会亦因之，国非一省，省必文其名；国亦有号，国必称其号。顾我中华民国大总统之印文曰大总统印，何耶？我中华民国参议院之印文曰参议院印，何耶？昔者帝王居世，以并含八荒，独国天下，示其至尊，忘其自大，故玺宝不文“国朝”。今民国之大总统，一国之代表也。内我族类，外我友邦，必先有其国，然后有总统，国之不存，总统焉附，奈何通国维［唯］一之印符，于其国号且遗之，参议院亦尤而效焉。是犹延颈屏息以仰他邦之承认，不亦傎乎？

有客规黎副总统曰："政党者，以政见相团结者也。各以其所见，发为言论，著为文章，立为政标以待多数平民之抉择。今君既倡民社，随并共和，尤复发起东亚大同及其他种种党社，果政见如一，何必各帜？若方针互异，君其谁从？且时下各党，往往以党见为主，以政见为奴。以今之势，处君之位，正宜超然党外，择长而取用之，此华氏之业也，项城已心得之矣。君其勉之。"黎对曰："唯唯。以予观于各党，无所用其从违，其所以列予名于党籍者，大抵事前来一书，列予于籍，且定之限曰'若干日不覆，即作默许'，察其书到之日，即限到之日，虽欲辞，不得也。"客闻而笑曰："有是哉？专制以后之专制也。"昔有谚云"圣旨，口以其词，发之不移"也，而尚得有收回之请，今如各党社之强黎君者，并于收回成命之请求而不可得也。噫！其殆今之所谓外交手段欤？

革命军兴，逐逐以临我中国者，莫俄、德、日三国若［者］也。俄以遗戍之名，窥逼蒙古，利［厉］兵秣马，以图南下一击，横裂中原。布置未齐，而南北统一，南北统一若是其速者，非俄之所及料也。德意志海岸逼狭，力谋绅张，英实缚面制之，故对于远东海岸，涎绝欲餐，利用满清之懦，作蚕食之计。及视共和军起，不敢明目张胆翼助清廷，恐冒天下之大不韪耳。然徒以运济武器，秘为奥援，适成鼠技，为天下笑矣。日本处我近，知我深，南京政府组织时，谋我南北分裂，延长战期，又奥助同盟，组织政府，实祸我也。盖欲挑起军人之内衅耳。二策不遂，反为我福，是岂维新派之所及料哉！虽然，前事过矣，后轸方遒。俄谋不臧，乃蕴毒而洩于蒙古；日欲未骋，乃变计而力袭满州［洲］。此协约之所以必成也。必成而不果成者，天也。驯羊肥豚，终日优游于虎须狮吻之间，天道岂可终恃哉？而况乎英、德诸强，且磨牙厉爪以临我乎！我国民其毋为鸡鹜之争矣。审之，审之！

（原载《公民急进党丛报》第3期）

致黎元洪书

（1912 年 11 月 1 日）

两度浔川，不获泥首。云天清丽，遐想龙门。思德微衷，萦回食寝。迩者旅寄略佳宾馆，其址去大智门车站不过三百美突弱耳。非租界也，而法人置警抽捐。自由行动，立锥所托，国权攸关，廛市如此，荒壤可知。腹地如此，藏、蒙可知。闻诸道路曰，曾以押假法款，未清偿者三千余金耳。公家无论如何支绌，是区区者何求不得。即就地商贾，所有产人，与其听外人之零星需剥，宁可忍一痛为公家后援，众情佥同，阛阓所望。兵燹之后，人心如此，可敬可怜。我公镇治是邦，大略盖世，一举一动，表率所关，务请令下外交司查明举办，以慰众望，以卫国权。即羁旅三尺，亦拜赐也。临书不胜屏营望治之至。

（原载《公民急进党丛报》第 3 期）

读迦因传寄友

（1912 年 11 月 1 日）

一死算酬知己愿，千金难买美人心。生多孽障成因果，脱为情魔变古今。黄土埋香空有诔，琼枝不果更无阴。嗟君作嫁宁州去，写得秋风总苦吟。

（原载《公民急进党丛报》第 3 期）

读 书

（1912 年 11 月 1 日）

孔佛墨庄无定评，前人几辈尚虚名。心能矢一方生道，事不经历那有情。小坐时倾忧世泪，空堂夜震读书声。百家诸子回环侍，侍我从头立鉴衡。

（原载《公民急进党丛报》第 3 期）

竹

（1912 年 11 月 1 日）

虚心毕竟是聪明，露浴风歌太有情。寄语世人莫将去，一竿湖海钓浮名。扫开俗障见天心，空谷幽篁有逸音。只为干霄太劲直，易招风雨到山林。

（原载《公民急进党丛报》第 3 期）

越铎再世

（1912 年 11 月 1 日）

《越铎日报》，吾浙东党员所组织也。绍兴光党复，多由社中人以大义晓满清官吏，故秩序宁静如恒，有某某者恐绍地兵单，一旦有警无以为备。嵊人王金发，乘时率徒党百数十人承其乏，遂据之，纵其徒以武力攫金，辇作冶游资，犹假北伐之名，广招入伍，一时诸、嵊诸邑之游手往附者二千余人，立军政分府而自称都督，负嵎分峙，浙督汤寿潜听之，继督蒋尊簋从而呴谕之。王焰益炽，社会病之而莫敢谁何。越铎社乃力持大义，督促取销，众情顺快。及王受评击将去，乃嗾徒□毁社，社员频死者数人。今闻再世，因赋诗以颂，为记以述之（时客鄂江）：

故国山河一笔撑，能驱顽鳄活蒸生。我今洗耳长江上，爱听遒人第二声。

（原载《公民急进党丛报》第 3 期）

送洪燕谋还蜀并寄怀心庵

（1912 年 11 月 1 日）

清露降灵虚，长江木叶脱。羁客坐遥夜，中天月如钵。相对忽无言，促织吟罗葛。知我黯魂销，殷勤诉契阔。江水走冷冷，飞鱼声拔剌。长流三万里，不足润离渴。西客上岷峨，东客悬天末。入海抱澄清，登山绝超拔。逴逴余小子，凌空书咄咄。新愁斗上心，浩气为之夺。倏然付达观，禹甸一亭闼。道谊若流水，云山不可遏。昂首抑秋光，天机活泼泼。

（原载《公民急进党丛报》第 3 期）

赠武孟肯之蜀兼怀立厓

（1912 年 11 月 1 日）

美酒酣高楼，狂歌啸孔邱。兴言离别意，月出大江秋。羊角搏扶摇，凤凰翔抑节。非桐胡足楼，非竹胡足食。嗟予孙夫子，家住巴山北。山色古须眉，云气荡胸臆。与我无间言，与子甚相得。握手一为欢，肝胆瑶华雪。潭月见天心，珊瑚网人杰。益州故多士，吾党不孤孑。黄金有隽骨，便受百磨折。湛庐有奇气，便虑太刚折。造化有日死，惟道不沦灭。入空出色中，千里同磋切。

（原载《公民急进党丛报》第 3 期）

鄂州寄二哥仲清

（1912 年 11 月 1 日）

绝水穷山天地墟，大千何处赋闲居。徒令笔舌挥心血，无复挑灯对读书。国是孔难朋友切，家乡无恙弟兄疏。双亲白发诸儿幼，天际秋云目卷舒。

（原载《公民急进党丛报》第 3 期）

题共山小影（中有卓氏六子）

（1912 年 11 月 1 日）

卓六我不识，其山交有日。不识不可题，二者遗其一。君来自蜀中，榻下陈蕃室。甘为知己用，不逐横流溢。国事甚沧桑，前途未可必。广厦千万间，吾鄙为之质。愿与二三子，道同志气壹。

（原载《公民急进党丛报》第 3 期）

病后景事

（1912 年 11 月 1 日）

秋风猎猎白云飞，小病新瘥酒力微。满地黄花人影瘦，将花写照我犹肥。

征衣寄到客初寒，愁听离弦错杂弹。饭力豪情清减甚，家书犹报勉加餐。

（原载《公民急进党丛报》第 3 期）

燕谋成都送别

（1912 年 11 月 1 日）

六年宦海一张琴，君似无心似有心。江上解人何处索，不如携鹤入山林。

双声齐唱《念家山》，手捧慈云返故关。我入离筵歌美酒，胜朝余吏几人还。

（原载《公民急进党丛报》第 3 期）

谢洪燕谋琴

（1912 年 11 月 1 日）

卅年未解焦桐响，今日相贻《流水》篇。君自入川琴入浙，两边离愫一条弦。江南秋色两人分，调起仙翁便忆君。绿绮有情还惜别，天涯我愧沈休文。

（原载《公民急进党丛报》第3期）

与鄂中友人谈阳夏战事

（1912年11月1日）

斜阳闪烁剑光红，鼓角声悲步骑雄。两岸战云千点血，将军含笑立秋风。

北军夜渡黑山隈，一道襄河天堑开。湘楚健儿方肉薄［搏］，元戎飞马过江来。

（原载《公民急进党丛报》第3期）

与唐随安书

（1912年11月26日）

随安子鉴：

奉书拜悉。足下崇实斥虚，深中时病，今幸襄治象城，必有嘉谟形诸敷治者。鲁相三月，□为三年，其言其行流传至今，足下所志若是，当不令古人独擅其美。秋风洗耳，引领深之一也。弱小曾无实学可补造化，又不能接席卿士，伪面凌人，效殷浩之书，空乏长沙之老泪，以致玄谛寓言，累及庄、佛，良知泛论，转误阳明，足下相交久，知我深，岂定一于良知能之外，尚有他长耶。九畹不世之才，一为之作楚广，君者频矣。能不得达，弱自愧耳。若果有缘，决不令其泰居海表也。夫士君子，立身处世，以能担荷危难为贵，若待治而进，山川、河岳何必钟灵。况及此时，吾国吾民已无余地，而独梦梦然，徒谋自己生活，斯诚可慨叹已。光复以来，尝视伟人而小之，贫人而富之，田园、家室，无非义务，而当务之急，尤在国本。国本所急，尤在革心。能革心者，方能持国。能持国者，乃能立家。舍末务本，此定一身命之所托也，外此者非所敢及。此复。

（原载《公民急进党丛报》第4期）

致黎元洪电

（1912年11月27日）

本党代表回沪，知公拟出重师驻蒙，深佩卓见，顷以东亚大同社捣毁天职报馆，伤多人，损巨金，似非正当会社所宜，走书奉询，未获还答。公乃是社发起人，其将何以教之。请电询朱督，察核情形，作何办法，均乞示慰。沁。

（原载《公民急进党丛报》第4期）

政论·主权篇

（1912年12月1日）

胡天而上，胡地而下，于浑浑噩噩、杳杳冥冥中，飘忽无定者，权也。脑海虚灵，铁血实力，奋飞抟击，牺牲上下古今无〈无〉尽数之生命以相争者，主权也。权之为物，视之无色，听之无声，其得也艰且巨，其丧也轻且易，其在也有无〈无〉尽数之责任，而丛结于所集之地，而世之人无论智愚贤否，无不趋之若骛，争欲一握而后快，岂不大可异哉！然扩之则治世之大经，收之则立身之要道，是故善用权者，爵禄可以示其赏，刑罚可以示其威，言可世法，行可世风，颠倒豪杰，综核名实，以临天下，俨然望之如泰山、北斗，而莫之能移，此君权之所由起也。及夫庸懦罔能，操纵无术，豪枭挺起，取之而代，帝不知命，祭则寡人，此君权之所由落也。至若执持偏颇，言动乖谬，爵不足赏，刑不足威，持之者独而谋之者众，此君权之所由替、民权之所由尚也。世故乘除，云霞聚散，夺一人之私而晰诸国族，以天下人之天下权，而天下公主之，持之有力，言之成理，所谓专制君主之国家不能成立于二十世纪之时代，夫岂尚有疑义哉？虽然，不能无疑。

革命以来，君权之说早已坠地无痕，所以代执之者，全国国民也。若合全国国民以谋国，是为必无之事实。于是有法人出而代主之。法人者，立法、行政、司法三机关之职守、国民之代表也。国民既有被选法人之权，又有选举法人之权，骤视之，一若国民与国家，夫人而有直接之主权已夫。既曰法人，主权则明，明指非法人无主权。以法人对于国民全体，恒居少数。少数人主其权而多数人役之，是不过去独握主权之君主，而成为众握主权之君主耳。如曰君主无期，法人有期也，是亦不过去无期之君主，而易为有期之君主耳。如曰法人去职以后与平民等，平民一朝被选即立于法人之地位，言诚似矣。顾何以解职临时总统之孙文，其处也有行辕，其行也有护军，其所到之地也又有所谓种种之欢迎陈设。若以民国伟人言，而如此等事之设施出于人民之公意，亦已耳。而烦苛之供臆，又皆以法人主之也。芸芸众生，同是国民，焉得人人而为之供张乎？即力倡平均主义之孙文，亦未尝顾而却走，腼然受之而无辞，此已可异已。其尤甚者，即十年修筑二十万里之铁路矣。铁路政策，满清末叶交争已力，固不自孙文始。今为二十万里之计，不可为不巨，十年为期，不可为不急，若是其巨且急之事，不待国会决议，一人倡于前，一党和于后，不问其事之能行与否，一似解职之大总统有联带担行艰巨之威权，侵犯法人而无伤（中山解职后尝发电取销在职时之命令）。是尤可异矣。吾为兹言，吾非因以毁誉中山，作千古之美谈也。吾盖论主权不能确定其地位，引之以证吾说，以导吾国民莫释其固有之主权，所当从根底求之耳。

然则君主主权者，于政体为单独无期之专制也。法人主权者，于政体为少数有期之专制也，明矣。但少数有期专制之中，更有尤少数者专其制，此何也？即一二出群才之纵横捭阖也。若是，则主权所归之地，为法律所规定者泛，为英雄所操纵者专，得法律之畀予者狭，被枭杰所阻舞者多，在人民之知识程度均不普及，则其主权亦依之而普及，人民之知识程度有所偏颇，则其主权亦随之而偏颇，譬诸一议会中，其主权之等分相勒，而每每倾向于一二杰出之议员，一般庸才决东决西，指挥是听，同是法人，尚且如是，况四大部之人民乎？况五大洲之国族乎？由是观之，智识程度及十之一者，即得有十一之主权，及十之十者，即得有完全之主权，主权之隆替，尝视其知识程度为比例差，一人如是，一家如是，一县一省一国何必不如是。即合之全球，又何独不如是。今吾国民之知识程度何如，吾人何必深讳，知不可讳而故讳之，自弃吾民也。知不可讳而竞抉出之，言之未免惊听，然余亦国民之一分子也，讳疾而忌医，隐疽而待溃，余复何忍！放余观于国民去于主权远矣。去权既远，必不能主权。未操而使割，举鼎而绝肱，强所未能，终必抛弃，抛弃而为吾国人拾之，衮衣冠冕，南面临轩，则目前犹可图治，日后尚有革新之余地。若抛弃而入于非吾国人之手，则黄炎苗裔，尽降舆台，即梦醒鼾停，欲求死地而不可得，脱不然，舍广辟知识、急进程度之外，别无他道也。且权也者，太虚之物也，必有所凭藉而始能发现。函人制革，匠人斵轮，必习有函匠之术，而复有制斵之权。国家主权者，土地、人民、政事也。土地保，人民安，政事行，而主权乃立。满清君主所以堕落者，以其不能保土地、安人民、行政事焉。清既失业而民国代之，民国代之，而当今主之者实惟法人，法人而能保吾土地、安吾人民、行吾政事，是法人能主其主权也，则吾将贺共和。法人而不能保吾土地、安吾人民、行吾政事也，是法人不能主其主权也，则吾将吊共和。共和，美事也，吊之不亦傎乎？盖在吾人民知识、程度未能平均普及之秋，其主权实专倚于法人，法人不能主，则主之者必碧眼紫髯儿矣。押木屐，袖手□也。是虽涸东海犹不足以贮吾眼泪已，以吾观乎第一次国会之选举，殆有岌岌不可终日者，吾国民其可忽哉！

审是。彼法人轩车驷马，趾高气扬以临我者，殆不知主权所在，有无无尽数之责任，丛集于其身矣。以此诱知识薄弱之国民，是乌乎可。

政论·保蒙篇

（1912 年 12 月 1 日）

自廓索维慈之条约发生，举国人民发指眦烈，必立歼劂不守公法之俄罗斯，骈戮库伦三四数之渠魁，悬首国门，以为谋叛共和、引寇入室者戒。“踏破贺兰山缺”之声，且将出白海以外矣。此曰“征蒙”，彼曰“讨库”；甲曰“救蒙”，乙曰“救国”。豪枭并兴，鱼龙角起，献策言计，众情纷纷，在保全领土之目的则一致也。虽然盛气之下，偾事必多。蒙，我领土，领土有故，保之可也。余敢定其旨曰“保蒙”。保蒙之道凡三：一政事，一外交，一武力也。

政事为立国系统，人民土地，式凭之以鼓铸于成。自哲布尊丹、松光彦汗诸徒，乘庶政未敷之秋，庞然自大，举库伦一隅为私产，引虎自卫，以与我政府抗，自外民国，俄乃得逞其野心，利用其愚，虚与呵喻，而有今日，遂致内政无着手之处，一变而为似是而非之外交，主客易势，事乃荆刺。但此问题不自今始，俄之觊觎外蒙也久矣。前清宣统末季，俄使即有拒简库伦将军，及外蒙种种利之要求，张牙舞爪，南下一击。及革命军兴，盘马弯弓，以待来势。南北统一后，视我国势未磐，老悖之活佛，既骋欲而叛向，颟顸之官吏，复驾威而驱丛，迎意一合，遂悍然昭揭其协约于世界。履霜坚冰，岂朝夕事哉？然就俄人一方面观察，对于外蒙，宁入于口而复吐之，彼人扼于近东五十有余年矣。千八百五十六年哥里米亚之役，而得《巴黎条约》之恶果。千八百七十八年塞罗门三邦联合之役，又得《柏林条约》之恶果。舍近东而图远东，复败于波罗的海之战，狮囚虎押，日谋破关，两端不遂，于是力辟中坚，从事于我。然困此强俄者，英实为之。英自制法后，早夕忐忑而不能须臾恝置者，俄也。举一丸泥之土耳其而封黑海，又举扶桑三岛以立东屏。英国夸雄于海，而防俄者亦维海。俄今就陆，英亦技穷，不得已追踪。大陆以西藏与满洲对钥，举内蒙而横亘之。英非劫我也，数十年外交之方针，一丝不走，惟制俄耳。由是省吾中国之现象，定外交之正宗，万不能希望和平解决，盖和平云者，不过使我处于领土之虚位，彼则践实地而事其设施，或者双方放弃听其自然，如此掩耳盗铃之政策，满清时代所优为，在我民国实期期以为不可。盖喇嘛通款于英，满人输诚于日，外我而去者正不仅库伦活佛已也。我今一味希冀和平，以此道待俄，亦将以此道待英、日乎？且德、法、葡、意各起而持利益均沾之说，协以谋我，牺牲待境犹恐不遑，况彼眈眈，其欲者我土地也。巨盗入室，贻之以金，金有时尽，盗无时已。准［审］时度势，即欲尤效满清而不可得。盖恶因早播，今正食果，若复从事联俄，苟且图安，外蒙一去，东辽、西藏、新疆、内蒙连壤瓦解，均势之局破而瓜分之局定矣。然既不联俄，惟有拒俄，既谋拒俄，势必联英。英何可联？联之以拒俄，即所以保我外蒙也。直接以保外蒙，即间接以保满、藏、蒙、新，保均势之局也。审是，则外交方针决有准向。然以俄之处心积虑，盘空攫取而得者，夫岂徒争以口舌、折冲于樽俎，所甘罢休耶？势必解决于武力。武力解决，败有七道：雪满草枯，南人不习，一也；地势不娴，进退迂滞，二也；省各一军，军各一心，三也；编制不同，饷餈［糈］互异，服装歧出，口径不一，四也；器械接济，转输艰困，五也；

劳师远征，饷源支绌，六也；兵多则内无以镇，兵少则外不足御，且南北心迹未融，总令不易，选将为难，七也。有此七败，吾人犹主决于武力者，何也？盖一发危机，与其不战而绝，无宁一战而踣，就使战败之后，举藏、满、蒙、新尽行割弃，藩离北撤，国都南迁，举国人民仅存于腥天血海之间，尝胆卧薪，炊予晰剑，气势为之一固，而后内政有着手之处，同仇有卷土之心，国乃可立。若不战而绝，非惟外召瓜分之惨，内亦起自溃之变，置政府于怨丛，裂各省为部落，是真亡矣。且战非仅败也，可乘之机较可败之道，殆有过之。俄地广袤，两洲恃之，以利转输者仅西比利亚铁道而已。重兵镇守则道阻且长，警备不严，则奇兵间出，一也；灭国而加暴政，宿怨日久，乘隙而起，首尾不顾，二也；邻国问罪于外，虚无党伸权于内，政府中慅，三也；人怀革命，军无斗心，稍有挫失，不戢自焚，四也；巴尔干问题悬之不决，弃之不甘，侵略方针不能矢一，五也；兵饶将慢，外强内腐，贵族积习甚于满清，六也。有此六道，胜负正未可必，焉用闻风而觳悚哉！且外蒙两部，仅仅少数人假托虚声，自尊自大，非真有政治见解含养其间，吾人即不为领土计，独不为两部苍生请命乎？吾政府其有所适从与！

嗟乎！立国之道贵在得民，得民者昌，失民者亡。今哲布尊丹独树叛帜，妄成私欲，陷土地于危亡，沦人民于奴隶，义师所及，岂仅国权！吾人昂首朔风，瞻视国旗，正声严色，敬告天下曰：吾中华民国，乃五族共和，非四族共和也。凡蒙古之父老子弟，谁非黄种之同胞？忍听逆佛戎首之蹂躏，而不一加意乎？然而廓索维慈之条约，距我建元将及一稔，我政府于外蒙政事不及为计，致有今日，而后岂其容我再误乎？凡我先觉之国民，盍锻炼其一鼓之气，而从事于根底旃。

（原载《公民急进党丛报》第4期）

临时政府有展期之紧要

（1912 年 12 月 1 日）

通国人翘首企足望国会，各政党奔走骇汗营议员，大类共和国之举动，可惜将临时政府置诸脑后。嗟予国民，何昧昧至于此极耶？

处今日之势，擘头难题，便是外交，财政次之，军政次之，内务交通又次之，教育实业又其次之。万端不绪，而众流一壑。咸归咎政府临时，将依国会同时更立，得无过软？

建设政府必依据法律手续，尽人而知；临时政府乃依据约法组织，尽人而知；宪法未布，约法仍处于有效地位，亦尽人而知。然则国会非挟宪法而来者，在宪法未经颁布时，谓为成立正式政府，其将依据约法乎？抑自由组织，令以宪法将就政府耶？是则必无之事也，是则临时政府必静俟宪法议决公认后，组织正式政府之手续一一无遗而后，"临时"二字方乃销声。

当外交棘手之时，每郁愤于外人未经承认，希望正式政府早日成立，未始非爱国者之热忱。然承认问题，须视我国民所建设之政府是否完全正式也，非仅易临时政府之名称，外人即有承认之必要，若未经完全法定手续，贸然以正式二字号于世界，而外人仍复瞠目结舌，不一作声，尤将奈何。夫承认之事人为政，建设之事我为政，我行我法而不自悖，虽承认稍稽，庸何伤？尤有进者，承认乃目前关系，正式为永久纪纲，重目前而经久远，转以阻重译之书，我国人识力薄弱，往往舍远而图近，蔑视之端，固自召也。

就吾人之评断，临时政府当延至国会，八阅月以后，何则三阅月定宪法，三阅月调查人口，两阅月完竣选举，为时已急促无间，若一味缩短期限，转病不达。树人十年，树木三年，况树国乎？

大凡共和国每更一新政府，必有一新政策。今吾国易一新政府，名维求新，人维求旧。今日之新，明日之旧。今日之旧，昨日之新。新名欤？新实欤？岂政府亦可日日求新欤？回想组织临时政府时，吾不遑为政府哀矣。

（原载《公民急进党丛报》第4期）

特赦刑事犯王逸[①]之不法

（1912年12月1日）

袁总统尝宣言公是非矣。王逸特赦，舆论如何？公是非乎？非公是非乎？余雅不欲横扫此公之威权。余盖深许此公能效忠于我民国者，然余笔如矢，扣弦必发，惟特赦区区一刑事犯，何足劳我管城。虽然，特赦一事，以司法总长之资格而呈请特赦，又一事。二者皆足供吾民国国民之研究者。宪法颁布，计月可待，对于大总统特赦之权，定宪法者不可不三注意焉。九宥不刑，铁券贷死，此帝王愚用功狗之借助，专制既倒，当然以法律保障人权。若大总统仍得于判决之罪犯，特予赦宥，则司法已失独立之精神，即援证欧美先进国，其定法本旨，一救刑偏，一以犯人之对于国本，较法权为特重，揆度法意，似不可缺。但此二者，一刑误，一人重，正大光明，无所暗昧，不妨举此二义之特权，而畀诸代议机关以取决于国民代表之公意，不得泥于先进之成轨，因覆而亦覆也。至若司法官厅代犯人设策逃法，得不犹之监狱官斩关纵囚，刑剑手向监司求免执行欤？彼司法总长所司何事？其罪过盖犹有甚于贿纵者，持约法以抗刑法，事乃出于司法者之呈请，即使许世英兼掌稽勋，亦不能不厘清权限，幸而汪彭年未曾毕［毙］命于王逸拳足之下，脱不幸者，其堪凭吊于青林黑塞间乎？然

① 即王金发，浙江嵊县人。辛亥革命后任绍兴军政分府都督，1912年10月，因殴伤《神州日报》记者汪彭年而被捕，并被判刑8个月，但很快被袁世凯赦免了。

而世之王逸亦黟矣。我五族之同胞，惟有托命于议决宪法者。

（原载《公民急进党丛报》第 4 期）

《库俄协约》伊谁之咎

（1912 年 12 月 1 日）

自南北统一，举国皇皇，日事内竞，外交方略咸置不顾。即吾公民急进党亦苦于组织未备，不能举纲挈要，以贡献于我国民。然对于蒙藏关系，未尝须臾离吾党人之脑筋。十月漾日，乃驰电国务院，询外蒙独立事，而国务院竟付之不理，意其守外交秘密，必有嘉谋以销除此噩耗于无形也。不料错成之日，且后我漾电两旬，国务院又不闻有如何应付之策略。若非各报馆喧腾，我国民并风影而不可得吁。外交重大，严守秘密。今吾已知其秘密失败矣，如之何其秘密争回乎？是未敢望于扬素也。今陆子兴出矣，吾愿于千虑之中，而有以采国民之一得也可。

（原载《公民急进党丛报》第 4 期）

致苏省长季中[①]

（1912 年 12 月 1 日）

季中先生致席：

日前车站匆匆一面，不获畅叙，深引为歉。问台驾明日莅新，谨走贺

① 即应季中，名德闳，浙江永康人。时任江苏民政总长。

并以宁事就教，踵门两度，复因公出。窃愿托意管城，假下关公民代表陶君宣三进谒之便，一商榷之。共和肇始，根本难题便是人民乏自治能力，政府脆法治之权，未有于法外言治及阻遏自治者，能望共和项背也。今自法宪章，参议院未曾厘定，各省皆根据前清旧章改头换面，各自为风，然于自治之根本，初未尝有所殊也。侧闻江宁下关一镇，考志载暨人口在前清即可划为镇，自治在民国，当然是市议会，而南京府知事对于此项之呈请，竟谓之为紊乱章制，此不可解者一。查自治旧章，变更区域问题由府厅州县议事会解决，今宁属此项机关尚未完备，人民席旧时习惯而请愿于官厅，是人民重视官厅之故，今以官厅无权解决之事，而贸然抑勒其自治之权，官厅违章而反以违章加诸人民，谓之为防［妨］害公务，此不可解者二。自治云者，己治也，非人治也。下关地方距宁垣十余里，俨然一市镇之巍观，人口数目既复相符，若人民乏自治能力，官厅尤当导促其进行。导之不前，促之不行，夫而后纳入于相距较近之机关，借箸而代筹之。今既有自治之能力，又竭意急进，官厅乃从而紾其臂，他会又从而涎其肥，此不可解者三。宁市完全一自法［治］机关，能自治，斯自治耳。若自治之不臧，尚可倚下关而为之先进，今宁自治成绩毫无表见［现］，徒以吞并下关一隅以扩充其势力，若下关众意所愿，何所不可。今下关足可自治而宁市必代之谋，是团体各自争执之问题。理之修短，事之曲直，法之向背，情之顺逆，习惯之异同，均置之不问，惟一味强词压制以箝束民气，催抑民程，是岂共和时代之官厅耶？若是者当杀之无赦，以为共和蟊贼之炯戒。不料数以政声闻之，雪老[①]先生亦从而助其悖也。今阁下下车伊始，擘头一著其以促进自治为政策欤？抑以禁止自治为政策欤？谅高明必有以取舍于斯二者。此启，即颂政祺。

（原载《公民急进党丛报》第 4 期）

---

① 即程德全，四川云阳人，时任江苏省都督，因程氏字雪楼，时人常称之“雪老”。

致陈戎生函

(1912 年 12 月 1 日)

戎生知己：

卓识、飞衡两公归，得拜手教。公谊私情，镕流肺腑，爱□之义，有逾骨月，一非木石，能不动中？夫樗栎生山，非弗畅茂，大匠操斧，望之色喜。及其纵斤，便不胜用。足下所见，得不山之大匠乎？仲尼恒言：“有道则见，无道则隐。”定一尝反其说，以为世苟有道焉，用君子且在今时，国鲜余步，人薄良知，抱璞高蹈已无其地，凡有血气焉用超越，何况梧柳之资，尚不忘情大厦耶？然砆碱磅唐，可以平治道途而不可琢圭璋。以协公之知我，足下之爱我，非不切挚，但定一自知垂三十年，固较两公为深且久者，自知而不能行其所知，是自昧也。今天下之昧，亦甚矣。定一何敢以自昧者重昧天下乎！且自足下襄协公治赣以来，军纪于伍，商安于市，农勤于野，披荆斩莽而磬四方，岂甘露、嘉禾乏人饮啖而故以不闻党事以强一行？至若公民急进党者，举国之公党也，非足下若一之私党也。足下登名党籍，即犹之登名国籍也。昂昂七尺躯，举国有分之公身也，非足下一人之私身也。抱爱国热诚坚巨如足下者，尚何渺己之甚哉！审是，则足下不过设辞以挟制定一耳。虽然衡阳过雁，时闻德音，空谷流莺，共鸣求友。二十号成立会后，或者马当一帆风顺，送上腾王阁来读民碑。赣部既新改组，尚祈努力，诸惟为道自爱。

(原载《公民急进党丛报》第 4 期)

在公民急进党越支部成立会上的演说

（1912年12月1日）

"各人自扫门前雪，莫管他家亘［瓦］上霜"，此吾越父兄诏勉子弟之口头禅也。立言本旨，不过防一般少年气盛之士浅率而罹祸耳。谚故曰："多管闲事，多讨闲气。"又曰："闲事不管，饭吃三碗。"是可以觇吾越之风矣。长此习惯，不事改革，持此道以保身家则不足，丧家亡国则有余。余将为越人治此锢疾也，余即以越人所性习者，秉余之良知以立说。愿越中父老，平心静气，以听余言。

信佛之风，盛于吴越。重因果，信报施。一般无知识之社会，不知法律为何物，道德为何事，所以不敢显然作大奸慝者，实果报之一念范围于冥冥中耳。于果报观念之中，发生一重修善之心理，但所谓修善者，恒以个人作主体，置人于不问（越谚有云："公修公得，婆修婆得。"），如是则所修者修自己个人，善者善自己个人。《心经》有言："能度一切苦。"谓之苦者，众生之苦也，非佛自己苦也。知众生之苦，而尤知一切苦。既知其一切苦，进而谋有以度其苦。若仅知其苦而不谋为之度，则枉其所知；若仅谋所度而一无所能，则枉其所谋。知一切苦而谋有以度之，谋有以度而竟能度之，此佛之所以言大慈悲也。佛经又载有释迦割肉饲虎一事。释迦之法力亦大矣。然释迦既有如此大法力，直可葬身虎腹，何必又多此割肉之一举耶？释迦岂真割肉哉！譬喻之言曰："虎饥且噬人，饲之则饱，饱则不噬，不噬则一切众生无所伤。"不曰以身饲虎，而曰割肉饲虎者，以肉去而身犹存，尚可徐图生复耳。以虎引喻者，盖指为能加残暴于人群之物类也。吾父老敬佛如是其诚，信佛如是其笃，则当表示其诚敬笃信之心，言佛所言，行佛所行，凡为祸于社会、残贼我家邦者悉有以制之。人人以自己之所知自己谋之，自己谋之而自己行之，即知即行，不必假借他人之为之助力，及耸撮他人之为之前驱也。暴除则良安，莠去则苗长。一人富而天下皆贫，此人即无以全其富。一人乐而天下皆忧，此人即无以安其乐。反面视之，一人贫而天下皆富，此人又何惮于贫；一人忧而天下皆乐，则此人尤乐其所乐。譬诸乘舟：舟，吾国也，民，舟中之货客也。舟固非货客所私有者，然当风涛澎湃之时，舟损且泄，乘客不力谋修葺，而各自顾其货，舟沈之后，能无同溺水乎？革命以后之中国，一建造未备之新舟也。怒礁四伏，横风倒吹，吾辈一舟中人，凡掌舵驶帆，皆吾人之天职，吾人而欲安然出险也，当放胆收心，万众一致，尚何梦梦徒为己计？胸中自有佛，何必拜灵山。余愿余越人扩充其修善之心，实践于佛家之言旨，则子孙万亿，善报方长。

（原载《公民急进党丛报》第 4 期）

在公民急进党厦门支部成立会上的演说

（1912 年 12 月 1 日）

厦门新名思明，我东南唇舌也。岛屿潆洄，海山表里，此非南宋时建宁陷后端宗奉母后入海之区乎？日月几何，回溯宋室，误于秦桧，不误于贾似道。当似道秉国时，鄂州已陷，襄阳互市岌岌，临安犹日以依附群小纳赂求官为举朝之事，卒至亡国，此非虚荣之一念有以误之乎？定一尝游安南、交趾。闲践其土，法领矣；视其国，越督监矣；闻其贵族之子孙，式微矣；睇其生民，悲沈宛转以待毙矣。而小朝廷之鬻爵希荣如故也，呜呼！何其亡国人之类似乎？今宋祚久移，越南割丧，鼎迁代谢，余痛何来。乃偶展史乘，如白发老将醉抚刀疤，而不自觉其苍凉沈痛也。

夫希荣非恶劣根性也。我海外弟昆，国中孟季，固甚富于荣誉思想者。但专制日久，积习镂心，所为荣誉者多属于人畀而弱于自立，多厚与［于］个人而薄与［于］团体，多贪于虚声而廉于实际，是则所谓希荣者，私荣而非公荣，虚荣而非实荣也。盗虚声而弃实事则国本危，急私荣而缓公益则人心涣。一虚一私，足以危国本而涣人心，此宋之所以致亡、越之所以沦胥也。若此亡国之心理，为吾党人所宜荡涤而尽去之，莫留宿垢于胸中，而延祸吾同胞也。且当以吾党人一净无尘之心血脑汁，助吾同胞力洗此瑕秽之锢习，去虚存实，化私为公，戮力同心，万众一致，以树吾民国之荣光，则荣幸大矣。

国，譬之公司也；荣誉，譬之金钱也。政府人民，是公司之管理，亦即金钱之股东也。设有二公司焉，其甲则日积其赢以归诸公司，其乙则日蚀公司之所盈而散涸之，甲未有不兴乙未有不败者也。荣誉云者，本至虚之物，亦至实之物，犹之金钱与信用之比较也。金钱之转运，有时而穷；信用之允孚，直无涯涘。惟散诸私者，其范围迫窄，取求有尽，按之虽实犹虚也。积于公者，其气力雄伟而流通不已，视之虽虚犹实也。国之于人非及身而止者，吾人何忍以一己之私，徒作目前之计，而令后来者之食我恶果耶。

嗟，嗟！思明有众，谁非余之父老兄弟耶？余父老兄弟，谁不乐此共和乎？此共和岂不从革命得来乎？何其似是而非耶？要知此似是而非之共和，皆一般似是而非革命之心理所构造成也。余父老兄弟，其亦有此心理乎？则革命之后，尤当革心，不然，完全共和，将无成日。定一秉此愚忱，谨托郑君达邦代表此意，来渎清听。苦言逆耳，或利于听，幸毋以定一之敢于开罪也，则民国万岁，吾党万岁。

（原载《公民急进党丛报》第4期）

寄蔡幼襄将军

（1912 年 12 月 1 日）

白沙洲外孽龙遁，将军手裂云华衮。十丈霜魔三尺刀，大声叱破天混沌。中原开治四千年，降至有明汉祚颠。八旗窃鼎二百六十有八载，神洲［州］无复金瓯全。天下英雄入其彀，胡马膘肥汉儿瘦。神运本非人所私，取之巧者失之骤。自我覆之我复之，二百年来如一时。饮马长江水，磨剑汤孙湖。万人瞠目视，一夫袒臂呼。一呼龟、蛇应（龟蛇二山），一怒天下定。一代孱王翼不飞，历朝帝祚走不胫。吁，嗟乎！项城黄陂中山郎，丰功伟业何堂堂！书生本色无多靓，我羡将军蔡幼襄。

（原载《公民急进党丛报》第 4 期）

和王民仆

（1912 年 12 月 1 日）

年年唱惯楚狂歌，继有余心奈力何。参透莲台无量劫，一花一叶一天魔。

岸帻来游鹦鹉洲，良辰半被病魔囚。未谙酒性贪长吸，赢得勋名是醉侯。

（原载《公民急进党丛报》第 4 期）

有　见

（1912 年 12 月 1 日）

珠光剑气御空流，欲问从前识面否。忽自低头弄罗带，海棠心事怕知秋。

（原载《公民急进党丛报》第 4 期）

醉芙蓉词

（1912 年 12 月 1 日）

女儿生小嗜新妆，却是无郎似有郎。弄影姿凝千丈水，听秋情晕一枝霜。风鬟露靥多宜酒，水素云裳不染香。莫羡洛阳诸姊妹，他家倚力借东皇。

（原载《公民急进党丛报》第 4 期）

即席和崔浣香

（1912 年 12 月 1 日）

天台山里饭胡麻，开遍刘郎去后花。几树碧桃一溪水，鞋痕何处认宫娃。

汉皋灯火万千家，处处楼台处处花。便有明珠无可寄，何如隔院听琵琶。

（原载《公民急进党丛报》第 4 期）

送东山之唐山校

（1912 年 12 月 1 日）

可羡荆山浑璞身，英华烂漫见天真。平康风月来无迹，粤海音书去要勤。运学必先能化物，责躬原不计求人。嗟君此别颇豪健，我亦临歧想轶尘。

（原载《公民急进党丛报》第 4 期）

寄滇中诸友

（1912 年 12 月 1 日）

大好湖山胜，偏予感索居。欲图一罄臆，转致久无书。霜重林初醉，日高云欲舒。临风供傲菊，相对各轩渠。

故旧晨星几，拂衣我独先。万方正多难，一别动经年。明月秋心阔，西风客梦悬。挑灯独无语，坐白一痕天。

（原载《公民急进党丛报》第 4 期）

秋宵旅行

（1912 年 12 月 1 日）

万山浸凉月，单骑古城窟。溪清鱼网寒，叶落鸟巢兀。

（原载《公民急进党丛报》第 4 期）

丐　僧

（1912 年 12 月 1 日）

不咒弥陀不笑禅，无端流落在人间。好山有可当经读，古寺时来伴佛眠。半世胡涂荒妙蒂，一身饥饱问虚天。众生即我我非我，如此生机自自然。

何尝懵懂不惺忪，一半痴呆一半穷。愿我无衣缀红叶，笑人佞佛舍青铜。诸天菩萨荒唐甚，一味生涯惨淡中。参破色空真色相，臭皮囊里是天公。

（原载《公民急进党丛报》第 4 期）

辛亥七月十七日暴风雨坏禾成灾

（1912 年 12 月 1 日）

龙馋虎饿社公颠，转眼平畴变长田。蓑笠梦回双岁获，江山僵锁万家烟。兼人谷伯能兴祟，炼石娲皇枉补天。况乃耒锄隐盾甲，犹闻关吏比征躅。

将雏扶老诉公庭，今岁秋收只几亭。改种不成还苦雨，鬻儿无主又添丁。嘉禾蒸水黄参黑，败絮粘泥赭半青。我自横刀向天啸，能操何术拯生灵。

晋梁回首霸图空，往事犹传河内东。社会未能均贫富，版图况乃界凶丰。秋深蜀左兵连甲，鸿落江南雨又风。一样虞田神禹迹，老天公也有偏衷。

江东赤子一齐饥，挺险公然噬择肥。济众枉求天府粟，耐贫安得首阳薇。平沙哀雁因风举，寒夜饥枭绕月飞。寄语东南诸伯仲，此中聚散伏戎机。

（原载《公民急进党丛报》第 4 期）

怀滇友

（1912 年 12 月 1 日）

长别离，长相思，一年别离三百六十日，一日相思一十有二时。秋风度哀雁，明月临清池。记得秋风忘却冷，贪看明月欲成痴。忽然虫声歇处一支箫，吹得离魂上九霄。欲歌不歌，欲泣不泣，人影月影空动摇。安得翠凤羽？一举达哀牢。闻道衷牢西，英儿阔步上天梯。又闻巴山北，爷娘子女相偎哭。吁，嗟乎！蛮花犵鸟锁烽烟，我所思者在其间。安得离人千斛泪？化为甘雨洗蛮天。

（原载《公民急进党丛报》第 4 期）

甲辰叠钱寿仙韵

（1912 年 12 月 1 日）

天马长鸣起，空群势独禁。未消游侠气，远抱古人心。夜静诗生鬼，秋高未有音。龙门声价贱，市骨笑千金。

沧海廿年梦，波涛几度禁。秋风磨剑胆，夜雨写琴心。未作凌虚举，何求叩寂音。王孙跨下日，枉自感分金。

满怀多少事，风雪一眉禁。万斛英雄泪，千秋壮士心。杯光摇月魄，山气动秋音。间展骚经读，分明字字金。

（原载《公民急进党丛报》第 4 期）

如意内阁

（1912 年 12 月 1 日）

横览赤县神州之四万五千万人众，得以胜任内阁者几人，曰有：

外交：陆征祥、伍廷芳；财政：熊希龄、陈锦涛；司法：沈家本、王宠惠；农林：张謇、陈振先；工商：盛宣怀、孙毓筠；教育：蔡元培、汤化龙；交通：梁士诒、郑孝胥；内务：赵秉钧、程道存；海军：萨镇冰、刘冠雄；陆军：段祺瑞、冯国璋。更以袁世凯任大总统，章炳麟掌秘书，而以梁启超当选国会议长，如何？

（原载《公民急进党丛报》第 4 期）

为虎设圈

（1912年12月1日）

一千八百五十六年，哥里米亚之役，英人联法援土耳其攻俄，订《巴黎条约》，俄国海军从此不能越黑海一步。一千八百七十八年，俄人保护宗教之役，挟塞罗门三国大败土耳其，英复出面干预，订《柏林条约》，俄又不得逞志于近东。英非有所袒于土耳其也，以土人善战，畀之以樊篱俄耳。日俄之役，英实臂日及其同盟，英非有所爱于日也，辅之以制俄耳。列国外交，英为最狡，暴俄如虎，惟英圈之。土耳其、日本愿为所用，因利而利，亦势之不得不然也。然奄有外蒙者，亦当有所省矣。篱牢犬不入，何况虎狼俄。

（原载《公民急进党丛报》第4期）

蒙何必曰征

（1912年12月1日）

库伦，吾领土也；哲布尊丹，吾人民也；俄，我邻邦也。以人民而输土地与邻邦，是叛也；以邻邦而私与吾人民缔结条约，劫我领土，是盗也。诛叛屏盗，吾国吾民分内之事。库伦者，土谢图汗部之一隅耳，以少数不逞之徒，夜郎自大，外我生成，于吾蒙古之民族何尤！而竟贸然曰"征蒙"也，是殆将为渊殴鱼乎？丛殴雀乎？呜呼！彼外于我之少数，夫亦吾民国之族类也。吾不能融和以一致之，于内省能无伤？

（原载《公民急进党丛报》第4期）

我不瓜分，俄必瓜分，瓜哉！瓜哉！

（1912 年 12 月 1 日）

人类，一盗群也；世界，一盗薮也。机智胜者，其盗也巧；气势胜者，其盗也武。合世界各国，有被大盗之资格者，莫我与俄若也。他若巴尔干列邦，不过一小钱肆耳。南非洲诸地，犹属獐狝鹿兔之林。世界眼光，以俄国耽［眈］耽［眈］左右顾，尝恐巨灵之掌，不测伸来，故抱和平政策者，以能箝［钳］制俄罗斯为维［唯］一主旨。若一旦怒狮暴起，天下之矢争集其身，且俄地环北球，滨其国者，惴惴而慄，此大盗之所以被劫于小盗也。我中国庞然如象，举动迂绌，抱拓殖主义者，既贪我天，又涎我地，且内部毫无结力，窥而伺之，逐逐其欲，此漫藏之所以诲盗也。双方目的，必达其一，入手之初，必自两国之大决斗始。俄不我分，我必俄分，我其为瓜之瓢欤？抑为瓜之□欤？在吾国民自取。

（原载《公民急进党丛报》第 4 期）

吾服其敢

（1912 年 12 月 1 日）

天下无险事，天下无难事，天下无不可耐之事，总而言之曰“敢”。敢险易，敢难易，敢耐亦易，皆不得为之曰敢。敢耐险、敢耐难、敢耐人所不可耐，而不自觉其为敢，夫而后谓之真敢。

（原载《公民急进党丛报》第 4 期）

式相好矣，毋相尤矣

（1912 年 12 月 1 日）

咄咄。尔蕞尔之扶桑三岛，狡狯如狐狌，骚扰如鼯鼠，既食我黍，又穿我屋。乃公之书，汝啮之；乃公之眠，汝扰之。毋撄乃公怒，公怒不汝恕。莫笑我牛瘠，偾豚畏不死。咄咄。尔冥顽之支那，庞大如肥豚，磨刀将鼎烹。食指一动二十年，殆其分我一杯羹。呜呼！尔莫我伤，我莫尔戕。待尔民权发展时，得非共和国里一联邦。尔我都是一家人，焉用是咄咄者为哉。咄。

（原载《公民急进党丛报》第 4 期）

选举平议

（1912 年 12 月 1 日）

共和国民，夫人而有参政权者，理也。夫人而有政权，不能尽人而操政权者，事也。不能尽人而操政权，于是公选代议士者，法也。是则人民被选为代议士，责任所归，例同公仆，非可拥为显爵厚禄也。然则吾国代议士之选举何如?

世界各国，凡选举议士，无成法可引为标准，若必从事鉴别，可标四格：

（甲）投票人不结合，以得票及额定票数者，次第当选。或被选人数单简加多，选举次数而当选者。

（乙）投票人结合，衡定当选人之资格，然后投票当选者。

（丙）谋当选者挟其道德学识，以鼓吹一般投票人而得选。或少数明达人，不存取偿之心，以笔舌或借力代其所信仰希望之人，奔走运动而得选者。

（丁）谋当选者挟其道德学识，以运动犹不足，又不获少数明达之士为之竭力鼓吹，于是借助金钱，力谋当选，抱国家主义，以发扬其学识，而得选者。

右列四格，甲与乙其选举权皆操诸投票人，丙则旁落于少数之选举人，丁则全操诸被选人矣。

（甲）格之悬，全世界尚病未能。（乙）则华盛顿之选举，亦在所不免。（丙）格对于国家之主义尚富，他国通行之。（丁）虽近术，为高洁者所不取而于国家主义尚无残，然自哙以下不足观矣。

凭兹四格以衡我国，（甲）固不能，（乙）亦不获，（丙）与（丁）焉，间有少数之分子而不纯，是殆不可以已乎？已而，已而。

众议员之初选无论矣。覆选如何？当选者尝偶一内省乎？投票者亦偶一内省乎？然此犹得曰："此人民选举，投票人之资格如是耳。"省议员之覆选亦犹之。众议员之覆选也，乃参议员之选举，尚得为非机关选举乎？左券右管，岸然列序以投票者，固负有数十万人民之代表。已试问昨宵今日，所入于投票人之耳者，为何如声也？今日今时，所书登于投票纸者，为何如人也？民权乎？神权乎？投票人之选举权乎？昙花一幻，优钵旋空，禀天赋者，能无涕下。

或以数千年专制之人民，贸然登于共和之域，举世滔滔，被选者固不得免，君何责世之严耶？斯言实韪之。不知他日选举时，尤当引此说作解嘲否乎？噫。

（原载《公民急进党丛报》第4期）

大总统

（1912 年 12 月 1 日）

客有欲为大总统者，造沈子之室，卒然问曰：“仆可任大总统否乎？”沈子曰：“可。”曰：“何由知吾可也？”沈子曰：“凤皇［凰］朝翔于昆仑，暮翔于海表，浴星宿之水，栖桂岭之梧，百鸟尊之。其飞鸣啄宿，何多尚耶！麒麟蹈天山之云，步西郊之月，食必巅英，寝必洁石，百兽尊之。共啮啼腾踔，何多尚耶！尊之为凤、麟，斯凤、麟耳。夫大总统，出必以乘，居以宫室，食精寝晏，尽人可得而为也。子亦犹人，奚为不可？”客曰：“然则仆能之乎？”曰：“不能。”曰：“何由知吾不能耶？”沈子曰：“昔耶律楚材之入蒙古也，移风易俗，元鼎以立。班超之处乌孙也，以三十六人左右西域。乐毅将弱燕，下齐七十余城。之三子者，均是人也，亦各言其才不才耳。今之任军国之寄，则不能媲美晋卿；处外台折冲之间，则不能效法定远；用三军之命，则不能步武乐毅。夫今日吾国之总统，非兼三子之才不能胜任愉快。子归而求之，以待需子之时。”客谢而退。沈子曰：“惟不学之子，乃有愤非分之求。充非分之心，乃有偾事之变。今选举总统之日将届矣，安得长才而远驾之，即思其次，彼何人斯。”

（原载《公民急进党丛报》第 4 期）

前　题

（1913 年 1 月 1 日）

八方烽火遍雄关，疑寇疑兵意往还。借问荆州十万众，先生指血为谁殷。杀机欲动夜城孤，截指销乓［兵］胆气粗。今我披图一大笑，书生习气未能无。

道存寄图索题，意以功业必待文字而传，故拾苏句嘲之。

（原载《公民急进党丛报》第5期）

桃源道中

（1913年1月1日）

走马斜阳野色平，沿途落叶惹衣轻。当风粉蝶高低扑，背日乌鸦断续鸣。红树半迷归棹影，青山静透暮钟声。秋来尽是清凉景，夜气澄空月倍明。

（原载《公民急进党丛报》第4期）

辰州道中

（1913年1月1日）

危岩泉咽草萋萋，薄暮肩舆怕向西。映日霞光频散聚，弄风竹影自高低。村童横跪归牛背，山碓遥联羸马蹄。一路秋光多淡漠，何当破晓听乌啼。

（原载《公民急进党丛报》第5期）

湘行感怀

（1913 年 1 月 1 日）

匆匆策马上危岩，天际排来万叠山。若使潇湘故侯在，何须买剑过雄关。

（原载《公民急进党丛报》第 5 期）

度谷濛关

（1913 年 1 月 1 日）

百丈悬崖压顶雄，一鞭征骑去匆匆。千层石砌来天际，四壁松涛出谷中。隔涧泉流成曲道，夹山云起幻奇峰。披青带绿行吟者，不若羲皇一老农。

（原载《公民急进党丛报》第 5 期）

古　寺

（1913 年 1 月 1 日）

荒烟残碣事模糊，深院空庭鹤影孤。芳草不知秋已老，缘阶只自斗蘼芜。

（原载《公民急进党丛报》第 5 期）

钟勋甫有开化之行，以牡丹藤罗帐幔属题

（1913 年 1 月 1 日）

丰姿卓荦却宜春，跌宕风光跌宕身。国色展开情宇宙，奇英绕出古缘因。东君无力天应老，粉本何人写入真。倚遍阑干宵寂寂，捧心低首学时颦。

征鞭不敌柳丝长，只托东皇作主张。故国青藤余旧梦（徐文长字天池，越东名士也。名其书舍为青藤书屋，至今犹存），南宫红棣病时妆。浇来别酒歌还涩，题到奇葩笔也香。一任万年朱若紫，低头却自拜花王。

（原载《公民急进党丛报》第 5 期）

赠镜若氏

（1913 年 1 月 1 日）

胆魄磷磷照古今，填胸悲愤自浮沈。引杯空洒英雄泪，望月常寒闻达心。何处天涯埋侠骨，难凭江水洗烦襟。男儿自负男儿志。如此风光莫浪吟。

俯仰中原一藐躬，几时投笔好从戎。树将脊骨先宗悫，为有头颅忆马童。叔季文章多感慨，炎凉世态转和融。江枫最是伤时客，血泪飘来点点红。

（原载《公民急进党丛报》第 5 期）

题鹤俦诗

（1913 年 1 月 1 日）

也是多愁多病身，菱花心迹雪精神。河山尽入花中笔，世界空呼镜里人。目断天涯谁国士，心随关塞到慈亲。此身一样逢辰出，秋水文章为写真。

坎坷历尽证空昙，过去韶华挽不堪。自信瑶台居第一，待圆秋月到初三。须眉漫说皆余子，巾帼无妨竟化男。莫为飘零增忧郁，文章知己遍江南。

飘泊漫悲际遇迟，神龙终有遇风时。静中说佛扪心寂，险处探诗得句奇。羞听《胡笳十八拍》，每怜羌笛五更吹。莫言才大难为用，解得虚心即我师。

前身原是广寒仙，不必铅华斗丽娟。才识红尘惊一坠，既经黑海终千年。脱胎同嚼沧桑味，半面偏输世俗怜。如此光阴如此过，那堪重问大罗天。

（原载《公民急进党丛报》第 5 期）

陈振霞作东京之游，陆叔明以长歌赠别，即步其韵以佐离觞

（1913 年 1 月 1 日）

长夜漫漫幽磷碧，金乌玉兔同变色。故鬼惨淡新鬼愁，地维缺兮天柱折。东邻鼓角壮且悲，西域有槎乘不得。四百兆人寂无声，谁为祖国哇心

血。武陵公子出云端，彳亍冰天肠独热。长啸一声濯足去，东走扶桑持汉节。骊宫只手夜探珠，海国逋臣同食德。神龙知已破壁飞，精卫何劳含沙力。广寒有路我难梯，朝朝暮暮空忧结。春草揭开南浦愁，一瓣心香视此别。君既有志补南天，君更有心换北极。君若临风执国旗，君当投袂入虎穴。昆仑顶上剑气寒，翘首天岸昂昂骥。今朝怀酒洒东瀛，好将铁血重铸国。丹心直挽大风潮，慰尽苍生无限臆。

（原载《公民急进党丛报》第5期）

振霞以韵相献咏以赠别

（1913年1月1日）

茫茫世宙感瓜分，烽火难将债券焚。羞抱琵琶弹故调，怕听鹦鹉说新闻。沼吴犹有三千甲，复楚谁陈百万军。莫谓太阿持不得，好将磨励待元勋。

莫谓嫦娥不解愁，为偷灵药作天游。病□太久浑忘瘦，医人神来不觉疗。聊借膏肓呈绝技，漫随萍絮逐长流。青囊一旦归来后，记取存亡危急秋。

（原载《公民急进党丛报》第5期）

宫　词

（1913年1月1日）

那堪岑寂过风光，独抱琵琶倚夕阳。玉殿漏声愁里韵，冰壶梅影冷中香。

无情空负人千辈，薄命应怜梦一场。回首未央歌舞地，不妨剪发走扶桑。

禁门辘辘走宫车，驾落珠钗坠枕斜。待幸何须裁鬓影，看春空自悟昙华。绿章月里承寒露，红袖风前妒醉霞。飞燕也嫌金殿寂，双双巢入故侯家。

南柯幻境兴谁知，揽镜自怜半面宜。春雨泣红人去后，秋风送冷雁来时。偷吹残烛邀明月，倦倚疏栏记旧诗。最是隔墙人语细，一年愁恨总无涯。

空院落花不解言，一双雏燕集红旛。锦衾春冷添新梦，宝鼎香残忆旧恩。更静几曾娇报漏，帘寒未敢独关门。挑灯问卜无聊卦，偶触灵机笑转坤。

（原载《公民急进党丛报》第 5 期）

大风书怀

（1913 年 1 月 1 日）

黄尘矗立卷危襟，鼓动天涯侠士心。按剑叩天悲蠖屈，挽衣据地作龙吟。御虚气势豪于飓，破浪心期感到今。独立苍茫一声啸，不教疯婢肆寒林。

（原载《公民急进党丛报》第 5 期）

寿仙叠吴采之前韵棠和原韵答之

（1913 年 1 月 1 日）

余酝依然瓮里芬，阳关别语记殷殷。世情原等春秋递，底事难争草木葺。投笔有心追定远，枯毫无泪写湘君。龟龙麟凤来应未，何日神京现五云。

北辙南辕几遇歧，恨天不我吐襟期。神蛟出海腾云去（怀陈振霞东游），宿蝶因风扑□痴。兴汉不忘争祖日，说秦刚到敝裘时。古来才大难为用，休向高风献妙词。

高山不碍白云过，拂袖依然唱大罗。隔岁诗怀偏慷慨，伤春鬓影半苍皤。得来新句临风唱，捉得飞花和露抄。无限愁怀狂里破，如何愁却此狂多。

茫茫眼底众生纭，待旦人偏倚晚曛。未必乘风歌击楫，何妨投杼学从军。落梅竟作飞旧舞，孤鹤遥联旅雁群。多少零丁飘泊者，一般聚散等闲云。

（原载《公民急进党丛报》第5期）

酒渴吞海诗狂上天世界苍苍一览无际

（1913年1月1日）

掀髯一笑五洲空，拔剑撩衣唱《大风》。壮士立功羞食肉，封侯无命笑裁桐。知音犹有三更月，率性依然五尺童。问道先生是若个，天涯飘荡一孤篷。

（原载《公民急进党丛报》第5期）

吊吾友诗姬

（1913年1月1日）

（女士周凤珠，父官于滇，幼年见背。好弹棋，工韵事。属吾友诗姬，而年方及笄，竟尔夭亡。丈夫不得志，更不堪谈薄命红颜。吾友以其旧作示余，读未竟而凄咽不忍终篇，因用友人旧韵以吊之。）

芳草寒磷显复沈，西风独剩泪人禁。缘阶留得吟诗影，检箧依然望月心。棋子空敲犹有韵，明珰冷宿总无音。马嵬烟树台城柳，何处仙山劈钿金。

玉屏镜里月笼梅，凭吊芳魂来未来。花影模糊人影寂，箫声冷落雁声哀。金轮转处偏疑梦，银烛烧残未忍灰。只为从卿魂里约，几曾问字到瑶台。

（原载《公民急进党丛报》第5期）

致省议会辞议员函

（1913年6月12日）

浙江省议会公鉴：一不佞尝闻：谈言微中，可以解纷；维口启羞，或致丧国。故圣人慎言，言则为法万世也。男儿生当鼎新革故之秋，不能立功业于天下，扬德威于后世，徒鼓舞唇舌，弥补罅漏，亦足悲已。言之未必能行，况并立言而不可得乎！一齐众楚甚于溃流，此岂拳石之所能砥柱哉？受书以来，于今四旬矣。月前一号赴津与会，遵初议也。迄津而会已南迁，挽之不可。八号入京，紫城之禁，卫拱之森如故也；亲故贪佞，□满府卫如故也。而奔走公门，窥伺声色，经营利禄，爵常者无异，教坊变本而加厉焉。乃默察国会，遇事莫衷。非无嘉干之才，终累害群之马。吾浙代表虽不免间有微词。以定一所闻知见知者，如褚辅成、王家襄、黄群等皆号健全；如陈夔枢、胡翔青、张傅保、俞炜、杜士珍、戚嘉谟、丁儁宣、卢钟岳、袁荣叟等，皆砥节励行，不敢苟且。然格于纷议，建白未由。而两院嚣张之士，党见外盾私欲中烧，内亘横倾，以逆为顺，此开幕之后成绩之所以缺乏也。定一秉协助国会之旨，谋有以沟通而引导之，而卒不见功。孤掌不鸣，独木不林，于是有联合会迁都之请。盖以本会之意旨，秦、鄂、汴诸省代表佥表同意，而尤以迁都为能实施也，遂委托定一南下致请。廿七号抵沪以后，凡有会必述焉。尔时本会来电亦主张北定会所，而众议恒恐入京为金餂而受力劫，议终不成。夫各省议会，各省人民之代表也。一省仅选任两代表，犹恐屈于威武，淫于富贵，不能自信。况人言藉藉之选举乎？洁身避地，巢、许、夷、齐之风也，负付托之重而避若探汤，将安所恃哉？前受非法机关之诮，继蒙非常国会之议，无非以南下之举，授人以可疑之端。定一故并建议第二宣言修正章制，以示联合会非一党之私，昭大信于中国，而执事者以为迂阔之谈、疏缓之举，此岂尚能为力哉？抑联合会者，各省议会委托之代表组织者也。秦、鄂代表未尝不以联合为主义，卒以党籍不名，屏割不愿。一闻得全者全昌，失全者全亡。由是观之，定一受本会之命而委为代表，不能合二十一行省以计其全，亦已过矣。今且不能使已合者不离，此岂尚能为力乎？武力可恃而不可恃，公理不可恃而可恃。当今之时，苦于国会之沟通疏引之机，非公理绝不相能之日，脱公道消灭，事理无凭。邦家不造，见以戎衣，区区联合会之代表，尚能得自惜而图存哉？乃时各省议会，自当换变方针，声罪致讨，今岂为如此云云乎？定一不敏，舍趋重国会，以法为罗，以理为断，以国家治安于共和为归宿。此外，凯崇不足艳，责获不足警，毁誉不足动，离宗之语不敢出，非分之想不改萌，而尚能随风而靡乎？昨奉真电，谨以书答。望本会父老、昆季，矜悯愚陋，许予去职。临书，不胜流涕悲感之至！

（原载《浙江省议会第一届一次临时会文牍》下编，1913 年）

致袁世凯书

（约 1913 年 7 月中旬[①]）

定一尝相天下士矣，未之见也。或上之于三代，或远之于八蜓埏，读其书，钦其行，观其史，传其记录，未尝不彷徨默识，恨生晚也。起义以来，神州豪杰崭露头角，声可以动天地，名可以震鬼神，观其行不过尔尔也，于是乃知传记之不足信矣，然犹未敢以语公也。入京之后，道旁荷枪以逡巡者，拱卫军也。总统一国元首，宜有卫，引伸重译献祝歌功者，报牒也。总统勤劳国事，宜有褒。入门抵掌高谈时局者，政客也。以为正式总统非公莫属。公人杰，宜有位，巍巍乎总统之于中国也，俨乎哉。定一何幸，十年相士而不可睹，于今乃得见之。虽然，军之卫公者，受豢养也；报之褒公者，得资助也；政客之拥戴公者，欲有所取偿而求于公也。我公应人之求而役人，人亦得其求以役于公，非役于公也，役于其所求耳，若是则为人役矣。盖世之英，中州之灵，不能使父老子弟倾心拥护，而受保卫于区区之拱卫军，不能使畎亩田园祝功颂德，而受吹嘘于阿私之报，不能使举国有众纳宾协和，而受运用于三五私人，于今乃睹公之志矣。定一国之东南人也，东南之人，如汤寿潜、章炳麟、蒋智由、汪兆铭等，皆凛然有气节之士，如张謇、伍廷芳、李经义负名解任，悉屏之不用；而梁士诒、段芝贵、王赓之辈，皆贪鄙谗谄之徒，苟营左右，天下何患其不乱耶？愿公以郭清宇内之心，力锄嬖佞，则临时政府尚有桑榆。定一为公计，为国计，为临时政府之危难计，远念昔人，驰怀异地，忧怆交集，不知所云。

（原件藏广东省中山图书馆）

---

① 本文时间系根据内容确定。

致省议会再辞议员函

（1913 年 10 月 15 日）

二年十月十五日，议员沈定一奉书浙江省议会正副议长暨议员诸公均鉴：

定一行年才三十耳。曩者径行高步，不知艰难，自今以往，读书养气，期以十年。所效命于父老者，来日方长也。请除去议员名席，依法补充，万幸，万幸！云门高远，海天苍茫，岛屿回潮，乘风拜手，敬祝康强，维持一是。

沈定一免冠

（原载《浙江省议会第一届一次临时会文牍》下编，1913 年）

在各界欢迎省议会议员大会上的答词

（1916 年 9 月 3 日）

自政变以来，本会同仁有职莫举，忍痛三年，犹如一日。今值重光之会，承诸公开会欢迎，无任感谢。自今以往，惟有勉竭悫诚以副诸父老自强图治之意，并望时加匡助，□佩不尽。谨答。

（原载《民国日报》1916 年 9 月 5 日）

就任省议会议长演说辞

（1916 年 9 月 6 日）

定一不敏，备员议席，忝司喉舌，常懔冰渊。癸丑以来，遭国不造，三年奔命，万里投荒。幸赋归来，又更忧患，流离颠沛，备于一身。夫复何心，论列时事。顾念诸父老昆弟付托之重，又值国家存亡绝续之秋，乡国身家，权衡轻重，责无可诿，勉效滥竽。乃又承本会诸君子不弃，畀以议长之任，此在习俗，例有让推。况以责任之艰，仔肩之重，定一虎口余生，孱躯多病，苟思自保，退避为宜。惟定一以为虚文无取，众意宜从，自问此身，早拼许国，苟有禅补，蚊负奚辞。谨徇诸君子意，勉承斯乏，尽职在定一，责难在诸君。我无意旨，以本会之意旨为意旨；我无能力，以本会之能力为能力。和衷共济，法规同循。身既更生，会亦再造，痛定思痛，窃维共勉。

（原载《民国日报》1916 年 9 月 9 日）

为国家预算宜付省议会审查事向国会的请愿书[①]

（1916 年 9 月 24 日）

浙江省议会为请愿事：窃维财政为国家之命脉所关，预算为财政之精神所寄。议会既以监督财政为天职，当即以议决预算为要图。议会有中央

① 这是以议长沈定一的名义呈国会的浙江省议会请愿书，标题为编者所加。

与地方之别，预算亦有国家与地方之别。溯自民国缔造以来，已历五载，预算制度迄未完全执行，出入混淆，捐税杂沓，或攫取地方公款以报解中央，或要求政府协济而饱入私囊。内外相蒙，莫知底蕴。官民隔阂，群起猜疑。际此风雨飘摇之日，实为同舟共济之时。然内而政府，外而疆吏，非开诚布公，必不能昭信用而救国难。省议会对于本省财政情形知之较详，国会对于各省财政情形容有未悉。故以法例而论，议决国家预算之权，自当专属于国会；以事实而论，审查国家预算之权，不妨分任于省会。以本省之人民审查本省之财政，事体既较为详明，利益亦愈形密切。更就收入一方面言，国家税与地方税固须分别厘定，而划分国家税、地方税之标准，要求参酌地方情形以为判断，否则或得或失，其间关系既有碍于国家之进行，复有妨于地方之发达，且中国地大物博，各省情形不同，政府即能提交正式预算于国会，而捐税征收之情弊，政费多寡之当否，国会一时未能洞悉也。如将国家预算先交省议会审查，加以增删修改之说明，陈请国会以备参考，既无侵夺国会权限之虞，而国会抉择亦较便利，谨依议院法请愿于贵院，亟予提前付议公决，国家幸甚，地方幸甚！

办法：

（一）省议会审查本省国家预算，以防疏漏浮滥为主要；

（二）省长应将本省国家预算全册交省议会审查；

（三）省议会对于本省国家预算，见有应行增删修改之处，得附陈意见于国会；

（四）审查之结果除陈报国会外，应咨送省长备查。

请愿者：浙江省议会议长沈定一

（原载《浙江省议会第二届第一次临时会文牍》甲编）

在浙江省议会第二届常年会上的闭会词

（1916年11月）

尝闻祸福交相倚伏，成败互为因果。癸甲之交，天之所以扼本会者至矣！抚今思昔，非祸兮福所倚，败者成之因欤？虽然自本届继续召集以来，已满常年会法定期间，计开会四十五次，议决五十五案。同人等自考，成绩殊不足以对我全浙父老昆季，而无愧于心。岂福之不克受，成之未易期欤？非也。螺［缧］绁久者，血脉不易舒；疾痛深者，精神不遽复。是故骤离桎梏，则动止未必自如；甫愈尪羸，则健康殊难似旧。本会同人自遭挫折，无异陷缧绁而罹疾痛，血脉之拘挛、精神之越渫久矣。一旦去其束缚，免厥恫瘝，诚有难望其动止自如健康似旧者。然则本届会期无优美成绩之可言，未始不由于此。此固本会之所藉以解嘲者，亦正本会之所不免于负疚者。兹值闭会之日，往者不谏，来者可追。自当乘此时机，加以修养，调和其血脉，振刷其精神，以巩固我全浙人民托命之议会，遏其召祸之萌而立不败之地，此则同人等所不敢不勉者也，抑更有不能已于言者。议决本省预算决算为本会重要职权，即为本会重大责任。前之决算，既以变故迭经，未便追求。夫已往后之预算，复以改革伊始，尚须有待于将来，致本届常会六十日中，未能实行重要之职权，克尽重大之责任。玩时愒日，讵免贻讥。特议决在本会，提出在省长，泄沓之愆，实当两负其责。所望长官以尊重本会职权为心，同人亦以勉尽本会责任为念，速交会议决之。临时此又同人等所不敢不与省长交勉者也。伏念国宪未成，省制未定，内忧隐伏，外患迭乘，政局漂［飘］摇，邦基杌陧，任重道远，遗大投艰。本会地位，虽限于偏隅，兴亡实系于举国，毫厘千里，谬起微差。一发全身，动关大局。为祸为福，其败其成，来日大难，前车可鉴。作之喉舌，相期无负吾民，布我腹心，请念远在他日。

（原载《浙江省议会第二届常年会文牍》附编，
《民国日报》1916 年 11 月 6 日）

在浙江省议会第二届第一次临时会上的开会词

（1916 年 11 月 30 日）

今之预算岁会也，决算岁成也。周礼之制，职在司会。今则定岁会，考岁成，职则议会。然则议会即古之司会乎？非也。议会为立法机关，岁会岁成亦法也。特立此岁会岁成之法，于职权中为尤重。何则？岁会岁成者，非特赋税之所由纳，财用之所由出，而亦议会之所由生也。在昔专制之世，人民之所恃以与政府抗而要求立法权者，舍武力外，唯是赋用出纳间耳，不出代议士不纳租税，而代表人民实行立法权之议会于以产生。职权之由来既在乎是，职权之所重宁独不在乎是哉！前此本会常会之时，未克行此职权，良由是恧。今省长即以预算待议，招［召］集临时会，自今日始将实行此至重之职权矣！同人等自念任重力薄，良用兢兢，惟以全省度支，吾民担负，兼权利害，审慎出之，制用有经，生利有道，下可以对父老，上可以保邦家，敢布区区，聊以自勗。

（《浙江省议会第二届第一次临时会文牍附编》）

沈定一等挽留军官电

（1916 年 12 月 27 日）

北京大总统、国务院、南京副总统钧鉴：吕督军兼省长因病去职，荐贤自代，地方秩序安谧如常。惟浙江累经政变，如张载阳、周凤歧、童保喧、夏超、顾乃斌、潘国纲、来伟良、李炜章、俞炜、韩绍基、董绍祺诸公保全尤多，军民所戴。闻间有引嫌辞职之举，群情惶恐，佥以全省安危所系，谨电挽留，不胜迫切待命之至。浙江省议会议长沈定一，总商会会长顾松庆、王锡荣，教育会会长经亨颐同叩沁。

（原载《民国日报》1919 年 12 月 29 日）

致褚辅成电

（1917 年 1 月 5 日）

杨督浙、齐长省，各界释嫌归好，一致预侮。若客官朝临，两浙夕乱。盼公商诸公，取消弭祸。沈定一。

（原载《民国日报》1917 年 1 月 5 日）

致章太炎电

（1917 年 1 月 5 日）

上海孟纳拉路章太炎先生鉴：华甫举杨善德兼署军民，害甚于吕，盼止拒。沈定一。

（原载《民国日报》1917 年 1 月 5 日）

沈定一等发起浙江公民大会通告

（1917 年 1 月 5 日）

吾浙自光复以来已历五稔，凡对于中央、对于地方莫不成绩昭然，未始非浙人治浙之明效也。此次军警各界因双方误会致激风潮，然闾阎秩序迄无骚动。自经地方代表出而调和，军警各长官亦俱言归于好。公民等方庆转危为安，乃闻中央已任命杨善德为浙江督军，齐耀珊为浙江省长，群情转形恐慌。公民等桑梓所关，利害切肤，拟开公民大会，商议善后办法，元月五日下午一时，用特借座城站第一舞台开会讨论。凡我浙民，务望贵临，不胜盼切之至。

发起人汤寿潜、徐定超、沈定一、秦炳汉、庄景仲、经亨颐、王赞尧、丁再生、郑亚青、张伟文、张翅、何悲夫、王清夫、庄之盘、吴忠怀、蒋鹿珊、李乾荪、黄真民、龚葭生、叶天籁、王锡荣、徐原白、周华昌、顾松庆、丁斐章、陶文波、封德三、龚宝铨、陈□、任凤冈、陆右之、吴文禧同启。

（原载《民国日报》1917 年 1 月 5 日）

在浙江第一次公民大会上的演说①

（1917 年 1 月 5 日）

此次军警小有龃龉，民间虽少有恐慌，尚不至十分吃苦。何以故？因长官均系本省人，必能顾念小民痛苦。若以外省人身列其间，不待今日，

① 标题系编者所加。

省垣一隅之地早已糜烂尽净。浙江者，我浙江人之浙江也。浙人不能保浙即国人不能保国。况浙江政治冠美全国，不但浙事为浙人之责，即中国全国亦应由浙江人负责。浙江人不自治而一一以委诸外省人，外省人仍不治，不将引外人来治耶？夫国者省之积也，省不自保，国于何有？我浙人今日之举动非造反也，不过小有口舌之战耳。愿大众一致进行，毋逞客气，毋涉嚣张，一以公理与正谊［义］为对付，协力同心，坚持到底，期于必达目的而后已。否则北兵一至，良民、非良民必将为淫威所劫，而有挺而走险之虞。湘粤已事，极可痛心，愿大家注意。

（原载《民国日报》1917年1月7日）

与章太炎等上大总统、副总统、总理电

（1917年1月5日）

大总统、副总统、总理钧鉴：奉令浙江督军省长同日更易，承命之下，不胜惶恐。军民分任，自为政治正规，惟浙自辛亥以来至上年恢复共和，虽叠经变故而地方安宁，绝无纷扰，实由军政两方都皆本其自治能力，敬恭桑梓之意。调和民意，转旋大政，无形之中，生灵受福。近以军警一方小有差池，而一经沟通，自尔融洽。浙军本为子弟兵，惟同泽乃能同仇，省长一职，百政所陈，苟非各方素所信仰，难骤言调停。务请收回成命，以便地方，即以保国。望风拜电，伫待后命。全浙公民大会章炳麟、沈定一、顾松庆、王锡荣、孙智敏、龚宝铨、胡德之、胡忠怀、庄景仲、金燮、许祖谦、庄庆监、王赞尧、陆启等三千七百人同叩歌。

（原载《民国日报》1917年1月7日）

与章太炎等致旅京同乡暨浙籍议员电

（1917 年 1 月 5 日）

北京大学校蔡鹤卿先生、参议员王幼山王儒堂先生并转旅京同乡父老暨浙籍议员均鉴：浙人治浙，五年于兹，成效昭然，□冠各省。乃顷奉中央电令，吾浙督军省长同时更易，群情甚为惶恐。次番军警小有差池，一经调和，已归旧好，倘因客官客军相继入境，则方庆转危为安者，势必又转安为危。同人等本五年来浙人治浙之效，一致吁请中央收回成命。公等桑梓攸关，务望竭力进行，表浙人誓死不认之心，免前途伏而未形之祸。事急燃眉，伏惟努力。全浙公民大会章炳麟、沈定一等三千七百人同叩歌。

（原载《民国日报》1917 年 1 月 7 日）

与章太炎等致各县商会教育会自治团体电

（1917 年 1 月 5 日）

各县商会教育会并转旧自治团体诸公鉴：浙人治浙，五年于兹，成绩之隆，冠于各省。近虽军警不和，然即立归旧好。乃中央不事调停，骤与更张，同日改任杨善德为督军、齐耀珊为省长。群情转骇，后虑益深。除先于本日开会公决，电请中央收回成命外，事关全浙，后盾尤殷，尚望贵会速派代表来杭，共筹对付方法。本会事务所暂设省城忠正巷政治商榷会内，合并附闻。全浙公民大会章炳麟、沈定一等三千七百人同叩歌。

（原载《民国日报》1917 年 1 月 7 日）

在浙江省议会第二届第二次临时会上的开会词

（1917 年 4 月 2 日）

中国之有省制，沿数百年。今宪法之规定，公布虽迟迟有待，然民主共和国体之精神，实以各省为之基础而建设之，而光大之。此辛亥举义以来更历五载成绩昭然，为国民所共认者。省议会受国家赋予之职权，承人民委托之意志，为一省议决预算、监督行政、受理请愿之中枢，中枢之运用既灵，则地方由是发展，国力亦因以巩固。况当今日国家多事之秋，中央施政方针与各省之维持公安增进公益，关系之密，若形与影，其为国利民福，果达于如何之程序，议员等集思广益，尤懔稍纵即逝之虞。今本议会为第二届第二次临时会开会之日，议员等法有可循，责无所诿，惟以拥护国家发达自治为职志。此则同人所敢共勉者也。

（原载《民国日报》1917 年 4 月 2 日）

致冯国璋电①

（1917 年 7 月 11 日）

南京冯代大总统鉴：无约法，无民国；无民国，无总统。依法代理总理，总统之下乃有法任命之总理，可怪者一；倪嗣冲叛国祸首，罪等张勋，复辟作乱，犹拜伪命，用伪□而竟令兼署皖督，并任以南讨逆总司令，可怪者二；总理可不依法任，总统亦人得而为干□既出诸军□讨逆，

① 原标题为“致南京电”。

乃责诸祸首。公果知有约法，何得有此命令？果不知有约法，何以代理总统？复辟秘谋，逐渐披露，私图不斩，法治不彰，改计非难，如望日月。沈定一真。

（原载《之江日报》1917年7月13日）

致浙江省议会电

（1919年5月7日）

和议危殆，东隅将逝，一部割裂，全国沦胥，国民莫惮军阀为卖国中坚。一、对于日本，应收回山东青岛及一切秘约所损失之国家权利。二、惩办卖国犯，庚日上海举行国民大会，自决进行。盼一致精进，力救危亡。

（原载《民国日报》1919年5月7日）

民国政府对于人民用不着一个威字

（1919年6月8日）

（前缺字）换言之，世界有一部分的人民，因为要维持他有继续性的团体生活，所以组织国家。凡关于国家一切组织，常常有一种“公共性”置在上面。法律的编制、政府的行动、议会的产生，无不依公共性做他的根本。

现在我民国的公共性何在？除却近年一部分国民所表示之外，早早被军阀党击沉的了。

军阀党既击沉了人民的公共性，便把威权来占领了公共性的位置，于是国会可解散，便可篡夺！法律可破坏，便可意造！只要能受威权支配的人——愈恶愈坏、愈奸险、愈有用、愈听他的话，一般趋炎附势的政客，既经明目张胆，倡导“中央威信”，便无怪他们对于爱国运动的国民，敢说“外损邦交、内堕威信”的话，并且公然“为虎作伥”拘捕我可敬可爱的学生。呵——呵——也许你能够把威权永远压倒全国人的公共性？哼——

（原载《星期评论》第1号，1919年6月8日）

随便谈

（1919年6月8日）

▲大凡大民族的动作或牺牲，不仅仅顾着自己方面，并替那小民族的可怜人负倡导的责任。

▲人生少壮老死，犹之乎季序春夏秋冬。人到老，岁到秋——譬如一亩田，种了□粟，□粟成熟的时期，已经秋天了，纵然把他铲除个尽净，也栽不上什么好种子。

▲眼睛有病，怕见日光，不是他的人不好，是他的病不好，更不是日光不好。

▲好好的花，把他拿来盘圆匝扁，愈开得好，愈显得出他好要求解放的愤慨。

▲从忍痛受苦中罢课罢市，演出那救国救民的活剧。只［这］一种悲壮苍凉，便禁不住两行热泪。

▲兵——兵——枪咧、刺刀咧、脚靴、腰绰、肩章、背囊，何等威

风，何等气概——但是人民脑筋里却总摄了个“盗”、“匪”的影子。原来兵！也是个人，何苦叫人家害怕他呢？一旦从头到脚，脱卸精光，依然是个亲亲热热的弟兄哥儿。

▲坐轿的是人？抬轿的也是人？坐车的是人？拉车的也是人？唉！世界上的劳动，不是职工，便是农作。这些劳动，叫他什么劳动，只可叫作代畜劳动。明明是人，如何叫他作代畜劳动，唉！

（原载《星期评论》第1号，1919年6月8日）

一　念

（1919年6月15日）

玄庐洗过了澡，换过了衣服，休息了三十多分钟，吃了饭，走到一间陈设很好的屋子里，凑着摇椅上一靠，正对着一面大镜子，猛然间看见玄庐坐地。

怎么样镜里也会有一个玄庐？因为世界上有了玄庐。世界上怎么会有玄庐，是他父母生的。生下地的时候原来是个小孩子，怎么会变了那模样一个人？因为有饭吃，不饿；有衣穿，不冻；有房子住，不受风霜雨雪太阳雷电的欺凌，所以养成了的。

唉！人是求生活的，自从呱的一声堕地，一直经过到现在，不是我的父母所能够养活我的，这养活的究竟是谁？

有了！父母有产业给我，我就靠着产业生活。推想我的祖父祖母，也把产业给我父母，我的父母也就靠着产业生活的——如果人人都有产业，岂不人人都有生活么？这些有产的人不是靠着无产的人“做工”出来才有出息么？照此说来，有产的人，便是不生产的人，无产的人，便是做工的人，便是生产的人了。

我本身既不做工，我的先代也没有做过工。一代代的生活，究竟是谁给的？唉！“劳工”！唉！“生活”！

劳工所负的责任，不仅衣食住三者。凡是物，都是劳工所造的。我也是人，何以要靠别人劳工养活？我曾经拿了什么去交换？“白吃”、“白穿”、“白住”，可耻呵！

玄庐想到这里，举目一看，不问是那一件东西，都满含着劳工血汗的色彩在那里笑，笑我靠他们生活的呵！

猛然又看见一件东西，不觉得急出了一身汗，这也是拿劳工的血汗换来的“日本货”，永远作我“丧尽天良”的纪念品……

（原载《星期评论》第 2 号，1919 年 6 月 15 日，此据《玄庐文存》）

上海罢工的将来

（1919 年 6 月 15 日）

六五运动以来，轩然起了一个罢工的大波。凡在工界以外的团体及个人，没有一个不替“秩序”两个字担忧。九号这天，开往宁波、长江各埠的船差不多起锚的时候，有人说“阿拉宁波人总要齐心，难道渠拉是国民，阿拉弗是国民？渠拉应当爱国，阿拉勿应爱国么”？……话未说完，便有人指着说道，“黄旗来了，黄旗来了”。

黄旗是工界维持秩序的色旗，也是标明目的的旗。穿着身蓝短衫十三道纽扣的大约有六七十人，沿着太古码头，摇着旗渐渐地接近了新北京船埠，旗上写着“维持秩序”、“万众一心”、“还我青岛”、“天地良心”种种表明工界罢工目的的话。到船边，只一挥手，船上的水手伙夫一齐登了岸了。上海既是南半部的商务总枢，也是青红帮和流氓的策源地，工人的行动，以上所纪［记］可见一斑。社会上看见了这种情形，自然安心。但对于帮口和流氓，总觉得捏了一把汗。忽然间市上遍传，说是青红帮开了会了，他们的首领发下极端严厉的命令，禁止他们全帮在风潮期内，不准有丝毫的扰害动作，也派出维持秩序的暗探。流氓也开了会了，说是“这种大风潮，正是我们大营运的机会，但我们也是国民一分子，难道不应该爱国吗？凡在罢市罢工的期内，我们决不营运平日的勾当”，也暗中派出维持秩序的人，并且连要饭的都一起收去了。这种的传统，是不是真的，虽然不能断定他，但是这几天租界内外的秩序安宁，却是的确保持得好。你们想想，那些扰害治安的人，忽然都晓得维持秩序，这种有天然自治能力民族，直陷落到帮口流氓的生计，唉“政治”！唉“社会教育”！唉“生活”！记者依据最近的闻见，记了这件事出来，还有几句话，要忠告我工界中人的：

第一，要晓得罢工不是一件轻易做的事，必须认定“道德”、“公理”、和“公义”。

第二，工人必须有严密信条，合乎道德、公理、正义的组织。

第三，工人的组合，是你们自己共同生活上的必要组织，切不可为政客或军人所利用。

第四，工人团体的动作，应该取积极的、不应该取消极的。

我可敬可爱的工界同胞，你要记得，强毅、忍耐、和平、不欺侮人、不受人欺侮，是我们中国民族的天性。

至于青红帮流氓，也是记者一样的问题，记者也有一句极简单的话，正告大众，就是：“从此变换生计，做一个善良的国民。”你们虽说是“这种流氓的勾当，未尝不可以过活，干着了也有几天好过”，但是干不着那时候的挨饿受冻，和铁窗里面的光阴，岂不是丢我同胞的魂，伤我们“爱莫能助”的心吗？

但是这一件变换生计的事，记者用十二分诚恳的心，要求资本家集合大宗资本，办几个大大的工厂，搜罗这一班可怜的同胞，插在工人里面，习练做工，一两个月，也就习惯。既可以维持国民的生活，保全社会的安宁，又可消除骤长的激切风潮，“何乐不为”呢？那些慈善性质的报应话，记者是不会说的。“劳工幸福”。

（原载《星期评论》第2号，1919年6月15日）

随便谈

（1919年6月15日）

▲朝鲜运动独立的惨史，由朝鲜学生说了出来，输送到日本学生耳朵里去，那日本学生也抱头痛哭（见日本《德谟克拉西》杂志）。一般军阀政党，还要天天计划进行他的吞并中国的传统政策，算了罢！

▲德前皇威廉第二所抱的军阀民主义，已经宣告死刑了。我们东方的武人，还要硬挺起魔鬼的死尸来和真和平打仗，纵算他“至死不变”。但是一般的政客，今天说利用某督军，明天想运动某军队，硬要把民意的萌芽，活活埋葬在死人堆里。那武人固然是死尸，这政客却是死尸身上的蛆。

▲狭路相逢，仇人决斗，平时还要使人家笑他野蛮。到了群众统一在感情底下的时期，如果施行这类的蛮行，便是破坏群众最高尚的道德。

▲这一回罢学罢市罢工的风潮，目的是在抗御外患，诛除国贼，没有一种动作不受这个目的所统系的。偏偏江苏警察厅长王桂林要说他是“过激党”、“无政府主义”。且不问过激党和无政府主义是牛头不对马嘴的，果真是过激党，还讲他什么外患，果真是无政府主义，还管他什么国贼。既然身任了治安警察的高级长官，连个名词的本身都不晓得，便接二连三说了“过激党”、“无政府”、“社会共产”许多新旧名词，绝似拿“胡

桃”、“花生”、“瓜子”、“枣”、“粟”塞满了一嘴，连皮带壳的乱嚼一通，真难为他咽下去的。

（原载《星期评论》第2号，1919年6月15日）

解放

（1919年6月18日）

现在的世界是什么世界？是已经觉悟的世界。觉悟点什么？觉悟“解放”的要求，觉悟了，要求了，能够不解放么？

家属要求家长解放，女子要求男子解放，工人要求资本家解放，农夫要求地主解放。那班做家长、男子、资本家、地主，解放不解放。诚然有一种肯与不肯的问题，但是家属、女子、工人、农夫是要求定了。

我且不必说“求之不得”以后的波澜如何变幻，危险状态如何呈露，我先把已经解放的事体陈列给读者诸君看看：

（一）鸦片烟！“瘾”，戒除了，解放了。鸦片烟有什么能力，强他们再上瘾么？

（二）八股！“考试”，废除了，解放了。八股有什么能力，强制人家再把他来作文体呢？

（三）缠足！“体制”，废除了，解放了。裹脚带有什么能力，强制一般女子再受他的束缚？

一般做家长、男子、资本家、地主的，如果愿意步鸦片烟、八股、裹脚带的后尘呢，也就罢了！倘或不愿意蹈这些个覆辙，还要请做家长男子资本家地主的，自己解放自己。

（原载《民国日报》副刊《觉悟》1919年6月18日）

国会诸君再错不得了

（1919 年 6 月 22 日）

“无盗不官，无官不盗”，这是甚么现象？宋吏侯蒙上书，举宋江去讨方腊，史臣□他有八失。国会举陆荣廷为护法军政府总裁，与举宋江讨方腊有甚么分别？以堂堂正正的民主立宪国家，不能保全一个“法”字，托庇于绿林出身的陆荣廷，第一错；乱法的原是武人，武人既乱法，又拿武人来护法，第二错；督军团扰乱国本，不行使人民的主权来平乱，显见得国内没有人民，第三错；以水救水，以火救火，以武人攻武人，把人民挤在中间充鱼肉，第四错；明明组织了正式机关领袖护法，偏不要非武人护法，又改组军政府，第五错；南北战争总想定局，就使西南战胜，仍旧是一班武人专政，第六错；预计南北的力量和地势，不能必那［哪］方战胜，多持一天，就是人民多受一天苦。如果两方鬼鬼祟祟的议了和，也不过两个强盗分赃，失主仍旧是我们百姓，第七错；自主的省份，不从自治上做一点工夫，不注意到人民切身的利益，瞪着一双眼，油着一副脸，仰望几个武人的颜色，第八错。

国会诸君呵！“聚九州铁不能铸一大错”，诸君纵受二次非法解散以后到如今已经做了许多错事，虽说是没有坏心，总不能算是好事。我们对于诸君个人的进退，实在不曾放在胸中。但是这国会，是我们人民蒙了几次大牺牲得来的呵！现在只希望诸君有错改错，再不要将错就错了。

（原载《星期评论》第 3 号，1919 年 6 月 22 日）

告一段落

（1919 年 6 月 22 日）

我国改制已经八年，改制的效果如何？就内政一方面看，简直指不出一件事来，自己慰藉比较旧制时代好一点的事实。莫非我们中国的人民，不配享受民主的幸福么？或者民主的幸福果然被那些“军阀”、“官僚”、“政客”永永远远霸占去了么？或者日本的军阀果然有无量数金钱军器供给中国的军阀官僚政客，买净买绝我人民的民主幸福么？霹雳一声，人民拿出了担负国家责任的真面目，罢免曹汝霖、陆宗舆、章宗祥三个卖国贼，表现民主立宪国第一遭的精神，似乎比较旧制时代差强人意。于是，罢工的祝胜利开工，罢市的祝胜利开市，罢课的也有胜利开学这一说。说是人民行使国家主权，应该“告一段落”。

诸君！辛苦，恭喜！这一段落告成了，是应该休息。但是休息的时间如何？这一段落的下文如何？国民全体的主权如何？也就应该一个一个段落做下去的，无论要做十个八个五十个一百个段落都可，终究要把这篇文字做完了，陈列到世界上去，得他们一般行使“德谟克拉西”的国民，称赞一声好，欢欢喜喜和我们携手在这个民主幸福的舞台上互相表示敬爱尊重的真意，才算得真正是一个国，才算得真正是一个国民，才算得真正是一个人。

试问第二段落又该怎么做呢？

“家贼不去难防外盗”，我们姑且不问日本军阀侵略我们的手段到甚么地步。我们只要问良心上责任上主权上应该做的，切实上前做了去，总有一天做得好的。

国民啊，我们做第一段的时候，不是已经标明“除国贼”三个大字，一时世界各国的舆论对于我们这个光明正大的旗帜，都表示深刻的同情，并且勉励我们彻底“除国贼”。如果国民不向上进取，不但第一段落的牺牲是无意义，而且曹、陆、章的罢免都是冤枉的呵！人类除非不觉悟则已，既经觉悟了，没有不求澈底的。要求澈底，便应该研究第二段落的条件——

（一）欧战媾和条件里面关于山东问题的一项，是扰乱东方和平的种子，中国无论如何，对于这一项“不签字”。

（二）段祺瑞、张作霖、徐树铮这三个扰乱中国和平的军阀领袖，和他们所有在政治上军事上的势力，要根本的驱除了去。

（三）解散非法的国会，拥护合法的国会，求国家的“和平的统一”。

以上三个条件，是赓续第一个段落的意思，并不是另起炉灶，还是要国民自身“刻苦坚持”采“无抵抗”的方法做去。总要合着“自由”、“平等”民主立宪国的公式，千万不要使全国同胞做这种公式的罪人。

先我们成立的民主国家的人民，后我们成立的民主国家的人民，怀抱无限的好意，无限的希望，要看我们一个段落一个段落的做了下去。等到第二个段落告成，我们再说第三个段落。

国民啊！九死一生，千万不要忘记了自身的“主权”、“责任”和五分钟那句话。

（原载《星期评论》第3号，1919年6月22日）

除却青年无希望

（1919年6月29日）

常言道“树老空心，人老成精”。又道“阅历深一层，天良昧一点”。这两句话，一面说明人性是善的，一面说明旧世界、旧思想、旧社会、旧制度是恶的。纯净无疵的天性，投入万恶深潭，起初当然听不惯，久久便不知不觉的同化了，又久久便视为当然。机心愈用愈深，秽行愈进愈恶。“古之愚也直，今之愚也诈而已矣”，这还是孔子时代的话。“染于苍则苍，染于黄则黄”，也是那个时代浅近的见解。在二千年前，老子尚且说“归于婴儿”，孟子也说“不失赤子之心”的话，何况“恶进化”直到如今，还有不成精的老人，还有昧不尽的天良么？幸而人性的根本是善的，所以一般青年才接触到“自由”、“平等”、“博爱”的新空气，猛然间就想要跳出万恶深潭，打破群魔世界。

未尝没有个性很强的中年人“出污泥而不染”的，毕竟千万中难得一二，所以我说“除却青年无希望”。我既希望青年诸君，我就不能不把“曾经我眼”的黑幕，只就政界的一部，揭几重起来，请诸君看看，和诸君研究对付的方法。

（一）利诱　诸君只要抱定主义，审定目的，拿定方针，由得他诱，受不受是在诸君。

（二）威逼　由得他逼，怕不怕也在诸君。这两件的秽史，说不胜说，谅诸君也有很多见闻，比较是容易对付的。

（三）离间　这重的黑幕，比较的复杂险恶□□，但可以“诚恳坚定的意旨［志］”、“公开的动作”、“组织的能力”去对付他。

（四）迷乱　这重黑幕，是最危险最离奇的了，想不出话来表示他，称他为迷乱。

诸君！要知道正式国会的议员，不是没有几个想尽他代表责任的人，也并不是没有能够抵抗利诱、威逼、离间的人。一着了这种“迷乱”，便使他走投无路。譬如“对德绝交”和“对德宣战”交议案，国会既通过了“对德绝交”，没有不通过“宣战案”的道理。在这两案中间的时候，一班军阀阴谋家，生怕操纵国事的大权落在国会，便微微逗漏军阀勾结的风声，使一般议员塞满了一胸的疑虑，再把院外的运动来做成他。旁面又指挥起伪造的公民团，渐渐把国会包围在督军团四面楚歌之中。这一种“迷乱”方法，既经得手，再加上利诱、威逼、离间三种方法，一齐施展起来，国会就此又遭非法解散了！

解散国会的经过，一般国民只看见外边的轮廓，就是青年诸君，也未必研究这种黑幕的内容。此次五四运动，是青年诸君生受的了，利诱、威逼、离间，这三种都无所施其技。于是又发生最后的“迷乱”方法。请看下表……

山东问题
- 大学解散问题；
- 校长问题；
- 营救学生问题；
- “过激党、无政府”问题。

试问山东问题，和下列各种问题，有甚么相干？这班人精看到利诱、威逼、离间不中用了，不能不亟亟生出傍的问题，使青年诸君对于外交方面的锋锐，分赴种种方面去对付，他便得了个讨价还价的机会，排泄作势的民气，减少外交问题的正面攻击。试问这种黑幕里的手腕，恁地险恶，恁地离奇，岂是头脑简单的、无锐气的、少坚忍性的、没有确定的主义目的方针的，所能对付得了么？

中华民国前途的责任，除却青年诸君，更有谁人负担。诸君的真学问，不是仅□在课本上黑板上几句现成讲义。诸君的人格和责任，不是同暑假一齐放得掉。杜威博士说“学校为社会的一种组织”。教育既须从群体的生活进行，故学校不过为一种团体生活，内中集合各种势力，使学生得享受一个种族或人类的遗传产业，使他能够用他自己的能力，造成社会幸福。……所以教育就是生活，不是将来生活的预备。……要学游水，须下水去学；要学生活能力，须向生活里去学；要使学生有社会的观念和共同生活的习惯，须要使学校的生活就是“社会的生活”。

诸君是吸收新教育空气的人，是明白自由平等博爱的人，是在民主国家的里面振起互助精神的人，是不染“旧污”不蔽“物欲”的人，依据这几种资格，来改革制度，改革思想，改良社会，改造世界，果能勇猛精退

[进]，何患不得胜利？诸君的责任，既如此重大，诸君的四周，又如此黑暗。在那万恶深潭中载沉载浮的同胞，不必等他号救，责任上是应该援救的呵！况且以作恶为生命的人精，正张牙舞爪想攫取诸君。诸君万一救他们不起，就要被他们拖了下去哩。

（原载《星期评论》第4号，1919年6月29日）

与戴季陶等致胡适函

（1919年7月2日）

适之先生：

接到你二十九号的信并二十八号《每周评论》，很感激你的用意。同时看到《每周评论》上没有独秀的著作，又觉得非常伤感。唉，监狱是进去了，几时回到研究室呢？

上海工部局取得出版的建议，此间出版界打算联合提出抗议，我们这小小出版也同处这矮檐底下，前天送了请求书去，仅仅得了个出版后给他一张看看的允诺。如果不能把英租界的提议打消了，恐怕舆论中心的上海，要化成文字狱的监牢啊！

《星期评论》第一号到第四号各寄十份去，以后出版当照数寄。中间的缺点，请你随时指教，我们比欢迎你的文字还要欢迎。

北京如果找得到代派所，请你知会我们。大约要多少份数，也请你说个数目。至于报费，尽他销行过十期二十期再说，我们苦凑了这个宣传事业，暂时不能够在营业上着想的。

戴传贤、孙棣三、沈定一同上，八、七、二

（原载《胡适往来书信选》上册，中华书局1979年）

竞争与互助

（1919 年 7 月 13 日）

常言道："除旧更新。"又道："后起者胜。"人类最初为个人，最后也为个人。最初所为的个人，是个人的个人，最后所为的个人，是社会中的个人。最初为个人的行为，便是"竞争"，最后为社会的行为，便是"互助"。起初由个人和个人的竞争，进化到血族。同一血族的个人，因为和其他的血族竞争，所以同族之中的个人必定互助。又由血族和血族的竞争，进化到部落。同一部落的人，因为和其他的部落竞争，兼并为国家。同一国家的人，因为和其他的国家竞争，所以同国家的人必定互助。这种国家的构造，如果要算人类进化的止境，那竞争主义，便要直达到世界末日。现在的人类，确是已经感觉国家的构造，不是止境。不信！请看国际联盟组织，便是打破国界的先声，便是宣告竞争终了的提议。

从前种种，有一面竞争，必有一面互助。个人，血族，部落，国家，层层扩大，无非为的是生存。要生存，便要竞争，要竞争，便要互助。以有限的寿命和无穷的遗传搏战，终究必有澈底觉悟的一天。觉悟什么？觉悟从前窄小互助的非是。世人当知：凡在人类，无强弱可言。不信！请看国家上所谓"军国民主义"，不是一种逞强的主义吗？东方的蒙古，我们在历史上征见他的灭亡。近代的满洲，用通族皆兵制度，临驭中国，要算是军国民主义的极端了，他的灭亡，是我们亲手推翻、亲眼看见。还有那科学最发达的德意志帝国，岂不也是殉了军国民主义的葬吗？竞争最大的武器，莫过于军国民主义下的武装国家，到了结果，总逃不了一个亡字。唉！从前种种的教训，也应该受够了。总［纵］然博得一个头等强国的称呼，曾几何时，还不是自己国民的厄运。

照此说来，无竞争就无须国家了么？不然的，现在还不多［到］这个时候：现在应该了解竞争是旧的，互助是新的。新是生的，旧是死的。勒氏肯常说："竞争的法则，常是死的法则。互助的法则，常是生的法则。"所以现在的国家，正应该斩除竞争性的军国民主义，便应该建设互助性德谟克拉西。

凡习"国家学"的，都知道国家的目的，无非保障生存、维持法律、增进文化这三件事。

（一）保障生存　保障己国的生存，不必定要摧毁他国的生存。生存的需要，第一算是粮食。虽说不能饿自己饱他人，但是粮食问题，不应该有国的界限，从来世界最讲互助的人，断没有养强盗来抢自己。个人如此，在国家亦复如此。试看协约国封锁德国，无非促起德国人民的觉悟，使他觉悟己国那种行为的非是，从精神上摧毁军国民主义的中坚，当德国宣战的时候，威廉第二的布告国民，无非要生存所以竞争的一番旧话，结果使德国食竞争的恶报，也不谓不酷。此类覆辙，在我国人民，决不至于轻蹈。非但历史上多少年事实的证据，即论最近荷属南洋群岛的新律，强认籍民，强制兵役。如果中国是富于竞争性的民族，不但不该抗议，应该十分的欢迎。何以故呢？拿到他的武器和他讲理，在他那一方面，岂不是"太阿倒持授人以柄"么？但是这种卑劣暗昧的手段，中国人不肯做的，也不忍做的。所以中国人的生存保障，只知道有互助，不知道有竞争。

（二）维持法律　法律如果由别人制定，强迫自己遵守，断断不能发生长久的效力，现在中国已经脱离治者阶级，便无所谓由别人制定法律，强迫遵守。既无所谓别人制法，当然由人民自己制法，自己遵守。在中国一般交通不便的聚落，居民终生不知法律为何物，也绝少扰乱的动作。这原是初民时代所遗传的道德根性。但是交通日便，交际日繁，初民社会的组织，渐渐感到不适应进化的程式，要想把区域自治应合全国，全国大法适宜个人。当然，各个人对于自己制定的法律，要负责任。中国人既天然有维持法律的良根性，便不能公共制定互相为助的信条。而且不以规则的解除国内或地方局部的竞争，绝像沙漠上失向的车，幸而达到所欲到的目的地，依旧寻不着来踪去迹。要实行大团的互助，免除国内或局部的竞争，事实上非做到自己维持自己所制定的法律不可。

（三）增进文化　文化除却由摹仿性所生的发明性，无从增进。“孤陋寡闻”和“深闭固拒”都是增进文化的大障碍。教育虽是助长本能的良好法则，但是解除障碍，要自己解除的。摹仿，要自己摹仿的，发明，要自己发明的。既由各个人自己努力，似乎增进文化，用不着互助主义？要知道摹仿便是摹仿自己所得未曾有，发明便是发明了要他人摹仿。文化不是个人所私有的，更非国际所得范围。譬如本篇所讲的“互助”，如苦鲁泡金，勒氏肯，马克思等，多少大学问家所研究过来的，几位先驱，发明了这种造福世界的主义，我们正在没路走的时候，前面发见了这盏明灯，在我们自己认定这是正义人道的大路，便努力向前进行，后面也有寻不到路的人，我们这些宣传者就是通告他们的指路牌，这便是增进文化的实行互助。

以上所说国家范围以内的互助主义，现在便可见诸实行，并且国家学者，没有不承认组成国家分子的个人，亦无不承认个人的教育有需于国家全体。分子与全体相互相助，国家不过包容各个人互助的进步，为国家的进步，便是全体的进步，我再设一最浅明比例，互助譬如分工种田，竞争譬如分头抢米。大家抢米，米抢完了，大家饿死。田是年年可种，年年可收，种不了，吃不完，就断断不会饿死。雨水过量了！愿大家走生路，自己努力去布种新秧，千万不可走死路，到陈仓里去抢旧谷壳。

（原载《星期评论》第6号，1919年7月13日）

随便谈

（1919 年 7 月 13 日）

美国女子参政权，已经美国参议院通过了。英国工党提出妇女解放议案，虽经英国政府反对，也经英国众议院以一百票对八十五票三读通过。坎［加］拿大众议院通过妇女选举并列席国会。这种人类的好消息，记载到纸面上，比金刚石要璀璨万倍。但是中国一般富有财产的女子，只看见金刚石，不看见这纸面上的万丈光芒。至于多数的女子，更堕落在万恶社会里面，连眼睛耳朵的作用都紧紧闭塞住哩！中国如果不当女子是“人”，以后再不必说四万万同胞这句话，设或还有一点未泯的天良，觉悟到女子人格的重要，女子明明是个不可侵犯的“人”呀。

（原载《星期评论》第 6 号 1919 年 7 月 13 日）

子孙主义

（1919 年 7 月 20 日）

人类唯一的责任，纵的就是“传种”，横的就是互助。纵横上下，只是这两椿事。设或两椿事只做一椿，不是人种灭绝，便是生活孤立。或者偏重一事，也足以使生活降低，人类减削。现在的世界，岂不是盛倡“互助互义”的世界吗？世人为什么要倡导互助主义呢？无非感受互相争夺、杀戮、欺凌的痛苦。中国人要算受痛最深的了！应该有实行互助的必要。但是中国人根本上所抱的主义，却只谈“传种”为唯一的责任。

我曾听说：“各国人都有主义，独中国人没有主义。美国人合自由、平等、博爱主义为主义，英国人偏于自由主义，法国人偏于平等主义，俄罗斯人行使博爱主义，从前德意志帝国和现在的日本，以军国民主义为主义。中国人有什么主义？其实中国人的主义，就是他的天性，用不着口头鼓吹，笔头传播了。中国人的主义只有“子孙主义”。

上列各种主义，姑无论其好坏，却非经过切实的教育不能发达的，是人为的。子孙主义，不必经过教育，自然了解，当然实行。

上列各种主义，虽然也含有子孙主义的色彩，终究没有中国人之子孙主义的单纯。（一）凡是一种主义，决不能够贯彻到他生前死后。试想“指腹为婚”和“迷信风水”这两件事，胎儿的父母何以知道胎儿必能产生，必能长大？在未生未长之前，就替他打定婚嫁。已死的人，何所爱于自〈己〉的枯骨偏要撑起那副死尸骨头，担当什么庇荫子孙的责任。这两件虽是恶习惯，不能认为合理的负责，但是心理上确是澈生澈死的子孙主义。（二）无论因为行使何种主义，到生死关头及正在死的时节，很难证明他对于所抱之主义的心理。试看民国七年“江宽”、“普济”两船沈［沉］后，捞起的尸首，其中妇人抱着小孩同死的死尸很多。当这种生死关头，那个人还能够负主义上的责任？及正在死的时节，牢不放手的一点心理，何等尊贵！何等透澈！（三）短少时间的痛苦，坚持一种主义的很不难忍受。但是对于毫无希望的前途，受无期的苦痛，如讨饭的拖了一大班子女，沿街乞食。担的、怀的、抱的、背的、牵衣的、号哭的，一大群相率行乞，无非靠一个人讨来养活。半件破棉袄，拖来拖去的渥□，黑茫茫的前途，冷清的人面，一年两年三年四年的打熬过去，究竟为的是什么，他们何尝没有主义上的乐趣呵！

以上所述三层，都是纯粹子孙主义的确证：即论国家里面，所谓“爱国”、“卖国”的两起人，可算是极端背驰了。在爱国的固然没有不爱子孙，倘使胸中无所谓子孙，就也不必爱什么国。但是卖国的也为的是子孙，果真他胸中无所谓子孙，便也不必卖什么国。爱国与卖国的行为虽不同，其子孙主义则一。不过爱国的爱自己的子孙，同时爱同国他人的子孙，爱现在或可知的子孙，同时爱将来未可知的子孙，卖国的却只爱自己的子孙，不爱同国他人的子孙。只爱现在的子孙，不爱将来的子孙。这个以为我虽身受艰难，正该奋斗一个幸福世界来给子孙；那个以为国之存亡无关我，趁如今有权卖国的机会，赚积几文给子孙受用。所以我说："爱国与卖国的行为虽不同，其子孙主义则一。"

但是这种狭义的片面的子孙主义，果真有益于子孙吗？或者害子孙？这就不可以不仔细研究：

（一）子孙主义与女子解放

中国人所遗传的"纲常名教"，所谓"夫为妻纲"，所谓"男统"，虽不必批判他当女子"非人"、"是物"，但是明明把女子作为男子所属的"寄生"。所求于女子的，又是十分苛刻，除人力所做得到的"德"，"言"、"工"之外，还要添上一个人力做不到的"容"。即使四德具备，只一桩无所生育，也不问是女子或男子生理上的缺点，就加上女子一个"无所出"的弥天大罪。简直把女子当作一件传种的机械，终身的奴隶，将他的人格，打消到一丝不存，这还能说不当女子是"物"吗？

人种的遗传，不是男子单独所能的。凡人既抱子孙主义，便不该造成无人格的对手，遗传与子孙，为子孙的危害。那么，便该把生育子孙的对手，无条件解放才是（女子解放，本报已经预备专论，如今但说点概念）。第一，废除"男统"，教育职业，一律平等。第二，……改革"容"的观念。凡人类除却应当发达体育的本能之外，不能对于官体形式和皮肤组织，下美□的批评，自身也不得将他的形式与组织，和别一个人"争妍形□"。将这两重解放之后，男女两性，以极美满的人格，遗传人种，才不致反背人类共同的发达。这是子孙里面应该改革的第一件事。

（二）子孙主义与教育

高等普通常识，原是人人该有，因为这是文明上的生存要件，人类中有超出群众的天才，是很希罕的。社会过去的制度，这种出众人才，或者称皇称帝，其次雄据一方。看历史上所说的“并吞宇内”、“包括八荒”这些话，不知道要多少人多少年多少地方的血，去供给一两个出众人才，所以旧制度是使人才作恶的器具。现在这种制度和观念，应该打破才是。打破了这种观念，那些出众的人才，便为人类所共有。他的才是公的，不是私的，于是人类中就不妨多有几个超出群众的天才，但总是少数中的最少数。回想前十年“状元宰相”的时代，中国人没有一个不存这种观念希望他的子孙。所以居乡，便希望我的子孙为一乡翘楚；居县，便希望我的子孙为一县领袖；居省、居国，便希望我的子孙为一省为全国最体面最有势力的人。有子孙的这么希望，做子孙的也这么自期。阶级制度的作恶，便是使人人存了一个爬到最高一层的心。最高一层的地位，又是最窄小。大家许许多多的子孙，都要爬到这最小的地方，当然容积不下了。于是你要杀我，我要杀你，你使人杀我，我使人杀你，你使人杀我的人，我使人杀你的人。一片杀—杀—杀的声音，一直闹到如今，还要为着什么总统、总理、总长、督军、省长，把这些无足重轻的公仆地位，还当作从前皇帝、状元、宰相般看待，争个不休。这种做魔梦的人生观，就〈是〉不把人气死，也要被人笑死。

教育从那里发端的？就是为生存的必要发端的。教育为什么的？为发挥生存的本能的。暂时且不必讲普及高尚教育，总之生存要紧。大家把“因为要生存所以要教育”的观念普遍了，使各个人的子孙，先站在不至于饿死的地位，再凭他一般子孙的天才，来发挥他“超群绝伦”的创造，增进人类的公共幸福，这才是子孙主义之教育的正路。不然，老作魔梦的人生观，就是“易子而杀”的行为呵！我说到这里，不知不觉的对于职业教育起立致敬，又不知不觉的替“金满堂”的子孙担忧！这又是子孙主义里面，对于教育观念应该改革的一件要紧事。

（三）子孙主义与劳动

“好逸恶劳”是形容有些人的惰性，不能认为人性。人性对于操作，是“好变恶常”，人的机能是“好动恶静”。好动恶静的机能，支配他好变常恶的操作，除非生理上有特别障碍，断断不肯好逸恶劳。因为人的生活就是变，人的进化就是变，动才能变，劳才能动。若把能动能变的人，使他不动不变，是不可能〈的〉。不可能，就足见劳动是人的本能，即是人的生活，即是人的本性。

人类现在和将来的生活，决不是单独劳动，单独生活，必须交换劳动结果之所得，才能完成各个的生活。但是抱纯粹子孙主义的人，打算减少他的子孙的劳动，增加他的子孙的所得。这种不平的心理，就造成一个不均等的社会。虽非承认他的子孙无劳动本能，却是戕贼子孙的劳动本性。结果，便使他的子孙依赖他人劳动为生活。一般地主和资本家，将来贻害子孙到怎么样程度？只看满清一代的历史，也就应该明白了。

满清的失败，在主义上诚然是“军国民”的结果。但是散布在中国的五百万旗人，何以在生活上很缺少存立的地位呢？革命成功以后，汉、蒙、回、藏四族，未尝对于满人，加以丝毫的虐待。满人之中，除却应当废除的皇室和一二前清王公“坐吃山空”以外，大多数陷于“最贫”的地位。他“富有四海之内”的祖宗那里去了？他生活的本能又在那里？这不能不追咎［究］戕贼他本性的人。一般抱子孙主义的，那个不爱子孙！不合理的爱，为祸尤甚于杀。这更是子孙主义里面应该改革的一件大事。

以上所说子孙主义的里面，应当改革种种，即是说中国人只知道纵的“传种”，不知道横的“互助”。以现在的人类，造将来的世界，诚然很不容易。但是看到过去的错误，来改革现在的世界，却不当说是不可能。而且世界思潮，已竟［经］涌现了一个“互助”的真理，任我中国人既不能违反真理，“倒行逆施”，便应当吸收这种思潮，把狭义的片面的子孙主义，化为广义的普遍的子孙主义。依家族、部落、国家、世界、进化的程式，切切实实从普遍的个人做起。该牺牲，就牺牲；该奋斗，就奋斗。打出一片光明世界来，给子子孙孙大家欢喜。

（原载《星期评论》第7号1919年7月20日）

种田人

（1919年7月20日）

（上）

朗朗青天，
正好是插秧时节，
看一片平原碧绿，
生机活泼，
不料狂风和苦雨，
连宵连日无休歇，
把一春辛苦的工夫，
完全夺！

（下）

改种吧！
种儿缺！
由他吧！
饥来逼。
眼睁睁望着天儿着急，
不是天公能作祟，

算来都为人工缺，
望收成总要自家来
才能得。

（原载《星期评论》第 7 号，1919 年 7 月 20 日）

捣乱与打架

（1919 年 7 月 20 日）

英国从前有“手杖议会”“钢笔议会”的名称！说是议员用钢笔和手杖作为捣乱议场的器具。民国二年、六年，中国国会议场上，也有丢墨盒的故事，社会上没有一个不骂议员“野蛮行动”。到如今“安福系”和“己未系”打架，反而没有人去睬他，这是什么缘故？我想了两天，到底不明白这个道理。一天，我出去散步，看见一班狗在那里打架，过路的人都不去睬他。哦！原来如此！

（原载《星期评论》第 7 号，1919 年 7 月 20 日）

储金赎路

（1919 年 7 月 20 日）

小盗劫路，所以要化买路钱；大盗移国，听说要储赎路金。盗从外来，或可一赎了！盗在家里，今天赎，明天又盗，赎还未赎，盗已先盗。譬如破落户子弟，天天偷盗家里的东西去当卖，平时既没有教育，临时又不知道管教！拿赎得完的钱，赎赎不完的当。可怜见的爹妈呵！你这种行为，实在是“纵恶”。简单一句话，先去卖国贼，然后用得着储金，容得你赎路。赎路吗！赎国罢！赎身罢！

（原载《星期评论》第7号，1919年7月20日）

《南洋周刊》出版了

（1919年7月20日）

《星期评论》第三号曾经登载溥泉先生那篇《敬告学生诸君》，还有未登的半篇里面一段说，“学生诸君不该办许多日刊，办一个周刊或月刊就够”的话。《学生联合会日刊》也有改办周刊的计划！现在上海南洋公学学生分会，已经实行了。这种“斥虚崇实”的行动，使人对于一般青年，生无限的希望，起切实的欢迎。虽说这在幼稚时代，但把从前的《南洋日刊》，和新出的《南洋周刊》比较起来，便知道进步的价值。进步是无止境的，价值也是无限量的。我更希望南洋的前途，希望他“调查”和“劳动界”两栏沟通起来，供给一般研究家切实的材料。青年呵！大家努力。

（原载《星期评论》第7号，1919年7月20日）

就是自然

（1919年7月20日）

五四运动之后，中国的前途，仿佛从黑暗里杀开一条血路！一线光明，总在前面，只要我们活活泼泼地迎合上去。此事的原因，十八九归功蔡孑民先生和几位大学教授。我虽是承认这话！但回顾从前中国的思想界，仿佛有一块无缝的大石头，压在思想上面。辛亥革命，这块顽石已经震裂了。虽说依旧压着，但思想的萌芽就从他裂缝里发生了出来，蔡先生和几位教授，不过下点培植的工夫。将来开成一片灿烂鲜花的日子，那些残余石块，必受空气剥蚀，化为神奇，徒供历史上的陈迹罢了。这种自然性的物理，逃不出杜威博士对我一位朋友蒋梦麟先生说的话："中国的学生比较日本，不见得有什么优异，就是'自然'一点。"前途自然是光明，我们自然要奋斗。奋斗得来的光明，就是自然。

（原载《星期评论》第7号，1919年7月20日）

复胡适函

（1919年7月24日）

适之：

你那篇《女子解放从那里做起》已经收到拜读过了。应征这问题意见的人，还不到十分之三，想来太炎、观堂那几位老先生，是不肯轻意［易］发表意见！或者经过多少时期，也许给我们一个答案，否则，就批评人家所发表的，也未可知？但是孑民、守常、梦麟他们，总应该给个回答。《星期评论》原来计划把这个问题第一次附录，如今既不能依限寄到，只得陆续发表。杜威夫人听说还在北京，你如得到机会，请你征求征求他的意见，多少写给我们一点。其他对于这个问题有研究的人，也请你随机会征求征求。

我有一个朋友的朋友，黄琬，是厦门十三中学校的校长，他今天趁"新丰"到北京，打算来见见你，并且和你商量汉文的音符和汉字改革的过程。其人是福建教育界里面很热心有毅力的，想来你一定喜欢见他，所以先替他介绍。

梦麟大约已经到京了，北大的新风潮，我很盼望他到京后平了下去。"高明之家，鬼瞰其室"，黑暗里奋斗，处处要留全神。我很祝赞诸位和平胜利。

沈定一　一九一八年七月二十四日

（原载《胡适往来书信选》上册，中华书局 1979 年版）

入　狱

（1919 年 7 月 27 日）

怎么样是不自由？入监狱。
因为自由，入监狱。
这样一位先生，入监狱。
岂但是先生，入监狱。
先生不入狱？谁入狱？
先生既入狱，谁也入狱。
本来是狱，何待入狱？
既然入狱，何时出狱？
既都是狱，何处非狱？
一人一狱，何从出狱？
果然关得住，何必狱？
若使关不住，何用狱？
狱在那里？在方寸地。
如何出狱？"爱世努力的改造主义"。

（原载《星期评论》第 8 号，1919 年 7 月 27 日）

请看民主国的新法律

（1919 年 7 月 27 日）

作工的没有定物价的权，种田的没有定米价的权，本是一椿可怪的事。贾谊所谓“乘人之急所卖必倍”的一班作米生意的人，他偏握住生活主要品操纵市价。这种丧心病狂的贸易，居然当也得法律的保障！如今这些营业，却有了处分了，请看七月十六的巴黎电：“法国内阁，现在拟取缔关于生活主要品的投机贸易，就这几天里头，提出议案，规定垄断图利的惩治法。”人家民主国的法律是如此，我们的中华民国怎么样呢？“商运”、“漕运”一片的发财媚外声，《申报》上说他“护照专利”。他们专利了！谁专害？谁应该定他们犯罪的法律？国民！太过不去了！

（原载《星期评论》第 8 号，1919 年 7 月 27 日）

有国会？无国会？

（1919 年 8 月 3 日）

凡是民主立宪国都有国会。国会解散，便无国会。国会依法无解散，居然解散，还是有国会。一国只有一个国会，断没有两个国会。若使有两国［个］国会，便是两个国。中华民国在地球上只有一个，何以有两个国会？旧国会咧！新国会咧！正式国会咧！非法国会咧！国会上面一加上区别字就明明是二不是一。《楞严经》说：“如汝文殊，更有文殊，是文殊者，为无文殊。”看“双包案”的人，必定晓得戏台上只有一个包龙图，除却一个有，便是无。那么，中国人要知道，中华民国只有一个国会，除却一个有，便无国会了。

（原载《星期评论》第9号，1919年8月3日）

国会在那里？

（1919年8月3日）

我问这句话，我何尝不知道国会在广东？国会既在广东，何以国会议员要到上海来打电报呢？有该说的话，何以不到国会里去说呢？这句话要求国会议员答复我。有人问我，那些到北京去的吃花酒的、打麻雀的，不是国会议员么？我说："我不问那些，我要问打电报的。"

（原载《星期评论》第9号，1919年8月3日）

女子解放从那里做起？

（1919年8月3日）

此篇经三次易稿，我不但求全中国女子的批评，并且求全中国男子的批评。但是安富尊荣的女子和争权攘利的男子，未必留心这个问题；劳动界的男女国民，又不能够有知道这个问题的机会；批评我的，只是少数知识阶级里面的人了！

（一）男女双方要深知深信女子是"人"，与男子应有一样的人格。

（二）男女受同等发挥本能的教育。

这两句话，似乎把政治、经济、社会和两性遗传等重要问题，完全漏却，但是摇笔直挥一篇男女平等论，虽千万言，总拿不定本问题的实际，可怜中国的男子，除却婚姻、婢妾、娼妓之外，和女子不生甚么关系。且不说贩卖妇女和溺女、虐媳那些话，试看有几位从欧美留学回国的女子，当稠人广众之间，也只得在最冷静的所在坐地，甚至终席，没有一个人和他交谈，这种情形，无非因袭旧时代以女子当一种物品的观念，男子既视女子为物品，女子也就以物品自居，相沿成习，便成了根本上的大错误。一切思想的锢蔽和种的不平等，都是由这错误里面发生出来。所以我第一句话，就是唤起男女双方的“用意”，由思想里面发生了彻底的觉悟；“解放”二字，才有基础，才能进行。第二句话，何以只说教育呢？已往的女子教育，无非教育女子成物。（例如商务、中华两大出版所所取的教材，把学龄以内的女子，就教他“守节”、“训婢仆”），女子与男子既有一样的人格，无论小学中学大学各专门学，凡是男子得求学的学校，就是女子得求学的学校。学校本不是能给我们知识的，但是能发挥我们的本能成为知识，知识就是应用的工具。如果没有工具之先，便不必妄想良好的工作。凡是应付政治、法律等等，都应该有圆满的知识。——不然，“未能操刀而使之割”，结果徒有解放的空言罢了。

（原载《星期评论》第9号，1919年8月3日）

给李纯的信[1]

（1919年8月6日）

秀山先生：

八月六日上海《新闻报》“南京快信”里面有一节说“军署令本省各机关，查禁上海过激党印行之《星期评论》，及在北京发行之《每周评

① 本文原标题为“本社给李纯的信。

论》，因其均系鼓吹无政府共产主义云”。

我们看见这段新闻，诧异得很。《星期评论》是我们三个人，把自己所见，用很负责任的方法发表的出版品。现在已经出到第九期了。我们是什么样人？是主张的什么事？如果看了我们的文字，应该很能够明白的，我们对于中国建设上的意见，第二期的《星期评论》，都发表了。所以：

（一）说我们是过激党；

（二）说我们是主张无政府主义及共产主义。

这两种观察的错误，从何处生出来的。真是奇怪得很。但是我们也不敢断定《新闻报》所载的是事实，所以把《星期评论》从第一期起到第九期各一张寄上，请详细审查我们到底是不是过激党？我们所主张的，到底是不是无政府主张？是不是共产主义？并且要请问是否确有查禁《星期评论》的事实？要盼望给我们一个回信。

我们还有一个很诚恳、很忠实的忠告，思想言论是应该有绝对自由的东西。现在是中国思潮震荡的时期，如果要压制负责任的公然出版品，就无异奖励不负责任的秘密出版品。压制的力量越是大，危险的程度越是加增。为什么呢？因为言论这个东西，本身是一点也没有危险的，“压制”就是危险，就是阻碍言论界“自然淘汰”的进化，助长激越的风潮。请看我们《星期评论》第三号“对付布尔塞维克的方法”和第四号“社会民主化的英国政治”两篇文章，就可以明白这个道理。我们很希望当局执权的人，不要走错路了。现在天气很热，时疫流行得利害，希望先生的健康。

沈定一（玄庐）　孙棣三（棣三）　戴傅贤（季陶）

民国八年八月六日

（原载《星期评论》第10号，1919年8月10日）

贫富的比较

(1919年8月10日)

人类世界的事事物物，若使丢开“有趣的生存”去下观察，无论什么事什么物，都可以看作虚空幻影。群雀冒网罗来求食，被人捉住，关在很精工的笼子里，给他好的吃，不但笼内的雀横冲直撞，不肯享受，就是笼外的雀也十分恐怖、十分沈［沉］痛。要饭的啼号饥寒，被警察捉将去，不但要饭的十分懊丧，路旁看的也替他烦恼。还有那些高官富商，住的高堂大厦，出门骏马快车，吃的油，穿的绸，那种“席丰履厚、颐指气使”的丰神，足足使一般穷人望着不敢出气，然而竟有许多不得好结果的。三种的生存境遇虽不同，却各有各的生趣，所以雀子不愿意住雕笼，穷人不愿意坐监，高官富商也有不安于高堂大厦的日子。

呜!!! 接二连三声的莫独卡，睁着了一双怪眼，风驰电掣卷将过去，一盏车尾的红灯，映过墙角边一副黑油油的怪脸在那里出神，不知道车中人正在那里肝肠寸断咧!

(原载《星期评论》第10号，1919年8月10日)

互助的好处

(1919年8月10日)

上海南京路中段，电车轨道交叉的地方，要算交通最辐辏了。常常有初到上海的人，或缠足的妇女，到了十字路口，不敢穿过，要叫车子“摆渡”的。一天，我看见三个人一串，纡纡徐徐在那交叉路上走，印度巡捕轮著朝他们三个很很注视了注视，四面的车马，正风雨般来，我很替他三个人著急。一会儿，他们安安全全的过去了。一看，头一个不过高于□齐的矮子，第一个是个跛的，第三个还是个双眼失明的瞎子。诸君请把他三个拆开了，除却矮子还可以过得去，那个跛的和瞎的，却真没法经过这热闹关头呵！

（原载《星期评论》第10号，1919年8月10日）

两个日本青年学生

（1919年8月10日）

掘切音文、原田政治，两个日本青年学生——他们的头脑是不是青年，我且不问，他们是不是代表学生，我也不问，他既自命为青年学生，我就叫他作青年学生——从日本经过上海到了北京，去见徐世昌，联络中国的青年学生，说是反对军阀，反对从前日本对华外交。又说欧战终结，民本主义盛行，日本舆情，迥非昔比。这话是我很同意的，但是中国军阀的根盘，并不在中国，侵略的外交，又发生在日本，日本的政权，又明明在军财两阀。据掘切和吴世湘的谈话，掘切说：“敝国政府，对于中日青年实行提携一层意思，甚赞成。”把他们的论调，总和起来：（一）日本要应世界底潮流，施行民本政治；（二）日本要铲除军阀；（三）他们是得了政府的同意革政府的命。日本人呵！改革是你们要在日本做的事，岂是到中国说两句空话就完结了吗？高丽独立运动的人，跑到中国来，中国的军阀还要替你日本监视他捕拿他呢？你两个抱了这番意思，何以要得你的政府赞成？何以又会得你政府军赞成呢？这两个日本青年学生，这两个日本青年学生。

（原载《星期评论》第10号，1919年8月10日）

方　针

（1919年8月10日）

人说军阀和官僚无论做什么事，都无一定的方针。我说军阀和官僚无论做什么事，都有一定的方针，而且一定以国民的方针为方针。不信？请看下表：（国民）：法治、爱国、废约；（军、官）：毁法、卖国、订约。

这不明明是方针么？这不明明以国民的方针为方针么？只不过朝著反向指罢了。人问和议几时得〈成〉功？南北几时能一致？我答和议早成了，南北早一致了。不信？请看下表：

（南）枪毙报馆主笔……剥夺言论自由权。

（北）拘禁报馆主笔……贿收报馆。

（南）法政学校校长叶夏声要换区大原。

（北）北京大学校长蔡元培要换胡仁源。

（南）开赌抽头。

（北）贩米专利，开彩票。

（南）广东省长不用人民要的伍廷芳，用人民不要的张锦芳……

（北）山东省长不用人民要的沈铭昌，要用人民不要的屈映光。

（南）打学生。

（北）拘学生。

以上关于立法司法用人行政略举几件事，你看北调南腔，一唱一和，还要叫他议什么和，还要说他什么不一致，实在是冤枉了！而且南标护法，北说统一，名目何等正大，何等庄严！只是为护法死的国民多少人，为统一死的国民又多少人，在他们的方针指向，又不知要死多少人。我要把战场上社会上的死尸，一齐搬到他们被窝里，装在他们饭碗里，请他们子［仔］细咀嚼，子［仔］细享受民脂民膏的风味。

（原载《星期评论》第 10 号，1919 年 8 月 10 日）

兵官

（1919 年 8 月 17 日）

插着白羽毛，
挂起指挥刀，
眉尖上标两字英雄，
吓得倒朋友相好，
混得过阖家老少，
只瞒不得冬烘头脑。
这冬烘先生是谁？
西边一个爱理卫，
东边一个吴稚晖。
强权死了么？
何以变相的威廉第二还在？
我且不问爱理卫，
我要问先生稚晖，
几时把督军团化作更夫团。

护法军编成韦陀队。

（原载《星期评论》第11号，1919年8月17日）

打　更

（1919年8月17日）

祖宗不足法，
天命不足畏，
只怕众生糊涂睡。
糊涂睡，睡糊涂，
天亮多时，
梦语糊糊。
囊！囊！囊！
断断续续，
是真是假，是笑是哭！
电灯亮，心儿痒。
弦索响，心儿荡。
楼上银牌，水面歌声，
腰边皮夹子，醉后眼中人。
我的先生们呵！
皮肉怕枪弹，良心问打更。
你若不醒有人醒！

（原载《星期评论》第11号，1919年8月17日）

国际劳动大会

（1919 年 8 月 17 日）

今年十月里在华盛顿开会的第一次国际劳动大会，可以说是世界上第一次合于人道的集会。各国的男女工人，都有男女代表例会。我们中国的男工怎么样？女工怎么样？也希望派代表列席吗？但是你们阶级的一体组织怎样了？中国是世界上第一个工人多的国，如果第一次的国际劳动大会，没有代表列席，真是中国工人的耻辱呢！

（原载《星期评论》第 11 号，1919 年 8 月 17 日）

占领北京与占领青岛

（1919 年 8 月 17 日）

人民在有定的领土区域范围内，为自己生存上的设备，组织国会，建立政府，只要合乎理法，要怎样便怎样，这才是共和国的正义，也是共和国民应有的责任。如今北京城里那个国会府院，是据什么理，依那条法存立在中华民国的？有一个最相当的比拟，就和“日本占领青岛”一样。

（原载《星期评论》第 11 号，1919 年 8 月 17 日）

原来是我们的不劳你归还

（1919 年 8 月 17 日）

从和约拒绝签字，我们应该把青岛山东如何改好？如何建设？不必尽说如何归还。什么有条件、无条件，都是一大堆废话。我们就只认定山东青岛是我们的，日本人你回去你的罢，请你不必再说什么归还的话。但是我们该怎么样才能把强权式的青岛，改变成为幸福的青岛呢？中国人呵！不要被从前营青岛的德国，笑我□□。

（原载《星期评论》第 11 号，1919 年 8 月 17 日）

孙中山先生

（1919 年 8 月 17 日）

真理叫他革命，他就革命；正义叫他护法，他就护法。政府应该受国会的支配，支配他做大元帅，他就做大元帅。叫他取销大元帅，他就取销；还叫他担任军政府总裁，他就担任。世人有些怀疑他的理想是空谈，他就发表实验的著作“建设的计划”。中国有了这样一位先生，他只具体的说了一个“行”字，又抽象的说了一句“自由行使职权”的话，却没有人领会。究竟是不知道“行”吧？还是连“自由”都不知道呢？过去的事且不谈！将来建设上的大计划（载在《建设》月刊），却不可不知，不可不行。中国人如果永久安于不知不行，终必有人来实行这一天。那时候的中国人，恐怕想行也没有行的机会了！

（原载《星期评论》第 11 号，1919 年 8 月 17 日）

秘　密

（1919 年 8 月 17 日）

大凡合理合法的言论和行为，没有不可以公开的。“事无不可对人言”这话，就是表示心地光明。光明是黑暗的反对，公开是秘密的反对。换句话说：凡是公开的必光明，凡是秘密的必黑暗。国际、政府、社会间种种阴险贪黩龌龊，无非靠秘密的动作造成罪恶。洩漏秘密，便是凿穿黑暗，自号为“政府”的既要严禁洩漏秘密，自信是国民的就该努力凿穿黑暗。光明是遮不住的，请看今后的世界，那一个得最后胜利？

（原载《星期评论》第 11 号，1919 年 8 月 17 日）

新闻？讣闻

（1919 年 8 月 17 日）

这几天各新闻上都有某督军死的专电，又有关于生前死后的长篇纪载。传达消息，是新闻界免不了的，但是片断卜闻，可以不必登载。登载已竟污了宝贵的纸面了，居然有人看中了这些消息，东奔西走，似乎有无限的抱负要发挥。我以为不但这些做官的人，已经死了，不必多说，便是那些个筹边使咧！巡阅使咧！护军使咧！镇守使咧！将咧！帅咧！一大堆花脸红袍，也是不应该有的。诸君既要和旧政治旧社会奋斗，请不必把那些全武行的官儿那个死，那个活，那个来，那个去，当作一种研究的对象。新闻上好材料不是没有，如果尽在卜闻上去研究，只怕研究的结果，要造出许多发不起卜闻的人，白白断送到不应该有的官儿堆里。

（原载《星期评论》第11号，1919年8月17日）

前途的灯

（1919年8月17日）

吾们因为甚么要力图改革？无非感受痛苦的教训，从怀疑中寻觅路径，想走到一个光明世界，和大众快活快活。

痛苦的教训，国民已经切实受到，无烦多述。怀疑的时期，少数人虽可算过去，多数人还不知道从那里怀起那里疑起。至于寻觅路径，更是少数中的少数。现在先要指点出比较可信的途径，这条比较可信的途径，是经过许多断港绝路得来的，是要大家自己去寻的，自己前进的，不是闭住眼塞住耳扒在别人脊背上叫他背了去的。光明的世界，究竟在那里？大众快活快活的幸福，究竟有享受的机会没有？

生存的本能是人人都有，生存的技能不是人人都有。自己抛弃了自己的本能，不亟亟去谋光复他，"夜归抱子，朝起忧贫"，每天只打算去做"衣冠强盗"的勾当。这些人诚然可怜，但是没有工夫去可怜他。

做了一场大失败的事业！其中能自存的有几个，能自信的有几个，十之五六要沦落在自存两个字面里，设或丝毫没有凭藉，恐怕百分之九十九是立脚不住的。我们于此，得了一个最好的教训！就是个人的生活技能完全自立了没有？如果说这个问题没有解决，纵使改革事业成了功，也等于失败。

吾们既澈底觉悟生存技能为改革事业的基础的基础，能彀［够］把这个基础坚定了，改革事业就不当假手于军人的武力！军人的武力，只会摧残，不会建设；只会杀人，不会生人。世界多少先例！改革成功的军人，转眼就立于被改革的地位。其次，不当假手于政客的手腕！政客的革命，是帮闲革命，是投机革命，两颗眈眈的眼珠，只注射着将来的“权”“利”上，甚么“勋位”“勋章”也是政客革命希望中的装饰品。一片患得患失的心理，演成首鼠两端的态度，所以政客的地位，常处于改革者与被改革者的中间。

吾们既将军人和政客都撇在改革事业之外，改革的目的能达到与否，就看平民的力量如何？平民的力量，便是以完全生存技能的各个人，成一个大组合，合起来是能独立能自立的个体，分散了也是能独立能自立的个体。改革成功的酬劳，就是大家得均等享受的幸福。

光明世界在何处？从何寻找得到？要由群众自己建设的。

（原载《星期评论》第11号，1919年8月17日）

名义重？事实重？

（1919年8月24日）

中国人的深毒大病，就在“好虚荣”三个字，所以弄到“人权”、“国权”，没有一样不是名存实亡。从山东问题发动以来，觉得举国人都能注意到实际上，我便顿然消解了十几年来的烦忧，以为中国人从此澈底觉悟了，好了，必定事事能从实际上做起了。但是我这番推想，还是过度的。试读近日上海言论界争论女子“解放”和“打破”的名义，便知道中国人究竟名重于实咧！康白惰先生那篇“解放和打破”登在《救国日报》，是满含著眼泪在那里希望大家以事实为重呵。

（原载《星期评论》第12号，1919年8月24日）

爱读禁止的文字

（1919年8月24日）

我记得幼年在书房里，爱读《水浒传》、《三国志演义》等小说，塾师往往禁止，于是把小说夹在读本中仔细咀嚼。师来，便展开读本掩住小说；师去，复展小说读。时时觉得小说的滋味，远过圣经贤传几万倍。又记得满清末年，又一个朋友打算介绍《民报》和《复报》等新著，他就想了一个方法，运动官厅出示通禁。把禁读各种新出版的书名，一一刊列在告示上，告示贴到那里，这些新著作便行销到那里，禁的越严，销的越多，看的也越切。往往求看新著的人，便对著告示按图索骥。当时有一个朋友翻刻了一部邹容著的《革命军》，无法登载广告，他便寄了一本到各衙门去，不消半个月，那部《革命军》的广告告示，贴满全省。当时我们有一句笑话："没有什么行销不得的书，只要官厅肯禁。"照此看来，出版品本无危险，禁止便是真危险。因为秘密的出版，断无著作者的真姓名，在学理上又不消负什么责任，那才是真正的危险呵！

（原载《星期评论》第12号，1919年8月24日）

笔与枪

（1919年8月24日）

武人的武器是杆枪，文人的武器是支笔？枪的能力是杀人，效力到不了距离以外，更打不得四秒钟以后发生的目标。笔的能力是攻心，能发扬人的本能，能振作人的正气，凡“日月所照霜露所垂”的地方无不可到，远及十年百年以后，还能够大放光明。而且枪膛里的子弹是打得完的，笔头上的字是写不完的；子弹是限于国界省界各师旅团营的；文学在空间是毫无界限的。世界上只有受笔所指挥的枪，没有受枪所指挥的笔。

（原载《星期评论》第12号，1919年8月24日）

想

（1919年8月24日）

（一）

平时我想你，七日一来复。
昨日我想你，一日一来复。
今朝我想你，一时一来复。
今宵我想你，一刻一来复。

（二）

予的自由，不如取的自由。
取得的自由，才是夺不去的自由。
你取你的自由，他夺他的自由。
夺了去放在那里？
依然朝朝暮暮，在你心头，在我心头。

（原载《星期评论》第12号，1919年8月24日）

“人”与“物”

（1919 年 8 月 24 日）

拉马克氏所著的《动物哲学》，他说：“现在生活于世界的动物，无论考察其身体所具的那一种，无不适于生活的状态。各种器官，应于生活常用的就特别教［发］达。”他所举的例：如“打铁的常用手腕，所以手腕的筋肉骨胳特别强；车夫常用脚，所以脚的筋肉和骨骼特别大；其他的动物，亦复如是。”拉马克的学说，在今虽不认之为十分完美，但是器官因为常用特形发达的真理，毕竟颠扑不破。证诸耳基部的筋肉，原是专司耳的掣动，以辅助听官的作用。因为人以颈骨的回转替换耳筋，以致失去掣动的本能，不过掣动本能，还是潜伏在筋肉里面。我有一个朋友吴钢先生，他从小就爱运动耳筋，作为游戏，练习既久，居然可以自由掣动。又证诸于脚趾的握力，人类也是久置不用，所以失去本能。但是这本能亦复潜在。去年上海新世界俱乐部，有一个无手的人，他的脚趾能够排列牙牌和穿针引线。

以上两个证据，都足以反证拉马克“器官常用特形发达”的话是千真万确的真理。再从事实上研究得来的推论，及于脑的作用，也是常用的特形发达。拉马克说：“车夫的子孙，非必皆限于车夫；打铁的子孙，未必皆习打铁；所以车夫铁匠常用的器官，只一代间比较发达。”依拉马克的研究，如果车夫世世推车，铁匠世世打铁，后来子孙的腕和脚，必定特形强大。将这番研究推论到脑，也有事实足以反证。例如，世代生长在赤道下的民族，因为天时所限，不容易用脑，又因为职业的关系，不必用脑，到后来的子孙，脑力就会渐渐的迟钝。我在民国四五年间，考察住居苏门答腊的华童和本地（马来）儿童的智力，在国民小学里面，大约本地儿童与华童至多要相差四之二五，这些本地儿童，都因为家庭不能生活，卖给华人做养子的，在同等学校受同等教育，平均的程度总要差到一半，但是脑的本能，依然潜在的。

照此推论，人类的本能，是在一个水平线上，断断没有差别的。如果施行均等教育，得均等生活，后世子孙，断无那个优那个劣、那个强那个弱。尼采所发布的“超人主义”、“强权主义”，也就不攻自破了。

军国民的德意志的覆辙，何尝不是中了尼采的毒？但是世界上迷信尼采和专说利己之斯密得等的人，又何但是一个该撤威廉第二？即使从来没有知道有这种学说的，一般贪横自足的武人、资本家、地主，所作所为，又何尝不与这些主张暗合，唯一的大祸根，便是把人类的本能看做不在一个水平线上的。

因为根本见解的错误，所以有强弱智愚的分别，〈评〉判从此就生了愚弄欺凌的心。又从这一愚弄欺凌的心理上，便把同类的人视为非同类的物。如何视为非同类的物呢？

（一）军官视兵士为发枪炮的器具，所以战争的时候，越高级的军官，距离前线越远。死了多少兵士，便是失了多少器具，所谓“千军易得一将难求”，将原是人，兵呢？

（二）资本家地主视劳工为锯子、锉刀、铁钯、锄头的发动机。所以工场农场的工人，只能获得资本家不得已而给他点有限的工钱，留下点征收剩的饭粒。无论如何？不得在出品上得均等交换的代价。工人罢了工，便同发动机停了轮转一样。

这种以人为物的事实，大家研究研究点学理，摸摸良心，问问自己，到底应该不应该的？天下多少祸患，无非从“以人为物”的心理造成。你如果是人，他就不是人，他如果是人，你就不是人。“超人”的梦不醒，“强权”的迷信不去，不是东风压西风，便是西风压东风。四面的险象，已经包围起我们这可怜的中国了呵！不必说那远的大的，单说大家十分害怕的“布尔塞维主义”，就不是一个怕字挡得住的。大家既害怕“布尔塞维主义”，就该研究“布尔塞维主义”是个什么东西？何以会传播到东方人的心里？大家要用什么方法免除“布尔塞维主义”的危险？

“布尔塞维克”是从不平两个字里面涌现起的怒潮，是极新鲜而含得有危险的空气。从前的俄国，是个极专制的国，所以俄国便酝酿成了这个怒潮的起点。现在的东方还是一个极腐败的空气，这种主义，受了腐败空气的冲动，立刻相激相荡，里面的危险，就从激荡间发作起来，和空气磨擦发电一样。如今俄国成了怒潮的中心，我们东方亟亟应该研究免除这番危险。

我们要免除或减少危险的程度，用什么方法：

第一，要澈底觉悟凡是人都是在一个水平线上的，不能有强弱智愚的分别，也决不是物。

第二，凡是人都是在一个水平线上的，无论劳动脑力或筋肉，都应该对物竞争，做有益于人的事业。

第一重的方法，是消极的，不必怕外面的危险来不来，要从自己这大团群众间根本上免除心理的危险。因为外面的危险，无法可以杜绝的，只要里面没有潜伏的危险，才可算得危险免除。第二重是积极的，世界上危险的环象，刚才发见，尾著“布尔塞维主义”来的危险，不知凡几。人人若向利人方面努力精进，便是免除世界上一切危险。“布尔塞维主义”算个什么？

世界无论如何变迁，大家只要做到物以下无人，人以上无人，只有幸福，没有主义。

（原载《星期评论》第12号，1919年8月24日）

德约与奥约

（1919年8月24日）

德约有不签字的必要，奥约有签字的必要。约瑟已经死了，在中国之奥国国家的正当财产，要认为奥国国民的财产，大家和和气气订立一种互惠均等的条约，开一个条约上的新纪元，岂不是一桩好事？国民呵！那个深恨你不签德约的人，正盼望你也不签奥约咧！

（原载《星期评论》第12号，1919年8月24日）

为什么

（1919年8月31日）

“人生在世，究竟是‘为什么’的?”这个问题，人人都要问，人人都想解答，人人都解答不了。胡适之先生也说：“这个问题是没有答案的”。但是他已经有了答案了，他说：“现在的人最怕是有人问他这个问题。得意的人听着这个问题就要扫兴，不得意的人听着这个问题就要发狂。”这就是这个问题的答案。因为问题太笼统，所以答案也不得不笼统些。只要提出为什么三个字，就可以见到这个答案的妙处；我正在寻思如何说明这答案的妙处，邮差寄了一本《新生活》周刊来，哈哈！新生活。

《新生活》在北京东直门内东高房十七号，每星期日发行一小册，每册邮寄大洋三分半。《新生活》第一篇就登载适之先生所讲演的“新生活”。他说：“众位，千万不要说‘为什么’这三个字是容易的小事。你打今天起，每做一件事，便问一个为什么……为什么这个，为什么那个，你试办一两天，你就会觉得这三个字的趣味真是无穷无尽，这三个字功用也无穷无尽。”我听了这番话，就省了许多说明答案的气力，所以不避抄书的嫌疑，老老实力［实］把他写了出来，作三十二号《每周评论》所载“一个问题”答案的注脚。请大家用心研究这“为什么”三个字。

前面记着适之先生的话说：“得意的人听着这个问题就要扫兴，不得意的人听着这个问题就要发狂。”同是一样叫做“人”，为什么有得意有不得意，为什么得意，为什么不得意。为什么扫兴，为什么发狂。只要把为什么三个字研究明白了，将这得意不得意的根本打消，还有什么兴可扫狂可发呢！

无论什么事，凡是含得有“秘密”臭味的，都该打破。不但过去的罪恶，是秘密两字造成，未来的进化，也是受秘密两字的障碍。这为什么三字，就要分秘密的，公开的。

秘密的为什么　为什么求学？为做官为发财。做官发财是不是一椿事，姑且不问；发财是不是一椿应该做的事，也姑且不问；做官为发财，为发财做官，合起来无论怎样颠倒说法总是一椿不应该做的恶事坏事丑事。凡事属于恶、坏、丑的，没有不严守秘密〈的〉。所以秘密的为什么就是不可公开的为什么，就是罪恶的为什么。

公开的为什么　为什么求学？为发挥固有的本能，做社会人〈我〉间有益的事。这个为什么，可以大喊大叫悬诸国门的。即使有人秘密反对他，也不过演个“头触屏风”的把戏。

以上不过举了两个例给大家看看。如果我们全国国民在公开的法庭上做了审判官，便有许多说不出来的为什么：为什么和日本订密约？为什么把路矿森林抵借外债？为什么解散国会？为什么组织临时参议院和安福俱乐部？为什么办学生的罪？为什么逮捕代表？为什么解散湖南学生联合会，封禁《湘江评论》？为什么护法要组织军政府？为什么梧州会得到北京汇来的一百四十万块钱。这些个为什么，都是有问无答的，如果答了出来便怎么呢？罪过！罪过！如果罪犯和审判官交换一个地位，问为什么要取销密约？为什么反对抵借外债？为什么罢学罢市罢工？为什么抵制日货？为什么反对安福俱乐部？为什么攻击代表？为什么组织学生联合会刊行《湘江评论》？我相信国民的答辞，能够把为什么三个字的骨髓都说得透的。

如此，这个“人生在世，究竟是‘为什么’的”问题，就是实行公开去做这个那个为什么三个字罢了。但不知中国人愿意求这个趣味不愿？

愿意收这个功用不愿？我还有一句不中听的老实话，今后的世界，只有葬“秘密”的坟墓，不会建“秘密”的舞台了。为什么呢？请大家仔细想想。

（原载《星期评论》第13号，1919年8月31日）

笔也受指挥的么？

（1919年8月31日）

前星期的《星期评论》上，我有两句话“只有受笔指挥的枪，没有受枪指挥的笔”。季陶和棣三就说：“世界也有指挥笔的东西。”不消说，就是金钱了。我就要进一步讲，笔的作用，如果只能指挥枪的，也许被金钱所指挥。因为指挥枪的笔，是消极的作用，不是积极的本能！如果指挥起拿笔的人手上的锄头铁钯锯子锉刀，同时指挥拿锄头锉刀的人手上的笔，世界上便没有东西可以指挥笔的了。

（原载《星期评论》第13号，1919年8月31日）

赴京代表违约法

（1919年8月31日）

赴京代表一批两批三批到大总统府去求见徐世昌请愿，被拘的被拘，押送的押送。警厅派员说：“诸君来公府请愿，与约法不合，请退回研究约法。”是吓！这一番话真不吓！约法上行使统治权的议院大总统、国务院、法院，是要人民选举组织的。现在自己在那里行使统治权的，是不是你们所选举组织的？这般代表连机关的根抵［底］都不摸一摸，便闯上门去请愿，怎么不违法，怎么不违法？

（原载《星期评论》第13号，1919年8月31日）

哀湘江

（1919年8月31日）

湘江滔滔呀！湘月明。
湘江汩汩呀！湘山青。
湘云黯黯呀！湘天阴。
湘工评论呀！寂无声。
唉！可怜那一片书声，布机声，打稻声，邪许声。
重化作湘江几千年的怨恨声。

（原载《星期评论》第13号，1919年8月31日）

牺牲与鱼肉

（1919年9月7日）

现在的形势，中国一部分的人民和土地，已经成为俎上的鱼肉。日本三阀（军、财、党）操了刀，以中国三阀为俎，山东的土地和人民，已经尝着刀俎的滋味了，其他大部分的土地人民，等于笼里鸡、网里鱼、圈里牛羊，不过还没有拉出来动手开剥罢了。

煮豆燃萁，哭得伤心，火燃眉头，急得要死。徒哭何益，空急何益，牺牲的日子到了，国民准备。

准备什么，准备大家一齐牺牲，一齐牺牲便牺牲得了吗？不会牺牲了的，有代价的。夺了刀，踢翻俎，从此不做鱼肉。

“折一矢易，折十矢难”。不问再大的国，再多的人口，只要分析开了不能自动的团结，无论再小的国，再少的人口，也能胜过他，灭得了他的。从团结的作用，看起连带的关系来，青岛胶州高徐铁路问题，就是山东问题，山东问题，就是中国问题，中国问题，就是你我自己的问题。青岛胶州高徐铁路断送了，就断送了你我的活路。因为断送你我的活路，你我就起来反抗，因为反抗而商人枪毙，学生被捕，报馆封禁，就是枪毙你我的生命，逮捕你我的身体，封禁你我的喉舌，不许你我找［朝］着活路上走。现在你我的生命还在，身体还在，喉舌还在，如果不能打破这圈禁牢笼，尽等着到俎上去一刀一块，那时嚷破嗓子叫救命，也就来不及了。屠户手上没有放回过临死狂叫的猪。

我所说的牺牲准备，是不是准备拳打脚踢和一般断绝希望的三阀拼命呢？不尽然的。第一，不承认三阀所组合的政府为政府。第二，计划国家具体的建设。第三，发展个人本能。诸君要把第二第三这两层记着。

（一）三阀政府，在法律上没有地位，可不必说；他们所作所为的卖国勾当，也暂时搁起；就从事实上审查他们所谓较好方面的言论行为，略举一两件事：例如焚烧烟土，是一椿好事，但是焚烧假土，陕西种烟，日本人贩运大宗鸦片吗啡，（《字林报》，《劳合周报》，都载得很详细），能说不是中国三阀和日本三阀狼狈为奸害我们人民吗？参战胜利，是一椿好事。但是私订军事协定，还要延长，替日本争得青岛，替日本经营满蒙及西北一带的发展。证诸欧约签字的主张，钢铁借款的消息，新银团满蒙除外的条件，虽然生一百张嘴也抵赖不去。至于振兴教育、振兴实业，未必不是一句好话。耳朵软的人也相信他，但是罢学罢市罢工的行动，算不算振兴教育、振兴实业的影响呢？摧残大学拘囚学生枪毙商人，算不算振兴教育振兴实业的成绩呢？以上但就三阀政府好的方面看尚且如此，何况一般人所明认为十恶不赦的种种罪恶呢？我们只要知道托老鼠管米的事做不得的，第一就该不承认三阀政府。

（二）建设计划：这话说来很多，请看本报第二号“关于民国建设方针的主张”和近时杂志上所登载的著作，都应该下一番研究的苦工。本篇虽提及建设的内容，但很希望有建设的主张的，大家结合起来，总和种种主张成为一致，预备迎合建设的机会。但是这种结合，不必要什么政党的形式。庶几各种计划，能够流通无阻，并得收集思广益的实效。

（三）发展个人的本能：这句话初初一看，似乎茫无涯际，但是从发展本能的起头一一研究，必定能够得到最初最重要的工具。这工具是什么？就是教育。教育从那［哪］里入手呢？就是认字。认字不是一件很难的事么？不错的，就是因为难，所以想一个不难的方法。这不难的方法是怎么样呢？就是注音字母。

注音字母经由读音统一会审定公布，注音字母的字典，就快出版，只三十九个注音字母，究竟有多大的能力呢？就像一把鸦嘴锄，无论多少面积的荒地，只要他肯先降，便成锦阡绣陌；无论多少体积的矿产，也只要他先肯光顾，连大地也不敢自私宝藏。中国算是四万万多人，脑子里没有开发的荒地和矿产，总不止百分之九十九。要开发这九十九分的天荒地宝，就得拿这注音字母做锄头。大家有了这个工具，习练熟了，个人发展个人自己的本能，发展以后，把各个人的本能总和起来，要建设怎么样的国家，创造什么样的世界，构成什么样幸福的程度，要如何，便如何，好比喝茶吃饭一样的容易。

国民呵！死到临头了，赶紧趁这一息尚存的机会，大家把第二、第三两件事，分头努力进行，期以十年，自然而然会知道怎么样做法才好。到了大家都要怎么样才好的做法，如果再有人敢顽抗的，只要人人鼻子里哼了一声气，敢信这些顽抗的一个个要自缚请罪咧！

但是大众必须从第二、第三这两件事进行去，才能出这九死的险。当大众准备进行这两件事的时候，果真有人阻挠，甚至横加禁止的，便和夺我们的锄头不许我们垦荒开矿一样。这明明断绝我们的生路，那是我们不能不因为争得生路去立一个最大牺牲的决心，即使因此演出极大的惨剧，也就顾不得了。

这才叫做牺牲；牺牲的本身是有主义的，有目的的，有方针的，合理的，合法的，自动的。不然，便是鱼肉；鱼肉的本身是无主义的，无目的的，无方针的，不合理不合法的，被动的。国民呵！不能自动，便是被动，不敢牺牲，便成鱼肉。

我们四万万可怜可爱的同胞，愿意做自动的牺牲呢？愿意做被动的鱼肉呢？请个人自己仔细想一想去找一条路走。

（原载《星期评论》第 14 号，1919 年 9 月 7 日）

欣 然

（1919 年 9 月 7 日）

三阀政府和日本私订卖国铁路合同，中间有“欣然同意”四个字。赴欧专使，就为这“欣然”两字，吃了败仗。安福国会闭会辞里面，也有“良用欣然”四个字。他们这一班原该欣然欣然欣欣然然了，国民呵！疾首蹙额的是那个？

（原载《星期评论》第 14 号，1919 年 9 月 7 日）

光

（1919 年 9 月 7 日）

一片片乌云白云，遮住了光月□鬼。

秋风初起，冷飕飕吹入心□淘成眼泪。

只一缕天河，疏星几点，光明还在。
风际林梢，似有人暗中招手，叮咛忍耐。
忍耐忍耐，怎禁他腕底悲风，胸中热泪。
唉！乌云也罢！白云也罢！那遮不住的月光，了无□碍。
空青无际，连你这几片云儿，也涵盖在光明世界。

（原载《星期评论》第14号，1919年9月7日）

人要怎么样才能自觉

（1919年9月14日）

《湘江评论》被封，我便做了一首《哀湘江》的诗；《每周评论》被封，我又做了一首诗，诗题是一个“光”字，取光线遮不断意义。我做这两首诗的时候，把平时纪念著希望著远远地一颗“星”，不知不觉就点缀了出来，我记得《哀湘江》那首诗后面，还有几句未曾写上。

“哀湘江呀哭湘江！自由之魂呀来何方！西望峨岷呀星有光。”

这一颗星不是天海里的星，就是我们小兄弟《星期日》。他正亮晶晶在那里放可爱的光呢！这个题目，就是他新射出来的光。（看第七号《星期日》）

这个题目的“摆渡”是“怎么样”三个字，一岸是“人”，一岸是“自觉”。“要自觉”是思想的出发点，“能自觉”是目的的到达点。现在暂且把摆渡按下，试问这一岸的人，怎么样叫做“人”？必定答应道，像我这样就叫做人，问遍天下人除却这一句话是没得答的。再问那一岸的自觉，怎么觉［样］叫做“自觉”？只有答应道，自觉了便是自觉。可怜天下人除却这一句话也没得答的。

我就叫做“人”，是已经确定；人自觉，就是我自觉，人要自觉，就是我要自觉。只有从我眼睛里看出去仿佛有不要自觉的人，没有从我眼睛里看见不要自觉的我。人人都有的是我，所以人人都要自觉。只是可怜天下人从来不肯自己问一声："我要自觉个什么呢?"但是自觉的可能性，人人具有的：饿，觉得吃；冷，觉得穿；打骂，觉得痛苦羞辱；束缚，觉得烦恼。从生理的自觉到心理的自觉，总和起来，便知道个人和群众关于世界国家社会有大家应该走的一条平路。就是"自由、平等、博爱"。譬如说"老鼠最容易受百斯笃瘟疫的"和"鼠身上的跳蚤，能媒介百斯笃到人的身体的"，要预防百斯笃的危险，就应该"灭鼠种"。脑部里有了百斯笃的危险，自然看见跳蚤就要怕，看见老鼠就要捉了。

凡人脑部里所包藏的知识，断不能限定一个数量。无非"上一回当，学一回乖"，如果永远不知道上当，永远也学不了乖，但是断断不会永远上当的。这学乖的方法和工具，便是本题上"怎么样"三个字。怎么样不饿？怎么样不冷？怎么样不痛苦不羞辱？怎么样不烦恼？许许多多不满意的事实，怎么样才能满意？

这许多"怎么样"，就像这岸的人，望著那岸的自觉，要想什么方法去过渡？先有了要过渡的思想，又有了过渡的勇气，自然就会想出方法来过渡。譬如三个人住在一间楼上，扶梯上起了火，这楼房眼见著已经烧起来了，三个人同时只有一个要逃命的主意。甲、立着不动，自发自的痴；乙、跳了下去；丙、拿着一根绳子缚在一件东西上，跨出楼窗握住绳子，溜了下去。结果，甲烧死，乙跌伤，丙安全无事离了火窟。甲的死，虽死于火，但是他既不知道想逃命的方法，也就怪不得那一个。乙虽受伤，命是逃得，不过方法不完全罢了。丙虽然安安全全离了开去，但是有人问他"你家怎样起火的"，他也回答不来，总之必有一个焚烧的原因就是。但总不如"曲突徙薪"的妥善。照此看来，临时起火逃命的方法属于被动的；事前有防止火灾的设备，属于自动的。被动的总要受许多恐怖，蒙许多损害，自动的就十分安全。自动的模范，何尝不从被动的经验得来？只要多识得，就不会上当。

如今我们所上当的地方，那一个先进国人民不上过这些当的？我们只要学他们上过当的乖，不必再上他们上过当的当。更进一步说：自觉两字，怎么样总算澈底？虽是一步步进化的程序，不能限量。我们也该假设一偶已知的程序，向着他努力进行。时时存一个佳境在前的心，事事收一个真实不虚的果。离开土壤不必讲耕种，离开布机不必谈织布，离开社会不必谈政治、法律、经济和学问、思想、道德。并且没有积极的自觉，绝对不必有消极的自觉。譬如“三纲五常”在从前原是“天经地义”，如果没有新建设或新建设的假设，这“三纲五常”便无法废弃。又如没有邮电，便无法废弃“驿站”；没有蒸汽激进机，便无法废除帆樯；没有蒸气铁道电气铁道，便无法废弃“驼轿”、“马驼”。所以克鲁泡特金说：“无建设不能破坏，并且不配讲破坏。”这都是受过多少次的经验所得来的真理。我愿一切大众凡感觉旧政治、旧法律、旧经济及旧学问、旧思想、旧道德是不好的，便应该创造一个好的去替换他。这种创造不是口头空话心中幻想，必定要实行起来，和纸币一样，不问他纸面印得数目多少，有一张兑一张现，有十张兑十张现。什么人给我的，我就向什么人兑现；我自己给我的，我就向我自己兑现。看兑得兑不得，兑不得的，就是假票子；兑得的，看他兑得的数目和纸面上的数目符不符，要是不符，便知道有几折，总要做到十足兑现，才算是有用的。兑得了十足的现，才能够交换十足的货物，这纸币才算通用。——不然（再拿货币比方）无论印出多少纸币，也和纸钱纸宝一般，一点也没有用处的。

新思潮的激荡力已经到了东方大陆了！远远地一颗明星，希望他的光明天似天的放大，普照人人脑部中活泼的佳境前途。不但我们《星期评论》和同志的出版界喜欢！就是被封禁的《每周评论》和《湘江评论》也在那里笑迷［眯］迷［眯］的看著！《星期日》努力，同志的出版界努力，一切有自觉可能性的人大家努力。

（原载《星期评论》第15号，1919年9月14日）

瓜与日货

（1919 年 9 月 14 日）

今年虎列拉疫来势很凶，因此大家不敢吃瓜。今年外交形势更恶，因此大家不买日货。遂使种瓜的和做东洋庄的都吃了很大的苦。于是有主张存货公卖的；有主张调查存货，统计一个准确的数目，由大众分担损失的；约定从此停止东庄，至外交形势回复到公道的水平线上为限。这些办法，和战时居民被敌国毁损财产以致失业的，由国家出来救济的意义不甚相差。就是种瓜的农夫，他所损失数量虽比较东庄小，只受损失的关系却比东庄大，何以就没有人出来过问呢？唉！为卫生牺牲瓜的，却已经牺牲了。为卫国（大卫生）牺牲货的，怎么样呢？我常常看到海关进口货的表，我就记起田园里烂了的瓜！瓜烂了无法回复，公道是总有胜利的日子。

（原载《星期评论》第 15 号，1919 年 9 月 14 日）

血

（1919 年 9 月 21 日）

在公道正义的声浪中，望著民族自决的一面大旗，波兰复国了，犹太复国了，我们几个可怜的小兄弟怎么样呢？本月二号，高丽京城南大门停车场，轰然一声，铁血模糊，登［顿］时受伤的二十九人。一潭血泊之中，日本人的血，高丽人的血，还有几点美国人的血，这是怎么一回事？哦！这就是民族自决的大旗底下，报告高丽复国高丽独立的先声么？唉！我这可怜的小兄弟呵！你不是本来有国本来独立的么？我们也曾经在吃败仗之后，装满一肚子愤气，有你的“完全独立”几个字的条约上签了字的！现在我不愿意追问你的国你的独立资格为什么损失怎么样损失？我只希望你时时刻刻到到处处男男女女为复国以后的计划，定独立以后的方针。我的小兄弟呵！要用脑部的血来支配肌肉的血，大众的血来呼应少数的血，建设的血来承继破坏的血，就是要用你将来的新血来洗你过去的旧血，才不枉费炸弹声下这一潭血。

（原载《星期评论》第16号，1919年9月21日）

美国公使芮恩施的话与中华民国的宪法

（1919年9月21日）

从来各国大使，离开他驻在国的时候，没有此次美国公使芮恩施先生离开中国这样的情况。当大家不忍他去欢送他去的声中，他那一番临别赠言，也是从来所没有的。他说："在现代的世界上，没有一国能单独生活的。……一国的政治，不能不受世界公论的影响。因为我们遇著困难问题，不能不靠世界公论的帮助。"他所说的世界公论是什么呢？不是由世界思潮搏成的么？现在我中华民国从各方面看起来，已经成了世界思潮涡旋的中心。我就从政治方面联想到法律方面，国内"法"的解决，或不在远，一般身任人民代表握有立法权的议员诸君！要知道天坛宪法草案和六年二读通过那几条，不但比不上共和先进国的宪法，连土尔基的也比不上呵！政治固然不能不受世界公论的影响，莫非宪法就可以不受世界公论的影响吗？我们要做将来的国民，伸长颈子所希望的宪法，不仅以共和先进国的宪法为榜样就算满足。议员诸君呵！要睁开眼睛去看看现在世界思潮是怎么样了！不然，此后群众运动的惨剧，难保不比过去的要加增多少程度咧！

（原载《星期评论》第16号，1919年9月21日）

沈定一等致胡适

（1919年9月22日）

适之先生：

我们替你和北大捏了一把汗过日子，这一两天从各方面来的消息中间，总算把胸中这大块石头放下！季陶疲劳得发神精病；玄庐也大发疟疾。我们双十节的纪念号，已经说过要出，现在只得孙逸仙做了两篇，徐季龙、胡汉民、朱执信、叶楚伧各做了一点，总计要出七万字，还差得很多，请你无论如何，给我们《星期评论》纪念号做一万字来。不但读《星期评论》的欢迎，就是办《星期评论》的也非常感激。并且要求你在本月卅号前寄到上海。孑民、独秀、梦麟他们几位，能够写点来，也足以十分安慰我们两个的劳病。题目请你们自己选择，不必执着什么国庆纪念讲话。请了请了，专等着读你们的大著。

戴传贤、沈定一同上

一九一九年九月二十二日

（原载《胡适往来书信选》，中华书局1979年版）

谁是师？谁是敌？

（1919年9月28日）

创造文化的中华民族，沈［沉］酣于睡梦中二千多年，把近世纪很要紧的进化时期，从“黑甜乡”里悠悠放过。如今觉悟了没有？黄粱枕上的争名争利教忠教孝的人生观，依旧迷睃睃在脑部中盘旋不止，这便算得觉悟了么？一班贪黩无厌的敌人（军阀官僚政客），正在大梦中施展他那贪鄙暴戾的手腕，一班经生派的文人，也在大梦中研求他那考据书法，一班啜残羹分余沥的商人地主，更在大梦中操计奇赢。虽经革命一震，护国一震，欧战一震，全世界这么大的变动，还是震不醒这班人的迷梦。问他们的师是谁？冯道、吴三桂、财神、孔丘，他们的敌是谁？新思潮中的青年便是。所以他们的师决不是青年的师，他们的敌正是一般青年。但是青年却没有把他当敌看。那么，谁是青年的师？谁是青年的敌呢？

举眼看世界，凡是有组织的民族，无论文化上物质上不但会做儿童玩具的日本谁不当拜他为师？翻开旧帐簿，无论侵略的吸取的不但占据青岛除外满蒙的日本谁不当待他为敌？我们中国的青年果然有这许多师这许多敌么？这些个果真够得上为我的师为我的敌么？不尽然的！的确不尽然的！

青年呵！我们做人是要做将来的人，不是做过去的人，也不是仅仅做现在的人，这些一时的敌和偶像的师，都不能把他放在心中意中。因为我们"做人自己做的"，不是模仿他人做的。

我们的脑力和肌肉，受不了几千年睡梦遗传的影响，不能说是一点没有损害。但是创造文化的本能，依然潜在我们的脑部和肌肉里面。第一着，便应该光复我们创造的本能，世界上无论何种学说，只要能够光复我们本能的，便是我们的师，反是——就是我们的敌。

既为将来做人，努力光复其本能。过去的人生观是已经打得粉碎了，未来的怎么样呢？这就不能不假设一个人生观。社会吗？散漫了；国家么？蠢笨了；世界么？空泛了；只有一个我，最靠得住的只是一个我。不是说只有我便把一切都抛弃了，我连我都顾不完全，还顾得什么社会？什么国家？什么世界？我顾我，就能永远不顾人不靠人么？也不是的，我靠人的也顾人的。我靠他的我，就是我被他靠的我；我顾人，我就是人顾的人；两相对消，等于我只靠我，我只顾我。依此看来，我的师只是我；我的敌也只是我。何以故？我将我的本能，来发挥我的本能，和开铁矿一样，开矿的铁就是矿里的铁，又和说话一样，声带的动作，是要自己的听觉教会的。我以为什么是可学的该学的要学的，我既不是木偶，原是要我自动去学，原该我自己学得，所以我独一无二的师，就只是一个我最靠得住。有人说："一个人能够自成为师弟么？不必其他的人指导就会么？"这话似乎有理，其实所谓指导的原是他的责任，要知道他能指导的是有限，我的本能是无穷的，如果强无穷的本能，师有限的指导，这就桎梏本能，这便要得一个"进化史倒读"的结果，这就是我的大敌。我的师，靠得住就只是我，我的敌又何以也是我呢？这层意思更容易明白了。我有本能，我不去开发我的本能，譬如我有力也不做工，只是抢劫偷盗人家的，如果人人的我都像我的我，岂不一齐要饿死冻死。其次，我有了腿不去走路，要坐车坐轿，久之我就丧失了走路的能力。

青年呵！"人是要自己做的！"这一句话，人人耳官里也不知道听过多少次数，不过大家当作耳边风过去，如果下深刻的研究工夫，实行自己做了起来，正是极有趣味的人生观。这师与敌的答案不过这一句话里面若干分之若干罢了。横直我们将来的人是要活活泼泼做下去的，大家每天破点闲散工夫，把这句话细细嚼一嚼，问问师，察察敌，每天减少一分强敌，便增添一位名师。若是全世界的一切我，个个自己做起来，就客观说："各尽所能，各取所需。"就主观说："我尽我能，我取我需。"世界无论什么的变动，无非弯弯曲曲向着均等的"尽能"、"取需"那条路上讨生活。进一程有一程的环象，造一种环象有一种进程。这环象不是别的，也只是一个我，我与他是你的环象，我与你又是他的环象，他与你就是我的环象。要改造环象，就要改造我的我你的我他的我，我改造我的我，你改造你的我，他改造他的我。各求各的师，各制各的敌。地球之大，人生之复杂，经不得人家同时分工自己创造起来，什么问题都可解决。那些偶像的师，一时间的敌，不必烧纸成灰，也要化秋声飞去呵！

（原载《星期评论》第 17 号，1919 年 9 月 28 日）

觉悟的第一步

（1919 年 9 月 29）

时疫发生的初期，不必等他蔓延就应该防范。设或任他流行，致使人类灭绝，也未可知。据中国从来的习惯，必须死过了多少人，才发动防范的计划！只可怜社会上关于卫生方案的常识，一点也没有——直到死神临头，还有求着毫无回信的什么“天师狐鬼”、“勾魂仙丹”，这不是替死神下催命符么？

我这一大篇话并不是向壁虚构，请看历来疫死史中，那一回不是这样！比诸一班半知不解的国民，今天希望出一个英雄，明天盼望着一个豪杰、想望他平治国家，这与求天师狐鬼何异？国民呵！死神已临头了，死的人也已经不少了，赶快多研究点方案罢！

这方案是什么呢？请看！

问题研究会章程

第一条　凡事或理之为现代人生所必备，或不必需而均尚未得适当之解决，致影响于现代人生之进步者，或为问题。同人今设一会，注重解决如斯之问题，先从研究入手，定名问题研究会。

第二条　下列各种问题及其他认为有研究价值续行加入之问题，为本会研究之问题。

（一）教育问题

1. 教育普及问题（强迫教育问题）

2. 中等教育问题

3. 专门教育问题

4. 大学教育问题

5. 社会教育问题

6. 国语教科书编纂问题
7. 中等学校国文科教授问题
8. 不惩罚问题
9. 废止考试问题
10. 各级教授法改良问题
11. 小学教师知识健康及薪金问题
12. 公共体育场建设问题
13. 公共娱乐场建设问题
14. 公共图书馆建设问题
15. 学制改订问题
16. 大派留学生问题
17. 杜威教育说如何实施问题

（二）女子问题

1. 女子参政问题
2. 女子教育问题
3. 女子职业问题
4. 女子交际问题
5. 贞操问题
6. 恋爱自由及恋爱神圣问题
7. 男女同校问题
8. 女子修饰问题
9. 家庭教育问题
10. 姑媳同居问题
11. 废娼问题
12. 废妾问题
13. 放足问题
14. 公共育儿院设置问题

15. 公共蒙养院设置问题
16. 私生儿待遇问题
17. 避妊问题
（三）国语问题（一白话文问题）
（四）孔子问题
（五）东西文明会合问题
（六）婚姻制度改良及婚姻制度应否废弃问题
（七）家族制度改良及家族制度应否废弃问题
（八）国家制度改良及国家制度应否废弃问题
（九）宗教改良及宗教应否废弃问题
（十）劳动问题
1. 劳动时间问题
2. 劳工教育问题
3. 劳工住屋及娱乐问题
4. 劳工失职处置问题
5. 工值问题
6. 小儿劳作问题
7. 男女工值平等问题
8. 劳工组合问题
9. 国际劳动同盟问题
10. 劳农干政问题
11. 强制劳动问题
12. 余剩均分问题
13. 生产机关公有问题
14. 工人退职年金问题
15. 遗产归公问题
（十一）民族自决问题

（十二）经济自由问题
（十三）异洋自由问题
（十四）军备限制问题
（十五）国际联盟问题
（十六）自由移民问题
（十七）人种平等问题
（十八）社会主义能否实施问题
（十九）民众的联合如何进行问题
（二十）勤工俭学主义如何普及问题
（二十一）俄国问题
（二十二）德国问题
（二十三）奥国问题
（二十四）印度自治问题
（二十五）爱尔兰独立问题
（二十六）土耳其分裂问题
（二十七）埃及骚乱问题
（二十八）处置德皇问题
（二十九）重建比利时问题
（三十）重建东部法国问题
（三十一）德殖民地处置问题
（三十二）港澳公有问题
（三十三）飞渡大西洋问题
（三十四）飞度太平洋问题
（三十五）飞度天山问题
（三十六）白令英吉利直布罗陀三峡渠隧通车问题
（三十七）西伯利亚问题
（三十八）非律宾独立问题

（三十九）日本粮食问题
（四十）日本问题
（四十一）朝鲜问题
（四十二）山东问题
（四十三）湖南问题
（四十四）废督问题
（四十五）裁兵问题
（四十六）国防军问题
（四十七）新旧国会问题
（四十八）铁路统一问题（撤消势力范围问题）
（四十九）满洲问题
（五十）蒙古问题
（五十一）西藏问题
（五十二）退回庚子赔款问题
（五十三）华工问题
1. 华工教育问题
2. 华工储蓄问题
3. 华工归国后安置问题
（五十四）地方自治问题
（五十五）中央地方集权分权问题
（五十六）两院制一院制问题
（五十七）普通选举问题
（五十八）大总统权限问题
（五十九）文法官考试问题
（六十）澄清贿赂问题
（六十一）合议制的内阁问题
（六十二）实业问题

1. 蚕丝改良问题
2. 茶产改良问题
3. 种棉改良问题
4. 造林问题
5. 开矿问题
6. 纱厂及布厂多设问题
7. 海外贸易经营问题
8. 国民工厂设立问题

（六十三）交通问题

1. 铁路改良问题
2. 铁路大借外款广行添筑问题
3. 无线电台建设问题
4. 海陆电线添设问题
5. 航业扩张问题
6. 商埠马路建筑问题
7. 乡村汽车路建筑问题

（六十四）财政问题

1. 外债偿还问题
2. 外债添借问题
3. 内债偿还及加募问题
4. 裁厘加税问题
5. 财务整顿问题
6. 京省财权划分问题
7. 税制整顿问题
8. 清丈田亩问题
9. 田赋均一及加征问题

（六十五）经济问题

1. 币制本位问题

2. 中央银行确立问题

3. 收还纸币问题

4. 国民银行设立问题

5. 国民储蓄问题

（六十六）司法独立问题

（六十七）领事裁判权取消问题

（六十八）商市公园设建问题

（六十九）模范村问题

（七十）西南自治问题

（七十一）联邦制应否施行问题

第三条　问题的研究，须将学理做根据，因此在各种问题研究的前头，须为各种主义的研究。下列各种主义为特须注重研究之主义！

1. 哲学上之主义

2. 伦理上之主义

3. 教育上之主义

4. 宗教上之主义

5. 文学上之主义

6. 美术上之主义

7. 政治上之主义

8. 经济上之主义

9. 法律上之主义

10. 科学上之规律主义

第四条　问题不论发生的大小，只须含有较广的普遍性，就可提出研究，如日本问题之类。

第五条　问题的研究，有须实地调查者，须实地调查的像华工问题这类，无须实地调查及一时不能实地调查的，可以从书册杂志新闻纸三项着手研究，像孔子问题及三海峡□隧通车问题之类。

第六条　问题的研究，注重有关系于现代人生者，然在未来而可以预测的问题，也是注意的问题。在古代与现代及未来毫无关系的，这就不注意了。

第七条　问题研究之方式分为三种：

1. 人独自的研究

2. 二人以上开研究会的研究

3. 二人以上不在一地用通函的研究

第八条　问题研究会只限于“将学理解决问题”，“将实行解决问题”，属于问题研究会以外。

第九条　不论何人有心研究一个以上的问题，而愿与问题会生交涉者，即为问题研究会会员。

第十条　会与会员间、会员与会员间，只限于“问题研究”的一点，有关系此外之关系，属于问题研究会以外。

第十一条　问题研究会设书记二人，办理会中事务。

第十二条　问题研究会于中华民国八年西历一千九百十九年九月一日成立，问题研究会章程即于是日订定发布。

（原载《民国日报》副刊《觉悟》1919 年 9 月 29、30 日，10 月 1 日）

将来的回顾

（1919 年 10 月 10 日）

白发翁，白发翁，

左手扶杖右扶童。

男童女童一大堆，

簇簇拥拥仿佛要把老翁抬起来。
簇拥老翁到何处?
行行已在公园里。
群儿手指花,
老翁目视地。
久久有所思,
昂首长叹气!
群儿正在酣嬉中,
忽闻翁叹气,于是嘻嘻哈哈的声浪同时住,
打起一个圈儿听翁语。
“你们看看那花窖呵!
这是从前的某公署。
你们看这音乐亭呵!
这是从前的军法处。
你们登那坡陀望望养老院呵!
这狠[很]长寿很慈祥很有趣的屋。
那块地基,却是从前的监狱。
你们再看那育儿院呵!
凡儿童都受过他的恩惠,
他从前却是个断头台;
这一通碑的立处是哪里?
此正是某某先生枪毙处。”
老翁手所指,群儿眼所视。
老翁肩一耸,群儿心一动。
此话只隔数十年,提起头来如说梦。
如今的青年呵?

此是将来白发翁，比不得白头宫女说玄宗！

（原载《星期评论》纪念号，1919 年 10 月 10 日）

爱

（1919 年 10 月 10 日）

（一）

从百难千灾中，看得一身如芥。
莫道芥子小，那里容我存在？
并不是我不容他——他不容我，何处去才无防［妨］害？
只羡慕天上流云，去来无碍！

（二）

原来是个自由身，谁教我天天躲懒？
忽然来到一处，只见两扇大门，一方匾额，上面写着“将来世界”。
左边两字“工场”，右边两字“学校”，
更见空气中间涌现一个极大的字——“爱”。

（三）

便寻觅工场，工场到了——
原来就是学校。
便寻学校——原来就是工场，
哦！如今明白了！

（四）

男的女的老的少的，都是未经识面的人，相见了不知所谓。

我正在没法开口，却都来搂住颈儿，握住手儿，抱住腰儿，男男女女老老少少，一齐流下几点欢喜泪。

哦！原来是同类！

（五）

工人一队队，学生一队队；

一式衣衫，十分歌吹。

更不见有那个颜色上带些儿憔悴。

哦！这总合的肉体中，我也是中间的一块！

（六）

回头望，只见来时的门外，烟尘里，哭声中，隐隐如山的骷髅堆。

蓦然有人探首，我们便赶紧招手，赶紧招手，招呼他赶快进来，赶快进来。

唉！我们虽不认识他，还记得他，也和他一般亲爱！

（原载《星期评论》纪念号，1919年10月10日）

朋友？劫？

（1919年10月10日）

这首诗里面的情迹，是把几件事实凑合起来，不是凭空结撰的。

▲万山枯竭，天光如血。只是几片乌云，也叫人惊心动魄。唉！“朋

友！走不动了，怎么样才好？”

▲一个问，一个听；问的惯问，听的惯听。总没有话来答应！这般干熬熬的天上人间，只有这两个人相依为命。

▲你对我望望，我对你望望！我没有你，对谁想起？你没有我，开口问什么？

▲地面无青草，天空无飞鸟。舌烂唇焦，爬起跌倒！转着四颗红眼珠儿，东张张，西瞧瞧。

▲“有了！”前面一片火烧场。找得到死猫死狗，也可以充得饥肠。只是没有一滴水吃如何？“嘿”！“喏”！尿缸。

▲便到瓦砾场中，乱爬胡找。“呵！呵！”这一根是了——不是的，“刺刀。”“你吃什么？”

“呸！”“枪托。”

▲从前听见炮声逃，如今听见雷声笑；以为依旧是炮声，炮声中该有人了。“好！好！”雨！这一滴甘霖，渗透了十万八千的毛□，且磨牙齿等天明，咬嚼新生的青草。

▲倾盆的雨，挟带着呼呼的风。电光过去，大雷破空。便从好梦中拉了出来，做他睁开眼睛的梦。

▲平白地水深几丈，滔滔滚滚，带了些劫灰余烬送到不知去向。“走不得了！”爬！刚才撑上山腰，瞥见刀儿一晃。

▲只见四颗红眼珠儿，钉住了四颗红珠珠儿。“□”内中一个倒了，内中一个说“去”，还给了一点吃的东西。

▲不管他酸甜苦辣；一路走，一路嚼。肚子倒不饿了，我的朋友那里去了？回头望，只见战巍巍的岩石，黑沈沈［沉沉］塞住山腰。

▲踉踉跄跄，慌慌忙忙，前面是个村落便当是第二故乡。行行无所见，只见一家家门儿虚掩。

▲尽闯进高大墙门，大声呼救。一驻足，只听见自己的声浪在空中回

响，傍的一些声息儿也没有。房子这样大，陈列也奢华，何以竟没有一个人在家？

▲避疫灵符，茶灶药炉。床上的，床下的，东一个，西一个，横横陈陈，赫然死尸。

▲东家这样，西家也这样，这样便怎样？咳！“痴了！”

▲锅也精光，灶也精光，只得睁着两颗红眼珠儿朝灶司神相一相。

▲何处粥香？顺风吹来，在左近么？不像。忙使鼻官儿来端定方向。对了，一里、二里、三里，山川人物都不见，只见那红纸上三个大大的字“施粥厂”。

▲“汤”没法子想！不管他，把人家盛好的伸过手来便抢。一口“呵！呵！朋友……”

（原载《星期评论》纪念号，1919 年 10 月 10 日）

海边游泳

（1919 年 10 月 10 日）

赤裸裸的天。
赤裸裸的地。
赤裸裸的人。
蹬开岸，大踏波去，一切感想都平
天光照着海底，沙线一稜稜。
睁开眼孔看，周转围光线平均。
天也碧青青，海也碧青青，
何处藏身？
不必藏身，便是藏身，

藏身处，不知道是天是海，只是光明。

（原载《星期评论》纪念号，1919 年 10 月 10 日）

忙煞！苦煞！快活煞！

（1919 年 10 月 10 日）

（一）

无望，无望，
今年收成慌！
我只吃糠，
他们米满仓。

（二）

去年如何？
年成大熟，
租米完过，
只够吃粥。

（三）

采桑养蚕，
忍饥耐寒，
纺纱织布，
一条穷袴。

（四）

千头万绪，
一手整理，
翻新花样，
他人身上衣。

（五）

千门万户，
一手造成，
造成之后，
不许我进门。

（六）

饥不如寒，
寒不如饥，
你埋怨我，
我埋怨你。

（七）

劳苦劳苦，
忙煞急煞。
苦的苦煞，
快活的快活煞。

（原载《星期评论》纪念号，1919 年 10 月 10 日）

来年今日

（1919 年 10 月 10 日）

缘着地壳的上面，画了一个大块自命为中华民国的，已经八年。地图的上面，染了种种颜色，东大陆有成片的特殊颜色上，大家承认他为中华民国的也已经八年。今日是中华民国开始这一天的纪念日，就是中华民国的生日。凡是生存在这一大块地面上的人，没有一个不乐生，便没有一个不当这生日说些吉利话，祝赞他十年百年千年万年以及于无穷年永远长生的乐利。我也同着大众举行国庆的一分子，所以也该说几句话。不过无穷年的话太空洞了，说不上来；万年千年也嫌远了，也说不上来；耳朵边常常听说定国家百〈年〉大计，究竟百年大计是个什么东西，说的人也不过检得这么一句〈听〉话来讲讲。我以为百年的话，还是远点，还是说不上来；至于十年，所谓生聚教训那句成语，总该可以说说，我也以为远了。若说民国十年，距今不过两年，这必定挨得到说得上了，但是中间还是隔着一年，我总以为远了。我的意思，最好说来月来日来时来刻来分来秒，倒是很切近很实在很容易试验容易努力而且实实在在说得上来的，或者有点不吉利么？如今只得积秒成分，积分成刻，积刻成时，积时成月，积月成年，从今年今月今日今时今刻今分今秒起，一句话就跳到来年今日，这不能不算是最大的限度了，所以我定了一个题目叫做“来年今日”。

当今日的日子，大家必定是一个未曾满意的快活日子。何以知道是快活日子呢？满洲一族的专横推倒了；帝制废除了；新青年的思潮发动了；领袖人物如孙逸仙先生、蔡孑民先生，一个在上海，一个在北京都很康健很奋勉很有兴采的尽他个人的责任。回想二年今日，三年今日，四年今日，六年今日，七年今日，就只怕革命断了种，现在却正好借些该做的事来试验新人物的力量。觉得今年今日的快活，不比纪元前一年的十月十号减少，并且要加增几倍的切实。这切实的凭据在那里？我的职业既是新闻记者，我就把宣传事业来做一个例：民国纪元前后半年和元二年间，北京城里的报馆多至七十六家，上海的大小出版〈物〉，差不多天天有新出的。今日五四运动前后的出版品，数目不比元二年间少，性质却与元二年的出版品不同。（一）从前是聚汇在北京、上海的，——现在是从北京到广州、从上海到四川普遍发生的。（二）从前是各说各的——现在是依一个相同的主义说话的。（三）从前是根据政府政党的——现在是根据社会的。（四）从前是互相倾轧的，——现在是互相扶助的（看各种出版品的互相传播便是一个最明显的证据）。（五）从前大多数对直感发言的，——现在比较切实比较彻底的。（民国四年，我在苏门答腊办报，因为说了些根本改革的话，引起很多人的怀疑，现在却不见有这些浅薄的感想了。虽然也有人以改良社会为迂谈，但是这种南洋群岛的旧脑筋，恐怕现在要在南洋也难得找出几副来了）。此外如文学的改革，内容比较的切实，都和从前有大不同点。社会进步，也就可以例推了。谁复能说今年今日不快活过去年今日呢？但是究竟是个不满意的快活日子。

外国人常常讥诮我中国有许多话，我们不能不自己承认无可强辩的："无责任的自信"、"服强权不服公理"、"从来不知自由"、"老大病夫"、"不爱洁净"、"好作伪"、"好虚荣"、"贿赂是中国的通病"、"土匪世界"、"游民国"、"乞丐国"、"官僚国"这一大堆的讥诮话，大家摸摸自己的头脑问问，那一句不被他写着。从清朝到民国，从元年到今日，有什么两样？讲到政治：皇帝式的大总统；上谕式的命令；军机会议式的国务会议；巡抚式的省长；知县式的县知事。讲到立法和自治：资政院参政院式的非法国会；谘议局式的省议会（或者还不如）；官督自治的地方自治。讲到司法：刑部式的法部；臬司式的高等厅长；刑钱词讼式的初级审判；典史式的管狱官；差役式的司法警被。讲到经济：纪元前二年收入总数三五〇·八〇〇〇·〇〇〇元，支出总数三五六·四〇〇·〇〇〇元、预算不足五百六十万元。民国二年收入总计五五七·〇〇〇·〇〇〇元，支出总计六四二·〇〇〇·〇〇〇元，预算不足八五·二〇〇·〇〇〇元。如今取销德奥等国的庚子赔款，应该比较的活动一点，徐世昌、段祺瑞、冯国璋等所经手私借的日本债，据东方通讯社所发表的民国七年一年中，共借日本款二十九种，总计日金二万四千六百四十万元，同社又有三万五千万元的约数，加上去年一年间协约国银行归还庚子赔款一千二百万，以及取销德奥赔款三百四十万，同年的关税盐税地丁等等除去不计，总计三万六千五百四十万元，一切秘密借款还不在内。记得民国二年袁世凯借了二万五千万元的大借款，国民已经惊惶的了不得，比起徐、段来，袁世凯还得要做他们的小徒弟。至于社会经济的状态，全国既没有确实的调查，精密的统计，简直无从说起，但看各处银根紧迫的状况，也就可以知道经济恐慌的大概。以上所举的政治、法律、经济各种状态如此，（其他如军阀、官僚、政客的行恶，指不胜屈，但不在本篇范围以内，所以不提），这些责任，除国民自己挺身出来改革整理之外，再没有傍［旁］的办法。

国民自己挺身出来担当这些责任，从那里做起呢？第一，革命。第二，革命。第三，革命。革命的解释，不是什么“汤武革命”，不是什么“鼎革”。政治有革命，法律有革命，经济有革命。一直到宗教、伦理、道理、文学、艺术，也莫不有革命。大之世界，小之个人；长的计纪计年，短的计日计时。凡有血气，莫不应当革命。革命的意义，是除旧布新，是进化，是兴起，是做“人”的责任，是人所不可逃避的责任。革命的精神是什么？一个字“诚”、一个字“爱”。革命的目的是什么？一句话“要求均等生活”。现在且不说笼统的话，也暂且不说积极方面的话，只请全国哥哥弟弟姐姐妹妹大家从八年十月十号起，每人每天做一段日记，日记上把人家笑骂我们的话，逐条记在上面：“无责任的自信”、“服强权不服公理”、“不知道自由”、“老大病夫”、“不爱洁净”、“好作伪”、“好虚荣”、“贿赂是中国的通病”、“土匪世界”、“游民国”、“官僚国”。每天在这些话下面，记他一个符号。不问人家对于这些话如何，只问我自己经过的这一天所发动的感想和行为，有没有犯这些话所说着的毛病。如果有的属于那一桩就写在那一桩的下面，加一个肯定的符号；没有，就加一个否定的符号；有一次记一次；改了的，就记上改过的符号。这桩事行一星期，看我自己的人格，比较前星期怎么样？行一个月，看我自己的人格，比较前一个月怎么样？果真通统改革尽净，那么就可以抽出记载自己的工夫，记载我所观察的人和事。依此不断的做去，到了来年今日，便有了今年今日的确的比较了。

我这番话，不是说给陈死人听的，陈死人的觉官没有了，这篇文字，是为《民国日报》"觉悟栏"做的。觉悟！觉悟！必须有能受要受肯受的觉官，才能觉悟。我们一般有觉悟可能的国民呵！"世界人造的，社会人造的"，我们不满意的一些事实，是已死的事实。未来的岁月是将来我们自己要过度的岁月，未来的世界是我们自己要处的世界，我们本身不问到何年何月何种世界里边死了，总是我们所传的种要过度的。别人不能给我的岁月，就不能给我的世界。我造好世界，我住好世界，我一个有限的身，我却要传无限的种去过度享受无涯的岁月。你埋怨我、我埋怨你是无益的。就是我埋怨我，也是无益的。我从今不埋怨只改革，改革一分是一分，改革一厘是一厘，改革"短"处便是发扬"长"处，改革"非"的，便是发挥"是"的。旧年不去，新年那来？旧思想旧观念不去，新思想新观念那来？旧世界旧社会不去，新世界新社会那来？岁月不能停，世界的进化不能截止，努力去创造新的，先得奋勇去改革旧的。一块地盘上不能同时把新房子建筑在旧房子一起，天时快冷了，不拆旧房子，这旧房子是要倒塌的；不建筑新房子，是没有住的。一样的土壤，下同等的种子，水灾、虫灾、旱灾是一样受的。如果痴心妄想"他们都荒我独熟"，没有这一件事的。我熟他也熟，他荒我也荒。

所以说"诚"、"爱"是革命的精神，"要求均等生活"是革命的目的。我们把理想和物质糅在一起看，问他切实做起的这一点，就是从我本身开手［始］，无秒无分无时无日无月都要努力做去，那些不良的政治，不公道的法律，不均经济，自然淘汰，自然淘汰。旧的去一点，新的便生一点，要知得的成绩如何？只要看我们下的力量如何？若问成绩的数量，请看来年今日的日记簿。

（原载《民国日报》副刊《觉悟》1919 年 10 月 10 日）

悼周淡游

（1919 年 10 月 12 日）

挟带著粉碎虚空的勇气，和创造的可能性。

经一番失败，一番挫折，一番猛进。

前途总是光明，你与我和几个朋友，都能自信。

从你去后，水一程，山一程，许多周折，许多消息，只凭那两三封邮信。

大不料，纷纠不开的成都城里，忽然一个电报传来，说是淡游毕命！

你当真取完了所需？尽完了所能？

我不信！

只是人世间没有你了！这话更向谁问？

不过我理想中的你，是不死的！

死的还是他们那些人。

（原载《星期评论》第 19 号，1919 年 10 月 12 日）

高　山

（1919 年 10 月 26 日）

西北起高山，

山势魏魏入云表。
谁说此山是乐园？
有人诅他是饿鬼畜生道。
诅咒此山的声浪高，
歌唱此山的力量小。
力量小，歌声少！
气力大的就想打他倒。
倒了下来变高原，
体积不会比山小。
挑去填了太平洋，
也是绝大的暗礁。

（原载《星期评论》第21号，1919年10月26日）

短评

（1919年10月26日）

问一　长的指爪甲，长的头发，衣服的下半截，领带，高鞋底，耳环，颈链，戒指，手镯，成桌的酒席，市房住宅的高大围墙，纸钱，有什么用处？

问二　赌博、饮酒、嫖、大出丧、坐汽车兜圈，有什么益处？

问三　新旧之间的教员、军人，奔走南北的政客，南京路浙江路交叉点路傍站着的人，和尚，尼姑，为什么？

（原载《星期评论》第21号，1919年10月26日）

活门神

（1919 年 10 月 26 日）

有一个朋友对我说："民国纪元以后，怪不得行政经费，要增加许多！你看各公署门前从前不眠不休不喝不吃的门神，都要八块钱一个月，从前一道门只是两个，现在还要两三班的更番。"这位朋友万想不到这些活门神，也有一天用得着他挡请愿代表的驾！

（原载《星期评论》第 21 号，1919 年 10 月 26 日）

一日间妇女梳头的价值

（1919 年 10 月 26 日）

每亩田从做秧起到收割止，平均至多一千点钟。妇女梳头，连带梳头应用的器具和头绳头油等工作，每日每人平均至少三十分钟，以二万万人计算，需要一万万点钟。这一万万点钟，有十万亩田可以收获。又以每天十点钟的工作计算，最小限度的工资三角，每日妇女梳头价值三百万元。

（原载《星期评论》第 21 号，1919 年 10 月 26 日）

介绍小说

（1921 年 10 月 26 日）

蒋梦麟先生曾对我说："文学的影响，译笔总不如创作。"戴季陶先生也对我说："译外国书给中国人看，所以不生反响的缘故，因为看书的人环象不同。"一天，沈仲九、汪馥泉两位先生和我谈起译外国小说，我不懂外国文，所以我于译意与直译的比较，不敢下断语，但我总觉得应该选择世界名著的精义与理想，用中国人习受的环境来说明。近来，重读胡适之先生所译的"短篇小说"，只一小册，一百五十四页的书，差不多把国际和社会家庭的罪恶都暴露出来。爱读的人，就请到五马路亚东图书馆买去。

（原载《星期评论》第21号，1919年10月26日，此据《玄庐文存》）

中华民国的基础在那里

（1919年10月26日）

"天不怕，地不怕，只怕喉咙筑坝。"这首歌谣的意思，就是最怕没饭吃，没有话讲，生生地把人闷死。现在正是开坝的时样［候］了，要吃的终须吃进去，要说的终须讲出来，生为言论自由的人，谁敢堵住我们的嘴。只怕有了说话的自由，都是没有话说，那就怪不得旁的人了！

除非人类不要吃饭，那就不必讲话，如果要吃饭，就得讲话。吃饭是讲话的目的，讲话是吃饭的手段。饭要大家吃，话要公开讲，这饭才是快活饭，这话才是公道话。

中华民国是我们吃饭的地盘，汉满蒙回藏五大民族，都非吃饭不可的人，我们打算这口饭怎么吃法，我们就得计划话该怎么说法。我们要认得中华民国是我们五族大集团的生活的基础，我所以提出一个问题。我详答这个问题之先，有一段该先说的。

段祺瑞的学生吕公望先生，他曾经对我说："一盘散沙的国民，程度又不够，怎么弄得好！我的段老师说，中国非另外创造一个重心不可。"

此话和梁启超先生那一般政客与门徒，所竭力主张“贤人政治”的意思是一个系统。前几天我遇见一个南北奔走的议员张烈先生，他也有一句话答复我说：“社会上努力原是一椿要紧的事，只是恐怕来不及。”还有几位老名士的希望“秦皇汉武”和社会上一大部分的人希望“那［哪］一个替我们老百姓把国家整顿整顿好，我们老百姓年年收租纳税，也得一个安宁”。以上几句零碎话，很足以代表一般“军阀”“政客”“名流”“人民一大部分”的心理。此种心里的根据，就是一部历代帝皇史和治人食人的圣经贤传了！

这种已死的历史，能否作为人生的基础呢？只要看历史经传的基础，就明白过去的基础，断断不能够作将来的基础。

不看见从前开垦荒地的报升科么？官吏冯绅士（资本家）一张报升科的呈子，甲，几千几百亩；乙，几百几十顷；好像这些荒地，就是几个长袍短褂的绅士垦出来的。真正拿铁耙锄头流了几年血汗的倒反没分，结果落得一个佃户（农奴）罢了。官吏一样是个穿衣吃饭的人，不是真有什么狼心狗肺，难道真不晓得是什么人开垦耕种的么？因为制度如此，只得牺牲拿锄头的，将就拿笔杆的。这是因为皇帝要硬霸住土地人民做他一家一姓的私产，就不能不用官吏做爪牙；官吏要靠官吏吃饭，不能不凭藉皇帝杀人抄家的威风，利用关官半吏的绅士，绅士就虚张起皇帝的威势，凭借官吏，盘剥一般老百姓。只可怜一般老百姓，除却耕牛锄头铁耙犁头水车之外，上身两双手，下身两条腿，更盘剥谁去？所以老百姓生生世世子子孙孙是该受层层剥削的一样东西，皇帝盘剥了些去练些兵，作他能杀人抄家的武器，还说是有威可畏。住的是别人不准住的房子，穿的是别人不准穿的衣服，吃的是万方的膏血，还说是有仪可象。兵是什么？官吏是什么？绅士是什么？资本家地主是什么？无非结构皇帝的细胞，也是皇帝的缩影罢了。依此看来，他们一般“军阀”“政客”“名流”和一般“人民的大部分”把中华人民国，看做了中华帝国。于是有什么创造重心啊！贤人政治啊！希望这个希望那个啊！胸中横有许多那样的分了，就是个人的脑部里面也多少含得有那些性质的细胞。那些细胞，不能认他为人体中间的生理，应该认他为生理中间的病理；把病理当作生理的基础，个人不可能，总分子不可能，全世界也不可能。

中华民国譬如一区田，我们总分子就是种这田的人。耕的，插的，耘的，割的，研究种子改造肥料打铁耙做稻桶的，都是这几个人应有的工作。这班人里面有年幼的，当然该教育他；老的，当然该安养他；病的，当然该扶持他。因为人人都免不了幼与老、生与病的时期。那么，这些人都是种这田的基础，换一句说，中华民国不是已成的国家，是正在创造的国家。不是靠那一姓那一人创造的国家，是要我们总分子共同创造的国家。不是因袭中国的历史，也不是模仿欧美现成的形式，是适应世界的潮流新造的国家。这个国家的人民，应该只有幸福，没有灾难；这个国家在世界上，应该只有互助，没有战争。我们把国家的意义确定之后，他的基础自然涌现出来，一看就明白了。

中华民国既不容有皇帝，当然不容有皇帝的细胞和皇帝的缩影。但是那些细胞和缩影，存在总分子里面的很多。不但总分子里面含亘着一个中华帝国，说又说不出来，做又做不成器。便成为什么中华军国、中华官国，一般言论家，也不去找他们意思里的老巢。所以对于他们那班人的行为和意思的表现，都下了些匣剑帷灯不明不白的批评。爽爽快快地告诉他们，他们谁愿意复辟就复辟，谁愿意争帝就争帝，有依附他们做顺民做臣妾的就彰明较著的依附；不愿意依附他们的，再起来革命就是。但是这中华民国的“民”字是不答应的，世界的潮流是不答应的。不答应，我们不能由他们一天一天一年一年的耽误下去，就应该为中华民国明白认定一个基础才是。

耕耘就是收获的基础。这区田不是已经播种好了，现成可以割来吃的，是要我们去耕种的。也不是替那一个人种的，我们自己吃自己种的。青年同胞呵！我们拥有世界上这么大一片土地，对世界的责任，非同小可。应该把中华民国经营到更美备更良好的结果，就不把来作世界各国的榜样，也应该要够得上在世界上面陈列。求学问的不必在故纸堆里，找些和新思想隐约相似的零碎话；做工艺的不必向资本家要求加资减时，一齐把不适用的事事物物，扫除得干干净净，认定工人学生为中华民国的责任者，从创造的事业上大集合起来，把学生与工人的脑力和筋肉融成一片，才是中华民国的真基础。

教育，交通，垦殖，矿产，工艺，建筑等类，都应该建设在我们这个基础上面。如果要等待别人设备好了来享用现成，无论享用不到不必说，即使享用得到，也是人世间一椿最可羞耻的事！现在且不说基础上面的建设怎么样，第一件：要认明白“军阀”“政客”“名流”和一班受恩深重而可怜的一部分人，不合担当这个基础的重大责任。第二件：要明白青年本身是中华民国独一无二的基础。第三件：要研究这个基础如何能够使他有继续的永固性。话要对准这个基础做。我们自己不堵住自己的喉咙，谁又敢在我们喉咙里筑起坝来！

（原载《星期评论》第21号，1919年10月26日，此据《玄庐文存》）

学校自治的生活

（1919年11月2日）

在我的观念，自治与生活，决不是两件事。自治的生活，生活的自治，并不是定了几条自治章程，就算得具体的办法。所以我定了这个“学校自治的生活”题目。

学校自治的生活，是团体的自治生活，不同个人的自治生活，但必须以个人自治为基础，然后这个团体才建筑得上去。

我现在虽不住在什么名目的学校里，我总当他是一个最大的学校。这一个最大的学校，何以不能总团结起来经营自治生活呢？形式上，虽是国际的障碍和社会阶级，未经破除，实际上却是各个分子缺乏这种优美的理想。所以投身在世界中做了一个人，想要引起共同生活的趣味，不能不在自己身上努力做成可以享受团体自治生活的资格。别人的意思怎么样？我无从晓得，我把我自己已经实行和计划中的自治进行方法叙一叙。

我是从旧社会里面长大的，脑子里、肌肉里藏着旧社会不少的恩惠。从恩惠的本身，想到恩惠的对面，觉得自身天天受恩惠的赡养，却时时做恩惠的敌人。要不做恩惠的敌人，除非世界上只容许一个恩惠存在，才可不立在恩惠的对敌地位。照此看来，第一步就要从改革旧生活入手。为什么要改革呢？因为有了比较新的生活理想。如果没有这个理想，便不合［会］发生改革的动念，更不会发生改革的事实。而且毫无理想的改革，除出自杀之外，别的简直无路可走。这种理想的发端，无非是生活上所给我的一个不满意。青年诸君！不满意的地方，未必不与我同；自身所感觉衣食住的恩惠，又未尝不与我同；所经历的“专制时代”、“八股时代”、“缠脚时代”、“鸦片烟时代”，更无一不与我相同。或者所受期间相差，多少总不免有沾染，所以多少也得经过一番改革。青年诸君！有染下列各种习惯的么？我请列举故我的恶习，向今我的改革献捷，想诸君必定高歌颂扬这改革的啊！

一、“嫖妓”，绝对改革。

二、“赌博”，绝对改革。

三、“饮酒”，绝对改革（我本来非酒不过日子，近三个月来决心不饮，双十节那天，有一位很有学问而不饮酒的朋友，约我过节，饮了两杯。过后我想国庆节正是打破奴隶的牢笼一个纪念日，更不该饮那麻醉神经的酒，从此便和酒别住一个世界了）。

四、“吸烟”，正在改革（吸烟本来就是一椿很奇怪的事，社会所号称“文人”的十八九有这种习惯，以我每天平均吸五十多支香烟，瘾也不算小，现在居然也和他告辞了。不过提笔构思的时候，仿佛有点手足无措的光景，但是我受他无形的残害已经彀［够］了，也只得把他和酒去合葬）。以上属于个人的习惯。

五、“虚荣心”，绝对改革（虚荣心也可认为名誉心的变相，名誉心就不该有的，何况虚荣心）。

六、“投机心”，绝对改革。

七、“虚矫的情感”，绝对改革。

以上属于一般社会的习惯，大凡不愿意在旧社会苟延残喘的人，只消问他自己本身，是不是构成旧社会的分子？或者他个人里面有几分之几是适于旧社会的细胞？说一万句改革的话，禁不起做一椿腐败的事。如果能够把自己本身，洗濯得干干净净，挟住他改革的勇气，断不会达建设的目的。我请把我理想中的建设和实行写在下面：

（一）时间分配

“劳动”，八小时；

“享乐”，八小时；

“休息”，八小时；

（二）服务

“劳动”，请书报，著作（脑力劳动），农场，或相当的职工，——如果两样都没有机会，就是扫除洗濯烹饪等事也该做的——（肌肉劳动）。

“享乐”，享乐不仅是饮食、美术、音乐及一切游戏等事，凡是观察社会，眺瞩风景，都应该列入享乐范围。

“休息”，休息不仅是睡眠，散步、静坐等等都是休息。——不过各个人因为生理上不尽同，就有睡眠时间多少的差别，应该在享乐时间中作伸缩——

我主张个人自治的生活如此。若说学校自治的生活，时间一层，以十小时劳动为适中，因为共同动作，比较个人要增加不少的兴趣。分配的方法：一、要依照公共动作的种类搭配。二、要依生理上平均可能而能持久的分配。三、应该设配农场工作，校外讲演，校役教授，警察（卫生）、

（风纪）、（消防）及书报贩卖等更番服务时间。总之，先把劳动的职务公认定了，享乐和休息自然有了很有趣味的背景，那时间的分配与确守不是一件很难的事。

凡事不难在既做之后，未做以前的设备不应该看得太容易。集团的自治，上面不该有监督机关，下面不该有被治的阶级，一时未经训练的青年，往往因为未做事以前的意思和趣向相差，中途便闹出溃裂的事实。大家如果认明白自治便是生活，研究学问便是关于自治生活上服务的一椿，学校应该这般生活，社会与世界同是一样应该这般生活，那么应有尽有的时间问题，服务问题，便是拿住这个意思做索子把他贯穿起来，没有不成功的。万一事前有少数根本上的意思相差，与其强制，不如事后加入。彼此依共同生活上一个“爱”字设心处事，一步步的进行，便有一步步的改革。虽然在草创时期，也可料到成功的伟大呢！

青年诸君！个人的努力，是个体应有的任务；团体的努力，是社会成员应有的任务。努力自治的生活，努力生活的自治。自治！自治！使一个盼不到西湖的中年人，也听得十分欢喜！

（原载《星期评论》第22号，1919年11月2日，此据《玄庐文存》）

秋波的影

（1919年11月2日）

远远地几笔青山，画在天和水的中间，很美丽的阳光斜照着，风一吹，天与水和远远的山都微微在波里摇动。

这时候，一片芦花荡里，梭！梭！！的响，露出一角船头来，“卖鱼呵”。

一个小孩子，坐在船舷上，指着芦花荡一边一张雪白的大风蓬和一角有字的大旗说：

"为什么这张风蓬会驶到芦花上去……'卖鱼呵'，……这里没有人，叫谁买?""卖鱼呵"。

忽然，一个既粗且笨的声浪挟带一股大葱气冲了出来，"有么鱼……乖乖……"吓得天与水都不敢摇动。

"妈，回去吗?"一个妇人挟住桨立了起来，颤危危望着那大船上许多敞着纽扣、缚着腰带、歪着帽子的人，半晌……"快！快快"……童……"嚷！"……"嗳哟"……汩东……"救"……勃……勃勃勃……

那只大船驶满着风，向着水天很宽阔的地方，一浪一浪的去了。一长拖波纹里面，还卷着那面大旗很威武的影子。

（原载《星期评论》第22号，1919年11月2日，此据《玄庐文存》）

国会议员听者［着］

（1919年11月2日）

群马中间找白马，已经是一椿难事。黑马群里找白马，更是一件不可能的事。近半年来，国民觉悟那个军国民主义的邻邦不可与为友，军阀和官僚不可与为国；大大的表示过几次了。便在上海一部分的外报，也累几次有"全部罪恶，乃在务以武力协迫邻邦的日本与身居高位卖国殃民的中国官僚。"《大陆报》这些亮话（见本周各报）不仅说过一次。何以累次上当的国会议员，在南京只看见袁世凯等，在北京只看见段祺瑞等，在广州只看见岑春煊、陆荣廷等！你们以为那班人的力量可以替国家做事么?或是你们拍着黑马想他变白马么？自己翘着一个指头，靠近眼睫毛看，说是天下事事物物都没有比他再大的，旁边人还以为他在发痴，在他却总不肯把指头移开看看！国会议员啊！在广州开会的国会议员啊！许多眼睛望着你们在那里看自己的指头咧！

（原载《星期评论》第22号，1919年11月2日）

怕死么？

（1919年11月16日）

中国人有两个普偏［遍］的弱点，一个是“要钱”，一个是“怕死”。所以历史上一般可恶的英雄豪杰，一手元宝一手刀，诓尽天下人都进他豫备好的骗局。这两个弱点，如果一天不纠正，世界的人类社会一天不得安宁。但是要纠正这因袭的普偏［遍］的弱点，谈何容易！

而且利用弱点的人多，纠正弱点的人少；愿为利用者所利用的人更加多，愿受纠正者所纠正的人尤其少。利用弱点的，因袭群众心理上一个很大的地盘，又依据历史上种种的方法，所以发展和成功都很容易。只是被利用的却弄得焦头烂额求生不得。西方且不说，国外也暂不提，只看袁世凯的帝制和一班军阀派的作恶，无非从利用国民弱点上着手，几场恶作剧，陷全国到这般凄惨状态，不但被兵灾的地方来不及救死，就是帝制和军阀的爪牙以及他们自己本身，试问得了一个什么好结果？任他们自作自受，更怪不得那一个，只是一般可怜的群众，受了几次三番的大教训，还是想根据这两个弱点过生活。莫非湖南、湖北、四川、陕西以及各省的农工学商各界还受不够痛苦吗？让我看也受够了！

本篇暂且把要谈的一个弱点放下不说，单从他们一班军阀的刀锋上研究死法。死！当真该怕的吗？

世界上没有不死的人，不怕死的固然会死，怕死的也终于免不了一死，不但断了呼吸，闭了眼睛，捏紧了拳头，一切细胞都停止分业上的动作才算是死，就是时时刻刻在同化物质中间的新陈代谢，也算得在那里死。原来人的生存，要靠呼吸和饮食，摄取有机物，分解蛋白质为“亚弥若酸”（amino-acid）取到血轮里面化为血，各细胞就取血来营养分化。行使生活现象的细胞，就专靠构成细胞的物质之化学的性质。这些物质是由空气饮料食料受同化的化生，决不会无中生有。设或一个人的细胞只是分裂长生，没有死的，那么躯体的长大应该随年龄扩张，但是体长既有限度，化生细胞的物质又每天输入，有说肢体细胞的寿命六年，脑细胞的寿命十二年，骨细胞也一像［样］有新陈代谢〈的〉。依此说，一个人的躯体，每隔十二年，必通统换过一起，等于十二年前的躯体通统死过了一样，而且每天所输入的空气饮料食料都化为将来的“人”。我为依据这个理由，构成一个交换生死的理想：譬如甲室里关一只虎，乙室里关一个人，定准了虎与人相同的饿死时间，于饿死之前多少小时，杀了虎拿给人吃。这个人必定能够继续他的生活。如果杀了人喂虎，这个虎也必定能够继续虎的生活。虎的细胞受人的细胞所同化，就化生了人的细胞，不过虎的名目不存在和样子变了，其实构成虎的物质，同化到人体上去，一像还是生物。不但如此，人吃了植物能够籍同化的作用化为亚弥诺［若］酸，为血，为细胞；如果将死人作为肥料，植物一像能够吸取人的尸体和无机物化为植物细胞。依此种种拿来研究死的解释，不过换了一个构造，变了一个形体。物质还是依样存在，一点不多，一点也不少，可怕的究竟是一个什么呢？

但是人的常情，总是安于习惯，一朝变作了异物，在生存的人依据遗留的纪念，就发生别离的痛苦。其实死者自身的观念，已经随着形体的变换而变换，早就没有残留的痕迹。死者自身毫无足怕，若从客观上替死的怕死，岂不多事？再说，人的常情既把生死关头，看得十分重大，便应该竭力图生活上均等的快乐该有四个条件。

一、生趣；二、生存；三、健康；四、长寿。

这四个条件，人人都知道，却是人人都不能平均去做。一班摸［模］仿古代历史上兽性的英雄豪杰，把杀戮当作生趣，靠掠夺保持生存，恣睢暴戾为健康，长久占据为长寿。这一种生趣、生存、健康、长寿，是不是人人都能这样做？人人都可这样做？“人”是不是该这样做？姑且不亦责备一班兽性的英雄豪杰，独可怜一般［班］被杀戮、被掠夺、最怕死的大多数人，也在那里哭哭啼啼梦想他的生趣、生存、健康、长寿！这一般［班］大多数人果真不配讲生趣、生存、健康、长寿么？为的就是有一个怕死的弱点，被几个兽性的英雄豪杰制服住了，所以这大多数的幸福都被几个兽性的英雄豪杰抢了去。国民呵！我们要光复我们自己的幸福，第一就该打破怕死的观念，自己纠正自己的弱点。不然——看着“朝鲜女子泣告世界妇女书”上一段的纪事：

“今年四月十五，日本兵大约五十名，跑到战南里的地方，叫全里的人民，无论男女老幼齐集在道会的礼拜堂，听日本兵演说。村民那［哪］一个敢说一个‘不’字？等到过了预先说定的时刻几十分钟，不见一个日本兵来，忽然窗子外面明亮起来，在无情的火焰包围中，哭的骂的笑的叫苦的吼万岁的一大片声浪，几千口人口结果都葬在火里去了。也有臂力强的，打破门窗，冲了出去，终于还是被日本兵用枪打死。这一场，光是女子，也死了一百六十多人。但死者的幸福，活的人还希望他不到！因为活着的人只剩一个孤单的身体，或者只保得几个小孩，他的父亲和他的丈夫已经和村众同一个运命了。”

这封信纪载的事实很多，我不过写了一节请我们男女同胞大家看看，“怕死么？”我敢大声疾呼说。

怕死的，一定死，而且一定白死。不怕死的，不会死，就是死也不白死，群众生活的前□，是不怕死。我们所牺牲的只是一个白死，所获得的却是不可限量的群众幸福——就是个人的幸福——我们要沥兽性的英雄血，灌溉我们共同的爱苗。我们要捣兽性的英雄骨，充我们农田的肥料。不问他们用什么惨酷的方法，残害我们群众之中几条生命，他们总不能夺我们互爱的爱情。国民啊！同胞啊！世界的人类啊！西方的战场上骨头还没有冷！东方被刀枪兵火刑戮杀的尸首还没有变化！是我们的朋友害死我们么？是我们的仇敌残杀我们呢！谁是朋友？谁是仇敌？大家胸中是雪亮的！

“怕死么？”“不怕，不怕。”“不怕便该怎么样？”

（原载《星期评论》第24号，1919年11月16日）

他为什么把头低下去

（1919年11月16日）

“老爷太太呵！发财的先生们呵！可怜我们呵！布施一点呵！”“老爷，太太，布施，布施！”

一个缝穷的女人，右手提了一只篮，左手牵了一个四五岁的小孩子在街路上，找不到针线做，就一唱一和的叫起布施来。

女人自己对自己说，“今天是靠不住了！”又放开嗓子喊道：“做点好事！”

这两个人身面上虽然单薄，都还清楚。只有面孔却愁惨得了不得。过路的人看看他俩的面孔，又打量打量他俩的身面，掉着头都自顾自走了。

小孩子忽然指着金黄黄一家大布庄说：“妈！”

女人摇了摇头，便把头低下去了！

原来他俩是母子两人。男人种田度日，每年地上也能收一千多斤棉花，女人自己纺点纱织点布，一家子四人，有一个老婆婆，虽是双目失明，倒也很康健的。

今年他们的地在秋汛上坍没了，临到坍着他们房子的时节，一家子本该带点什物逃避，不料他那位老婆婆，死也不肯走，潮头又汹，坍势又紧，他的男人无法，只得抱住他母亲走。离开房子约略有几百步路，就叫女人领着儿子，看住母亲，回头见房子还没有坍倒，翻身奔了回去打算拿点什物，刚一进屋，一个无情的浪，便把他连人带屋退回江里去了，他女人眼睁睁看着，喊是来不及了，自己也向坍处奔。没两步，小孩子哭叫起来，老婆婆也在泥地上乱撞，只得回来搂住老婆婆，望着坍江。

后来和他感受同一命运的地邻，到了一座破庙里拳［蜷］着。每天在坍江边拾点飘来的破东西，近处讨点菜边皮，支了一只破沙锅，烧烧吃吃。

过了几天，坍势越猛，连那座破庙都落水了。他的婆婆，又恼［闹］起寒热病来，所以只得带着儿子，到街市上缝缝穷顺便叫化几文药钱，其实连充饥的也没有。

这家金碧辉煌的洋广大布庄，原来是他地主，而且长来卖布给他们，所以小孩子也认识这一家大布庄。他曾来求过布施，却被布庄里的伙计们喷骂一顿，还要问他要新租。所以小孩子提起这家布庄，他只好摇摇头了，但不知把头低下了去是为什么？

（原载《星期评论》第24号，1919年11月16日，此据《玄庐文存》）

读新出版品的方法

（1919年11月16日）

今年这一年，新出版品不下二百种。有很深刻、很锻炼的，有理直气壮、畅所欲言的，也有新旧杂揉［糅］的，仿佛四面八方放烟火，看的［得］人几乎眩了眼光。因此我拟了一个读法：

第一，“打破偶像观”。从来读书的习惯，不问内容如何？只要听说是那一个大文豪那一个名手著的，不管好歹，豫先存了一个“必定好”、“非看不可”的见解。这种崇拜偶像的读法，不可不打破。

第二，著作者的境地和出版地方不同，比如 Tshernyshevski 在狱中著的小说“怎么好”，和民国纪元前几年专门著述“国粹”的印刷品，表面虽然没革命的议论，其实字里行间都包含好多精义，读的人就该从夹缝里去寻觅意思。

第三，新旧杂糅的著作，原本不值得看，但在杂志类，往往为行销起见，一册里面，也有一两篇好的。一本书既到了手，也不该因噎废食，轻易放过。

（原载《星期评论》第24号，1919年11月16日，此据《玄庐文存》）

新旧文学一个大战场

（1919年11月16日）

金字塔里所藏的植物种子，几千年后还会萌芽，足见种子里所包含的生机，未可限量。十八九世纪的法国，二十世纪的俄德，无非是卢梭、托尔泰斯、诺物考夫、马克思一班学者将新思想散布在能发育的土地上，普遍下了革命种子。遇到机会，这些种子不是像春园的笋裂开土层冲了出来，便像谷子麦子笑迷迷［眯眯］似的吐出他的嫩芽。不但似马克思几个大著作家能下这些种子，就是几个有名的诗人也是一样的播种。所以胡适之先生他认诗体解放为八年来一椿大事（见《民国日报》国庆纪念号），就是说，要散布新种子，就该用新思想新文体的文学。

东方的运动场，更比欧美多一种机会，就是诗文之外，还有许多匾额、屏幅、联语以及书春种种。我以为凡此种种所发生的影响，要比诗与文普徧。试看“对我生财”“开门大吉”“驾福乘喜”“状元及第”“五子登科”这些小红纸条的感想触动，比千字文百家姓神童诗还强许多倍。又如“福”“寿”“佛”的大方字；又如城隍的丰都殿黑暗中塑些恐怕的泥像，门口挂一块“你来了么”四个字的横匾，很能够使一般受他激刺的毛骨悚然。其他如彩票挂着“快来发财”“无长贫”等字样，也很能使人烧起侥幸的欲望。更有“帝德乾坤大，皇恩雨露深”、“诗画继世，忠孝传家”这些对联，自然引起一般“三月无君皇帝如也”孔徒的官瘾。此外许多阿臾虚伪成篇累幅的富贵话，泥金笺，朱漆匾，壁上，扇头，到处在那里把旧式的人生观烧得通红。这种现象，就使天天拿新出版品当作消防队的水龙，一时也扑灭不了，而且一时间要使全社会将他壁上梁上门上扇子上那些字样都刮洗去摧毁了也是做不到的事。倒不如就借这些地方分布新思想的种子，岂不是一椿快事?

我小时候书房里有一副“铁肩担道义，辣手著文章”对联，进也念念，出也念念，游戏的时候便随口念，每天不知道念多少遍。虽不懂得道义是个什么东西，却不时把两只肩头耸耸念“铁肩担道义”。到了八九岁，能够提起笔做几句短文了，便瞅着下句想怎么样才是“辣手着文章”?可见这种东西，能够深印在儿童脑子里。譬如各学校的校训大概不外“诚朴”“笃实”这些字样，看是平常，在儿童的脑部里却印得很深的。掉过头来看那些“元旦书红，万事亨通”、“童言无忌”、“姜太公在此”和“对我生财”，一派胡言乱道的小红纸条儿，何尝不深印在儿童脑里呢?这些字样，如果换作“互助”、“自由”、“博爱”等等，儿童在不知不觉中自然会要求他父母兄姊的解识［释］。经一度的解识［释］，要比在出版品上宣传的效力大得许多。这不是光脱脱几个字，如果是有音节的联语，效力要加大。——因为时常念着——例如“立定脚跟树起脊，睁开眼孔放平心。”又如凉亭对联“那条窄路儿，且须让一步，他过不去，你怎过得去?这等重担子，也要担几分。我做弗来，谁又做得来?”这类联语，不能不认他有益于人类社会，新联语虽不必讲究对仗和字数多少，但必须要有音节可读。此外，如屏幅、扇面，尽可写些传播新思想的新诗或警句。

咦！这一片干净土上，已经被旧思想的旧文学占领许多年了。现在我们要在这片土地上下种子，暂时要认他作为战场，能够在这个战场上把旧东西扫除得干干净净，才算得完全光复了领土。我希望提起笔来替人写字的青年，就此杀进去罢。

（原载《星期评论》第24号，1919年11月16日，此据《玄庐文存》）

偶像打破分文不值

（1919 年 11 月 16 日）

从前的人，看见皇帝出来，说“大丈夫不当如是”？说“彼可取而代”。明明知道皇帝是一个偶像，何以又想取来代他？这种不彻底的理想，差不多和革命党里的人想官做一样。今天有一个朋友从日本来，他说：“从前日本天皇出来的时候，除却皮靴蹄铁的步伐声，无论多么样的闹市，一点也没有傍的声音，那一种神圣威严便在这静肃中管住了一般人的生命似的。今年的天长节，却自由自在的［得］多了。”

（原载《星期评论》第 24 号，1919 年 11 月 16 日）

他就是你你就是我

（1919 年 11 月 23 日）

我从前看见北方人拿油垢蓝布袖子果住□□，站在风头上和鼻子里的清涕灰土一齐吃，觉得了不得。南边人一碗卤水煮菜和豆，一碗饭，一双竹筷，在门前或弄口当着风头上粪坑里的臭气吃东西，也觉得他的不得了。自己进了菜馆之后，把这种种腻心，尽都抛却。

我从前嗅著汗臭的工人，——臭气从油垢衣服里面冲出来——胸口就作呕要吐，一到衣香□影的场所，便觉通体清凉，把红尘中的油垢汗臭，尽都拂去。

我从前看见很高大的建筑旁边，乱堆些东倒西歪的芦棚破屋，又湿又黑，心想为什么不把他拆去——成为一片平地也是好的，——一进到宽敞幽雅的屋子里，软椅子上一坐，花有花的香，茶有茶的味，就把那些芦棚破屋的影像，尽都忘却。

我记得我娶亲之后，我和我妻的爱情十分浓厚，差不多是一个人。后来受到旧社会的影响，犯了纳妾大罪，我们两个人的中间，仿佛隔了一层什么似的！但是回想从前一种融合无间的情爱，依然是一木生成。

我记得我有一次在云南打猎，跑到深山里边，天黑了找不到出路。只有一座古庙，塑像非常可怕，我就在神像边躺着，月光从森林里透了进来，照着四周可怖的神像，仿佛就要下来攫我，神经激荡到十分的时候，扑地跳了起来打算逃出庙去，但是庙外的风声、落叶声、树枝摩擦声，通统构成毒蛇猛兽的幻景，又不敢出庙去。继后想到神像虽是可怕，到底还有点人形，索性刮着火柴，通体照他一照，拣几个顶可怕的，当他作了我的哥哥弟弟，有胡子的便算伯伯叔叔，女的便是姊姊妹妹，亲亲热热的看了又看，不但不觉得可怕，而且在一种凶狠的状态中间，看出一种蔼然可亲的神情来，便一觉睡到天明。我离开庙子的时候，还舍不得一班凶恶状态不相侵害的神像！

以上拉拉杂杂说了许多零碎话，现在要把我的意思总和起来：第一，没有穷人，便没有富人。第二，没有你我他，就没有穷富。第三，凡在天下的“你”、“我”、“他”，都可以当作一个人，团成一个“爱”。

“他就是你，你就是我”这句话，凡是男女爱情深挚的都做得到下半句，凡一个人对两个人有一样的爱情的，都做得到上半句，凡是三个人以上的团结体都完全做得到这句话。天下没有真正孤立的人，对于这句话的趣味，多少总□过一点。例如合伙做买卖，出相等的资，买卖一样的物品，立均等的契约，他赚钱，你决不会折本，我折本，你与他决不会赚钱。又如同在一个队伍里和其他一个队伍角力，我输了，就是你与他输，他赢了，就是我与你赢。但是这种性质的结合，是暂时的不是永久的，所以这种结合的趣味，是为时间所包含限止［制］的，不能包含人生一世的时间。为什么呢？因为做买卖的，折的是自己这个团体的本，赚的是别

"人"的钱；角力的，输了是输与别一队的"人"，赢了还是赢别一队的"人"所输的。这两种对方既是"人"——就是你我他一样的人——做人的真理，人与人不应该有比较的。世界一切罪恶，根源就是在"秘密"两个字。所以要秘密的原［缘］故，就因为人与人有了比较。有了比较，便造成种种罪恶。做买卖有散伙的时节，角力的也有收队伍的时节。用一个国家的经济全力压迫侵略别一个国家，就像做买卖的放大照相；用一个国家的武力去危害侵犯别一个国家，像角力的放大。剥开这种事情的结果来看，输的原是产绝人亡，赢的也是焦头烂额。凡此种罪恶的原因，无非一二英雄豪杰因袭野蛮时代的兽性拨弄群众。如今群众之中的大觉悟，已经发现成为事实了。日本的"新村"（参看《新青年》、《新潮》杂志）、美国的"共产村"（《东方杂志》十五卷二号有一篇兰露《共产村游记》，可惜不详）都是二十世纪打破人与人的界限的曙光。最近，美国有一位少年教育家霍金司先生计划一个新式学校，规模十分弘大，收集各国的儿童，实习各种劳工及公共事业，自治训练的生活——人的生活——消灭国界种界的恶习。这个规划，大约明年秋间可以实行。霍金司的计划中间，有一桩最可注意的事，就是历史上人物肖像，只陈列历史上有名的发明家、哲学家，所有战争上的人物概不列入，足见人与人为敌的历史，已经出到最后的一页了。

中国社会党人沙金——被袁世凯枪毙——有在崇明岛实行新村运动的理想，没有见到实行。听说北京大学也有西山大学村的计划，还未曾发现。——大约这计划不久会实现的——此外什么模范村的设想，也有好几处，大都偏重村落的建筑，狠［很］少生产上的计划。我且把我的一点意思，写在下面：

第一，共同工作，逐渐平均增高共同生活；第二，求人地上的适应，不故意惹起现象社会的反抗。拿第一个意思，求第二个意思实行的方法，再把我个人在事实上可能的计划写一点：

设如我一家有田一百亩，又有一所大房子，九个人，除去老的不能工作，幼的不能工作，女人不能做重工，现在只有一两个人能够勉强劳力——还是要习练的——便分他作三个时期。

第一个时期

（一）召集同劳的同志。——能够有知识的同志最好，其次从前的佃户，再其次一般能劳力者！

（二）略改旧式的房屋。——折通高墙建设浴室、厕所！

（三）积存消费外的剩余金；计划第二时期的设备。

（四）草创公共娱乐场所及幼稚教育。

（五）支配男女劳工作业及教练。

（六）植物种子与肥料的研究。

如此时期，能集合有知识的同劳作业，以合议体支配各事。设或集合一般无知识的劳力，只得说明自己的计划依次序去做。

第二时期

（一）设会议机关。

（二）改建公共娱乐场所。

（三）试办幼稚园。

（四）设立植物种子与肥料的试验场。

（五）设立工场。

第三时期

（一）画一服装。

（二）改建住所。

（三）设立学校。

我的计划，拿“共同工作逐渐平均增高共同生活”做意思的中心，又把“增进的经济能力”做发展的中心。就以上的形势，既不尽同日本的“新村”，又不似美国的兰露“共产村”，也非农业的大家族，只就现成的形势，拿住中心竭力走向共同生活的目的地，以打破你我他的界限。这种和平精进的方法与过程，不是世外桃源的幻景，也不与现象社会有什么激烈的冲突。不过这种粗枝大叶的配布，只好当作提议的一种，如果要求精详，必须随实行时期中步步规画。

我们未经习练的劳力，又没有狠［很］雄厚的资产，在一个小集团中间下点工夫支配，原是不很难的事，但要发生影响，总须于实行之外，在著作上也应该著力，所以凡属劳动脑力的同志——体力上不能劳动的——一样可以加入。

唉！诈伪阴险的旧生活已经在浮水上作地盘了！人杀人的时期，也已经过去了！有志研究新生活打破你我他界限的，请下一个批评。

近来，很有许多相熟的旧朋友，不是长吁短叹说“无聊”，便是说道“时局要快点解决才好”。我听了这些话，常常想到一个人怎样会无聊呢？不必说种田织布，就是扫地煮饭也狠［很］有聊的。又常常想到“时局解决”这句话，那些战地上的农夫，炮火一停，便会拿起锄头又做他的工，他们从来不问时局怎么解决？但是真要解决时局，还是大家要学他们才好！

“他是他，你是你，我是我的，好呢？”“他就是你，你就是我的，好呢？”要请大家仔细想一想。

（原载《星期评论》第25号，1919年11月23日）

日本的警察长打死中国的学生

（1919年11月23日）

我常说，军阀不做事则已——要做事，只会做错事。这句话，不但中国的军阀常常被我说着，就看这回福建日本领事馆的警察长，指挥许多日本人，打死中国学生。这个警察长以为，这一打可以把中国人的嘴打闭了，替日本贩卖日货的中国商人有了后劲了。唉！错了！大错了!!

中国人的嘴被你打开了！商人的良心被打动了！你还要派兵船来吗？我们已经预备一座良心砌成的血城，在这里欢迎你！你来么？试试看？我一个人的意见，对于这椿事，只有一个条件："日本人无论在世界那一处，不得带武器。"这一个条件世界上也有几个人不赞成的，就是北京、东京几个军阀。连日本国的人民都该赞成的，因为日本人的武器，不是拿来防卫的，除出"杀人"，便是"自杀"，更该知道杀人即是自杀。如果不信，请看从前的德意志国。

（原载《星期评论》第25号，1919年11月23日）

夜游上海有所见

（1919年11月23日）

（一）

一个胖子说："一日三出力，吃饭用大力。"
一个瘦子说："无金买衣食，困觉当将息。"

（二）

求布施！求布施！
饭馆子前十字路。
汽车去马车来，来也无数去也无数。
"眼饱肚中餐，口甜心里苦。"
只见得吃醉的人。
靠着车窗狂吐。
唉！"燕窝鱼翅。"

（三）

有讨，讨；有要，要；
三个铜圆一顿饱。
冷尖尖的风，黑漆漆的庙。
背贴背儿当棉袄。
糊糊涂涂困一觉。
听说近来抢劫多。
大概他们不曾梦见过强盗。

（四）

忽被冷风吹醒了，
瑟瑟缩，又困着了！
那一边是谁家的小女儿，
“来嘘！”“来嘘！”沿街叫！

（五）

风飕飕，叫声渐渐低，微微带着抖！
一个老婆子站在马路中间，恶狠狠东边张一张又低下头来叹了一口气，再望西边溜一溜。
夜夜亮的电光，如何还不把他们的心思照透！
此刻没有什么汽车马车出风头了！
只有红庙角里两个叫化子呼！呼！依旧！

（原载《星期评论》第24号，1919年11月16日，此据《玄庐文存》）

七个警察……长

（1919 年 11 月 23 日）

南京下关的警察长王什么，要开枪打学生。福建日本领事馆警察长就打死学生。天津警察厅长杨以德请逮捕学生。广东警察厅长魏邦平就押解许多学生到惩戒场，还要叫学生具悔过状。国会议员查办魏邦平案，有一句话："学生无过可悔。"这句话原说得很响，我以为只要使警察长"无枪可毙"，岂不更加清楚。唉！这四个警察厅长！还有湖北崔什么警察厅长，也是打过学生的，五个警察……长。还有淞沪警察厅长徐什么，拘捕学生的，六个警察……长。又有一个封禁学生出版的《浙江新潮》周刊的夏什么警察厅长。屈指一数：一、二、三、四、五、六、七个"警察……长。"

（原载《星期评论》第 25 号，1919 年 11 月 23 日）

偶　像

（1919 年 11 月 30 日）

一个凶神恶煞，
一个笑眯眯的观音菩萨。
你说他两个相貌两样——
应当各有心肠？
原来两个都是偶像，
两个偶像在那里说话。
你何必管他说什么？

只要把偶像打破，

呵！呵！偶像打破。

（原载《星期评论》第26号，1919年11月30日）

婚嫁问题

（1919年12月7日）

一班“只知有父——不知有母”持“男统”说的先生们，往往听到男女结合的问题，没有一个不面红耳热，急得出不了气。几个受毒深重的青年男女，往往听人提出婚嫁之说，也没有一个不面红耳热，羞得抬不起头来，不敢插半个字的嘴。还有几个夫死守节的贞女寡妇，更听不得讨论这个问题。诸如此类，心理呢？还是病理呢？譬如十年前的缠脚，大家明明晓得是一桩苦痛。当盛行缠脚的时候，如果有人主张放脚，必定有许多方面反对。不但中年老年缠服了的脚，因为解放了一时走不得路所以反对；连年轻的，自己正熬着苦痛，还要替小妹妹紧一紧脚纱捏几捏鞋尖！依唯一的理由，就是脚不缠小，不好看，没有人要。依缠服了的脚看，完全是生理的病理，依未曾缠服的脚看，又是心理的病理，总之是从心理的病理趋向到生理的病理。这班怕研究婚嫁问题的一样是心理的病理，至于守节惯了的妇女，便进于生理的病理了。那种病理的症状怎样？请看下列几桩事：

（1）有一个四川朋友对我说：“简州一家姓赵的老妇人，一子一女。儿子定了亲，女子许了人。他的儿子十九岁的时候，正要给他娶亲，忽然生起病来，病了一年多，差不多要死的光景。当这个时候，他的女儿的夫家，正央媒人来说迎娶的日期。这位老妇人，一面急儿子的病，一面急女儿的嫁妆，估量他儿子的病，一定不能好了。忽然异想天开，也央媒人到他媳妇家里下迎娶日期的帖子。那媳妇的家里就是明知新郎病得将死，也只得把女儿嫁过去。花轿到门，新郎断气。这赵家的老妇人却不慌不忙，叫他自己的女儿和贴己的老用［佣］人，挽住死人和新人拜堂。但是死尸不会下跪，就托着病说，“新郎拜不动了，还是回房去睡”，便将尸首拥到床上躺着，一面叫他的女儿敷衍新人。旧式结婚，新人明明同傀儡一样，也就莫名其妙。客散后，陪着死人在一张床上睡觉。到半夜过点，忽听见新郎发极细的声音说，‘要……’息一息又说，‘要……茶……。’新人明知新郎病久，也不以为奇，起来给他茶吃。新郎吃了茶，慢慢地睁开了眼，才知道他自己已经娶了亲了。天刚明，忽然听见打门的声音。新娘要去开门，总有点害羞。不一会，房门和擂鼓似的，还带着老妇人嚷开门的声浪。新郎听得是他母亲的声音，便挣扎起来叫新人扶着他开门。门一开，正与他的母亲打一个正照面。这位老妇人一见到他的儿子扑的往后一仰倒在地上，死了。后来是由他的女儿说出来是：他的母亲，因为他缺少嫁妆，特地替他哥哥娶亲，想把嫂嫂的妆奁嫁姑娘。不料临拜堂新郎断了气，老妇人便更进一步想讹诈媳妇娘家的钱，所以天刚亮就来打房门。不料他的儿子并没有死，见面一吓，倒把他自己吓死了”。

（2）一个未曾见面而知名的人，署名（央公）投一封纪事的稿子来：“有一个王举人把他七八岁的小女儿关在一间房子里。凭他的小女儿怎么叫唤，怎么啼哭，怎么提起小拳头擂门，王举人总是坐在门外面不动。口口声声的说：‘你的机会！你的福气！你年纪太小，上吊服毒的事你自己一个人做不来！做了也没有人相信！我叫你妈妈劝了你好几天！只有这一个方法顶好！我是想了几天几夜的！这是最有名的事！’原来王举人把他的这个小女儿，早早许了人家。男家的孩子死了，王举人要他七八岁的小女儿去殉节，他便可以得一方‘名门贞烈’的匾额。所以生生的把他这个小女儿关在一间房子里要饿死他”。

（3）长沙周南女校教员李云杭君，寄了一篇高等科一年生娄玉华君的投稿：“上一个星期节我听见一件极惨的事：说本城南阳街某眼镜铺有一个女子，年纪很轻，人也很聪明，裁缝刺绣都很好。上星期四（八年十一月十四日）就是他的结婚的日子，男家办得非常热闹，那些街上近处的人都哄动去看热闹，忽然说新人自己杀死在轿子里，血淋淋的……他父母嫌贫爱富……他的父母把他卖把［给］人家……他不愿……他的父母……勒逼他……他没法……他自杀……”（按女士赵五贞，长沙人，年纪二十三岁。识字，能读书，爱看佛经。因为父母替他［她］许给他［她］不愿嫁的人，所以常常念念“弓弦割断两头空，人也空，财也空，父母兄弟姊妹一场空”。

社会上和这些相同的事实，正不知有多多少少！我的朋友刘大白先生曾经说：“旧家庭的罪恶，到演成投井上吊服毒自刎……的事实，要算是已经发泄了！试闭起眼睛，替他们细想自杀以前的光阴和不会自杀的人怎么样?”我引了上面三件事，又记起大白先生这几句话，中间几次要把我的笔丢了不忍写下去。唉！我因社会上有这些事，所以才提出这个问题，要想从黑暗里面找点光明！黑暗里面又那来光明！从前黑暗中间的父母，笼住黑暗中间的子女，侥幸还可以相安，但是已经演了不少的惨剧；如今在黑暗与光明过度的中间，更容易发生极惨痛的事实，要免除这些惨痛，不能不把旧式婚嫁下一点批评。

（一）无恶意的父母做的恶事

父母替子女婚配，本来是一片善意（从前或现在官僚商人，将子女作为倚附门阀财力的，不在此例）。无如婚嫁的关系，发生在嫁娶以后，不发生在嫁娶之前。做父母的纵然怀着十二分的善意，十八九多是注重在央媒问卜算命求神这几件事上，试问做媒的具何种人格？不过两边撮合，他就可以两家走动到处借光。这是对于所谓有财有势的人家说的。至于一般社会上，媒人只要得到几文所谓喜欢钱，或者乡村里的婆婆专喜欢找点脸上风光，惹点瓜葛，就算是做媒的兴趣。对于婚嫁以后的关系，父母尚且管不到，媒人还来担什么肩子？至于求神问卜算命，更加比媒人还要不负责任。一些没回信的东西，做父母的偏要托信他为子女作婚嫁的媒介，所以十二分的善意，结果一分不剩，有的还要翻一个转面，变成十二分的恶事。譬如浙江第一师师长童保喧的父亲，是读过几天汤头歌诀的。他对于威风凛凛带兵去打广东的儿子真是和心头的肉一样看重。他儿子病了伤寒，在他是无技不施。据说他老人家专用补剂的，恐怕他儿子病乏了，用尽心机，开了几贴补药，就此断送了他儿子的生命。但是问他的意思，真是一腔装满了要好不能的善意！央媒、求神、问卜、算命替子女定婚嫁的父母，和这位老人家比较有什么区别？

（二）青年人不知道婚嫁以后的关系

前面所说的是父母方面，这是说子女方面，旧社会的习惯，子女对父母有一般信任心，当幼年的时期，并不知道婚嫁以后的关系，父母把他配什么人，父母把什么人配他，在他子女自身，似乎一点不负责任。即是成年懂事的子女，因为压在“从父”“顺亲”的纲常里面，明知是火坑也只可跳，明知是非偶也只可就。

“贺客在堂，吊客在途”，这些事实，不过在短少时间之中认为奇祸。设使将一般的婚嫁前婚嫁后调查成一个统计，其中不知道有几多惨史。有人对我说：“民国元年到民国七年，苏州一处，自由结婚的事实将近一千。调查离婚的事实有十分之八。”说的人的意思，以为自由结婚的流弊。但是我的意思，倒认为自由结婚的成绩。（一）十分之八虽然离婚而十分之二总是很美满的。（二）十分之八能够自由离婚，便不至于受不自由离婚的痛苦和惨剧。但是这十分之八离婚的总不能认为一椿好事，不过“自由”是不认错的，错的还是在不切实明白“自由”的缘故。究竟还是婚嫁以后的关系没有研究明白的缘故。

以上两层，是我个人对于过去的婚嫁的批评。将来婚嫁问题我主张：

（一）婚嫁是男女两个人的事，不容第三者干预。

（二）婚嫁的要素“情”“欲”“生活”。

（三）婚嫁的道德。

依我的主张，凡是第三者代订的婚约，绝对不能承认为有效的。子女是世界国家社会里面一个负担将来世界的“人”，不是父母的“物”。父母不能把人当作所有权的物允许给别一个人，所以不能将女许给别一个人。父母不能把别一个人当作物，所以不能接受别人许来的一个人。婚嫁既不容第三者干预，当然属于两个人的自由。

两性的结合，大都说是孕育在“爱”的中间，这话原是不错。只是“爱”的包围太广，——爱包全人类——所以我认第一是“情”。因为情字兼有意识的。第二是“欲”。欲是两性必有的东西。一般讳言欲的，正合俗语所谓“三天不吃饭，凸肚皮过桥”，这种作伪的恶习，应该彰明较著排除的。第三是“生活”。男女未婚嫁以前，都应该备具生活的技能。

婚嫁的本身，照以上讲的话，就可算是本身的道德。但是上两层不关第三者的事，这一层不能说与第三者毫无关系：（一）两性之中的一性，在未订婚之先，有许多愿意和他订婚的。既订了婚，其余愿意订婚的都应该立于全人类一般“爱”的地位，不应该再生婚嫁的“情”。（二）已经结合成的婚嫁，一般立于全人类“爱”的地位，不应该破坏那一个已成的结合。

婚嫁要成为真幸福，就该先创造光明的婚嫁。因为幸福只在光明这面。

生育子女，是两性的情的证据，欲的证据，生活的证据，就是全人类“爱”的证据。无论那时代的人，没有不爱婴儿的，如果从美满的“情”“欲”很均等的“生活”产育的子女必定更可爱的。

普天下做人的父母子女们，还是创造爱的世界好呢？还是常住在惨的世界好呢？还是把身受成为病理的痛苦遗传把［给］世世子孙好呢？还是愿意世世子孙不再受病理的痛苦好呢？请大家细细想想认认真真的选择选择。

（原载《星期评论》第27号，1919年12月7日，此据《玄庐文存》）

我做“人”的父亲

（1919 年 12 月 7 日）

自从胡适先生做了一首“我的儿子”诗，登在《每周评论》，惹起一般“圣人之徒”不少的非议。《新青年》六卷六号唐俟先生“我们现在怎么样做父亲?”接着沈兼士先生著的“儿童公育”，和本报二十、二十五两号季陶先生那篇《旧伦理的崩坏破坏与新伦理的建设》。合起来看，都是古往今来几句忠实的说话，也好算是给子孙代代得改种收成的吃饭田。季陶先生当他的著作付印时，问我说：“你看这篇东西，会有反响吗?”我说，不会有的。因为他那篇箸作，换一个“经济的伦理观”做题目，谁也不能否认过去的历史。到了《浙江新潮》周刊存统先生那篇“非孝”发现，却触动“圣人之徒”很大的孝感。省公署便雷厉风行要查办浙江第一师范。唉！居儿子的地位，在“孝”字上面加上一个“非”字，便要起这样大的反响。我现在拿父亲的资格，把子女当“人”看，天下没有不希望子女成人的父母，想来对于我这一说，不该发生什么异议了？这不是我有意取巧，因为我的父亲死过三年多了，我常常想我的父亲！追记我父亲的言论！

民国三年，我亡命日本。有一个替袁世凯做浙江将军的朱瑞，差人到我家里调查我，并且对我父亲说：“老封翁如果招得剑侯先生回家，中央不但不记憾［恨］他，而且还要借重……，究竟通缉令于身份上、门第上是过意不去的。”我父亲当时就回答他说：“剑侯是一个‘人’，他有他的主义。我老了！你们要通缉他尽管通缉，不管我的事。”那时我在星加坡，得了我父亲的信，欢喜得了不得。起初以为我只是自己做自己的“人”，如今七十多岁的老父，也承认我做我的人，我更当努力做一个像模像样的人。

如今我父亲死了！看不见听不到我怎样在做了人！我睁开眼只看见我“在社会上做人”的子女，我就该做“人”的父亲。

我做人的父亲，不做做不到我的父亲，只做我能做的父亲。我常常想“平等”是一椿好事，何以帝皇家必定要等到革命才不得已而下台呢？“均等”是很公道的事，何以一般资本家大地主要惴惴然霸占住生产机能过日子呢？“爱”是包孕人生最有趣的事，何以一般做父亲的要拿着纲常名教的朽索子去缚住子女呢？我既不做被革命的帝王，又不做惴惴然的资本家大地主，当然不肯做拿朽索子缚住子女的父亲。我只是“爱”我的子女。

我爱我的子女，是无意识的。爱他的情形，和生他的情形一样。这个“爱”不是我所创造的，我得之于父，父得之于祖，祖得之于一直上古的元始。从来没有间断过，人人都没有间断过，从全人类的无始，到全人类的无终，就只是包孕生发在这个东西里面。我无从分澌他，也无从间隔他，所以便认为一个无意识的。所以我爱我的子女，就是爱“人”。所以我做子女的父亲，就是做“人”的父亲，我做父亲的方法，就施行在这个“爱”上。

一般是人，为什么只做子女的人的父亲？为什么不做非子女的人的父亲？这就是我现在要答复的问题。这就是本文的意思，这就是将来的趋向。

这个问题，不必说到旁的方面去，只要把“爱”的本身弄明白，依着自然界的进化做，做一截有一截的答案，做完全就有完全的答案。我且把我的做法写点大略出来。（一）“子女平等观”；（二）“同业生活”；（三）“爱平等”。

子女平等观

凡人初生子女的时候，没有不平等看待的。到了晚年生子，或多女得子，或子女一样长大，往往爱子的心比爱女的心切。这一种爱，不是自然爱，是习惯上因袭上的“假爱”。何以会是“假爱”呢？就是从“男统”上走惯的错路。这种错路，被感情接触的关系，与生活现象的压迫，于是子女不平等的观念越加做实。大致男子与亲终身同居，女子嫁人就与亲分离，女子不担负养亲的责任，男子必担负养亲的责任。前的是少接触多隔离的原因，后的是生活倚赖的原因。袁子才诗：“未嫁女是儿——已嫁女是客。”社会上所称谓“客”，就作别人家的人看，生活既以家庭为本位，对于别家的人，自然疏远，自然不相干。把一个不相干的女儿与一个最相干的男儿比较，不必有什么男统不男统的因袭，就依这两个原因两件事实也必定造成对于子女不平等的观念。我要纠正这种错误的观念，我就主张子妇与亲分居，等于女婿与丈人分居。或者子女为职业关系或能够独立的时期，不论婚嫁未婚嫁也一样可以分居。这是从感情接触的关系上子女平等的一个方法。

其次，子是人，女一样是人。均是人，就不应该造成他（女）为人的玩具或是人的器具。所以无论游戏、饮食、衣服、居住，除关于生理外，应该养成平等的习惯，受平等的教育，享平等的待遇。因此我通常对于人体上“美”的观念，只有发展生命上的一种。凡是皮肤的色素和发，都不该混在这个高尚的美观里面。至于脂粉膏沐那些广告性质的色彩，更加不必说了。

同业生活

“养子防老”的习惯，已经深入一般社会的心理。以为“子女长成，各自分居，在亲的一方面，似乎寂寞寡欢，衣食无靠”。但是考察一般社会的情况，这些话十八九不是事实，而且并没有成立的理由，且不说姑嫂妯娌姑妇兄弟伯叔的不和，十八九发现在五世同堂的大家庭里面，那些怒骂刁唆挑拨悲哀的光阴，简直不像人生所该有的境遇。单说子孙众多的大家庭，除却善用权术、精力健全、能够调弄小儿女的老人之外，受儿辈厌弃的老人，真不在少数。至于生活上

（一）必定人人能有子女吗？

（二）必定人人的子女都有养亲的能力吗？

这两层如果不可必，那老来生活，可不是一个很危险的问题？因此我主张壮年的亲子，各就各所能尽其所长，与各人相习的同业操均等劳动的生活。譬如父能医又能种田，子能冶铁又能图画，应该各就各所能，与各个人的同业协作。各人过度各人劳动得来的相当生活，把消费的剩余，建设公共养老的场所。这种“养老院”的设备，不是专靠我的子女及我自己的消费剩余。那么，有子女的人得快快活活的度过他的衰老时期，无子女的人也一样得快快活活过度他的衰老时期。我们正在壮年做人父亲的时期，如果不从这一条幸福路上去出全力组织我们自己的安乐乡，莫非到衰老的时代，还要将这副冢中枯骨累我们可爱的子女驮着？况且前举两个问题还不是人人可必的。

但是在公共养老院未完成建设以前，像现在的中年人，一方面做人的父母，一方面做人的子女，家里还有老祖老父老母在的，就不能不担负“两重人格”。我的母亲健在，所以我也是负担两重人格者之一。这两重人格的痛苦，不能避免，不该避免，也不当咒骂过去的历史。我们自身既吃了一番苦，就得为将来减去这番苦。从前的错误不必说，只要不再错误到将来，不留这种痛苦的蒂儿给子女，就好！

爱平等

我既做了人的父亲，所以对于一切年幼的人都该有当作我的子女看待的理想。从崩坏的古伦理前头，找回一个极大无意识的爱苗来，培植他开花结果，使大家在这一株果树底下享乐，就不该再修复已经崩坏的古伦理。因为这小气的古伦理，再也修复不好了。而且提创［倡］古伦理的所谓孝慈，是在古伦理已经崩坏之后。提倡的是一种手段，不是真正古伦理的本身。虽说孝慈两字未尝不是从爱里出来，但是有阶级的爱，不是平等的爱，是假造的爱，不是自然的爱。人类不应该有阶级“爱”更挽不得一点儿假。何以说是假呢？教出来的就是假的。饥寒不等教的，教出来的饥寒便是假饥假寒。“爱”这样东西，是真实不虚，是澈前澈后，是不可多不可少不可离的。父不说慈，天下的父没有不慈；子不说孝，天下的子没有不孝。因为爱是本性，孝慈是假造是桎梏。能说天下的人没有无“爱”的，不能说天下的父没有不慈，天下的子没有不孝的。如果孝慈是本性，天下无本性的人，世间就没有不慈不孝的人。生子不是施恩，养老不是还债，戕贼全人类的本性，正是那班教慈教孝的“圣人之徒”！

我做人的父亲，即是这样做法。现在和将来做人的父亲的人多得狠［很］，该不该这样做法？

（原载《星期评论》第27号，1919年12月7日）

盲督军哑省长

（1919年12月21日）

瞎子学音乐，哑子学图画学作影戏，都是狠［很］适当的事。大不料中华民国的盲哑学校，竟十分发达。一大群盲哑，都摇头摆尾做起什么督军什么省长来。诸位不信？请看民国六年第一个签名在解散国会的通电上一个督军团的领袖替李什么签名的孟什么，只勉强写了一个“李”字，往下一个字就写不上来，说是“这个字倒摸不到写法”。原来做督军的只要会杀百姓逞威风，刮地皮充肉欲，本不必要他睁开眼睛摸字；只是禁止白话的浙江省长，倘使碰到省议会要他出席的时候，如果是真哑吧，不教议员们笑死？设或是假哑吧，他自己不要闷死么？这些且不管，只可怜吃黄连的《浙江新潮》具只眼的“独见”！

（原载《星期评论》第29号，1919年12月21日）

省议会与省议会的比较

（1919 年 12 月 21 日）

直隶省议会议决“文告用注音字母”的决议案，限九年三月直隶全省告示统加注音字母。四川省议会议决“裁撤全省警备队”的建议案，主张全省警备队悉数裁撤，所有因办警备队所征收的捐项，一律废止。

浙江警备队岁出经常费，已经居全省岁出三分之一，浙江省议会又议决“武装警察”的决议案。这种武装警察，自专为防止人民到议会去的，就是“浙江省议会的警备队”。又提出查办《浙江新潮》的查办案，是查办文化运动，查办言论自由的。莫怪前三年章太炎先生发一个要脱浙江籍的电报，他老先生总算有先见之明了！但是千万不可入安徽籍，安徽省议会议员是倪嗣冲豢养着，叫安徽人吃贵盐的。

（原载《星期评论》第 29 号，1919 年 12 月 21 日）

看不惯这一种字样

（1919 年 12 月 21 日）

一向看不惯“贵”、“鄙”这些字样，不但讨厌他有一种阶级的色采，实在嫌他有隔离和谄谀的臭味。中华民国总算挂上“共和”的招牌了，不但社交场上，还有大片“贵省”、“鄙省”、“贵姓”、“鄙姓”的客套，连国会咨军政府的公文也称什么“贵政府”。这些“与官为邻”的机关，我们原不屑指摘，连新思潮的策源地，还要沿用“贵校”、“鄙校”的口吻！“贵报”、“鄙报”的称谓！我不是故意要得罪定阅《星期评论》的读者，我每逢接到一次“鄙校定阅贵报……”这种语气的信，不知不觉的就会肉麻！

（原载《星期评论》第29号，1919年12月21日）

抵制日货

（1919年12月21日）

日本在二十世纪里面有一宗专利的货色，就是“军国民主义”。这宗货色，在欧美已经没有销场，在中国也只有几个拖刀带毛的给他做掮客。这宗货色行销的场所，就是“人道”、“公理”灭绝的场所。我们中国人天天说抵制日货，不但卫顾中国自身。我们中国人所抵制的日货，虽说是市场上的商品，其实就是造成“军国民主义”的原料。欧美人明白这个道理的必定不在少数，中国人有最新的思想的，也应该明白这个道理。有人说“日本货也是日本劳工的额汗，不应该抵制”。因此批评抵制日货的说“马身上踢［跌］交［跤］，牛身上翻梢”。这些话因为不明白市场上的商品，就是造“强权”、“帝国”的原料的缘故。

（原载《星期评论》第29号，1919年12月21日）

介绍“工读互助团”

（1919年12月21日）

马克斯说：“经济倒可以决定人类的意识。”这句话的意思，是说人类的生活全靠有所消费。因为要消费，才有工作；因为要工作，才有知识要求。只有社会的生活状态，可以决定人类的意识，不能把人的思想决定人类的生活状态。念念这句话，时时把这句话观察古往今来，无论国家主义、社会主义、安那其主义，没其［有］一样不受经济的决定，造成沿革的环境。

从欧洲大战之后，正是以前受经济所决定的旧环境破坏的时代，以后经济的新环境将要决定的时期。凡是人类都要求适应这个新环境创造新生活状态，所以大家要收起狠狠的争夺脸子，提起笑嬉嬉的互助精神来做一个人。这一个“工读互助团”，就应时发生在东大陆的北京。

我介绍这个团体的意思，不是空口赞美这个团体，因为现在有许多不能解决的问题，和不能决定的事实逼到来。且举两个例：

（一）有一个朋友吴钢君，他从前是习陆军的。民国四年他因为想到生活问题，不应该从争夺杀戮上去解决。那时他在法国，就在马尔赛一个糖厂里面去做工。他做工的意思有两种：1. 自己要求相当的生活该做工；2. 这个糖厂里面有许多华工，他想借同劳的机会给他们些教育。但是他进了工场之后，第一种意思是做到了。第二种意思，却丝毫不能做，因为工人收工的时候，身体都疲困到十二分，不但一般工人不能再振作精神来受教育，连他很强壮的身体也不能再担负教育的责任。他就把这种情形告诉我，要求我下一个切实的答复。读者诸君请想一想“做工的穷人没有力量重新受教育”这一个问题，应该怎样解决？

（二）浙江有十一个师范学校，约计每校二百学生，每年卒业四分之一，平均一年有五百五十师范毕业生。这些师范毕业生当然应该充当国民学校和小学教员，每个国民学校，平均算是能容三个师范生，每年该增设一百八十三个国民学校或小学。但是浙江省岁出经常费项下，并没有这一项预算。读者诸君请想一想“读书的人不能做工，教育越发达，没有职业的人越多。”这一个问题应该怎样解决？

（三）女子解放问题，许多出版品上都发表了许多意思，归根揭［结］底就是难在“经济”、“教育”这两件事。读者诸君，关于这个问题，应该怎样解决?

（四）教育与职业，既丝毫没有支配的方法如上例。一般有经济能力的父兄能够负担子弟的教育经费的百中难得其一，负担到小学卒业中学卒业，子弟依然是不能拿他所受的教育换饭吃。要说是进专门送出洋这种有经济能力的父兄，千中难得有一个。社会上一般“有志无力”的青年和家庭，正不知有多多少少，也不必我来举例。况且承袭财产的寄生生活，一般稍有思想的青年，引为奇耻大辱。请问读者诸君，对于“父兄养子弟，子弟靠父兄，这种寄生的生活，不但做子弟的有精神上的痛苦，在这财政紧急的时代，做父兄的也受不了这种经济上的重累”这一个问题，应该怎样解决?

以上四个问题，是一定该解决的问题，非解决不可的问题。要解决，就请看工读互助团启事：

做工的穷人没有力量读书受教育，这不是民智发达上一种缺憾吗?读书的人不能做工，教育越发达，没有职业的流氓越多，这不是教育界一种危机吗?占全国民半数的女子，不读书不做工，这不是国民的智力及生产力一种大大的损失吗?父兄养子弟，子弟靠父兄，这种寄生的生活，不但做子弟的有精神上的痛苦，在这财政紧急时代，做父兄的也受不了这种经济的重累。同人等因此种种理由特组织“工读互助团”来帮助北京的青年，实行半工半读主义，庶几可以达教育和职业合一的理想。倘然试办有效，可以推行全国，不但可以救济教育界和经济的危机，并且可以免得新思想的青年和旧思想的家庭，发生许多无谓的冲突。照眼前试办的预算，需费不过千元，凡赞成此举者，请量力捐助为荷。

发起人蔡元培、陈独秀、胡适、周作人、李大钊、顾兆熊、陶履泰、陈演生、王星拱、高一涵、张松年、李辛白、孟寿春、徐彦之、陈溥贤、罗家伦、王光祈。

关于交纳捐款等事，请与北京大学新潮社徐彦之君接洽

工读互助团章程

（一）宗旨　本互助的精神实行半工半读。

（二）团员　凡志愿入本团者，须团员之介绍，经全体团员认可，得为本团团员。

（三）服务　团员每日每人必须作工四小时——若生活费用不能支持，得临时由团员公议加增作工钟点。厨中事务及打扫院宇，由团员轮流担任。

（四）权利　团员生活必需之衣食住，由团体供给。团员所需之教育费医药书籍费，由团体供给，惟书籍系归团体公有。

（五）工作种类（暂分九种）1. 石印；2. 素菜食堂；3. 洗衣服；4. 制浆糊；5. 印信笺；6. 贩卖商品及书报；7. 装订书报；8. 制墨汁及蓝墨水；9. 其他。

（六）工作所得　归团体公有。

（七）设备　设书报及音乐室。

（八）组织　由全体团员组织团员会选举事务员，并讨论团中重要事务及审查新入团员。事务员设总会计一人，管理全团银钱出入事务。会计若干人，分管各组会计事务。

设庶务二人，管理全团买卖及一切杂务，事务员每月末日选举一次，得连任一次，组织细则另行规定。

（九）规约　凡团员有怠于工作情事，由团员会出警告；经继续三次警告，仍不努力尽职，即令其出团。

（十）出团　团员得自由退出团体，惟须提出理由书。

（十一）附则　凡团员不能入校听讲者，得由本团聘请教员，每日教授二钟，若程度不齐，得适用单级教授制。

本团简章得由团员会随时增改。报名期限以额满为止；俟经费充足时再为推广。

凡报名愿入本团者，请注明愿在本团何组工作。

通讯处北京东华门内宗人府东巷蓬芦王光祈。本团因便利团员求学起见，暂分为三组，共需经费一千元。

第一组　二十七人，地点在北京大学附近。营业要目：1. 素菜食堂；2. 洗衣；3. 石印装订。

第二组　十九人，地点在工业专门学校法文修馆北京师范学校附近。营业要目：1. 素菜食堂；2. 洗衣；3. 制小工艺——如浆糊墨水等。

第三组　若干人，地点在女子高等师范附近，本组全由女子组织。营业要目：1. 编织；2. 小工艺。

以下是经费和时间的分配方法，本报限于篇幅不能备载；要知道详细情形的，请看本月十六七两天的《民国日报》。

我是醉心农村生活的一个人。因为交通上关系，不能骤然废止都市生活。而且各处的都市已经成为失学失业的流氓聚落。对于这个问题正在理会研究的方法，现在得了这一个具体的方法，实在高兴得了不得！据我的理想，只要有实现的组织，必定有切实的成绩。全国的人正在著经济和知识的大饥荒，这种组织的推行，如春园里的笋开发。我想凡是研究做人的人，必定要为北京的“工读互助团”喊一万声发达！我想这喊声还在空中盘旋的时候，旁处的“工读互助团发达”的喊声，必定接着的起来！

我有一个相信他必定发达的证据，就是我们几个朋友中看到这个团体的启事和章程，都很愿意互助这个团体的互助。

（原载《星期评论》第29号，1919年12月21日）

我对于组织“工读互助团”的意见

（1919年12月28日）

前一号《星期评论》，介绍了“工读互助团”。有许多天真烂漫的青年，恨不得立刻加入团体。我们社里也接了不少信，谈了不少话。拣一两椿有关系这“新组织”的本身的，写了出来，也是我们应有的责任。

（一）“女子与男子，该作平等观。何以主张大学开女禁的各位先生在这个新组织里面却要分男组女组呢?”

这一个疑问，是应有的。我的见解，女子解放问题，这是要从经济教育两件事入手，现在的办法，从经济上看，第一步已经发脚。站稳第一步之后，庶几一般家庭不致看女子当累赘物，然后再讲第二步。我这几句简单话，不是替发起人辩护；社会上的实在情形如此。而且这个新组织，是创始的，是人类共同负责的，是有普遍推行的希望的，不是发起人私有的。

（二）“我们抛却最可宝贵的光阴，读几句死书挨命，为要求知识与生活，应该即刻加入北京这个团体。”

一般热烈的青年，知识欲已达到了烧点，自然不愿把积成寿命的时间与脑力，轻易抛弃在“诗云”、“子曰”的读经班里。而且“只有两只手做工是自己的”思潮，已经澎湃于青年的脑海，见了一条生活，没有不拚命向前的。只是斗大的北京城，装骨董嫌大，装新人倒翻［反］嫌小，与其挤在一团，不如各处推行这种组织。断没有在北京城里做得的事，在广东、广西、湖南、湖北、浙江、江苏等会做不得的。

以上两层话，我总算答复过了，言归本题。

现在工读互助的组织，仅仅一部分很小的职工。我以为农作劳动，一样是“工”，虽是农村生活的组织，交通上太感不便，但近郊不是没有可能组织的机会。而且地租的代价，比较都市的房租相差不止一与五十，简单的农具，也比工艺的成本轻。只要有农业上的普通常识一个人加入，或专请教师，开办费也不是很大，就可成立一个组合。我以为农作劳动的组织，比职工劳动重要得多。最大的理由，就是与农民接近：（一）农作的改良；（二）农民的知识增进。虽是间接的影响，但露天事业，也有一部分等于直接的。况且中国最大多数的生产者就是农民，而最大多量的生产机能就是农田。这一层意见，不必另起炉灶，就在工读互助团的章程组织项下增添营业项目，就可以组合起来。

其次，各组团员的营业不同，工艺不同，对于各种不同的工艺，各个团员未必曾经学习。应该定一个熟练标准，某种工艺熟练之后，由团员公共讨论轮习他种工艺的轮替方法。并且应该随时采取必需品的制造法增加工艺品类。各种工艺得有几种以上熟练的团员，作为基本团员。无论在那里推行同式的组织。就可以由基本团员担任技师的任务。此外还有应本组自身需要的工艺，不能不在事前计画停当，例如农作营业的冶工木工，关系制造修理农具的，推行到村落的时期，就是必不可少的工艺。即使营业相同的各组，每组的团员，也应该巡回交替，使融洽各个人不尽相同的旨趣。这一层的意思，我也希望大家讨论的。

第三层，中国一般人，不患不做工，就苦在没有做工的知识。凡是一种工艺，到经过能用脑的人的手里，自然会有一种进步的发明。如果把熟练的制造法和原料，加以发明，记了出来，成为教本，必定能够增进社会上不少的生产能力，想必同志诸君所乐许的。

南方浮薄的风气，该和全国“玄虚”、“腐败”、“浅陋”……的思想同时告终了么？中国的文明，不能不由最高的学府肩挑这等重担。生活与知识的大饥荒，逼到眼前来了。工读！工读！互助！互助！我才看到你一线曙光，我希望你照遍十万世界！

（原载《星期评论》第30号，1919年12月28日）

去！去！去！怎样才去得了他？

（1919年12月28日）

自从“五四”、“六五”运动以后，全国担负了多大的损失！只在形式上去曹、章、陆三个小贼。当时如果只有北京的“五四运动”恐怕连三个小贼的形式也去不了。上海“六五运动”！设或只是学生一部分，这三个小贼也恐怕还去不了。他们一班祸国殃民的先生们，是不怕学生罢课的。真正中国从此没有一个学生，他们才笑嬉嬉的自己给自己道贺“正合孤意”咧！

我们为生存要讲公道讲互助，公道互助的障碍，就是祸国殃民的武人官僚。我们要去障碍，所以要去掉他们。他们为生存要讲强权武力，强权武力的障碍，就是一般国民的知识，所以他们对于学校要摧残，对于出版品要封禁。纵横两线，碰到死十字上，不是你冲断了他，就是他冲断了你。福建的李厚基，湖南的张敬尧，安徽的倪嗣冲，封禁报纸、解散公团，就是明证，就是他们打了“先发制人”的主意。

他们真是愿意钳制言论吗？不是的。季陶先生告诉我说执信先生有一篇对于压抑言论的著作，大致说：他们不是愿意压抑言论，他们是压抑自己的良心。因为他们的良心，早就被欲望压的［得］匾匾的一直伏在底下不能动。忽然受著言论的激刺，他们良心又要钻出来和他们的欲望宣战。设或他们的良心战胜了他们几十年常胜的欲望。他们几乎要到心骨俱灰的一境。他们的良心，虽没有了勇气，但是时时刻刻伏在的，深恐外来的言论觉醒他，所以要用力压服自己的良心，不能不压制一般的言论。执信先生的话，是不是尽同此说，我不知道，我以为这番议论是很深刻很沈［沉］痛的。

他们既因为压抑自己的良心才压抑言论，就可以推想他们指学生是什么党，抱什么主义，受什么人指使，也不是良心上发动的主张。更联想他们带著恶狼般的兵，坐在日货上骂学生“土匪”，也不是良心上所发动。他们的良心早就被欲望征服掩盖住了，我们只研究他们的欲望，就可以晓得他们所怕的是什么了。

他们的欲望，并不复杂，不过很简单的“势利”罢了。就是因袭上所称的“体面”。在透过国家主义的时代，连国家主义都不知道，还要撑起几千年以前“酋长”的体面，所以一听到有人要赶他去位，那有不暴跳起来，痛恨部民造反呢？北京、长沙、福州……斗大的城圈里面几个头领，大家都死守着“酋长主义”。你们向他们大头领要求去小头领，无异与螃蟹商量去螯。笔与舌既失作用，意思又和他们冲突，所以连什么杨以德、魏邦平几个大点的喽罗，尚且没奈何他，何况独当一面的张敬尧、李厚基、倪嗣冲……呢？

果如湖南各团体所说“湖南有一个人不死，就是有一个反对张敬尧要去张敬尧的人。”有了这一个大决心，又何必请什么愿？（从前的请愿，或者藉以暴露北京政府的‘无诚’、‘无能’。如今他们的心肠，那里还有不大暴露特暴露）？爽爽快快，就和抵制日货一样办法，断绝他们的经济。换一句说，就是不完纳租税。

第一，不向非法政府纳税。

第二，不纳税养祸国殃民的兵。

依法律讲，依事实的利害讲，依理性的是非讲，以上不纳税两个理由，是千真万当的；也是他们真要害怕的。

国民呵！他们一班武人官僚，早就失去良心上的主宰了！试看李厚基当交涉初起的时候，何尝不仓皇发电？等到和徐树铮通了几次电报以后，他所偶然激发的一线天良，又被平时的欲望镇压下去了。

国民如果没有决心急逼去脱这种大压力，也就放着慢慢再讲，其有逼不及待的决心，就止［只］有从断绝他们的经济做起。

国民呵！“五四”、“六五”才眼前事！试问当时没有工商界联合运动，曹、章、陆依然是总长的总长，公使的公使呵！什么叫纳税？买绳子来上吊？买砒霜来吃？买火来烧？买兵来抢来强奸妻女？买军人来替日本货保镖？买督军买省长买督军的兄弟买省长的儿子来蹂躏文化剥夺人权？

（原载《星期评论》第30号，1919年12月28日）

复胡适

（1919 年 12 月）

适之先生：

接你信。你所要知道的事，早想写信给你。吴稚辉先生曾对孙先生说："你要做政治家，就得做藏垢纳污的政治家。"我很不愿意报告这种消息，所以没有给你信。现在你来问这里的情形，我可以举我所知道的告诉你。

王揖唐的代表未发表以先，许世英代表徐、段到上海见孙先生。由焦昀堂、谢良牧、田桐、光云锦这一班先生们牵线。孙先生一见着许世英，就说起你和独秀被拘的话。当时正《每周》被封，上海方面大传你也被捕的话；所以孙先生对许说："独秀我没见过，适之身体薄弱点，你们做得好事，很足以使国民相信我反对你们是不错的证据。但是你们也不敢把来杀死；身体不好的，或许弄出点病来，只是他们这些人，死了一个，就会增加五十、一百。你们尽做着吧！"许听了这番话，口口声声的"不该，不该，我就打电报去"。没有几天，我们就听到独秀出狱的消息。当时很赞同孙先生的话说的［得］好。事前也有人再四要求孙先生打电营救你两位，孙先生不答应，说："你们要我发电给谁?"来信所传孙先生发电的事，是没有的。

焦、谢……做这票投机生意，戴、胡、廖、朱很反对的，其中以朱执信反对最烈。《星期评论》二十六号两首诗，中间都有所指。但是孙先生认为一种政策。王揖唐到上海以后，孙先生就把一班做投机生意的撇开，另外找了居×和许××，代表他往来做电话机。执信那首诗便是讽居的，其实也不为居×而发。

季陶对于这件事，根本的反对，但是他和孙先生有口头契约："背后不反对他；不用文字反对他。”所以季陶不下什么批评。据他对我说：“将来或许以很尊敬孙先生的态度，批评孙先生”；这“将来”两字，或许被这些事造成。总之，孙＋段＝“孖”，“系”和“𠂢”是万万合不拢的。就形势上看，如果“孖”成功了，“系”一派必定与手无寸铁的新思想界融洽；此外南北各派的变动，也可推想而知。但是不在我们眼睛里面留什么影子的。

你的信，季陶还没有看到，今天我送给他去，他或许也另有回信给你。

昨天接到你的所发起的工读互助团章程，我高兴得很，因为这几天，浙江方面，要求我实地答复非孝以后怎么样独立生活的信有好多起，我正一时筹不出妥善的方法；有了这个办法，不但我可以写几封切切实实的回信，并且我常时要打算的都市生活，也有了榜样。昨天我已经替你们筹到几块捐钱，我想凑足一百就先汇来，由你们发收条就是。我很盼望你们快快成立，要用你们的成绩来推广，比较一纸章程好得多！

沈定一　一九一九年十二月

（《胡适往来书信选》上，中华书局1979年）

除　夕

（1920年1月1日）

那天算除夕？
一年末了这一日。
若说鸡鹅鱼肉吃一餐？
富家日日吃年饭。
若说柴米油盐一切陈债都要还？
穷人日日过年关。

富人只愁有得吃，穷人只想免得逼
逼的只管逼！
吃的只管吃！
一年三百六十日，
究竟那天算除夕。

（原载《民国日报》副刊《觉悟》1920 年 1 月 1 日）

年初一

（1920 年 1 月 1 日）

除夕留不住，
转眼年初一；
大家相见说声“恭喜”作个揖！
但是很冷淡的，只为旧历年关在眼前，
安得快快活活过个年！
从此废旧历，
大家做工大家吃，
天天都像年初一。

（原载《民国日报》副刊《觉悟》1920 年 1 月 1 日）

各人自扫门前雪

（1920 年 1 月 1 日）

“各人自扫门前雪，莫管他人瓦上霜”。

这两句俗话，如果去掉下一句，只用上一句，是一句好话，也是一句好诗。特地借他来写乡村生活。

（一）

草堆黄。
炒豆香。
各人自扫门前雪，
暖烘烘的太阳底下，
一片歌儿打稻场。

（二）

干一步，湿一步，
高高低低又一步。
各人自扫门前雪，
乐得大家走平路。

（三）

正写到这里楚伧先生说“那不扫的人家，可不得了”！
各人自扫门前雪，
不惟当门惟隔壁。
隔壁人家起得迟，
开门只见烂泥涂。

（原载《民国日报》1920 年 1 月 1 日）

蜂的和平会议

（1920 年 1 月 1 日）

有一个天然的果木园里，有一窝黄蜂，一窝乌蜂，一大巢蜜蜂。黄蜂、乌蜂，一向仗着他有毒螫，坐吃蜜蜂酿的蜜。忽然有一窝蜂想独占蜜房，打起架来，打得乌烟瘴气，连蜜蜂都酿不成蜜，蜜蜂中的雄蜂，却只恋着性交的事，什么也不管，只是劳动蜂，却恐慌的［得］了不得，时时刻刻望他们两方讲和。侥幸两方停起仗火开了和议了！——但是狠［很］秘密的，于是一般働蜂，又起了恐慌，也开了一个会议：有的说黄蜂不错，主张归黄蜂的；有的说乌蜂不错，主张归乌蜂的；有说两边都有道理，主张他们对分的。闹哄哄的嚷了半天，没有结果。最后有一个□蜂说："他们两方的毒螫那里来？不是吃了我们现成的蜜生出来的吗，他们争的是蜜，我们如果再给他蜜吃，他们的毒螫不更长得利［厉］害些吗？依我的意见，他们一样是蜂，只要去掉他们的刺，应该也会做蜜的。如果他们也做起蜜来，岂不是一桩狠［很］好的事？"大家听完了这番话，全场一致赞成。第一天，不供给黄蜂乌蜂的蜜；第二天，去掉他们的刺；第三天，黄蜂乌蜂也酿起蜜来了。

（原载《民国日报》1920 年 1 月 1 日）

知难行易的释疑

（1920 年 1 月 1 日）

杜威博士去请孙中山先生，孙先生对他说："中国从前有'知之匪艰，行之惟艰’的一说。”杜威先生想了一想，说道：“人，不该说这话。”这句话的意思是说：除非宗教上所称万知的神，他什么事都做不来，人家都是说他什么事都晓得；他如果会说话，或许说出这句话来？至于人，不该说“知之匪艰，行之维艰”的。

但是社会上受了几千年信古好古的束缚，以为这句“知之匪艰，行之维艰”是古人传下来的话，不应该反对的。这种和古墓里死人打交道的人，不敢用丝毫的气力探讨理性的真相，只有给他两字“可怜”，也就不忍给他“古人的奴隶”的徽号。或者有了觉悟之后，也许认识“知易行艰”是谬语，我们的希望，终究热腾腾的盼望一般可怜人，年过一年的明白起来，自己解放。独有自命为“不守陈腐”，“不袭陈说”、“求有真正舆论之价值”的某周报，有一篇《言论与实行》的著作说：

“英国某杂志，记一少年，体素羸弱，医教其日行冷水浴，且反复劝告，谓必如此，乃可回复健康，否则命且不保。少年亦深喻笃信，屡欲实行，而卒惮其劳，且畏其冷，徘徊不果。荏苒两年，遂成废疾。呜呼，彼少年者，非不信医士之言也，非不知冷水浴之益也，然卒以缺乏勇果心，因循坐误，悔之莫及。此虽一寻常琐事，亦足以证明凡事非知之之难，实行之之难……”

这种例证，正见“知难”。而某周报反举以证明“非知之之难”，不能不解释解释：（一）少年果真“深喻笃信”医生的劝告，必定不致于贪懒怕冷，不行冷水浴。（二）少年果真“深喻笃信”医生的劝告，不行冷水浴，虽成疾废，少年必不悔。

第一层，少年既不行冷水浴，即是对于医生的劝告不“深喻笃信”；第二层，少年成了废疾，悔之莫及，足见当时对于医生的劝告，未曾“深喻笃信”。“深喻笃信”，是“知”；“冷水浴”，是“行”。少年因为不知，绝不行，才有后悔。我借《新青年》杂志胡适之先生那篇“易卜生主义”来做一个例：《新青年》第四卷第六号载：“斯铎曼医生从前发现本地的水可以造成卫生浴池。本地的人听了他的话，觉得有利可图，便集了资本，造了几处卫生浴池。后来四方来的人多了，本地的商业市面便渐渐发达兴旺。斯铎曼医生便做了浴池官医。继后洗浴的人之中忽然发生了一种流行病症；经这位医生仔细考察，知道这病症是从浴池的水里来的。他便装了一瓶水寄与大学的化学师请化验。化验出来，才知道浴池的水管安的太低了，上流的污秽停积在浴池里，发生一种传染病的微生物极有害于公众卫生。斯铎曼医生得了这种科学的证据，便做了一篇切切实实的报告书，请浴池的董事会把浴池的水管重新改造，以免妨碍卫生。不料改造浴池须要花费多钱，又要把浴池闭歇一两年，浴池一闭歇，本地的商务便要受许多损失。所以本地的人全体用死力反对斯铎曼医生的提议。他们宁可听那些来避暑养病的人受毒病死，不情愿受这种金钱的损失。……

这是狠［很］重复的几幕“知难行易”的戏剧。第一重，发现浴池的只有特行孤立的一个斯铎曼医士；众人不过随着他的“知”去行。第二重，主张改造浴池的，又只有特行孤立一个斯铎曼医士；众人不过一时不随著他所“知”的去改造。现在我中华民国，也正和这个浴池有停积传染病的微生物相似。正难在大学的化学师化验之后的“知”，不难在知了以后的“行”。

我们且举一件最浅近的事作例证。譬如抵制日货，曾经多少斯铎曼医生做报告，开会，讲演，印传单；一班社会里的商人和官家富家儿，面子上不好不装点一致抵制的假面具；骨子里和这幕“国民的公敌”剧本里的浴池股东，与怕行冷水浴的少年，十分相似。因为这班商人官家富家儿，他并不知道抵制日货的效用在那里？更不知道四面八方已经知道一点的商人抵制的程度怎么样？所以我一个旧同事李恢伯先生，他就公然发表他反对抵制日货的意思。论起我们所主张抵制日货是为抵制军国民主义帝国主义的意思，他们诚然还没有动这一股脑筋；就是为已经要装在棺材里的国家主义，抵制日货，他们也还未曾想见，就可以见到这一个“知”字的难处了！

旧式家庭里面，到了分岁这一天，有小孩子的人家，常常有这一句话对儿童说："明天你大一岁了，应该要晓得一点。"到了新年，遇着淘气的小孩子，也有一句话，"今年你大了一岁，你该晓得点！"中国人一睡睡几千年，忽然当著这一个非常时期，过一年光是晓得一点，是不够的；应该一天晓得一点。因为现在东方人的过年，一年要当作十年百年千年的过，或者欧洲美洲已经"知"，我们也跟得著一样的晓得。晓得点什么？

第一，要知道我是"人"。

第二，要知道人的中国是要人来建设的。

第三，要知道现在的中国有许多传染病微物停积在各种社会里面和自身的思想里面，我们要祛这种微生物停积，我们要改造一切环境，改造自己的思想。

第四，要知道忠实的报告和大学的化学师化验所得的科学证据，就是我们的"知"。

人是为求幸福的。幸福是要从"知"里求得的。幸福〈是〉公共的，知也是公共的。幸福是难求的，知也是难求的。从难处求得的知才是真知，真知即真幸福。知是耕耘，行是收获。有了耕耘，便有收获。大家耕耘，大家收获。

读者诸君或许对于"知"、"行"还有疑点么？我很欢迎读者诸君的善疑，众君果善疑，必定能下真工夫去怀疑。

（原载《民国日报》1920 年 1 月 1 日）

钱

（1920 年 1 月 3 日）

（一）

从前用的有眼钱，

钱眼中间世界小。
如今改用没眼钱，
一切世界都不见了。

（二）

“为何钱没眼？”
“只怕人心被钱见。”
从前为钱欺了心，
如今连钱都欺骗。

（三）

银枷金锁链，
为的是体面。
从前“有眼没了珠”，
如今有珠没了眼。——原来眼是生在脸上面

（四）

人说：“赚钱用”，
钱在一边笑！
从来只见钱用人、
那见人把钱用掉。

（五）

一个锤儿一个锄。
一动一作钱计数。
问他“所得的数给与谁？”
“给与两手空空一事无！”

（六）

锤儿东东丁！

锄儿麦田翻过秧苗青！

只有钱儿一事不做等于零！

（原载《星期评论》第31号，1920年1月3日）

荐头店

（1920年1月3日）

我国没有确定的“职业绍介所”！有，就只是“荐头店”一种，专为妇女受雇佣的。上海的惯例，每荐一次，抽收佣值十分之二。竟有“女子出租，两块钱一日，贱卖不来”的广告贴在画锦里。（玄记）

（一）

有貌荐貌！有手荐手！多谢荐头，不贩人口。

（二）

主人爱年少！主妇爱年老！多谢荐头，随口颠倒。

（三）

有儿不哺！去作佣妇！荐头扰价！奶娘难雇！乳期终于误！

（四）

童养媳妇，有姑无母。有了荐头门，没了还家路！两块钱一日，出租！

（原载《星期评论》第31号，1920年1月3日）

玻璃窗

（1920年1月3日）

（一）

声息肃静，空气全冰！
冷清清，似阴非阴，似晴非晴。
壁炉生活泼泼的火，斜映着玻璃窗儿红到明。

（二）

雪光！闪着浅红淡紫的朝阳。

似微微的跳动，似展开桃花纱渐渐铺到山上、屋上、地上，一霎时光明万丈！点眼透过了玻璃窗，正映着壁炉子里活融融的火光。

（三）

好个玻璃窗——只可惜看见梅花闻不到香！
正在凝想，
有一个脱笼鹦鹉，绕著满屋飞翔！
呀！的一声，正撞在窗子上！
血淋淋的望着遮不断的光！
但是谁给他当上？

（原载《星期评论》第31号，1920年1月3日）

“姓”甚?

（1920 年 1 月 3 日）

（一）

问他“姓什么”?
他说“我姓三画王。
我母姓黄祖母汤!
曾祖母唐高曾祖母梁!
还有高高曾祖母他姓张!
太高祖母是姓章”。
问他“为何不姓王、章、张、梁、唐、汤、黄”?
他说“我父我祖曾祖都姓王”。
原来他是宗父姓，
不知有母亦天性?
若是依人身体的“血本”，
究竟一人该姓甚?

（二）

“杀父犹可乃杀母?”
比之禽兽尤不如。
不废父姓废母姓，
难道女子的血与人殊?
项伯赐姓刘，
郑成功姓朱，
同姓有寇仇，

异姓或兄弟、
“图腾”符号谁能记?
人间转眼千百年,
何以解释现在的国旗?

(原载《星期评论》第31号,1920年1月3日)

介绍“钱江评论”

(1920年1月3日)

一九〇七年,我到安南河内——记得窦镗将要起事的时候——有些仇视警察的人,往往半夜里拿石子打路灯。这种浅薄的泄忿行为,虽然是表示一般怀怒的意思,我总觉得他很可怜的!

一年来中国几多新出版物,虽不见得就能移换恶劣的旧习惯,也要算是黑夜里的明灯。这两三星火,却惹起讲黑话吃黑饭的很大恶感(北方有一种强盗用的隐语,叫做“黑话”!南方称吃鸦片烟叫做“吃黑饭”。因为两椿都是利用昏暮的行为,所以借作比拟)。于是把《每周评论》、《湘江评论》、《平民》、《七日》……各种杂志,和在北京城里放光的《国民公报》封的封、禁的禁!连畚斗形的一个杭州城里,也容不得一个《浙江新潮》!他们眼里本没有什么言论自由的约法,只要凿穿他们行径的东西,自然是仇视的。我引安南人打路灯的事来反证他,实在再像没有。不过河内市上的灯光,在一个很小的电灯厂里发动的!中国新出版物的光(有几种黑行星似的,只会喷泄些炭气、纸色和墨色一样的出版品,却不在内),是将全世界作发动机,由全人类的动作生出来的电、发出来的光。打碎一个,不但不少一个,而且要增添几个的。所以《每周评论》之后,就有《新生活》、《少年中国》、《新社会》;《湘江评论》之后,就有《新湖南》;

《浙江新潮》之后，就有《钱江评论》。他的《发刊旨趣》上大致说：秦政的万里长城，拦不住世界的新空气！钱镠的三千强弩，射不住世界的新潮流。他们第一要迎接这个新潮流！第二，要发展自己的本能，应时势的新趋向！第三，要在黯淡无色的杭州城里、奋斗出光明来。……

第一号的目录：

“欢迎一九二〇年”

“什么样从今天做起？

“新青年的新建设”

“人类”

“文章为什么不署名”

“打破旧制度之一”

“穷人语”

“乐观”

还有些短评和关于新文化运动的通讯，我都看了一遍。我想凡是爱看《浙江新潮》的，必定爱看这《钱江评论》。

我只怕这个新换的灯泡，不久又会被可怜的安南人打破！但是也没有什么可怕的！电力一天强似一天，打灯的人也许受光明的指导，也许同做一个电灯厂里的工人。

通讯处：杭州上焦营巷三十二号杨余三君。

价目：和《星期评论》一样。

（原载《星期评论》第31号，1920年1月3日）

对于教职员罢工的感想

（1920年1月11日）

去年五四运动的风潮起后，上海接着发起六五运动，全上海各校学生没有不主张罢课的。其时青年会中学校长朱树翘先生，写了一封信来征求我对于应否允许学生罢课的意见！——那时已经罢了课，——我以学生的家长资格回他信：我很赞成学生罢课的举动，并且认学生罢课是自动的自由的，不必问家庭同意不同意。所以我又对树翘先生征求家长意见一层，不表示同意。

因为大多数学生的家长，当学校作一个有限长期的科场，只要住满了多少日子，必定会有一个出身的！——毕业文凭虽不像举人进士的报条，但是各处毕业生的报单，高高张贴在人家祖先堂两旁，一样和科举时代什么赏报子、开贺、道喜，简直活演科举时代乡会试中式那场喜剧——像这些家庭意思，不去征求，到［倒］也罢了，一去征求可断言有十八九反对的。所以我对于征求家庭意见的办法，不能同意。过后各个学生的家长狠［很］少有回他信的，有回信的却都反对罢课，我这一封信，几乎孤掌难鸣！幸而树翘先生很和我表同情而课也已经罢定了。现在北京更有教职罢工的事，杭州各校教职员也有联合会的组织，——第一师范已经辍课为北京后援——与北京取一致行动，各省的响应，想来决不是没有的事。同时北京又有家长联合会的组织。我先把北京教职员罢工的原因大略说一说。

（一）教育经费问题

中国国家预算岁出项下，教育经费几列岁出最少的一位。所以此项北京教职员联合会提出五个条件的第二、第三、第五三条均关系教育基金和经常费预备费及发给期限。各报所载教职员薪金发现一件事，不过教育经费里面的一项。

国民缴纳十足加几加几的现金赋税，仅仅百分之二用到教育事业上，仅仅这百分之二里面教职员薪金一项，北京几个做官的，还要把没信用的纸票来充抵。什么两成搭现，四成搭现，试问我们人民缴纳十足加几的现金赋税那里去了？他们一班做官的卖国的卖国、贪赃的贪赃、收寿礼的〈收〉寿礼、扣兵饷的〈扣〉兵饷，还不够满足他们的贪心，连我们教育子弟想望成为堂堂的一个人的教育经费都要想吞没。现在已经被教育职员喊响，为唤起他们的醒悟，不得已罢起工来。这件事岂但是教职员的事，我们完纳赋税的主人翁的国民，应该大家立出来讲话的。

（二）教育当局问题

北京政府，原来在法律上不能承认为政府的，本志一向很不愿意批评他。现在越闹越糟，连国民一线生机的教育事业，都要摧残罄尽，傅岳棻原本是最不好的“安福部”中间的一个寡廉丧耻的人，做了教育部次长代理部务。山东马良残害学生，他不管；京津学生在天安门请愿被军阀打伤二百多人，他不管；天津杨以德摧残学生，他不管；浙江省长齐耀珊摧残《浙江新潮》周刊，连带要摧残第一师范学校，他不管；安徽安庆蚕桑女学学生，被安武军强奸，他不管；山西学生抵制日货被捕，他不管；福建学生被日本人打死，他不管；江西省长戚扬剥夺学生言论自由权，学生罢课，教育费无着，教职员罢课，他不管；湖南督军张敬尧夺校舍驻兵，移学款作饷，打骂学生，以致教职员与学生全体解散，他不管；济南警察抢劫学生演剧场，打伤许多无抵抗的学生，他不管。他自己就知道把北京国立公立各学校的经费扣起来不发，还要当面侮辱教职员。北京教职员联合会所提出五个条件的第一、第四条件，就是关于教育当局问题。第一件，便是要去这个不管事而寡廉丧耻的傅岳棻。这不单是北京教职员的事，也不单是各省的教职员的事，各省教职员果然应该取一致行动，我们全国国民更应该把这件事担在肩膀上去做。

至于像北京那样钟什么一般发起的家长联合会，说什么预缴学费代发现金，请求中小学校教职员上课等等，都是很不彻底的话：一、教职员薪金，上面讲过不过是教育经常费的一部分，人民早就纳了赋税，教育部早就有了预算，这一笔帐那里去了，为什么要他们预缴学费代发现金？二、教职员所提出五个条件，大致就是上面包括两种意思，那一件不该做的？做成了自然很高兴的上课，上课是他们自己的责任，又何必什么家长联合会来请求呢？还有几位学生家长代表马名骥君等三十一个人，也发表一篇意见书。第一层说，教职员罢工，不为争意气，也不是发现成数不能通融；第二层说，教员［育］当局的傅岳棻，应该自己知错，退避贤路。这两层的话，说得很明白。第三层说，用高压政策，去掉一班高谈人格的教职员，只要后来的也是有人格，我们做家长的又何必表示不满。这种气愤愤的话，有人格的人无须听受，没人格的人不但不会听受，而且作兴装聋作哑的听错。我也是学生的家长之一，我的意思，以为学生的家长，应该站在国民地位讲话，并且该担起担子来做的。国民的话要从那里讲起那里做起呢？（一）各省组织教职员联合会；（二）全国组织教育界大同盟。

由这两个组织里面，将北京教职员联合会提出的条件，加以详细说明，通告全国，一面根据共同的意思，和那些龌龊黑暗的当局奋斗。这就是最善良的、最容易普及的教育。国民得受这种普及的教育，就会有组织，有组织就能发很大的声浪，担很重的担子。

何以说是教职员有狠［很］大的集合运动，就是最善良的教育呢？书本上的教育，无非记述过去的运动形迹和研究未来的运动方法；现时的运动，便是改进过去的运动，实行研究的运动。教职员的运动，就是把做事当作讲书，听讲的人，要比在书本上所得的益处更有活用的兴味。例如：讲堂班所讲的一大堆仁义道德博爱互助的话，禁不得下了讲台就去打扑克又麻雀谈嫖经说赌例。青年时期的学生，模仿性是最大的时候，当教师的，费了千日口，敌不过一日手，学做坏事容易，学做好事也容易。教职员集合运动的事，即是表现教职员的社会的态度，和他对于全社会负责任的态度。这种态度，就是青年学生很好的教育，也是全国国民很好的教育，不可当作一时的风潮轻轻看过。

我的意思大致说完了，以后一步步做去，自然有一篇篇的记述出来，对与不对？还是要求大家的批评。

我还有几句话，要对于所谓当局者说的：政权这样东西，如果当人民无知无识的时期，简直就像一根木棒；施耐庵《水浒传》有一句话“等身棍棒一枝，打尽天下四十八军州都姓赵”，这一根棒只要提得起玩得活，爱打那个就那个。现在大多数的国民，虽似骙骙的无知无识，但是当这种世界这种思潮，也有几分动机了，你们很不容易拿起棒来爱打谁就打谁。至如教育权，更拿不得，因为他那一根棒已经会自动的了。你如果真要乱七八糟去拿他，他就会自动起来的呵！吴稚辉［晖］先生说：“他们无论什么事都可试试看，独有教育这件事，无论怎样做不来。”就是这个意思？懂得么？

（原载《星期评论》第32号，1920年1月11日）

工人乐

（1920年1月11日）

人说：“冷在风，穷在铜。”
我说：穷不在铜穷在工。
人说：“只要有铜便有工，温温饱饱富家翁。”
我说：我们棉袄夹裤过得冬，
他们红狐紫貂还要火炉烘。
我们十里八里脚步轻且松，
他们一里半里也要汽车送。
绞脑无汁体无力！
何如一手锄头一手笔？
世界为有了他们，
无冬无夏无休息。
——若使没有了我们，
那里去找文明的形迹？
有衣大家穿，

有饭公众吃。
我们穿吃不白来，
手儿脑儿自己享受自己的成绩。
不要慌张不要忙！
大家种花大家香！
著个富翁做什么？
冷风头上哭天光！

（原载《星期评论》第32号，1920年1月11日）

富翁哭

（1920年1月11日）

工人乐！
富翁哭！
富翁！富翁！不要哭！
我喂猪羊你吃肉，你吃米饭我啜粥。
你作马，我作牛。
牛耕田，马吃谷。
马儿肥肥驾上车。
龙华路上看桃花。
春风正月桃花早，
道傍小儿都说马儿跑得好。
那里知道马儿要吃草！

（原载《星期评论》第32号，1920年1月11日）

答芸林

（1920 年 1 月 11 日）

芸林先生：

接信同诗，我很感谢你！可以趁覆你信的机会，把我所说“两重人格的痛苦”这层意思，说说明白。

先生那首诗上说：“……什么叫旧纲常？什么算新伦理？我只知道，‘咱们共同生活’。”“共同生活”就是伦理。我们当“公共养老”与“儿童公育”未曾创设普遍之先，即是新伦理未成立以先，不能不双方兼顾。万不当把圆形的“爱”，对破开来，只顾青年方面，把老年人丢开不管。因为老年人一样处在“爱”的中间的人。我们应该建设新伦理来慰安老人，不该把老年人看作“纲常名教”由他崩坏。当这旧伦理过去新伦理未来的中间，我们在夹板中间掮著责任往前进。是不是“痛苦”？不能不算是“痛苦”呵！

先生的诗又有“你先育我教我，我再养你事你”。信上说“父母教我育我……就以朋友报酬论，当然养事老子……”伦理的基础，是全人类自然的爱，包孕全人类的，不是做买卖的交易行为，也不是感恩图报的报施主义。不当从一个家庭或个人的境遇设想。

（原载《星期评论》第 32 号，1920 年 1 月 11 日）

附　刘芸林致沈定一信

玄庐先生：

你《我做人的父亲》篇内，“同业生活”的末段说：“像现在的中年人，一方面做人的父亲，一方面做人的子女，……担负两重人格，……这两重人格的痛苦，不能避免……”我狠［很］疑惑，……就是担负两重人格的“痛苦”二字，我不敢相信，祈先生教我。

刘芸林

（原载《星期评论》第32号，1920年1月11日）

农家

（1920年1月18日）

“人多好做活，人少好吃食”，
农家村里口头禅，市上居人不识得！
市上有句话，“人多好吃食”。
人少食多吃不完，馊缸米饭进猪栏。
猪重百斤值十千，
牵猪上市卖得钱。
农人为何不自吃？
因为完租舍不得。
租钱完了一身轻。
只剩犁头铁耙清清四堵壁！
一家老少骇骇立着坐着不作声，雪上空留钉鞋迹！

（原载《星期评论》第33号，1920年1月18日）

幸呢？不幸呢？

（1920 年 1 月 18 日）

从海底电线算起，到地层里所埋藏的古迹；从地面的建筑营造耕种算起，到空中的飞机；从婴儿产生时的襁褓算起，到死后的棺材；那一种不沾着劳动者的额汗？古往今来以及现在，凡人类所认识为人的文明，那一样不印得有劳动者的螺纹？劳动者呵！你们创造了无数的文明，自身究竟享用了个什么？不劳动者呵！你们享受了无数的文明，究竟造成了什么？

罢工！罢工！

这不是从欧洲到美洲到亚洲一个小小的日本，最不幸的哭声么？何以世界上手工最多、劳动时间最长、文明最古的中国，就很少听见有这种哭声呢？中国人何幸而少有这种哭声，中国人何不幸而连这种哭声都少有呢？

就我所见的：佃户，辛苦了一年，被田主或田主的收租的，罄其所有，收索得干干净净，床底下，锅灶边，草堆里，还要搜检过又搜检，只恐怕你们做牛做马的做了一年，还有留藏不完的米和谷，翻箱倒匣搜查过了，还要帐簿上挂上一笔尾欠，很很［狠狠］的叮嘱又叮嘱，“明年春花起来一定要归清”。等到收租的出了门，你们除却大男小女一场痛哭作下梢，又打算怎样呢？织工，地上收了几百斤棉花，卖给市上花布店，七折八扣还要除佣钱，便不见棉花的价值在那里，因为还租不够，只得赊了几包棉纱，回去织布，起早落夜赶做出几匹布，再卖给花布店里，不是嫌潮，便是嫌轻，不是嫌松，便是嫌短，挑剔复挑剔，到了结果，布价只抵过棉纱，连饭钱也没淘成到手。土木工，一家有名的旅馆，雇了原建筑的工人，修理弹子房里的水泥地平，修好了，站在傍边看了看打弹子，一边来了一个带着黑呢帽子上写着什么 Hotel 的，一把推，一声叱，“出去”！

曾经我眼的事，正不知多多少少，以上不过是最近所闻见的，谅来略略注意到劳动社会的人，所见所闻，必不在少。当四周围的哭声中，还得见这些现象，这正是中国，正是中国工人所受的待遇！

此外如丝厂的女工，布厂纱厂的男女工，矿工、坑夫、水手、学徒，以及一切工人。还有中国独有的轿夫、车夫！——拉车推车的——正不知生在几千年的世界前，沈［沉］在几千尺海底下，连世界这一大片的哭声，都还听不见！

（原载《星期评论》第33号，1920年1月18日）

雨

（1920年2月1日）

（一）

许久不下雨，我们正迁居；忙里凑着忙，好在住了雨。

（二）

一滴润道路，一滴润农圃；一滴车夫汗，一滴农夫汗。

（三）

车夫呀苦雨，农夫呀喜雨；只求化作汗，不可化作泪。

（四）

雨也下得好，雨也住得巧；忙里凑着忙，忙得要公道。

（原载《星期评论》第35号，1920年2月1日，此据《玄庐文存》）

对于“基督教与中国人”的怀疑

（1920年2月8日）

《新青年》七卷三号登有陈独秀先生著的《基督教与中国人》一篇文章。我对于独秀先生平时透辟的言论和勇猛而有耐性的行为，是狠［很］佩服的。看到这篇《基督教与中国人》用一枝很巧妙的笔，提创［倡］宗教信仰，就不能因平时的佩服，糊糊涂涂认独秀先生的著作总是不错的，所以把一些疑点写了出来。

原文第一段说：

“凡是社会上有许多人相信的事体，必有他重大的理由，在社会上也必然是一个重大的问题。基督教在中国已经行了四五百年，奉教的人虽然不全是因为信仰，因为信仰奉教的人自必不少，所以在近代史上生了许多重大的问题。……现在若仍然轻视他，不把他当作我们生活上一种重大的问题，说他是邪教，终久［究］是要被我们圣教淘汰的。那么，将来不但得不著他的利益，并且在社会问题上还要发生纷扰。所以我以为基督教底问题，是中国社会上应该研究的重大问题……”

我们要研究个问题，必然该研究这许多人何以会相信的理由与这件事体的本身，才不致于成为盲目的。如果只看到有许多人相信的事体，便认为生活上重大问题，那么，关于政体的君主，关于文化的国故，关于宗教的拜偶像，也有许多人相信和许多人相信过的。这许多人虽然有大部分受经济的支配，认为一种生活的手段，也有许多是钻到牛角心里转不过身来的。中国近代史上的红灯教、白莲教，很死了不少殉教的人，起过些狠［很］重大的问题，我们看到他那口中念念有词，什么唐僧、沙僧、八戒、悟空、太上老君一大堆闭起眼睛说瞎话的情况，一时心理上除却可怜他之外竟直爱莫能助。从来通不到消息的天国和见不来面的天父，与孙悟空、猪八戒、三十三天、十八重地狱，怎样分别他是非真伪呢？一个事体的本身没法认识，没法研究，若使我们青年走到这一境，便是自己去钻牛角心。黑暗时代的欧洲，战乱的范围，比较现在要小得多，那时信仰宗教的人，也比现在要多得多。我们还是依赖宗教，求黑暗时代比较的安宁呢，还是不问一切宗教，实事求是去研究解决社会纷扰的方法呢？

原文第二段说："我们一天不学尼采反对人类相爱，便一天不能说基督教已经从根本崩坏了。"

人类依进化的涂［途］径，改建人类的生活。宗教崩坏不崩坏，宗教本身没有丝毫的力量，人类因为要宗教，便拿宗教来慰安他那一个时代的生活；不要宗教，便改建别的"基督教根本主义说信与爱"，不是基督教说信与爱，是人类在那里说信与爱。信与爱说在神权的时代，便是神权时代的信与爱；说在君权时代，便是君权时代的信与爱；说在民权时代、人权时代，便是民权时代、人权时代的信爱。宗教只管崩坏，信与爱是不会崩坏的。因为有宗教以前，人类就从信与爱繁殖起来，到一个时期，建设了宗教，便把信与爱做了骨子，以后不管建设什么，没有不把信与爱做骨子的。反尼采的说，是人类的寻常话，不是基督教专门有的话。基督教只管崩坏，尼采一说只管不成立，这信与爱是与人类相终始的。人类一天进化一天，信与爱也一天广一天。到了人类之中一切界打破的日子，便是信与爱平均普遍的日子。人类自我的信与爱，不是天父所给他的信与爱，更不是为了天父才信与爱："你免了别人的过，天父也免你的过，你不免别人的过，天父也不免你的过。"（马太传第六章，十四、十五）人若为了天父爱人，便算不得人的爱。

原文第四段说："……要把耶稣崇高的、伟大的人格，和热烈的、深厚的情感，培养到我们血里，将我们从堕落在冷酷、黑暗、污浊的坑中救起。"

"中国社会麻木不仁，不说别的好现象，就是自杀的坏现象都不可得，文化原［源］泉里缺少情感至少总是一个重大原因。现在要补救这个缺点，似乎应当常拿美与宗教来利导我们的情感。……”

我们堕落在冷酷、黑暗、污浊坑中；我们社会麻木不仁。我们为什么堕落在这个坑中，社会为什么会麻木不仁？这个冷酷、黑暗、污浊的深坑，原来是我们自己掘的。人我的界限，秘密的行为，缴［侥］幸的希望，都是我们创造这个深坑的心理和手段。自己掘了一个深坑陷自己，陷在里面，还以为荣耀安乐的不必说，到已经觉悟这深坑是冷酷黑暗污浊的，正应该用我们自己的智慧和动作跳出这个陷坑，并且要用我们自己的智慧和动作去填平他，这才是我们青年必要的工作。不自己援拔，一天到晚号救，希望半空中伸出手来把我们救了出去，这是没有的事。我这层意见和原文第五段“情感是我们自己的腿，知识是我们自己的眼……”表面的意思差不多，骨子里就不同了。我以为必须出我们自己的能力，跳出这个坑，填平这个坑，不必借耶稣的力来解决这个问题。独秀先生大概忘记了中国人还有一种依赖性，果真把宗教培养到中国人血里，恐怕连田都要天父替他种咧！（马太福音第六章）说：“不要因为生命去忧虑什么吃什么喝，不要因为身体去忧虑什么穿。生命不比粮食重，身体不比衣服重么？试看空中的雀子，不种田，不存仓，你在天上的父还养活他，你们不比雀子要贵重么？你们那个能够用你思想来延长一刻的寿命呢？你为什么要忧虑衣服呢？”

中国人如果真是信了这番话，恐怕连饭都要天父去喂他咧！

至于社会上麻木不仁的状态，与其认文化原［源］泉是这种的原因，不如说是制度上的罪恶。制度一天不改造，我们因袭上隔离惯了的中国人，一天不会有交融的情感，无论地球上那一处的人，也不会有十分交融的情感。你我之间，间隔著无数重的障碍，地图上的颜色，皮肤上的颜色，物品财产上所属者的记号，重重都是阻障人我间融和情感的壁垒。此宗教与彼宗教，宗教与非宗教也是天然一堵很高很厚的壁垒。我们要补进化的缺陷，正该开通进化的涂［途］径，不该在里城外边去筑外城，更不该把已经在那里崩坏的古城，重新添上些砖石去修葺他。

至于原文主张拿美（美学）来利导我们的情感，这时［是］我们十分高兴的。

原文第五段说："……我们不用请教什么神学，也不用依赖什么教仪，也不用藉重什么宗派。我们直接去敲耶稣自己的门，要求他崇高的、伟大的人格，和热烈的、深厚的情感与我合而为一。"

宗教去掉了仪式，还成不成宗教，姑且不论。我们崇高的伟大的人格和热烈的深厚的情感，是在我们自己固有的东西。大家更发挥自己的情感和呈露自己的人格，只要你敲我的门，我敲你的门，或者直接痛快不等人敲便自己开了这个门，你我大家都在青天白日底下合而为一，岂不很好。你我同在这一个时间做了人，你听见我，我听见你，你看见我，我看见你，你知道我，我知道你，正不必往耶稣家里转一个弯，要求他替你我作媒介。

原文第六段引许多新约上的话，证明耶稣这一个人的牺牲精神，宽恕精神，博爱精神。宗教是不会说话的，说话的还是一个人，我不问这些话是不是耶稣说的，只认他是那一时代有一个人说的话。我们对于一切话，不肯盲目的赞成，也不肯盲目的反对。由我们的耳朵里听到的话，就便引他几句来解释我的意思。

"为了人世的生命，我所贡献的面包就是我的肉"，"我的肉真是食物，我的血真是饮物"，"吃我肉饮我血的人，与我合一，我也与他合一"（都载约翰传第六）

这几句无论是那一个说的，都应该当作农人的血泪，我愿世间吃饭的人，都当他从农夫口里说出来的。我愿世间种田的人，都能够说这几句话。

"一人悔罪，天使大喜。"（路加传第十五）一个人悔罪，人人欢喜，那一个有罪的人因为人人欢喜人家悔罪便悔了他的罪，才算人的悔罪。如果因为博天使的喜欢而悔罪，就是奴隶的悔罪。"有人打你右边的嘴巴，你再把左边向他。有人到官告你，拿了你的里衣，再把外套给他。"（马太

传第五）

前一层的话，和娄师德唾面相自干同一个意思，只能认为一种手段，不该认为伟大的宽恕精神。后一层的话，就有点说不去了：譬如日本问中国要青岛的权利，中国再给他山东全省，如果要山东全省，再给他直隶江苏，说得去么？这层还可从旁的方面解释。又如农人种了十亩田，收上十担谷，地主问他要十担，他已经没得吃了，从那［哪］里另找二十担给地主呢？这层就没法解释的了说是要的是有，没有就不问他了。社会上只有“要”的，没有“有”的，更向谁去要呢？

“卖你所有的东西，送给穷人，如此你将得天国的财宝”（马太第十九）

你所有的东西那里来的？为什么社会上会有穷人呢？为什么你有权卖掉东西送给人呢？天国也讲财宝的么？天国在那里？财宝是什么？原文说“这种根本教义，科学家不会破坏，将来也不会破坏”。本来没有的东西，自然不会破坏，不适于这个时代的生活的话，自然不会成立，那里用得着去破坏他呢？

原文第七段说：“最可怕的，政客先生现在又来利用基督教。他提倡什么‘基督教救国论’来反对邻国，他忘记了耶稣不曾为救国而来……”

我们很不愿徐季龙先生拿宗教作救国运动，我们更不愿独秀先生拿宗教作文化运动！我们为将来社会生活否认一切宗教的存在，不是依据什么教来反对什么教。我们相信人要自己做的，不是依靠宗教来做人的。我们以为情感与知识是一件东西的两面，人人能够认识这整个的东西，才不致偏于那一方面去做盲目干燥的人。

我们青年要求彻底解决人生问题正在发动的时期，我希望独秀先生不要把光明的灯放在斗底下，也不要骂兄弟们愚妄！

（原载《星期评论》第36号，1920年2月8日）

工读互助团

（1920 年 2 月 8 日）

北京工读互助团第一组团员存统来信说：“总要做到我即是团，团即是我。”无限将来，都从这两句话里表见，所以做这首诗赞美他，希望他！

一九二〇前，额汗眼泪化金钱，
一九二〇后，富贵功名不如狗。
工人头上戴索链，
投入洪炉冶一遍。
一段冶作锄与锤，
一段冶作世界的铁团。
铁团中间何所见，
坚如金刚光如电。
试验室中工具接触声，
陶铸人我成一片。
诗成又得了一副对联，
我不异人，人不异我，
工即是学，学即是工。

（原载《星期评论》第 36 号，1920 年 2 月 8 日）

版权所有与出版自由

（1920 年 2 月 8 日）

出版自由原来与言论自由相表里，因为思想不能制限，进化也无止境，所以由思想发生的言论，不受一切法律的束缚。由此可知侵害著作权，是究竟不可能的事。一切私有制度，未曾打破之先，而学说一定是共产的。从来中国只有在政治上禁止一切动摇君权和诽议与君权相济的名教的出版物，无所谓版权所有。不料输入言论自由的时期，同时输入版权所有这种恶习惯。五四运动前后直到如今为中国空前出版品最多的一个时期，种种出版品中，差不多不限制转载，这也未始不是打破版权的一宗［种］趋向。在这个时期中，我们看见江苏某师范某学会所印行的《杜威在华讲演录》封面里边，却有什么“版权所有”字样，觉得很奇怪！且不说这本书的内容，满是转载各报的记录，即使这书是某学会所专录，也不该独占杜威博士的讲演为某学会所有，因为杜威不是专讲给某学会的。

再进一步讲，就是杜威本身，也不能把他的讲演认为他的所有；因为他还是得的人家的。果然打破一切私有制度，世界一定没有盗贼，就是在“谨防扒手”的时期中，也没有听说那个人捉住了窃盗古今人的学说的贼。某学会倘使引《新潮》二卷二号那篇“思想的派别”作例证，我们还只得请吴康、罗家伦两先生说明（禁转载）的理由！

（原载《星期评论》第36号，1920年2月8日）

浙江省立女子师范学校市制草案

（1920年2月8日）

奇怪！民主国里，居然发现训练君主立宪国民的学校市制来了，真奇怪！他那草案第五条，“市内各项法规……经校长认可……”；第十八条“议会议决之事件报经校长认可后交由市长执行之。”第二十五条“议会开会时须请教职员一人以上出席遇必要时得发表意见”。抱定官督民办的头脑，显出他那缓和新思潮的作用，来诓我可爱的青年，这种可怜的手段只合和杭州甲种工校的《钦定宪法》一起摧烧了，趁上流水急时，倒入钱塘江，流出鳌子台，免得污了一般青年的头脑。

（原载《星期评论》第36号，1920年2月8日）

三十六号

（1920年2月8日）

凡在空间一切物，都可以认作死的。因为有继续不断的时间在那里动，空间一切物就随在那里动变，所以空间一切物都可认作生动的，写出来的文，说出来的话，如果一字一声的拆开了他，恐怕没有人能够懂得。做文说话的人，也随着时间继续继续把他集了起来，看文听话的人，也随着时间继续继续听了进去看了进去，于是这个文就不同字典一样，继续继续发生了许多意义。人类凡有破坏和建设的动作，总靠在一字一声的文和话作他的表示。文字语言的好歹，就要从占领时间的长短去分别他。将来的时间，必定急促于过去的时间；占领二十世纪的一年，比较长于一世纪的十年；占领二十一世纪的一年，或许长过一世纪的一纪。去年一年中国人正经用的时间，差不多被出版品占尽，周刊第一个出世的《每周评论》，就占了三十六个星期，虽然到三十六号被封禁停了版，但是封禁他的也就落在他占领范围之内。从他三十六号后，我们虽说看不见《每周评论》自身继续继续的形迹，但是他的力量，还是继续在一般青年的脑子里在那里唱歌，并且也还在武人官僚的脑子里在那里做慌梦。

我们今天也出到三十六号了。《每周评论》占领的时间，也好说是《星期评论》的时间；《星期评论》占领的时间，也好说是《每周评论》继续的时间。继续复继续，把死的都做他活来，时间不停住，我们青年就不断的工作！

（原载《星期评论》第36号，1920年2月8日）

学潮与社会

（1920 年 2 月 8 日）

报上说：“俄国红旗军里有许多山东人，在前线上固然是很奋勇，但在各处搜杀俄国贵族的也狠［很］不少。”翻开地图看，日本人不是占我山东青岛么？山东人不回来守住青岛，却跑到俄国去奋斗。这不是一桩很希奇的事么？京津学生，为了山东外交问题，引起接二连三的学潮，却不找山东人计议对付外交的方法，偏偏找到和日本一鼻孔出气的北京政府麻繁［烦］。错去错来，无非因为国内大数人民呼应不起，由他们打的打，绑的绑，汽车冲的冲，跪的跪，绑到日本租界示众游行的游行，拘禁的拘禁。人民受的刺激也不算不深了，何以由着他们蹂躏我们青年呢？足见平时缺乏知识训练的群众，是不容易发生有组织的动作的。但是平时享福惯了的人，一时也不容易做熟练的工作。

（原载《星期评论》第 36 号，1920 年 2 月 8 日）

答无名

（1920 年 2 月 12 日）

无名：

无名的名字，我前五年在日本曾经用过。今天接你信，也用这两个字，合起你来信和我相同的见解看起来，正不知是你是我。

从奋斗中生出来的趣味，得精神上的享乐，何等快慰！何等深远！

你作的《工读互助团的要求》，没有收到，想是失落了，你再抄寄一份罢!《海水浴》那首诗，是四年前在星加坡做的，不知道在脑子转了多少回，改了多少次，这回才落到纸面，是一首抽象的具体化的作法，作时很得意，现在看起来也还有趣味。如果你有机会在清水海岸，在日光底下三两尺海水下层平泳时，你就明白这首诗还是写实的。你喜欢养活你理想上的性灵，不喜欢看透骨的辣手的悲剧么？我常常设想一种境地，常常到这种境地去游戏，是一个什么境地呢？一个既深且黑的粪坑，落了下去，着慌无用，喊救命，没有人听见，到那时节，我便认定这污秽恶臭的粪，染不到我的血里去的。再连用我的思想，发挥我的体力，跳出这个既深且黑的粪坑，必须跳出这个既深且黑的粪坑。因为粪坑之外，必定比较清洁。且便是悲剧的作用。凡是悲剧，都要当作乌托邦的背面，不该当作灰心厌世的导旌。话虽如此，我也爱作慷慨激昂的东西，不过把一般人当作可以灰心的记载，戏剧，诗歌，我总看作成理想世界的历史。

诗不难做，只是不要勉强做。一个月两个月作成的诗，总比几分钟里头作的好。有时在短少时间，也会得到好诗，这层有许多人认作偶然，其实不是偶然，在脑子里已经酝酿了许久许久，他自己不知不觉罢了。酝酿许久的东西，在一个很短的时期呈露，那里可以说是偶然呢？

（原载《民国日报》副刊《觉悟》，1920年2月12日，
此据《玄庐文存》）

给扬州五师附属小学校童报社的信

（1920年2月14日）

童报社周念先、陈俊傅两位小朋友：

今天接到十四号《童报》，看见俱乐部栏里，载有周念先君的《颠倒语》。小朋友，是你自己做的么？何以有许多句子和扬州儿歌雷同呢？

“反唱歌，倒起头，我家园里菜吃牛。芦花公鸡咬毛狗，姐在房中头梳手。听见外边人咬狗，拿起狗来打石头。从来不说颠倒话，口袋驼住驴子走。”

这篇儿歌全文，载在《新生活》“国庆号”。小朋友，你这首《颠倒语》:“姐在房中头梳手，耳听门外人咬狗。拿起狗头打砖头，又怕砖头咬了手。从来不说颠倒话，梢袋驮住驴子走。”是你改作的么？改得好！只是你应该注明是你改作的！不过我看来还是原文好。原文开口就表明这首歌的兴趣，一删了去，便觉得没头没脑。“又怕砖头咬了手”这一句颠倒不过来的。

小朋友，你以为我这批评对不对？

同号《童报》上还有一首陈俊傅君《咏月》的诗，这首诗见十六号《星期评论》莫芙联君的投稿，题目就是一个《月》字。小朋友，你把来删了一句，加了一句，改了一句，末了“明白”两个字，又改作“光明”，意思和原文一样，只可惜韵不谐了。

小朋友啊！可爱的两位小朋友呵！我希望你们的意志要放他自由来，不要依墙附壁图纸面上的好看！你们只要自由发表你们的思想，没有不好的。你们只看两三岁的孩童，自己拿起小手来在他嘴上拍呸呸，都是十分好看，十分好听的。

我幼年时候，问我的先生陈陀龛说，诗该怎样作法。先生回答我说，“只要把你要说的话，随口唱得出来，不管平仄，只有音节，就是好诗。诗从放屁来，会放屁就会做诗”。这番话我到如今还是佩服的（什么是音节，参观《星期评论》纪念号胡适之先生那篇谈新诗）。

小朋友呵！一时代有一时代的思想，一人有一人的本能，“自由发展”是运用本能一个必要的条件。望你们努力！祝你们进步！

（原载《民国日报》副刊《觉悟》，1920年2月14日，
此据《玄庐文存》）

哥哥不晓得

（1920 年 2 月 15 日）

弟弟，你哥哥的话是该听的，哥哥是爱你的！

哥哥，我狠［很］愿意听你的话，但是我要问你的话，你总不要推“不晓得”！

弟弟，你问什么？

哥哥，我问前面那家人家挂的那付“劳工神圣，世界大同”的对子，是什么意思？

弟弟，我常常对你说，爹爹遗下来的好田好地，是给我们有穿有吃的衣箱饭碗；我们应该多积占些田地，给我们子孙，才算是有志气的儿子，不要听他们鼓吹什么“劳工神圣”，他们鼓吹“劳工神圣”的，都是诱惑青年的话。

哥哥，我们多积占些田地给我们子孙，是我们应该的么？

弟弟，是应该的。

哥哥，我们收了来的租，拿去买田地，买来的田地再收租，田地的面积一年年扩大起来，租也一年年多起来，你说“积占些田地”，是不是这样的积占法？

弟弟，是的，我们多积些田地，多生些儿子，我们就是很体面的人家。

哥哥，我们是不是世世代代收租，叫他们——佃户世世代代种田呢？

弟弟，是的。

哥哥，种田的人，生不生儿子的呢？

弟弟，一样生儿子的。

哥哥，种田的人，生的儿子，也该种田么？

弟弟，他自己没有田，他只好租别人的田种。

哥哥，那么我们把一个地球上面的田，都收买完了，又去买那里的田呢?

弟弟，不会得。

哥哥，你又来骗我了，你看地图上的地球，有一定的限度，我们多生些儿子，儿子个个又多生些儿子，是没有限止的，那么这一个地球，不都被我们一家子占完了么?

弟弟，能够占完了地球，又何尝不好!

哥哥，如果我们一家子占尽地球上有收成的土地，那些种田的儿子，叫他们往那里去呢?

弟弟，叫他们到冰洋里去垦荒，还是给我们做佃户。

哥哥，无论地球那一处都垦荒成熟了，地球上产生的米麦，只够我们子孙吃的了，那么，种田的人又该怎么样处置呢?

弟弟，这可我就不晓得了。

哥哥，我方才和你有约，叫你不要推着不晓得，为什么你又说出“不晓得”三个字来呢?

弟弟，但是我总是因为爱你的。

哥哥，做哥哥的都应该爱兄弟么?

弟弟，自然应该爱的。

哥哥，种田的人也有哥哥的么?

弟弟，种田的人，也许有哥哥的。

哥哥，他们种田的人爱兄弟，也像你这般爱法么?

弟弟，爱总是一样的。

哥哥，种田人的哥哥，也叫他兄弟积占些田地么?

弟弟，他们或者也是这么想。

哥哥，他们为什么不实实在在也叫他们兄弟积占些田地呢?

弟弟，他们因为向来没有田的。

哥哥，为什么他们会没有，我们会有呢？

弟弟，我们是爹爹传下来的。

哥哥，我们爹爹的田是那里来呢？

弟弟，爹爹从前做买卖赚了些钱，就买了这些田。

哥哥，爹爹做买卖公道么？

弟弟，爹爹做买卖很公道的。

哥哥，爹爹做买卖的时候，是值一个钱，给一个钱，值一个钱，卖一个钱的么？

弟弟，做买卖的总应该加上些赚头的。

哥哥，什么叫做赚头？

弟弟，譬如值十个钱的东西，卖了十一个，这一个钱就是赚的。

哥哥，值十个钱的东西卖十一个，如果真正值得十一个，买进来的时节，岂不是少给一个钱么？如果只值十个，卖出去的时节不是多取了一个么？这样算是公道么？

弟弟，做买卖的人这样就算是公道。

哥哥，我们所有的田地，都是做这些公道买卖赚来的么？

弟弟，是的。

哥哥，我们收租也好算是一椿公道的事情么？

弟弟，我们租给他们田种，收他们的租，自然是很公道的。

哥哥，他们种田的人，为什么不做这些公道的事，叫我们种田，他们收租呢？

弟弟，这是他们生好了的苦命。

哥哥，命是什么东西？

弟弟，他们种田的就只会种田，只会完租，就是他们的命。

哥哥，设或有一天种田的革起命来，我们该怎么像［办］呢？

弟弟，这种没有良心的佃户没有的。

哥哥，一个人都应该有良心？

弟弟，凡是人都该有良心。

哥哥，他们辛辛苦苦种了田，白给我们吃，算是有良心；那么，我们白吃了他们的，也算是有良心么？

弟弟，我们爹爹也是辛辛苦苦赚了来的。

哥哥，他们种田的有儿子么？

弟弟，种田的大多数有儿子。

哥哥，他们辛辛苦苦种了田，为什么不给他们的儿子呢？

弟弟，他们不敢给他们的儿子。

哥哥，为什么他们不敢给他们的儿子呢？

弟弟，他们如果把他们种得的东西，给了他们的儿子，就完不了租。

哥哥，他们不完租怎么样呢？

弟弟，我们可以告官去。

哥哥，官只保护我们收租的，不管他们种田的么？

弟弟，那个自然，做官的吃喝，都是我们完的粮，当然应该保护我们的。

哥哥，完粮的钱，不就是收租来的么？

弟弟，是的。

哥哥，那么种田的人又何苦替我们完粮，给做官的吃喝了保护我们收他的租呢？

弟弟，向来的制度是这样。

哥哥，这种制度好么？

弟弟，在我们总是好的。

哥哥，他们种田的人也以为这种制度是好的么？

弟弟，这可我不晓得了。

唉！哥哥！终于是一个“不晓得”！

（原载《星期评论》第37号，1920年2月15日）

学生与市民

（1920年2月15日）

从中国与日本间破裂累次积受的恶感以后，山东、北京、天津的学生与市民遭枪杀的、受伤死的、自杀的、被拘囚受虐待的、受轻重伤的，统计不下千数人，牺牲在恐怖、黑暗、冷酷、残暴的北京政府下面。政府么？日本的军阀财阀的刽子手罢！为什么山东京津间的学生与市民，不顾死活，敢和他们碰了又碰呢？只为了建设在人道正义上面的生活。人道正义上面的生活，才是人的生活，非人道反正义的生活，便是猪羊的生活。山东是人的山东，北京、天津是人的北京、天津，难道中国各地方，不是人的地方么？

人的生活，是自由、平等、博爱、互相帮助有生趣的生活。

猪羊的生活，是恐怖、黑暗、冷酷、残暴下面得过且过的生活。

同胞呵！你们愿意立在自由、平等、博爱、互助方向做一个人呢？抑或愿意立在恐怖、黑暗、冷酷、残暴方面做猪羊呢？要做人，就要出做人的代价。做人的〈代〉价是什么，就是和恐怖、黑暗、冷酷、残暴的东西拼命争斗。拿我们真胆量真良心光光明明和一般的非人生活搏战，不要鬼鬼祟祟偷偷摸摸讨取巧的小便宜。黑幕里的毒手，不能创造光明的世界，决定人类的真生活。投机和取巧，也不配讲做人。

学生呵！市民呵！你们不是放假的放假，收帐的收帐，准备安安稳稳过你旧历的年么？过得去？过不去？你们的命运是在你们的将来呵！你们不要说“等到将来再说”，你们为下午吃中饭，为晚上吃晚饭。你们不是为上午吃中饭也不为下午吃晚饭的呵！做人总是为将来，你们不该学猪羊似的得过且过！得过且过，总有一天过不去的。

我们不要以为解决山东问题，未必能够解决我们生活问题。山东问题，原是中日军事协定的枝叶；军事协定，原是二十一条件的枝叶；二十一条，原是朝鲜独立的枝叶。这一些枝叶，虽说有一个真根本在，即是这枝叶里的枝叶，也是试验我们的人格，判决我们“人”“畜”生活的分途。果真山东问题，由日本的刽子手和日本政府直接决定，我们就第一步上了猪羊生活的轨道了！山东京津间的学生与市民，不愿进猪栏羊圈的，牺牲的已经牺牲，拼命的还在拼命，各地方的学生与市民怎么样？要我们自己决定。

可怜我们呼应不灵、不认识字、通不到话的工人乡民啊！火烧到眉头，他还在那里哼、哈、哼、哈的一锄一锤。只靠著学生与市民震起极大的声浪来，也使他们知道有人开好了更大的猪栏羊圈的门，要赶他们进去咧！

（原载《星期评论》第37号，1920年2月15日）

烟、酒、赌与广告

（1920年2月15日）

若有人说各种新闻纸是鼓吹吸烟、喝酒、赌博种种害身废时失业的行为，我想各个新闻记者必定要出来辩护的。什么禁烟咧！戒酒咧！禁赌咧！不常常烦劳新闻记者那一枝笔在附张上写几句很俏皮的话么？同在一张纸面上，一边说禁烟，一边什么三炮台、长城牌、爱国……这个公司那个公司的香烟广告。拳头般大的字、威风凛凛的占据着几大幅的宝贵纸面。一边说戒酒、禁赌，一边什么三星、五星、什么正券、义券、副券，排排接接争着引起读者的注意。我也相信世界上没有鼓吹烟酒、赌博的新闻记者，世界上也没有敢鼓吹烟、酒、赌博的新闻记者。只是为了几文广告费，维持他那几幅纸面，使一般宣传家自己打自己的嘴巴，这是何苦来！广告的罪恶呢？金钱的罪恶呢？生活的罪恶呢？我想新闻记者之中必有不愿意替人受过的——但是……

（原载《星期评论》第37号，1920年2月15日）

旧历过年与报界休业

（1920年2月15日）

旧习惯破除与否，要看旧历过年的状况。一般的状况，便从热闹、冷静两方面下观察。玩过年的愈热闹，市面上就愈冷静；市面上照常的热闹，玩过年的就冷静。今年阳历过年，上海商场上一律休息，只有各报馆却异常热闹，排字房、编辑部、广告部、发行部，都比平时起劲，从增刊上都看得出他起劲的质与量数。转眼旧历到了过年时节了，且看鼓吹新习惯的报界，能不能够破除“停版几天”的旧习惯。

（原载《星期评论》第37号，1920年2月15日）

怎么样好？

（1920年2月22日）

哥哥，我不干了！

弟弟，你为什么不干？你呕谁的气？

哥哥，谁不是爹妈养的？只有他们的世界么？我不干了？

弟弟，你……不该使性！上级官爱说几句，只好由他说。他……喝醉了！

哥哥，你这话太不近人情：他也不过是一个人，不是长三头六臂的；为什么他能打一百两百块底的麻雀，十块二十块的扑克，我们八块钱一个月的饷，还接连欠了三个月不发。他今晚“素娟”、明晚“翠喜”，我就该丢着小媳妇儿在家里守活寡。这些话且不说，他半夜三更嫖够了，赌输了，灌饱了，一肚子黄汤，笼着皮大衣，闯了回来，我们在风头上站冻僵了的，还是照规矩立正，他还嫌什么姿势不好，打起他猜拳嚷哑了的嗓子胡骂。哥哥，他的威风哪里来的，不就是我们手上这一杆枪。

弟弟，你不要这么说！你不看见“李得胜”么？

哥哥，那个傻小子你不要提起他了。马打架，本来不管守卫的事，只伤了马腿上黄豆般大一点皮，为什么要他挨骂，他大约气哽上来了，咳嗽了一声，就有分挨二十军棍。我瞅着这傻小子挨军棍的时候，倒反连气都不敢出似的。我起初很替他不平，过后看他那一种傻样子和弟兄夥冷清清当作没有这回事的情形，我倒打了一阵寒噤。唉！这桩事比得我……

弟弟，比得你该怎样？

哥哥，老实说，我就拿这个对付他。

弟弟，这不造了反么？

哥哥，大家都是为吃饭才找这些炮灰的活计：牵马我们有份，骑马我们没份；打骂我们有份，吃喝我们没份；挡炮子我们有份，逛窑子我们没份；你看他们上级官所穿戴的金晃晃的帽章袖章肩章，那一丝那一缕上没有我们弟兄伙的血；我们究竟图个什么？

弟弟，你说出这番话来，见得你是一个不懂事的小孩子！那个人的资格，不是自己打熬出来的？古话说得好“兵丁是侯伯根苗”，又说“吃得苦中苦，方为人上人”。现在虽说没有侯、伯的名称，你看大总统和皇帝有甚么两样；巡阅使、督军、镇守使和从前皇帝下面的总督将军都统提镇有甚么两样？从前武官是文官笔底下的奴才，现在文官是武官胯下的狗。你看南方北方几个巡阅使督军，那一个不是军人出身，那一个的出身不和你我现在一模一样？你我就不必公然做内威外武的大总统的好梦，巡阅使督军的风光，我们也许打熬得到。就不做巡阅使督军的梦想，什么护军使筹边使镇守使的地位，总许有个希望。再退几步想，什么师长旅长团长营长，总该有一个是我们分内的。弟弟呵！他们那些高贵的资格，都是从挨骂挨打熬出来的。你我年纪轻轻，前程远大的很，不要这么不懂事了！“吃得苦中苦，方为人上人”你我想要做人上的人，就应该吃苦中苦！

哥哥，你这番话我实在不敢相信。你看醴陵、衡州这一带的老百姓死的死、逃的逃、烧得烧、毁的毁，男的女的老的小的中年的穷的有的，没有一家完全的家，没有一个免得恐慌痛苦糟塌的人，这种苦，不也吃够了么？你见那一个吃苦的跑到人上去做人哪！

弟弟，这个不同。这他们是专吃苦的，不会拿苦给人家吃的；天下不会拿苦给人家吃的，总做不了英雄好汉。英雄好汉，一面会吃人家的苦，一面会拿苦给人家吃的。你我现在吃的是人家给的苦，将来也会把苦给人家吃。所以军人讲究“服从”就是人家——上级官——无论给什么苦我们都该服从著吃下去，我们将来打熬出一个出身来的时节，就可以拿无论什么苦给人家吃，人家也一样和我们今天的样子服从我们的。你看他们做了督军的还是讲究服从，你不听见那一天督军的演说么？他说：“我们军人第一就是要服从，巡阅使是我的上官，他给我屎吃我也乖乖里［地］吃。”他们做督军的这样服从了上官，就是要督军以下的官和兵都服从督军。督军肯吃巡阅使的屎，督军以下的官兵就该吃督军的屎。我们今天吃人家的屎，我们将来就可以拿屎给人家吃。

哥哥，我不愿意吃屎，我也不愿意拿屎给人家吃；我干不了这种吃屎的活计。

弟弟，你真不懂事呵！你不干这个，又干什么去？你不干这个，不但将来没有发迹的一天，不但养不活你家里那个小媳妇儿，恐怕自己也没有别的活命方法。虽说我们现在吃了些苦，也不是没有拿苦给人家吃的机会。

哥哥，你说那些是我们的机会？

弟弟，你不是傻的。你只看见他们打的一百二百底的麻雀，你只靠着这八块钱一个月的饷银过得了活么？你看，那些白粉高墙的住家金字招牌的店铺，不是我们的宝库么。

哥哥，你不看见那严厉的命令么？

弟弟，我说你不懂事，你真个傻到这一境。这些照例的命令，正是给我们发财的照会。你虽是没有得过财喜，你只看我们皮靴脚印经过的地方，那样财喜不印上我们弟兄伙指头上的螺纹。这些命令正是预防着乖觉的雀儿，见著影子就逃走，使弟兄伙空手一趟；你曾听说那一个弟兄伙，为着这些事回老家去的？

哥哥，“张建功”他们那一排里不是一天干掉了三个么？

唉！弟弟，他们三个，那里为犯了这个命令干掉的。他们前三星期和马夫“王二”赌输了，王二吃了他们三个的亏，背地里早就和（翘起一个大拇指）他搬了些什么，又凑上他们三个喝醉酒使性，那天冤冤有孽，大本营来了一角什么公事，就把他三个做了面子，那里是为财喜的事。如果真是这么办，那一个弟兄不该回老家去？

哥哥，话虽这么说，我听见这些事总睡不着觉，到如今我夜里一个人还不敢到那片空地上去撒尿，因为我是认识他三个的呵！

弟弟，你怕么？

哥哥，我怎么不怕，我想他三个家里也有媳妇的呵！他家里正盼望着他三个什么目兵排长连长联升三级的爬了上去，那知道他们三个就这样了掉呢？

哥哥，说到这里，我联想起一椿事来，我连气都不敢生了。那一天，我看见第四连驻的那所房子，很像我们的家，并且门口贴的一幅半红不白的春联句子，也和家里是一模一样的，门板上几个枪子窟隆和一大片血迹，把我几乎吓麻。这还不希奇，旧埂上躺着褪了下衣的死尸，相貌简直和小媳妇儿生病时候一般无二，那时，几乎把我的心吊到不知道到那里去了，钉在大路边上站了好一阵不动，还是“莫建勋”在我肩头上拍了一下，我的心才回到我的胸口来，突、突的跳个不住。莫建勋还打着趣话兜我，我至今见着他还要痴一阵。哥哥！你想我怎么不怕！

弟弟，你真是吃长素的人看见人家宰鸡哩！这些事算什么，男子汉、大丈夫，见多识多，酒来醉、饭来饱，看不中意的脚踩了，我劝你趁早把这些婆子气免了罢！

哥哥，这不是说笑的。奶奶年纪大了，嫂子还是年轻的……

弟弟，你不要说这些话了。唉！你何必说这些话！你不懂事。唉！不……懂……事……

哥哥，我真的干不下去了。

弟弟，你不干么？我难道也不干么？且看……

哥哥，且看什么？

弟弟，我们总该找到一个出身！

哥哥，大总统么？

弟弟，我不想。

哥哥，巡阅使、筹边使、督军、护军使么？

弟弟，我也不想。

哥哥，师长好么？

弟弟，我想没份！

哥哥，旅长、团长怎么样呢？

弟弟，我想恐怕也没份。

那么，哥哥打熬著一个营长，奶奶做一个营长的老太太，嫂子做一个营长太太，好么？

弟弟，现在我也不想了！

那么，你想干什么？

弟弟，我出门长长三年了，总想撩摸一点养家去才是。

哥哥，十万八万没有你的份，一千两千也拿不起走。三百二百不够半年一年花，你想多少呢？

弟弟，我没有打算了。你看怎么样？

哥哥，我是不懂事的，你看怎么样？

弟弟，但是欠饷还没有……

“叱！什么人讲话，莫非营规都不懂么？那个？……立正！”

（原载《星期评论》第38号，1920年2月22日）

考试与毕业

（1920年2月22日）

凡人类必需要的事事物物，只有改良，不能废弃；如果不需要的事事物物，只有废弃，不必改良。例如交通上用的船、车，从人力到电汽，中间经过改良的事实，便有风力、兽力、蒸汽种种。无论交通机关进化到那一境，交通的器具，无法废弃，这是因为必需的。又如头发，从披散、束起，到编辫子，也经过些改良的过程，总不如直截了当把他剪短了利便，这是因为不需的。譬如剪头发，现在社会上都明白这件事是很利便的事，断没有回头去提议髻该怎么挽法才便利，辫该怎样编法才便利。因为不需用的东西一看破了就废弃，不必再讨论髻与辫子的改良方法。

现在学校的考试制度与毕业制度是不是必需的呢？还是不需的呢？要研究改良这两种制度，或直截主张废弃这两种制度，必得先认识学校是个什么，现在的学校又是个什么。

“学校是教人发展本能的机关”。现在的学校，是资本阶级的专利品，因为现在的学校，非有财产的人，不能入学。所以现在的学校是“制造知识阶级的机关”。我们认学校是必需的，“制造知识阶级的机关”的学校，便有改良的必要。因为人人应该充量发展本能，所以人人该有受指导的机会。那么学校设备，是人类共同的，普遍的，永久的，不该为那一批人所独占的，专有的。

既认识学校是人类共同的，普遍的，永久的，何以要有考试与毕业这种制度呢?

主张这两种制度的，他认考试的作用：

一、入学之初的程度认识；1. 分别弃取；2. 免得低能者躐级求学；

二、鼓励学生用功；

三、定升级留级的标准；1. 优等生与劣等生的分别；2. 考察勤惰。

以上关于学校之内的作用。又有对于校外的作用：

一、对于学生的家庭，有了交代；

二、表示学校的成绩。

大致考试的作用，不外上边所列五种。依我的研究，这五种作用，都没有存在的理由：第一，“入学之初的程度认识”。凡人都有本能，不能把那一个人抛弃在社会之外，就不能把那一个人抛弃在学校之外；所谓因认识程度而分别“弃”取的话，不成人话。其次，说“低能者躐级”。为要求指导来求学，决不愿意进程度够不上的讲室；人人不愿听不懂的戏，就没有自己愿意躐等求学的。第二，“鼓励学生用功”。学生用功，果真靠考试鼓励，他求学的目的，已经大错特错了；因鼓励而奋斗的人，是铁十字勋章底下的军人，是争妍斗丽的婢妾，是赛马场的马；就是养成被动性的奴隶教育。第三，“定升级留级的标准”。考试评定分数，自身就没有精确的标准；拿没有标准的东西作标准，根据上已经不能存立；而且在生活不平等的社会里面，人的智慧，也因为生活上待遇上遗传上的差别形成聪明与愚笨；怎么算优，怎么算劣，不能只使那［哪］一个人本身负担这个评定的责任；况且时间的制限，学生平时所努力的科目种类和考试的题目差出，生理上的关系，种种都无法得到数量的均衡，优与劣既不能拿考试来判定，勤与惰也一样无法判断。

这样看来，学校里面的考试作用已经不能存在；至于学校以外的作用，一样不该存在：第一，“对于学生的家庭，有了交代”。第二，“表示学校的成绩”。第一层认错学生是学生家庭的货品，不是社会上一个人；第二层，把修业证书、分数表、试卷、手工品、认作学校制造的；学生又等于制造货品的机械；往往一个学校，经过一个学期考试，把一些手工制造、试卷，陈列了出来，招集学生的家庭和来宾热热闹闹开了一个恳亲会，博得一些参观〈者〉的夸奖说“成绩很好”；其实教职员和学生肚子里自己明白那［哪］些成绩是商场上买来的，那些是教职员制造的；与会的人也知道有这些鬼把戏：只为办学校的人，装装点点辛辛苦苦开了一个会要人家夸奖他，既来与会，也乐得做个口头人情夸奖几句。唉！这班肚子里自己明白的学生，对于这场热闹，作何感想，所受影响又怎么样？办学校的人就不管了？

还有平时和教员通私人情感的学生，背地里通知考试题目的范围，成绩上增添些分数，那更不消说了！总而言之：科举的弊害，移到学校考试制度里面重演一番，不但不减少，并且加增了许多彰明较著作弊的事实；这不是考试制度演出来的活剧，又是什么？虽说这种状态，原由社会上一般好作伪的因袭和蔑视个性的心理所成，但是教人发展本能的机关的学校却不能不负改革的责任。

也有人明知考试制度不是好东西，他却主张不断然废弃；这种见解，和前清末年，去了发辫又戴上假辫子一样。如果他真个不跑到龌龊的名利场中，究竟要这假辫子何用？其实他并没有看到考试制度是一种不需的东西。

以下说毕业制度。

毕业制度的作用：

一、对于学生的家庭，有了总交代；

二、给学生一个出身，使学生得凭借这个出身找饭碗；

三、表示一种学业的结束；

四、社会上因为需要有这一种学业的人材，依他的出身，给他的职务。

大致毕业的作用，不外前列四种。依我的研究，这四种作用，都不该有存在理由：第一，学生的个性，是自己的，不是学校给他的，也不是学生的家庭委托学校制造出来的。学生无论成年不成年都是社会中一个人，不是离脱了社会自成一个人，学校即是社会，也不是离脱了社会自成一个学校。学业是继续不断在那里增进的东西，社会是一种继续不断的组合，时间上也不能划断他增进和组合的进程。依此看来，才明白学生不是家庭所有，不是一种死的材料，那里可以由家庭交给学校制造成功一件固定的东西，交还所有者呢？所以毕业制度，“对于学生的家庭，有了总交代”的作用，不该有存在的理由。第二，“凭借一个出身去找饭碗”。这种作用和从前的“举人”“进士”有什么分别？一个人不能在求学时期不吃饭，也不能在有了饭碗以后不求学。饭不是可以打总吃；学不是可以打总求——如果学可以打总求，便要割断人的一生作两个时期：第一个求学时期，第二个找饭碗时期，打成两橛做人是做不去的——不是说一个人把少、壮、老三个时期可以浑成一片；幼年的保育，少壮间的求学，壮年的工作，衰老的扶养，在一个人年龄上生理上一个时期有一个时期的待遇，一个时期有一个时期“主要”的任务。主要的任务，虽因年龄和生理的关系有不同的地方，但是求学与吃饭这两件事，应该可以做到老死的时期。科学不断的进步和人体继续的生活同在一根线上的时间不住的前进，截取了学问的一段，认为毕业，以为终身可以靠他吃着，就等于打总吃十年二十年饭，以为可能活到八九十岁不饿肚子，同是一般没理解的错误。所以我认第二和第三两种作用，都不该有存在的理由。第四，社会需要有相当学问的工人的工作，是由工人自身拿学业和工作去配合，不是学校给了一张毕业文凭，就作得了准。社会如果只相信毕业制度不相信有学业者的自身，就是当学业者自身是无人格的，而学业者所出身的学校是超人格的。

总之：考试制度与毕业制度，就是“蔑视个性”，一种很恶劣的习惯，旧习惯一天不改革，社会的学校——人的学校——一天不能发现，人的社会，也没有组织的日子。虽说别方面的关系很多，但是学校总做个前驱才是！

“学校要改革旧式恶劣的社会，要从学校自身废弃考试制度与毕业制度做起”。

（原载《星期评论》第38号，1920年2月22日，此据《玄庐文存》）

学生与文化运动

（1920年2月28日）

浙江的新文化运动，已经受着打击了。新文化运动的敌人，撑出他枯朽的铁臂膊，一拳打去了杭州第一师范学校新文化倡导者的校长经亨颐。为什么会去经亨颐？因为浙江教育厅长夏敬观的查覆；为什么夏敬观会有这一种查覆公文？因为浙江省长齐耀珊有查办第一师范的命令；为什么第一师范要查办？因为第一师范和傍的学校学生出了一种《浙江新潮》周刊；为什么《浙江新潮》要查办？因为《浙江新潮》登了一篇《非孝》的文章；为什么会有《非孝》的文章？因为这一种文章是新文化运动的表现。浙江的官吏，既做了新文化运动的敌人，就不能不找着一个先导者的第一师范给他一个打击；去经亨颐的校长，就是表示他们打击新文化第一声的权威。

赫赫的威风，伤得了经亨颐的毫毛么？不会，经亨颐还是有省视学做。赫赫的威风，动得了第一师范的尘土么？不会，第一师范的招牌还是金晃晃的刊在石头上“浙江省立第一师范学校”那十个字。真正受着打击的，就是第一师范有了新文化思想的学生。

第一师范的学生，受了这一个打击之后，从此停止了新文化运动，乖乖的蜷伏在权威底下，仰着权威的鼻息，图一个毕业的出身么？果然这样：从此推出钱塘潮，锁住鳌子门，滴水不漏的与世界断绝了关系，永远在黑沈沈［沉沉］的社会里做一个一世不见天日的奴隶的奴隶，未尝没有他的安宁。能够么？愿意么？做得到么？我想来是做不到，不愿意，不能够的！或者一般受毒深重的遗少，正好趁着风头，顺水推船的孝顺过去，一边推在社会上，一边推在家庭上，一边推在官厅的势力上，轻飘飘的两只肩膀，正是他折枝舐痔的机会，难道不合他的私计么？但是我不相信二十世纪的浙江，有这样的青年，容许这样的青年。

就师范学校看，第一师范之外还有十个师范；就地方看，浙江之外还有二十一个浙江。总算第一师范真个被权威压倒了，压得倒其他的十个师范么？除非第二到第十一师范没有学生，或者就有学生没有思想的，不烦劳权威去压迫，他们自己倒在那里的。不用说，如果那十个师范，一样有学生，一样有有思想的学生，恐怕还须权威的省长厅长和仰承官厅意旨的职教员分点力气。纵然一样也被压倒了，难道第一中学之外的十个中学，医药专门学校之外的专门以及公私立各学校学生，都甘心屈服么？即使全浙江学校里面的新文化运动算是凌灭罄尽。浙江之外，还是有新文化运动的。即使北军阀势力范围底下各行省，都被蹂躏平了；西南半壁，一样有新文化运动的立场。即使南北军阀同盟和新文化宣战，以为是可能的事么？算是也做到了，能够使朝起的阳光不照到东大陆，不照到韬光山上么？空气流到得了的地方，就是新文化运动得起的地方。新文化初起时就受着打击，便是新文化的本能。权威呵！我必有一天看得到你投降在新文化旗帜底下的日子。

但是如今总要算权威得势的日子了！比起秦政的焚书坑儒，梭格拉底的死在蛊惑青年的罪名底下，分量要差得很多。我们青年回头一看过去的黑暗史，早就认识这一种权威是历史上遗留的残影。这一种黑影迹一天不去他干净，社会一天不能光昌。要洗去这种影迹，除却我们青年学生，更有谁来负担这重大的责任。

洗濯我们社会的污点，就是我们青年学生向上的东西，因为社会就是由我们青年造成的，我们青年就是社会的分子。我们该洗濯社会的污点，就是洗濯我们自己的污点。我们因为要洗濯社会而奋斗而牺牲；奋斗到甚么程度，牺牲到甚么程度，现在虽不能预定一个数量，总之奋斗的范围越大时间越长，牺牲的数量也越多，新社会的发现也越快。我们青年学生呵！社会上的事，都是我们自身的事，我们自身的事，不是盼望那个倚赖那个做得清楚的！一般“委曲求全“的老先生们，委曲是委曲了，所求的全还是假的梦想。一般因人成事的校长们，也不是能够掮的动什么肩子。一般依违两可和只见眼前饭碗的教师先生，他们只要能够苟延残喘下去，什么误人子弟的罪恶都会犯的。至于一般社会和旧式的家庭，越是顽固，越是可怜，越该赶紧去振拔他们出这个黑暗地狱。我们青年学生呵！新新旧旧老老少少应兴应革的责任，一齐上了我们有毅力的肩头。轻担子该担，重担子也该担，除却青年没有肯担的也没有能担的更没有敢担的了！

不要以为这椿事不是那一个这一个的事，正因为不是那一个这一个的事，才是大家的事。风波正恶咧！要翻要翻的船，不仅你们这一艘，北京、天津、山东，你们的同志正多着咧！少年人和老者打架，不必怕他骨头，他们已经一大半枯朽了的。奋斗一场，社会里面的分子，你们只会场场增多，他们只见场场减少。应该负的责任，必得负的责任，不负也要负的责任，乐得负的责任，正是我们青年学生现在的责任。

我们青年学生不为那一个人负的责任，为新文化负的责任。新文化是我们青年的生命，我们为生命负责任。新文化是我们青年的将来，我们为将来负责任。新文化是我们青年前途的光明，我们为光明负责任。新文化的敌人，已经对于我们青年的生命、将来的生命、光明的生命宣了战了！我们要试验我们生命的力量，正是这个机会。

（原载《星期评论》第39号，1920年2月29日）

请　客

（1920 年 3 月 2 日）

许久不去做食客，
一餐当作两餐吃。
刀叉呀，矿夫骨；
杯盘呀，窑工力！
一杯饮料一盘汤，
点点都是工人血。
后天我们也请客，
不是工人不许吃。

（原载《民国日报》副刊《觉悟》1920 年 3 月 2 日）

塑　像

（1920 年 3 月 2 日）

你要高，
我就端个双梯挺直腰；
你要矮，
我就弯下腰来摩顶盖。
你要怎样就怎样，
只要塑得你像样。

只是瘦了穷人怒，
肥了富翁妒，
丑了大家要摇头，
俊了有人会吃醋。
塑像不难想像难，
掉过头来□人谱。
你要怎样便怎样，
只要塑得你像样。

一手锤，
一手锄，
血海中间翻过身，
太阳光里寻生路。
依他塑，依他塑！
塑成之后还要打破他。
他也是过渡。

（原载《民国日报》副刊《觉悟》1920年3月2日）

你嫌龌龊么？

（1920年3月5日）

你嫌龌龊么？
种田的人两手都是泥。
你嫌龌龊么？

泥脚泥手也是一床底好夫妻。
你嫌龌龊么？
他底手脚如果不沾泥，
大家那里来的米！
漆匠身上惹的漆，
排字印字工人身上惹的墨，
泥水匠身上的石灰，
机器厂工人的油煤，
你嫌龌龊么？
棹布似的衣裳，
厨子身上一阵油盐酱醋香，
你嫌龌龊么？
锉刀似的手皮，
正是创造文化的凭据。
比那嘉禾文化勋章，
不知道要清洁高贵多少倍。

（原载《民国日报》副刊《觉悟》1920 年 3 月 5 日，此据《玄庐文存》）

与资本家一鼻孔出气的督军

（1920 年 3 月 7 日）

资本家给很低的工价买工人作工的时间，逼得工人非增加钟点做工，不能维持生活，资本家还以增加作工时间算恩惠。这种恩惠，岂不恩惠煞人！几包正气丹、万应锭，一桶施茶，更是恩惠上的恩惠了！不料资本家这些戏法居然被一个督军学了去，他把财政厅的金库钥匙紧紧的抓住，不许依预算案支出，一面罄其所有来铸造督军的宝座，真害苦了一般教书先生，做了两年光景的义务长工。这位督军，却很热心的从军需项下拨借了二千元作学校经费，并且汇了一千元到美国买书捐给学校。唉！这也真是恩惠了！成都的高等师范学校呵！上海的纱厂工人呵！你们受了这些恩惠，你们该怎样的感激！

（原载《星期评论》第40号，1920年3月7日）

何必托军政府来压倒地方自治

（1920年3月7日）

贵州督军打了一个电报给广东军政府，要求军政府颁布自治章程。这明明是贵州人民要求自治罢了，这位督军便异想天开的发了这样一个电报，想把不许自治的罪过推在军政府身上。贵州的人民啊！你们要自治，自治起来就是了，何必在老虎嘴里讨全羊组织什么“自治研究会”呢？

（原载《星期评论》第40号，1920年3月7日）

春　晓

（1920年3月7日）

登高一望平原。一片鹅黄色的油菜花，衬著碧绿的菜叶，铺到天边。深蓝的天，擎起一朵红云，一轮红日，现出春景新鲜。软软的风，吹得人好爽快也，不费半文钱。远远的几个农失，锄头起，秧种落；耜麦地，做秧田。春光呀！朝气呀！他也不管我偷闲——我那里舍得偷闲。

（原载《星期评论》第40号，1920年3月7日，
此据《玄庐文存》）

读王崇植君“我对于玄庐君的《考试与毕业》的讨论”的感想

（1920年3月14日）

（一）

有一个朋友对我说《时事新报》“学灯”栏，有一篇驳你那篇《考试与毕业》的文章。我很高兴的往报架上去找看，偏偏本月七号那张“学灯”栏找不着，就到别处去找了一张来。满望驳论上发见许多精义，给我们研究这个问题的参考，若使能够使我们主张废止考试与毕业制度的，抛弃了理想上的主张，更加欢迎；即不然，总比浙江教育厅“呈请修改学业成绩考查规程条陈”好得多。那里知道从头到尾，竟不免失望！于这个失望中间，却得着了一种教训，应该普告我们许多青年的：“凡是对于新趋向的著作，要动手作驳论之先，应该把那篇著作，看得明明白白；并且该把那篇著作的背景也看清楚了，才可以动手。”

现在我要把崇植没有看清楚我那篇《考试与毕业》的背景指出来。

（二）

《考试与毕业》原文上的背景，是主张把一切不需要的东西，打得他粉碎虚空不留色相。考试毕业两种制度，是不需要的；不需要，就应该废弃。又恐怕许多人把天下无废物的一种观念误解了“不需要”三个字的意

义，所以就拿人人头上的头发，曾经拖过辫子梳过头，剪去了的，作为不需要的东西底例证，证明考试毕业两种制度也和辫发一样应该废弃的。

他又认必需的东西应该改良。学校，是必需所以也应该改良。改良的过程，就和交通器具由人力到电力中间经过风力兽力的过程，这也是中国人人习见的，所以举来做个“必需的东西应该改良”的例证。

崇植没有看清楚原文的背景，所以他说：“拿两个比喻——交通事业和发辫——来扭到不相关的考试和毕业上，我实在有些不佩服。”

（三）

原文未说到废弃考试与毕业两种制度之先，就对学校下了一个定义。“学样，是教人发展本能的机关”。

要明白这个定义，必先认识这个“人”字。这个人，就是凡人都皆识他是一个人，无论聋、盲、跛、□、哑，只要是一个人，都应该有受指导的机会。原文见“不能把那一个人抛弃在学校之外”，这句话，崇植既认为“当然不差的”。但是他又说：“玄庐！我有一个实例问你，假使北京清华学校招留学生，没有了考试，你可有具体办法吗？像许多师范学校，不取学膳费的学校，没有了考试，学生怎样招法呢？他骂分别弃取的话，不成人话，我不知道怎样才成人话呢？”

我若说崇植不明白学校的定义，崇植却明明认识“不能把那一个人抛弃在学校之外”这句话是不差的；若说崇植已经明白了学校的定义，他又偏偏举出两个非考试不可的学校来；这种矛盾的原因，是丢开了定义来讲现在的学校底缘故：把应该考试应该毕业的眼光，来看废止考试废止毕业的著作，又不明白原文的背景，并且丢开认为不差的定义。所以在这篇短短的论文中，就有这个自相矛盾的结果，这还是驳论中很小的错误点呢！

（四）

驳论中最大的误点，就是把原文所指现在学校的状况，认做定义。原文说，现在的学校是“制造知识阶级的机关”。

崇植既把我所指应该改良的学校现象，作为定义，所以他说：“学校确是制造知识阶级的机关。因为人类的本能是不同，发展起来的程限当然不同。学校虽是指导人人充量发展本能，但是人类的本能决计不能在同一水平线上，个个人可以向着做大科学家加利利亚、牛顿、鹿化西等的路上走，个个人不是普遍做得到的。我相信不是像老子出世的人生观，主张归璞返真，知识阶级总是打不破的，亦无须打破的”。

现在人的知识，因为遗传上、待遇上种种所受的环境不同，所以生出知识的差别。如果把一切不需要的制度打破，自然会从相差点渐渐走到相近点，一直向相同的点上走。这些题外话姑且不说，就论现在，知识只有差别，没有阶级。“知识阶级”这个名词，是由资产产阶级里面生出来的，由资产阶级建设了学校，把学校作为资产阶级的专利品，得受指导的无非是资产阶级的人，所以这种学校的结果，就成为制造知识阶级的机关。阶级制度战斗的血花，差不多要开到眼前了。我们想免除这种祸害，应该先拔去这个祸根。要去这种祸根，原不是社会中间一片段的学校，所能够做得完成的。但是学校在社会中间固然是片段，而学校自身，却是一个具体的。这个片段中间，找出一个具体的问题来研究，那个片段中间，找出一个具体问题来研究，那一方面的研究先成熟，就以那一方面先发端，这不是应该的么？

青年啊！你们还是立在资产阶级方面呢？还是立在非资产阶级方面呢？你们如果立在资产阶级方面的，只管主张应该考试应该毕业。校门外的哭声，笑声，一般蠢笨工人的打架声，不去管他，把四面围墙筑高些砌厚些，像长城那般高那般厚，只要外边都是不识字的人，你们静静心只管去研究尼采、斯密亚丹的学说罢！你们如果立在非资产阶级方面的：要进营业的学校，你没分；要进留学豫备的学校，你没分；要进不取学膳费的学样，你也没分。因为你们是拿不出一两百块钱的。你们从小就没有识字的机会的，考试轮不到你，你只有分［份］抬考试的人的轿，拉考试人的车，撑考试的人的船，煮考试的人吃的饭，烧考试的人喝的茶，缝考试的人穿的衣，还要你印考试的人读的书，营造考试的人住的校舍。什么都有你的分［份］，只是考试没有你，毕业没有你，博士、学士几个字样加不上你们的名字上去，你们还是安安分分做一块知识阶级底下的填脚石罢！凡人都认识你是一个人，那［哪］一个人的学校都用得着你的。

（五）

我借崇植的驳论，来说明我那篇《考试与毕业》的意思，和大致的感想，《星期评论》又得了一页的材料，我是很感激他的！我读他的驳论还有几句零碎话该答复的：

他说："我看西方的情形，玄庐君的话有点信不过。"

我很希望崇植把西方的现象，详详细细告诉我们，使大家多得到些好榜样！也可以使我明白怎么样"信不过"的地方。

他说："学校没有了入学考试，一学校的学生不是包涵万有吗？教授上不是要发生抵触吗？"

试看德国的统一学校（略见《新教育》二卷一期）。他说："听戏是娱乐，听讲是发展本能，怎样可以比喻。"戏剧原是社会教育的一种，而且我主张将来的学校，必须和戏剧院有相似的设备，听众必须有任意挑选讲师的自由。

他说："废除了入学考试的结果，你可有成竹在胸吗。"

有，大大地开着学校的门，大家都可以自由听讲。

他说："现在社会状态和经济压迫，许多人难免走躐等的路。……人性全恶的纯粹他律主义，也该下番研究工夫……不信我这几句，请在各学校里下个详细精确的调查。"

我相信崇植这几句话是实在的，许多人何以要躐等？何以不能自律要靠他律？崇植既明白是受社会状态和经济压迫的影响，何以不直截去解决社会问题？难道说说维持着考试毕业的制度，经济的压迫就免除了么？

他说："不能拿考试做准确的标准，这一番话我是表同情。……一件抽象的东西——学问——是没有什么可以计量的。"

他这番说话，明明认清楚成绩评定是不能精确的；底下一个"不过"一个"但是"，就转出一个下坠物的速率公例。

他说："所以拿考试制度来定升级留级，是件可能的事情。"

就以一个学校里面一个学生的一椿成绩，如果个个要和假定的公例一样研究，恐怕集全国的教师，费十年的工夫，也考试不了一个普通中学。

他说："毕业制度作用四条，是现在误认毕业本意才发生的。"

崇植既认明我所举的毕业制度的作用，是误认的，我希望他把他所认的作用，说出来，使我们也得一个更充分的研究资料！

他说："一个学校，教授上没有毕业，不是要手足无措吗？"

这种话的论调，差不多大家都听惯了。例如，民国纪元前，剪了辫子的，就常常听见人说，"一个男人，剪了辫子，不僧不俗的像什么呢？"初创天足的时代，就有人说，"一个女人，不缠好一双脚，像什么呢？"纪元以后，就有人说"一个国家，没有了皇帝，怎么办呢？"改革时期的论调，往往如此。我以为下决心要澈底研究的人，不该有这种含糊笼统的口吻！

他说："我不知道玄庐君主张废除毕业制度，下过一番研究工夫没有？他对于教育上，下过一番研究工夫没有？"

我研究毕业制度的结果，就是认为不需要该废弃的制度，教育的定义，就是"发展本能"四个字。

我的话在大体上已经答复完了。末了还有两句话该说的：

一、无论讨论什么问题，不应该拉扯问题以外的话，漫骂更没有人愿意睬的。

二、既主张阶级制度，千万不必拖累无数平民在笔底下做幌子。

（原载《星期评论》第41号，1920年3月14日，此据《玄庐文存》）

“女子剪发”与“女子人格”

（1920 年 3 月 18 日）

毛飞主张女子剪发，招了许多没理由的反对；楚伧赞成女子剪发，来了“你的妻已经剪了发没有?”的质问。没理由的反对，我们无从辩论起。至于楚伧所受的质问，虽不关系剪发问题的表面，却也是我们主张剪发的得一重说明的机会。昨天《民国日报》“觉悟”栏登得［的］有楚伧答复的话，我以为太简略了。特地把我的意见，趁这一个大家在讨论这个问题的机会，写点出来。

“妻”是对于“夫”的名称。“某人的妻”应该是与“某人的夫”的对等名称。“妻、剪发”是妻的自由。“夫，主张女子剪发”是夫的自由。

以上四句呆板板的话看起来，如果说“某人的夫”主张剪发而“某人的妻”不剪发，或者“某人的妻”剪了发而“某人的夫”不主张剪发，都是各人的自由，所讨论的还是剪发问题，不是夫妻问题。假使“某人的妻”剪了发而“某人的夫”因为不主张剪发，两个人吵起架来；或者“某人的夫”主张剪发而“某人的妻”因为不主张剪发而两个人也吵起架来；这个便从剪发问题牵涉到夫妻制度上去了。

由前说，“某人的夫”不认“妻”是他的对等地位的一个人；由后说“某人的夫”一样不认“妻”是他的对等地位的一个人。怎么讲呢?因为“妻”即是凡女子中一个人，“某人的夫”不主张剪发，万不能禁止凡是女子都不剪发；“某人的夫”主张剪发，万不能强迫凡是女子都剪发。我们为什么主张剪发?于种种经济关系之外，还有一个女子人格问题，作理想的基础。如果因为主张剪发而“强迫”“妻”剪发，那么，我们先就蹂躏了女子的人格了!

（原载《民国日报》副刊《觉悟》1920 年 3 月 18 日）

关于女子人格给瘦鹊的信

（1920 年 3 月 20 日）

瘦鹊：你没有把我的话看清楚么？

一、报馆主笔赞成或主张剪发，报馆主笔却不可强迫那一个人剪发。

二、“没理由的反对”，原文是指反对毛飞的人说的。你没有把我的话看清楚！

至于“娼妓”多，更应该讲女子的人格。

（玄庐）

附　瘦鹊给沈定一的信

玄庐：

我读《民国日报》随感录，见你发表什么“女子剪发”与“女子人格”。昨天通讯栏内，楚伧自己承认去劝他的妻剪发，并无人去强迫他。他是个报馆主笔，要负提倡责任的，所以有许多人写信去质问，你就认为没理由的反对么？至于“女子人格”请你慢慢再谈，就上海一隅而论，娼妓蔓延，这个时候，能谈“女子人格”么？

九、三、一八　瘦鹊

（原载《民国日报》副刊《觉悟》1920 年 3 月 20 日）

写给浙江第一师范同学的信

（1920 年 3 月下旬）

浙江第一师范诸同学青年：接回信，你们能够用冷静的头脑，支配热烈的情感，和黑暗社会奋斗，本能底［的］伟大，青年底［的］进步，就在你们这一封回信上，已经看得见一点。

你们问我，对于解散以后底［的］建设计画［划］怎样？我写第一封信的前几天，已经筹划了几种办法。但不知大家关于前途的观念怎样，所以前信没有提及。现在你们既要征求我的意见，就把我所计划的简单写在下面，仍旧作为一种提议。

一、联合群力组织学校；

二、组织短期的集团等待相当的机会；

三、组织大规模的工读互助团；

四、组织农团——或叫做“农学互助团”。

第一层，如果校舍校具教员和其他一切经济上的设备，都能够完全就可以实行。

第二层，听说春晖中学下一个学期，可以开办。春晖既有很丰富的基金，又是在文化运动中间几个人创设的，并且是私立学校，总比官办的自由点，想来总该是个比较好的学校。只在青黄不接的中断期内组织一个集团，学生教员就在这个短期集团中间施行教育，不必有十分完备的校舍校具，只有找到一所相当的房子，就可以组合。第三层，大规模的工读互助团，只要有相当的房子和不必多的开办费，学生和几个同情的教员很容易组织的。

第四层，组织农学互助团，这种组合，要有田地房屋农具，教师也不难组合。

我对于解散后底计划，只有这四种是团体做的。此外什么转学留学……以及不学，都是个人看自己的能力和意思去单独进行，或自己躲懒堕落的事，我也没法说。我个人的志愿和能力，以及能够帮助你们的，也不妨略略讲讲。第一层，我没有能力帮助。第二层，如果在乡间要一所旧式的大房子，住一两个学期，我可以帮助。第三层，我也能够永久帮助你们一所大房子。第四层，是我想实行的，我连我的房子田产并我一个人，我家里和我表同情的人，都可以加入在内。但是有几个必要的条件：

一、农学互助团是目的，不是手段，是共同生活，不是那一个人那一家的安乐窝，是一种主义的实行场所，不是世外桃源。

二、废除家庭制度。

三、生活与生趣是大家的工作。

四、除在团体以外，聘请的专门教员和技师该给薪水，团员中间的教员技师与学生一例受大家均等的待遇。

五、团员固有的妻子父母得加入本团，作为团员之一。但加入后，不〈存〉在家庭的关系和负担。

六、除老幼外，一例各尽所能协力工作。

七、团员得与本团相联合的团体，——如工读互助团、《星期评论》社以及本团所公认为同主义同性质的组合团之类，——轮回交换做工。

我对于农学互助团，是认为必要而有活泼兴趣的组合，且切实可以试验——实行——新社会生活的组织。以上很简单几条，遗漏的必不少，不过顺便说起给你们，大家看看罢了。如果实行决定还须仔细研究。

说到这里，我还有一句话要和大家说；无论那种财产，无论用什么方法取得，只要是拿来支配劳力自己坐收剩余的，都是强盗。这种罪恶，比吃人的猛兽还要凶狠。我的田产，不是我的，是祖父被旧社会所形成的罪恶。财产就是罪恶的证据，名为我的财产，实在就是我的罪恶底别名。我不是替我忏悔，也不是替我的祖父忏悔，我更不是替旧社会忏悔。从前的社会，从前的祖父，从前的我，已经没法忏悔了。只要认识从前是错的，我们就该从新做过人。

你们同学青年和我，在同个时期中，吸同样的空气，必有同样的感想。你们无论到那里都要奋斗。一师既当了冲，便拿一师的事和旧社会奋斗，只会成功，不会失败。事情失败的一日，就是人格成功的一日，而且没有什么牺牲的，所牺牲的，所牺牲的只是一副奴隶底锁练［链］；如果中途立住了脚，或者拼命保守着奴圈的，才真正牺牲人格了。

这一回的事，成功果然成功，失败也是失败。处到这个世界，凡有知识有血气的，没有不显出人的真面目来给旧社会看颜色。我以上几条建议的办法，你们大家的意思怎样？盼你们到时候［给］我信。因为我也有许多障碍，不能不先定打破一切障碍的方法。

（原载《民国日报》副刊《星期评论》第2卷，第18期，1928年9月3日）

诘责夏超电

（1920年3月29日）

杭州警察厅长定侯[①]先生：

闻君以武装警逼令一师学生离校，君果甘作摧残吾浙文化之虎伥乎，何面目食吾浙禄。若非事实，盼复。定一艳

（原载《申报》1920年3月30日）

① 定侯系夏超之字。

一个青年的梦

（1920 年 4 月 1 日）

前不见村，
后不见城。
偌大的天地间，除却几堆枯骨，
只容个无靠无依底死剩的人！

零零丁丁！
凄凄清清！
冷冷冰冰！
尖风吹热血，骨髓都凝！
是谁把我来安在这一程。

难道陷在这枯骨堆中了一生？
且不问他怎样崎岖，怎样险恶，
抖擞起精神，
发愤！猛进！

进行复进行。
高一程，低一程，
经过的无非是怨声，恨声，失望声，杀戮声。
血淋淋多少坎坷，把什么来填平？

进行复进行。

一线光明，从顶门透过脚心。

梦呀！醒呀！是假？是真？

哈哈！天明了，一片红光海样春。

（原载《民国日报》副刊《觉悟》1920年4月1日，此据《玄庐文存》

青年的社会从那里做起？

（1920年4月4日）

膀宽，胸厚，血液充足，是青年应有的体格；眼明，胆大，举动敏捷，是青年应有的态度；打破旧环境，创造新环境，以将来的世界为自己的责任，是青年应有的抱负；宗旨既定，拿热烈的情感去要求应用的知识，是青年应有的趋向；有一样不完备的，不配做今世纪的青年。

当现在过渡时期中，许多青年，正仗着老练的人材替他引导，这是不能免的事实。但是引导者的勇气往往不如青年的猛烈。起初引导者常常立在先驱的地位，拉直一般青年望［往］前进；继复引导者就不免退处于被激进的地位。久而久之，引导者能够不落伍不破产已经要算是“难能可贵”的了！这是什么缘故呢？

所谓老练的人材，不过像一堆烂谷子中间还没有烂的陈谷，触着春气，也能长出萌芽；一般青年，却是闷在坛里罐里的新谷种，一朝把不通空气的坛儿罐儿打破了，迎受着骑起锄头来的春，自然高高兴兴、蓬蓬勃勃发动他的生机。抽象的观察，以为新谷看陈谷的样也长出萌芽来，其实这一大片广漠无边的春，只要不是生机断绝了的枯朽，没有不会接受的。所谓引导，所谓先驱，也不过是这个时代一句话罢了，打破这些不通气的坛儿罐儿才是实在的事。

其次，引导者当前进的历程中间，时时顾虑着四方八面的暗礁，总想避开暗礁，或找暗礁的缺口，或等候世界的大潮，才敢前进。而一般青年，却不问他有危险没有，一觉悟到前途的生路，好歹就冲了出去。其实在枯寂的死境中间彷徨，比事实上的危险还要危险。所以当勇往直前的时期，最容易使引导者落伍，就是这种冒险精神的表现。

什么爱国运动、文化运动，老实说，就是不愿意再住在这个枯寂的旧社会里。

既不愿意再住在这个枯寂的社会，便应该建设我们理想中的社会，这个理想的社会，从那里做起呢？

第一，破除依赖家庭的心理，拒绝遗产承受。旧社会能够颠倒玩弄一般少年人，就是把少年人推纳在作伪的虚荣里面，和遗产的诱惑。现在的形势，虚荣是诓骗不住了。只有经济的打击，却是一个最难解决的问题。我们既要脱离这个窝巢，更不必问旧社会原谅不原谅，只要问我们自己有没有打破依赖家庭的决心。果真有了这个决心，那么旧社会把子女作为看守财产底奴隶的圈套，就套不上青年的颈子。旧社会既丧失了承受遗产底守财奴，他们建筑在家族制度上面底资本家的生产制，自然丧失了根据。这是我们青年改造社会底第一步。因为我们青年，不能离开社会做改造的事业，也不能划出一个空间，经营我们理想的社会。我们感觉到受苦痛的地方，就是我们的个性能够到达的地方，使我们受经济打击的家族制度，即是拿遗产诱惑我们的家族制度。所以改造社会底第一步要从破除依赖家庭的心理，拒绝遗产承受做起。

第二，我们青年眼光里面各种生产机关！土地，机器！该看作是“人”所公有的。“生不带来，死不带去”这句俗话明明把独占的生产机关，凿穿后壁。“耕田而食，凿井而饮，帝力何有于人哉！”这首歌更加说明因为要消费才劳动，因为要劳动才要生产机关；不劳动的人，出不到什么力。明白了这两层意思，就知道凡是生产机关，应该是劳动的人发展本能的场所！决不是不劳动的人可以把这些生产机关掠夺、霸占，以及作为遗产的。我们一面了解一切生产机关不该作为遗产承受，一面就要了解我们该把［用］自己的劳动去发展这些机关的生产能力。

我们青年只认识那一种是生产机关！不认识生产机关是那一个人遗产，就是不认为那一个人是所有者；我们青年只要把自己的能力去发展生产机关的生产！不承认我们是财产相续者，就是不承认无论那一个人的财产相续权。

以上两层：大部分对于资本家、大地主窝子里底有觉悟的青年说的，似乎距离要劳动而没有机会的青年很远。不过我们眼光中，只分别青年与非青年，不问资本家、大地主的子女与劳动者和劳动者的子女。因为大人、太太，是自己作成的；少爷、小姐，是人家给他做的。我们希望现在所谓少爷、小姐们，能够自己觉悟，将来不再流落去做大人、太太，谁说不是我们青年的好朋友？（“流落做太太”这句妙语，是一个朋友崇侠讲的，因为这句话很有精义，所以找来做了材料。）不但这样，我们现在起文化运动的一班人，以及直接能受文化运动的一班人，那一个敢说不是从前的强盗？如果从前不曾做强盗或分过强盗所给他底赃的，恐怕他至今不但不会起文化运动，并且连接受文化运动的能力都不会有。我们想想，六岁管鸡，七岁看鸭，八岁放牛，九岁做徒弟，那些有一餐没一餐的贫民窟里长大的人，连认字的机会都没有，那里还说得到接受文化运动呢？所以眼前一切文化运动，暂时只可说是运动皇太子革命，如果有不受运动的皇太子，将来总要流落做皇帝处在被革命的地位。

天气渐渐地暖起来了，寒暑表的度数不会一支独高的。如果这几天温带中的法伦表还在四十度下的，就是一个坏了的寒暑表。还有一种固定在零度底下的表，看见别的表升高，以为是一椿奇事的，我们就〈是〉把他丢在沸水里也煮他不高，只是青年社会里用不着他就是了！新世纪的青年呵！大家努力！

（原载《星期评论》第44号，1920年4月4日，此据《玄庐文存》

浙江学潮的面面观

（1920 年 4 月 5 日）

（一）学潮与官厅

自从浙江教育厅长夏敬观呈请浙江省长齐耀珊免浙江第一师范校长经亨颐底职，一般舆论，颇不以夏、齐这种举动为然。预料浙江教育界的轩然大波，必不只仅仅一个第一师校。因为齐、夏两个，并不只是免经的校长，根本上是不晓得“文化”是什么，教育是什么，学生求学是为什么。只看夏敬观初到浙江的时候，就对学生说：“你们且不必讲什么抵制日货、外交问题，只要静心读书，将来总有飞黄腾达的日子。”这一番话，在状元、宰相时代，不能说他不是。现在是什么时代了！二十世纪的青年，要他再退回去做十八世纪的梦，是明明违反进化的公例，这种时代错误的头脑，那［哪］里知道教育是什么呢？所以《上海学生联合会日刊》对于夏敬观这番话，不由他不下一种狠［很］厌恶的批评。再看齐耀珊对杭州学生联合会代表讲的话，他说：“不是我不准一师学生上课，因为他们上课又要闹什么‘文化’了……什么‘非孝’，‘男女解放’、‘社会平等’、‘互助’。这都是我们中国上古的学说，圣人之徒，得而诛之……总要君臣有义，父子有亲，夫妇有别，这才是报答维持教育的人底苦心呢！”这一番话，也可以说他是时代错误。一般的观察，十〈之〉八九因为他有这几句话，就认他是一个“旧人物”。我却不认齐耀珊是一个旧人物，只要把他所依据的名教纲常第一句“君臣有义”这话来问他：

一、齐耀珊在满清是“赐进士出身”，是湖北“汉黄德道”，清亡了，说到“君臣大义”，他该怎样？

二、齐耀珊劝袁世凯做皇帝，袁世凯居然就□了起来。且不问齐耀珊顶了一个贰臣头衔，他和袁世凯的君臣名分是确定了的。后来大家起来讨袁，袁世凯死了。说到“君臣大义”他又该怎样？

三、民国六年，齐耀珊伙著督军团对于中华民国造反。那时我去质问他，他说：“我和黎元洪十年旧交，我对于浙江的治安不能不负责任。”我说：“你和黎元洪有旧交，并且是黎元洪拿大总统名义任命你做浙江省长，既论朋友交情，‘士为知己者死’，你便不应该对黎元洪宣告独立，伙著督军团造反；你在浙江既知道有守土的责任，论大义，你更不该伙着督军团造反。”

只看上列三件事，齐耀珊竟直认不出他是那一种东西。说他是“旧人物”，岂不蔑视张勋的人格吗？照这样看来，齐耀珊不但不晓得文化是什么？并且不识得人格是什么。不但不配讲什么教育，恐怕“圣人之徒”也不屑教诲他这样的徒子徒孙。

这样的省长，碰巧配上这样的厅长，学生底血泪，就是化作钱塘江底春潮，恐怕也淘不尽他们头脑中间的积腐罢！

（二）学潮与上海各报

这回上海各报对于浙江学潮，要算《申报》、《民国日报》最起劲了。三月三十日，《申报》时评：“学生苟坚持此顺应世界潮流之公理以往，其不能与武力抗争而至屈服者势，而其心则终不肯屈服。此不甘屈服之心，即为公理之精神所寄。故纵暂时屈服，久必伸张也。此次浙学生文化之争，若不甘为自暴自弃之屈服，则结果可断言矣！”

这一段狠［很］有力的时评，颇能得一般青年的重视而鼓励奋斗的勇气。《民国日报》的论说、时评、随感录，连日把这件事狠［很］认真的评论。至于记载的事实，也算《民国日报》和《申报》最为详尽。

此外《新闻报》的记事，载官厅方面的文牍居多，不必说他。《新申报》三月二十九的时评，把学潮和政潮混在一起看，什么“学潮不可收拾”、什么“所谓学潮者尤不可闻问”、什么“学潮其何能忍受”，我看了两遍，才明白他所谓学潮，是戴起一副政潮的眼镜来看的。其余各报，也有些批评，才是和学生表同情的多。我只没有看到《上海学生联合会日刊》，因为我们搬了地方之后，好久不见他的面了。只看上海学生联合会的函电，也就看得到他们很光明的态度。

《时事新报》自从五四运动以来，很像能够在文化运动中间努力的出版品；我也很希望一般读者的脑子里因他的努力，渐渐的把什么“进步党”、“研究系”、“督军团”……等名目消释了，去看能够努力的《时事新报》。不料夏敬观做了浙江教育厅之后，我就听到两种话：

一、“自从夏敬观到了浙江之后，凡关于浙江教育界比较切实点的投稿，寄到《时事新报》去，总不见登载出来。”

二、“夏敬观长有信到上海来，和《时事新报》记者东荪商量聘请第一师范校长的事，并且夏敬观亲自到上海来，和东荪商量一师校长的事。”

第一件，作兴日报访稿拥挤；第二件，关于私人的交谊，我们且都不去管他。只是《时事新报》对于浙江学潮的态度，却有可以供我们研究的地方：（一）四月一日《时事新报》载一个二号字标题《浙江一师校风潮之详情》，所谓详情是什么呢？只有齐耀珊一个人的说话。且不管他一面之词算不算得详情，只就卫队打学生的事说：学生的诉状，教职员会的电报，各报的访稿，都说是打伤。只有齐耀珊这封电报说是学生自己碰伤，这算是“详情”么？（二）三月三十一日，标题“浙潮之唯一解决法”说：“惟记者始终以为此次学潮之目的尚未彻底……请以更换省长为运动之标的。”东荪以为更换省长，就算是彻底的目的么？“留蔡有可能性，留经则无可能性”，东荪如果不是去经预谋的人，何以知道留经无可能性呢？东荪即使未尝预谋去经的人，又何以知道无留经的可能性呢？

“留蔡即所以保新文化，留经未必能保新文化……留经与保全新思潮为二事。”

学生的宣言，目的并不专在留经，东荪莫非不曾看到么？留经未必能保新文化一句话翻过来看，即是去经未必是摧残文化，东荪是替谁人作辩护。

“蔡之敌为某派而非教育当局。”试问傅岳芬是不是教育当局？夏敬观是不是去经的教育当局？

“经之敌则为齐省长，教育厅特刽子手耳。”试问去经这椿事是齐耀珊的命令？还是夏敬观的呈请？明明夏敬观一样要去经，却要东荪代替他开脱，交情实在不浅。

总之，齐、夏都是“一丘之貉”，我在前面已经讲过一点。而浙江学潮，却是从纯洁无疵的青年学生心坎里发动起来的，批评他的人，只要胸中也是光明磊落，不把别的臭味羼杂在里边，也是言论界的责任。莫说青年人年纪轻，不是任人颠倒的！这一班摧折文化蹂躏教育的官厅，且看他横行到几时，哼！

（原载《民国日报》1920年4月5日“评论”）

起劲

（1920年4月11日）

（一）

“起劲！起劲！起劲做工。”
泪珠儿似的麦，
汗珠儿似的米，
高高兴兴的收了起来，
哭哭啼啼的还了出去。
“起劲复起劲！”
起劲养活几个剥皮敲骨的富家翁。

（二）

“起劲！起劲！起劲做工。”
建筑些高堂大厦，
染织些绸缎呢绒。
“起劲复起劲！”
起劲打扮些少爷奶奶，多多传些文明种！

（三）

“起劲！起劲！起劲做工。”
哥哥会赶马，
弟弟会拉车，
两个肩窝承轿杆，
一条穷命拼风波。
“起劲复起劲！”
起劲把老爷太太们送到了，工钱虽少骂声多。

（四）

“起劲！起劲！起劲做工。”
粉笔和黑板，
从春天书到秋、秋天书到冬。
“起劲复起劲！”
起劲制造些资本家的好雇佣。

（五）

“起劲！起劲！起劲做工。”
起早做到黑，

十四五点钟。
“起劲复起劲!”
起劲做到老、死、穷。

（六）

从此更起劲！起劲做工。
切断工人颈子上的锁链，
打破资本家所建筑的牢笼。
什么是现实的文明？
把他来“粉碎虚空”。
没有“富”，
那来“穷”。
没有“私”，
那来“公”。
腕力十分雄，
心花十分红，
“起劲复起劲”，
从此不做国家人种的糊涂梦。

（原载《星期评论》第45号，1920年4月11日）

学潮与世界

（1920年4月14日）

所谓中国政府，除作恶之外，什么事都不做。卖国呢，贿赂呢，殃民呢，摧残教育呢，那一樁不是伤害人民的事？一般国民蜷伏在这种残酷横暴的恶政府下面，痛心疾首，已经多少日子了。工人农夫，处政府压迫之下，更加几重资本家的压迫，那里还有喊救命的工夫？只有青年学生，抱着理解的智识和热烈的情感，自然激出一腔热血来，以和这恶政府算一笔清帐。浙江的学生，已经发难了。各校的代表，已经被捕去许多人；各校的门前，已经包围了许多警察。他们冒万死不顾一生的运动，无非急社会底所急。原来这种运动，就是因为反抗威权而发生，运动既经发生了，还想用威权去压迫他，适足以增长学生奋斗的毅力和牺牲的精神。但是所谓政府的威权，不仅仅在浙江行使；而青年学生，又不独是杭州有的。再接再厉的学潮，在学生联合会总会致政府电中，已经发端了。这种适应世界的运动，非等到扫尽全世界一切污秽以后，是不会停止的。浙江的学生呵！努力前进！全国的学生呵！努力前进！工人农夫呵！努力前进！

（原载《民国日报》1920 年 4 月 14 日“时评”）

商人的地位
——致芝青的信
（1920 年 4 月 17 日）

芝青：

来信对于“学潮与世界”一个时评，有两种怀疑：第一，以为我只提出“学生、工人、农夫”说“努力前进”，何以把“商人”丢开不提。第二，商人与学生为爱国而牺牲的程度底比较，究竟怎样？

第一，在我提笔之先以及落笔做时评底时候，并没有忘记世界上有一种商人；不但没有忘记了商人，而且很记得有商人；不但记得世界上有一种商人，并且记得世界上，还有军人、官僚、政客。说到世界应该改造的话，无论那一个人都应该前进，我何以把商人……丢开不提呢？因为商人与军人……都站在掠夺阶级上的。前进改造，正是要打破这一重阶级。这层意思，不是说商人……不能前进，不该前进，改造世界底大运动，如果商人……加了进去，必定先打破商人……底地位，和学生、工人、农夫合在一起，这是我们狠［很］希望狠［很］欢迎的。但是商人……一经合在学生……作一起，便没有商人……等底名目了。所以我，笔底时候不提及商人底一种原因。其次，前进的事，原是无论那一个人都该做的，何以我不把他统通列举出来呢？因为商人种种，都是立在被改革的地位，如果列举了出来，容易使大家看得不懂，而且生出狠［很］懵懂的怀疑。比如说，“军人前进！官僚前进！政客前进！”论理他们也是世界上一个人，也应该促起他们前进，但是他们不肯自己放弃了他们自己的地位，那么，军人前进了仍旧是军人，官僚前进了仍旧是官僚，政客前进了仍旧是政客。就是商人前进了仍旧是商人，岂不把前进底意义和一个时评全部的意思通统误会了么？再讲，比如《时事新报》上列了一个“工商之友”一栏，如果分开说工是工的友，商是商的友，那很说得过去；如果合起来说，工底友就是商底友，商底友就是工底友，那就不可通了。因为工底友正是商的奴，商底友正是工底仇哩！这是我不提及商人第二个原因。其次，占据了资本，一方面掠夺工人底剩余劳动，一方面剥蚀消费者，叫做商人。所以商人是纯粹掠夺阶级里面的人。如果是商店雇员，虽说他是帮着商人做掠夺的事，但一样和工人卖苦命卖体力过日子的。这种商业劳动者，我们也认他是工人的一种，并不认他作为商人。这是我不提及商人第三个原因。

对于你第一个疑问，已经说明白了。第二个疑问，就是商人与学生为爱国而牺牲的程度底比较，究竟怎样。就焚烧商品的表面上看，固然所销毁的全是你所说底“奸商底血本”，学生是没有什么可烧的。要考究他“血本”所由来。还不是从耕作劳动者底锄头上，职工劳动者底铁锤锯子锉刀上，运输劳动者底遍担拮子上，商业劳动者底帐簿算声上掠夺来的么？至于说到“抵制日货”本来就有两个绝不相同的意思，同做“抵制”

的事；（一）爱国运动；（二）劳动运动。为劳动运动而起的抵制，因为要促醒日本劳动者底觉悟，和给日本底资本家一个经济的打击，希望日本也发动同意义的运动，以促进世界的和平，爱国运动，也同样给日本底资本家一个经济的打击，要他屈服在“非买同盟”下面，以解决中国与日本国际上底纷纠。大至焚烧日货底事，总是由爱国运动底意思出发的多，和改造世界底劳动运动，可以算作丝毫无涉的。却是现在的世界问题，不但不是爱国运动所能够解决，并且因为各个国底爱国运动，能够造出无限的痛苦来。因为“国”这样东西，是商人、军人、官僚、政客、大地主，这一般［班］掠夺阶级的私有品，一般工人农夫是没分的。至于你说职业学校私进珐琅这一椿事，那更在什么主义上面都说不上来，我们也不屑去批评他。

附　芝青致沈定一的信

玄庐：

今日《民国日报》时评一，你所做的“学潮与世界”，我读了好几遍，很有些疑心，现在为了几句，请你明白指教。

你也是热心提倡平民主义的人，为甚么这一篇言论里只有学生、工人、农夫努力前进的话？难道商人就不能前进么？辛亥光复的时候，商人拿血汗钱输捐的，也狠［很］不少；五四运动的时候，一连罢市七天，这种事情，不是我们商人做学生后盾么？就是那个仇货抵制的事，虽然也有奸商种种的作弊，倘然没有多数的爱国商人，能够收到如此的效果么？去年某书局买进了许多仇货的纸，受多数人的攻击。这个事情，是大家晓得的。公共体育场烧的仇货，确是我们奸商血汗钱买来的，烧的很正当，大快人心的。什么职业学校里的热心爱国学生，拿大家捐的铜钱，去买什么叫做珐琅；被人家查出来，还要强词夺理，闹了一场没结果。你看见他车到公共体育场去烧么？究竟学生怎样？商人怎样？请你下一断语。

四、十四　芝青

（原载《民国日报》副刊《觉悟》1920年4月17日）

工人应有的觉悟

（1920年4月18日）

过去九年间，世界上发生三个大动变：一、一九一二年中国推倒从有历史以来底君主制度；二、一九一四年欧洲大战；三、一九一八年俄罗斯建设苏维埃共和国。这三个动变，表面虽不同，却是旧的崩坏和新的建设这一点从三个大动变中间可以直认不用怀疑的。“世界是人的世界，是劳动者的世界”这一个呼声，也就受这三个大动变的影响，越喊越高，越做越像。理想世界的实现，性急的人，差不多认为就在眼前活跃出来了。但是我们中国一般劳动者，在法律上的地位怎么样？所受的待遇怎么样？消费的程度怎么样？我们对于现在和将来底世界的责任又怎么样？不容我们不急于要认识的。

（一）劳动与约法

一九一二年革命运动成功，君主制度推倒，胜利的精神、似乎在临时约法第六条所载底七项自由里面已经十分表现。姑无论那一种纸面上写着的七项自由是真是假，也不追问从一九一二年闹到今年什么约法问题、什么国会问题的兵乱，暂且说他约法上所载的七项自由是真实的，是闹清楚了的，究竟和我们全国的劳动者有什么相干，得到什么幸福呢？我们仔细想想约法第六条所载的：

“一、人民底身体，非依法律不得逮捕、拘禁、审问、处罚。”试问我们劳动者每天在工场里做十三四点钟工，那一天不和囚犯一样？

“二、人民底家宅，非依法律，不得侵入或搜索。”

我们劳动者只有建筑狠［很］大狠［很］高的家宅给一般资本阶级的人住宿，我们自己底家宅，无非是向二房东租半间厢房，或一个铺位，和没遮拦的大路一样，还有什么侵入不侵入！而且我们除却汗透的一身衣服以外，傍的更没有多的东西，更有什么搜索不搜索！

“三、人民有保有财产及营业底自由。”世界上凡有生产机关，都被资本家保有去了，我们劳动者还去保有什么！

“四、人民有言论、著作、刊行、及集会、结社底自由。”

在现在的社会制度下面，不但没有我们集会结社的地方，并且不容我们有言论著作刊行的能力。

“五、人民有书信秘密底自由。”

世界上无论什么事该不该秘密？是另外一个问题。我们劳动者十有七八认不得几个字！因为我们没有识字的机会！就说不到书信上去。

“六、人民有居住徙的自由。”

现社会制度，已经陷落我们劳动者离开工场没有饭吃底地位。搬到东是做资本家的活机器，搬到西也是资本家的活机器，我们只靠卖自己的体力勉强支持我们的生命，受了多少罪、吃了多少苦、呕了多少气，一把汗和一口气一齐咽了下去的时候，还恐怕一张铺位底二房东、工场的管事要赶我们出门，那里说什么居住迁徙的自由！

“七、人民有信教底自由。”

宗教是不容改革的东西，是维持现状的东西，是教人苦做到死的东西。富人情愿自己不进天国，“富人进天国比骆驼穿针孔还难。”（见马太传）捐出钱来做宗教事业，使我们劳动者一生一世羁□在他们手里做天国的梦，不但使我们替他们维持现社会，不萌一点改革的意思。那么，我们为什么要信宗教。

约法上所载的七项自由权和劳动者不生什么关系，我们已经从事实上看明白了。但我们不能怪约法不好：因为约法底根本，是渊源于身份权、财产权的民法（参看本志十三号《法的基础》）。我们处在这为资本阶级作护身符的民法所支配的约法下面，想取得“自由”、“平等”是不可能的事。我敢说我们从前的革命，是替一般的资本阶级拆旧房子造新房子，我们没有分［份］住的。从前的护法，是替一部分资本家打强盗，我们也没有分［份］的；我们要求我们能享受的自由平等，还是要从打破阶级制度上努力奋斗。

（二）劳动与待遇

中国一般劳动运动中间底同盟罢工的意义，无非为时间、工银两个问题。我们为什么要求作工时间减少？减少了作工的时间，是不是拿来打麻雀、赌天九呢？不是的，我想也不是的。我们为什么要求工银增加？增加的工银，是不是拿来嫖野妓、白相花烟间呢？不是的，我想也不是的。凡是一个人的寿命，除却一天一天一点钟一点钟的时间、就没有我们底寿命。我们卖时间替资本家作工，就是卖我们底寿命。减少作工时间，不过每天少卖几点钟寿命；增加工银，不过把寿命卖得贵一点。少卖点时间、多得些工银，不过我们想把卖剩的时间求点知识，多得的工银增添点消费罢了。（消费这层、下面再看）我们为什么要求知识？我们所要求的是那种知识？无非感觉社会上的待遇不平，想从我们的本能中间，发展一点真实的力量出来打平他这个不平。但是我们为从这个方向去求知识而要求“减少时间”、“加增工银”，他们资本家能够允许我们吗？

我们卖寿命卖体力过生活的劳动同胞呵！我们往常所受的待遇怎么样？我们永远不会忘记的：什么卫生、住宅、保险、慰安、养老、育、女工、幼年工底特别待遇。暂且提出“卫生”这件事来讲：例如白磷火柴工作底危险，纺织工作底容易发生肺痨病，那里能够得到他们一般资本家发生一点被黄金压灭的天良，少走一条危险工作的发财路子和设备相当的保护呢？有人在上海船务栈房工界联合会开成立会那天说：

“工人尤其该注重卫生：总要起居有则，饮食有常，保全健全的身体，才有健全的工业。”这番话是对资本家讲的，不是对劳动者讲的。因为他所讲卫生底目的，是注意在工业品上。其实一般资本家何尝没有这个发财的好意？一层，因为中国没饭吃想工做的人实在太多，即使做坏了许多劳动者的身体和减短许多劳动者的寿命，在他们眼睛里看到社会上横竖有取不尽用不竭的许多活机器，所以就没有为劳动者设备卫生事件底必要。二层，社会上一切卫生设备都不完全，在资本家自身也缺乏卫生底知识，所以并不把工人卫生当著［作］一件重要的事。如果没有上面两层原因，资本家为工业品起见，自然有设备卫生底必要。但是资本家所设备的卫生和一般社会——劳动者底社会——所设备的卫生有两样没有呢？有的。资本家设备的卫生，等于蚕业者设备蚕底卫生，温度咧，食料咧，清洁咧，无微不至的体贴他供养他，无非要求他吐狠［很］纯的丝，做很厚很重的茧子，茧做成了，蚕是没右［有］分［份］享受的。资本家为劳动者设备卫生，和这个比咧［例］有什么分别。而且现在一般劳动者，既缺乏卫生底知识，又没有设备卫生底能力。所以我说从注意工业品上讲劳动者底卫生，是对资本家讲的。此外住宅、保险……等种种待遇、也就可以由此推想得到了。

总之，资本家除却财产上的利害关系之外，简直没有改良待遇的必要。或者同时于各个资本之中，有比较良好的待遇。这一种与其认为慈善，不如认为诱惑较为确当。又，资本家有时为利害所迫（如同盟罢工、萨波达举之类。萨波达举看本诘三十四号。不得不改良种种待遇，这一种也不能认作劳动者底胜利。因为劳动者依旧是卖他的寿命，资本家依旧是吃着劳动者底寿命。劳动者如果想要得到均平的待遇，非打破这道资本和劳动两重阶级从［重］新建设新的社会不可。

（三）劳动与消费

“我们为什么而劳动？”这句问话，除却答应“我们为消费而劳动”这句话，再找不出别的话来答覆了。我们既然为消费而劳动，我们所消费的东西和我们劳动所做出来的东西是不是相抵呢？我们知道决不是恰恰相抵的。我们所做成的东西（如纤维工艺品呢绒、布匹之类）或取得的天然东西（如煤、铁之类）必定超过我们所消费的数和量。那么，这些多余的东西是不是拿来供给不会做工的儿童和不能做工的老人、病人呢？不然的，不尽然的，多余的东西，都回到不劳动的资本阶级里面去了。

我们从儿童时代经过来的人，疾病是不能一定避免得脱的，衰老更是不可抗的。所以我们很愿意把劳动所得的多余东西，供给他们消费。但是不劳动的资本家为什么也有份消费呢？而且不劳动的资本家中间底一个人所消费的往往超过劳动者许多倍，这就是阶级制度使然的！因为有这样的制度，才使一般劳动者得不到相当的消费。那么，所谓现在的文明，就像劳动者自己凿成了很大狠［很］重的石捣臼戴在自己底头上，舂米给不做工的人吃。享受文明底幸福是一起人（资本家），负担文明底工作又是一起人（劳动者），世界上最不公平的事，那里还有过于此的。所以我们为公平劳动与消费起见，非打破这资本家和劳动两重关系从［重］新建设新的社会不可。

（四）劳动与责任

总以上所说的：“法律”是替资本家作保障的；“待遇”是资本家专为自己谋利益的；“消费”是资本家独占的；（劳动者底消费，也是为资本家做奴隶而消费。）

对于现在和过去的世界负担了狠［很］充实的责任底农夫工人，中间因为有国家、法律、种族种种不同而发生这种不幸的制度，就成了“扳倒石头压自己底脚”的结果。我们既经受到过去和现在的教训，我们就应该从教训里面去找出一条生路来。我们为自身打算，为人类打算，不但应该负担现在的责任，并且应该负担将来的责任。好在劳动者对于世界底责任，一向负担惯了的，并不是从今天起才掮上肩头。

1. 打破一切旧制度；

2. 建设新的社会。消极的破坏的工作，我们绝对的用不着恐怖。不但劳动者用不着恐怖，就是资本家也用不着恐怖。因为所破坏的是旧制度，不是资本家中间底那一个人。譬如发狂病的人，我们因为他发了狂，已经妨害群众，我们拿药给他吃，不是药死他底人，是要去掉他底病。如果狂人不愿意受我们的医治，这还是他底病的状态，我们应该取相应的手段去疗治他。所以我们做破坏的工作时期，在我们自然没有恐怖，在被破坏者也没有什么可以恐怖。而且大家应该挖起根来看个明白，究竟一般劳动者□千辛万苦所创造的世界，到如今只落了一个悲愤痛苦的结果。如果一天不把这个苦果子抛弃了去，就要多尝一天苦味。现在全世界底劳动者，已经吃饱了这种苦味，已经觉悟到这种苦果子还是劳动者自己种出来的，只要抛弃了不去吃他，就是大破坏而特破坏的表现。换一个方面说，这个苦果子是资本阶级给劳动者吃的，那么，劳动者只消把这个苦果子还了资本家，也是一样有大破坏而特破坏的事实发现。再看地面上空气中地层里所包藏和孕育的种种天然物品，那一样是人造的？那一种是该归那一个人独占私有的？这些天然物品，看他到了消费者底手上，又那一样不浸饱了劳动者底血汗。从前辛辛苦苦的血汗，一直向“零丁洋”、“惶恐滩”里流，以后的血汗就要改向“安乐窝”里流了。

怎么样劳动者底血汗会流向“安乐窝”里去呢？这还是要仗着我们建设的工作。我们只要认明白“各尽所能各取所需”是我们建设工作底信条，使一般小的老的病的都有发展安全底余地，穿衣吃饭住房子之外大众有均等向上的机会。目的不远，就在我们一般劳动者底脑子里，大家下一个决心，拿定方针做去，就会做到！只在我们自己的猛进。

（原载《星期评论》第46号，1920年4月18日）

三色花

（1920 年 4 月 25 日）

桃花红，
梨花落。
有人向著桃花笑，
我们却对桃花哭。
从前白旗底下看梨花，
一白如雪万人家。
如今不见梨花面——
只见桃花含媚向朝霞。
一阵雨、一阵风，
桃花落地便无踪。
“五月一日”天气好，
来看榴花血样红。

（原载《星期评论》第 47 号，1920 年 4 月 25 日）

杭州学生的血

（1920 年 4 月 25 日）

本月二十二日，杭州学生为力争外交在公共运动场举行大规模演讲，被第四师北兵闭起眼睛打了几阵大冲锋，登时男女学生受轻重伤的一百五十多人。我亲爱的男女青年呵！你们底血究竟替谁流的？如果是替强盗阶级的国家流的，那么，他们或者会抚恤你们，用他们掠夺来的黄金来补你们的创口。如果为打倒一切强权演出这一场悲壮热烈的活剧使一般［班］压服在强盗阶级下底农夫工人得到一点觉悟，那么，一般劳动者情愿割自己心头肉来补你们的创口。男女青年呵！冲锋时节的刺刀，并不是拿在第四师北兵的手上，这是强盗阶级□住他们的饭碗叫他们干的！他们闭著眼睛动手，他们心理怎么样？他们如果觉悟了，他们底心头必定逼出许多热泪来替你们洗创。斯□司为劳动运动而牺牲生命的时节，他有一句话“我们在坟墓中的沈［沉］默，比我们的演说更能动人的时候快来了！”希望受伤的男女青年，快点好！好了再来！我们的个性、社会性，要在给我们身受的衣食住三样东西人底身上表现的。

（原载《星期评论》第47号，1920年4月25日）

怎样摆脱掠夺阶级
——致思立的信
（1920年4月28日）

思立：

你拿了看从前的我底眼光，来看现在的我，自然不合头寸。

议长是什么东西？就是强盗阶级所组织的代议制度机关里面的一员。我不能不承认从强盗阶级里面经过来的，你也不能使我终身做强盗。

纸、笔、墨经过商人底手，自然会得有掠夺的色采［彩］，假如说我不卖字，但是不能不吃饭，要吃饭，就要买米，米也经过商人底手的，我们要免除掠夺的经过，就要竭力去创造“各尽所能，各取所需”的经济组织。一时做不到，所以世界上才有“社会革命”。

现在我摧毁我从前的自己，就是我的工作，做这种工作的人，应该吃饭。等这种工作做完工了，大家才得安心去做生产的工作，生产的工作够了，然后才会实现美丽的艺术世界。

附　思立致沈定一的信

玄庐：

你前天复芝青的信，我看了好几遍，我才晓得你是一个讲平民主义的人，我到［倒］要问你一句，你的平民主义到底是几时讲起的？为什么你那做议长的时候，从来没有听见你说过议长的俸金，都是从那个农夫工人锄头扁担锤子锉刀上来的？你做议长的时候，伸起手来要拿的，这是什么道理？你做了议长，又把工人农夫丢开了！还有一层，你登的卖字广告，倘然那个工人农夫看见了，都要来化钱买你的字，你的生意，一定好的［得］了不得，可惜你用的纸笔墨，并不是你自己造的，又不是直接和那个造纸的工人买来的，通统是向那个“掠夺”阶级里面去买来的。扇子店里的雇员，也要用笔口帐簿，帮助你做些“掠夺”的事。我想起来，恐怕你也难逃“掠夺”阶级里面的人。你一定有你的解释，还要请你明白指教以下。

四、十九思立

（原载《民国日报》副刊《觉悟》1920 年 4 月 28 日）

复一个工人的信

（1920 年 4 月 28 日）

阿瑞：

你的信，我接到了。你是一个靠气力吃饭的人，同我是顶亲爱的，我祝赞你常常有蛮大的气力。

从今以后，靠气力吃饭的人，无论种田、种地、纺花、织布、种桑树、看蚕、做泥水、做木匠、做裁缝、打铁、烧砖瓦，只要是做工的人，就要晓得天下凡经过人的手做出来的东西，都是靠气力做工吃饭的人的东西。田、地、山、荡是天然生得有的，不是那一个人做出来的，也应该归在种的人。这是顶真的道理，是应该相信的道理，是□大家实实在在去做到的道理。

靠气力做工吃饭的人不止你一个，受冤枉吃苦的人也不止你一个。大家想想，为什么苦苦种出来的米要送给别人吃，为什么苦苦织出来的布要送给别人穿，为什么苦苦造起来的房子要给别人住？你们一切做工的人，都应该从不拿刀枪的强盗手里收回你们自己的东西。我就是你们一班人里头的一个，很喜欢为普天下靠气力做工吃饭的人尽我所有的气力。你们要晓得，要明白，总有好机会的。

你还是做著［着］工等机会。

（原载《民国日报》副刊《觉悟》1920 年 4 月 28 日）

诗与劳动

（1920 年 5 月 1 日）

什么叫作“诗”？随情底所感，因物即景写了出来，可以反复咏叹的，就叫做诗。情感凡是人都有的。所以有人说“诗是贵族的”这句话，根本上不能成立。不但诗不专是贵族的，而且纯粹的贵族，可以说他没有诗，不是说贵族没有诗底架子，是说贵族的诗很缺乏诗底情感。从古至今，几曾见一首很富于情感的富贵诗？只看一个富贵中人很有诗才的袁枚，搜集了一世，只得“安得红罗千万匹，漫天纟LK地绣鸳鸯”。

这两句不能说不富贵，不是诗，但内容（情感）却是很贫乏的。从《击壤歌》起，到满清《试帖》止；只可怜一般平民识字的太少，识字而能把他的情感写成了诗的更少，写了出来能够流传到现在的尤其少，但是流传的诗，还是写平民的诗居多。因为富贵的诗，除却用字眼粉饰古典堆砌之外，绝对没有深刻的情感可以引起读者的兴味。例如，从前有人做《出恭》的诗：仿唐诗的说“大风吹庇［屁］股，冷气入膀胱”。虽然没有多大的情感，而表见出恭那时节的环境，还有几分豪爽气。到仿宋诗的说，“板窄尿流急，坑深粪落迟”。这就只是刻画了，但是还不离题。仿试帖的，“七条严妇训，三品待夫封”。把出恭两个字劈开，头一句用“七出条”去做一个“出”字；第二句用“四品恭人”去做一个“恭”字，还成什么诗呢？无论什么著作，一到受了贵族化，就没有什么情感可言，也不但是诗。但是照上面所举的例来看，足见过去几千年诗的体裁和作法，一直向贵族化底方面趋。现在从试帖一变而为白话诗，与其说诗底革命，不如说光复发挥情感底自由。

今后我们不但不愿意有贵族的诗，而且不愿意再有作诗的贵族。不但不愿意有作诗的贵族，而且不愿意人世间再有阶级制度底下作不平鸣的诗。我们试从《击壤歌》看到《诗经》，就可以明白四千年前，已经是一片阶级制度底下劳动者的不平声了。

《击壤歌》。

“凿井而饮，耕田而食，帝力何有于我哉?”

这首歌，不比得伯夷叔齐底采薇歌和朱虚侯底耕田歌，戴了忠事旧君的头脑说话，明明当时有许多“事君尽礼，人以为谄”的老爷们，把什么嘉禾醴泉都归功到“神”和“君主”身上，所以才有这一首气不愤的歌，从劳动者底嘴里唱了出来。

再看《诗经·国风》：朱熹《诗经传序》说，“凡诗之所谓风者，多出于里巷歌谣之作；所谓男女相与咏歌，各言其情者也。惟《周南》、《召南》，亲被文王之化以成德，而人皆有以得性情之正。故其发于言者，乐而不过于淫，哀而不及于伤，是以二篇独为风诗之正经”。

我们不必和七百年前的死人讨论《周南》、《召南》二篇诗，是不是因为被了文王之化而发言。且看《周南·樛木》篇：

“南有樛木，葛藟累之。乐只君子，福履绥之。

南有樛木，葛藟荒之。乐只君子，福履将之。

南有樛木，葛藟萦之。乐只君子，福履成之。”

这三章诗，和杨恽那首：

“田彼南山，芜秽不治！种一顷豆，落而为箕！”

一样的声口，一样的意思。明明说田间荒芜得不像景象，而一班老爷们却正图着享福，因为老爷们图自己的享福，所以害得劳动者没有工夫去芟除树上的缠着的藤。再看《汝坟》篇：

“遵彼汝坟，伐其条枚。未见君子，惄如调饥。遵彼汝坟，伐其条肆。既见君子，不我遐弃！鲂鱼赪尾，王室如燬。虽则如燬，父母孔迩。”

这一篇诗前二章，是说劳动的妇人，在商、周两朝鼎革间，盼望男子回家，男子既回家，又希望男子莫再远离。后一章，是说周朝改了商朝的旗号颜色（《礼记》“殷人尚白，戎事乘翰牲用白。”又，“周人尚赤”），白尾的鲂鱼变成红尾的鲂鱼，商朝的王室，已经毁灭了。王室虽然毁灭，只要男子不远离他，一家人是很亲密的。明说国家、政府，国旗的变换兴亡，和劳动者一点不发生关系的。

再看《召南·采蘩》篇：“于以采蘩，于沼于沚。于以用之，公侯之事。于以采蘩，于涧之中。于以用之，公侯之宫。被之僮僮，夙夜在公。被之祈祈，薄言还归。”

又，《采蘋》篇：“于以采蘋，南涧之滨；于以采藻，于彼行潦。于以盛之，维筐及筥；于以湘之，维錡及釜。于以奠之，宗室牖下。谁其尸之，有齐季女。”

《左传》“风有采蘩采蘋”，是说办祭祀用的。这两篇诗，明说劳动女子，起早熬夜，辛辛苦苦采了许多东西，只给官家办了些不知所云的祭祀。而且一般声势煊赫的老爷们敲了许多竹杠还不够，还要占据了劳动者的家宅，硬逼干巴竹里底油。所以《行露》篇说：

“厌浥行露，岂不夙夜？谓行多露！谁谓雀无角？何以穿我屋？谁谓汝无家？何以速我狱？虽速我狱，室家不足。谁谓鼠无牙？何以穿我墉？谁谓汝无家？何以速我讼？虽速我讼，亦不汝从。”明说劳动者起早熬夜，在辛辛苦苦中讨点生活，一般强盗阶级里面做了官的人，就是破了劳动者的家，于他们又添了些什么？纵然把劳动者捉将官里去，劳动者也没法忍受他们的敲诈。但是《鹊巢》篇上所说的，终于还是被他们敲诈了去。鹊巢篇：

“维鹊有巢，维鸠居之。之子于归，百两御之。维鹊有巢，维鸠方之。之子于归，百两将之。维鹊有巢，维鸠盈之。之子于归，百两成之。”

第一章说有人去到劳动者的屋里住起，第二章说屋子已经被占据了，第三章说被许多人占据了。要他们走，还是得满遂他们底欲望，所以终于被敲诈了许多东西去。

二南统共只流传二十五篇诗，劳动者生活难的泪痕，已经淋漓满纸。如果不把从前带色眼镜的训诂种种摧陷廓清，不但从来的劳动者不该作诗，就是作了诗，也是被荒谬曲解的先贤先儒抢了去作为恭维老爷们的资料。只可惜被孔丘大圣人，不知道删去了多少，剩这一点，也还得见四五千年能前的劳动精神同劳动者所受的境遇。谁说世界底文明，那一点不含得有劳动者的色彩啊！

至于《邶风》底《北门》篇，写穷人被逼，无路可走底情况。《鄘风》底《鹑之奔奔》篇，也说是受家庭同政府底累，逼得走头无路。《北门》篇：

“出自北门，忧心殷殷。终窭且贫，莫知我艰。已焉哉！天实为之，谓之何哉！

王事适我，政事一埤益我。我入自外，室人交遍谪我！已焉哉！天实为之，谓之何哉！”

王事敦我，政事一埤遗我。我入自外，室人交徧摧我！已焉哉！天实为之，谓之何哉！”

一个穷人，出门去则官儿要租；进门来则娘儿饿肚。差不多成了人世间一个畸零人。鹑之奔奔篇：

“鹑之奔奔！鹊之彊彊！人之无良，我以为兄！

鹊之彊彊！鹑之奔奔！人之无良，我以为君！”

处家，做兄底奴！处国，做君底奴！即处［使］不住家！又逃不出国！人生在国家制度同家庭制度里面，幸而居了长，得了权，就压制一般人民，欺凌一般弱小。不幸而迟生几年，又得不到权，就完全站在被压制被欺凌的地位。这两种制度底作恶，往古至今，多少忠厚老实人，只得同声一哭！

一般男子，虽说多数人受了制度的压迫，还有少数人拿起尊长的牌子，行使他底威权。至于女子，更不消说了！所以《卫风·氓之蚩蚩》篇说：

“氓之蚩蚩，抱布贸丝！匪来贸丝，来即我谋。送子涉淇，至于顿丘。匪我愆期，子无良媒。将子无怒，秋以为期！”

这章叙说一个流浪的商人，勾引一个女子，女子虽是愿意，而嫌他只以货币为媒介，但女子还是愿意的。

“乘彼垝垣，以望复关。不见复关，泣涕涟涟。既见复关，载笑载言。尔卜尔筮，体无咎言。以尔车来，以我贿迁。”

第二章是说女子从贫民窟迁到男子家，很欢喜的同时说明男子用车来接他，化钱来买他。

“桑之未落，其叶沃若。吁嗟鸠兮！无食桑葚！于嗟女兮，无与士耽！士之耽兮，犹可说也。女之耽兮，不可说也。”

第三章说嫁了男子之后，男子另外又有恋爱的人。桑，是女子靠他做劳动生活的东西；鸠，是比喻另外一个女子；用鸠食桑葚作另外一个女子耽恋他的男子底比喻。并且借桑叶的茂盛譬喻他家道的小康。

“桑之落矣，其黄而陨！自我徂尔，三岁食贫！洪［淇］水汤汤，渐车帷裳！女也不爽，士贰其行！士也罔极，二三其德！”

从家道中落以后，已经过了三年苦生活了。看看他出嫁时所渡的淇水，来来去去，溅了不少的渍沙痕在他所工作的车帷上。女子依旧不变最初的心，而流浪商人的男子，却是乱七八糟的自由自在了。

“三岁为妇，靡室劳矣！夙兴夜寐，靡有朝矣！言既遂矣，至于暴矣！兄弟不知，咥其笑矣！静言思之，躬自悼矣！”

第五章说他三年来起早熬夜撑持他的家庭生活；对于男子百依百顺，而男子还要加暴行于他；回娘家去告诉兄弟，兄弟也忘掉了曾经得过他的身价钱，还要笑他。处在这种制度底下，做也白做，苦也白苦，说是白说，除出他自己想念自己，自己痛惜自己，还有什么方法呢！

“及尔偕老，老死我怨。淇则有岸，隰则有泮。总角之言，言笑晏晏。信誓旦旦，不思其反。反是不思，亦已焉哉。”

这章诗是全篇底总结：回想过去的光阴和从前两个人底宣誓，到了偕老的时节，就只落了一个怨恨。河与岸都有到达的边际，而过去的宣誓，男子却不再回头去想想！

这篇诗写商人，写婚姻制度，写两方面家庭里面的人底态度，写苦做一生一世的女子。可怜现社会中间，要做这篇诗的女子有多多少少！阶级制度如果不废，虽再过几千年也和从前几千年要滴一样的泪！

田家劳动的妇女，也有因他的劳作兼写男女情感的。王风君子于役篇：

“君子于役，不知其期。曷至哉！鸡栖于埘。日之夕矣，羊牛下来。君子于役，如之何勿思？君子于役，之［不］日之［不］月。曷其有佸，鸡栖于桀。日之夕矣，羊牛下括。君子于役，苟无饥渴！”

古来长征远役，苦煞多少劳动人家底男女。比如现在当兵役的人，也有许多笃于情爱的夫妇；无非受阶级制度的压迫，有田没分种，有鱼没分打，悬起了一条生命，拆开了朝夕相亲的情爱，去吃那碗充当兵役的饭。

如果把这篇诗合起来吊古战场文“谁无夫妇？如宾如友；生也何恩！杀之何咎！”来读，不知有多少人要发痴呵！

也有正在戍役中底男子，怀想女子的诗。如《杨之水》篇：

“杨之水，不流束薪。彼其之子，不与我戍申！怀哉怀哉，曷月予还归哉！

杨之水，不流束楚。彼其之子，不与我戍甫！怀哉怀哉，曷月予还归哉！

杨之水，不流束蒲。彼其之子，不与我戍许！怀哉怀哉！曷月予还归哉！”

充当兵役的同胞啊！我们为什么要当兵？我们替什么人当兵？我们和他们有资本有权位的是一样的人，我们吃的饭那里去了？我们赶紧回去啊？很亲爱的人正惦记着我们哩！

又，出远门服役的寄回家的诗，如《齐风·甫田》篇：

“无佃甫田，维莠骄骄！无思远人，劳心忉忉！

无佃甫田，维莠桀桀！无思远人，劳心怛怛！

婉兮娈兮，总角丱兮！未几见兮，突而弁兮！”

第一、二章：一层，是告诉家里人不要去佃大户的田种，因为佃种大户的田，所有收成只可抵租，和播种莠草一样，没有收获的；二层，教家里的人不要徒劳梦想去挂念出门征役的人。第三章，是说许多日子不见家里的小孩子，过天回来见了面，必定长得很大了。

人民受了征戍流离的痛苦，农不能安于耕，女不能安于织，魏风陟岵一篇，和前举的几篇，通统是写怨恨，到了作伐檀、硕鼠两篇，索性把眼见身受的尽情宣泄了出来。伐檀篇：

“坎坎伐檀兮，置之河之干兮。河水清且涟猗。不稼不穑，胡取禾三百廛兮！不狩不猎，胡瞻尔庭有县［悬］貆兮！彼君子兮，不素餐兮！

坎坎伐辐兮，置之河之侧兮，河水清且直猗。不稼不穑，胡取禾三百亿兮！不狩不猎，胡瞻尔庭有县特兮！彼君子兮，不素食兮！

坎坎伐轮兮，置之河之漘兮。河水清且沦兮。不稼不穑，胡取禾三百囷兮！不狩不猎，胡瞻尔庭有县鹑兮！彼君子兮，不素飧兮！”

不种田的得了许多米，不打猎的得了许多野味，能算得一般老爷们不白吃吗？这篇诗老老实实把强盗阶级里的人所掠夺于民间的财物一齐披露了出来。在气愤不平的声浪中间，已经认识强盗阶级底罪恶。只是还没有说到怎么样免除被掠夺者的痛苦底方法来。《硕鼠》篇就说：

“硕鼠硕鼠，无食我黍。三岁贯汝。莫我肯德。逝将去汝，适彼乐国！乐国乐国！爰得我直。

硕鼠硕鼠，无食我麦。三岁贯汝，莫肯我顾。逝将去汝，适彼乐土！乐土乐土！爰得我所。

硕鼠硕鼠，无食我苗。三岁贯汝，莫肯我劳。逝将去汝，适彼乐郊！乐郊乐郊！谁之永号？”

这篇诗，索性把免除痛苦的方法也说了出来。无异给强盗阶级一个永诀书。在这个国生活不了，就跑到别个国去。在从前地旷人稀的时代，未尝不是一个避难的方法，但看现在，这个方法却行不去了：强盗阶级的势力，已经充满在空气中，一直往劳动者底头上压了下来，亚洲不好，跑到欧洲是一样，跑到美洲也是一样，这么大一个地球，那里还有一寸乐土，容得劳动者避难呢？两个阶级同时间处在一个世界上，不把那个强盗阶级打平了，这个为世界尽十分责任的劳动者永远没有安全向上的机会。人类底进化，从偏窄渐趋于共同，不但不利于大众底制度，因为障碍了共同向上这一个途径，也一样应该打破的。比如民族观念不打破，不能和别的民族生同等的利害关系，国家主义不打破，不能和别国底人，生同等的利害关系。当歌《伐檀》，硕鼠底时代，正民族观念盛行底时代，那时候的人，虽然因为避难而感觉到民族观念底痛苦，但是只希望他民族底待遇，要和自己底兄弟民族一样，却没有说到各个打破自己底民族这一层。所以《唐风·杕杜》篇：

“有杕之杜，其叶湑湑。独行踽踽。岂无他人？不如我同父！嗟行之人，胡不比焉！人无兄弟，胡不佽焉！有杕之杜，其叶菁菁。独行睘睘。岂无他人？不如我同姓！嗟行之人，胡不比焉！人无兄弟，胡不佽焉”一个人受了别一个环境底痛苦，往往只回忆原有那个环境底快乐；比如中年人只记得小孩子时候底无忧无虑，却不去追忆小时节底痛苦；更不想怎么样打破他有忧有虑底环境，同时改造比他幼稚的人底环境，古今一切悲哀寂寞流离孤独的人，不是在抑郁中过生活，就是妄想跳出圈子去迷信宗教，个性强而天才富的，就操纵一般薄弱愚蠢的人变本加厉做一个超人，个性弱而天才富的，甚至自杀。一般逃荒避难的，就只希望别人看觑他一两眼罢了。不是希望别人，就是怨恨别人；不是哀父母，就是怨苍天，所以鸨羽篇说：

“肃肃鸨羽，集于苞栩。王事靡盬，不能蓺稷黍！父母何怙！悠悠苍天，曷其有所！

肃肃鸨翼，集于苞棘。王事靡盬，不能艺黍稷！父母何食！悠悠苍天，曷其有极！

肃肃鸨行，集于苞桑。王事靡盬，不能艺稻粱！父母何食！悠悠苍天，曷其有常！”

强盗阶级拿起强盗制度，东立一国，西立一国。以四海之内为天下底时代，劳动者底不得安宁，和现在布满了地球与国家主义里面所发动底兵役杀机，丝毫没有两样。可是那时候人类社会性，也随着各个不安宁的境遇而发生。有《杕杜》篇，就是表明那时候底社会性：

“有杕之杜，生于道左。彼君子兮，噬肯适我。中心好之，曷饮食之。

有杕之杜，生于道周。彼君子兮，噬肯来游。中心好之，曷饮食之。”

这是一篇收容亡命的诗，和《杕杜》正是作一个对照。但是收容亡命的，也在那里感受政治家庭的苦痛；桧风隰有苌楚篇：

“隰有苌楚，猗傩其枝。夭之沃沃，乐，子之无知！

隰有苌楚，猗傩其华。夭之沃沃，乐，子之无家！

隰有苌楚，猗傩其实，夭之沃沃，乐，子之无室！”

这篇诗就是说亡命出来底人，因为没有家庭，也不知道那个地方的政治赋税底内容，所以看到由劳力栽培出来的果木，觉得枝条果色色可爱，引以为乐。不知道那个地方底本地人，正在过那悲伤苦楚底日子。凡是自然境地，本身并无所谓悲欢哀乐；临境的人底情感不同，就变成形形色色绝不相同底景象。同是一轮很光明的明月，在偷儿底眼光中一个景象，在游人底眼光中又是一个景象……在铁窗里的犯人底眼光中一个景象，在高楼敞轩里的富人底眼光中又另是一番景象；无论一花，一草，一山，一水，一泉，一石，风风雨雨，晴晴阴阴，朝朝暮暮，只要人底心境不同，所触发的情感也随着变异。农人受了身孕，他看见梅花结蕾，也认他为受了一身孕；染织底工人，贪看云霞变态，蜘蛛结网；瓦匠木匠，爱恤燕子巢，宇宙没有一样不在那里劳动，即没有一样不可以入诗。人类社会间几时能够把一切劳动都成为艺术呢！又何苦保着许许多多不平等和自由的制度，来妨害进化的历程，染污人类的心境，可不是自讨没趣自讨苦吃么？曹植的“煮豆燃豆箕，豆在釜中泣。本是同根生，相煎何太急”！

这首诗，实在可以作人造底陷人阶级制度写照。栽桑养蚕，插秧打稻，烧砖盖瓦，人人都有可能性，并且都有进化的可能性，何以烦劳老爷们什么种树节种一株树，什么安基典礼摸一摸础石呢？从来因袭下来的“亲耕”，“亲蚕”，无非厚着脸皮说“劝耕”，“劝织”，谁的田等到老爷们劝了才耕？谁的布等到太太们劝了才织？不过用这一个“劝”字，说是“劳动者底收获都是劝出来的”，借此施行掠夺的手段罢了。《豳风》七月篇：

“七月流火，八［九］月授衣。一之日觱发，二之日粟烈。无衣无褐，何以卒岁？三之日于耜，四之日举趾。同我妇子，馌彼南亩，田畯至喜。”

第一章上半章说衣，下半章说食，做全篇总起。

“七月流火，八［九］月授衣。春日载阳，有鸣仓庚。女执懿筐，遵彼微行，爰求柔桑。春日迟迟，采蘩祈祈。女心伤悲，殆及公子同归！”

第二章说劳动者因为要穿衣而采桑养蚕，辛辛苦苦得来的收获，却要随着征收租税的人去了（公子，就是指强盗阶级来收租税的人）。

“七月流火，八月萑苇。蚕月条桑，取彼斧斨。以伐远扬，猗彼女桑。七月鸣鵙，八月载绩。载玄载黄，我朱孔阳，为公子裳！”

第三章说桑枝剪齐了；麻也熟了；绩了起来；染成很光彩鲜明的颜色，为强盗阶级里的人做衣服穿。

“四月秀葽，五月鸣蜩，八月其获，十月陨箨。一之日于貉，取彼狐狸，为公子裘。二之日其同，载缵武功。言私其豵，献豜于公。”

第四章从夏天说到秋末树木凋落的时候，打猎得了来的狐皮、狸皮，大点的猪，统通归到强盗阶级里去。自己只留着一只小猪。以上二、三、四，三章讲衣。以下讲食和住。

“五月斯螽动股，六月莎鸡振羽。七月在野，八月在宇，九月在户。十月蟋蟀，入我床下。穹室熏鼠，塞向墐户。嗟我妇子，曰为改岁，入此室处。”

第五章说昆虫的动作随着时序变换，到蟋蟀躲到床下避寒底时节，就把房子破烂的地方，修理修理。而且那时候已经知道了一点卫生，所以修补孔洞之先，熏穴出鼠。一家子才得安全住在那屋子里过冬。

“六月食郁及薁，七月亨葵及菽。八月剥枣，十月获稻。为此春酒，以介眉寿。七月食瓜，八月断壶，九月叔苴。采茶薪樗，食我农夫。”

第六章说种稻收获的经过。

“九月筑场圃；十月纳禾稼。黍稷重穋，禾麻菽麦。嗟我农夫，我稼既同；上入执宫功。昼尔于茅，宵尔索绹，亟其乘屋，其始播百谷。”

第七章说收藏，把所有收获都藏好了，就整理房屋。白天割茅草，晚上绞索，赶忙把房屋修整好，筹备第二年的播种。

“二之日凿冰冲冲，三之日纳于陵阴。四之日其蚤，献羔祭酒。九月肃霜，十月涤场。朋酒斯飨，曰杀羔羊。跻彼公堂，称彼兕觥：万寿无疆。”

第七章说冰也藏好了，场所也打扫干净了，正是自己安慰自己一年来的辛苦底时候。何等朴实！何等愉快！从他们朴实快慰之中，看到那时一般劳动者伏处在强盗阶级的下面。所谓朴实快慰，也不过享受掠夺的剩余罢了！

七月一篇诗，是具体写那时代的劳动者底状况。合起以上所举各篇诗来看，不问他出诸工人农夫之口，或另外有诗人替他们写了出来，宇宙间事事物物，总离不开一个劳字，不知几千万年造下来到如今的人类社会，更离不开劳动者底手。以能劳动的人，处在动的宇宙间，无处不是情感，即无处不是诗。离开动，就没有宇宙；离开劳动，就没有社会；离开情感，就没有诗。

而且做诗不必一定要识字，譬如四川轿夫底报路，前面一个说，“泥堂不知深浅。”后面一个应，“边边上浅点。”前面一个说，“右，娃娃靠。”（道傍小孩靠近轿子）后面一个应，“左，喊他的妈来抱。”前面一个说，“天上乌云飞。”后面一个应，“地下牛屎一大堆。”这种行歌互答的句子，就是很好的诗。又记得有一个朋友对我说，“有两个樵夫在地底母亲坟头哭着说‘我的声音是娘听惯了的，怎么样娘不应我！’如果把这句写作‘儿的声音娘惯听，如何娘不应?’岂不是两句很好的词?”这种由血泪里迸出来的诗，岂是文绣膏粱守着晨昏定省死礼节的人底嘴里吐得出来的？又岂是在故纸堆里中讨生活的冬烘先生所能做的？我敢断言：“贵族中人没有诗。”“不是劳动者没有诗。”“没有热烈的情感底人，没有诗。”

（原载《星期评论》第48号，1920年5月1日，此据《玄庐文存》）

怎么样?

（1920 年 5 月 1 日）

（一）

同是一种矿，
有的打成锄，
有的打成枪。
枪也纵横莫敢当！
锄也怎么样?

杀人怎么样?
非枪不行。
生人怎么样?
非锄不成。
因为生人要杀人，
放下锄头来革命！
因为杀人才生人，
枪刀底下隐唤娘唤声！

（二）

同是一张纸，
有的印钞票，
有的印成书。
钞票纵横莫敢当！

书也怎么样?

生活怎么样?
非钱不行?
求学怎么样?
非书不成。
因为生活要求学,
那来的钱买书读
因为求学要生活,
布衣菜饭两不足!

(三)

同是一个人,
有的算糊涂,
有的算觉悟。
糊涂的人尽吃苦!
觉悟的人怎样?

糊涂怎么样?
毫不觉悟。
觉悟怎么样?
难得糊涂。
倘使没有糊涂人!
那里显得人觉悟?
总算有了觉悟者,
文化源头觉到无?

（四）

原来无所有，
拿什么牺牲？
慷他人之慨，
身躯也是人。
下死工夫求学问，
求了学问怎么样？

劳心怎么样？
会说“牺牲”。
劳力怎么样？
会养活人。
养活许多劳心人，
死铸铜像生立名。
劳力的人何太苦，
只有你是真互助！

（原载《星期评论》劳动纪念号，1920年5月1日）

晋江公所门前

（1920年5月1日）

青年妇人披麻衣，
跟着棺材哭著去！
怀中小孩凄然啼！

晋江公所隔不远，
越走越近声越惨！
两手紧抱怀中儿！
一眼盯住棺材随路转！
泪滴儿面母不知！
儿啼不住母肠断！
哭声咽住了，
棺材停止了。
张眼看看棺材为何停，
一辆汽车横堵晋江公所门。
车中珠宝钻石拥着欢笑声，
怀中儿也不敢哭，
儿哭恐恼车中人。

（原载《星期评论》劳动纪念号，1920 年 5 月 1 日）

这回不算

（1920 年 5 月 9 日）

五月一日劳动节这一个声浪，总算已经传播到中国了。在这个劳动节的声浪中间，工人的热闹不如报纸，报纸的热闹不如官厅，官厅的热闹不如戒严令下的军警。原来报纸上不过是热闹了笔墨，官厅也不过热闹些笔墨，却是官厅那枝笔能够命令许多军警，报纸那枝笔却唤不起工人来祝贺这个普天同庆的劳动节。今年这场比赛，总算是报纸输了，工人输了，军警也输了！胜利的只有官厅。打起得胜鼓说："五月一日劳动节开不成会。"在官厅何等庄严！何等威风！何等快慰！而报纸和工人恰［却］站在庄严、威风、快慰的反面。报纸和工人是输官司吃惯了的，算不得一桩什么事，只是苦了几个靠当兵充警察吃饭的人，在这个沈闷的空气中间，不知道为什么辛苦了好几个昼夜。所以说军警也输了，胜利的只有官厅。但是三十六个年头以前，全世界没有这个五一劳动节；一年前的五月一日，中国也没有这个劳动节。做惯了五一纪念底欧洲、美洲，今年也还在那里热哄哄的闹。才开始做五一纪念底中国，却是沈沈闷闷地过了第一遭。往后年复一年，除非全世界没有了报纸，历书上没有了五月一日，还要使全世界没有了工人，那么，官厅的胜利才算得占定了。不然，中国加入世界劳动纪念从今年开始了。这个继续不断的五月一日，且看明年怎么样？鲍超说："老子不死还要来，这回不算。"

（原载《星期评论》第49号，1920年5月9日）

吃人的资本家

（1920年5月9日）

戊戌政变和洪宪帝制两个时代，社会发生了许多"圣人"、"君子"、"贤人"种种名目。像这类反面式的定名，究竟不如切切实实的定他一个名词，使看的人一望而知，听的人得点觉悟。比如资产阶级，有的称为"掠夺阶级"，有的称为"强盗阶级"，就是切切实实从行为上定名的。从来没有不掠夺的强盗，也没有做了强盗不掠夺的。这类名称，纵是掠夺者和掠夺者的助手不满意，而有不可掩的事实存在，似乎名副其实。却是"强盗"、"掠夺"，社会上本来有做这一种事的人，已经成了一种特殊的名称。现在移作资产阶级底总名，未免使一般所称为"强盗"、"掠夺"的不平，因为做强盗的原是被资产阶级作成的罪恶，由罪恶构成底名称，或者竟有不许资产阶级掠美的。所以不如称为"吃人的资本家"，使他可以完全专利。有人说“资本家不是虎变豹变，他们的吃人，有谁见来?”其实，资本家吃人，比虎豹凶恶。虎豹的吃人是整吃的，资本家吃人是零碎吃的；虎豹吃人是一个时候吃的，欲［资］本家吃人是分是［时］分日分月分年吃的；虎豹吃人只是吃一个或咬死几个，资本家吃人是五十个一群或数百数千个一群吃的；虎豹吃人是遇着才吃的，资本家吃人是招来了吃的；虎豹吃人不管肥瘦的，资本家吃人是选择身体强壮能耐劳的；虎豹吃人用他自身的爪牙，资本家吃人用工人挖出来的银铜。请看：“每日工作十二小时，每星期更番作日夜工”；“每月工食约八元”；“留额五十名”；“必肌体强壮能耐劳者”。

这不是厚生纺纱厂往湖南招女工的简章么？慈悲的虎豹呵！他莫非可怜人类在社会上受许多痛苦，所以才把人吃掉么？可惜虎豹不会说话！如果虎豹拿到波士顿去陈列六年，作兴也会说“念……生计艰难，妇女尤甚……来申试用，以开内地女界食力之风”这一番慈祥恺悌的话了。

此刻接到湖南来的一封信，登在下面。

附　湖南来信

玄庐先生：

我好久就想把我所知道的厚生纱厂在湖南新招女工的情形写给你们，做劳动节号的材料。不过我想上海的事情，我在湖南，或者还没有住在上海的那〈样〉明白，所以就作了罢论。（这些事情，住在上海的湖南人尤其应该明白）

现在我又在一位朋友处，看见了一位女工的信，真是字字有泪，更提起我的感慨来了！并且在上海的湖南人，除那些有伟人资格的不用说，就是一般可爱的青年，也大半被金钱势力所征服，变做了聂云台系资本主义崇奉者，也就未见得肯替工人说话了。现在把那位女工的信□□先生，虽然赶不上登到劳动节号，但是请你在平常的报登出罢。

此信中还另外附有一封信，更足引起吾人同情之泪，但是我没有得着收信人允许，不能替他发表，只能把信中重要处所，说个大概：

（一）本地工人如有违犯工场规则及工作不良的时候，每每饱受侮辱，万非人所能堪。

（二）全体工人，每日工作十二小时，毫无休息，这位女工写这封信，还是费尽手续，请了一个夜工时段，在半晚以后写的。唉！这种境界，是何等可怜呵！

（三）湘省去的女工，共六十人，去的时候，便结成了一个团体，当工头无理干涉的时候，便用团体的交涉，所以比较的较本地工人稍微优遇一点。

我看了这封信之后，发生几个感想。第一是上海工人若是也有团结，必定也能得这比较的稍微优遇。全体工人若是有大团结，必定能打破这万恶的资本制度。工人的困苦，只是工人不奋斗；工人的失败，只是工人的没有最大联合罢了。第二，是各工厂的工人，若是能把工场里种种的黑暗情形宣布出来，也是一种消极的“萨波特举”，大足以唤起全人数的同情。

先生！我盼望你努力的宣传劳者的福音！

一九二〇、四、廿八日。

附　一个女工的信

（上略）[①] 莫不安分，投入纱厂，终日所目击者，纱、棉花、机械而已。由棉花而细纱，需经十一种手续，最初解包，次弹花、疏花，棉条、和花、粗纱（三种）、细纱、摇纱、打包等种机器，都极危险。只摇纱稍

① 此处为原文所略。

好。我正习此，要不留心手足的二十个指头，莫想救一只回。厂中作工很苦，宿舍居处亦苦，床也没有，桌凳也没有，就睡在地下，写信是把箱子作桌，把手帕放在地上作凳，真正出娘肚子以来，没有看过。（下略）

（原载《星期评论》第49号，1920年5月9日）

回　波

（1920年6月6日）

上海法国公园附近，每天早晚，总有许多女工，带着竹编的小饭篮，一群一群地参参差差，行行去去。到了五六月间，毗连公园有一个著名的球会，加倍热闹。华龙路一带碧绿整齐的树阴底下，常常有游人的帽影衣香和轻软的小孩稳车徐徐在斜阳红照的绿树中经过。儿童也拿着小球扑，沿路跳跃扑蝴蝶。大大小小男男女女，也是一群一群参参差差行行去去，有时加速度的汽车开过，也很不觉得讨厌，因有公园附近的马路修治得很整洁，每天晚两边洒上一通既细且匀的清道水，所以一点灰土都不会起。那时节，如果是初次走到华龙路的人，差不多要错认浓阴斜日快雨初晴，别有一个沁人心肺的清华天地，就是十分走性急路的人，到了这些地方没有不缓步流连的。只是早晚赶着上工或下工的女工想靠他自己十二个钟头的劳作，换两三角小洋的，便匆匆经过，提了空篮或八个人品［拼］坐一辆小车赶回家去买米煮饭的也匆匆经过。

华龙路向西转湾［弯］就是环龙路，两傍树木还没有长得华龙路那样畅茂，路的两边歇满了很标致的汽车，静悄悄地伺候他主人家拍球或晚餐会跳舞会散了好回家进车房休息。这一条路上的忙人很少，所以闲着的汽车夫，三三两两站在马路中间打起几句洋泾浜的英国语门趣。

电灯明了，球网卸了，穿蓝布白边号衣的拾球工役也散了。晚餐会开始了，厨房里的盘碗锅钟声，饭厅里的琴声，酒杯相触声，地毯上的细崽轻疾的脚步声；有一阵，廊下的欢笑声，音乐室里琴声、歌声，玻璃杯里水泡声，抑抑扬扬，欢天喜地。这时候，上班的女士已经做了三四点钟了，下班回家去的女工家里饭也吃过了。

就在这个当儿，公园附近有一所很精致的洋房客厅里，坐着三五个青年女子。在那里谈话，彷佛很生气似的：

"牧姊，你不看见《星期评论》上登着那篇李人杰做的《男女解放》么？他说'女子都是娼妓'那一段话，挖苦我们女子到什么田地。"

（牧）"是的，澄姊！不但挖苦女子，竟直污蔑女子。书姊你以为我这污蔑两个字下的得当么？"

（书）"我想李人杰必定是受过女子的大打击，所以才说出这一大篇丧心病狂的话。"

（澄）"我想李人杰是一个不通人道的。"

（牧）"不是的，焉有不通人道的男子，做得出那篇狂妄的文章？就算他没有结过婚，他莫非不是女子生出来的么？"

刚说到这里，小鸦头翠霞端了一托盘汤圆上来。两碗放在沙发一边〈一〉张白锦衣的腰圆小桌上，又拿一个碗托，承住那一碗放在披耶诺上。

（澄）"我还饱着哩。"

（书）"尝尝看！这汤圆是吃不饱的。"

（牧）"用橙子做汤圆馅，我还是第一回吃。"

（书）"杨绶先生从美国回来，带了些柑子送我。我因为香味实在好，不比得街上卖得那些檀香山货，做汤圆馅，也是第一次试验，如果好总算我的新发明了。"

铃！铃!! 翠霞刚出得客厅门，就从看门的手里接了名片托盘，踅回客厅。（书）"正好！请进来!"

（澄）（书）"是谁?"

（书）脸上微微红了一红。"你们都认识的，杨绶先生。"

（杨）“我知道你必定有好朋友在座……”

（书）“我们正在烦闷哩!”

（杨）“为什么?”

那个青年女子，就把刚才批评李人杰“女子都是娼妓”的话，告诉了杨绶。杨绶一双眼睛，滴溜溜在三个女子脸上兜上了十几个圈子，只是眯眯的笑了一笑。

（澄）“先生，你的意思怎样?”

（书）不等杨绶回答，“我们应该想一个对付的方法。尽我们的能力，辟这种邪说。”

（杨）“你们想得了对付他的方法没有?”

（牧）“应该采取欧美的事实做材料，依据科学的方式来痛驳他一番。”

（书）“你!（瞅一瞅杨绶）见多识多，你可以把你肚子里的货色，拿点出来，供给我们一点资料。”

（杨）“外国关系于女子解放问题的材料太多了，一时从那里说起?”

（澄）“先生何妨把自己对于女子的经验，说点出来，不更比较切实么?”

（书）“烦闷！烦闷!”

（杨）“你们听法国球会里面的歌声、音乐么？大家不闲谈闲谈，何苦找这些烦闷的事来讲，不辜负一片歌声和窗外的月色么?”

（牧）“好，好，讲点故事给我们听听，也好。”

（澄）“必须关于女子问题的。”

（杨）端起茶来喝了一口接着说，“我说我自己对于女子的经历一椿故事讲讲怎样?”三个青年女子一齐说，“好!”

（杨）“我生平对于女子是最尊敬的，我虽是一个宗教信徒，我的心中以为纵横古今，只有女子是神圣。从女子口里讲出来的话，才是天使的命令。我现在三十多岁了。我在十几岁的时候，就很喜欢整洁，我以为男子都是女子的‘罪羊’，应该倾身供献给女子的。”

三个青年女子，撑起耳朵，提起精神，向着杨绶的面孔看他活泼面神的动作，差不多连呼吸都停住了。从杨绶嘴里出来的一声一声一句一句一字一字，都印在三个青年女子的神经里。

“记得一年冬天很冷的天气，在一家乡下住的朋友，约我看梅花。那朋友住的地方距离我家水程有二十多里。出门的时候，天气是半晴半阳，我自己驶了一艘小汽船，走到半路，就遇着大风大雪，到我朋友家里，差不多已经冻僵了。伸出冷冰的手去和别人握手，我觉得非常抱歉，可是我的手竟直丝毫不听我的命令，回过了一点温度来。”

“和几位女朋友握手的时节，我连伊们手上的热度，都丝毫感觉不到。大不料和几位女朋友握手之后，我的手立即回热。我拿我的热手和男朋友握手似乎觉得很浪费的。”

说着，三个青年女子都笑了起来，把起先的烦闷胸襟，一齐化作窗外的月色琴声，丝毫不在伊们脑子里留些儿影子。

“那样狂暴的风雨，梅花是看不成了。大家围住火炉坐一阵，说一些。只见玻璃窗外风卷雪花，颠飞倒舞。远处一方大湖，湖面上还有一二只小渔船，立着几个打渔婆，风颠浪播的趁湖打鱼。”

“大家在这一间风雪包围的暖屋子里面，赏览这片自然界的奇景，如果有了酒，自然兴加十倍，就不拘坐的吃喝起酒来。”

（书）“喝杯香宾好么？”说着就不等大家回话，立起身来，按了一按呼人铃，踅到珊婆边上选了一大瓶香宾。翠霞似乎不大精采的样子开了门进来。（书）瞅了伊一眼，伊面庞上立刻红晕起来，取了四只香宾杯，放在那张小腰圆桌上，开好了酒，就踅出去了。杨绶喜气腾腾的端了一杯立了起来和三个杯儿次第交触，那清脆的杯声，透明的酒色，甜蜜的酒香，一霎时都融化在四个人同一副的眼耳鼻舌交谈里。

杨绶接着又说：“当时大家对景引杯，喝起酒兴来了，赌量的赌量，猜枚的猜枚，一直喝到接着晚餐，只有我和三个女朋友没有醉。”

“乘着余兴，打起牌来。牌桌四角，放看四张茶几，茶几上有几碟很精致的干果小菜，温着刚适口的好酒。一面打牌，一面说笑，一面喝酒。七点钟，八点钟，十六圈牌还有一半多没有打。十一点，十二点，只有四圈了，火炉里的火也渐渐湮下去了，坐在我两边的两位女朋友也渐渐醉了，我的脚也觉得有点发冷了。对面那位女朋友似乎觉到我的脚冷，就叫醒那个蜷伏在屋角上打瞌睡的女仆添火。我在有意无意中一回头，看见一个睡眼初醒的小鸦头，拿了一双暖鞋，替我换上就走，但是我还是觉得冷。对面那个人就问我，"还冷么?"我不好说冷，又不好讲假话说不冷，我只得对着伊红泛的面庞儿，用眼睛向伊求饶，求他不要问我。忽然落了一张脾，伊就弯下腰儿去捡，同时我的脚的冷也随着落地的那张牌被天使迎接去了。我那时候的感触，这个世界上竟直没有这句话可以表明的。我自己也不知道是初上奴圈的奴隶？还是才得解放了的奴隶？

三个青年女子，都大笑起来。

"我既受了这样的大刺激，没有方法讲话，我也找不到话讲，我只是端起杯来一大杯一大杯狂饮，虽不关什么气吞河岳，也似乎能吸尽西江。两边两位女朋友，不知道为什么也陪着我大杯大杯的喝。""还剩半圈牌没有完，两边两位女朋友醉倒了。我也不知道怎么样了。(大概也烂醉了)。"

"睁开眼，睡在一张妃红纱帐子里（我不知道帐子的颜色呢还是灯罩的颜色)，很舒服很温暖的。帐门前面一个亭亭的人影儿，一晃，灯也就灭了……"

（澄）"这是什么人？是不是和你对面坐着那个打牌的。"杨绶笑着不说。

（牧）"一定那个了。"

杨绶只是笑着不说。

（书）似乎很生气的："你对面那个叫什么名字?"

杨绶总是笑着不说。

（澄）（牧）"不是你对面那个又是谁？一定是的，一定是的。"

碰巧（书）立在杨绶的对面，接连听得（澄）（牧）两个人凭理想上硬证明说对面那个一定是的，涨得面红过耳。

（杨）“不是的，是我的前妻。”

（书）听了这句话，背转身走到披耶诺边上，看见了承汤圆的空碗，就去按呼人铃。

（牧）（澄）听了这句话，同声说：“这又是一椿什么希奇故事，也值得唠叨一长夜?”聚精会神的一席话，结果闹得大家扫兴，三个青年女子，异口同声的埋怨起杨绶来。

（杨）“我的前妻的解释，不是□死了的妻，是对于有过那么一回事的讲的。”（牧）（澄）“还追根要问出这个人来。”（书）“也追根查问那个人座在对面打牌的。”

呜！工厂里的换班回声响了。天也亮了，四个人坐上了一辆汽车，到公园里吸新空气去了。路上正遇着交替上班的女工，一群一群参参差差急急忙忙朦朦胧胧行行去去。

四个人在冲破鲜空气的快车中，眼送着一群一群的女工，一群一群的向后退。一路香风，吹送着隐隐约约的车中人语，仿佛是说“污蔑……娼妓……解放”。

（原载《星期评论》第53号，1920年6月6日，此据《玄庐文存》）

“星期评论”停刊后的……

——复傲霜

（1920年6月8日）

傲霜：

我是离了我底［的］原有阶级的一个人。我认识我身上的血肉，就是无数农工的血肉构成。《星期评论》虽然中止，我们还是要把我们的血肉点点滴滴还与农夫工人，才算了得我一身的债。我不多日子，要和几个朋友到别处去，学校的事，也就不能由我们继续办了。前途的光明，还望大家张开眼睛，自己去看。放开脚步，自己前进！

玄庐

附　傲霜致沈定一的信

玄庐：

今天我读完第五十三期《星期评论》，好比背上浇了一桶冷水、一千二百分的不快活！我们底知识、眼光、判断力……什么都浅近得很，简直和小孩子一般，一天不能缺少滋养的食料，现在你们竟宣告暂时中止，岂不是叫我们绝食吗？虽然你们预定有三种计划，但现在的烦闷怎能救济呢？我晓得你们在家庭中办有一个学校，一个月前，我曾经和力子在电话中非正式的谈起。我问外边的人能不能来读书，力子说，只要有人介绍总可办到。力子又说，我们底学堂，比不得别的，是很放任狠［很］自由的；我想只要给我个受教育的机会，那我是欢迎得狠［很］，讲到那些贵族式的学校，非但没钱去读，我心中也不愿意去读。唉！玄庐！你可尽些义务允许我来读书吗？

傲霜

（原载《民国日报》副刊《觉悟》1920年6月8日）

阿二的儿子

（1920 年 8 月 29 日）

猛太阳像撑了一把火伞，在头上镇天罩着，露天的工作，不消说是热极了；就是工厂里，也和干闷在火炉子里一样。一颗一颗的汗，变成一路一路的汗，从头发根子出来流到脚后跟，流干了，又变成又臭又腻的油和煤灰尘土敷满一身。好容易撑到日落西山，换得两三角小洋，顺路买了一点米，一路上阿大阿二阿三阿四，三三四四分头奔回家去。一阵凉风，吹着腻致致的油煤身子，倒也觉得十分爽快，总算把一整天的苦热，抵偿过了。

阿二的儿子小二，在弄堂口望着他的爹爹回来，这可怜的一个小孩子，赤条条地又黄又瘦，看见他爹爹手上拿了一包东西，他想来是好吃的，擎起一双乌龟脚爪似的小手，一直向他爹爹阿二奔来，那种高兴满足的样子，是人看见了都要堕几点眼泪的。

阿二也高兴着。猛不防天压下来似的一辆汽车，把小二吞到车轮子底下去了。那时阿二去拉他儿子也不是，避开车子也不是，丢了米包也不是，怕也不是，气也不是，急做一堆，看他们从汽车轮子底下拖出一个血淋淋的小孩子来。

巡捕来了，抄着汽车号头，叫了一辆黄包车，装了血淋淋地一个小二，只顾自去了。汽车夫嘴里边还半吞半吐说着“小鬼，小鬼”。

阿二还是一堆的急着，看他们调排，车子里坐着两个雪白红嫩的小孩子，原来就是阿二做工那厂里的小老板姊弟两个。

汽车也只顾自去了。弄堂口大喊大叫哭出一个阿二的老婆来，在一大群人七嘴八搭里面独自发急的阿二，被他老婆哭醒了，急忙分开看客，慌慌张张走到他老婆跟前，他老婆就撞进阿二怀来。

这一夜，天气还是一样的闷热，他们两夫妇住的那间小房子里更比炉还热些，但是他们两夫妇却同冷水浇着背似的，一包米还是一包米，并不曾吃一颗下肚去。

第二天，捕房里通知阿二，叫他去领尸。阿二两夫妇，只可东奔西走募化一口施舍棺材，又央阿大阿三相帮他们抬出租界去。

一路上火伞似太阳还是昨天一式，又遇着许多出来兜圈子吃大菜的汽车，风样般来，几乎要把抬棺材的阿大阿二阿三吞了去。他们三个人在白汗如霖的时候，几次三番捏着一把冷汗。

（原载《劳动界》第3期，1920年8月29日，此据《玄庐文存》）

卖气力的不是人么？

（1920年8月29日）

弟兄们！俗话说得好，“抬轿的也是人，坐轿的也是人”，“大家都是十个月从娘胎里出来的”。这两句话：人人能说，却未必人人都懂。不但说，未必人人能懂，就是说道凡是人都不懂得这两句俗话的意思，也未必就冤枉了一般人。我且把这两句俗话，用一件件的事体来说明他的意思。比如说，

“种田的也是人，吃饭的也是人，大家都是十个月从娘胎里出来的，为什么不种田的人有饭吃呢？”

“织绸经布成衣的也是人，穿罗着缎也是人，大家都是十个月从娘胎里出来的，为什么不织绸不经布，不裁不缝的有衣穿呢？”

“造房子的也是人，住房子的也是人，大家都是十个月从娘胎里出来的，为什么不造房子的有房子住呢？”

哈！哈！吃的，著的，住的，是人人不能少的三件大事。我们只看见种田的饿肚皮，织绸经布的受凉受冻，做泥水木作的在寮檐底下破屋子里

过日子，从来没有见到白吃白著白住的人，受卖气力的所受的痛苦。照这样看来，这两句俗话就应该换一个说法：“抬轿的是人，坐轿的不是人；抬轿的是十个月从娘胎里出来的，坐轿的不是十个月从娘胎里出来的。”

照这样说法，凡是白吃白著白住的都不是人，不是十个月从娘胎里出来的了。但是他们一般白吃白著［着］白住的却明明是人，明明是十个月从娘胎里出来的。他们既是人了，那么又应该换一个说法：

“抬轿的不是人，坐轿的是人；抬轿的不是十个月从娘胎里出来的，坐轿的是十个月从娘胎里出来。”

照这样说法，凡是种田、织布、造房子的都不是人，都不是十个月从娘胎里出来的了。天下买气力过活的，不单是种田织布造房子，打总说一句，凡是卖气力的都不是人了。弟兄！肯承认这句话么？

他们如果是人，我们卖气力的就不是人。

我们如果是人，他们不卖气力的就不是人。

若说大家都是人，“人”是不是应该一样的做？

（原载《劳动界》第三册，1920 年 8 月 29 日）

小说底权威

（1920 年 8 月 31 日）

横看竖看从黄帝纪元起到到民国九年这四千六百十七年底社会状态，逃不出《水浒》、《红楼梦》、《西游记》、《封神傅》四部小说。这四部小说不但可算追纪得着上古、中古底社会史和人底心理，并且支配着这四部小说出世之后底社会和人底心理。伟大呵！小说底权威。

这四部小说说些什么呢？差不多凡是认字能看书的都看过了，不等我细说。放大眼光包围起来看透了他，无非是“盗”、“娼”、“仙佛”这三种模型。“黄金、红粉、富贵、神仙”世间人那一个能逃得出这八个字的圈套？逃不出这个圈套，便做了三个模型塑成的人物。

过去的历史和社会的现状，统通被这四部小说铸定了是无可讳言的；将来的社会，还是要被他支配下去吗？我不敢信世间人有摆脱他的能力。

我常常觉得中国人有两种最丰富的特性：

一、妥协性。

二、突飞性。

看《红楼梦》的，没有一个不希望宝玉和黛玉成了美满姻缘，到黛玉死后，又替宝钗怪可怜的捏了一把汗。看《西游记》、《封神傳》的起码就想腾云，“一个筋斗云三万八千里”，以为人生第一快事。所以处在一个四不像的“德谟克拉西”制度底下，并不肯向改造途中努力，就想打一个筋斗到“安那其”世界。起了一阵虚劲，这个筋斗打不过去，又换一个方向望什么“西方净土”什么“虚无”的如意算盘的幻想里面跑。又经过了一阵鬼画符的时间，看看还是做不去，饭是要吃的，衣是要穿的，房子是要住的，环境一逼，就慢慢地回了头钻在社会里谋生活去。生活找到了，就上“黄金红粉”的熟路。找不到，或是不满足，又向“仙佛”那边遁。翻来覆去，不是谋“妥协”，就是想“突飞”，一副改造途中一分一寸忍着苦痛向前走的重担子，有那个敢凑上肩头挑着走？“金玉良缘”、“筋斗云”，这个小说底权威真个不小！

如今《水浒传》已经有人把它加上新式标点重印专利了，我想新标点的《红楼梦》也不久就会出现。读这些小说的，或许当文学来研究，如果把身子加入书底内容，到底是要受支配的。但是演着这四部小说的活剧的社会，可怜多少青年，早就读得烂熟了！

（原载《民国日报》副刊《觉悟》1920年8月31日，
此据《玄庐文存》）

一个水手

（1920 年 9 月 5 日）

黑魆魆的大西洋，又是风，又是浪，一只不上三千吨的汽船社会号，落在海天一样黑的狂风怒浪中间，好像一扣没盖的沸水锅，飘着半边壳，生生地要把他底生命煮熟，供给可怕的海做点心。只是这般倔强的小汽船，任什么大浪卷来，他总是扑着前进，一路不知道破开多少大浪的肚皮。呼呼的风似乎打这小汽船不倒，生起气来，越刮越大，助着山崩地塌的恶浪，总想把社会号生吞了。一片黑漆漆不管事的天，特地给作恶的风浪底机会，由他摆布。战危危地一盏桅灯，随着船势上上下下左左右右的播荡，很可怜的在大黑暗中一闪一闪地表示他不屈的的灵性。

当这时候，一个很壮硕的水手，在前桅左近靠着风筒站着，一手插在裤袋里，一手紧拿着熄了火的木烟斗，自言自语道："咄！什么头脑……"

声音刚出口，就被风夺去抛到浪里去了，这个水手又说："同是一样的身体气力，做同样的工作，就他会说几句外国话，便和船主商商量量做起水手头脑来，一把抓想支配我们？哼！"

"男子汉，肚皮底下生好两条腿走得动路，两只肩膊掮得动重担子；那里去没有事做，那件事不敢做！咄！什么头脑！"说罢，耸耸肩，猛吸他没火的烟斗。

"如果皈依服法做一个百依百顺的奴隶，做一副会说话的机器；不但对不住我自己。并且对不住他，他……"

"同船合一命的，还要分出许多上下阶级来，我看这风浪倒很平等的看待我们人类！"

"嘿！什么船主！没有我们，这船是一寸也不会走的。"

"穿着咸水渍透的衫裤，干一阵，湿一阵，熟一阵，冷一阵，一天两班，十二个钟头的工作，他们到［倒］舒服着做船主，做头脑！”

说到这里，又猛吸了几口没火的烟。那风浪一发凶恶起来，但不是先前那个吞船的意思，是很替这个水手鸣不平的；而且黑魆魆的海天，也像暗示这个水手的环境。这个水手的眼前胸前，一呼一吸，都和海天风浪通着声气。

（原载《劳动界》第4期，1920年9月5日）

一　夜

（1920年9月6日）

白天打短工，
夜归抱儿子。
腾出阿娘一双手，
淘米，烧饭，洗衣，补衫裤。
“阿爸做工辛苦了一天，
乖乖睏去罢，
莫作夜新鲜。”
宝宝，乖乖，低声下气喊了一大串。
抱着走，走着抱，
小脚零丁一身汗。
眯朘眯朘一双点漆的小眼珠，
慢慢地在宝宝声中合拢去。
破屋漏月光，
照着红粉蒸蒸的小巴掌，
梨窝嘴唇跟着呼吸微微动，
两个人在黑影中间也赔着一副笑容。

呵欠来了便向帐里钻，
一头放倒就入梦。
帐子小，仄棱困，
让出一片还没有破的凉处席，
轻脚轻手把宝宝来安顿。
咿唔咿唔蚊虫声，
绕着蒸龙似的床想分得一杯羹。
忽然呱的一声哭，
梦中惊起，一手搭着，一手拿奶给宝宝咂。
宝宝不哭了，
阿爸醒了，
精神也回复了。
偏偏鸡也啼了，
夜五更了，
无情的汽管呜的一声，
没奈何，披起衣裳跳出门！

（原载《民国日报》副刊《觉悟》1920年9月6日，
此据《玄庐文存》）

复沧海寄萍
——研究哲学的入手方法
（1920年9月10日）

沧海寄萍：

从前你给我的信，一则我不住在三盆里，二则当《星期评论》停刊前后两个月，所有邮电交通，一齐被截，所以没有接到。你要学哲学，要从心理学和伦理学入手。

因为哲学是推求宇宙和人生根本的究竟，不能不用思维。要晓得思维的根本是什么，就得学心理学；使思维的径路上正当的轨道，就不能不学伦理学。你于这两种学问，已经得了途径么？我狠［很］希望你！

你问德法文学那种好，我却都没有学过，不能答你。

玄庐

附　沧海寄萍致沈定一

玄庐：

我要请教你的，没有别的事情，只有一件，写在下面。

我因感于学问不足的痛苦，很想再读书。我将来的目的，在研究哲学，所以要读英德文字。但我已入了函授英文学社，再入校去读英文，似乎不太经济了，所以想读德文。前天索取同济的章程来看，费用太大，我的家庭不能担负，不能够去读，我自己想不出别的德文学校了，想从法文入手罢。

但不晓得世界的哲学者，那一国可以救我国的思想，以致不能决定从德文入手呢，还是从法文入手。你是很博学的，所以我来请教你，请你详细的告诉我。

沧海寄萍

（原载《民国日报》副刊《觉悟》1920年9月10日）

弟兄们！想想看！

（1920 年 9 月 12 日）

凶呵！秋老虎！我们卖气力过活的，不知道被他逼出多少汗来！你们且看，商店里所有形形式式东西，无论可以吃的，可以穿的，可以使用的，可以玩的，大家用得着这形形式式的东西的时候，眼睛里映得有好看的颜色和精巧的式样，鼻子里闻得是很称心的香气，嘴里边吃得出很美的滋味。这些好看的，好闻的，好吃的，那一样不从我们劳动者的汗里泡制过？秋老虎呵！你到几时才肯饶了我们卖气力的，让我们凉快些？

工厂里、田地上，一个工人流着汗，工人的母亲，工人的老婆，也一样陪着流汗。我们工人一家吃的饭，一颗颗都是一家人的汗珠化成的。我们流了一百滴汗，自己吃不到三四十滴，这六七十滴，到那里去了？不都是被老板们，老爷们，太太奶奶们，小姐少爷们，一班有钱有势的吃了去么？照这样看来，有钱的老板不比秋老虎还凶么？

大家如果不信这番说话，我就举一个小小的例子，请大家看看：上海地方，有一百二十八所的浴堂，开浴堂的都是有钱的老板，浴堂里单是擦背一项，就有二千多人。这二千多人每天上午十点钟起来，整理一切洗澡用的家伙，十二点钟开始来客，一直做到夜里十二点钟。每一个擦背的，擦好一个客人，客人要化一角钱，擦背的只得到四个铜子。算一角小洋换十一个铜子，还有七个铜子，归老板得了去，工人一天至少擦七八个背，至多擦到二十个，牵扯算一个工人一天擦十四个，得到五十六个铜子，老板在每个工人头上，每天要分得九十八个铜子，差不多要分去工人做出来的钱三分之二。擦背的是这样，那个作场，那个工厂，不是这样呢？

大家仔细想想，拿自己懂得的算盘打一打，是不是我们男女工人底汗，一大半为有钱的老板们流的呢？有钱的老板们是活吃我们的血汗过活的，不比秋老虎更要凶几倍么？弟兄！有闲空的时候想想看。

（原载《劳动界》第五册，1920 年 9 月 12 日）

两种制度下面底妇女

（1920 年 9 月 15 日）

（一）

新思潮像大海底波涛，涌起嫩摇摇地初升的烈日，并不夹半点泥沙。若使臭沟水去迎接，反而泛起许多恶臭的泡沫。正当臭恶泛滥底时期，真个有些难过，虽然有淘尽的日子。解放声中底姊妹们注意！

笼里的雀，不如园里养著的好看，毛羽也丰润些，叫声也圆滑些，动作也灵活些。“解放呵！解放！”这种声浪从男子嘴里发出来，究竟根据他们底智慧发出来的呢？或根据欲性发出的？暂且不问。假定他们不是虚伪的，不是赶时髦的，的确是真实、诚意，十分地真实，十分地诚意。从他们那金箍子里箍成功的爱情中发出来这“解放”底声浪。

金镶玉嵌的爱情中间，放出歌声，笑声，弄著舞影，他们道伊是“忘忧草，解语花”，伊也是横竖没有苦痛惨淡的感觉的，他们自然是以为好看，好听，受用了。音乐会，跳舞场，要把他们唤作“小雀儿”的，放上去比赛，自然要使伊底喉舌，毛羽出落得漂亮些，当然只有开笼放雀。横竖公园里自有极大的铁网张罗著，包管不会冲上碧天去。所以一般资产阶级的男子，很热心他妻底教育，他自己很放心的。

他们依据因袭和经济的力量，早就用金箍子驯服了他们所爱玩的玩具了。“红颜未老恩先断，斜倚薰笼坐到明！”“玉环领略夫妻味，从此人间不再生”这些诗，就是写金箍子里面爱情底结果。

（二）

妇女底任务，在先只有劳动和育婴，如今又加上一重玩具的任务了。不必说浙江金华典妻地风俗和清代借妾，那些人或地方的特例，妇女所担负的育婴和终身劳动底事业，到处摆著，从来不行作为问题。诚然孕育婴孩是妇女生理上底特能，劳动也是人人应该的——却不该专替男子做育婴的器械和终身的奴隶。

男女间第一公道的事，就是废除现行的夫妻制度。因为这个制度，不单是把妇女降到食欲的对象，压迫著儿童所受的遗传性底一半不得发展。并且使男子方面也成为“拔倒石头压自己底腿”的形势。男子凭借这种制度来凌使妇女，妇女生受了这种凌使，遗传给后一代的男子，相互间一代一代推陷下去，便呈露出十分薄弱的状态。男子到中了薄弱的遗传，就越喜欢结合毫无抵抗性的女子，玩具的女子，作为好玩的玩具了。现在竟有主张丢开育儿底任务，但求满足他底欲望的新式掠夺者。这不是薄弱到极致么？这种人哪里不标榜新文化运动的，哪里不附和“女子人格论”的？

（三）

凡是受现制度支配下底妇女（经济制度，夫妻制度），制度一天不废弃，就得吃一天痛苦。无论文化运动怎样热闹，解放声浪怎样伟大，颠来倒去，只是这个黑魆魆地世界中间底鬼把戏，决计得不到一点实惠的，可以断言。

我底朋友崇侠，伊曾经对一个女子说过“你们当心流落做太太”。这句很抽象的话，含得不少惨痛和希望在里面，社会底状态，妇女底心理，统统在这句似讥、似劝、似笑、似骂的话里。我时常拿伊这句话来观察一般妇女，觉得要流落的人实在大多！可怜人是活著的，要求生活和生趣的，在这种制度下面，流落果真不好，不流落又过不去，怎么样呢？

崇侠又有一首诗，诗说："潮翻浪涌似的两颗心，乍相见，一时都贴然安静。相觑惊叹里，情爱人人深，轻易逝，两小时底好光阴！毅然分手去，暗自沾襟！分手去，分手去，期分头去赶改造的事，何妨暂时分手去！改造成！好聚天下的有情人！"

从这首诗上，就可以见到现的两种制度，不单是压迫妇女一方面，两性间相互的爱情，也汩没在臭沟水里了！

姊妹们呵！"流落"底深坑，就在你们脚跟傍边张大著黄金灿烂的口，等著你们作彼底食料咧！如果大家不努力去填平，要想偷著懒跳到什么"空门佛海"里去，和跌进这"流落坑"是一式无二的呢！

我们且不说什么远大的话，就看能看著作品底姊妹们，对于任劳役的妇女们怎样底待遇，就是姊妹们自己心理自己面前一个好镜子。

（原载《新妇女》第3卷第6号，1920年9月15日）

妇女解放途中底"淫荡少年"

（1920年9月15日）

人类之半的妇女，被压迫在阶级的经济制度最下一层。

阶级的经济制度一天不打倒，两性问题内容底全部一天不显露。

所以研究妇女问题的，一碰到以上两重的困难，便说不出什么究竟。却是理性的认识和情感的行动，不容我们在说不到什么究竟底时期，便抛开妇女的历史和现实于不顾；这个当儿上，就发生"妇女解放问题"。

妇女经济问题比较能够独立底欧美，现在还做着资本主义作中心的政治梦，他们解放底进程，自然采"选举权""参政权"那些途径。在"嫁汉无非穿衣吃饭"的东方，一向不入资本主义的政治梦，所以解放底进程，除却消极的切身底束约和积极的切身底自由之外，还说不到个体向全社会方面怎么样的发展。

当这个似乎解放底动机，将要解放底开始，正在解放底进行，提倡的，自动的，感动的，没一个不抖擞全副精神努力去开辟解放底途径，绝像走人迹未经的荒山旷野，惟恐半路出个什么差子。不料妇女解放底途中，背后受旧社会底跟踪追扑且不顾，首先碰到的当道豺狼，就是佛突先生所说底“浮荡少年”。

这些“浮荡少年”，不是从提倡妇女解放以后才发生的，旧社会制度底下原有的产儿。果真只是旧社会中固有的分子，那也无足怪。怎么呢?

解放以前的男子，那一个不是“浮荡少年”。到了解放正在进行的中途，叫做“青年”的，头戴新文化，脚踏新思潮，冲口就把“解放”两个字作武器，来反攻解放途中底妇女，强迫着伊们答复不愿意听的话和不愿意按受的信。这些例子，举不胜举，还是希望青年人了解点“自由底责任”罢!

这一类的动作，我们不能专归罪在有些动作的人底本身，旧制度因袭的力量实在不小呵，为什么青年中居然有不能打破这些因袭的呢?

“浮荡少年”四个字的绰号，忽然加到二十世纪的青年人底头上，二十世纪底青年，果真直受不辞么?我想未必!

在研究妇女解放问题的人，那一个不想到解放途中底危险的一程。一般男子，受旧制度和礼教底强制禁欲，一旦从精神上否认了种种束缚，便顾不到对面那个是人是物，立刻跑到禁欲那一面去——纵欲——这些都在讨论妇女解放问题中的应有的问题。只是把个“浮荡少年”却充了研究的资料。要知道解放途中妇女底危险，就是男子底危险；强拉着别一个人到薄冰上去跳舞，被拉的人跌下冰层去，拉人的人，也不能幸免的。我想一般青年人，憎恶旧制度和礼教也够了程度了。难道只憎恶旧的形式，反而充量发挥旧的精神么?理性不能驾驶情感的，在社交上总有宣告死刑的一天。

这个明明是讨论妇女问题的一椿苦痛，而且这椿苦痛，是人人料得到的。现在已经了发现了意料中许多影子，就不能不老实提出来讨论，倘使明知道这些苦痛，却没有这个责任心去提他出来，我不说这些人是“浮荡少年”底辩护者，却很像犯花柳病的瞒过爷娘一样。

打狼的，不怕虎豹；打鱼的，不怕风波。主张妇女解放和解放的妇女，正不必怕“浮荡少年”。

只是妇女问题的究竟，到现在还无从说起，就在这条解放解放的小路上走，实在是二十世纪人们的大羞耻！

（原载《民国日报》副刊〈觉悟〉1920年9月15日，此据《玄庐文存》）

复竞西

——关于重印《星期评论》的答复

（1920年9月18日）

竞西①：

你前回的信，我看到了。《星期评论》一向不主张版权的，既不主张有版权，就不必再说让给什么人的话。我们本打算把一年来小小的工作，选择些，立了系统，重印一道，只是人事和经济能力，少了那一件都不行！现在也正在计划中，希望爱读诸君，再等等消息罢！

我自己觉得太乏资料，所以只想读书，比如一个熔铁炉里不常常加添矿质进去，不会锻炼出什么精良的工具来的！你来信上那些美谀，老实不敢受。你所希望的，必要宽些日子哩！

玄庐　一九二〇、九、十八

---

① 称呼系编者所加。

附　竞西致沈定一的信

玄庐：

我三日给你的信，要求你们将《星期评论》“重版”，或将版权让给书局翻印。力子说：你又旅行去了，等你回到上海，必有很好的答复。没几天，你又有两篇文章，披露于“觉悟”栏，想你对于《星期评论》的事，不久必有答复，不料至今还未看见。我底朋友们，都以为你底答信，已直接寄我了，纷纷来说：“玄庐到上海了，答复你的话，能告诉我们吗？我们底眼睛望穿了，竞西呀！你不是严守秘密的人，怎不公开。”

玄庐呀！你们是宣传文化的先锋队，彻底觉悟的先觉者，我们都希望这颗明星，复现光辉于这黑暗世界，使我们可敬可爱底青年，都得到觉悟的路径，想来你也欢迎的。请你抽点空儿作个答复罢！

九，一四，竞西于丹阳

（原载《民国日报》副刊《觉悟》1920年9月20日）

读大白的《对镜》

（1920年9月20日）

七月三十日底《觉悟》载大白一篇《对镜》，结句说“一拳打得镜子破”。

哈哈，大白这一拳是不是真个打在镜子上，且不管他。可是读者读到这一句，就像对顶门受了这一拳似的。我因此做了这首诗还问大白。

（一）

镜中一个我，
镜外一个我。
打破了这镜，
我不见了我。
破镜碎粉粉，
生出纷纷我。

（二）

我把我打破，
一切镜无我。
我把我打破，
还有破的我。
破的我也破。
不知多少我。

（原载《民国日报》副刊《觉悟》1920年9月20日，
此据《玄庐文存》）

读大白的《一颗月》

（1920年9月20日）

（一）

天空一颗月，
水空一颗月。

说是两颗月，
明明二除一。
说是一颗月，
明明一加一。

（二）

我见天空月，
不见水空月。
我见水空月，
不见天空月。
若生千只眼，
定有五百月。

（原载《民国日报》副刊《觉悟》1920年9月20日，此据《玄庐文存》）

训练社会革命的“都市”

（1920年9月21日）

“可厌呵！都市。”

（一）

凡是头脑冷静有亢奋的精神的人，没有不厌弃刻薄、残忍、迫切、诈伪的都市生活。

都市是有产阶级底巢穴，就是资本集中底场所，就是有产者底自由竞争场，就是掠夺者底大本营、机关部。

依都市作机关部的人，不是没有伦理，更不是没有父母、夫妻、子女、朋友、师生，及一切人类相互间的关系。只是他们底伦理，就只有单纯的金钱关系。金钱，就是他们最大的宇宙，最尊贵的生命，最文明的实体，最高尚的道德，最纯洁的情操。爱情、义气、慈善、信仰，以及名誉、知识，没有一样不是商店里的物品；没有一样不凭买卖卖行为来解决。或者怀疑我底话过甚吗？我现在上海，就把上海这个都市里面所产生的事举几椿出来作个例：

有人必定说“爱情”不能买卖的。不错，不能买卖的爱情，是丢开了经济问题的。在金钱关系底都市生活中间，买爱情的，早就估计定了爱情底代价，卖爱情的，也只愿收入爱情底代价。

只看一班满身酒肉的老头儿和东食西宿的纨袴子弟，他们娶亲、买妾、赎妓，那些嫁的，卖的，从良的，那一个不尝过海誓山盟底滋味。只要问五十多岁的老名妓林黛玉，伊曾经嫁过的富商、达官、阔少之中，那一个当伊是买卖的。

但是真能够说伊和他们不是买卖的么？

有人说“义气”不能买卖的。不错，不能买卖的义气，也是丢开金钱关系的。武士英刺杀宋教仁，在应夔丞等他们那些人，那里不是拿平日交情借水浒传上的行侠尚义作面子，把富贵功名作底子，把几百几千金钱作骨子，武士英居然出卖了沪宁车站上那一枪。

金钱可买身体，金钱可卖身体，金钱可买生命，金钱可卖生命。所以都市生活的枢纽，就专靠金钱在那里左右逢源的转捩。真正的“爱情”，真正的“义气”，在都市中是“踏破铁鞋无觅处”的。

还有那些慈善团体和教会，不管是个什么人，只要化过多少钱的，就加上一个“善士”、“信徒”的头衔了。

试一读马格斯《共产党宣言》：“……人和人中间，除了明目张胆的自利，刻薄寡情的现金主义，再也找不出甚么别的联结关系。宗教的热忱，义侠的血性，儿女的真情，早已在利害计较的冰水中淹死了。人的价值变成了交换价值，无数永久特许的自由换了单纯的无理的自由，就是自由贸易。简单说，有产阶级，将从前戴着假面具的宗教和政治，都变为赤条条的、没廉耻的、迫切的、残忍的掠夺了……”“有产阶级，已将家庭情爱的面帕扯碎了。家庭关系弄成了单纯的金钱关系。”（依陈望道先生译本第六页）

（二）

有人把都市比作墨鱼（乌贼）的：墨鱼躯体底全部，像都市底全部；彼背上的硬杀，像都市的屋瓦，墨鱼底呼吸机关的腮，海水经过彼腮部就同肾部肠部底排泄物一齐流出，这就很像都市底商品蔓驳和垃圾粪车的输出；墨鱼总神经前面生许多海星形的须，嘴底两傍［旁］生两条特长的臂腕，像都市往农村的道路，两条臂腕上生许多钳口，钳进许多鱼虾来嚼碎了作彼底养料，这就更像都市吸收各地底物产；而且墨鱼后方下部有墨水袋，能够从彼足部漏斗喷出污黑的水液，又像都市底烟囱。照这个比喻看来：越发达的都市，彼的面积越扩大，房子越多，就像墨鱼越大背壳越厚；都市越发达，流通的货币数目和蔓驳的商品输出的粪和垃圾越多，就像墨鱼越大呼吸排泄量越大一样；都市越发达，马路越阔越长，吸收剥夺的能力越强，就像墨鱼吞吃鱼虾越多，养料越富，臂腕越长越肥，钳口越利是一样。

都市吗？墨鱼吧！各地多少农工，都变了鱼虾，由彼很宽很长很利便的道路吸收了进去，嚼碎了取尽渠们底汗血和气力，充作都市的养料，剩了一把疲卷［倦］残疾没气没血的骨头，轻易就排泄了出去。如果农工经营伟大茂盛的都市，算是人类底文明，那么，很大很肥的墨鱼，也可算作鱼虾底文明的实体了！

我常常爱说“凡是背理的行为，只怕渠们不积极的做去，果真积极的勇猛进行，结果往往反为合理的行为底助力”。有产阶级的经营都市，也逃不了这个公式。

都市必要的设备，就是交通、工厂、商店种种：没有商店，劳动者怎么知道渠们工作底价值？没有工厂，怎么能够把个别的手工艺的劳动工人聚拢来作活机器？没有交通，怎么能够把各地散处不相往来的农夫工人吸收在一起？

恭喜发财，交通利便了，工厂发达了，商店茂盛了，都市繁华了，也寂寞了。

在中产阶级的人，寄生在都市里面，没有不感觉到“寂寞”的。乡间一里半里隔村隔墙也常常互通声气，王家死了人，赵家也前来问病，后来吊孝；张家生了儿子，李家也一团高兴地说说笑笑。一到都市间底聚落，同在一个弄堂里住，东家闹西家唱，甚至隔壁贴邻说笑的自顾自说笑，哭丧的自顾自哭丧，同处到一年半载，还有不晓得邻居的姓名和职业的。“人情纸样薄”都市底人情连纸样薄的也没有！本来有社会性的人类底生活，应该这样吗？寂寞呵！寂寞。但是这一类的寂寞，劳动界里却受不到。只看头等船位、头等车位的乘客，和三等车位，统舱的乘客就明白了。

一般劳动者谋生的工具是随身带着的，除却有产阶级利用失业者作气力底领域矿山随时由渠们开掘之外，劳动者与劳动者还不至于发生大倾轧，而且劳动者底饮食、居住，差不多大家是敞着的，所以劳动者相互间的情感，总比较的亲密，渠们的同情心也比较的丰富。

这一点社会的情绪，就是人类社会道德的基础，就是社会革命的基础。

怎么说是社会革命的基础，就是利便的交通，发达的工厂，茂盛的商店，已经替劳动阶级里的人，做明言暗示的导师了。

（三）

劳动者受有产阶级底经济制度的压迫，把自己这一层阶级看得很低，把自身看得很渺小，若只就表面看，似乎多数的劳动者，常常能够照现状永远的苦做苦吃下去。但是人类底“人”成为人类中间一个“个体”，渠那“生存”、“继续”、“发展”的条件，和各个体不会两样的，不是人为的制度所能够打消上列三个条件之一的。

饿着肚子掮米袋上栈，摩托卡制造者没有车子坐，厕所建筑者拉野屎被警察捉去，电灯业工人底家里点一盏半明不暗的煤油灯，纱、丝厂底工人受寒受冻，这些都是工人本艺上工作和享用的差别的激刺，渠们不必费多大的联想工夫自然认识的。

男子底腕力，已经被机器征服到不必要的地位了，手指的运动没有女子的灵敏，性情又不能像被两重束缚的女子那样驯良，工价又要比较女子贵，到了卖气力的没卖处的日子，女子不能丢开男子由伊独性去干"生存"、"继续"、"发展"的人类生活，就算男男女女一般的劳动者把三个条件抛弃了一些，也是支持不下去的，抛弃了"发展"，是不会能够"继续"的，再抛弃了"继续"，也不会能够"生存"的。

如今大多数劳动者还似乎能够照现象支撑下去的情况，还只为渠们对于"发展"的幻梦，"继续"的影子，"生存"的水泡迷恋着的缘故。到了梦做不成，影捉不住，水泡泊灭的时期，渠们全副的本能一齐会涌现出来的。距离一般劳动者涌现全副本能底时期不远了。

"享受"和"劳作"的比较，一椿不如一椿，一天不如一天。"生存"的机会，越进去越少，生活的程度，越进去越高。有产阶级和劳动阶级的差别越大，平常劳动者自己认作渺小的躯体缩得无可再缩，所处的阶级〈地位〉低得无可再低；这就像十月满足的胎儿，闷不住了。两阶级并倒以后怎么样？当然有个"新建设"出来是毫无疑义的。"新建设"是怎样建设的，就只看阶级未倒以前的训练怎样？倒阶级那时的行为怎样？倒阶级那时的行为，现在还没通体呈露出来，可是纵眼向全地球兜一个圈儿，已经不单是"管中窥豹、只见一斑"了。阶级未倒以前的训练，把我前面说过的话不轻易看掉，也许见到些个的。若放开眼孔去观察都市底现象和阶级底内容，不更比我所说的还要明了吗？

那么，有产阶级又何苦拼命挖掘这个陷人坑同时来坑陷自身呢？渠们真是无可如何，没法子的事。渠们既经认了金钱作人类唯一的关系，就是认了金钱作为社会，渠们生活在金钱里面，就是认了金钱作为人生，这个大错铸成了之后，渠们作机关部的都市，又是渠们和渠们一个自由竞争的战场，渠们中间谁也不甘心退出这个战场，就不得不把劳动阶级充渠们斗争的武器以达渠们互相并吞的目的。

究竟劳动者同是有一样本能的人类，不比矿植物可以由渠们化炼制造的。

一般有本能的人，外面来的激刺不同，里面起的反射自然也不同：激制从有产阶级那方来，由劳动阶级这方受，反射从劳动阶级这方出，由有产阶级那方受。有产阶级所受的激刺和应激刺的反射，就只在金钱关系的利害得失中间盘旋。劳动者所吃的苦痛，就是在有产者相互间的激刺反射中间的火线上吃着的。我敢说劳动阶级不是有产阶级底正面的敌人，但有产阶级对于劳动阶级比对待敌人还要加百倍的凶恶，有产者的本身也不是劳动者本身的敌人，但劳动者看有产者却比对敌人还要加百倍的可恨，但是“有产阶级”无论如何不能说彼不是“劳动阶级”唯一的敌。

阶级的罪恶呵！

（四）

凡是处在同样情况中间的人，感觉同样的苦痛，很容易统系在单纯的感情作用之下成功团结的行动。同盟罢工底事实，起初只是一个工场里面一种工人，继后扩大到全场、同业，一直到大同盟罢工，都离不了这一个单纯的统系团结。这种团结因为属于单纯的感情作用，只晓得成功，不计算失败；成功之后，这种团结立刻涣散；失败一次，就扩大一次，到底非达到最初的目的不止。有产阶级惟恐这种团结构成了永久性质，只管采用妥协手段，所以劳动者底团结没有不会成功的。但是一次成功了，涣散了，第二、三、四、五……总是会继续团结继续扩大，比较失败了的不过“慢性”一点。这种团结，就是有产阶级所经营的都市里面训练出来的，也可以把都市当作训练劳动者团结的学校看。

劳动者的集中，交通的利便，消费的差别，生活的困难，时时刻刻里里外外的训练，便算最蠢笨的人，也必定有教得会的日子。

越向前繁盛的都市，工厂越多，机器的码［马］力越大，速度越快，自由竞争越激烈，聚集的劳动者底人数也越众，失业者也愈多，无论医生、教师、娼妓、律师、店员，和一般熟练不熟练的工人，平时已经明白都是一样卖体力的劳动者，感觉到失业的困难和还不到失业时候的迫切、虚浮、冷酷、孤零的生活，没有不想避免这些遭遇的。到了避无可避，免无可免，不必经过教育，一条路有了人格底觉悟的，才会起来革命，就是单有看饭饿肚的直觉的，也只好拼起命来保持渠的生存权了。

都市底训练社会革命，不单是在都市底区域范围以内，凡是和都市有往来的乡村，一样也是受同等的训练的。例如食量缺乏，失业者过多，有产阶级为保持都市的安宁，不是吸收各地的食粮，就是遣散游离的失业者。粮食越吸收得急，价值就越高，乡间的恐慌就跟着起。失业者遣散得越多越远，社会革命的训练也传播得愈广。都市和乡村，用恐慌去换粮食，自然根本动摇；把失业者四散出去，革命主义也四散出去，把一向不晓得革命是什么的乡下人也都教乖了。可厌的都市，也就会变为很可感激的都市吧！

全世界到感激都市的时期，都市底解剖模型，就要和墨鱼底解剖模型，一起陈列在博物院了。

（原载《民国日报》副刊《觉悟》1920年9月22、23、24、26日）

题　画

（1920年9月23日）

画里两个裸体男女，在风卷云驰火焰中对抗着飞翔。男子头向上，左臂曲转举向脑后，右臂直伸作推击的手势，两眼圆睁，张大口，两脚倾斜作撑腾的形势，赤发，两■中间附紫色带，带稍有一半在火云中乱卷，通体向上作腾击飞拿的模样；女子全身朝下，右臂曲向前握拳抵额，左臂向前向上伸作推击的直［姿］势，两乳下垂，腰向后屈，左脚向后略屈作踢的形势，右脚倒立，头仰，面目紫黑，黄发，发稍激射黄光向上直冲，袴间附蓝色带，通体下俯又向上作飞击的模样。

渠是谁？
不画"十六只脚的马"，
不雕"铜器时代"，
却在风云火焰中写出这样的象征来，
莫非真个是烈火烧心、狂云拥背？
或者画得是"雷公、雷母"底现行，
要把这龌龊的乾坤打个粉碎？
或许为这个弹丸般大的地球，
闷煞了几多人类。
渠也闷煞了，且把渠胸中的块垒，借此发挥？
也许是故作聪明弄狡狯？
看呵！
画中一个是母性现身，
一个是男儿气概。
一拳打倒老范围，
一脚踢翻旧壁垒，
便双双冲上高寒，
要开辟"飞舞自由"的社会。
画的人是谁？
画中人是谁？
莫疑猜，

可爱的将来！

（原载《民国日报》副刊《觉悟》1920年9月23日）

价值和公道

（1920年9月26日）

弟兄们！

“为什么布、米、砖头、瓦片会值钱呢?”因为是人工做出来的。

“为什么铜、铁、锡、铅也会有价值呢?”因为是人工煅炼出来的。

“那么，煤炭为什么也要化钱去买呢?”因为是人工取得来的。

“为什么同是人工做出来的东西，皮鞋比布鞋价值贵，布鞋又比草鞋贵呢?”因为人工费得越多的东西，价值就越贵；人工少费点，价值就便宜些。但是凡拿来交易卖的东西，没有不经过劳动者底工作的。

照这样看来，值价钱的不是东西底本身，是劳动者底工作。所以做工的人要拿工钱的。

劳动者要工钱，就是卖我们自己的工。买货就是买工，买工就是买货；卖货就是卖工，卖工就是卖货。货就是工，工就是货。

这些买卖行为里面，有一桩很蹊跷的事：便是我们到商店里去买东西，那东西底价值，是要商店定的。行东、厂主、雇主向我们劳动者买工，工底价值，却要行东、厂主、雇主定的。我们自己底工，要他们定价值；由我们的工做出来底货物，也要他们定价值。我们挑的、抬的、掘的、磋的、磨的一天一天卖出便宜的工去，我们吃的、穿的、用的又一样一样买回很贵的东西来。我们不能化草鞋钱买布鞋皮鞋，他们倒能够化草鞋工钱来买布鞋皮鞋的工，这不是一桩很蹊跷很稀奇的事情吗?

这算“公道”吗?为什么劳动者的弟兄们，一向不响呢?

劳动者的弟兄们呵！如果这样就算“公道”，我们做到死穷到死也没话说；如果这样是“不公道”的买卖，那么，我们自己底工，该不该自己定个价值呢？

我们自己底工，就是我们自己身体上底气力。我们自己身体上底气力，又不是偷来抢来掠夺来的，为什么我们自己不会定价值？为什么我们自己不定价值！

（原载《劳动界》第7册，1920年9月26日）

工人的滋味

（1920年9月26日）

一个机器工人陆阿东，在上海闸北用宏铁厂里做了五六年工。阿东是在用宏厂里做学徒出身的，手艺虽不算十分高强，在一般工人中比较要算熟练的。阿东生成一副铜筋铁骨，平而且阔的两只肩膀，很能担当辛苦，又配上一片和蔼的性情，所以厂主和工头都很爱他。

一天，用宏厂里包揽到许多工作，日日夜夜地忙着做赶工，厂里面乒乒乓乓的铁锤声，鞳鞳鞑鞑的引擎声，和火花汗气，忙做一团，并不觉到厂外面有什么无情的风雨，在那里摆布穷人。

阿东原来是做日班的，一则工作来得忙，二则遇着米贵的时候许多做工不够吃饭的工人，因为想加工钱，厂主不肯，就走散了几个，厂里一发忙不过来，所以工头留他做半班夜班，并且答应多给他酒钱。阿东就高高兴兴地做到半夜。

半夜了。工头拿了两角钱给他，他很欢喜的接过手来，笑了一笑，工头也笑了一笑。

一出厂门，满天的风雨，一阵扑，把阿东周身的热汗立刻收了去，换了一身冷雨。他就褪下小衫，蒙头的一罩，冒着风雨，跑回他那贫民窟里困觉去。这是［时］他的肚子可饿了。

黑漆漆的小路，转了几个湾［弯］，心想这里是了，抬起头却不看见房子在哪里。

“嗳呀！房子倒塌了。拆拦污……他们都到那里去了？”

（原载《劳动界》第7期，1920年9月26日，此据《玄庐文存》）

一 样

（1920年9月26日）

（一）

一样篱笆一样道，
一样斜阳一样青青草；
可怜青草太多情，
秋来还得见“双明”！

（二）

谁把“双明”撇开，
任他独往独来？
不见旧时狂态，
浑身上下痴呆。

（原载《民国日报》副刊《觉悟》1920年9月26日）

答人问《共产党宣言》底发行

（1920 年 9 月 30 日）

慧心，明泉，秋心，丹初，P. A：

你们来信问陈译马格斯《共产党宣言》的买处，因为问的人多，没工夫一一回信，所以借本栏答复你们问的话。

一、社会主义研究社，我不知道在那里。我看的一本，是陈独秀先生给我的，独秀先生是到《新青年》社拿来的，新青年社在“法大马路大自鸣钟对面”。

二、这本书底内容，《新青年》、《国民》——北京大学出版——《晨报》都零零碎碎译出过几章或几节的。凡研究《资本论》这个学说系统的人，不能不看《共产党宣言》，所以望道先生费了平常译书的五倍工夫，把彼全文译了出来，经陈独秀、李汉俊两先生校对。可惜还有些错误的地方，好在初版已经快完了，再版的时候，我很希望陈望道先生亲自校勘一道！

（原载《民国日报》副刊《觉悟》1920 年 9 月 30 日）

真理和金钱

（1920 年 10 月 1 日）

我的朋友对我说，他有一家姓王的亲戚，小名叫做传宝，住在昆山乡间，家里有田、有地、有当铺，是一个银行、铁路、轮船公司底大股东。传宝不到二十岁，他那承继爹就去世了，所有财产，都在他一个人手里，他是四代单丁，五房合一的独子，一所狠［很］大的住宅，亲丁里面除却他一个是男子，其余许多老老少少的孤孀寡妇，都守着他一个宝贝，在那里过伊们讲究的悲惨日子。有一天［年］夏天，传宝同着他那一大班的孤孀在自家花园里的荷花池去采荷花，回来觉得有些头晕，这一大班孤孀就慌了手脚，连忙请医生的请医生，求菩萨的求菩萨，祷告祖宗的祷告祖宗，喊这个，差那个，一班丫头妈妈男童女婢都忙得云奔风卷，伊们一夥子，还要夹杂你埋怨我，我埋怨你。一会，医生来了，看了看传宝的神色，问了问病状，诊了脉，看了舌胎，便断定他是受了点感冒，很轻微的，就手便开了一张药方，并且对伊们说，“不要慌！你们少爷底病很轻的，不要紧，一贴药只熬个头煎吃，吃了药，困一息，出点汗，就好的，放心！放心！”医生走了，伊们跟着派人去买药。药买回来了，伊们看了看药经摺上只写二十二个钱，大家都大惊小怪起来，这个说，“二十二个小钱的药，怎么可以给传宝吃?”那个说“少爷怎样［么］可以吃这种不值钱的药?”七嘴八搭地嚼做一团，也有骂医生的，也有主张打电话定专车送到上海医院里来的，也有主张打电报请别的医生的，也有说乡下到底住不得的。终于把那“二十二个钱买来的一包药”丢了不吃，跟着另外请了一个医生，开了一贴很贵重的大补药，说传宝是“虚热”，伊们却相信了。就只一贴贵重的药，就把这个轻［青］年大财主的王传宝送命了。

以上是我的朋友对我说的一桩故事。我们听到这桩故事，第一，就可明白——真理不是金钱能够卖买的。

世界上无论那一桩卖买，没有不打算在成本之外赚些利钱的，没有不用金钱作估价底标准的。“有了近世产业，那家长式的主人属下底小工场，就变成资本家底大工场！工厂里那些劳动者，都组织得和军队一般。渠们都已成了产业军底兵卒，压在营长、排长底下，动弹不得。

渠们不但做了有产阶级底奴隶，有产阶级国家底奴隶，并且时时刻刻做了机器、稽查，乃以制造家财主个人底奴隶。这专制主义越发明白宣布营利是彼底目的，越发是可贱、可恶、可恨。”

这话是马格斯、安格尔斯说的（看《共产党宣言》第十三页）。拿营利做目的的，就是把别人的工作做营利底器具来赚利钱，再把赚得来的钱并到原来钱堆里扩大渠底成本。如果真理可以做卖买，那么，世界上除掉金钱就没有真理了！果真金钱之外没真理，那些财主就是“真理”底领主了，穷苦的劳动者不单没“钱”并且没了“真理”了。所以说真理不是金钱。

世界上并且没有出卖真理的店。摇着大旗子的博士、学士们，拍拍肚皮，他自己认识他底肚皮就是真理底栈房。渠们读过的书都是很大部的，那些小册子、小张的报纸，他们是烦不着看的，但是大部大部的书都是打折扣买来的，渠们著作的东西也是大部大部的，卖预约券的，有折扣的；而且无论什么书，经过博士、学士们的签题、校正，或做一篇序，就会“一纸风行，利市三倍”算是真理了。真理果真有了栈房，我们只要到栈房取去，若使一样要化却渠们利市三倍，才买得到手，真理可不是金钱能买的，前面说过。

真理就是人底生命，就是苦痛、龌龊、残忍、冷酷的社会对症治病的药，大家看王传宝这么有钱，他却不服对症的药，渠们却喜欢花许多钱去买不对症的药给他吃，终于使财主的王传宝买不到命。俗话说“有钱难买命”，命可买、真理也就可买了。

第二、就可明白——真理和金钱从来不会见面。

对症服药是真理，药底价值却是钱了。王传宝家里一大班孤孀，伊们中间无论哪一个，不但不愿王传宝死，并且不愿王传宝病，可是一向只在金钱里面过活，所以只晓得把钱底数目来估量药的好歹，不识得药底功用来医治病；伊们心中眼中只有金钱，可是病只服辣药底功用，先前开二十二个小钱那贴药的医生，他是看见病理药理，却不看见金钱；伊们是只看见金钱，却不看见病理药理。可见金钱这样东西，就是“真理”和“人生”中间横堵着的障壁，钱越多，障壁就越厚，距离真理就越远。这堵黄金砌成的障壁，并不是自然界里原有的东西，人类自身造了出来监牢，使自身永远不得和真理见面一堵横截的牢墙。

有几多好朋友，为金钱伤了感情；有几多好弟兄，为金钱丧了和气；有几多美满的夫妻，为金钱断了恩爱；有几多纯洁的儿女，为金钱污了身心；有几多勇敢的少年，为金钱堕了志气；有几多聪明的学问家，为金钱抛了志愿；更有无数的劳动者，为金钱卖了身体和寿命！

觉悟者呵！你们如果打不破这重金钱障壁，你们就不如拜倒在这堵障壁脚下，低头贴耳地投降了彼；你们要是打算把人生镕合到真理里面和真理同化，趁早睁开眼睛看看现社会制度，下细心审察审察现社会底阶级，因为支配着我们一切思想压倒我们一切情爱的阶级经济制度，正横领着现今的世界哩！

钱堆里坑死的王传宝，比最下级的社会里面的人都要苦，苦在永远不得见真理了。

明朝末代皇帝崇祯吊死之先，提起剑来杀他底女儿说："你为什么生在我家里？"我就借他这句话说王传宝，"你为什么生在财主家里？"

（原载《民国日报》副刊《觉悟》1920 年 10 月 1 日）

南洋公学底厨役罢工

（1920 年 10 月 5 日）

上海因运动著名的南洋公学学生，而且是个运动员选手名叫邵鹏的，九月三十那一天，捆打南洋公学煮饭菜给他吃的厨子周阿六。捆的地方，是学校饭厅柱子上；凶器，是藤柄鸡毛帚和脚；原因，为学生掉菜，厨子掉不出；伤情，流血，单剩一口气；结果，把被打的周阿六送到警察局去；见证，是旁观鼓掌喝采的学生。又，和本报通信替周阿六鸣不平的学生；风潮，厨役全体罢工（参看三号、四号的《觉悟》）。

我看到这件事，就觉得呼吸一停又很急促起来，竭力把感情抑制住了，提出几个问题，和可爱的英隽青年谈谈！

一、法律问题

帮男子虐待女子，帮官僚虐待平民，帮有产阶级虐待劳动者，这些从基础上批评法律的话姑且不说，照彼校辞职中底校长唐文治布告，“校役周阿六气忿殴伤邵鹏头角，追后学生（多数人）不平，殴打厨役……邵鹏实有应记大过，惟既经厨役打伤，头额流血……厨役周阿六，应行惩办，惟既经同学殴示罚……应由庶务员往告区员薄惩示罚。”就依他布告上的话，厨役周阿六适用刑律第一篇第三章第十五条和十六条，邵鹏和其他下手伤害周阿六的，适用刑律第二篇第二十六章第三百十六条来处分，不是违警律所能够处分的。如今把被害人绑着送到警署，还要派“庶务员往告区员薄惩示罚”，单依他不打自招的话，唐文治可知道“意图使官员为一定之处分或不为一定之处分”也载在刑律第二编第七章上么？

少爷们一拳一脚，加在劳工底身体上；老爷们一张片子，把穷人送官去。不料，这些怪现象，居然活现在中国文明最早的上海文化中心的学校里面！什么法律，什么法律，国际公法尚且不如废纸，何况从专制时代因袭下来的所谓新刑律？如今连这新刑律都加不到“学生少爷”“校长老爷”底头上。这又是什么现象呢？

二、经济制度问题

周阿六为什么不读书，没钱罢了；邵鹏为什么不烧饭煮菜，有钱罢了。有钱的打人算威风，这威风不是人有的，是钱有的。英英挺挺的青年，却替金钱绷威势，不知不觉地把自身落在金钱底奴隶的地位，威风个什么？金钱底压迫穷人，大家都看得见，彼那汩灭青年底个性使堂堂的一班青年也在彼那眼孔里翻使劲的筋斗，大家都不看见。不但旁人看不见，连被金钱所使用的青年自身，也一样没有丝毫的觉悟，我们只好可怜他们罢了！我想可爱的英隽青年，决不个个肯受人家用可怜的眼光向他的，因为这桩打厨役的事，总许惊醒多少青年。像已经有点觉悟了的青年，因此也可以切实认定现在经济制度底罪恶，阶级底罪恶，那周阿六也不枉受这番蹂躏了。

三、罢工问题

劳工抵抗有产阶级凶暴残忍的行为，罢工就是自卫上唯一的武器。倘使单从感情出发，这罢工底行为，那么一碰到会用“温情”手段底有产者，还是平伏了做个驯顺的奴隶。刺汗血供给人类的劳动者呵！我们不必希望有产阶级里面的人给我们的恩惠，我们不必希望社会主义者来可怜我们。他们底可怜我们，是不是为骗饭吃的，他们没有恩惠。他们所谓恩惠，根本上都藏着更残忍更凶暴的私利心，我们都应该看一看清楚之后，开辟我们普遍的真挚的大家好走的道路走去，不要把这种唯一的武器看轻了！

我对于这件事有许多话要说，但是我竭力抑制住底感情，时时在胸前凸起来，倒反说不出什么，现在要提出做“厨役苦”那位“梅生”底一句话，来做题外底收束：

“看觉悟的少年朋友呀！你们不要只是着急自己的婚姻问题，对于贫民困苦，反而不屑一顾。”

这句话里面，我并不说到两性问题，我要说的，就是不能把“人”当作“物”。

周阿六不是野球，不能用棒打；

周阿六不是脚球，不能用脚跌［踢］；女子不是器具。

因为对面都是有人格的，觉悟者呵！看劳动者底眼睛光明了，看女子底眼睛也会光明的。光明之中，才有幸福。

（原载《民国日报》副刊《觉悟》1920年10月5日）

◎民国浙江史资料丛书系列

民国浙江史资料丛书系列

沈定一集

（下）

陶水木 编

国家图书馆出版社

陈英士底轶事一则

（1920 年 10 月 6 日）

英士刚八岁的冬季，有一天，和八九个小孩子，在湖州一个海岛的地方玩。风动草枯，玩了一阵，想出有趣的玩法来，就找了一个火种，背着风，风［分］头烧起枯草来。顷刻间，风旋着火，火旋着风，小孩旋着草，火又旋着小孩子，夭矫腾拿，正吼着玩得有趣，忽地小孩子中间的一个，绊倒了，火势一让就扑过来了，衣服烧着了，大家都跑了，这个烧着的小孩子拼命的叫，声音都被火舌头铦去吞了。正危急间，忽地又有一个小孩子，闯进烧场，扑在那个烧着的小孩子身上，抱住他，斗风滚出火关去。两个站了起来，一笑，没有伤。这闯烧场的小孩子是谁？就是英士！

（原载《民国日报》副刊《觉悟》1920 年 10 月 6 日，
此据《玄庐文存》）

自由组织与部落

（1920 年 10 月 7 日）

生存、继续、发展三个必要的条件底下的人类，各个备具个性和社会性。人的个体底能够自立，就是离开群众各有各的个性；人的群体底能够相安，就是可以合了各个的社会性成为一个人类全体的组合。如果凡是人都有使用个性和社会性的机会，那么，人类共同的生存、继续、发展，早该普遍的进化到我们现在所想像不到的境地了，眼前的事实却不是这样。

现在人和人的差别，不是相去很远的么？不单是劳作与享用上成为世界两大阶级底□□形，就是争夺不来的天才也有很大的差别，一种是天然的制限，一种是人为的制限——

天然制限：人类可说是同一种祖宗进化来的，决不是只有一个和人类最近的祖宗繁殖来的，更不是突如其来捏造出来的。旧的创世纪说，“耶和华初造亚当又取他的肋骨造夏娃一个伊”的话，当然不可信，也不是“人皇氏一姓九人饮食男女所自始”，这种由一个祖宗繁衍出来的话，一样不可信的。我们只要从金石文字上看古代的中国、印度、埃及等等的不同点，就可见从古代沿革至今的文化底渊源，形形式式地各做各的，虽然时期相近。在相近的一个时期中人类底存续发展，横亘著洪荒的地域，各不相谋，自然生出差别来。那一个时期之先，我们无从晓得；在那一个时期之后，凡是文化已经发展的地域上，决不许类人猿那一类动物自由进化，只有文化底脚印一时走不到的地方，由得彼等自由进化。

只看文化迟到些日子的日本北海道、台湾内山、苏门答腊底马答山等处，还有许多近于野蛮时代底种族，甚且还有吃生人和没有发明火种的部落。这些又是进化较后为时间所制限了生出来的差别。

植物也是一样，时间和空间相差不多的土地上发长出来的树木总有相当的茂盛，到了成为森林，便不许后起的继起。此后，人世界上只有已经成为人的存续发展，断没有猿猴类自由进化底机会了。所以由天然制限生出来的差别底形迹，不久就会泯灭的。

“天作孽，犹可违——自作孽，不可活”，人们（现在已经成了人）决破天然制限，可以成为一个全人类组合，这机运已经摆在眼前了。被从前天然制限的人们，又变成制限继起进化者的天然。后事如何，无从推想，不去说彼，单说今人为什么不着手“全人类一个组合”的事业，这就是被人为的制限阻住了进化的前程。

一般说人人间底差别，是从“遗传”和“环境”构造成的。不错，甲所得的遗传和乙所得的遗传不同，甲所享的环境和乙所享的环境不同，所以精神和肉体都现出差别的情态。环境是人造的，可以使彼均等的；遗传也是由祖先和祖先底祖先所享的环境不同，一样可以由改造底环境来消灭遗传上的差别的。虽说贫民窟、亡国奴队里也有杰出的人才，像英国的蒲来思，犹太的马格思，功绩文章，都像担着援救人类的特殊任务。但比起从贵旅领主中间跳出来的总居少数。因为个体所享的环境不同，在饥饿、冻冷、宗教、法律压迫之中不知埋没多少天才。人类最大的损失，没有过于自造差别的环境，压抑人与人间存续发展的机会。

这种罪恶不该由阶级的经济制度承当么？不该立刻把这种阶级打平么？

总以上所说的天然、人为两重制限生出来的差别看来，单指人类从社会性中表现出来过去的“部落”和将来的“自由组织”这点说，中间这个国家，就是眼前一个大障碍。

人类最早的团体，为保障存续发展才结合的。那时人类底敌，只是自然界里的烈风、雷电、洪水、猛兽、爬虫等等，人与人不会有敌对的行为。部落政治底内容，在狩猎和游牧的团体中，我们可以从亚美利加印度人的狩猎法和印度共产村落中间看那布置，指挥分配种种作为，无非要求一团体中间的个体和全体，平均得有履行三个条件的享受。各个部落获得的生产品只管不同，他们的存续发展的进行是一样的。到了部落和部落相接触，就由交换物品关系生出商品，又由商品的关系生出争夺的战斗。一直到如今所谓国家的，还是为了物品又消耗许多物品来供给作战斗用的物品。这的［种］行为，已经成了无可讳言无从忏悔的历史了。人们如果嫌历来的战斗和最近欧州六年大战底教训还不够，不妨再大斗一场，再多杀些，多烧些，多毁灭些，也没有什么可惜的。若使嫌这种杀戮交换的行为是不应该的，那么，我们就要把国家放在部落争斗的字纸堆里去，从［重］新展开白纸写人类共同生活共同继续共同发展的第一编第一章第一节第一个字底第一笔。如果写不下去，没甚可写的，那么大家就得创造些材料出来。

有人疑心以为自由组织和最初的部落差不多，要求我们把自由组织底内容，仔细写了出来。这种要求，我想也不是过分的。自由组织在哪里，大家都还没看见，即使和共产村、新村、工读互助团等东一鳞西一爪，也还是处在国家和阶级经济制度底空气里面，算不得自由组织。可是我们有一点可以说明的，就是自由组织与部落不同的地方：一个是不知道部落之外还有部落的，所以一接触就以为奇怪，又看到生产品不同，就都眼红着自己部落里所缺少的或没有的东西，你我、多寡、有无的意见一生，就会发并［生］争夺。一个是明知组织之外别有许多组织，并且有交互的极复杂的组织，没有发生你我、多寡、有无的意见底因缘，决不会动争夺的。比如一百个人，在一百个除他没别人的地方，大家从来没见过面，有天碰到了，立刻就发生很奇突的激刺，这假设是部落的状态。一百个人，一向认识的，分到一百个地方去，每人心中除他自己一个外，还有九十九个人的形态，有天碰到了，立刻就发现很真挚的情爱来，这假设是自由组织的状态。

只是如今阶级经济制度底权威，正横领着现在的世界，彼决不愿随便放弃了，由我们自由组织，这道“没奈何”，淘淘涌涌横断住前进的去路，难道容我们和平过渡么！不怕的，我们找个机会搭桥过去罢！桥上已经有许多人哩！只是有些人认错了桥梁上就是目的地的，那是还虚著脚站在没奈何底洪涛之上呵！

这些错认的人，往往爱批评我们对于河那岸“没有研究”。我们很愿意努力研究的，我们所以很感谢那些人的话。那些人，若拿这种话来反对我们，说我们是“空想主义”、“高谈”，那么，我们只有请教他，问他也研究过没有？

（原载《民国日报》副刊《觉悟》1920年10月10日）

机 器

（1920 年 10 月 10 日）

机器工人阿狗，仄著身子只左边半个屁股微微靠在机床底铁栏杆上，一眼相着一部卧式引擎，看彼活灵活灵地很匀整的在那里旋转。阿狗左手推住火表外面的铁条，右手插在裤袋里，只是眯眯地笑，心理想著那发明蒸汽机的华太（Watt）真正聪明极了，我们吃气力饭的人，自从有了机器，要省多少气力。彼等（指机器上轮盘、皮带种种）彻天彻夜地忙着，都是替我们挣饭吃的。想到得意的时候，他的身躯也被机器震得舒服极了，不知不觉的说道："华太先生，你死得一百年了！汝如果在世，我要朝你磕一百二十四个响头，我当真感激你呢？"

"呸！你真是个糊涂虫，你死到临头还不知道吗？呸，狗！"阿狗听见有人骂他，便像从好梦里惊醒过来似的，四围一看。见铁窗楞外面，立著一个满脸乌煤头发乱蓬蓬像鬼样般的人，原来就是搬煤灰的跷脚阿四。阿狗听是阿四骂他，立起身来说："老跷，你为什么骂我，你那三分不像人，七分不像鬼的样子，你也不去尿缸里去照照你那穷鬼相，还敢骂人，你，敢？"跷脚阿四很生气的说，"你为什么要朝华太磕头？他正是我的仇人，你还不知道么？"阿狗说，"我说我的话，管你屁相干。但是他为什么是你底仇人？"跷脚阿四说，"我从前不也是一个拿手的机器司务么？如果没有华太，我也不会吃这碗断命饭，我底脚也不会扎断了，难道华太还不是我的仇人么？难道机器……"正说得起劲，推煤灰小车的阿土也来了。阿土就插进去嚷道，"机器吃人！机器吃人！我家爷爷有十兄弟，做木匠的做木匠，做铁匠的做铁匠，一家老少三十多人，都有一碗白米饭吃。到我爹爹的时候，我家伯伯叔叔有二十多人，生了我们五十几个兄弟辈，人丁着实兴旺，大家因为打铁生意好，都去学打铁，一家子老老小小百多人，著实过得快活日子。自从断命的机器来了，店也倒灶了，工也没得做了，现在四散的四散，饿的饿，死的死，孤孤零零剩了一个我，这还要替机器出粪！汝们说甚么机器不机……，工头来了，工头来了！”

（原载《劳动界》第9册，1920年10月10日）

做诗

（1920年10月14日）

小孩拍哇哇，
随口有音节，
长长短短总相宜，
只要十分不着力。

（原载《民国日报》副刊《觉悟》1920年10月14日）

卖书

（1920年10月14日）

卖却十本书，
买得书一本。
可笑从前读熟的，
没有人过问。

（原载《民国日报》副刊《觉悟》1920年10月14日）

生和死

（1920 年 10 月 14 日）

我记得我从前像在没有梦的睡境中过我不觉得过日子的日子，自然滋长在一个很舒服的世界里面，我并不知道舒服，也不知道在哪里滋长，更不知道什么世界，什么我。

忽然一缕像尺多长的针似的光在全黑的世界里悬在我底面前，我便身不由主地被挤向这一缕光里，压迫得我很利［厉］害，我底身子就缩得很小，不由得挤出我底声音来。我一发声，我底身子也渐渐地把缩小底度数缓下去了。我张开眼睛，看什么都是平的。

从此我便觉到没有梦的睡境中是舒服的，所以我常常想回到原地方去，总是没法再回去了。

四周压迫我的东西，把我身子钻得七洞八穿，我觉我身体上都是窟窿，鼻和口、耳是窟窿中顶大的，由那压迫的东西，跑进跑出，成了一条熟路。我没法把窟窿堵住，因为那压迫我的东西，在外面的力量果然很大，已经跑到我身体里面的也有极大的力量，彼等自由出入，要我时时刻刻替彼等做门户。起初我很不耐烦，继后晓得彼等也有点用处，因为彼等一跑进我底身体里来，我可以减少我缩小的痛苦。但是彼等终是里应外合的播弄着我，不久，我就觉得彼等在我身体里面空烧，我就不能不咽点东西进去救救火，但是终没有救息［熄］的日子。

我到十分不耐烦的时候，放开嗓子大叫，想把彼等统统驱逐出去，好出空我底身子，找我那没有梦的睡故乡去。不料，我一面驱逐，彼等一面进来，有时新进来的还要比出去的猛烈，就是已经驱逐了出去的，也混在里面奔进来，我那两傍两个大窟窿的耳孔，又把激出去的叫声也放了进来，彼等不但不受我驱逐，而且在我身体里调起武戏来，激出了浑身汗，我实在没法把彼等怎样了。

到我倦极了，彼等却也平静下去，我似乎还到我那没有梦的睡故乡去转了一个身。不多一忽，彼等又在里面调起把戏来，使我不得安宁。

我竭力和彼抗争了几次，结果总是去失败的，因为我自己不依我自己底话，我想和彼讲和，彼等总是自由行动着不来理睬我。

现在我被彼等纠缠了二十年了。照这样下去，我和彼等终于有一天分离的，我想来战胜不了彼等了，分离底一天，大分还是彼等遗弃我的。我现在竟直一息少不了彼等，这真正是我底大弱点。我想彼等若遗弃了我，也只是一瞬间的事，这一瞬间之后的我怎么样呢？

我那天从霞飞路走到民国路，在南洋路矿学校前电流铁柱上看见——"肉（肉松），进罈子，进去了，一瞬间的事。"

这几行字，好像是哪个人替"时间"拍了一张照相，特地挂在大路边，要过路的人来承认的。或者哪一个特地替我写的，或者就是我写的。

我走过"杀牛公司"，看见一群一群的黄牛，水牛，肥的，瘦的，大的，小的，牵了进去。等我慢慢地踱到白尔路，就看见一辆小车上捆着几张折叠好的新鲜牛皮，毛色狠［很］滋润很红活的，上面捆着剥了皮的牛头两个，牛头上撑着两只雄武的角，车子推着，牛皮抖着，牛血滴着，牛眼睛张着。彼似乎张着两颗很大的眼睛，告诉我说，——"我，进去了，剥掉了，一瞬间的事。"

迎面又有一群牛牵过，一只黄的，小的，肥的；一只也是黄的，瘦的，大的。又有几只白雪雪的大肥牛。那个牛头上张大的眼睛也看着这群牛，也似乎说过了彼要说的"一瞬间的事"，但是这群牛却没有理会，大摇大摆地走了过去。

（原载《民国日报》副刊《觉悟》1920年10月14日，此据《玄庐文存》）

哀执信

（1920 年 10 月 14 日）

中国人对于失势的，往往不念旧恶；对于死了的，总多说些好话。可见人心无论怎么愤激，怎么刻忌，决不忍苛求已经过去的人。是非底界限不明，公道底色采也晦，虽然这片忠厚心，未可厚非。

执信，却用不着人家原谅他。

执信未死之先，我们早料他是要死的，是这么样死的！季陶说："执信如果在帝皇时代做个御史，不怕不是一个好御史，只恐怕被人毒死。"我答应说："如果执信做官我修史，必定把他列在……"

当我们两人在《星期评论》社编辑室里谈话，正说到这里，执信来了。他似乎觉到我和季陶都有沈［沉］思忧伤的态度，他问，"你们怎么?"我们很不忍地答应他说："没有说什么"。他那种冰般的心，雪般的品，铁般的貌，海般的才，更蓄着火般的情感。我对着他呆着一阵，呆想一阵，在爱他的心里涌现起一层"惜死"的心，却总不忍开口。在谈话中间，说到做事上，我很注意地对他说，"你总要珍重!"他也不回答什么，只是还我一副很诚恳而且包含着犀利悲痛的眼光。

我和执信虽不同党，在他党外的朋友，我也知道他是知我的。大白也是知他的。

他死后，有人拿汤济武来比喻他。大白来信给我说，"这比拟不伦。"

我和大白合作了一副挽联，联说——

恨的怕你，猾的避你，奸的妒你，龌龊的憎恶你，——如今都罢了，却剩那知道你的真爱你，痛你，惜你!

国也由伊，省也随伊，党也任伊，政治也悉听伊，——到底不忍呵，怎怪得放下伊也又护伊，救伊，殉伊！

一九二〇、十、十四，上海

（原载《民国日报》副刊《觉悟》1920年10月15日）

妇女问题中底一幕

（1920年10月21日）

无论提起笔来讲什么话，四周底凡秽、龌龊、残忍的空气就和苍蝇似的缠绕笔尖散布蛆种，持论的要摆脱这种恶空气，颇不容易。还有持论者本身底脑筋里及平时所薰染着的恶空气，也会乘机窃发染到纸面上来，这层想要摆脱，更不容易。不但作者受这些恶习惯底支配，就是读者也受这些恶习惯底支配的。怎么样才能洗净作者底脑筋，跳出恶空气的范围，说些人生生命中该讲的纯洁真挚的话呢？怎么样才能够引导论者摆脱恶习惯底束缚呢？这是要从作者自身努力先做一道清洁的工夫，然后睁大了敏锐的眼睛，印证到这颗玲珑的心儿，放大胆来写这凡秽、龌龊、残忍的社会。

我愿意朝这点上努力，我希望读者也朝这点上努力！

本篇虽是评论浙江杭州女子职业学校和陈兢男这桩事，骨子里还是一个妇女问题。

自从有历史的社会以来，凡是男女加在妇女头上的事，无论哪一椿，若使反应到男子头上，一般的不能容忍。

陈兢男因为下列几件事，疑心女职校学生谢慧君同（伊夫）穆墨斋任女职校主任教员的有暧昧情事：

一、穆墨斋破了经济由伊支配底习惯，而且欺骗伊五十元薪水为二十元；

二、穆墨斋破了伴侣底习惯，而且没有慰安伊那患胆怯病的住着与寺、墓、僧、尼、鬼作怜舍的陶社底孤寂；

三、伊到女职校来寻穆墨斋，常常被拒绝，有时碰到谢慧君答复伊说“穆先生不在校”；

四、穆墨斋曾经几次和谢慧君到陶社看伊，穆墨斋当面背后向伊盛称谢慧君底英文程度；

五、伊偶然盼到穆墨斋和伊来作伴，神情总十分懊丧颓唐；

六、伊向穆墨斋要求教伊的英文，穆墨斋拒绝伊，而且因为拒绝而吵闹，伊甚至挨了穆墨斋两顿打；

七、穆墨斋和学生去看潮，伊要同去，穆拒绝；

八、伊在看潮后，寻到穆墨斋，那时穆正和谢慧君谈说，谢见伊来走避。

男统的婚姻制度下面底妇女，除却和夫相依为命之外，哪里还有伊现实的生命？陈兢男脑子前前后后陈列了这八件事，只见增多，不见消减，无可告诉，没处商量，一桩一桩地由恐怖生疑，由疑生妒，由妒生愤，一层层的事实累积在伊那恐怖、疑、妒忌、愤的基础上；才有打穆墨斋和闹女职校底结果。

社会上一般的论调，不认识这是旧制度里边生出来的惨剧，反引作趣谈。凡秽呵！残忍呵！龌龊呵！

我就把陈兢男胸中辘轳似的陈列着上面已经为大家见到的八件事，来看学生谢慧君

上列八事，只有（三）（四）（八）和谢慧君有直接关系的：

A. 伊果真是被陈兢男疑着的，决不必直接对陈说“穆不在校”；

B. 伊果真是被陈兢男疑着的，不会同穆墨斋到陶社去看陈；

C. 伊果真是被陈兢男疑着的，伊既有到陶社去看陈的胆量，伊又何必在众人面前避陈？

不幸的谢慧君，先做了陈兢男心中的傀儡影子，跟着又做了报纸上评

论底资料。这种不幸，是社会给伊的，习惯给伊的。谁给伊的不幸，还是谁自己吃下去的，谢慧君哪里有什么不幸?

除却男女行为一桩事是不容别一个人干涉的，世界上男男女女没有一个不是有均等的人格，谁也不该存暧昧的心去暧昧地猜度人家暧昧。

到了陈兢男把满腔的疑妒大喊大叫了出来，虽然可以说是和女职校一点不相干，却是也带些干系的。女职校当局底谢雪们口取什么态度?

一、穆墨斋既是女职校底教师，而且是主任教师，事前就该考察穆墨斋对于妇女问题的主张和事实上的态度；

二、一旦出了事，就该叫穆墨斋负完全责任，不该等到大闹翻；

三、既闹翻了，仍旧得叫穆墨斋负了完全责任去，一面将经过的事实报告社会。谢雪们却不如此。

在陈兢男心目中只认识相依为命的穆墨斋，不曾理会女职教师的穆墨斋，这是习惯作成伊的，上面已经说过。在谢雪们就不应该只有当主任教师的穆墨斋，把陈兢男相依为命的穆墨斋丢掉不见。

女子为什么要学职业，莫非替男子作奴隶底技术不够么?如果当真为男子造就有技术的奴隶，我很希望这些学校趁早关门。

一个问题，手忙脚乱地解决不来，俗语说，“一口咬杀皇甫吟”，谢雪们便一口说陈兢男是有神经病的。把一天的火，都推到无告的陈兢男身上，在一向到如今当女子作玩具作奴隶的男子，自然很赞美伊那会管媳妇儿的管家婆；但是这场惨剧中的烈火，还是不会熄，不但不熄，并且平白地延烧到谢慧君，延烧到女校全体，延烧到你们自己的真情。一般凡秽、龌龊、残忍的人们，正拍着手看他们以为好看的火哩!

至于陈兢男究竟有没有神经病，作者不知道，作者相信你们大家都不知道。问证据呢?有的说，穆墨斋当面说陈兢男有神经病，有的说，穆墨斋亲口说陈兢男没有神经病，而且登了杭报广告。医生尚且不能轻易断定的神经病，你们主张说有神经病，是凭什么?凭陈兢男底行为状态么?你们只看上列八件事，无论放在哪个人胸中，都会发生感情作用的。除非像仲九说的，“凡是感情上的字样喜、怒、忧、惧、……都消灭掉”，人类中间才不会有神经病的。

我从陈兢男底行为状态上，只能确认伊是被社会习惯逼伊演的惨剧，不能断伊是神经病。但是有〈人〉写信给一个有名的议员，说陈兢男有神经病的，这封信底署名，就有我从前的好朋友“仲九”在内！果然仲九要贯彻他底主张，把感情上的字都从心中除去，那么，我很希望他先把习惯上的残忍、龌龊、凡秽先除去。若是叫仲九连他附和的“女子人格论”也取消，那我就不敢有这个希望！

我现在再说两句最简单的话，作本篇的结束：“陈兢男底神经病真的么？社会上的这种病真的咧！”

（原载《民国日报》副刊《觉悟》1920 年 10 月 21 日）

牛皮灯笼的“学灯”

（1920 年 10 月 22 日）

因为要建设，才有破坏；因为破坏了，才有建设。“历史的哲学里面，一种是批评的或否认的时期，一种是组织的或建设的时期”。在后一种时期，组织和建设底努力，大过批评和否认底努力，人与人相互间嘹［了］解的容忍精神，自然极充满。在前一种时期，反抗因袭底支配的精神，常常占优势的力量，一般青年和改造家先驱者往往立在最危险的阵头上不顾己身底灾难和牺牲。这种凌厉无前的牺牲精神中，不免有“自大、纷乱”的缺点。但是振起一般苟安因袭的沈［沉］梦者使他们走到觉悟路上去，便是这种时期这种精神底特点。现在世界底趋势，就在这个纷乱、急转中。好古求旧的中国，尤其需要这种精神，医治一般在黑屋子里牢［老］睡着不醒的“渴［瞌］睡病”。

在“渴［瞌］睡病”大发的人，自然厌恶觉悟者去扰他酣梦，这不是很希奇的事。觉悟者即使招一般患睡病的厌弃和侮辱甚至加危害到觉悟者身上，都不该认为恶意的。因为世间人最可怜的一个时期，就是火烧到眉头时还在咀嚼梦底滋味。

遮不断的烈日光，自然狠［很］受早眠的人底厌恶，但决不能因为他厌恶了，便顺着他，更在他底床头搭起一张黑幔来，再唱起几支催眠曲，安排他底梦境。

日光在哪里？大家正该努力去寻觅、创造才好。可怜一盏萤光似的“学灯”儿，还要罩上一个牛皮套子，熄了火么？还是怕眩了自己底眼睛？我看到今昨两天南洋公学有一个学生力排觉悟底文章，很替这个急转的时期和青年底精神担忧。

（原载《民国日报》副刊《觉悟》1920年10月22日）

“劳工神圣”底意义

（1920年10月26日）

“劳工神圣”四字标语，出蔡元培在北京天安门外露天演说会演说词（一九一九、一）。

只三百十一个字的短篇演说，居然把“劳工神圣”底标语，深印在觉悟者底脑筋中，这难道是认蔡元培作偶像，才把“劳工神圣”，深入人心？——想来蔡元培一个人，哪里能够凭空造出“劳工神圣”这句话，他不过将众人脑筋里深深地藏着的“劳工神圣”，一声叫破了出来，于是众人都被他喊着，就回答一声“劳工神圣”。

但是众人脑筋里承认的“劳工”种类不同，“神圣”底解释又各别，因此起了争议，演成误解的实在不少，大别如下：

一、筋肉劳动和精神劳动分了家，就发生了“精神劳动非劳工”底争议。

二、“神圣”和“神祇”掬做一个，就发生了名词的“神”和形容词的“不可侵犯”底误解。

“神圣”底误解，容易说得明白。蔡元培说：“此后的世界，全是劳工底世界呵！”“我们不要羡慕有钱人，不要羡慕官吏，不要羡慕军官，不要羡慕商人，不要羡慕政客，不要羡慕议员，……我们要认清我们底价值！劳工神圣！”凡是我们所享受的东西除却日光底大部分和空气底小部分不经过劳动者工作之外，没有一样不是劳工作成的。人类历史表面上虽是一部“相食史”，这部相食史不过把劳工世界涂了一重血污罢了。劳工世界上既然胡乱涂上一层血污，在历史坟墓底下的劳工，明明受了侵犯了。处在资本阶级下面辛苦宛转，苟延生命，在目前制度底空气中的劳工，又明明受著侵犯。劳工，一向不响低著头只顾做活，从来也不作兴抬起头来看一看作品底成绩，由得少数人别建一个阶级压在劳工底头上，只是低着头做着，做着，真是“侵犯由他侵犯，劳工我自劳工”，这不是一桩最奇突可骇怪的事吗？且住，看这世界究竟是谁的工作？——

要叫别个阶级不来侵犯，做不到的，因为他们侵犯惯了。劳工自己不受侵犯，做得到的，因为认识了“侵犯”了。劳工自己既认识了侵犯，自然会不受侵犯，劳工不受侵犯，非劳工怎么样呢？这就立刻可以下一个断语：

“劳工，神圣。”“非劳工，非神圣。”这“神圣”不是“神”，不是“今皇神圣丞相明”的“神圣”，却有点像“神圣同盟”底“神圣”，不过把十九世纪的俄、普、奥三头皇帝换作二十世纪的全世界劳工罢了。这场神圣同盟，只要做得起来，几时做起，人类相食史就几时告终。全世界不能人人都做皇帝，却人人可以做劳工，到了人人做了劳工，哪里还会有侵犯的事呢？劳工神圣。

我已经把神圣底意义，说清楚了，如今要说劳工底类别：（一）筋肉劳工；（二）精神劳工。“从事于‘脑底工作’的人，用了几点钟思想，讲说或著述，就可以分得苦工底结果的米和煤，也不能算是正当。”这番话：不承认“精神劳工”作“劳工”的。其实劳工底定义，——

“尽个人底能力，做利他底工作。”依这个定义看来，“凡用自己底劳力，作成有益于人底事业，不管用的是体力或智力，都是劳工。所以种植、转运、发明、教育，都是劳工”。因为脑和肢体，都是人身上底细胞构成的，在一个人身上的细胞，决不能说那部细胞该劳动，那部细胞不该劳动；也不能说那部细胞劳动出来的作品是作品，那部细胞劳动出来的作品不是作品。不但如此，凡是劳工决没有绝对只用筋肉，不用精神，也没有绝对只用精神，不用筋肉。比如著述、发明、教育，明明是精神上底劳作居大部分，能够说是著述者、发明者不动筋肉，只坐着或睡着在那里冥想，就会有作品发生的？

那么，现在一部分人的主张，为什么竟有否认精神劳工的话呢？（一）对于旧社会底考试科名（如说文凭饭碗）十分憎恶、厌弃；（二）因为精神劳工底作品，不能够直接享用；（三）精神劳工底勤与惰，不容易识别。

第一层：在急转直上的改造期中，应有的论调。但这是制度底罪恶，误用了精神，就等于制造杀人器械的筋肉劳工一样，不能归罪到精神劳工本身。

第二层：精神劳工底作品，原不比米和煤可以直接分配的享用；但是如减少人力的机器和增进生产能力的种种发明，人□□一定居很重要的工作。若说是不能直接享用，那么，铁耙不能直接当米，锄头不能直接当煤，凡是工具类底劳工都不能像米、煤那样可以直接享用的。

第三层：人类相互间生活底工作，如果要靠别一个人去督责勤惰，不是作工者有病，便是没有了解相互的生活。

我是主张凡人都该做点筋肉劳工底工作的。

本篇不是替精神劳工作辩护，因为我却承认精神劳工确是人类中间必须的工作。

一个人只要能够把劳动时间平均分配到筋力和精神上去，不但筋肉很愉快，精神也很活泼的。我们应该努力去创造这种平均分配底机会，我们相信凡是人都愿意得到这种机会的。

（原载《民国日报》副刊《觉悟》1920年10月26日）

比赛运动底流毒

（1920年10月27日）

肢体运动是体育上必有的动作，把发达肌肉的教育，拿来比赛，是把人作为“斗鸡”底鸡、“赛马”底马。这种古武士相扑底遗风，绝对不该存在。不但违反体育原理，并且养成人类相敌底恶习惯。美国全国学校盛行激烈比赛运动，结果除死伤外，有许多青年患不能治的心肌病的。在美国社会底环境，和中国眼睁睁摆著一个屡次侵逼中国的武士道、军国民主义底日本，差得狠［很］多。这种比赛运动底流毒，只及到青年学生底心脏。中国，却布毒到青年底心理了。

南洋公学学生邵鹏，把周阿六当脚球踢，已经是毒发底证据。近据浙江教育界接连四次来信报告，第一师范学生竟有用恶意诱使学生杨源踢脚球，杨源拒绝，诱使的图穷匕见竟下手殴击，原因是为运动费用，杨源主张公摊底一件事。所以打杨源便是三个运动选手：姚启人、寿朝法、李绍刘便是。

这又是比赛运动的底流毒中人心理的一个大证据。

我知道浙江一师学生底思想很能接受新潮流，为什么连这点斗鸡式的比赛运动底流毒都不觉悟呢？哪里是不能觉悟，不曾觉悟吧！我希望浙一师和全国全世界底青年，赶快自省！赶快猛醒！

（原载《民国日报》副刊《觉悟》1920年10月27日）

答佷工“工具”

（1920 年 10 月 27 日）

（一）

古话传来“劳心治劳力”，
仿佛人间只有一枝笔。
“万般下品读书高”，
公然凌驾锄、斧、剪刀、尺。
我来从新一一替安排，
笔诛诛笔都无益。

（二）

锄不会变米，
尺不会变衣，
斧头不会变屋宇，
笔也不会记事和说理。
全凭一脑两只手，
轮着指挥都如意。

（三）

提起锄，空了尺；
拿起斧，闲了笔。
我想轮流使用着，
也便彼等得休息。——
可怜斧也、锄也、尺也，还在别人手上忙，

我只忙着这枝笔。

（四）

困苦也，哪个理？
疲乏也，哪个替？
手冷剪刀知，尺在旁边默无语，
斧头、锄头更是不敢出点气。
只破屋夜寒饥渴中，
文成诗成都带许多汗气血腥气！

（原载《民国日报》副刊《觉悟》1920年10月27日）

活偶像和死偶像

（1920年10月28）

前几天长沙来一封信给我朋友望道，中间有一句“这里要开偶像展览会了”，下面接连写着一大串博士、先生底名词。后来，知道湖南学生会在双十节发布传单，末有“反对一切偶像”一条，才明白“偶像展览会这句话”底背景。可笑长沙警厅，出示禁止，说他们一般学生“正蹈前长沙师范学生捣毁城隍庙复辙”（看二七日本报），居然把活偶像认作死偶像。

我们在乡间常见赛会迎神的时候，有许多扮鬼的人，跟着死偶像舞蹈，抢东西吃。这回跟着活偶像到长沙去的，正不知谁扮牛头，谁扮马面，去生受长沙警厅底祭礼哩？

“反对一切偶像”，我们因这句话可以看到长沙学生底觉悟；“禁止捣毁城隍庙”，我们因这句话可以看到一般官史底程度。在一班偶像中间，或许有自己不居于偶像地位的，勃辣克？罗素？

（原载《民国日报》副刊《觉悟》1920年10月28日）

月　蚀

（1920年10月28日）

可怜你是受光体，
到今朝，
才晓得借光到底靠不住。
如果你也是太阳，
哪怕再隔千重地。
你或许不受我可怜，
我也由不得要可怜你。
更可怜满街锣鼓爆丈声，
竟直使心潮倒退三千里。

（原载《民国日报》副刊《觉悟》1920年10月28日）

朝鲜人该怎样努力

（1920年10月29日）

人们依视觉、嗅觉、听觉、味觉、触觉底要求，总想得到满足的供给。在有求必应的自然界，横领敞著的放任人们自由探索，只要人们底能力能够怎样摆布，彼就怎样顺从，从来不会说过一个“不”字。但是毫不吝啬的自然界，碰到了小器的人类，也好算是彼底晦气了。人类还未曾得到彼所包含的无量数中之几，便自淘夥里你争我夺闹个不休。彼，如果也像人类一样的小器起来和人类分个界限，人类底官能立刻就会失掉作用，彼的肚量真大，早经把人类容纳没了，所以彼也从来不笑痛肚筋。

人类在这赤裸裸的自然界中，越要求越不满足，越不满足越要求，不从取不尽的地方取，却从做现成的地方夺。什么国家，什么法律，什么宗教，什么制度，无非自淘夥里争、夺、防、守底小器行为。自以为了不得的人类，从来也不曾对自然界害羞过。可耻呵，可耻！

人类不但不会对于自然界害羞，这一部人和那一部人，明明是用武器夺来的，反说是“征服”，居然大摇大摆地摆起“征服者”底可笑的架子来，就是一个矮子，也故意要撑起渠那撑不长的身段，装出像煞有介事的威风。别人瘦了，渠也未必肥，别人痛了，渠也未必快，别人死了，渠也未必能增寿。总喜欢使别人瘦，使别人痛，使别人死。这是什么一种理性呢？男子对付女子，领主对付农工，资本家对付工匠，强国对付弱国，总是用这种什么的理性，好处究竟在哪里呢？无非是一个不满足的要求，向著趁现成这个方向走罢了。小器呵，羞耻呵，懒惰呵！

暂且把男子和女子，领主和农工，资本家和工匠底关系，搁开一边，单说强国征服弱国的话。

凡是有点光明志气的人，读韩国痛史和看朝鲜近两年来的独立运动底情形的，有不伤心不气愤的吗？朝鲜果真被征服吗？日本果真是征服者吗？

欧洲六年来空前的一场恶战，究竟打倒了什么没有？得到了什么没有？我们只看见波兰复国了，犹太复国了，俄德奥匈底皇室没了，军国民主义倒了。别的，我们又看见劳工出面来说话做事了。朝鲜人在这个当口，自然要从枯涸的泪眼当中射出希望的光来。

但是几世纪前的“碧血丹心君国泪”，朝鲜人就哭满东海，恐怕也没人和渠们表热烈的同情，因为这种时代已经过去了。朝鲜人应该努力的，还是人类大多数的苦痛底解除，该采什么方针，用什么手段，不是单独和日本争什么国权问题，是向全人类提议人生问题，因为人生问题，不单是朝鲜人自身有密切关系，就是欧美、中国、日本人，凡是受苦痛的各个都是切身问题。这种切身问题，只要举一个例就得清清楚楚。

"一个朝鲜人从汉城坐火车到日本东京，身边只要摸出得几十钱，就可以坐日本人拉的人力车到东京旅馆。"

这类事实，在朝鲜人和日本人都轻易看过，其实是一种很重大很明显的表现。因为日本人流了许多血得来的"朝鲜征服者"，依这桩事，用金钱做尺度来评价，只值几十钱卖给被征服者做牛马。"佐贺征韩党碑"上的英雄，梦想不到的呢！

这种人力充当牛马的苦痛，原是东方最直接而显著的。国家的权力，能够庇护么？法律的尊严，能够保障么？宗教的仁慈，能够求免么？

朝鲜的女子、农工、工匠们呵！你们的苦痛，正是国家给你们的，再是国家替你们解决，国家不是自然界，你们不但要求不到丝毫的供给，只会增添些苦痛罢！

朝鲜人听者［着］！中国、日本、欧美人听者［着］！

（原载《民国日报》副刊《觉悟》1920年10月29日）

什么叫做"非社会主义"

（1920年10月31日）

世界各国凡有点觉悟的劳动者，都爱组织团体，趋向"社会主义"。

"社会主义"究竟是一样什么宝贝呢？简单说；

"社会主义，是各人尽各人所能够尽的能力，做出有益于人类的东西来，各人得到各自需要的均等的享用；多余的，拿来供给大家的老年人，小孩子，生病的。”

社会主义即是这样，世间上岂不是没有贫、富，做工的、不做工的，种种的区别了么？那个自然。

因此社会主义这个名词，凡自不做工的，有钱的人，听到这个名词就会发抖；做工的穷人，听到这个名词就很快活。所以世界各国凡有点觉悟的劳动者，都爱组织团体趋向“社会主义”。因为社会主义正是“做工不够饱，没钱养老小，出力不讨好的人的救星”。所以凡是地主、行东、厂主、老班［板］，都不说“是社会主义”；工人、农夫、矿夫、夥友，都不说“非社会主义”。

说也奇怪：上海某工会居然说出“非社会主义”这句话来。既是工人，明明不是“厂主、老班［板］”了，为什么要说“非社会主义”呢？莫非嫌憎“社会主义”么？不是的，你们不是嫌憎“社会主义”，是不晓得什么叫作“社会主义”吧！如果你们懂得“社会主义”，或许怕敢说“是社会主义”，因为你们底“厂主，老班［板］”要说你们是什么党、什么派。

俗话说“胆小易惹鬼”，青天白日地世界上本没有鬼，因为你们这一怕，都真个怕出鬼来。你们当真要这样怕，除非做鬼去；若使不愿意做鬼，趁早放大胆来实行“社会主义”。

咄！你们还苦得不够么？说什么“非社会主义”。这付穷骨头你们还舍不得么？你们以为“做工不够饱，没钱养老小，出力不讨好”是你们应该的么？你们自己对自己当不当一个人看，你们真对不起你们自己底影子哩！

社会主义这个名词发生在一八三三年，发明机器的华太（Watt）就死在一八一九年；“社会主义”正是机器里做出来的，你们工人，怎么说“非社会主义”呵！可笑，可耻，可怜！

（原载《劳动界》第12册，1920年10月31日）

菊

（1920 年 11 月 3 日）

霜气横天，芙蓉委地，梧桐一叶贴青苔。
举眼看秋天，吹满人间憔悴。
这干黄枯涸的世界，
只有菊花敢斗着杀气开。

你是这时节生的，
我也是这时节生的，
携手人间看菊来。

论年你小十二，
论日你迟九日。
过去的光阴安在哉！

诗一首，
泪一掬，
酒一杯，
看憔悴的百花梦里，发放天才。

（原载《民国日报》副刊《觉悟》1920 年 11 月 3 日）

题浙江潮照片

（1920 年 11 月 4 日）

界开天和水，远远地一路白鸥赶着秋。
风过去，万千气象，扑到眉头。
影重压江水，
吞没长流。
险些儿把豪情拨起，驾上涛头。
才过去，嘿然一息，彷佛大事刚休。
休，休？
忍着要发的世界新潮，正打点涨大全球。
且先把这幅小影试胸襟，
问世间有几个能容否？

（原载《民国日报》副刊《觉悟》1920 年 11 月 4 日）

西洋人的瓦片都有翻身的日子了

（1920 年 11 月 9 日）

我有一个做泥水匠的朋友，有一天对我说："中国人常常说'瓦片终有翻身日'，这句话，就像我们苦做苦吃的人，终有一朝出头见天日的机会。我一向也相信这句话，并且也很希望有这个日子。如今可糟了，西洋人的瓦片，不像中国式可以翻过来用的，瓦片一经烧成，阴面从来不能番转朝天。中国事事学着西洋，恐怕瓦片也终没有翻身日，我们苦做苦吃的不知道要苦到哪一辈子呵!”我听了这翻话，很佩服我那不识字的朋友，能够从他的工作上联想到他的人生。不过他不知道瓦片一则是烧成的，二则彼自身不会动弹的。所以彼由得人怎么播弄，彼就怎样顺从。一个做工的工人，不过受阶级的经济制度底压迫就是了，他们到底是一种的人，不比得瓦片由人摆布。如果不信，请看九月间一星期内意大利底罢工风潮，和一个月间英国底煤矿工人大罢工底风潮，他们不都占了一步胜利么？那么，西洋人底瓦片是已经有了翻身日了，中国底瓦片怎么样呢？

（原载《民国日报》副刊《觉悟》1920 年 11 月 9 日）

残贼青年身心的比赛运动

（1920 年 11 月 10 日）

我对于这个问题，累次想发表点意见，但只在朋友通信中零零碎碎地说些。最近有周阿六在上海南洋公学被打和杨维在杭州一师被打，以及各学校比赛脚球受伤等事，更容易使我联想到比赛运动的害处，正打点[算]写篇评论，看到王世颖已经发表了一篇《现在体育上两个弊病》（看十一月四日《觉悟》）虽在行文上缺少点材料，意思却很是的。我又从口搁笔不提，今天接到浙江省立第一师范俞荄芬诸君一封信，使我对于觉悟的青年，不由得不起一种重视和可爱的意思（来信见本日通信栏）。

把比赛运动认作体育底真谛，我们就可将上海南洋公学（就是交通部上海工业专门学校）作一个代表。批评南洋公学比赛运动的，如“少年世界”一卷六号，“学校调查”栏内吴保丰底“交通部上海工业专门学校”中间“体育”一段，已经大致记载了出来。在他那实录中间，不满意于“锦标主题”的话，也显然呈露在纸面上。我对于比赛运动的观察，认为残贼青年身心的行为。所以有这种残贱行为的原因：（一）古武士相扑底遗传，便是斗很［狠］的心理底实现；（二）社会教育底暗示，便是戏台上打连钱筋斗和盘钱捍种种冒险运动博看众喝采的暗示。有了这两种原因，于是一提起体育两字，立刻就涉想到比赛、献技上去。所以普通人一谈起体操教育师，就会讲一大堆打拳头的话。社会上底错解如此，运动者也就将错就错喜欢跑到这条错的路上去。结果，连人人应有的体育训练，都分起工来，专门选些选手依比赛所得的胜点作体育底成绩，糊涂荒谬，不但可笑，而且可怜！

比赛运动底原因结果，既照上面所说：我所认为残贼少年身心这句话，自信不是空谈——

关于残贼生理的：平时的练习运动，竭力向力底张大和持久方面奋亢的练习。练习既久，心脏就常常地扩张。一离学校，或者因为职业处境上种种关系，或因为别的病痛废止运动，心脏和肌肉，最容易发生“脂肪性变化”。我也从技击中经过来的，幸而浅口辄止，所以变化期间的痛苦还算受得不深，不夭折，不成疾，都是万分侥幸的。至于比赛时底危险，例如巴拿马赛会时，脚踏车长距离比赛，得第一的，就死在正得第一那一瞬间的车上。像这类例，正不和有多少。此外断胫、折臂、裂肺……等等，更算不了什么事。

关于残贼心理的：凡是养成喜欢比赛角胜的人，无论对于什么事，只要和它以外的一个和它有同一种动作，轻易就萌发角胜的心。等于专精一门科学的，事事把所习的取来归纳任什么的事，但是将科学来归纳事事，得到，果然很有益，得不到，也未必有害。这比赛性却是将人比人，得到损了人，得不到害了己，得失两损，人类中间底至愚可怜的行为，什么还有比比赛性更利害的。一切猛烈的残酷、刻忌、轻生底行为，都从这粒比赛性底种子上长出芽来，险吓！

在如今人类力求共同平均向上底时期，希望真有勇敢的责任心底青年，大家追着王世显、吴保丰，和浙江一师俞荚芬等几个觉悟的携一携亲爱的手！所谓教育当局，正嬉着皮、拿着赏封、高坐堂皇，看一够全武行哩！管什么体育，晓得什么是体育！

（原载《民国日报》副刊《觉悟》1920 年 11 月 10 日）

死在社会面前的一个女子赵瑛

（1920 年 11 月 13 日）

我从来没替人作过“传”，一则我胸中没有作“传”的笔，二则我眼里没有足传的人。不是凡人都不足传，——足传的不到死日便没有传底机会，未生的，更无从传起。

这社会完全是男子底社会，在男子底社会空气中传女子，不是归纳在“翰墨史”中作男子的赏玩品，便是把什么“女箴”、“母范”，甚至强逼死的“贞烈传”来颂扬死的哄骗活的，只图个男子方便。残酷、冷□、惨刻的男子社会，连“情史”中也寻不出一双完璧的真正爱情；甚至有利用女子情死来图利的（云南夷族，至今不和汉人通婚。夷女婚姻，不受父、母约束，却归兄、弟节制。夷女绝对没有自由选择配偶的权。閒或有和汉人发生男女行为的，一被伊底兄、弟所觉察的，便置伊于死。幸而免，到了伊底兄、弟将伊择配底时期快到，必将伊自己所积蓄的金钱、首饰、衣服穿带完备，买些酒、肉，藏好毒药，约男子同入深山。醉酒饱肉后，狎抱服毒而死。竟有许多男子，专做这票生意的，让女子先服了毒，夺剥取所有，撇了光尸）。在这样的社会里面，即使为女子传，也不过等于什么“义犬记”、“义马记”。不但缺少这枝作“传”的笔，并且难得读“传”的人。

远的不说，单讲一年以来的中国底女子淹死在这样的社会里面：例如，溺女（溺女的风气，中国到处都有，山东特为尤甚。溺法，口婆洗婴时，在浴盆上横放一块板，挈婴孩从板上过，叫做“过桥”，半中，将婴抹落淹死，说“命不好，过不得桥”）、奸杀，（湖南醴陵、广东潮惠一带，遭兵灾的地方，时常见有军行所至充奸杀妇女，某城附近，发见女尸几百具，某村、某镇发见女尸多少具的报告，醴陵、潮惠不过举作代表的例罢了。）这类的惨剧，正不知道统计起来要几位数字。其中凡阅新书报的人都晓得的。像北京国立高等女子师范学校底李超，受伊继承哥、嫂经济的压迫，不使伊达到求学的目的，郁郁成病，死在北京（看《新潮》胡适底“李超传”）。又像长沙赵贞五，被伊父、母强迫嫁给伊所不愿嫁的人，在花轿里用剃刀自刎（看长沙《女界钟》）。又像长沙袁舜英被伊夫嫌恶，在周南女学校投池自尽（看《民国日报》十月分［份］“觉悟”）。这三个女子底惨史，一则因为出事的地点关系；二则是知识界里面或和知识界接近，所以容易表见到社会面前，给大家一个大大地注意。

居然在交通中的上海，一个教育界知名的女子赵瑛坠楼自杀，登了“报”，开了追悼会，印了“遗稿”，竟直不见得有那些人起来注意的。中国人一般的脑筋，惯会凑着热闹，能够自由运用个性的极少。拿这件事作比例，也就可以见得所谓新思潮的是破墙壁上面糊了一层水泥颜色的纸。所以一般的不注意，也不是一桩至奇可诧异的态度了。

原来李超、赵贞五、袁舜英，伊们对面都有所谓哥嫂、父母、夫，做了罪恶底归着点；一有人提及，大家都凑着热闹向那个归着点下攻击。赵瑛底死，是死在全社会面前，社会全体成了罪恶的归着，这生活在罪恶中的社会，怎么看得见自己底睫毛，难怪一般人一声不响。

我是社会一份子，便是罪恶的一份子，我自首了，全社会也只可自首了。我老实不客气把我晓得的，直说：

赵瑛，浙江宁波人，号淡泉。下地七个月，生母死。八岁，继母教伊读“国文教科书”。九岁，家里请先生教读“教科书”。十岁，进宁波女子师范附属小学校。十四岁，家搬到上海，进上海爱国女学校；与丁宝琳（崇侠）同学。十六岁，又搬回宁波，家里请先生教读“古文观止”，“唐诗”（伊两个姊姊，就在这个时期出嫁的）。十八岁，进上海城东女学校，今年二十一岁，九月十八日这一天夜里两点钟，在自己家里从楼窗上跳坠天井，体骨尽脱，下颚骨碎。十月十二日死在上海医院。十一月七日（俄国组织劳农议会共和国纪念日）在城东女学校开追悼会。

赵瑛死后一星期，我得到一个确实的报告，连我考查所得的，叙在下面。当作“赵瑛传”读也可，当作“社会罪案”读也可：

一、赵瑛平时的态度和志趣

赵瑛平时的态度沉默，迂执，无嗜好。喜欢研究中国字画，孜孜不倦，用来作排遣的。“动而无恒，不足以见功。”（见遗稿“与友人论学书”）“……皓首老人，自古至今，何可胜数。惟当时不能举其名，则虽生而无其年。更无论乎寿不寿哉！呜呼！俗人论寿，断断于年数之间，彼长年者犹喜人之以寿相祝也，岂不哀哉！（见“遗稿”、“寿解”）“东坡曰‘学书费纸，学医费人’。……夫学医明生理，悉物质……若必试于人而后知，费人而后治……是岂学医之正道哉？……夫医者非图一己之利，亦所以救人也——费人而求精，杀人而利己，虽盗贼何以过此。”（遗稿、“学书费纸学医费人说”）“……美者善也，所以陶冶性情，愉快心神，生人所不能无者也。……爱美之心，人皆有之，……各因其情……各随其性；性情不同，而所爱亦各迥异，……”（遗稿、“原美”）“……不过勉强背出几句来，勉强写出几句来罢了！所以到了现在，那时候听过的书，大半忘了。……每天总是姊妹们谈谈笑笑，糊里糊涂……唉！怎么拿好好的光阴，就此虚度呢？那总是没有人生观的原故。今儿想起来，实在可惜，实在痛心，所以记了出来：一来是警诫自己，以后总不要这样；二来给大家看看，也是劝告别人，也终不要像这样儿的糊涂，才好啦！唉！日子是过得很快呀。”（“遗稿”、“我的读书历史”）

二、赵瑛底家庭关系和感触

1. 赵瑛父号林士，经营商业而喜欢接近政治革命事业的。

“……后一日玖来省君，君方倚胡床假寐，相见若有无穷之乐——抱臂深谈，语多□□，杂以嗟叹”，谓‘疾病纠缠，虽生犹死；——不若死之为愈，免耗父资。’呜呼，寻常一语，不意竟成签兆耶！……”（见杨雪玖“祭赵君文叙”）

2. 赵瑛生母死得很早，继母住在宁波，上海同住的有伊父底妾，和伊底性情颇不相投。伊常常想到生母，病中常常捧着生母底照相哭。“展卷凭栏徐诵读，绿杨隄外有归□!”这是赵瑛底遗句。

3. 赵瑛和堂姊毓芬很相投，从毓芬出阁后，常闷闷不乐；得知毓芬受旧式家庭种种的束缚，更引为苦痛。

“……那时姊姊们都已出阁了。我在家里，是很觉得寂寞的。但是到了这个时候，我底脑子，倒反清楚起来：以为一个人生世界上，岂是真像这样一味的糊涂，不作一事，只知道吃呀，著［着］呀，就算完了吗?”（遗稿“我的读书历史”）

4. 去年女子解放底声浪发生后，有许多旧头脑的少年却擎了一声新思潮的招牌作恶（参看上海《民国日报》九月分［份］“觉悟”佛突“再论妇女解放和浮荡少年”和我作的“妇女解放途中底‘浮荡少年’”），伊因此深愤新旧学派都难于解决女子底人生。所以伊颇想抱独身主义。但是家庭中总难免说起“女大须嫁”的话；亲戚方面，又有许多为伊不入耳之谈，去相劝勉，伊都觉得难受。

三、赵瑛底宗教观念

爱国女学校底教务主任萧退公，城东女学校的校长杨白民，都带有几分佛教底色彩。城东图书教师李叔同，竟直深入佛海，做和尚去。赵瑛平时便染了信心，得了暗示。去年丁宝琳在城东女学校授课，每讲必用“佛经”作骨子。伊素来信仰宝琳，而且从同性者底嘴里说出来为伊所喜欢听受的话，所以伊对佛教益信。今年七月十八，宝琳忽然失踪，只留了些告别朋友的信，说明出家做姑子去，至今还没有着落，更是给伊一个最大的暗示。伊既染了迷信，就时时打算安顿伊底身体到寺院里去，伊底家庭，不允许伊。

“……先生之逃禅也，脱离浊世，逍遥尘外，吾为先生贺……”（遗稿“送李叔同先生入山序”）“……阅《觉世新声》内有太虚法师所作“中国人在口头上心头上的阿弥陀佛误解念阿弥陀佛之真义”，“南无阿弥陀佛，本是天竺国言语：‘南无’便是中国所谓恭敬信仰之意’，‘阿弥陀佛’即是一尊无边无量光明寿命佛；念阿弥陀佛，即信仰是无边无量光明寿命佛也。非为死后为鬼，可作钱用种种误解”。

“余本疑虑念阿弥陀佛之义，于今方始了然。三时，听丁先生（宝琳）讲佛经中何谓六度及六度中财施法施之别。……“八号……听丁先生讲十八界……”

“十一号……听丁先生讲根本烦恼……”（遗稿“学校日记”）

“……即往清莲寺谒见弘一上人，弘一上人者旧师李叔同也。当年祝发于灵隐。”

“……至交庐庵登岸，入庵午餐。……即下舟由故道返，频顾来路，不忍舍去……”

“……早餐后，告辞寺僧，即出寺。时旭日初升，宿露未晞，野花送香，意欲留客。揖山灵别去，赴站登车；电击雷阵瞬息间，身在红尘十丈中矣。”（遗稿“杭州旅行记”）

四、赵瑛自杀以前的状况

1. 自杀以前几天，听见木鱼声响，原来是一个化缘和尚，伊误认作宝琳，飞跑下楼，问“丁先生么”？家里的人回答伊说“不是”。伊就拼命和家人争闹，并且说“你们为什么把丁先生赶走了”；家里的人和伊力辩，总没法慰安伊痛失佛学知己底丁宝琳的心，伊也不受家人底慰安。

2. 赵瑛从此就发现神经错误的状态。病前，把自己底照相撕碎，说“不要留我底形迹在这个恶浊的人间世”。伊屡次要自杀，家里的人也严防着。

九月十八夜里两点钟光景，伊居然实行自杀了。跳楼坠地后，昏沉不醒，嘴里时时说梦话，或通夜痛哭。

“八月初七夜（旧历）得萧师简：述君得奇疾，向楼窗跃下；身怀重伤。乃急欲走视而为时已晚，心绪辘辘，一夕之中，披衣而起者再；静站天明，遂与陆君月珍匆匆走访。遇君庶母，谓‘疾剧不能见客’，怅怅而归！……”（杨雪玖“祭赵君文叙”）

五、赵瑛死前的状态

1. 医生替伊裹伤，伊竭力抗拒，不吃、不饮，昏昏沉沉。死前两日，神经忽然清晰，但是已经吃不下咽了。

2. 临死前一日，招城东同学谈话，声音很低微而且含糊莫辩，到死，只剩涔涔地两行清泪，一双不瞑的眼睛罢了。

“……闻君在上海医院就疗，亟来省君。甫至病榻，但闻嚼语，两目瞠视，时而颌首，若有知，若无知。悯君疾苦，泪遂不觉夺眶而出；既恐扰君神思，不得已退去。越几日，与沈君维贞，陆君皓复省君，望见院门，心忐忑不可遏；初亦未省其不祥也。君方熟睡，询病况于君姊，云‘狂病已去——惟外伤内虚，颇难见愈’。已而，君醒，握予手含泪无言，色惘惘然若将永诀。余情大悲，犹强慰之。将告别，依依不忍余行。孰意在当日言则为生离，在此日言师为死别。……”（杨雪玖“祭赵君文叙”）

我已经把赵瑛自杀底情形就我所晓得的记完了。

伊死了！伊如果不处在这样的家庭，伊不会死。处在这样的家庭，没有伊姊的激刺，伊也不会死（“……迨姊赋于归，君伤离别，骤变老成态度，终日郁郁，不复当日兴致，或曰‘君死之还远因，盍即种于此。……’”胡伟平“哭同学赵瑛文”）。即使有伊姊受旧家庭束缚的激刺，伊是个毫无知识的，伊也不会死。有了知识，没有借新思潮作恶的激刺，伊不会死；没有佛教的诱惑，伊也或许不会死。如今伊竟死了！伊底死，家庭、学校、亲戚、朋友借新思潮作恶的都应当负一部分底罪恶，并且这些罪恶，统统集中宗教；那么，宗教就该受人的审判了。其实宗教所以能够杀人的，因为伊自己的迷信；伊底迷信，由于师友底诱惑；师友何以能够诱惑伊，因为伊身受环境上种种的激刺；并且伊底师和友也各自同受环境的压迫，大家都不懂人生的真实，所以都失却努力向上的根据地，统跑到一片幻想的色相的实树琉璃世界中。

那么，赵瑛的自杀，不专是宗教，不专是家庭，不专是学校师友，不专是亲戚朋友，不专是借新思潮作恶的浮荡少年，却是尽都犯了罪了。如此种种，统是发生在因袭的社会制度里面，所以我说赵瑛死在全社会面前。

可怜一班老先生，对于人生的真实，毫不研究；一个已经坑死了，还要说什么“造物忌才”，什么“天不假年”，什么“无天相”；使一班青年女子，也学着叫“英才天妬”，“命也，悲夫”这些没人负责任的口吻。我正来不及替赵瑛一个伤心！

有人说，“赵瑛总是意志薄弱的缘故，如果拼着一死，为什么不和这种万恶社会奋斗一场，杀开一条血路，也可以使后来的从血迹上踏过去。”这番话不是没理由，但看现实社会，哪里有一个青年女子不依不傍的立脚地。全社会的空气，被男子“盗领”去了。男子之中，又被资本阶级“盗领”去了，马克斯说：“人与人中间，除了明目张胆的自利，刻薄寡情的现金主义，再也找不出甚么别的联结关系。宗教（指耶稣教义牺牲自己说）的热忱；义侠的血性；儿女的真情；早已在利害计较的冰水中淹死了。”（《共产党宣言》六页）

除却人类从切实地创造之外，没有别的“极乐世界”。自然界只是受人支配的，人间底苦痛，是人给人受的，是凭藉因袭的社会制度杀人的；人类要在人世间建筑起“极乐世界”来，首先第一步就是要认识这世界中间的痛苦，都从“盗领”两个字发生出来。你们且不忙谈“爱情”，你们且不必说“幸福”，不踏过这“横领”底铁蒺藜布满的障碍，什么也说不上来。

姐妹们，劳工们！世间没有一个不是你们生你们养的，你们要觉悟！

你们更要觉悟到觉悟底时间和空间，就是你们认得的苦痛，耐不得苦痛的，上不得觉悟的路。一般“盗领阶级”里面的人，慈悲是假的，义侠是假的，你们苦的白苦，做的白做，哭的白哭，死的白死。一个赵瑛死了，在他们眼睛里看起来，不过洗婴浴盆里倒掉的一个，女尸堆里的一副罢了。我和你们不该同他们在一起分过。我们努力，我们努力，我们要在光明的审判场上听他们抖着供认罪状。

（原载《民国日报》副刊《觉悟》1920 年 11 月 15 日）

谈选举

（1920 年 12 月 15 日）

觉悟从来不载登有政治色彩的文字，我也有两年多不谈政治方面的话，忽然拈起这个题目来，岂不是我自己犯了进化史倒读那句话？不是的，觉悟底责任，正是对不觉悟的使他觉悟，要使不觉悟的觉悟，就不能不说到应该觉悟的事实上去。篇中有些是从到内地得来的材料，并且也是一般未曾觉悟者底教训。

什么掩耳盗铃的统一令下了，什么选举事务又要着手了，什么地方自治要回复了，参议院、众议院、省议会、县议会、乡议会，七嘴八搭忙做一大堆。

这些都是骗人的过场：欺骗的行为，是中国人的特长。明知是欺骗，偏要做真实来受这种欺骗，这也是中国人底癖好。

代议制度破产了。无论锣鼓怎么打得热闹，看戏的怎么凝神，总是上海滩上晚上十二点钟以后的舞台。

不用说《约法》上“主权本于国民全体”这句话，被议员选举法上把最大多数无产阶级的人民赶出国民之外，又把全民半数的妇女赶出国民之外，只单剩几个得到掠夺的成绩底男子，才认识这种代议制度是欺骗行为。也不用说什么“卷铺盖”、“倒棺材”形形色色的选举舞弊，来证明代议制度是欺骗行为。我单举出最近一桩事实出来告诉热腾腾在那一壁厢组织“选举监察国”的，就不气爆脑壳，也要瞪起两只眼睛半晌说不得话。

大家都知道中国的选举是限制选举，又知道中国是复选制度。限制选举，便和一般劳工、妇女是不相关的。复选制度，是议员由初选当选人选出来的，初选当选人是由选民选出来的，选民是登记在“选民册”里的。在监察选举的人，以为只要监察到行使选举时期的种种行为，就能够达到真正民选的目的了。哪里知道“选民册”里有这个名，国民堆里却没有这个人呢！

各选举区因为选举竞争底原故，各管各的多造些姓名出来，大约单指浙江第三选举区湖州、第五选举区绍兴、第六选举区台州，册面上的选民名数总要超过选民实数两倍以至三四倍。在查报选民的时候，他们早就闭门造就许多有资格的选民了。如果拿最近的选民册和民国元年的选民来比较人口，这样人口增进的速率，恐怕马尔萨斯复生，也要吓倒。

天津、北京各学校的学生呵！你们看到这一个例，不知道你们对于选举作何感想！

（原载《民国日报》副刊《觉悟》1920 年 12 月 15 日）

秋　夜

（1920 年 12 月 17 日）

（一）在家园里

竹外青天，
天上缀着一轮月。
微风吹动竹梢头，

影上粉墙三十尺。
这样秋光，
把心灵照得十分透彻。
从那里来也，一声长笛？

（二）在野坂底

几棵大树黑簇簇，
树下几间茅草屋。
板门关得静悄悄，
家家睏得稀烂熟。
其时月光横过茅屋顶，
茅屋顶上抹落几堆大树影。
月亮亮清清，
树影阴森森，
有人为“车夜水”[①] 开出门，
嘣的一声门闩落，
惊起邻家小儿哭。

（原载《新青年》第8卷第4号，1920年12月17日）

失　眠

（1920年12月17日）

唧唧，唧唧，床头上的表，

① 原注：农家夜里车水叫“车夜水”。

唧唧，唧唧，十分停匀，十分柔脆。
彼无心催我的眠，
也未必有心醒我的睡，
把一秒一秒的将来，
轻意就变成现实。
我与其懊恼彼，
不如莫辜负了彼。
起来，起来，
把电灯拧着，
读了一篇《可爱的将来》。

（原载《新青年》第8卷第4号，1920年12月17日）

资本主义的国家与社会主义的国家

（1920年12月19日）

中国普通一般人耳官中只听到“国家”两字，立刻就感想到政府，接续感想到政府底人物。在这种名亡实存的君主国民底理想中，专门注重形式的中心，宜乎有这类不三不四的政府，其实是这类名亡实存的君主政府，才造成这种不三不四的国民心理。

普通一般人在这种心理中间幻成多少梦想，演出几多惨史，什么“利就名成”，到底儿弄得生产阶级“人亡产绝”！这种错误的心理，怎么样成就的呢？

“幸福”底基础，不在可据为私有的金钱、土地、机器，而在不能据为私有的感情和知识。人们不明白这个理，以为只要求得物质的所有权，什么幸福都到了手。那些为人们“生不带来，死不带去”的物质财货，一味只由人底意思来支配，绝对没有支配人底意思的意思。偏偏人类中间有许多蠢物，只俯首贴耳地愿受物质的支配而不辞。其实物质哪会支配人，人们自己淘里拿物质来支配意思罢了。少数人因袭了经济上的恶劣制度，横领一些物质，来支配多数，却并不觉悟到拿物质来支配别一个人底意思的自己也一样套在受物质支配的圈子里。像中国普通一般的心理和所谓北京政府，虽说依附在疑似君主之间，但是实际上和资本主义底国家，相差不过有没有作恶的秩序罢了。

人类原不能离开物质谋生存，总是自然界一切物质，是供给人底生存的。人们如果为物质而起争端，这只是过去的历史底事实。马克斯"人类意识不是决定他的生存的，但是他的生存是决定他的意识的"这一句话，只可认为历史底"已然"，不能认为将来永久的"必然"。资本主义底国家，原来就是资本家保存盗贼底所有权底机关。资本主义底国家，能够拿横领的资本来掠夺较弱较小的国家底财货，同时也不能不掠夺同在一个国家以内的劳动者底财货。

人类的困苦，从因循的因袭中构成；人类底觉悟，也未尝不是由这种困苦唤起。受物质所困苦的劳动阶级底觉悟，远不如因看到这些困苦的知识者底觉悟来得快。从来首倡社会主义底人物，出身在贵族、资本家、地主中间的，总比贫民窟里跳出来的多。就是在贫民窟里跳出来的人物，也必定是先得到求知识的机会的。

资本主义底国家，已经盖上棺材盖了，继起的就是社会主义底国家。既然讲社会主义，何必又要带着什么国家呢？人类底进化，是从一点一滴进行的；理想，可以超过现实很远去，不是很希奇的事，要达到一种多数共同的理想目的地，就不该忽略向前进取的这一步。社会主义底国家，就是到达无国家底目的底梯阶。而且人类底进化，决不是一致的，在大多数思进取的共同点未曾十分明了以先，有一部分民族，因为受环境底支配，倒竭力反着进取的共同点在一边瞎下死劲，就像现在中国人竭力谋求资本主义，这好比要坍的沙地一样，一些不知道沙地立刻就要坍的人们，还在挖空的地面上起劲工作。同处在一个世界上，既不能超越必经的危难，又不能等齐了才动手改造，我们就该决定进化途中必取的手段，和错踪进化时期中必有的设施。简单说，——

社会主义底国家，一方面是内部实行社会主义底区域，一方面是抵抗外部非社会主义底压迫的机关。

有责任有勇气的知识家，应该记得：“政治目的，当在力谋个人生活底良好。除造成世界男、女和儿童外，没有可为政治家所当注意的”、“无政府主义容许自由的政府”。这两句都是社会主义国家底内部的要言，（据罗素的话）须十分地注意。

没有守得住的旧，没有跳得过的新。我们并不是把身体精神还给劳动者作一向消费的酬报就算完了事，我们是要和劳动者熔成一气。

无论进化到哪一程，我们总要认识往前还是有进化的路。无论进化的目的多大多远，我们总得看定头一步在哪一块儿下脚。

耕种的地域，是要踹过密布的铁蒺藜那一边才得到手。你们如果不愿自由踹过去，就冻死饿死在铁蒺藜这一边也没人怜悯的。如果想飞渡——你长了翅膀没有？大家都长了翅膀没有？

（原载《民国日报》副刊《觉悟》1920 年 12 月 19 日）

两个小学生谈话

（1920 年 12 月 20 日）

赭山西北岸一带沙地，被潮水冲坍了。从前一望无际绿油油接连钱塘江上的天色崭平的桑叶海，现在变成一片白茫茫推荡着黄沙的江面。潮去潮来，飘荡了多少农夫积年工作底成绩，散在江天秋色当中，一些儿也没处撩摸。

这天星期清早，赭南女学里一个小学生，拿了一张扑蝴蝶的小网儿爬上山来。喘吁吁挣得两颊绯红，挣上一块大浮石上面，伸起腰来，朝着变幻的江面，又是惊疑，又是赞叹，把什么疲劳都忘记了，两只小乌皮靴的脚乱颠一阵，“哈，哈！”

笑声乍起，背后忽然有人叫着“灵婴，灵婴”。倒把伊吓了一跳。“你怎么一清早一个人上这儿来？”一个十二三岁的男学生，挟了个藤编的小筐，三脚两步跳到了伊站的那块浮石上。

“‘敏工’你看这片水，把什么都吞了。……你怎么也来？”灵婴还是带着笑说。

“我来采些不认得的植物做标本去考先生的。”太阳斜射到了一平如镜的江面，嫩摇摇地闪动着万态千般的光采，上面堆起一层微薄的寒气来慢慢地散在太阳光里。他一面说着，一面依着伊底视线，滴溜溜四颗黑漆的小眼珠儿在晓光中乱转。

他们俩看一阵，指点手划说一阵。他在石头上蹲着，伊就把网儿当作垫子坐着谈。伊说：“你那学校里的先生好么？”

他似乎生气，又笑着说：“怎么不好？我那学校里的先生，真真是讲解大家，他什么事都懂，什么学问都有。他是一个反对‘男女同学和学生自由’的人。他讲男女同学和学生自治与众不同，他说‘欧美底男女同学，是说男子和女子有同等学问，不是说男女同一个学校。’他说‘职教员都是学生自己的人，职教员治理学生，就是学生自治’。”

灵婴听了这番话，扑嗤地笑了出来，拍着两只小手说，“我那校里的先生，也不差过你那位先生。伊有一天和我们讲妇女解放，伊说‘解放’两个字就不通，‘解’是庖丁解牛底‘解’，‘放’是放马桃林的‘放’，现在一般讲妇女解放的，正是把妇女比牛马。凡是于中国旧学有根底的，决不能忍受这种轻薄的挖苦。你们千万不要检这些名词，挂在嘴边，恐怕一般有学问的人听了笑我们校里没有识字的人。你看我们这位先生，不强过你们的么？”

敏工听到这里，笑道“你们那位先生，如果看见葫芦，一准要认作并头瓜咧。”灵婴道：“恐怕西瓜般大的字，他所认识的，不只七八担哩。真好算是一位博学的先生。”

敏工说，“我对你说，我们校里的校长，更是一位希罕的人物；他十次教务会议，说不到一次两次。而且他底胆子很大的，他常说，‘严师出高徒，一般学生非出压制不可。——不然，这般小孩子，实在会胡闹的。’要不是他胆子大，怎么会怕学生多说话呢？”

灵婴忽然大笑起来。敏工急着向伊说：“你又想起什么来了？”灵婴说，“我底校长是一头会踢人的木马。”敏工道，“怎么说。”灵婴道，“我们校里有个一年级的同学，有一天捧了一本算术教科书，去问算学先生说‘二加一是几？’可巧的这位算学先生正和校长下著象棋，刚提起手来说‘吃马’，校长说‘这是木马，吃不得。’回头就亲自来对付问加数的学生，校长说道：‘你真是个木马，比如你一个加我们两个是几个？’学生迟疑了一会说‘三头木马’。校长气极，踢了这学生一脚。为此同学们都叫伊作‘会踢人的木马’。”

山脚下学堂里钟声铛铛响了。他两个一齐跳了起来同声说道：“有饭吃啰。”

（原载《民国日报》副刊《觉悟》
1920年12月19日，此据《玄庐文存》）

十五娘

（1920年12月21日）

（一）

菜子黄，

百花香，
软软的春风，吹得锄头技痒；
把隔年的稻根泥，一块块翻过来晒太阳，
不问晴和雨，
箬帽蓑衣大家有分忙，
偏是他闲得两只手没处放！

（二）

“看了几分蚕，
赊了几担桑，
我只顾得自己个人忙。
有的是田，地，和山，荡。
他都要忙也哪里许他忙？——
坐吃山空总是没个好下场。
昨日听人说‘哪里的地方招垦荒’。”

（三）

“五十”高兴极了，
三脚两步，慌慌张张：
“喂，十五娘，
我们底人家做成了；
我要张罗著出门去，你替我相帮！”
就在这霎时间欢喜和悲伤在他俩底心窝中横动直撞。

（四）

一夜没睡，

补缀了破衣裳，
一针一欢喜，
一线一悲伤，
密密地从针里穿过线里引出，
默默地“祝他归时，不再穿这衣裳；
更不要丢掉这衣裳”！

（五）

此刻都不会哭，
怎么他俩底眼泡皮都像胡桃样？
一张破席卷了半床旧被胎。
跳上埠船，像煞没介事儿一样。
他抬起头来，伊便低下头去，
像是全世界底固结性形成他俩底状况。
他恨不得说一声“不去”，——
船儿已过村梢头，只听见船头水响。

（六）

一个邮夫东问西问“十五娘”。
伊接到信却一字不识，
彷佛蚂蚁爬在热锅上，
“测字先生，你替我详详！
这个是我家‘五……’他来的信么？”
测字先生很郑重地说：
“你要给我铜板一双，他平安到了一个地方！”

（七）

“信该到了？

茧该摘了？

桑叶债该还了？

伊该不哭了？”

四周围异地风光，

包围着他一个人底凝想。——

就是要不想也只是想这个“不想”。

（八）

月光照着纺车响，

门前河水微风漾，

一缕情丝依着棉纱不断的纺。

邻家嫂嫂太多情，

说道“十五娘你也太辛苦了，

明朝再做何妨”。

伊便停住摇车，但是这从来不断过的情丝，一直牵伊到枕头上，梦中，还是乌乌，接着纺。

不过从接信后的十五娘，

只是勤奋，只是快慰，只是默默地想。

（九）

本来两想合一想，

料不到勇猛的“五十”一朝陷落在环境底铁蒺藜上。

工作乏了他也——不是，

瘟疫染了他也——不是，
掘地底机器，居然也妒忌他来，
把勇猛的“五十”榨成了肉酱，
无意识的工作中正在凝想底人儿，这样收场。
但只是粉碎了他底身躯，倒完成了
他和伊相合的一个爱底想。

（十）

才了蚕桑，
卖掉茧来纺纱织布做衣裳，
一件又一件，单的夹的棉，
堆满一床，压满一箱。
伊单估着堆头也觉得心花放。
“五十啊！
你再迟回来几年每天得试新衣裳？
为什么从那一回后再不听见邮差问‘十五娘’。”

（十一）

明月照着冻河水，
尖风刺着小屋霜，
满抱着希望的独眠人睡在合欢床上，
有时笑醒，有时哭醒，有经验的梦也不问来的地方。
破瓦棱里透进一路月光，
照着伊那甜蜜蜜的梦，同时也照着一片膏腴垦殖场。

（原载《民国日报》副刊《觉悟》
1920年12月21日，此据《玄庐文存》）

睏　觉

（1920 年 12 月 24 日）

钻进被窝，
把肩头塞好，
总算完结这一天的我。
云里雾里软温温地浮着一个藐小的身躯，
把什么都熨贴得平平安安。
这般滋味，妙在有无中，
——若要留住伊，便化作守更底俘虏。

睏醒了，
今非昨。
一笑便起身，
分明不是被窝里的我。
可笑人生百年，
至少也有三分之一在这里边当个茧儿做。
风瑟瑟，
雪娑娑，
哪来广长被，
渥暖淹在冰水中的残梦呵！

（原载《民国日报》副刊《觉悟》1920 年 12 月 24 日）

吃　饭

（1920年12月24日）

整天忙，
忙得连吃饭也忘，
蓦地里一阵油盐酱醋香。
再停一会，
就是淡的也芬芳。
几曾磨快了牙齿，
错被人家笑虎狼。

饭饱了，懒洋洋。
可是这回不算，
一忽儿又闹饥荒，
咦！多少豪华清贵客，
把一张嘴租给农夫做米囊。

（吃了又吃，睏了又睏；睏了又吃，吃了又睏。人生在睏觉吃饭中间，真是忙个不了。人们没法向不吃不睏底路上走，只有从大家吃得饱睏得够这方面，努力造均等的机会。观云有两句咏上海社会的诗"游女深宵立，高门晌午眠。"现在经济制度下面，不但吃的是少数掠夺多数的，连睏觉也都带着"横领"底色采。有人说"人类总是好动的"；有人说"人类总是打懒主意"。这两句话看似矛盾的，其实是都说着。人类所好的动，不是一味地动，是变更的闲中的动；所贪的懒，不是一味地懒，是忙中的懒。什么顶好吃？饥了顶好吃。睏底滋味怎样才算好？倦了就觉得好。玄庐吃了睏，睏了吃，三十多年了，积三十多年所得的经验，只有这么一

点。写了出来，给吃饭睏觉底人们看看。玄庐附记）

（原载《民国日报》副刊《觉悟》1920年12月24日）

新村底我见

（1920年12月26日）

眼前涌现这个冷酷无情的社会：男的抛弃女的，壮年的抛弃衰老的，有饭吃的抛弃穷苦的；……最下层阶级底叹声，没法邀温饱者底清听！

像这般冷酷无情的社会，也是从前的人底（生命力）所建筑的。这些建筑，本来是作安顿人生的宿舍，到头来反变作陷害多数人底坑阱，这是什么原故呢？静止的社会制度，不能适应继续向上人生生命力底流，因此，这无法抑制的生命力，错综含在各个不同的个体中间，便在这静止的社会制度里面争着向上，才会演出人类互相倾轧压逼的恶剧。如今人们了解了没法抑制生命力底向上进行，才生出改造社会底觉悟。说到改造，如说"必定要改造到那么一境"，如果指定了那么一境，这仍旧是组织将来一个苦痛的机关。因为生命力底流，是继续向上，愈进愈急，改造过的社会，如会［果］不是和生命力流动着进行，那么，这冷酷、无情、倾轧、压逼的恶剧，就一步一顿地追随人类进化的路上演过去。

凡是我们想像所能到达的场所，都在我们生命底领域中。如今姑且不谈，把现在大家觉悟要改造社会的一方面，略略述一点我底意思。

改造趋向中有"普遍"和"模范"两式：主张采普遍式的，把全世界当作单一体，作齐心并力的同时改造运动；主张采模范式的，依据一个范型，或创造一个范型，作局部的改造运动。新村，就是局部改造的方法之一。在空间错综继起底局部改造，未尝不是以达到全世界改造为目的。和"普遍"的形式、方法，以及他的局部改造的形式、方法截然不同，想要达到的目的却是一样。我也会醉心新村组织的，我底动念：

（一）厌弃都市；

（二）豢养的生活，过意不去；

（三）精神劳动使身体偏枯并且是一个狡猾的逋逃薮；

（三）把局部改造作改造底模范。

在我个人底机会，到一种时期，这观念依然像初发的时候一样，总不免多少舍得有一点求安逸的惰性。但是在半年前的我底意境中的新村，却有死守一方壁垒和旧社会战斗的勇气，凭着勇气和上列四种观念实际上支配起来，就发见种种漏洞：

（一）非地主不能组织新村；

（二）非有全付工具或和工具相等价值底现金不能组织新村；

（三）非大部分依赖本来务农的农民不能组织新村；

（四）非有健全的、热能抵抗的身体不能作为组织新村底成员。

从经验上发见这四种漏洞后，就觉得在这突进的改造时期中，朝这方面努力，不能应急待改造的潮流速度。普天下底地主、资本家不是能够不用强迫手段，就会依新村组织底和平引诱，同化于劳动的；普天下底农夫，本来就是给别人依赖的；我们如果在熟地上工作，不过占领农夫一个位置，找生地垦荒，必定有大部分不能做的工作。把我们所得于社会的用在社会身上，应该替社会打点经济算盘来支配自身的作用。

我这番话，似乎是反对新村运动，可是把改造底急流，缓宽下去看，或是采取感化底暗示的，那么，新村运动，何尝不是一味清凉散呢？至于说到改造运动者的本身，能够组成一个新村，把精神体力作轮换的劳动工作，却是一个再好没有的设备。

在错综向上的生命力进化路上，把最近的现状和将来割一段来支配我们本身应该努力的方面，见仁见智，悉听环象底评判，我们只求得良心上的慰安，理智上的允许，和能力上所能够就算是了。总之，我们无论作什么方式的运动，切不可忘记生命力底流是变动不居的。第一个目的，便是第二个目的底手段，说“社会该复古”的是愚，说“改造有最后的目的”的也一样的愚。

（原载《民国日报》“批评”第5号，1920年12月26日）

数目

（1920年12月27日）

我从来不识得“数”是一个什么东西：不但中国、交通等银行纸币上写着的10，忽然变了5.1/2、4.1/2。我不识得那个10，究竟是什么？十二月二十五日这个数目，大家说是圣诞节，我也不知道这“一二”、“二五”是个什么？我母亲说：“你今年三十七岁了，也该替自己打算打算！”我底年纪在哪里呢？我不认得这“三七”是什么。

（原载《民国日报》副刊《觉悟》1920年12月27日）

脑海花

（1920年12月27日）

他问伊要手上那朵花，伊也不说，也不笑，也不懊恼，也不欢喜。伊眼睁睁地瞧著他，默默地向他数着“你——你——你………”

伊慢慢地拈起花来，微微地笑了一笑，轻轻凑近嘴唇，细细地闻了一闻，就深深地藏在伊底脑海里——

伊仍旧拈着一枝花，敛了笑容，默默底念着，“我是谁？我替……”

从此，伊顺手将花给了他，他登时疯魔了似地欢天喜地。特［突］然说了一声“谢谢你”。

伊——伊仍旧默默地……

一九二〇、十二、廿七，上海

（原载《新青年》第8卷第6号，1921年4月1日）

自由与平等

（1920年12月29日）

自由就是个性底表见，平等就是社会性地表见，这两样东西是拆不开的。依相对性底原理拟出一个图形来，这两样东西，就像时钟底振子：东摆是自由，西摆是平等，中间的重心，便是这两样东西的调节点。可是主张自由的，除了主张底人本身外，便不许别人自由；主张平等的，除了主张底人本身外，完全许别人平等，自由底横领者，兼做平等底布施者，化合成为一个人，这并不是新式的魔王，正是旧式的独夫罢！

（原载《民国日报》副刊《觉悟》1920年12月29日）

我对于纪念的感想

（1921年1月1日）

今年号称中华民国的，出世了十年了，世界在这一会急转直上的改造当儿上，人们纪年最古的，第一，要算皇帝甲子即位，到今年四千六百十八年。我想这四六一八的数字，全世界号称十六万万人们，要不去检查年表，恐怕没有人记得清楚了。这个纪年方法所残遗下来的形迹，只有轮回式的干支代数“辛酉”两个字，留残卜课、算命、看风水等等的饭碗脚罢了。第二，耶稣降世一九二一年，这要算是最普通的惯用的纪年了。但是这个纪年方法中间，就有许多人不屑蒙宗教迷信底恶名，又急切倡造不出一个世界底新纪元来，便将就这惯例削去“一九”两字，单剩“二一”两字，勉强认为改良式的新纪元。第三，要算苏维埃共和俄罗斯，伊组织劳农议会共和国，刚整踏进五年头了。此外，什么用皇帝年号纪年数的，正像冰在雪山里面的回声，算不了什么数。

以上四种纪年式，排列起来：

（一）旧历辛酉年；

（二）耶稣降世一九二一年（改良式二一年）；

（三）苏维埃共和俄罗斯五年；

（四）中华民国十年。

我们对于这四种纪年，究竟采有哪一个最得当呢？据严格地选择，老实话，一个也不对。

（一）旧历辛酉：不用说，从黄帝甲子纪元到现在，已经七十七个辛酉了，不但是干、支轮回纪数，闹不清楚，而且夏建、商建、周建底年历变迁，早就捣得稀乱。并且旧历（一般称旧历作“阴历”、“夏历”都是错的。旧历，是类似阳历底年、阴历底月，论年，不能说是阴历，称夏历，建正不对）的章义，一层，帝王登位始纪；二层，种族底偏狭见解；三层，不合世界最大多数底历年，当然不适用的。

（二）耶稣教纪年：世界四大宗教回、佛、犹太、基督，世界人们，既有许多不同宗教，又有许多不归哪一个宗教的，既不该强使遵用他宗教的新年，更不该强使非宗教的遵用宗教纪年。至于略去三、四两位“一九”数字，叫做新纪元，我不明白世人所称“世纪”，难道离开宗教纪年，还有同序的世纪么？我更不明白一九〇一年，中国开始交第一年由义和团作乱而发生的强盗联军赔款，和英国用金钱武力去并吞南非洲的历史，有什么新的可纪呢？

（三）苏维埃俄罗斯共和国纪年：这原是俄罗斯劳工农民推倒资本家军阀，组织劳农议会，由劳农专政的大纪念。只是世界上的劳农，可以自由采用伊底手段，不定能采用伊底纪年：一层，世界各国区域，自有意思朝改造上做去；二层，后起的民主国，不会采用一七八七美国建立民主国，和一七九二法国建立共和国作纪年；三层，一般不习用。

（四）中华民国十年：这个纪年，似乎现在的中国人，不该非难的。但是大家要明白，中国普通一般人，从民国成立后，耳朵里输入共和底虚名多，先有了共和底建设，经营中华民国的人物少。而且所谓共和，所谓民主，所谓立宪，无非资本阶级，对于君主革命，他们却取得无名的君主底权威，牢固他们底地位罢了。这个纪年，和劳工有什么良好的关系？和农民有什么良好的关系？和妇女有什么良好的关系？

照这样看来，全世界底新纪年，还在资本家、军阀、官僚压迫底下，不曾涌现出来。但是迟早总会发生的，要看资本家、军阀、官僚的压迫程度，要看劳工农夫底工作程度，要看先觉者底指导程度。

（原载《民国日报》1921 年 1 月 1 日）

绥阳起碇

（1921 年 1 月 2 日）

海关码头，如此森严地压人眉宇，
楚伧说“这却有点咸味”。
脚夫水手一齐忙，
我不知道科学家在哪里？
送别的依依，——

我幸而不曾受这种空气压住，但心头总抹不脱一种辛酸气！

回头望黄浦滩头，

没入煤烟深处！

（原载《民国日报》副刊《觉悟》1921年1月25日，此据《玄庐文存》）

人生问题

（1921年1月5日）

今天应新学社的招，心里要讲的话很多，现在要解决的问题，也很复杂，不过要解决其它一切问题，一定先要解决人生问题，这个问题很不容易讲，但我既属人类，当然也有人生问题的见解，不管说得对不对，如农人种稻，收获了米，不管米子好不好，总之可给人吃罢了。

中国从前一般人，都是把忠孝来讲人生问题，所谓忠孝社会，无论一个部落或是一个国家，总有个元首。《尚书》上说："元首明哉，股肱良哉"。他以为元首为主，其余都自首推下去，股肱或可残废，头脑万不可破裂。所以在一部落，一国家，把元首推得很高，其余不过附属罢了。看一部落一国家的盛衰兴亡，都以元首为转移，而忠君爱国之心，因此格外发达。讲到"孝"，也并单是理想造成，一大半也是物质使然，因为当时的知识技能，很不容易得到，你看当日的钟鼎文字，很是简单，工具不全，自然很不易于铸造，假如一张报纸，在当初要像钟鼎文字的铸造，要印多少天才成呢？所以当时家庭事物，以及一切知能，只由父亲把一己底经验，全凭记忆，教给他的儿子，离父就不能得到知能，而儿之视父，自〈然〉非常重要，非孝敬他不可。

忠和孝相合，用来解释人生问题，那就有"君要臣亡，臣不得不亡；父要子死，子不得不死"这种大错的道理，在忠孝社会里，能够通行，到了现在的空气，当然又是不对了。现在我们要研究人生问题：

（一）认识人生的伟大。我们当知道人生实在是伟大得很，八大行星都可把人生来包括。骤闻之，似太扩大，其实不然。譬如太阳离地球九千二百万里，彼能发光线，射到地球上面，如没有太阳光线，地球一切，都不能生存，太阳光线，好像供给地球的生存，而在地球底生存，又好像为人的，就可知太阳光线为人生而有的，即为人生所支配，因为人能支配自然。

从前有人说：人受自然的支配。这说是不通〈的〉，支配和受支配，这两个意义解释不同。

譬如我以粉笔写字，是人支配粉笔呢？还是人受支配于粉笔呢？当然是人支配粉笔，决非粉笔支配人。因为人有意志，去支配手，用手去支配粉笔，不是人受支配于粉笔，支配乃是一种意志作用。又如一只船，从上海启碇，沿黄浦开至吴淞，船没有人去驾驶，彼决不会自己开至吴淞，因为船没有意志的，不过受人底支配罢了，又如桌子可用作讲台，全是受人支配。

自然界受人支配，人却不受自然界支配，人对自然，总是天天奋斗，虽看不见什么奋斗的痕迹，却天天在奋斗之中。譬如天气冷，人虽不能自己生出毛来，去抵抗，但人自己虽不能生毛，而却可借外物来使用，天冷了，人或是穿皮裘，或是煨炭炉，皮革是动物身上取来，也是自然物，炭是几千年前的植物，受太阳底光热，而埋在地层里边，人去挖出来使用，不过也是借用自然去支配自然。

人生却是伟大得很，不过人又小器得很，自然界既大得很，哪一块地方，不可种东西，谋生计？但人偏要把土地私有，受契据的支配，使大多数的人无从生活，这不是小器吗？又如金钱也是如此，督军的勒饷，长官的贿赂，资本家的殖产，总是俞多愈妙，但他一生也用不了这许多金钱，他究竟为什么缘故呢？不过要标榜资产的数目罢了。如果要数目大，尽可写一个数字，下边连写多少圈好了。何必又这样子？徒见其小器罢了。要知人自有史以来，照公历说，已是一千九百二十年，无史时代，还无从知道彼的久远，地球纵横有多少万里，还不过是占太空的一小部分。人生占时间和空间，真是很短促，很微小，但人都见不及此，徒见争城争地，眼光何近，器量何小？他并非没有感情，不过被一层包围着的东西迷住了。而我们却应该认识人生底伟大，一切自然都受人支配。

（二）认识人生的真实。真实究作何解？诸位以玄庐为真实的吗？说他是真实的一个人，不错，但是几千年前或几千年后，有没有一个玄庐？几千年前我可知道从没有玄庐这个人，几千年后，却不能知道还有玄庐这个人没有。不要说几千年前后，就是四十年前也没有玄庐一个人。四十年后也不知道还有玄庐这个人没有。

再说得近一些：就是昨日的玄庐，可是今日的玄庐吗？昨日的玄庐决不是今日的玄庐，何以呢？因为玄庐自己知道从一岁到今三十七岁，决不是一天长成到这样大，一定是一秒一秒地逐渐长大的，所以一秒前的玄庐，还不是现在的玄庐，可知没有一秒可说玄庐没有长大的，因为真的玄庐是动的，决不是静的。又如一只钟，一分一秒的过去，但过去早已过去，未来还是未来，而从来没有一秒是静的，我们因此可知真实一定是动的，静的决不会真实。所以常闻人说：某人守旧，某人顽固。其实是不通的话，因为今日以为新，后日视之就是旧，人的一生，到了老年，耳自聋，目自瞎，发自白，齿自脱，势之所趋，决不能把壮年时代的形状，勉强保守之不失。太阳或地球能保守彼底不转动吗？如太阳有时而息，地球有时而静，那么，人或可守旧。旧不可守，可见静是不能的，因此可知道人生底真实在动，离了动就不是真实。

譬如蚕底种子变为蚕，经一眠二眠三眠的过程，然后成蚕，自蚕变为蛹，自蛹变为蛾，常常变动，没有一分一秒的静止。有人说：蚕变为蛹，蛹好像死了，但彼能变蛾，蛾有生子，子好像死了，却又能变为蚕，不是到底没有死吗？又如某人死了，他底形固死，他底质还没有死，蚯蚓食之，就变为蚯蚓，植物吸之，就变做植物，不过把彼底形态换了一下。

所以生死问题，也不过是相对的。又如以桌子为已死，那么，桌子应该永不变化，而其实时时有所变化，就不能说彼死的。因此，知道世界没有死的东西。也即是没有静的东西，时时在那里变，天天在那里动，人底精神和生理，时时在向上的不断进化，故人生底真实，就在动，就在不断的向上进化。

我们能够认识人生底伟大，和人生底真实，就可以看出现社会是怎样。现代的社会，决不是人生应有之境，因为一般人底思想，看社会里一人的生活只为简单的生存起见，无论作什么事，无非为了生存。一种是没法的生存，一种是比较体面的生存。其实生存也不过是一个条件，此外还有二个条件：（一）继续；（二）发展。因为生存只管今天的生存，后天不知怎样？只为个体起见，而不能顾及群众。德国平均活三十岁，中国只能及二十岁，那么，个体生存的时间总有限，所以还当谋继续的一个条件。但是，"生存"和"继续"二个条件，是凡一般动物都具的，而人还特具"发展"的一个条件。如人们"住"的问题，由穴居而展为屋宇。又如奈端发明动律，后至一千九百零三年德人爱恩斯坦发明相对的动律，所以我人在在谋发展。不过人生具三个条件：能生存，能继续，能发展，而外边却有现金主义的包围，因有现金主义的朦［蒙］蔽，一切知慧感情都消灭下去，外界一切就不能认识，这种人真是可怜呀！所以我们要打破现金主义，就是解放这个包围，使人底本能自由发展。否则包围在内，一切感情都消灭，譬如父母生子女五人，女子本是看不起，而儿子里边，一个儿子能赚钱，三个儿子不能赚钱，他底母亲还能爱不赚钱的儿子，而可怜不赚钱的儿子，他底父亲就不对了，爱赚钱的一个儿子，而很痛恨这个不赚钱的儿子。以他能否赚钱，或是赚钱的多少，而称他儿子孝顺不孝顺，可是现金主义底魔力，可以迷惑人家底感情到这样田地。又如一个人托甲友谋一个工界的位置赚三四元，费尽心力刚找到，又托乙友去某一个商界或政界的位置，一月赚钱三四十元，倒一找就得，你想那个人，一定是感激乙个朋友，而不满意甲个朋友。又如一个人向友借钱，能借钱给他的一个朋友，他感激到十分，没有钱借给他的，他看不起了。这种被现金主义包蔽在内的人，实在是可怜呀！因他受现金的支配，不是去支配金钱，好像人受粉笔的支配，不是人去支配粉笔了，真可怜的很。但是这重包围，一朝觉悟过来了，只能跳出个小包围，还有个大包围在那里，小包围可以解放，而大包围不是一人之力所能解放的。譬如我有一个铜元，才能买块大饼，没得一个铜元，就不能去买大饼了，大饼就不能吃了。

（三）认识人生的目的。讲到人生底目的，是没有一定的，譬如我今天到这里演讲，演讲就是我的目的，但我明天底目地，就又变了，现在世界上的人，受痛苦较少的要算是俄国，但是假使把俄底劳农政府，移到中国，那时中国人也不会就十分满意的，就是将来做到无政府地步，我知那时的人，也不会十分满意，要去再求远大的目的了。譬如我们早起，吃了早饭，到午时肚子又要饿，要吃中饭了。那么，一般守旧者也好像忠孝社会和资本主义，他能够说：我们已经吃过早饭了，那中饭可不必吃了吗？吃了早饭，早饭却已发生效力过，不过到了午时，早饭已经消化，那效力也消灭了，不得不再吃中饭，好像施行社会主义一样。我们得到这种教训，可以知道人生底目的，没有限量，不过要做天天最快乐的工，才好。再譬如一人买彩票，他得了头彩，如他晚上就要死，他一定仍不满足，因此，可知目的无止境，不过是相对的信仰。又如我们读的历史，素来把宗教、政治、法律、国家来解释的，到十九世纪马克思出来，刚将彼推翻，拿经济来解释，但我们只可当作相对的信仰。

我们能知道目的无止境，不过是相对的信仰，就晓得天下没有守得住的旧，没有跳得过的新，地球上的人类，都在同一秒钟经过，无论彼是旧者也不能守住一步，新者也不能跳出一步，能够超过的，只有理想，但理想是不可靠，例如蛹之变成蛾，必是一秒一秒的经过，没有一下子就变为蛾的，又如自夜间到天明，也是一秒一秒的经过，不过夜里也可以设法使光明罢了。否则好像宗教家的所说天国，极乐世界的迷信一样，我们知道决不能一飞而过的，我们能够知道人生的伟大，真实，目的，然后知凡百事物都建筑在——“爱”字上。

“爱”字很难讲，讲抽象的名词已难，讲“爱”字更难，什么叫作

“爱”？“爱”是什么东西？这两个问题，无从解释。如男女爱情，爱到怎样程度？是无从说起的。但倘以不断的向上释“爱”，“爱”就可以讲了，好像爱学问，我们不断的向上和他要好，就可以表示“爱”。“爱”没有浅深的程度，不过是不断的向上罢了。

人生完全的趣味，完全在“爱”字上，“爱”也可算彼是悟性，也可算彼是超人性，“爱”常常从欲里来，男女衣食，都是人之欲性，而“爱”就在这里发生。讲“爱”不能离开欲性，欲足使“爱”提高，好像一个轻气球，欲性提高爱亦随彼提高，这在人类彼［很］是玄妙的，有如男女之爱，尽可丧失生命也所不顾。而欲性未尝占及的，在事实上也很多。所以知道“爱”好像有极大的光明，譬如男女间发生的爱，格外可以看出，无论遭怎样境遇，决不能抢夺他的爱。而在母子之间，尤足以表现出来，好像上述的不能赚钱的儿子，他的母亲怜他，决不恶他，不像他的父亲的迷于现金主义，因为他底母亲能把“爱”来打破现金主义，就是“爱”能制欲了。

自从原人时代到现在，都是爱和欲不断的向上。譬如饮食是欲性，而求食之美，又是“爱”了。又如有个人，具了美馔，招他底朋友来吃，但是这个朋友来了，把他当面骂了一顿，这个朋友虽见有美食，也难下咽，这又“爱”把欲间断了。但“欲”也容易把“爱”间断，如现在的男女自由结婚，都是这样，很足以堕落青年。

从此，可知现金主义的罪恶，我们要把这个“爱”去克制那个欲。

还有几句要紧的话，就是我们不可对于世界的改造太性急，这是现在一般青年所很容易犯的弊病。爱知道一朵花，彼到了时候自己会开的，虽努力的向上，或可以缩短彼开的时间，但决不会一蹴而几［就］的。倘若揠苗助长，反而得不偿失，只见彼的害处，但是对于不得已的时候，也非用激烈手段不行。好像一种恶势力，由少数守旧者把持住，他们能即觉悟是最好，但他们偏是顽固，我们因爱大多数的人，要求大多数底幸福，使不能爱这少数的人，只好牺牲他们了。但是我们仍是可怜他的。

我们把爱去对待社会。虽社会有人仇视，用枪对在我底心，用刀架在我底头，但是我底身可以死，而我的爱却不可移。譬如一个有势力的人，能抢人家已恋爱的未婚妻，但断不能连伊的爱情都抢了去。

我们应该把我们底爱，不断的努力向上，去找快乐的一条路，来大踏阔步的走才好！

（原载《民国日报》副刊《觉悟》1921 年 1 月 5 日，此据《玄庐文存》）

梦与诗人

（1921 年 1 月 6 日）

（一）

天开异想，
到人间充个诗人说诳。
惊呆了普天下的农夫，
又哄过高空中的月亮，
说诳，说诳？真个是诗人技痒。

（二）

梦境——却惺忪，
心境——太朦胧，
他——居然从懵懂经验中得了许多懵懂。
他虽不能作适之作的诗，——
难保不会做东坡不能做的梦？

读《新青年》八卷五号适之《梦与诗》一首，真骂得出！从诗体解放后，一般的作品，除了题前挂起一个“诗”字做广告，中间每句一行参错着排列写下去，专守这两个条件之外；虽说佳作难得，十八九总还成话，最可恶的，就是横辟了一个“不通领域”，占领起来，居然在人前充诗，还要靦然教人，像吴芳吉先生似的。他在《新群》一号发表一首《秧歌》，从“撒秧”，到“打秧”止，中间只少一个“念秧”——此人已经是不吃人间烟火食的了。这番听说他到长沙某校，又大教起诗来，做了一首《月蚀》，贴在校里，内容大致说“护月不是迷信，是人对于自然界表示爱情”。这种破天荒说谎胸襟，难保他不会做“驱车入鼠穴”的梦。“满身罗绮者，不是养蚕人”。不懂养蚕，原本不止是一位诗学大家。饭，应该人人会吃的了，偏偏遇着这位吴芳吉先生，要从秧里打出稻实来，除非吴芳吉先生不曾打过，如果真打过就打烂了变成酱，也打不出一点米气。适之这首诗里第三章“醉过方知酒浓，爱过方知情重”。依我底经验，“过”字应该是“里”字才合。不知道一般受过酒力，通过爱情的人们底经验，怎样？

（原载《民国日报》副刊《觉悟》1921 年 1 月 6 日，此据《玄庐文存》）

浣纱女

（1921 年 1 月 6 日）

清水池塘鸳鸯宿，
浣纱女郎行踪独。
情人心理百样娇，
杵敲纱——心敲情——声声慢——声声续。

水定不扬泥，
心跃跃，为别离。
莫道别离苦，

无限相思，全仗别离维持住。

古衣道貌富心机，
文绣膏粱藏诈气。
难得保持盈盈一池水，
镜面朝天天作底。

池水吞面面如花，
轻漂慢杵微微搓。
微微搓，恐惊水上波，——
又恐翻起泥来污了纱。

（原载《新青年》第8卷第6号，1921年4月1日）

雪际

（1921年1月9日）

冻过的风，
搓着忍不住要落下来的雪，
刚落到墙头，一转身又飞过隔壁。
两三片，四五片，似鹅毛堕落无声——阒寂，
不一阵，纷纷地算不清楚，
绝像一口弹花箱，平白地添了些山河人物；
纷纷复纷纷，几乎把大地填得无凹无凸，
白茫茫，
寒栗栗，

几多人赞赏着银宫玉阙，

这时期——正不知有多少觅食的小鸟儿，迷了空中迹。

（原载《民国日报》副刊《觉悟》1921 年 1 月 9 日，此据《玄庐文存》）

一个小孩子和阿本

（1921 年 1 月 10 日）

老鸦在腊梅树上“哇—哇—哇”叫了三声。

“少爷！你今天不要太顽很了！老鸦在那里叫呢！”一个十三四岁的丫头，长了一脸的黑麻瘢，站在阶沿石上说。

一个不到十岁的小孩子，在天井里正跳着，听到这话，就扭转身来看树上老鸦，忽地蹲了下去检了一块瓦片，向老鸦掷去，口里嚷道，“阿本，你看我打死他。”活还没说完，那块〈瓦〉片正打着树枝，倒弹转来，那时快，阿本眼更快，脚也快，跑到小孩子面前，捧住他底头，这瓦片正打在阿本背脊上。

阿本不觉得叫了声“啊唷”！

小孩子见打老鸦不着，反中了阿本，掉过头来，又捡了一块石头，老鸦早就一扬飞去了。

这孩子气极，拿起一块石头便打树，愤愤地骂道：“都是你这东西，障碍我底弹路，打断你，打死你。”阿本急得发怔，“少爷！腊梅正花，打不得！”孩子说，“我替你报仇。”一面说，一面只顾捡石子打树上的花。“唔！”

这孩子知道是他父亲的声音，就很不好意思地住了手。

“阿本，你死到哪里去了？”阿本知道是伊主母唤伊，慌慌忙忙跑进堂屋里去了。

"你死到哪里去了？你也不看天色，夜快了，少爷不给他穿上嵌肩吗？"阿本很诚恳的对伊母说"刚才他头上还有汗哩……"阿本底主母，不等阿本说完，撇的就顺手给了伊一个嘴巴，骂道"你只兜着少爷玩，你也不顾累着他，还不给他穿上衣服？冻着了，拆你底贱骨头。"

阿本努着嘴，走到房间里箱橱面前，跪在凳子上，打开橱门，不提防，一滴眼泪，滴在伊自己手腕上，热腾腾地一直炙到伊底心里，倒把伊惊醒了似的。笑眯眯地挟了一件嵌肩，又找到天井里。

小孩子他浑身上下和播浪鼓似的摇了几摇，"嗯！我不冷，我不冷"。阿本走到他跟前，在他的头上轻轻地摸了一摸，"你别玩了，……"小孩子在半黑不明的暮色中间，似乎理会着阿本哭过了来的，就说："那么，你就给我穿上罢！"阿本说，"你等等再穿罢！"

阿本服侍了这小孩子吃了饭，送他到书房里，"你好好地读，早点读熟了好早点放学，我去吃了饭来。"

小孩子本来已经瞌睡了，先生称赞他聪明，他又重新活跃起来，挟了书包，刚出书房门，刮面的冷风几乎挡住了他底腿。阿本在暗地里，防他吓着，微微咳嗽了一声，笑嘻嘻接了书包，给他披上斗篷，很高兴很轻巧的抱了就走。"今天先生又称赞你来！"小孩子说"你听见了吗？"阿本照料这孩子睡好，放下帐子，默默地祝他安睡。临走，重又回头朝帐门看了几眼。各自去睡。

第二天，这孩子睁开眼睛，就叫"阿本。"阿本撩帐子，笑嘻嘻地说"你醒了，快点，穿衣服，小棉袄已经渥热了"。阿本就从伊身上把渥热的小袄褪了下来给他披上，纽好，穿了鞋袜，洗了脸，这孩子尽把两只手泡在面盆里弄着玩。

外面接二连三地喊"阿本，阿本。"阿本一面答应着，一面急得催这孩子擦干手。

早饭吃过了。阿本送小孩上书房，"你今天再得好好地读书：爸爸喜欢了，你妈妈也自然喜欢，我更……"孩子说，"你更怎么样？"抬头看阿本露出一种很慈善很诚恳很有希望的颜色，孩子又接着说“我知道你更欢喜了，我一定好好地读。”

阿本高高兴兴地又去做伊日常所做的工作了：被服，房间，堂屋，厨房的整洁；衣服，碗筷的洗濯；一样样料理归着，再把吃中饭用的碗筷，重复用开水洗一道，那小孩子用的一副，格外洗擦得纤尘不粘；本来伊主母也很心疼这小孩子的，对于这小孩子用的东西，分外当着心，责备也分外加严，但是阿本却并不是为责备严的缘故，才这样不断的提神去做。

吃中饭了。阿本照常还是侍候吃饭。凡是桌上人人各种举动，阿本都注意着，并且对于这小孩子有关系的举动，阿本特别地注意。所以同桌吃饭的个小孩子底父亲和母亲，无论看一眼，笑一脸，皱一皱眉，都深刻的印在阿本心窝里。小孩子底母亲是很严厉的，他底父亲却常常带着笑容。

这小孩子吃完饭，就跳了去玩。他底母亲是常常禁止他饭后的跳跃。有时他不但不跳着玩，而且静静地走到后厅，看阿本和一班丫头老妈们吃饭，一眼盯住了阿本，仿佛阿本那张黑大麻瘢面孔上，一孔一孔都是盛慈爱和希望底快乐窝。

阿本吃过了中饭，如常整理清楚了，就拿了针线，跑到书窗外面，一面做着，一面听小孩子读书，这就是阿本每日最快慰的时间。

阿本的生活，就这样一天一天，一月一月过了一年多。忽然有一天，小孩子不见了阿本，东问西问，竟直问不出一个头绪来。隔了许多日子，听见他母亲说，“因为短钱用，把阿本卖掉了一百六十块钱”。这孩子听了，痴痴地一声也不响。现在这个孩子长得很大了，往往记起阿本来，总有一阵痴痴地一声不响。

（原载《民国日报》副刊《觉悟》1921年1月10日，
此据《玄庐文存》）

在李卜克内西、卢森堡纪念会议上的演说

（1921年1月15日）

凡一个纪念会，我们必要有一个纪念的意义在。如李卜克内西，他是一个共产党，他是一个用马克思学说来改革社会的，他不问能成功与不能成功，他是一往直前，不受社会民主党妥协的，他之所以令我们纪念的，就在此。我今日要演说的，不是李氏的历史，我是要将我对于他的感想说给大家听听：李卜克内西，他是一个议员，我今日也是一个议员，不过李氏，他是一般极高尚、极尊贵，世界上最有权柄的劳动者将他在牢狱中选出来的，我是一般资本家，有产阶级找出来的，照理说呢，我同他可算是仇敌了，然而我凭我的良心一想，资本家是哪里来的？我们食的、穿的、住的，是哪里来的？是不是一般劳动者给我们的？李氏是为劳动者战而死的，是一个不妥协者，是一个实行家，所以我们应纪念的。老实说呢，我们想得着和平和幸福，我们非社会革命不可！我们非抱着李氏的主义，不与那些中产阶级妥协，去求真正的和平不可！我们非接续李氏的精神，不管成功与否，猛烈向前直进不可！

（《民国日报》1921年1月17日）

劳工专政

（1921年1月19日）

在资本阶级横领的世界里面，一声霹雳，竖起“劳工专政”底旗帜，使一般资本家和资本家底帮手在这面热烈的旗帜底下发抖；这是近四年来

人世间一桩最痛快的事，也就是人世间一桩最合理的事，更是人类历史上“人底发见”第一遭。

我们西北邻居的俄国，已经打胜了头阵，做了全世界劳工专政的先锋大本营了。在俄国的资本家，饱含了两眶眼泪，塞满了一腔恶气，抖着进工场去做工，他们一向掠夺劳工底血汗养尊处优惯了的，现在并不要他们做一般劳工下面的事，就只要他们做劳工同等的工作，他们还不甘心！他们虽然每天同劳工做同等的工作，在一向劳动者看得很平常的，他们都认为莫大的痛苦，莫大的羞辱，个个怀着的鬼胎打复仇主意，要恢复“资本阶级专政”的制度，不必看台尼金、宇登尼、柯尔却克等残余的反抗，是资本阶级复仇的明证，只看兰姆塞旅俄见闻记“贵族妇人挥泪做工”的记载，就明白资本阶级怀着报复的心理了。如果说“已经合劳工在一起工作的资本家，到资本阶级倒后，就觉悟他们底前非，再不会起反抗了”，这竟直是托猫儿管腥的见解。

为此，在资本阶级形式上初倒的时期有“劳工专政”底必要。

可是这种制度底实行，只在俄国下面；此外不过一称呼声罢了。狡猾阴很［狠］的资本家，一听到这种呼声，立刻就会经营他们避难的巢穴，计划掩护的方法了。改良派的“社会民主党”和反对“专政”这个名词的无政府党，就变成他们底巢穴和他们底盾甲了。狡猾呵！资本家底自谋。

一般资本阶级里面的人，不敢由他们自己嘴里彰明较着说反对劳工专政，不得不借他们底帮手——牧师、学校教师、新闻记者、律师……合起小资本家来说些反对话，或者就组织变相的资本阶级专政底“社会党”。但是这一种言论和行为，很像做强盗的和尚，表面上罩着僧衣僧帽，僧衣僧帽里面，还是藏着抢劫用的武器。一般有觉悟的劳工，早就看穿了他们怀着的阴险方略，不管他们嘴里说的怎样慈悲，决计不去上他们设备好了的圈套。但是从无政府主义者底嘴里说出来的话，一般劳动者不会拒绝不听的。

其实无政府主义者，何尝愿意做资本阶级底护符？因为无政府党想一步超越过“劳工专政”这一层必不能免的经过，资本阶级就利用这种超越的理想，便借来作挡过事实的盾牌。连无政府主义者自己都不明白背后有一班资本横领底凶神，在那里利用自己的主张哩！

反对劳工专政，不单是无政府主义者，“世界工业劳动同盟党”也有不赞成劳工专政这个名词的。世界工业劳动同盟党底会员，并不是故意把两阶级战争忘记了的；因为吃了国家、政治、法律等等的苦痛太深了，所以一下子就想把这类的名词废除得干干净净。这可引起一般资本家在暗地里偷著欢喜了。

“劳工专政”这一句话，我们如果换一种说法，我想世界工业劳动同盟党底会员和无政府党底会员，必定十二分表示同意的。设如说：

“世界上的人类，除幼稚、疾病、衰老的，没有一个不该劳动。”

“支配（自然）的权，只有劳动者才有的。”但是这么说法，是我们要达的目的，不是这样一说就立刻发现这样一个世界。而且劳工专政是社会革命后头一步必要的建设，依据这个建设未完成现在认识的社会革命底功夫，才能达到我们所希望的目的。设如没有这一步建设，革命了又怎么样呢？暂时潜伏在革命区域内的资本家，谁也不能相信他们不起来反抗的；在革命区域以外的资本家，谁也不能保证他们不帮同反抗的。

我试举一个例：中国推倒君主制度后，约法上明明说“主权在国民全体”。这句话多好听，但是建设上却不是这样了！国会、省议会等选举法，才是建设的方法底一部分。选举法上却明明只有男子的资本家才能当选哩！

我们只要明白这一个例，就晓得建设底重要。

马克斯、安格尔斯《共产党宣言》“压迫阶级和被压迫阶级，从古到今，没有不站在反对地位，继续着明争暗斗。每次争斗底结局，不是社会全体革命的新建设告成，便是交战的两阶级并倒。”“两阶级并倒”这句话，千万不要轻轻看过了：世界上有一天阶级存在，必有一天阶级斗争；有一天阶级斗争，必有一天劳工专政。不但资本阶级明目张胆地存在一部分的世间横行著，应该有这种建设，即使形式上倒了，倒了的资本家，便是社会底分子；这种分子，能够使资本阶级复辟的。对于这种分子，未必能够尽数铲除，那么“劳工专政”就是一种自然的结果。

二一、一、一九，广州

（原载《民国日报》副刊《觉悟》1921年1月28日）

宗教与人生

（1921年1月21日）

（一）

空间只是里里外外变迁着，时间只是来来去去流动着。人类底思想和生活，就在这变动不居的两间过度，并且仍随着变迁，仍随着流动。川流式的感官，迎送着川流式的感觉逮达（Benab data），没法得一个终究底解决，也找不到一个最后底目的。大凡是人，无论他底生命力怎样的勇猛精进，像高空飞鸟一般，久飞了总想找一个栖泊底场所。这种为人类共同栖泊底场所，永远是没有的，所以从初民时代由惊眩的意匠造成拜物习惯，经过许多改革成为现在各种像煞有系统的宗教，牢牢盘据在大多数人的脑子里。

塞利格曼教授（Belgmam）认世界上有五大宗教，他说：“犹太教表示责任底观念，孔教表示秩序底观念，回教表示公道的概念，佛教表示忍耐底观念，基督教表示爱底观念。”这五大宗教，除孔决［教］不是宗教（现在非孔的人，都是从生命历史上感觉尊孔的痛苦，属于政体、礼礼、宗法方面，并不为宗教非孔。刘大白说：“孔子像一件被传染病者穿过的皮袍，非消过毒不可。”），这四大宗教，都有共同必具的条件：（1）教主本身是应了不可思议至尊无上的神的使命；（2）有一定的礼式；（3）自立一教，不许别一宗教底存在。

中国现在大多数人还是初民时代惊眩拜物底习惯中，犹太教底迷信，可算绝无；回教也是一部分民族因袭的礼式，关于支配精神上和生活上的手段，总算是佛和基督。

宗教的产生，由于生命力进行的弱点，宗教底迷信，也由这个弱点。人类底思想力，因为经济分配太不公平，一般体力劳动者得不到发挥精神上的生命力底机会，所以全中国底劳动阶级几乎全数是拜物迷信宗教迷信；一般资本阶级，却不是得不到发挥精神上的生命力底机会，可是他们底生命中途，被金光眩了眼，金锁绊住腿，也就陷落在拜物和宗教的迷信窝里，和尚、尼姑、牧师、神父们，就惯乘这种缝儿，伸手要求布施，除了不劳而获得豢养之外，还可以粉饰雕刻建筑绘画许多诱人迷信的招牌幌子。穷人以为这世不好，求后世，富人以为这世不足，求后世，全中国除了穷的富的之外，所剩的中产阶级底人数，已经不多，但是这不多的中产阶级，又是大多数做了富人底爪牙，这大多数中产阶级，受了金钱气底薰染，竭力想挣上资本阶级去，不期然而然的就反生了许多迷信的信仰。所剩的中产阶级里面的人，也就有数几个了。这剩下的非资本化的中产阶级底有数人，有些明知道宗教是不屑信的，但是因为环境逼得太凶，姑且借作自骗自的慰藉品；有些，看事太易的青年，无论是经济问题，两性问题，总想一□达到他所理想的目的，一朝失足，还会去打寺门求超度。这么看来，社会上真能离脱宗教独立他底个性的，真真是少数中的少数了。所以然的原故：就因不明白“人生”，不明白“生命力”。

（二）

“人生”是什么？“生命力”又是什么？如果离开实质说，等于离开空间底计数来说时间，一样是没法说明的。在“自然”包罗中的人生，与其说是自然支配人生，不如说人生支配自然。因为人生是拿人的意识来运用自然，不是将就自然的意识，来运用人生。与其说人生是自然中的自然分子，不如说人生是自然底主宰；因为人生不受自然所主宰的。人们底生命，分开来看，各有各独立的生命；合起来看，从无始到无终以及接踵列在地面上的只是一个生命。人类有完成人类生命底可能性，自然界种种都有完成各个生命底可能性。但是人类因为要完成人类底生命，所以要支配要主宰自然界种种底生命。自然界种种为受人类底支配主宰，彼等就只有完成生命底可能，便得不到完成生命底必能；彼等不能自由顾惜生命，拿意识抵抗人类底支配和主宰。所以自然界种种底生命，只可贡献给人类作为人类生命中应有的消费。换一句话说，凡在自然中的生命，尽数是人类所应该享受的物品；彼等无抵抗的给人类消费，这就是人生，这就是人生底生命力。

那么，宗教是怎么来的呢？这个答案，只要仔细看过（一）段的，就会明白是从人类中间生命力弱的造出来的，造出来哄骗自己的，并且一般弱的才会受这种哄骗。

（三）

在海、陆、空各种设备大致完全的时期，就是人类大解放底时期。人类解放第一步，就是从打破宗教以及类似宗教的迷信开始。人们如果不能自由解放宗教的迷信，凡是妇女，劳动种种所要求的解放，只是形式的一部分；因为“哄骗”的占据人类生命的领域，是人类自己束缚自己的镣铐。男子和资本阶级，所以敢束缚一般妇女和劳动者的，就是精神上哄骗，种别、性别、国别以及法律种种，不过是哄骗的形式罢了。宗教，便是各种哄骗术底源泉。这般源泉，便是人习惯上弱的生命力中流出来淹没自己的。

人类底解放，是人类自我活力底解放，不是人类以外别有由人类捏造出来的虚幻的“神、佛、天使、菩萨”所能够解放人类的。而且也不能靠别一个人解放自我的。人类底解放，是人类共同的要求，在生存期间解放，并且要把这种种由解放出来所生的快乐上建筑更良好的世界，还得给后来的人，更进做更美更善的准备。离开了生存期间的地域内，别的没有什么“净土、乐园、天国”。

有形底自然，无形底宗教，在如今原是一种愚昧中的困难问题。前者，朝积极方面，分工同力去探讨种种言论；后者，朝消极方面，同心一力去荡除种种污染；决不能认为或种不可能的事。自然是人生一个大游戏场，脑子是人类作游戏底导程，肢体是人类作游戏底工具，污了我们脑子的宗教，是靠我们继续起来的生命力和脑汁来洗涤的。

（四）

个体在空间的领域，是很小的；在时间的领域，是很短的。但是生命力底领域就不是这么短小。从空间看，人类寄宿到云霄上面，已经是实现的事。哥仑布（Columbus）发现美洲，就是生命力横著施展一个很明显的证据。从时间看，奈端（Newton）、马克斯（Marx）等的著作，一个支配了二百多年的力学世界，一个死了三十七年，他底著作，正在如火如荼地支配著世界的改造，就是生命力竖着施展的例证。在历史上见到生命力在空时两间底领域，决不是方里之几和一世纪之若干年那么短小的限度，就可以轻易占量个体的生命力。况且个体的形式，只管变更，而依据个体所发挥的力，丝毫不随形式的变动而变动。不但不变动，而且继续起来的各个体底生命力，一层层累增上去。生命力底伟大，到什么时代，都没法下一个最后的估量。照这样看来，人们想一个最后的目的和要求终究的解决的，无乃把人生太看轻了么！佛教所谓“弥勒下世”，基督教所谓“末日审判”，这种虚妄、悖谬、欺骗的想象，怎么还会留影在人们的脑子里呢？

但是人类思想境界中，从遗传上早就下了宗教迷信的种子。所以每逢遇著一种所谓困苦、危难、绝望的时候，这种子就会萌芽出来，人们并且努力灌溉，努力助长。普通一般人，即使不□所谓困苦、危难、绝望的时候，这种根苗，藏在生命里面，也是或隐或见着。就是所谓有知识的人，到底没有把这种根苗，完全铲尽。真个铲除知识的，到反要算人类中间的特殊的。人类底进化，就全仗这些特殊的最少数人，做一般的导旌，供给一般人作垫脚石。因为凸出在人类中做前驱的几个，便是合全人类一个大生命中的命力底最犀利的锋。在这少数人底个体，是笑眯眯扑向铁蒺藜去，大声疾呼人们由他身上踹过去的。

宗教的哭声起，人生的歌声动，不希罕，生命力强的前进！

（原载《民国日报》副刊《觉悟》1921年1月21日）

偕楚伧君渡黄海

——并怀死友执信、景良

（1921年1月25日）

把大海搓圆，朝太空掷去，人在圆顶尖头立，
赤条条任我飞行，
问什么来踪去迹。
浩浩荡荡，脚底下十万波涛，吼声正急。
有几人驾起潮声去也，值得我来一瞥！
到眼底无多人物——
把好酒一杯倾入腹，
化新诗唱满天风阔，
任天风吹满人间——冻云散，冰山裂。

（原载《民国日报》副刊《觉悟》1921年1月25日）

绥阳船广州舶岸

（1921 年 2 月 2 日）

岸上灯移，天上星走，
岸上鸡声，催起船上笛声吼。
客人起，
搅了他乡残梦，半惺忪，懒得寻人开口。
我今到的是他乡，这晓寒天气，却也不十分难受。
这迷离的晨景，要打叠耐烦心，看个玲珑剔透，——
容我细看也，便随时画幅图儿寄朋友；——
如果见我害羞也，那就只可抛了走。
走！从今朝记取，莫等我到黄昏时候。

一九二一，一，一五，广州

（原载《民国日报》副刊《觉悟》1921 年 2 月 2 日）

错

（1921 年 2 月 4 日）

十年前我做的些事，说的些话，那时我底朋友周于觉底父亲批评我说：“他底话是不错的，总之是十年以后的事，如今可错了。”近来我做的些事，说的些话，杭州《全浙公报》批评我说：“十年以后，必有盛行其说者。”时乎时乎！究竟是谁底错误？

十年前的主张，
人家说“十年以后”。
如今的主张，
人家又说“十年以后”。
前的十年过去，
这十年还在将来，
究竟不知道错了没有？

预先活了十年，
天天站在“错”的位置，
十年以后的我又错到怎样？
我也在未知之数
十年压十年，
如果要把“过去”追回，
除非爬进“错底坟墓”。

苦恨你们做了时代落伍〈者〉，
埋怨我在时代前跑步，
□说不相干——
且看看湖上丰碑，旗管马路，
请大家把无字画考证一通，
究竟是谁底错误？

（原载《妇女评论》第15期，1921年11月9日）

《劳动与妇女》发刊大意

（1921 年 2 月 9 日）

劳动者要求解放，正当要求劳动者所结合的团体，不当要求资本家解放；妇女要求解放，正当要求妇女们自身，不当向男子们乞怜。

有产阶级所据的权威，是劳动者给他的；男子（有产阶级的男子）所据的权威，是劳动者和妇女给他的。这种权威，不因为向他们要求解放而减杀，反因为向他们要求解放而增高。

无论哪一个人，都可以加入劳动团体，做有益于人们的工作；无论哪一个男子，都不能加入妇女负担孕乳婴儿的责任。无论哪一项劳动工作，都可以离脱资本家由劳动者自力经营；无论哪一个妇女，都不能离开男子担负传种的责任。照这样看来，劳动者与妇女，显然有不同的事实存在。那么，劳动〈者〉们，妇女们，努力的方法，也得随着这些不同的情形而各找各的路径。

但是在阶级制度下面受经济的压迫，劳动者和妇女是一样的。

历史上所陈列的种种阶级：在古代罗马有贵族，骑士，平民，奴隶；中世纪有领主，家臣，行东，佣工，徒弟，农奴；在中国最近君主时代有皇族，大臣，科第，宫吏，幕僚，胥吏，地主，店东，伙友，佃户，奴，仆；民国以来，约法上虽说“无阶级之分”，但是军阀，党阀，官僚，财东，地主，佣工，苦力，显然有种种不同的阶级层层压迫；约法的虚伪，在劳动者和妇女的地位上彰明较显著地呈露了出来。

阶级制度有一日存在，劳动者和妇女就活受一日的压迫：在上面一个阶级，往往用空言来哄骗下面一个阶级；下面一个阶级里面的人，因为急于想获得眼前的小利益需要，把人格、体力、脑力，甚而至于生命和爱情统统被眼前的小利益所诱惑而牺牲掉了。一般劳动〈者〉们和妇女们并未曾了解用金银作武器的杀人手段：自从生命、爱情、劳力等等，化作商品之后，不知道坑陷了多少人们，如今还是继续地填着陷坑；劳动〈者〉与妇女，即使目前起了极大的觉悟，也不过认识一种诱惑的行为罢了；为劳动者的找不到资本，正如妇女们的没有社会一样。

劳动者的动作，成了机械的动作，妇女们竟直全身化作机械了。无论哪一个阶级的妇女，没有不是充男子的机械的。若单从表面上看，以为有产阶级家适［庭］中的妇女的妆饰和消费，较有产阶级的男子还要奢侈，其实和西班牙皇后所［养］的狗没有两样——西班牙皇后的狗，全身的饰品值八十多万金磅，恐怕有许多夫人太太们还望尘不及，实际上和豪门巨宝［室］的车夫、仆从没有什么差别，和卖淫的娼妓比较起来，还要增加生男育女的负担。从最高的阶级起一直到最低一个阶级的妇女，没有不受男子的压迫的。伊们的劳力，是辅佐男子；伊们的妆饰，是男子为自己设备的刺激品；伊们为人类传种的本能和负担，都隐在辅佐和刺激用的下面，过伊们恐怖的羞怯的无希望的生活罢了。

妇女问题，原来比劳动问题复杂得多。我们眼前要解决的，是压迫在劳动与妇女上面的阶级制度所产生的经济制度，这是劳动与妇女应该起来解决的共同点。要解决这个共同点：宗教，是做不到的；手枪炸弹打死一两个人是不中用的；朝现全主义中坚去求祷威权的赦免，更是小雀儿在鹰爪下求饶，万无幸免之理的；我们历来埋藏着的本能，已经和世界潮流起了应声了，我们正该检定一个主义从事实上有可建设的，我们提出一个一个问题来作实际的运动，才是我们自己要求自己解放的方法。至于提出来的问题，无论是改良的或真是改造的，我们只要先认明是依我们共同的进程上的事实，我们都应当十分努力。在这种势力的时期中，我们并且要了解改良的动作，只是和我们的目的接近，我们虽经十分努力十分危难得来的改良式，总不要因为已经改良了就抛掉我们主义下面的建设。

弟兄们，姊妹们呵！觉悟的门前，就是刀山剑林，我们要一脚一脚踏在实地上走到我们的目的地。飞越这种刀山剑林的幻想家，是吃饱饭没事做的帮闲主义下面的产儿，是懦弱无能怕敢和阶级制度直接奋斗的弱者，这一类虚幻狡避的空谈，我们不能听的。兄弟们，姊妹们，各尽各的能力，把山上的刀，林中的剑，拔除罄尽，成了坦途，不幸落在哪把刀哪把剑牺牲了，也给后来者做一个标识。

弟兄们，姐妹们，快快自己打开觉悟的门联结起团体来，努力前进！我们不要和有产阶级比富，我们要和他们比穷；我们不要和男子们比权威，我们要和男子比责任；从今后，我们要做自己的人，我们不做别人附属的人，我们也不要别一个人做附属于我们的人。

一九二一、二、九，在广州

（原载《劳动与妇女》第 1 期，1921 年 2 月 13 日）

劳动教育

（1921 年 2 月 11 日）

无论哪一个人，提到劳动问题，即刻注意到劳动者身心上的种种缺乏。不但有产阶级里面的人，明目张胆地讥笑劳动者“无知识”，就是献身到劳动阶级去的，也不讳言这一个大弱点。如今还不到说“不劳动者不得求知戏［识］”这句话的时期，即使说出“不劳动者不得求知识”这句话，也等于“不劳动者不得［食］”一样是空言。

劳动者的教育问题，不是在日报上杂志上口头上写写说说，就算完了从事于劳动运动的责任了；也不是挂起一块“劳动学校”的招牌，就算达到实际了。每天要吃饭的人，不是读一篇食谱，捧一张菜单，相着饭店招牌，就会饱肚的。真心要达到实际上的劳动教育的，决不忍再送一大票的虚人情。

依我现在所想，实际上因［应］该加速度设备的：

（一）教科书的编辑；

（二）劳动人数的分区调查；

（三）教育基金的确定；

（四）学样的设备；

（五）教师的养成；

（六）劳动和教育时间的分配；

（七）失学者的补习；

（八）劳动者的子女的教育。

以上八两［个］问题，但有一个不解决，都不能达到完善的劳动教育的实际。在这八个问题的基础上，还有两个先决问题：

（一）劳动时间；

（二）工银。

在上列八个问题，我想“广东省教育委员会”是不难定出具体的计划的。但是一碰到“劳动时间和工银”，立即就要撞到“资本家”的坚厚的石壁上去。我们要解决这两个先决难题，也不是没有办法。

（一）由广东政府公布“劳动法”；

（二）劳动者组合极大的团体，起激裂［烈］的革命运动。

目前广东政府中的人物，我们暂时总不能说他是资本家的委员，他们对于劳动者的责任，至小的限度，也要和“华盛顿劳动会议”所规定的“一日八小时劳动时间，一周四十八小时劳动时间”和“失业”“佣使妇女”“佣使少年”等等条约案相合。广东政府负担这点责任，无论英、美、日本，总不能把“赤色化”字样，加在广东政府头上。倘使连这点责任都不能负担，就是把教育责任全盘托付了“广东全省教育委员会”，对于劳动教育这一个问题，总是纸片口头上的虚人情，再也不会到劳动者身上的。

那么，劳动者除非永远安于“无知识”三个字讥笑之下做一个传统奴隶——不然，就是劳动者起了极暴烈的革命来解决。

一九二一，二，一一。

（原载《劳动与妇女》第1期，1921年2月13日）

在广州理发工会演说辞

（1921年2月13日）

理发工人在一般工人中，是被多数人看不起的。现在被多数人看不起的工人，今天居然彰明较著开起会来，我知道今天会场里外必有许多资本家在那里发抖。

这是什么缘故？因为我从这个工会里边来观察，看出几点很重要地方：

（一）手工业的资本化。我从前看见剃头的工人，有了一个盆，一把刀，和一个箱子，担起来就可以做一个理发工人，现在理发店里所用的椅子、镜台、电气插头和种种家私，都是非有大资本不能办的。所以，现在的理发工人，尽行变成没有工具的劳动者。

（二）无论那种工业都是跟着制度而变更，比如从前的制度是留辫子，自辛亥革命以后，把辫子剪去，理发的工艺便和从前不同了。

（三）资本家的掠夺。我到广州没有多久，对于理发工业的情形，虽然不大熟悉。但我在上海所知道的，一般理发工人的工钱，每月由五六元起最多至十四五元，但是一个工人每日最少可理八九个发，每次的工价，最少一色［角］，所以开设理发铺的资本家，每个月对于一个工人，可得到二十元左右，他给与工人的，实不及半数。

由以上三点看起来：你们工人——现在到会和未到会的，无一非被资本家掠夺者。并且不单是从前和现在是被掠夺，而且以后仍然会继续被掠夺的。所以研究劳动问题的人，大声疾呼，叫你们工人立刻组织团体。因何要组织团体？就是组织团体，合力去打资本家的势力，不再被资本家掠夺。所以我在上头说过在这个会场里外有许多资本家发抖，就是这个缘故。诸君呀！诸君既成立这个工会，切莫只将工会的招牌挂起，便算了事，如果是这样，恐怕那资本家就在一边窃笑。

在理发事业之下，我还有一个感想：日本的理发，价格愈贵的，时间愈短；若在中国所谓高等理发，价格愈贵的，时间愈长。从这点看来，可知外国的资本家和中国的资本家不同的地方。因为外国的资本家对于时间很贵重，所以时间愈短愈好；我中国的资本家，对于理发这种事，当做一件很舒服的事，所以时间越长越好。照这样看来，中国的大资本家，是很无用的。请君应该知道呀！你们在这个世界当中最无用的资本家之下，还不能打破资本主义，实在对不住自己。来日方长，我们再谈罢。

（这篇演说词，是毅汉替我翻译的，同团的人，对面不能直接说话，气愤和伤心，岂但我一个。多谢鸣谦替我记了出来，使未曾到场的工人，也可以以目代耳，我是很感谢的。玄庐附记。）

（原载《劳动与妇女》第1期，1921年2月13日）

懵懂与苦痛

（1921年2月13日）

不懂——懵懂，——

懂了——苦痛。

你若耐不住这懵懂，
就应认明白是苦痛！

第一幸福是懵懂，
第一快事是苦痛。
你若不愿牢牢守住了那懵懂，——
便不该随便辜负了苦痛！
出懵懂，
入苦痛，
几多人拿懵懂替换懵懂，
几多人拿苦痛打破苦痛？

情人失了踪，
农田坏了种。
经十分挫折，十分努力，得来的成绩才十分珍重，
珍重珍重莫学痴人说梦。

（原载《劳动与妇女》第1期，1921年2月13日）

鱼　摊

（1921年2月13日）

一只腰圆的木盆儿，
上面喷着联珠儿似的水，
里面青苔滑腻腻，
中间养着十几条活鱼。

条条鱼儿头向外，尾朝里，
唼喋唼喋各自很安静的吞吐污泥。
猛然顷入一瓢水，
这是鱼摊主人的好意。

十几条活鱼，
登时乱了秩序；
错认大海来潮，
翻身跳出盆儿去。
碎了一身鳞，
污了一身泥，
惹［乐］得市上儿童拍手笑，
鱼摊主人喊“晦气”。

鱼摊主人着了急，
双手扑在滑石板上滑挞一交跌，
捉住鱼儿污了双手血，
壁上捱着那条死鱼两只眼睛乌只只。

（原载《劳动与妇女》第1期，1921年2月13日）

英国国旗与劳动

（1921年2月13日）

劳动者所到的地方，资本家就跟踪追去；资本家所到的地方，劳动者就成群雇去。英国人常常说：“太阳没有一刻不照着英国国旗。”英国殖民地布满了地球，和英国资本家的傲语，都在这句话上表现出来了。我们不和他比富，却不妨和他比穷，我们不和他比资本的横领，正不妨和他比劳作的努力。我想："太阳没有一刻不照着劳动者的工作。"这句话，似乎比英国人那句话硬扎得多。

（原载《劳动与妇女》第1期，1921年2月13日）

资本家走投无路

（1921年2月13日）

职工组合咧，产业组合咧。"山雨欲来风满楼"的世界工潮，演成资本家无限地恐怖。改良运动的细雕刻，革命运动致命伤，逼得资本家无路可走。异想天开地抬出一个宗教来，想把劳动工人都诓骗到活做到死的天国里去。宗教么？资本家运用惯了么？"富人进天国，比骆驼过针孔还难"。"如果一个人不喜欢作工，他就不应当得食"。耶稣教的促成劳动者联合，在早年的工联的仪式上，早就显着，他们还想利用，不比提倡古典文学的前俄罗斯帝还蠢么？革命的潮头，已经溅到身上，革命的思思，已经从脑海中泛滥起来，无论提倡古典文字也革命，提倡科学也革命，不提倡宗教也革命，提倡宗教也革命。烈火着枯柴，用豆油来泼是燃烧，用汽油来泼也是燃烧，这种手段，这种方法，比满清的伪立宪还要加十倍蠢。

（原载《劳动与妇女》第1期，1921年2月13日）

悼执信的一句话

（1921 年 2 月 13 日）

一个沈［沉］雄伟大的朱执信，一声也不响长眠在驷马冈的黄土坑中了。一九二一［年］一［月］一六［日］那天中午，送葬的不下二万二三千人。哭急了一个生妻，恸到了一个良友。真值得哭，值得恸。那时我也不知道泪从哪里来，只呆呆地相［向］着棺材，听着哭声，愤激和感愧包了悲哀，激到心头，领住脑子，塞上喉龙，逼出眼泪。我当时只想着拉塞尔是怎么死法，他是怎么死法，何以许许多多的工人农夫，竟接不上一声哭声？唉！执信真死早了！汉民说："可惜执信没有马克思的寿！"这句话，不知道世界上有几个人懂？

（原载《劳动与妇女》第 1 期，1921 年 2 月 13 日）

广州的市声

（1921 年 2 月 13 日）

一月十五黎明，我从绥阳船埠换了一只汽船登了岸，码头的铁门还未曾开，可爱的晨光已经红了半片天了。岸上阒寂无声。登岸后，第一是车夫轿夫争围着兜揽生意的声和三四丈外一个岗警的皮鞋声走近来干涉他们兜苦力生意的。一会，我坐了一辆人力车，去看朋友。经过长堤电灯厂，那电灯厂的大烟凸，比长堤一带楼屋低二三丈，煤烟像墨鱼喷汁似的迎面扑送过来，我因为贪看晓光，不提防被煤屑迷了眼。我的留声机的听觉，便替代摄影机的视觉了。人力车上小铃声，电灯厂里里外外的引擎声，卖糖果的小喇叭声，蛋妇（卖渡的妇人）招客声，叫化声，市侩竞争声，无轨电车长鸣声，摩独卡警号声，纷纷扰扰，装满了一脑子。忽地车住了，我的眼睛还是迷住，车夫扶我下车，我摸了两角钱托在手掌上等他拿。那家就有人来扶了我进去，还没开步，只听见车夫和乘客争价声，皮鞋声，棒击声，许多车子奔散声。开步后，便是登楼声，慰问声，选举总统争辩声，传说什么会场上的演说声，又是纷纷扰扰，装满了一脑子。回家后，夜深了，换了些风声，屋顶打更声，邻儿夜哭声，待要天明时节，急逼的短鞭炮声，长吟的工厂汽笛声，又是纷纷扰扰，装满了一脑子。起来，眼不迷了，天又红了，便写了出来，当作“瞽姬”一曲，寄给普天下的爱听广东市声的。

（原载《劳动与妇女》第1期，1921年2月13日）

谁说中国不在资本主义支配下面

（1921年2月20日）

依旧习惯旧历过年各报都停刊九天，这九天中人生的一部分除学装呆之外，总觉得麻木的难过。我在这个时机上，无聊之极地向旧报堆中顺手抽了几张翻看，中间有一张社论上说“中国还没有资本主义”。我正麻木得难受时，看到这个论调，倒张满了一脑子的血。接着遇到了一位在伦敦住过六年的女子李锡龄对我说：“中国没有资本家……要有几千几万万价值的财产才算得资本家”。我又涨满了一脑子的血。

我想解释这种误会，必得陈列些资本主义所造成的事实出来，才容易使误会者得［正］真确地了解：就随便走到市上，看见新筑的马路旁边，陈列了些很没章法的市房，不是浅而且阔，薄薄地像墙样一堵，便是窄而且深的高楼高房，甚至有三角形的店面房子；我问这不是资本主义所形成的吗？那房子自然没有说话回答我。市上叫卖的新闻纸和墙壁刷满了商品的广告；还有许多奇形怪状装束的人，一队队用鼓乐招摇过市，我想这又不是资本主义的现形么？那些平面的立体的呆的活的广告也都没有说话回答我。白鹅潭上，泊着许多兵船，本国外国的船尾上插着各个国旗，临风摆摇，显示彼底根据地底威武和战斗力的雄伟，这又不是资本主义的先锋队和保障么？这些兵舰也没有说话回答我。最后，我目送许多妇女，赤着脚，挑了许多军装，和许多老老小小男男女女的叫化，佩满了满身脸的穷愁，逢人化钱，我又问这莫非还不是资本主义的产儿么？那些挑军装的妇女，只顾赶路，那些叫化，只顾呼唤，也都没有说话回答我。我找不到一句回话，或者中国真个不是资本主义支配下的中国么？回头遇着一个壮健的男子，也在一边叫化，但是这男子却带了一副黑灰黄油的皮脸，目光灼灼地用短而硬的声音叫唤，我不知不觉的伸右手向衣袋里换钱，没有；两只手一齐索遍衣袋，真个一钱不名，也［他］怒目相着我，仿佛恨我故意嘲弄他似的，我知道他误会了，脱口而出的说了一句“你为什么不去做工”？他也很简决［快］的还问我一句说：“你叫我到那里去做”？说完，他就靠在墙上支持他饿得立不住的身子。这堵墙，就是著名的银行的房子侧面。大门正中顶上矗立着一张鲜艳的华美国旗，猎猎当风，和碇泊在江心的浅水兵舰上的舰尾旗，同一个方向，我们在银行侧面经过的人，还望得旗角底招展。

我立了一阵，才上班的人力车夫，望见我呆呆地立着，一个来，成群的赶了拢来，“先生坐”，“先生坐”，“呢处”，“呢处”，（这里）一片声和群鸦发见死狗一样的噪著。真个中国不在资本主义支配下么？哼！

（原载《劳动与妇女》第2期，1921年2月20日）

回 忆

（1921 年 2 月 20 日）

奔走十余年，
什么苦辣酸甜都尝遍。
你回头是梦幻，
我回头是罪愆。

一向没成心，
放任莽男儿天马飞奔。
笑煞春云意气，
付无力东风管领，总没淘成。

这些责任，
你也得平分几成？
从解释人生生在情字里，
猛狮儿——从此驯。

从前有时憎你丑，
如今惯会怜你瘦。
记得抱头痛哭时，
才正是定情时候。

逆境造悲观，
情人多恶梦。
只此一片回忆心，

称出历史的分量重。

水到知源洁，
光来知日出。
原是黑幕中间的灯，
这张黑幕是谁揭？

忘了的伊，
丢不开的你。
两个影儿相搏战，
只在这颗心儿里。——
感谢伊——给我们的回忆。——
如何忘得伊！

（原载《劳动与妇女》第2期，1921年2月20日）

告青年

（1921年2月27日）

（一）

我尝对于具有催毁腐朽文化的能力的青年，油然生一种爱他的心。旧文化的佳运，如今已成为末路了。因袭下来的宗教、法律、国家，以及一切经济制度，不是乘群众的弱点而发生，底［就］是得群众底信用而成立。凡此种种旧文化，到如今已竟变为早饭时候的隔夜晚饭，由胃里输到肠里，非排泄不可的东西了。当一泄才快的时候，无论什么神权君权都不能阻遏——不但不能阻遏，这些神权君权即是群众要排除的排泄物。具有摧毁腐朽文化的能力的青年，在全人类之中，就是首先冲动的血轮，人们如果脑子还不到石灰化的时期，不到甘于和腐朽相安的地位，对于这些青年，多少总表示点同情。

（二）

青年的言论和行动，可以见得群众心里的发端（遗少不在此列），却是群众不能做破坏以外的事业。而人类的进化又因为有破坏的本能，敢做破坏的事业，在新旧过渡中间，也只是破坏最为显著而比较的兴奋、简单。显著、兴奋、简单等等，和青年的心理最近。所以青年欢喜做破坏的事业，并不是一桩希罕的事。但在“祖训是式”的中国人中，发见了几个这类的青年，自然觉得可爱。数年以后，必有人拿“辽东豕”笑如今的人少见的。但是我的理想中的青年，很不希望他们专做破坏的事业。透过破坏的工作，为如今的青年，不能不和破坏事业并重的。

（三）

大凡破坏事业，可以图一时的快意，不能使群众相安于破坏之中。群众，一面任情去干破坏事业，一面就图他懒惰的安宁。当破坏过去，入于懒惰时期，其势不能再讲破坏——当那段时期，也无可破坏的——那么，一般破坏的人物，不是受群众所厌恶，就是由一个雄挚的，拿个人的本能来驾驭入于懒惰时期的群众。人们没有真个愿意复古的，而复古的危机，常常隐在一般改造家底脑子下层。所以无论持什么主义的，必全力去研究建设的事业。“没有建设的预备，不但不该做破坏的事，并且不该说破坏的话”，克鲁泡特金这句话的分量，并不弱于马克斯“人类素识不足决定他的生存的，但是他的社会生存是决定他的意识的”。这种人类结晶的有数名言，正是青年所该时刻服膺的！

（四）

“有奶便是娘”在婴孩的时期，就是以生存的条件决定意识；离了母怀以后，更有哪一个人不受经济制度的支配？因为这个经济制度不良，所以人仍要破坏这不良的；因为要破坏这不良的，所以该先预备下一个比较好的。——法律也是一样——好到怎么为止？如今谁也说不到。就说是好到“没有”为止，也须有一个“可以没有的建设”，才可以说到“没有就好”——要不然，就和佛教家所谓“弥勒下世”、基督教家所谓“末日审判”一样地等于零。我不希望有破坏觉悟的青年，受经济的支配而钩起卑劣的习惯，我不希望有破坏觉悟的青年底论调，堕入虚玄等于零。虚玄无薄的论调，卑劣的习惯，正是青年该极力排除的。

（五）

以上的话，是对于一般青年说的，只就破坏和建设两个意义上说了几句最简单的话。青年的心理，是比较的简单；现社会里面的青年分子，可比较的复杂。现在再就复杂的年［分］子中，提出一部分来讲。

（六）

从事打破旧社会的青年，因为思想简单，得到一个一触即发的好处。有了一触即发的机能的，又分了两条途径：（一）受了一种新知识的冲动，不甚求理解，便径情直行；（二）受冲动后，对于一切问题，发生疑问。属于第二种的，便从学说上发生研究的心理，从深刻上做工夫；属于第一种的，便从主张上把他所受的冲动点扩张到极大，从横阔上做鼓励的工夫。这两条途径虽不同，但是各有各的取舍的意义和社会上必须有这两种不同的途径去进行改造的事业。如今单指第一种说，而注意于第一种中最可怜的一部分。

（七）

传播一种主义，为现社会所嫉视的；或单独施行一种牺牲生命的行为给社会群众一个暗示，这是何等简单纯洁的行为。勇于群众所不敢做的事，拿躯体做了肉弹，在己身一无所图而给昏迷的群众一个大大的暗示，尤为难能可贵。群众中间，亦须万人中得一二这样的分子，无论旧势力怎样严重的压迫，没有不崩溃的。可是这类的动作，是沈［沉］默中的迅雷，是立体的事实，决不是被雇佣或鼓吹别个人去做的事。现在居然有几个人把（手枪炸弹）挂在口头，印上纸面，做传播主义的锋头。这些不实的平面的虚谈，拿来吓死老鼠都无用，打算骗哪个人呢？如果说这也是一种鼓吹，希望别一个人去实行，这种叫人家去放火，自己立在隔岸做指挥者，事成，居了功；事败，免得祸；这是什么心理？

（八）

传播主义，非有传播的工具不可。大凡一种主义的主张者，没有一个没有生活的职业，不问所传播的是那种主义。例如：马克斯、克鲁泡特金……各有一种生活的职业。处在现制度下面，不是掠夺生活，就是被掠夺生活。无论传播何种社会主义的人，其势不能处在籍资本私有来过掠夺生活，所以多愿意立在工资生活的地位。一个人有了生活的机会，才能够尽他要尽能尽的本能，来贡献给社会。或者因为机会不良，只能尽他的能事几分之几，这也是社会生活的支配的公例，在未改造前，谁也逃不出旧意义的公例去。现在有几个人，既不是过资本生活，又不做工银劳动，据他们的主张是“传播主义，维持生活”，在操行清洁的未尝不像一个沿门托钵的苦行僧；只是籍传播主义来维持生活，就活现一个择肥而噬的拆白党。依我个人当面接受到的口吻，公然有无论取到哪一个人的财货，就算是“光复”的。分明不是生产的劳动者，却把生产劳动者该说的话该做的事也横领了来，掠夺的手段，几乎驾在资本家之上。一面还要反对劳工专政，这又是什么心理呢？“你的就是我的——或［我］的还是我的”社会上为这些人下了这种标语，这正是克鲁泡特金互助论例外的人，更是托尔斯泰对他无抵抗的人物，尤其是马克斯阶级争斗史中变态的产儿。这几个人，常常自命为“万国政府所不容’，幸而有资本主义的国家和政府存在，一般人因为正在起阶级仇视的思潮，不注意这些少数的变态拆白党身上去，如果经济制度革了命，哪里有他们的立脚地。蔡孑民办《警钟》时代，曾经有“必有一介不苟取之义，而可以言共产。必有坐怀不乱之操，而后可以言废婚姻”。正是对于这些人有感而发的。

（九）

凡是传播一种主义，万不可把及身能为的事和主义相皆［背］驰：例如主张男女平等的，如果事实上反对起男女同校或束缚他的妻（?）和女，这就是事实上的主张破产。又如主张打破现金主义的，如果他那联结关系，拿金钱数目来比量交情的深浅，或因为求得求不得而转移毁誉，这又是事实上的主张破产。环境由自身改造起，我很希望有主张有主义的青年，先把自身从事实上来改造一番，不要因为个人的行为而拿主义做幌子！

（原载《劳动与妇女》第2期，1921年2月20日）

工商政府

（1921年2月27日）

孙中山先生在军政府请了广州所谓“绅、商、善”界一百八十多人开大吃会，即席中山演说中国亟须组织“工商政府”，要各界实力帮忙，并且有“现在俄国劳农政府极力趋向我国，万一我国军人趋向劳农主义，则我国商民均不愿意”的话。按劳农政府的分子，只是全国的工人农夫，不承认私有产制的存在，即是非为社会生产的劳动者，不得握有政治权。换一句话讲，就是曾经为个人生利而雇佣别一个人替他效生产的劳力的没有政治权。劳农政府的分子，既如上述，彼的组织就是：乡村，由农人选出代表组织乡村劳农会，由乡村劳农会组织县劳农会；城市，由劳动者选出代表组织城市劳农会，由这些各个劳农会组织省劳农会，又由各个省劳农会组织全国劳农会，这个全国劳农会的执行委员会，就是劳农政府。彼的意义，就是劳工专政，恰恰和英、美、法、日本、中国……把全国政权完全操在资本阶级手里的相反，这些资本阶级专政的政府，无论是君宪或民党，彼邦全国的工人农夫没有一个不处在为私人生利的地位。零碎出卖生命的，做工；整个出卖生命的，当兵；哪一个不把他的呼吸悬在一张帋票的数目上面。中山先生说：“万一我国军人趋向劳农主义”这句话，我看不很远的起［将］来，必定成为事实的。他又说“我国商民不愿意”。当然是不愿意的。但是商民不愿意又怎么样？最好的方法，就是现在所谓商民大家都辞去强盗的任务，一致加入劳动阶级，做起工作，废除私有〈财〉产制，那么，什么不愿意的事都没有了。可怜这班教不会的蠢才又何肯呢？有人说：“中山先生这个‘工商政府’的主张，是或一种的手段”。也许罢？

（原载《劳动与妇女》第3期，1921年2月27日）

克鲁泡特金先生死有余痛

（1921年2月27日）

人类的“性善”，“性恶”，“有性善，有性恶”只［至］今没有定论。

从“情”的方面观察，人性没有不是善的；从“反情”的方面观察，人性没有不是恶的；从“意志”方面观察，人性是有善有恶、可善可恶的。但是“意志”的有善有恶，可善可恶，所谓善和恶的表现，无非从情和反情的作用呈露出来。人类总是感情动物，（感情，包“情和反情”说）。抹去人类相互间的反情作用，在现在开口第一句话，就是打破现在的经济制度。当现在的经济制度未打破以先，情的作用，没有方法表现出要，（热忱、血性、爱情，早已在利害计较的冰水中淹死了）。我真不懂得人类何苦这样？但是处在这一种的经济制度下面的人，碰到生活的实际上能有几个不是这样？克鲁泡特金先生力持性善一说，几乎和善昌恶亡的理想主义的小说家同一样和事实反背了。难道人类愿意常常这样过去么？我敢信没有一个根本愿意的。只是鬼蒙着头地陷落在现制度中间，不但一班唤不醒的蠢东西，没法离脱了现今主义来创设别的联结关系——即使信口能道克氏的学说的，能有几个不在这个冰水池中游泳！这类经济制度下面的产儿，即使克氏再活一百年，要是不依可能的方法猛烈的把现制度改造一番，谁也不会变一场纽［扭］转人心的把戏！

（原载《劳动与妇女》第3期，1921年2月27日）

战功的险恶

（1921年2月27日）

大日耳曼的军国主义打倒了，欧洲最聪明的中心的法国人，每天打得胜鼓，嫖女人，喝酒跳舞，过他们凡猥的享乐日子，把什么主义，都抛到九霄云外。如今的广州，几乎成了一个法国的缩影了。凡猥的享乐，只是一时；无主义的战争，决无了期。拿无了期的战争，博得暂时间的凡猥，可惜招魂台下的英灵，没法入百战余生者的清梦。

（原载《劳动与妇女》第3期，1921年2月27日）

攻击陈独秀

（1921年2月27日）

独秀到广州来，挟了改造教育的计画，颇想大大地为广东做一场工作。近来有些无政府主义者和圣人之徒，东打西不着地攻击他。为教育计画呢？不见得有别的计画比他好的；为委员会还没有什么表见呢？精卫刚这两天到；为主义不同呢？独秀不是马克斯。把一个许崇清，一个俄罗斯，丢开一边，专找独秀说话，这是什么心理？什么主义？

（原载《劳动与妇女》第3期，1921年2月27日）

讨论男女同校问题

（1921年3月6日）

（一）男女同校运动的社会观

处现在讨论男女同校问题，很容易说到一般男女问题，人的问题，社会问题——上去。对于这个问题无论赞成或反对，总是囫囵的赞成，囫囵的反对。这种囫囵的现象，就是被一般男女问题所形成。假使撇开了一般男女问题，这个男女同校问题，便失掉了根本的依据。要讨论这个问题，应该先认明一般男女问题中，当头列着一个同校问题。再把同校问题的内容剖解出来讨论，才能够打破这勿仑式的观念。

日常生活在各种状态中的男女，除却汩没在金钱得失计较和制造压迫或反抗的机会之中，竟直找不出别的生活状态来。人生生活状态，应该这样吗？这样的状态，还只是男子们有分——妇女们连制造压迫或反抗的机会都没有，其中只有少数人在一种范围内有局部计较金钱多寡得失的生活，大多数人总是沉沦在恐怖的黑渊里。这种恐怖状况，仿佛是妇女们有生以来便附带着这种生命来到人间，一直到死。所以说到妇女问题的，开口便是要解决经济问题。我们仔细想……想……经济问题原是该解决，要解决经济问题，是不是单是男子的责任，抑或妇女也应该参加进去同负解决的责任？经济问题解决之后，男女问题只是发见不能够和经济问题同时解决。这层话，暂且不提，妇女们凭什么来参加解决经济问题呢？这就要说到教育上去。

教育普及、教育均等的声浪，在东方也和春雷一样隐隐地发动了。一般生产的劳动者，仅仅不至于饿死冻死还算侥幸，哪里飞得来受教育的机会呢？这一层也只得暂时搁起。人类社会无时不在改造，当急切的改造中，不是新旧判若鸿沟，改造者于旧社会之外另成了一种新的社会。再依据一种新的社会底力，来硬改造旧的；是旧社会本身崩坏了出来的分子，——便是新分子——仍旧浑在旧新社会里面，继续地促成旧势力的崩坏，由散漫的浑合体中的新分子，互相吸引团结。到团结体较大，势力较强，遇到一个时期，就在一个区域内涌现出来。在空间观察，似乎某洲某国某地起了革命，成了新的组织了，其实未曾发动革命的地方，这种革命分子，一样潜伏着浑合在那一个社会里面，迟早点总是要竖起这张革命旗把相类的意义的组织揭示出来的。眼前讲的教育普及、均等，老实说就是新分子要求获得一种革命的能力。因为复杂的社会中包含许多复杂的分子各个处在不同的环境中，便不能同时并举。处在能够获得革命能力的机会较好的境遇的，便首先跑到这个阵地上去。所以眼前讲的教育普及、均等，还是有机会者的普及、均等。跛形的特殊的差别的教育，为有机会者所不愿意领受。因为不愿意领受这跛形特殊差别的教育的缘故，才发见出一个同样问题来。立在如今最下级的社会上看，不但妇女，就是男子也以为这个同校问题和他们无涉；立在如今最高级的社会上看，不但男子，就是妇女也以为是一种可惊异的问题；立在全社会上面看，就明白这是旧社会崩坏的形势和新社会发动的先声，而且是很显著的中产阶级的运动。

（二）男女同校与欲性教育

男女同校问题，正是旧社会（礼教……）崩坏的形势，养成新社会分子的发凡。一般注目这个问题的，劈头就看见性欲关系。因为有了认为极重大的性欲问题，便发出差别的主张：

（甲）小学、大学、专门、同校；中学不同校。

（乙）各校同校。

在（甲）的主张，并非反对男女同校；也不是说中学校学生在教科上不该同校，只是顾虑着中学时期的男女生，知识还没有大学时期的完成，旨趣也没有大学时期的确定，性欲的冲动，可较小学时期发达。所以主张单单提出中学不同校的意见。

我是主张（乙）说的，对于（甲）说的有三个疑问：

一、性欲的冲动，和年龄确有关系，但是生理上遗传上气候上很有许多不能以年龄作标准的，怎么样？

二、小学将近毕业和大学一年级生，与中学年龄相当的，怎么样？

三、专门学校的中学年龄生，怎么样？

这三个疑问，很难找得充分的答复。那么，又有下列的差别主张：

（甲）讲堂、食堂、自修室、运动场，不分男女。寝室、浴室、厕所有所分。

（乙）一切不分。

我是主张（乙）说的，只是现状上未见得立刻就做到；（甲）说似乎容易通过：第一层，男女交际的习惯，中国太乏素养；第二层，性欲的教育，不但缺乏，竟然没有这种教育。如果骤然间打成浅遮拦，社会上能有几个家庭解放女生入校，女生中又有几人能够打破一切故常的？果照（乙）说举行，女生必定更居少数，一校之中，男生人数如果超过女生三四倍，容易造成一种包围的形势，反之，也是一样。但是男女同校的本意，是教育均等实际上的设施，与其如（甲）说立了局部的界别，不如各校不由校专设宿舍，原有寄舍，改为旅馆，以便远道就学的不至于无门投止。总之，眼前事实上种种的困难，无非受习惯上的牵制和没有性欲教育的缘故。因为这两重原因，男女的心理，都造成容易猜疑冲动的弹力性，稍能看书识字的青年，那颗怦然欲动的心，浸泡了那类所谓淫书的唾沫，而奉为唯一的导师。这类淫书的产生，完全是礼教压迫出来的，“石压笋斜出”，礼教先生的成绩，除却贼情，便是诲淫；社会还有不少迷信礼教的，我把《星期评论》上重译堺枯川氏译的加宾特尔着［著］的“自由社会的男女关系”一章（四）写在下面，给迷信礼教的先生们看看，青年男女，尤其不能不看：

关于性欲的种种问题，没有提示于儿童及青年的时代，在他们的道德观念上，生出关于这个问题的大混乱，到底是不能免的。对于这样最重大的人类职分，不加指导，也不加说明，使那些儿童，只是拾取路旁的知识，岂不是太不可思议吗？这就是明示一般社会关于这一问题的思想根本上不洁不德了。

试先告诉儿童以肉体上和他母亲的关系，教他明白了解母子之间有何等深远神圣的爱绳系住。渐渐地再说明他和父母的关系，要他明白父与母间的深厚的爱就是子女生命之源。这种教训，在幼年人的心理，是最自然的，只有生出一种感谢的念头，发出柔和的惊叹。等到他们渐渐长大，依性的发达，更教以关于这桩事的细目，和守性导性的方法——若是看见他们得了恣肆的恶习，更要细心讲明那个弊害和制裁的方法；教他们凡对于别人，应该要抑制自己的感情，并不是不当的禁欲主义，是可以化肉欲为亲爱的情绪，结果于自身大有益处，凡这些事，都是一般青年男女，容易理解，而且是他们能够尊重的。这个结果，可以生出莫大的价值，使他们能够脱出几多年的恶德生涯，免致浪费贵重的精力、元气。最后，随他们道德性的成熟，便叫他们以纯洁的男女关系为最大权威的事。但这决不是说要去尽情欲，只是要达到性欲的神髓，是要为对手的幸福贡献，并且是在调和恋爱的道德分与本能分。果然能够这样，那种不管对手的快不快，只图自己快乐，以及于并没有爱而委身于他人的事，便到底不能行了。

所以我们对于恋人及夫妇间，也劝他们常常有深切的节制。若能以意志力转情欲为情绪，更进一步，使化为精神的纯爱，这真味便和美酒一样，能令人陶然而醉。

见花便想采，把花的美和香忽然都毁灭了，这是儿童的常习。人的肉欲，也像这样是一种迷惑。只有能够退一步的，才能够得真正的荣光；只有在应该抛开的时候——很愉快抛开的——才是真能长保其荣光。

现在各种修身教科书，为各种荒谬的教科书中最荒谬不过的，女校用的尤甚；正该尽数烧毁得干干净净，不使留片纸只字在人世间，以免传毒于青年人的头脑，一面编订性的教科书，指导儿童以及到青年时期种种关于性的利害关系。究竟眼前的人类，兽的性欲，多数还占领住感觉神经中作无意识的指挥使。提高性欲观念，实在是男女问题中第一要著。如今不但无从提高，一般社会上还认为第一猥亵的事而讳莫如深，正如吃饭喝茶，从来不会指示儿童和青年男女怎样吃法，怎样喝法，什么是饭，什么是茶，由他们自己去看猫样狗样，去模仿猫样狗样，这样昏愚罔觉的人群，够得上讲什么文化。

（三）男女同校与职业均等

现在有许多人，把阶级斗争撇开不提，只把眼前需要作为目的、而能够引起一般的盲从，就是妇女职业问题。我不信资本家阶级专政下面的一般妇女，除却卖淫之外，还有旁的职业。市场一天比一天扩大，需要一天比一天增加，自由竞争一天比一天激烈，男子的判断力和腕力渐渐被机器替了去，资本家因为自由竞争的缘故，竭力想尽货品速成和成本减轻的方法，于是劳动场所，渐渐换男工为女工。换用女工，在资本家有四大利益：（1）工价贱，（2）管理易；（3）肯负责；（4）物质的糟场［蹋］少。当雇佣女工之初，未尝不看作一种减轻自己负担的好事体，但是家庭的事废止了，儿童哺乳保育的事，转转托付给别人，工人的家庭，完全变成牛圈鸡窝，只剩下一个栖息的作用了，家庭的颓废，子女的失养，造成男女无限悲哀寂寞枯燥的状况。在平日失业工人已经不少，凭空增加了许多女工，失业的工人就越多。起初失业的只是男子，继而失业的痛苦，就轮到妇女了。资本家一面改良机器来减少工人，一面利用失业工人多来减轻工价，男工失业的结果，不是饿死冻死，就只有充盗贼，妇女失业的结果，不是饿死冻死，就是卖淫。而且许许多多有职业的妇女，不等到失业，也就只得卖淫，因为卖出的工资，常常抵不过消费的物价，除却卖淫得几文钱来补助生活之不足，竟直没有别的方法。在这种生活状况之中，倡“废娼论”，无论如何不会有丝毫效果。例如日本倡废娼论差不多二十年了，出多少印刷品，开了多少次讲演会，不但不能稍为减煞卖淫业的现量，并且和火上浇油一样，只见得卖淫业在废娼论中日渐增多。去年上海也有废娼运动，也没有丝毫影响。我们再朝北望望新俄罗斯看看，他们劳农制度下，有没有一个娼的影子了？没有了。我敢胆大说一句，在资本制度之下，妇女们还不是职业问题居首要。拆不开的男女，除却有求知识机会的，大家努力去求得革命的工具之外，没有最重要的事。一般无资产阶级里面的男男女女，老实说，非有手握革命知识的工具的，四面八方传播给他们无产阶级的男女，使他们领会了革命的意义和新建设的意义，世界断无改造的希望。其次，一般有改造志愿的男女青年，设或学力差得太远而志趣又不相同，靠什么来作恋爱的基础？我不信抛开了协力向上经营改造事业，还有别的东西，能够长久载得住男女的爱情。男女同校，一方是在知识均等的意义上必走的路，一方是在主义上团结爱情的试验场。离开纯洁的爱情和□□求到的社会交换职业，此外，凡猥的买卖的算得人的爱情人的职业么?

（四）结论

“教育均等”是抽象的标语，“男女同校”是在这个标语上最大的问题，和这个等量的政治革命，可以废除君主；经济革命，可以废除资本阶级。男女之间，只有相互的经营改造事业，谋双双和人类均等的幸福，不能够那个废除那个的。这样看来：我可以简明地把这个问题本身的重要意义，写在下面：

（1）男女为取得均等地位，有男女同校的必要；

（2）男女同负改造社会的责任，第一步要从男女同校做起；

（3）纯洁的爱情，是载在改造社会的意义上的，永久的；男女同校，是互相考验人格的较长期的场所。

本文虽简单，在列出的几条中，大致已经说清楚了。一般开了“人的发见”的眼睛的，希望他们下［仔］细的看看，正确地批评。如果认为应该的事，尤其希望大众继续的运动，努力的作［做］成。

（原载《劳动与妇女》第4期，1921年3月6日）

妻的教育

（1921年3月6日）

两耳坠双环，
教伊“不可听人讲”。
两足束如笋，
教伊“不可入学堂”。

更有系颈金索链，
压胸十字金煌煌，
教伊“不可自由发思想”，
教伊“明白自己是上帝的罪羊”，
教伊“漠向人前露出真面目”。
雪花脂粉头汕艳且光，
打扮成功一个好女子，
整备嫁与富家郎。
第一金钱在手百事备，
其次一举一动合礼防。
百密还防偶一疏，
灵魂置诸上帝傍。

思想究竟关不住，
便为女子专读教科书。
女儿身是衣衫料，
交与女校裁剪供给家庭需。
要长不敢短，
要瘦不敢肥，
一朝穿衣的人不中意，
随便一腿放在箱子里。
古人说是“妻子如衣服”；
此话一直传到今世纪。
什么新思潮和新文化？
甚至“自由恋爱”都是男子的利器！

（原载《劳动与妇女》第4期，1921年3月6日）

广州男女同校运动声中的断片①

（1921年3月6日）

一

“我们请愿男女同校，不如请愿教育均等”，“教育均等是包伏［袱］，男女同校是包伏［袱］里的东西”。这都是讨论男女同校问题会场中的话。“男女同校和教育均等有什么差别?”这也是会场中发现的疑问。只要把这个问题解释清楚了，说上面两句话的人自然会明白：设如有人问，“同桌吃和吃一样的饭菜，有什么差别?”便答应说，“事实上没有什么差别”。又问：“那么，只要说吃一样饭菜就可以了，何必说同桌吃?”，便答应说：“只要同棹吃，就可以吃一样的饭菜。”又问：“为什么不照样另开一桌呢?”便答应说，“厨房里只有一桌饭菜。”

二

有人不敢显然反对男女同校运动，推了一路横车，反对男女同校运动的运动者。他说，“女子只做几篇文章，开几次会，只是出出风头罢了。”不用说女子能做文章，能集会，能拿一个问题作实际上的运动出风头，这种风头，正该出的；说的人以为拿“出风头”三个大字，就可以减轻男女同校运动的价值么？他那脚跟上所站的言论自由权和集会自由权，却被这“出风头”三字打得粉碎了。他们从反对问题运动的妇女身上，又牵扯到妇女的男朋友，说他们交际“是打茶围式”这“打茶围式”四个字，又把“男女社交”打得粉碎了。蒙这样大牺牲来讲几句无聊话，这不是旧头脑

① 本篇原是不分序号的一组短评，编者加了序号。

的复辟，正是新面具的脱卸。

三

包了脚的妇女，初初把脚带解了，觉得走一步都不方便。男女同校问题提出后，有许多人说“不方便”。我也知道他们有些不方便，难道放脚时因为有短少期间的不方便永远裹住么？

四

马克斯说，“社会生存是决定意志的”。有人天天反马克斯，忽然碰到男女同校问题，他们的社会生存状态，要变现状了，于是连平时自己所主张的也反对起来。生存决定意志……生存决定的意志……

五

《共产党宣言》上说：“各国国民的知识创作，已成了世界的公共物。国民的偏见和狭小的广量，渐渐没有存在的余地。”大不料隔了此话七十多年后的东方，还有人说“女子教育，是女子的教育，不是男子的教育”。教育尚且分性别，为什么知识的创作会不分国别呢？更不料隔了此话七十多年后的中国，还有人说“竟有以男子的意思为意思的人”，意思尚且分性别，为什么知识会不分国别呢？唉，偏见，狭小。

六

那天讨论男女同校问题时，有人主张“海陆军学校，也该同校”。妇女维其因为不当兵，所以成为战胜方的俘虏品，由俘虏品的妇女被战胜方的男子任情蹂躏了，连带战胜方的妇女，渐渐也陷落被蹂躏的地位。如果有一天海陆军存在，妇女为什么不去当兵呢？莫非只合夺伊那怀中的娇儿，作受弹的鹄的么？“非战”！“非战”！倒了资本阶级后的话。

（原载《劳动与妇女》第4期，1921年3月6日）

告浙江女子师范职教员

（1921 年 3 月 12 日）

妇女是人，不是人类中男人的奴隶；学校是社会教育儿童的场所，不是牢狱；儿童是社会的分子，不是囚狱；职教员是儿童的指挥者，不是狱卒。全中国女职教员承认我这话么？

女权运动，便是人权运动，无论前驱的欧美，继起的日本，已经显露头角——就算束缚最严密的中国，五四运动时的女生，和男女同校运动底广州妇女群众，也已经有了“人底发见”。莫非除却北京、天津、广州，几场运动之外没有妇女了么？

一九一九年一月，浙江第一师范学生力争文化运动，当军警露刃相迫时，浙江女师诸生，破除习惯，挺身誓与一师同尽，终于保全一师，这种庄严纯洁的人格，可泣可歌，如今怎么样了？

蹂躏妇女的，不一定是男子，可是由男子束缚好了的妇女们蹂躏起妇女来比男子尤甚。婆婆刻剥媳妇，小姑中伤嫂嫂，主妇虐待丫头，尽人世间长期的惨史，没有过于妇女底蹂躏，说的人总归罪于“没有教育”——你们受过教育当职教员的怎么样？

学校便是社会，不是划出在社会外面另外有一个学校。学生有受教育为主的需要，所以用得着职教员指导。学生不好，要你们教，教不好学生，是你们的责任。如今你们女师竟有开除学生底事，你们打算把学生赶到哪里去，要你们做什么的？

而且你们开除五个女生的理由，其中几个是因为和男子通信，而通信内容，是和别个大学教授请教“国文自修法”的。女性虽甚妒，何至于连学生求学问也吃起醋来？其它据上海报载，还有因为剪发而开除的，这种糊涂荒谬的行为，你们不能够改悔么？

我不愿意别人的子女，受这种奴隶的教育，入这种牢狱的学校。我也不愿意我底子女这样——但是我决不叫我底子女退校。因为学校本不是牢狱，本不是教成奴隶的，是由你们习惯上环境上造成一时间的行为的。你们到底是可怜〈人〉中的可怜人，我希望你们觉悟！希望你们改行！

（原载《民国日报》副刊《觉悟》，1921 年 3 月 18 日；
也刊《劳动与妇女》第 8 期，1921 年 4 月 3 日）

阶级觉悟

（1921 年 3 月 13 日）

《共产党宣言》第一章第一句“一切过去社会的历史，都是阶级争斗的历史”。这句话包含古代天然的部落和部落，或迁徙的狩猎游牧团体和静止的农植团体，相接触而生的剩余物产的商品化时代起一直到现代社会，在中国政治沿革上看起来，古代人公卿、大夫、士、庶人起一直变换到现代的大总统到差弁，许许多多层次的阶级制度里面，又包含许多复杂的等第，继续不断地争雄斗长，前扑后继，迭为胜败。因争阶级的地位而战斗，因战斗的结果而变换所处的阶级底地位，翻来覆去，总是陷在胜王败寇的漩涡里不绝的旋转。简单说明：老实就是争夺单一的支配权，什么主义，什么好听的话，都是假的。中国四千六百十八年的历史，是一部胜王败寇史，得这部历史所暗示的英雄豪杰铲头鬼，无非把同间的人类投在一扣大磨盘里争着推，现在仍旧是继续争着这一扣磨盘柄，不停地呼呼推着响，愿意往磨盘眼里跳的就是他们的同胞，好友，忠臣，志士，不愿意投向磨盘眼里去的，也禁不起风旋地转的势力，一样也掉落到磨盘心里膏他们的磨齿。

政治革命的梦一天不醒，阶级的觉悟一天不会发生。历史上教训我的，只是阶级里面的争斗，阶级里面的争斗，就再过四千六百十八年，也不会了的。大众愿意吗？

不愿又怎么样呢？

我们的时代，就是有产阶级时代，有产阶级平时的敌人还是有产阶级，把无产阶级当作自由竞争的器械罢了。到了无产阶级有了阶级觉悟，有产资阶级在短少期间，就和他平时的敌人携手，并力来压迫无产阶级。现在所谓皇帝，大总统，高级官，大商家，大地主，都是一窝子的贼。平日满口拿许多国家主义，军国主义，民族竞争生存，一大堆鬼话供着农夫工人和失业者上战线去革命，一到国内起了阶级争斗，什么主义都抛弃了，立刻把前敌的兵士调回来保守他们的贼巢。俄罗斯帝国将复的时期，就是那么一回拆穿西洋镜的把戏。

我们要明白，现代世界，没有什么国家种种的差别，只有有产阶级两个对垒的营寨，大众如果再不信，请看欧洲大战时，什么文明国同色的人种，哪一天哪一回哪一处战线上不把最犀利的军器供给异色人种去杀他们同色的人种。

世界上只有两个大营寨，一个是有产阶级占据住一切生产工具剥夺劳动者的剩余的营寨，一个是无产阶级终身被剥夺被压迫为有产阶级少不来的活机器的营寨。我们要了解这种形胜，只消把蒙住眼的习惯，制度和急迫的需要暂时揭开来看看，就会明白。

“有钱不怕没有人做工”，“不做工没有饭吃”。这两句话，上一句非有产阶级不能说的，下一句非无产阶级的劳动者不用说的。

只要无产阶级觉悟了世界上只有两阶级，由阶级觉悟而发生极大的阶级争斗，一战，可以把全世界什么战争的意义和价值永远打灭。

人类中间，有哪些会有阶级的觉悟的？有哪些不会有阶级觉悟的？有哪些有觉悟而没有觉悟的必要的？有哪些觉悟了急于想打破阶级的？有那些会有阶级觉悟的呢？青年学生，受世界潮流的灌输，和少数社会主义者，转辗传播到无产阶级里面的生产劳动者。劳动者一方受经济的压迫，一方得到指导者点醒他们怨天怨命怨祖宗和所以受压迫的迷梦，这是容易会觉悟的。又有那些不会有阶级觉悟的呢？奴仆、乞丐、赌徒、清客就是。他们生活第一个条件，就“无耻”；第二个条件，就是“一味服从”。他们的生命建筑在这两个条件上，只希望他的主人翁和地主，多发一点财，他们就多估［沾］一点光；他们不愿意将固定的工资而希望设有一定数目的赏赐，或是急迫时期中忽然得来的意外。他们也不专靠命运，平时生的无耻和服从就是他们自己创造的命运。这些人和阶级制度象隔住［着］了一个星球，永远不会有觉悟的。又有那些有阶级觉悟而没有觉悟的必要的呢？科学家、文学家、宗教家、经纪人、官吏、政客就是。他们明知道迟早总有一天要起阶级争斗，但是他们常常自己问自己“社会革命之后我又怎么样呢？”他们有了这一个疑问恒在胸中，不但不主张阶级觉悟阶级争斗，并且除暗地里出些鬼主意外绝对不显身出来反抗阶级争斗。因为他们有一象［项］舍不得丢的东西，就是他们生活现状平均要高出一点。但是科学家、文学家终究是一个工资劳动者，一朝到教育比较的普及期，和他们争饭碗的就日多一日，到那争饭碗的手段失败时，他们也很容易成为一个失业者，到了落到失业地位，自然就会发生阶级争斗必要观念。可是时代的进行，不这样迂缓，而阶级争斗，也不会老等着这班人。而且所谓科学家、文学家的大部分，在部分的阶级争斗后，还是有障碍改造的能力。至于经纪人、宗教家、官吏、政客，他们可精虚得很，除却阶级争斗不起，不消说；起了不成，不消说；如果起了，成了，首先开庆祝会演说的还是这些人多罢！这下要说到那些觉悟□急于想打破阶级的了：创导或信仰社会主义的，他们一生的事业和生命，原本交付了社会革命先生，其中从有产阶级里造反出来的，除却生理上和实力上的关系沉落到消极的境地去，没有一个不烈烈轰轰地拼命磨擦一般社会的想度而找机会去献身的。这种极少的分子，就是阶级争斗最初的萌芽，他们往往牺牲在酝酿时期中，但是他们的牺牲的效力，比较由他们酝酿而发生的效力还大得多。因而他们不论到多大年龄，没有一时不和血气方刚的少年一样，所以社会革命家除却牺牲了的，十八九都很长寿。他们最容易通呼吸的，就是血气正盛的青年，和多了阶级觉悟的生产劳动者。

青年兄弟姊妹们！你们是要掮未来将来就来的世界责任的，你们自居于什么地位？

劳动的朋友们！你们连你自己两只手上的气力，都是有产阶级货仓里的货，你们有什么舍不得的？

急起！急起！战斗！战斗！我们不是为任何阶级的私利而战斗，我们要打平一切阶级制度作人类相残的战争的结果。

（原载《劳动与妇女》第5期，1921年3月13日）

对于“广东省工会法草案”的我见

（1921年3月13日）

“工团主义”，是要推倒有产阶级，法国“劳动总联合会”就是工团主义的劳动团体。劳动联合总会章程第一章第一条第二项“本总联合会摒除一切政治关系，团结一切对于绝灭工银制度及雇主制度的争斗有觉悟的劳动者。无论何人，都不得利用联合会员或联合会的职务和名义作政治的选举运动。”自从今年二月加入莫思科第三国际同盟之后，法国劳动团体的态度，格外明显；欧洲两阶级争斗的阵势，也愈趋严重。而一般的职工联合主义，却和工团主义有大不相同的一点：就是职业组合，是承认有产阶级的存在。职业组合，不过就劳动者的现状，藉团结的力量，对于有产阶级要求相当的改良。因为职业组合，不能直接管理一宗产业。所以职业组合不能推倒有产阶级，就是因为他本身缺乏管理产业的组织。

中国近势，除铁路轮船等，完全可以引用或种主义施行产业组合，此外纤维业等等就很勉强；至于许多还没有完全脱离手工生产的工业，其势非经过职业组合不可。是不是非经过各种组合不可，抑或不必有这种训练，或者训练的方法不如此，还须仔细地研究。

季陶于法学、经济学上经过十多年的修养，他现在提出“广东省工会法草案”，统共二十二条；附理由书说明本案理由凡五：

（一）承认劳动者的结社权，同盟罢工权，团体的契约缔结权，国际的联合、职业的联合权，以及保障工会的财产。依一般社会主义的原理和法制编制的通例定的。

（二）依法国一九二〇〈年〉三〈月〉一二〈日〉修正的《职业组合法》作本草案的蓝本，采用相当的保育政策。

（三）用法律提倡，保障工人的利益和地位，同时在资本主义发展期中，不至于十分显出阶级的悬隔，以免革命事业及革命人物，皆陷于革命的悲境。就是准据华盛顿国际会议的意义制定本草案。

（四）公法为私法保障，私法为公法基础；民法法典，为一切法律之宗（参观《星期评论》“法的基础”。）本草案第一二条，先行取消暂行新刑律中最妨碍工会成立的及行动的条项。其它诸法，继续改定，由同一主义之下制成一个系统。

（五）本草案中所称主管官厅，指关于产业主管官厅。

（原文过长，本志容积不下，特为删节。草案全文，载在三月九、十〈日〉《广州群报》。）

依他所提的理由，可以看出几个要点来：

（一）由保育进于自立。

（二）由小组织进于国际。

（三）保留革命人物革命地位。

世界潮流是不是允许中国这样有步骤的顺序进行，我们暂时可以不问。

因为中国要适应世界的潮流，就不能没有一个适应的方法，到达全世界要达到的目的地。职工联合主义下面的职业组合，工团主义下面的产业组合，这些异趣的团结，是在社会本身，法律断不能代社会指定一个方向。不但在社会主义的立场上，对于这种法制不生什么疑问，兼且应该希望促进援助这种法案的实施，就是处在资本主义的立场上的，也不会发生多大的疑虑。只有理由书（三）所说的保留革命人物的革命地位，可是一个大大的疑问了。

“自由权，与其等候下阶级来取，不如由上阶级给他”。从前俄国皇帝亚历山大二世会说这种话，现在有产阶级也会说这种话。巴黎和议后的华盛顿劳动会议场上，就是把整个的自由权称了几分之几给条约案下面，列着各国的劳动者，又虚称了几分之几给劝告案下面的东方各国的劳动者。他们会场上的争议，就是锱铢较量自由权的多寡。这类动作，表面上看来，似乎是上层阶级给与的，其实不过一句面子话罢了。无产阶级一天不觉悟，有产阶级一丝一毫也不肯让步的。依据资本主义做骨子的，你就拿社会主义教他一百年，也不过像黑人涂粉一样，他一用力一出汗就显出本来面目来了。

不是说现在所有的革命人物，个个都站在资本主义上面，果真会陷于被革命的悲境的就拿十种工会法也扶他不起。车子驾在马前头，从来没有这个经验。

要不然，确定了新政府的人物，完全是投生命在社会革命中间，但是据我个人的观察，怕不象么！季淘［陶］的观察点如果和我不同，他也不必说“今兹之革命事业及革命人物，皆得陷于被革命之悲境”。

果然要抹去这个大怀疑，不但要观察“广东省工会法案”如何成立，如何施行，其它种种方面，都在人们的眼光中，现在总还是露著希望的眼光。

（原载《劳动与妇女》第5期，1921年3月13日）

纤　夫

（1921 年 3 月 13 日）

上水船，
蚕丛路，
两三条索缆，
拖着一两个纤夫。
急滩往下奔，
逆风拦头阻。
拼死命，
挨一步，
一腿刚提起，
一腿已经站不住，
颤巍巍地进一步退半步，
一呼一吸只在生死关头渡。
船上的人说他“不中用”，
岸上空著手的笑他“不懂事”，
还有几个顽皮的小孩子，
向他掷石唾涎吐。
纤夫呵，纤夫！
这是你生命的路，
这是你该吃的苦，
若问“责任几时完”？
“那日子”。

（原载《劳动与妇女》第 5 期，1921 年 3 月 13 日）

病　中

（1921 年 3 月 13 日）

无论怎样健全的生［身］体像生龙活虎，
一病做不了什么事。
平时过不去的事只要学得三分呆，
到了病时都要当作七分死。

（原载《劳动与妇女》第 5 期，1921 年 3 月 13 日）

省议会？咨议局

（1921 年 3 月 13 日）

省议会？谘议局？本月十号广州报载广东省议会议员□瑶光等提出“正学术弭乱萌”建议案一件：内中有“古先哲人乃定为五伦之教，使父子有亲，夫妇有别，兄弟有序，君臣有义，朋友有信，圣贤相传，至春秋孔子时乃大定，……其宗教势力，影响乃偏于东南亚细亚，五伦之教，何害于人国，今虽凌夷衰微矣，有志之子，思有以救弊补偏之，……吾窃以为五伦之教，如日月之经天，江河之纬地，无一而可废也，今共和政体，似乎无君矣，不知古所谓君臣者，指上下尊卑言之耳……”这一段话，我不知道现在是何年、何月、何日、何时、何地，建议者是何机关，执行者是何机关。我想现在总不是大清宣统某年广东省谘议局对于两广总督衙门的咨呈罢！就算南海是复辟圣人发祥地，也只可拿蒲扇遮遮跑到北京旧皇室的遗址上诚惶诚恐地行三跪九叩礼谨奏，也未必敢在广东城里青天白日明目张胆地敞着说。本案上又有“提倡共产主义……公妻主义”。议员先生们，请你们去检查检查中国有了译本的马克斯、安格尔斯合着［著］的《共产党宣言》第二九、三〇、三十一页看看。再去翻翻中国又有了译本的柯祖基著的《阶级争斗》第二章第四节，又第四章第七节看看。不要拿什么太上感应篇上句子颠倒一下，来瞎造主张学说者的谣言。唉，公妻！我不知道珠江一带岸上水上的“花捐”，列不列入广东省岁入预决算案，经不经广东省议会通过。如果没有列入省岁入预决算案，我要问广东人要这样省议会干什么？若说列入预决算，经过大会议决通过了，那么，你们才正是主张公妻主义的呵！

（原载《劳动与妇女》第5期，1921年3月13日）

怎样才算得言论自由

（1921年3月13日）

航海不触到礁石上，受过沈［沉］船的经验，把礁石炸去了，不知道容与中流的快活。言论自由，就是轰炸人生生命路上的险壁的利器，不是信口随笔说些空中楼阁，便算是言论自由。最近日本八报馆：东京朝日、时事、东京日日、报知，万朝、二六、读卖、东京每日，为登纪闽［闵］元植遭暗杀的事，被日政府籍新闻纸法限制，甚至开严重的谈判无效，现正在提诉辩护中。这八报馆，为什么要力争纪载这类事实的自由权？警保局又为什么要限制纪载这类事实的自由？就因为两面都在实际上撞到硬处，和船行触礁，是一个道理。八报馆所经过的谈判和正在辩护的行为，是想硬冲过这片礁石。我想这礁石的根盘和面积很大，只有礁碎船，不见得船冲开礁。要去礁，总得打进礁石里面去筑好炸药把彼轰碎——不然，兜个圈子敷衍着过去，这片礁石依旧存在，后来的船，依旧要撞碎的。

（原载《劳动与妇女》第5期，1921年3月13日）

断送生命在虚声里面的工人

（1921年3月13日）

从来中国人无论做什么事，总喜欢盗窃虚声，“说真方，卖假药”，不管事实上效果怎样，以为大众只要能够嘘一口气，什么大事什么问题都能够立刻解决。“爆竹一声除旧”，这句最通用的春联，就可以代表中国一切改革的行为。可是这番香港爆竹厂失慎，工人死伤总数一百二十多人，社会上为这响除旧的虚声，却断送了许多个实实在在的妈妈怀中的娇子。论他们冤枉，和送命在空言改造的兵戈燹火中的，有什么差别！

（原载《劳动与妇女》第5期，1921年3月13日）

祀关岳

（1921年3月13日）

前十五年的我，几乎为改关庙作学堂送了命，如今跑到家家信奉关爷爷的广东来，正想抽点空儿唤醒一般的迷信。不料大家敬仰信任的陈竞存省长，在百忙中忽然履行起袁世凯席满清的祀典来！如果说是“例文”，这种例文不该取消么？或者说是“人民共同的迷信”，这种迷信不该化除么？抑或以为“这宗小事”，小事便该糊涂么？俄罗斯人到处悬着马克斯、列宁、脱尔斯基三人照相，也不免偶象［像］崇拜，但是他们在事实上还有点对于主义上的意义，试问骄盈挫败的关羽和失机复国的岳飞，在社会上有什么意义，在军人中更有什么意义？

（原载《劳动与妇女》第5期，1921年3月13日）

飞行机

（1921年3月18日）

飞行机，
呼呼响；
男女老少一齐抬头望，
“人们底工作高出青云上”，
一帆风，万里浪，
船待高时水先涨。
潮来都说“船高了”，
离着飞机还有几千丈。

（原载《民国日报》副刊《觉悟》1921年3月18日，
此据《玄庐文存》）

自　杀

（1921年3月18日）

从工人堆里拔出一个工人来做工头，这种工头底苛刻工人，比资本家还要残酷；从妇女堆里拔出一个女子来办学校，这种校长底束缚女生，比男子还要严峻；从一群妇女中间提出一部分人成立一个女校，这种女校表示男女间的礼防，比家庭还要严密。同阶级相残和同性相贼，这难道是异阶级异性底幸运么？相残相贼的是自杀，当作幸运的也是自杀！

（原载《民国日报》副刊《觉悟》1921 年 3 月 18 日）

“不敢”和“不许”

（1921 年 3 月 18 日）

中国人底言论自由权，虚名上似乎比日本自由，实际上却不然。日本是不许言论自由，中国是不敢言论自由。只要看近来日政府提诉八报馆登载关于闵元植被刺案，就可以见得日本是不许言论界自由。而中国人在北京的，不敢说北京底事；在上海的，不敢说上海底事；在各省各地的，不敢说各省各地底事。不许自由，总有自由底一天；到了不敢自由，连“自由”也没奈他何了！

（原载《民国日报》副刊《觉悟》1921 年 3 月 18 日）

工人有组织团体的必要

（1921 年 3 月 18 日）

工人到工银不能养活身家而罢工，一罢工就达到罢工要求的目的，通常都说是“资本家的识趣”、“工人的胜利”，其实不然——资本家何尝愿意工人真饿死冻死呢？真饿死冻死了，什么人再替资本家绞血汗呢？资本家不过“等着，等着”，还没有冻死饿死再做着，等到支撑不住了，罢工了，那么，“乐得”，“乐得”，横竖“羊毛出在羊身上”。资本家识自己的趣是真的，他们管得了工人趣不趣?

至于工人，“胜利”么? 羊毛总归出在羊身上，你们无论怎样加多工银，总加不到你们劳动量所值的价值。胜利了一场两场，三四五六七八场，究竟还是资本家占了胜利。要真胜利，就要从组织团体做起。团体，大团体，总联合团体，组合好了，那才直是自己底胜利。

（原载《民国日报》副刊《觉悟》1921 年 3 月 18 日）

工会法和劳动前途

（1921 年 3 月 20 日）

“公法为私法保障，私法是公法基础”，季陶曾经说过。凡是精心研究法学的人，决不能对于季陶这个断定加以否认或加以疑问。可是私法又以什么为基础? 不用说，是社会种种的组织、习惯、风尚所构成。社会上种种组织、习惯、风尚一天不变动，私法也不会变动，公法更不会变动。那么，我们很明白的可以了解法律是由事实产生出来的了。

法律既由事实产生，在组织、习惯、风尚未曾变动以前，应该不会有新的法律，钻到死法律里面去的人，往往封住一切眼光，只看见条文就是法律。具这种眼光的人，以为一切组织、习惯、风尚未曾具体涌见一个新的现象出来，新法律就无从产生。因此有人以为这次季陶所拟的“广东省工会法”，认作法律铸造事实。这是大大的误解。

我在学堂听讲的时候，曾经发过一个有趣的疑问，讲师寺尾亨老博士说“这个疑问没法答复”。我底疑问是什么呢? 我问“国际公法上为什么不定出关于革命得行使的条项”? 这个疑问的重心，就是一国或数国间“旧”的将倒，“新”的未涌见之先，中间这一段，国际上的任务怎样?

从前所谓国际上界限，天天减淡下去，而新的界限——阶级间的界限一天天显露出来，“广东省工会法”，就是在打平阶级界限过渡间一种和平的革命法，从阶级制度倒后追回来看，很象君主专制和民主立宪间的君主立宪，处在这个时期，不必社会上种种组织等悉数变更，在社会多数心理中有一种新的需要和事实上的表现，法律就依到这个作基础发生。香港机器工人的罢工，近三个月来社会上各个工团的联络，这就是旧的崩坏，新的便从崩坏的遗址上表现出来。

为什么说这个“广东省工会法”是和平的革命法呢？因为彼对于旧的法律，不是连根铲除，不过将障碍工会进行的刑律条项，和治安警察法主张废除罢了。工会法：

“第一条　暂行《新刑律》第二百二十四条及民国三年三月北京政府教令第二十八号之《治安警察条例》废止之（按袁世凯用教令公布《治安警察条例》，后来经袁世凯对参政院追认，改编为法律第六号）。

“第二条　暂行《新刑律》第一百六十四条；第一百六十五条；第二百二十三条第三项；第三百五十八条；第三百五十九条；《违警罚法》第三十四条第四项，第三十五条第十一项；第三十八条第一项等条项；不适用于本法所规定之工会及工会之行动。”

我们先把工会法草案所指出的暂行刑律各条项，列了出来，写在下面：工会法草案废止的刑律第二百二十四条：“从事同一业务之工人同盟罢工者：首谋，处四等以下有期徒刑，拘役，或三百元以下罚金，余人处拘役，或三十元以下罚金。”

工会法草案所认为不适用的刑律第一百六十四条：

“聚集意图为强暴胁迫，已受该管官员解散之命令仍不解散者，处四等以下有期徒刑，拘役，或三百元以下罚金。”

“附和随行仅止助势者，处拘役，或五十元以下罚金。”

又第一百六十五条：

“聚众为强暴胁迫者依左例处断”：

一、首魁无期徒刑，或二等以上有期徒刑。

二、执重要事务者，一等至三等有期徒刑，或一千元以下一百元以上罚金。

三、附和随行仅止助势者，四等以下有期徒刑，拘役，或三百元以下罚金。”

又，第二百二十三条第三项：

“妨害使用多数工人之工厂或矿坑之执业者。”

又，第三百五十八条：

“以强暴胁迫使人行无义务之事，或妨害人行使权利者，处四等以下有期徒刑，拘役，或三百元以下罚金。”

又，第三百五十九条

“散布流言，或以诈术损害他人或其业务之信用者，处五等有期徒刑，拘役，或一百元以下罚金。”

以上六个条项，工会法草案主张废止及认为不适用于工会的行动，只消看过刑律本文自然了解应该废止和不适用的意义，不必再加什么解释了。

再把工会法草案所指的《违警罚法》三个条项写在下面：《违警罚法》第三十四条四项“群众会合，警察官署有所询问，不据实陈述，或命令其解散不解散者。”

又，三十五条第十一项：

“深夜无故喧嚷者。”

又，三十八条第一项：

“于官署及其办公处所喧哗，不听禁止者。”

以上三个条项，工会法草案同样认为不适用于工〈公〉会的行动。

其实法的产生原因，是取缔懈惰者因生活需要而发生掠夺行为的。久久，因为经济制度转变，便失掉本来意义。到了一切资本或为私有制度后，法的作用，完全和原义相背。说到暂行刑律和违警罚法产出的根据，应该完全废弃，另行制定才是（因为社会主义者所主张的“改造个人人品性为终极的目的”这一境没有到达以前，法的作用，确乎少不来的）。当新法未定，社会上一切组织、习惯、风尚发生变动时，去掉妨害这类变动的旧法律上条项，也是政治机关该有的任务，而社会主义者对于这类应行的任务也当然加以赞助。

以上工会法草案的主张，是一种过度中的新建设，对于障害新建设的法律，当然应该废除。从前所谓法律案，全部是妨害新建设的，莫过于《治安警察法》。《治安警察法》的妨害人群进步，妨害社会生活，妨害公共利益，以及在法律上的价值，《新青年》七卷二号高一涵著的“对于治安警察条例的批评”已经很明显地说过。工会法草案主张把治安警察条例废止。我在本年一月十五到广州时曾经有过这个主张，不到一星期，军政府公布“废止治安警察法令”，就我个人的感想，象解除了颈子上一条大而且重的铁链。我以为广州市民和广东全省人民不知道要怎样喜欢快慰，哪里知道广东全省的工人、农人、新闻记者等等，对于这条大铁链的解除，当作一个不算什么一回事，这真是出于我个人意料之外。按中国的治安警察法，完全〈是〉袁世凯时代从日本抄来作为桎梏劳动界、言论界一种唯一的刑具，日本劳动界、言论界只敢希望变更他们的治安警察法最甚的几条，费了多大的运动，终于无效。我想如果日本政府，毅然象广东这样废除了，不知道日本人民要怎样地閧动；即使日本政府不全部废止，只依人民最小限度的要求变更或修正了，日本人民也不知道要怎样地閧动。可是身历其境的广东人民，却漠然放在无可无不可的瓮城里，这真可以见“给的自由”的价值了。

如今治安警察法已经明令废止了不用说，工会法草案列举的暂行刑律几个条项和违警罚法几个条项，可是还没有废止或宣告不适用于工会呢，广东劳动界如果不愿意组合工会则已——要是打算组织工会，试问在这几个现行法条项支配下面，劳动界前途的命运，还是鸡笼里的鸡。

我们因为要建设，所以要扫除妨害建设的障碍，不是仅仅到扫除障碍为止了。例如粤军回粤驱除盗阀的盘踞，为什么要驱除桂系政系的盗阀呢？因为有建设新广东的大目的在。

我希望广东军人和广东劳动界，同负一种责任，同造一种新空气，同一个呼吸。你们的责任是世界的，你们的辛苦是为世界的，你们的建设要树立在世界上的。

你们挟着这个大志愿：第一步，广东内部的建设，怎样要你们保障，你们要怎样同心协力；第二步，你们要保障你们的新建设，怎样抵御外面的恶空气侵入；第三步，你们把你们所创造的新空气，凭你们的力量洗净邻省，以及全国乃至全世界的陈时恶劣的空气，你们又该怎样同仇敌忾？

军人呵，工人呵，农夫呵！你们的幸福前途，是要你们亲手开辟的，才靠得住。如果别人能够给你们的，换一个人或换一个时期，仍旧要夺回去的。而且别人给的幸福，自己是无从识别的。

（原载《劳动与妇女》第6期，1921年3月20日，
又载《新青年》第9卷第1期）

你们“公妻梦”还没有醒么？

（1921年3月20日）

你们挟住资本私有的权威，把劳动者妻、女通统赶到工厂农场上去替你们做牛马。劳动者的家庭情爱，被你们打得粉碎撕得稀烂了。你们又造成许多公娼，你们还反咬一口说“社会主义者主张公妻”。我要问你们发“公妻梦”醒了没有？你们家里的妇女，赤裸裸地被“嫁汉嫁汉，无非穿衣吃饭”，明目张胆为了生活，不得已把身体卖给你们。你们一再而三到四五六七十个妇女，由你们任意烂嫖，厌恶时，一脚蹬，叫伊去卖给别个

男子，什么妻、妾、平妻、权妻、租任妻、客妻这许许多多明目，都是由你们资本家创造出来的，你们一向到如今，把妇女也当作商品，由你们自由卖买，自由奸污，你们还抵赖得去么？唉！你们有资本私有的权威，你们也用不着抵赖。

越老越糊涂的老先生们，你们听到资本家放出来“社会主义主张公妻”的谣言，你们就相信了么？你们中间有人说“我老了！我的妻也老了，可是我的子女儿孙怎么样呢？’你们这种叹声，是不是着了魔？

男女的情感、亲子的情感、兄弟朋友的情感，积堵里打起一重礼教的墙拦断了，又加上重重叠叠金的银的利禄的功名的厚壁。父对于子，用赚钱多寡做尺度来冲是儿子的贤与不肖；朋友、兄弟用金钱做尺度来卖买情谊；无论怎样薄情的儿子，只要亲死了，披一件麻衣，提一根哭丧棒，大家都叫他“孝子“；无论怎样坑陷兄弟、朋友的人，只要被坑陷的死过后，送一笔钱去，就哄得过孤儿寡妇，买得到“友爱义气”两个字的好名称。礼教，礼教！礼教先生和饿慌了的狗一样，只见食就捻着尾巴奔命，手上有一块骨头，就是这只狗的主人。你们口口声所说的“父子、兄弟、朋友”，“有亲、有序、有信”，拆穿西洋镜，原来如此，何况“有别”的“夫妇”呢？

老实说：我们就是看不得你们把妇女当作商品，就是要打破你们用礼教掩护着的公妻。

资本家诬蔑社会主义者创妇女共有制，也不单是中国。现在实际上已经证明了，只要看施行社会主义的国家，是不是妇女共有、公妻。只要看资本主义底下拥护礼教的国家，是不是布满妓寮？其次，再看看那一个人，主张社会主义的和主张资本主义的行为，或是那一个人，主张资本主义的时代和主张社会主义的时代的行为，就可以下一个最简单的说明：

资本主义者主张公妻实行公妻制。

社会主义者反对公妻制。

你们果然有胆气立在资本主义方面，你们就不必将你们的行为反诬社会主义者。

礼教，是你们拿来束缚妇女的凶器，这种凶器，可是由资本家手里拿着，所以能够牵着许多妇女去充商品。如今这一条束缚妇女、牵引妇女的索子，已经打烂了。废除家庭教育，建设社会教育，即是废止妇女商品教育，建设妇女人格教育。这种新的教育，和火车一样，山崖轰去了，臭沟填平了，土方做好了，枕木钢轨设置完备了，机关车上的煤生燃了，呜的一声就要开车，你们想把这条烂索子缚住火车，以为留难一分钟也是好的，你们真个是做梦。

（原载《劳动与妇女》第6期，1921年3月20日）

军人与工人同一个命运

（1921年3月20日）

一样拿着武器，社会上会分别出来“那是盗”“那是兵”。例如，桂军在广东时，服装器械，未尝不完完备备，象煞军人，社会上总认识他们是隶属于盗阀下面的喽啰，所以都叫他们作“强盗”。粤军返粤时，四处民军争起响应，有许多服装不齐备的，未尝不象煞乌合的强盗，社会上总知道他们是起来驱逐强盗的，所以都叫他们作“民军”。兵与盗的分别，并不在他形式上定，而在他们行为的意义上定。所谓行为的意义，就是使工人农人能够处在安全地位的，就称他“兵”，——反面，是掠夺工人农夫的作品，使工人农夫不安于生活的就呼他是“盗”。所以通常称资本阶级，萧伯纳叫他们作“强盗阶级”；所以俄国把“劳、兵”合在一起。那么，我们可以明了强盗和资本阶级同一个命运，劳动工人和军人同一命运。

这回粤路罢工风潮，原因起于第二军卫戍司令部兵士欧打车上的员役。殴打工人的军人，是忘掉了自己的命运，原是错的；因欧打而罢工的工人，是不是籍罢工而敦促军人的领悟？如果为争气，也是错误的。希望同一个命运的军人工人，你们要觉悟你们是拆不开的骨肉，你们是同生死共患难一样为新广东负责任的好男儿！你们不该自己欺侮自己！

（原载《劳动与妇女》第6期，1921年3月20日）

凭栏听军歌

（1921年3月20日）

歌声起，显出军人威武，
人间大事一肩担——
生命诧弹丸，枪刺，
雄赳赳，气昂昂，一千个来，一千个死。

我也曾骑怒马抽刀杀敌，
事隔几年，我问我从前的我，我不敢便答应是“男儿事业”。
酒边谈起从军史，
自己对鬓眉羞涩。

难道是志气消沉，英雄暮日？
况小可胸襟如昔——
——忆往日火药香中对阵人，
此辈绝非吾敌。
“大盗不操矛弧”，
弟兄们！识得无！

可怜炮火中间鬼，

不死枪珠死算珠。

（原载《劳动与妇女》第6期，1921年3月20日）

你底妈

（1921年3月20日）

“高妈真是一个多男多女的，伊对于几个孩子底冷冷热热，没有一件事不当心。从得伊来到我家做工，真个替我分了一半担子！”说话的是一个四十岁左右的妇人，坐在檐帘底下矮竹凳上部[1]太阳，手里补缀小孩子底衣服。高妈正拿着簾编的被扑，在天井里晒被，听见主妇望空地说着，伊心中似乎安慰。

廊底下一张坐车上坐着一个两岁光景的小孩子，忽然立起，忽然坐下，嘴里边不断叫的叫哇哇。

坐车边上一个六七岁的小孩子，磕着瓜子吃。天井里又有两个孩子七八岁的，拿着竹做的水节凿缸里的冰，凿了一个眼，抽水激射着顽。激……射满高妈一脸，被也打湿了。高妈急忙拿袖抹——脸，一面说：“大阿官，二阿官，不要这样顽了，今天太阳不猛，湿了恐怕不肯干，夜里睏得冷呢?”二个小孩子，只是不理。

磕瓜子的小孩子说，“弟弟尿了，尿了”。妇人说，“高妈，快!”高妈连忙放下被扑，顺手在竹竿上收了两块晒热的尿布，腾腾跑到坐车边抱了小孩子起来，替换尿布，嘴里“乖乖长，乖乖短”叫唤着。

那两个抽激水节的小孩子，一下正打着燕子上，燕子往下一撇，飞进

---

[1] 当地方言，意即晒。

巢去，小孩子看得得意，叫道“高妈看，高妈看”！

檐帘东边，放着一张小桌子，靠桌子坐着一个四十岁来往的男子，一手收租薄，一手算盘，的的笃笃，很滑溜地打着，这些环境似乎都不在他底意中，听得两个小孩子齐声叫“高妈”，他不觉地便注意到高妈身上，寻思着：“一亩田只收八斗米，如今一石米要八块钱，这种做粗的人又会吃，每天至少要吃我一升多米，还要加上柴火油盐菜蔬，便是一天作两升米算，卅六，卅六，七十二，一年要七石二斗，差不多要十亩田交结［给］伊，如果加上工钱，怎样合算得来?”嘴里不知不觉他自己通知自己说“用不起，用不起”！那个妇人，听见他丈夫念着，就看了一眼，也不懂得他底命意。

高妈把小孩子尿布替换好了，小孩子只是嘻嘻笑，高妈把他抱了起来，他两只小手拍着高妈面孔，“哇，哇”，学着要说话。那妇人停下针笑眯眯地说道：“高妈真是你底妈妈!”

那个男子，狠狠地看着高妈一眼，转过头又看着妇人一眼，嘴里说“你底妈”。

（原载《劳动与妇女》第6期，1921年3月20日）

病中忆执信

（1921年3月20日）

卧病忆死友，
兀地坐起来，
睁开眼睛看，
孤灯隐窗帏。

死友如不死，
或许容我从容病几时，
我今不但病——
病好了也何所为？

人生丕是求生难，
难得一个相当的死所。
如果为病死，
倒是不值得的死法好得多。

（原载《劳动与妇女》第6期，1921年3月20日）

玩具店里出来的小孩

（1921年3月20日）

这样一副英雄面目，
只几个铜元便卖也，
买回家去谳得弟妹们抖擞。
木瓜锤，贴铜簿，
银样刀儿，逢人磨霍霍。
挑干花枪摆个门前威阔。
大家说是儿戏，这儿戏是谁教会的？
不儿戏——是什么？

（原载《劳动与妇女》第6期，1921年3月20日）

痛苦执信

（1921年3月20日）

一九一九年十月执信有一首“毁灭诗”，诗说：

“一个明星离我们几千万亿里，
他的光明却常到我们的眼睛里。
宇宙的力量几千年前把他毁灭了，
我们眼睛里头的光明还没有减少。
你不能不生人，
人就一定长眼睛。
你如何能够毁灭，
这眼睛里头的星！
一个星毁灭了，
别个星刚刚团起。
我们的眼睛昏涩了，
还有我们的兄弟我们的儿子。”

个体在人类中，等于一个细胞在个体中那样微细。个体只管是毁〈毁〉灭了，人类底全生命象是不随着个体底毁灭而毁灭？兄弟、儿子、孙子都是继续复继续地团结的继续着，——可是那一毁灭的，不能不说是已经毁灭了！

执信！你底眼睛闭了，你底眼光昏涩了，你底兄弟儿子长了眼睛没有？

执信！你是立在时代前面的，你看看你底兄弟儿子，还是同你一样立在时代前面？——抑或立在社会上层？你是找不到地方牺牲的，——你底兄弟、儿子，难道也同你一样找牺牲的场所？——抑或象你《悼黎仲实》，那首诗上说："你抛弃了将来，来保护你的从前"呢？抛弃将来，保护从前的，也算得你的兄弟、儿子么？

宇宙底力是无论怎样大，能够毁灭你个体，不能毁灭你兄弟、儿子眼睛里的光，你的兄弟、儿子也是宇宙底力团结成的么？我看毁灭你的，不是宇宙，还是你底兄弟、儿子；团结你兄弟、儿子的，不是宇宙，还只是你。

如今你毁灭了！

一步不敢再前，一句不敢开口，戴着历史的光荣受人家虚伪的尊敬的，能够继续发放一点隐约的光明么？树叶跌落怕头开，在人群中充元老的乡愿的，他敢睁开眼来正视光明么？半句闲话吃不住，便抛弃了继续你底责任的，这些：也算得你底兄弟么？

唉，真正能够继续起来做你底兄弟、儿子的，不能说是没有——可是多曾见来！执信呵，执信！

（原载《劳动与妇女》第6期，1921年3月20日）

狡猾

（1921年3月20日）

有一个人说"市上顶狡猾的，无过于人力车夫"。一个问他："何以见得？"说的人说："车夫每逢大雨或大太阳底下，看见找车子的，他必定大刺刺地不理人；如果那时只有一辆车，他还要和讨车的先说价。你道狡猾不狡猾？"问的人说道："如果不是大雨大太阳时怎么样？如果车子多时怎么样？"说的人说："如果车子多时，他们就争先恐后催我们上车，我们和他说价，他反不愿意。那时我们就大刺刺地不理他们，一面慢慢走，一面和他们说价了。"问的人说："这样你就不算狡猾了么？"说的人说："算盘总应该打。”问的人说：“难道只许坐车的打算盘么？你如果真要打算盘，你就在好天气多人处坐车，逢着恶天气少车处拉车，怎么样?”说的人说：“拉车的事，我们是干不来的。”问的人说：“那么，还是使狡猾的去干罢!”

（原载《劳动与妇女》第6期，1921年3月20日）

罢　工

（1921年3月20日）

有一个朋友对我说，“劳动者罢工这桩事，制不住资本家的，因为资本家三个月半年坚持得住，劳动者却没有三天五天可以支持”。这番话听来，似乎资本家真个不怕罢工!! 可是我们实实在在地想一想，如果倒垃圾的工人，粪夫；煤气厂，自来水厂，电灯厂，厨子，小菜场，奶娘；电车，火车，汽车，轮船民船上各种员役以及码头上苦力；这三类如果走马灯式巡回罢起工来，或一致的罢起工来，难得［道］资本家也有半年三个月可以支持么？难过［道］真个不怕么？要知真怕不怕，就不妨联结起来试一试看。

（原载《劳动与妇女》第6期，1921年3月20日）

玄庐启示

（1921年4月3日）

病来缠我，和霉蒸的气候压迫著［着］一般难受，所以本志编辑的事，只可暂时中止，嗣后通讯，请寄水母湾群报馆。至于各处索赠本志的信件，本该直接寄广州上海两个总分发行所。凡有以前向通讯处索阅本志的信件，统交总发行所了，不另答。

（原载《劳动与妇女》第8期，1921年4月3日）

生命的恐怖

（1921年4月6日）

胆大的常常说“生平不得懂什么叫作‘恐怖’”，这话骤然听来，似乎能够使胆小的发一阵呆，置身在别一个世界，其实不懂得恐怖，不是“不恐怖”，只是“不懂得”。

夏秋之交，苍蝇正在传播瘟疫时期，那些路旁摆着的饮食瓜果糖汁水摊或桃子，都是苍蝇底闹市，稍稍懂得点卫生学的，决不买吃这些东西，如果是医生，就是强逼着要他吃露摊上剖开的瓜果等等，也决不吃的，因为恐怖。可是一般从没机会懂得卫生的劳工，就不恐怖。太阳当顶，热汗淋头，只顾得口快，饿虎般生吞活咽些下去，张三两块瓜，李四两碗水，争着纵恐吃不着，吃完了，拍拍肚皮，喊声“爽快”，把什么索命无常都安顿好了在肚子里。你们恐怖什么？

我从小也是一个不管死活的，也常常觉得胆小的人可笑，不但吃食，无论什么，但一经到我身上，绝对不觉得有什么可恐怖。如今可不是这样的了。

不但这些饮食品中含得有许多使我恐怖的原素；不但蚊口蚤虱衔得有使我恐怖的使命，就是人类社会里面的人也埋伏得许多使我恐怖的分子。——何况罩住全世界的经济制度底毒雾呢？

为什么说现今经济制度是毒雾？这种毒雾又有什么可恐怕呢？我且把一桩近事件比例。“有多少件数”，他说“三百四十件”。我问“常这次我乘招商局广大船从广州经香港到上海，广州开船时我已经要睏，而且四千吨载重的船行珠江中，也不觉有什么颠播［簸］，一梦到香港，自然不会有什么恐怖”。从香港开船后，就不同了。机器的声息，迟速不匀整；船行的速度，又像患抽筋病的有一种不可思议的动作。我是一向不晕船的，但是这种动作和声息，到了我听觉触觉中，便觉得十分奇突。我想“春天正是多雾的时节”。想着……想着……不由得出舱去要考察这种奇突的动作和声息。

上了夹板，正值一个老水手在那里抹舢板。我问他“你在船上几年了？”（我问他用普通话）他起初不理我，一会，他朝我很轻蔑地看了一眼，说：“阿拉做生活无工夫。”我听他是宁波口音，就改用绍兴话问他“做生活的时候，谈谈天，也好解解气闷。”他又看了我一眼，说“我还道你是广东人。”我正从著名排外——不然媚外的广东来，忽然听到这句话，神经几乎同触雷似的震荡得麻木。一阵，我的思想又回到要问他的径路上来。我问：“这舢板能载多少人？”他说：“要是不漏，可以载得三十多人。”我想说“这舢板是漏的”，又问，“舱面上十只舢板都漏么？”他说“一样的……我们才放下试过。”我问，“舢板里有装东西么？”（我问的是饮食品）他误会了，说道：“凶恶的大副，看见装一点东西就丢下海去。”（他答的是私货）我问：“舢板里不预备吃的东西吗？”他说“每只舢板只有两桶淡水，差不多一月换一回，恐怕水臭……我们不比航外洋的，不预备食品。”我指太平衣箱问有多少件数；他说：“三百四十件。”我问：“常常检查么？”他说：“旧年晒过一次。”我又想“这船如果遇险，舢板和太平衣是不大靠得住了”。接着又问：“这船一点钟航多少海里？”他说：“如果机器不损坏时，一点钟可航十海里。”我问：“机器损坏了么？”他说：“三片激进机叶断了两片，不说别的，舵也有点毛病。”我问：“如果遇险时怎样呢?”他说:“这船各层舱都是通的,无论碰撞哪一处,只进水,就沈[沉]的。”我得到恐怖资料,已经够受了,却又问:“为什么不修理”呢?他说:“我们做水手的,爬高爬低做一个月,扣除饭食只有十二三块钱,他们做买办的,走一趟有二千多块钱赚的,这回原定是最后一趟,到上海就修,听说买办还要再开一趟呢!”

海面空气很鲜洁,日光也很美丽,我只希望不遇雾才好,把我和他问答的话且放在脑里。

铛铛……铛,夜里九点半钟了,计算已经可到福建海面。正打算睡,呜——拉报警回声了。急忙出,上了夹,只见许多水手,披着油衣,去掉舢板上的帆布罩,原来遇露了。

这一夜,呜!呜!呜!的回声没有间断过二十分钟,水手的脚步声也没有停过。我底心房底震动高度,也没有平过;雾、恐怖、幂住全世界的经济制度!生命的恐怖!

(原载《民国日报》副刊《觉悟》1921年4月6日)

感 觉

(1921年4月7日)

感觉是精神作用:最明显的,空气振荡,入于听觉,便知是声;光线映射,入于视觉,便知是色。设使聋的盲的,失掉感官的本能,便无所谓精神作用。牛顿看见苹果坠地而悟地心吸力,爱因斯坦遇见高塔上失足坠地的泥水匠而证相对性原理,蒲鲁东接到学校奖品都是充不得饥的而动社会革命的念头;这类的事,具有感官的人,一日中岂只遇一次两次,但未见得世界上每人每日都有什么发见,难道是一般人的感官都失掉作用么?

不然的：不经心。（一）一向没甚研究；（二）被炫耀耳目的声色货利所掩蔽；（三）有这三种病，什么感觉都不中用了。何况终日忙不过来生活的劳工？劳工运动！运动劳工运动！养成运动劳工运动底运动者！这都是环境教训我们，给我们的感觉的。有感官的新青年，有这般感觉没有？

（原载《民国日报》1921 年 4 月 7 日“随感录”）

沈定一等请恢复县议会电

（1921 年 6 月 12 日）

浙江省议会公鉴：本省各县会，依民国元年临时省议会议决法案成立，嗣以国会省会遭非法解散，各县自治因亦相继停止。迨民国五年叛国者败，国会省会遂得回复，县会事同一律，所以前届省会力争回复自治，中间国乱纷乘，法纲屡堕，无论变乱至于何极，终莫逃于法治国以外。故所谓新国会选举法，北京政府亦认为非法，会乃依非法机关议决之八年选举法重选，县会尚复，成何法治？且本省对于新新国会之选举，尚不随北京一时政潮为趋势，况当省宪发见之初，为地方基础之县自治尤未便牺牲。八年来之坚贞蒙难，当局诸公为本省谋自治，尤当为本省谋法治。即云各县会停止多年，人数或虞不足，则有县会补选法在省宪法会议期促县会亟须召集，敬贡刍荛，诸维幸察。萧山沈定一、钱福萃、周庆瑗、李恭寿、沈成英、朱成基、陈常、孙耕三、沈崇贤、沈宗伦、金宝康、王燮畅、高松林、熊世美、孔广耀、金汉泉、陆钟岳、徐效勉、韩绍湘、胡兆元、何丙藻、周之桢、韩杰、楼秉权、来瀞、王涛、丁震、，莫骏猷、王邦枢、周易藻、傅已初、谢复三、瞿缦云、杨宠、姚善赉、陆鸿盘、冯希纶、盛邦彦，真。

（原载《浙江省议会民国十年第一次临时会文牍》第 62 页）

杀变兵

（1921 年 6 月 23 日）

一

一夜被盗百夜惊，
一次为盗债户清。
防盗有峻法——
不如法纲之外去当兵——
当兵也要遭枪毙，
武昌一夜一千四百人。
小兵文章抄官样，
忘却自己本来是百姓。

二

事主作成盗，
谁使他受刑？
将领作成兵，
谁使他毕命？
一粒子弹清欠响，
枪毙一团招三营。
旧欠扫清新欠起，
那愁没有代还人？

（原载《民国日报》副刊《觉悟》1921 年 6 月 23 日，此据《玄庐文存》）

顾老头子底秘史

（1921 年 6 月 23 日）

顾老头子，住在鹅溪村梢头，他年纪约摹有七十多岁了。他是从别处搬到鹅溪村的，搬来的时候，只有一个大肚的儿媳妇，不到半年，他的儿媳妇生了个小孩子，才满月，他的儿媳妇就死了，顾老头子就要雇一个奶娘乳养他的孙子，换了许多次数，终于是一个哑婆当选的。他每天清早必定抱他孙子出来到河沿口立一阵，一老一小不同的红脸孔，映着早晨的天光水光山光，别有一种相续的人生乐趣。

鹅溪本来是个小村子，全村不上百户人家，这些人家都是种赊租田或打短工过活的。自从顾老头子搬到鹅溪村两年后，这些穷人家每逢过年过节，都增进不少的快乐，因为升罗头米过日子的人家，到了年关节关，总要受镇上那些小商店的逼账，顾老头子常常检得十分为难的人家接济些，所以村上一些天年不济穷得没路走的都过得去。他又常常替村子排解些偷鸡摸狗的小口舌，村子上本来就不讨厌这沈［沉］默和霭的老头子，从此更觉得他是慈祥可爱的，无大无小都喊他“顾老头子”，也是敬爱他的意思。

鹉溪离镇上约两里多路，路是很崎岖狭小的，半路上还有三座桥，已经说不定几时要坍塌了。顾老头子在村子上见人不多谈话，只是微微地笑，人家也愿意接受他的笑，而且还他一个笑。他却每天中饭后一定到镇上去泡一碗茶坐听茶店里的大头天话。

有一天，顾老头子间壁住的大八太娘，排天排地哭向镇上那条路上去。顾老头子刚抱着孙子回家去，听见哭声，便把小孩子交给奶娘，踅出来，门口已经错错落落立了好几个人，大众指手画脚说“大八太娘底儿子，怎么拿着一捆布，怎么朝镇上走，怎么踏着一块蹊跷石板，怎么翻落水，阿二怎么喊，阿三怎么赶上去，阿大在对岸怎么跳落水车撑着船去救，阿狗怎么躲下水去，怎么撩起来，可是已经没有气了。一捆布还半沉半浮在地野菱白丛里”……话没说完，一个很壮健的男子，倒背着一个惨白色像落汤鸡的大八太娘底儿子，飞风跑来，气喘喘地说：“不相干了，不相干了！”背后紧跟着一个披头散发直声喊的大八太娘。原来大八太娘种了八亩赊租田，伊因为人手太小，收成也就减色，旧年还欠落八斗零点尾租，约好做出布来还，今天正是约定的日子，所以一早叫伊底儿子拿布到镇上去卖。人多口杂，这个“怨命”，那个“说数”，放着一个死硬的尸首一个活撞的妇人在一里圆的人墙里面没主意，只听见有人“哼”的叹了一声长气。大众寻着叹声起处，正是从来没听见过发叹声的顾老头子发的，大众登时沉默下来，顾老头子戴着从来不戴的青黄脸色，射出一个锐利的目光，从白胡须里面轻轻地发出三个字“算我的”，于是大众又噪起来，“棺材”“租钱”“好事”“缘分”，一大片纷乱简单的口号当中，又有大八太娘哭着说：“我，人都没有了还管什么！”

顾老头子从这件事发生后，愈加沈［沉］默了。有一天，从镇上吃茶回来，态度似乎很高兴似的，村上的人每天碰着顾老头子，总喜欢迎上去喊他一声，这也算村众排日要做了功课。这天见他高兴，大众也觉得和他更亲切些。顾老头子却又沈［沉］默了下来，一直回家去了。这一夜他家里来了一个客，是一个和尚。顾老头子说：“兄弟，这四年来你干了哪些？”和尚说：“四哥，我们想做一桩豆大的积极的事总干来，无非东一鳞西一爪印些破坏的形迹，这些形迹，不但不能使社会上有恐怖的觉悟，反而连累着许多小东西吃零碎苦痛，助长他们高堂大厦的威风”。顾说：“你变了主义么？”和尚说：“不，主义倒没有变，我总觉得这种手段太微弱了，不发生多大的影响。”顾说：“天下人做天下事；能做一点，就算一点，做了一点，就是一点，我们自己记上我们所做的成绩，用不着什么史官记载名人传录的。况且从劫富济贫这条路上走去，能做的仅多，识得的也不少，这是我们所要保存的国粹呵！你说‘影响微弱’，我想不尽然，只要把手段放大范围展开破坏一方面倒不是难事。只有建设的事业，稍稍有点障碍，但是我们另找一个方面来出头，也不是一件做不动的〈事〉。”和尚说：“你的话固然不错，只是找别一个方面出头，哪里有一个人靠得住的”。顾说：“你真傻了，所谓别一方面，并不是另外找人，便是我们淘里，换方面出头做事，例如你是一个和尚，人人都认识你是和尚，叫你也叫和尚，你既在一个小小寺里做了方丈，如果你愿做一桩两桩积极的事，譬如修桥铺路造凉亭，你就不妨出去募化，募化的方法，形式上虽和别的和尚一样，骨子里仍旧用得着我们底老法子，难道不能够出面去做么？”和尚说：“这个方法妙极！四哥，你有什么要做的没有？”顾说：“要做的尽多着，我既说到修桥铺路，我们就从修桥铺路做起。鹅溪到镇上的路，就是该铺修的，我已经约计过，大约只要九千多块钱。你如果独自募化不来，我也可以同着扰三把的。”和尚说：“那么，我明后天就到镇上和你这村里摆一个募化架子。”顾说：“好！”

不过半年，鹅溪村到镇上的路，修得很平整了。大家传说“是一个苦修和尚募化成功的”。

修路之先，镇上有两家大当铺着了贼偷，足足失去了一万块钱，大家都纷纷议论过，“这笔钱早该拿来修路岂不好”？

（原载《民国日报》副刊《觉悟》1921年6月23日，此据《玄庐文存》）

北窗风雨

（1921年6月26日）

乌云逼青山，
山态依人近。

颇有可怜处，
不减独立性。
一忽大风发，
踏匾高树顶。
雨点打横来，
雷声夹着震。
小孩两手曳母裾，
回头窗外作倾听。
一家老小嘿然坐，
放任风雨雷电纵横行。
青山不知处，
远天吐黄明。

（原载《民国日报》副刊《觉悟》1921年6月26日，此据《玄庐文存》）

农家夜饭前后

（1921年7月3日）

老元谋每天晚快边，在他门口，放好一张长方的板桌，他的儿媳妇就拿桌布把板桌抹干净，又端起一个烟缸头出来，他两个孙子，七手八脚地把长櫈矮椅子东歪西斜地围好板桌。

老元谋左手一支长旱烟管，右手一把芭蕉扇，见了纺花椅子，就把扇子夹在肋骨底下，顺手拖了一把，放在临河的丝瓜棚底下的一块光石板上，还没坐好，就弓着腰咳嗽了两三声，随手把旱烟管掉过左手来，拍，拍，磕了两纪，慢吞吞坐下去靠着，从压住眼胞皮的白眉毛丛里放出衰老的眼光来，看看天色。红的霞，绿的苗，五彩斑斓流动的水，紫灰的远山，一一朝这位老农夫道晚安似的也不知经过多少次了。

一只出版船载了一部水车，两张耜头，还有一个西瓜式的瓦茶罐，一只饭篮，将要拢岸了。一个壮健的农人，穿着耕田裤，立在船头上，撑起腿来，只一脚，船靠定了。两个小孩子争先去拿茶壶饭篮，还有一个略为瘦小点的后生哥，早把橹抽起来搭在岸上。原来这两个都是老元谋底儿子。水车，耜头，斗笠，一阵都上岸位置好了，老元谋的媳妇托出一盘和饭来，一碗烤虾，一碗冬瓜芥菜蒸豆腐，一碗一颗星的蛋，一碗咸鲞，一大碗蒲子笋干汤，还有一大壶酒，一箩饭。碗筷都摆好了，老元谋坐在中间，他两个儿子并排，两个小孩子争着盛饭，问母亲讨渥萝卜吃，几乎把饭箩也掀翻了。

老元谋酒兴勃勃，仍旧靠在丝瓜棚底下一张纺花椅子上，他的儿媳妇捧了一大把豆荚出来，放在烟缸头里，弯着腰吹了两口，就踅回去收拾厨灶去了。两个小孩子手上一人一把豆，小脚擦在小腿上搔蚊虫咬处。壮健的男子拿着一支大指姆粗的象牙镶银咬嘴四尺来长的旱烟管，挂一个穿着许多大铜钱和鱼脊骨的烟盒子，蹲在地下，吃了一筒烟，瘦小的后生拿着芭蕉扇，拍，拍，拍，拍着腿，踱来踱去；一息他俩去了。其时夜色已经很浓，两三步外辨不出是什么人，只听芭蕉扇拍着的声和那累赘的烟盒子触着烟管的声浪，沈［沉］沈［沉］地没入夜的看不见处。猛地里小孩子中间有一个喊着：“小伯，你茶店里买块糖回来呀！”

（原载《民国日报》副刊《觉悟》1921年7月3日，此据《玄庐文存》）

痛　哭

（1921年7月4日）

（一）

爱也茫茫，
怨也茫茫，

绝想到无人处痛哭一场——
果真到了无人处：
痛也枉，
哭也枉。

（二）

冷的不是冰，
热的不是汤，
倘教骨肉化成风，
吹平山，
填深洋——
就算填平了又怎么样！

（原载《民国日报》副刊《觉悟》1921 年 7 月 4 日）

蚊

（1921 年 8 月 4 日）

咿咿，呜呜，咿咿，呜呜，
是醒眠呢是催眠？
自鸣得意呢还是诉苦？
分明趁当儿吮人膏脂，
人们还说你是“书生习气未能除”，
容你冒充文治。
炎天裸体汗珠粗，
芭蕉扇不及招风，

烟缸头长行发火。
最难为工人农夫，
劳顿了一长日，
你竟不许他们安逸一息，月下风前谈故事，
都被你赶进小屋子里蒸笼似。
破帐子，七零八落地补上加补，
你还要找缝儿进去吃饱一肚。
明知你是龌龊世底产儿，
便吃饱了血，谁也不屑再承认是他的血，拍搭一纪打个空，
咿咿，呜呜，咿咿，呜呜，
试看西北风起时，
还容许你得意无？

（原载《民国日报》副刊《觉悟》1921年8月4日，此据《玄庐文存》）

水　车

（1921年8月8日）

两天不下雨，水车声起，
三天不下雨，水车声急；
十天半月不下雨，水车直立。
东流水转向西流，究竟替谁出力？
犯贱呵，农夫！
租时节到来能剩得几粒？

（注）绍兴、萧山河道很多，毛溪坝来水和湘湖水栈在西，三江闸出水口在东，东多大湖，水势常向东流；每年到七八月间田上需水急时，无

论哪条河哪个湖，哪支漏，没有没人车水的。车多水涸，水车便得直立起来使用，东流水就也转了方面［向］。

（原载《民国日报》副刊《觉悟》1921年8月8日，此据《玄庐文存》）

读品的选择

（1921年8月12日）

有人说，《尚书》是伪书，《中庸》是伪书……真和伪姑且不问，现在最要紧的是要看那部书是在什么意义上著的书，读者又在什么意义上读那部书。近世有人批评《尚书》是“一部帝皇教科书”，这句话，凡是略懂书底意义的，不至于拒认。那么，读《尚书》者底意义，也就可想而知了。

近时的出版品，有些是供给做官、做资本家的读品，有些是供给做国民、做人的读品。读者想做官想做资本家，仅管读所要读的读品去；想做国民想做人，也仅管读所要读的读品去，这是谁也不能勉强谁的。

我总希望大家注意“人的发见”。

（原载《民国日报》副刊《觉悟》1921年8月12日）

读朱执信集

（1921年8月16日）

我正有一个怀疑的问题，忽然看见了死友的遗书。他说：“中产阶级：有些附庸在资本阶级里，也有些站在劳动运动以外，以指导者自居，总不肯下决心，把阶级构成的特权消灭去。”

他死后的社会正是这样。他何尝死呢？他明明答复了我的怀疑。

（原载《民国日报》副刊《觉悟》1921年8月16日）

答二阿哥“苦热”

（1921年8月16日）

碧纱橱里苦天热，
空气如烧肤如炙，
阿哥姑且耐耐心——
夏天不热没饭吃！

（原载《民国日报》副刊《觉悟》1921年8月16日）

谁是你底朋友

（1921年8月19日）

玄庐讲演　潘垂统笔记

这篇东西，是玄庐在浙江萧山龛山东著草庵底戏台上讲演的。当时听者，拥挤不堪，大多数的农人工人，听了他的话，感动到十二分，这是因为他极力模仿那地方的土话，说出很明白的利害来，句句话都被农人工人听懂了。

现在中国人做这种运动者，除玄庐外似乎还不多。凡是讲社会主义者，可以不看这篇文章，但不可不大大的注意这个运动！要知道这是根本的运动呵！现在我介绍几句玄庐第一天在衙前岳庙里戏台上讲演开场白：

“我不跑到都市上几千几万人听我讲演的地方去讲演，而跑到乡村里一个佛庙底戏台上只有百几十个农夫和工人听我说话的地方来讲演，这是因为你们是我亲爱的朋友，世界是你们底气力造成的。今天我来告诉你们：你们用了许多气力，造成世界，而吃世界上一切的苦痛；我想替你们设法，避免痛苦；但这事到底是你们自己切肤的事，所以你们自己须要明白，并且要奋斗！……”

一九二一、八、一九，垂统识

刚才有一个朋友告诉我，说有许多人要同我评理。好！这是大家的事情，多数人底幸福，评理也可，并且我很欢迎！

你们大家想想：你们有没有敌人？你们有没有朋友？我相信你们的确有敌人，也的确有朋友。那么究竟你们底敌人是谁？朋友是谁？我告诉你们罢：攒积金钱的资本家是你们底敌人；专卖气力的劳动者是你们底朋友。但一般人，都弄错了，个个想去同资本家做朋友，个个看不起劳动者像仇人一般。这错误建筑在金钱底上面：大家只看见金钱，不看见人。俗语说得好：“只认钱！不认人！”资本家有钱，你们就想暗地里去同他们做朋友；劳动者没钱，你们就厌恶自己的同伴像敌人！唉！这是你们大错特错！

现在我讲金钱底发生给你们听听：譬如有甲乙丙丁四个人，甲种田，平均每日可得一斗米；乙织布，平均每日可成五尺布；丙晒盐，平均每日可晒十斤。假如他们三人，每天都是用十个钟头的工作成功的，那么，三人每天所出的东西，有一样的价值。就是一斗米等于五尺布，等于十斤盐。把一斗米换五尺布，换十斤盐，一些没有什么吃亏便宜，是十二分的公道。一个人生活在世上，需用的东西：米、布、盐……不知要多多少少；但不能都从自己的手里做出来，至多也不过能生产两三样；所以互相交换，是一件不可避免的事。但是拿了米去换布，拿了柴去换盐……这是一桩呆笨的事情，有许多不便的地方，于是第四个人丁造出金钱来。如果丁每天作十个钟头的工作，制造出五角小洋来，那么，五角小洋的价值等于一斗米、五尺布、十斤盐。这本来是一件很好的方法。那料到世界上有了机器，资本家生了野心，一切的交易，都丧失了本来真实的价值。现在一般人不问货物底价值如何高贵，只知道有了金钱，也不愁东西的买不到。所以个个人都钻进了铜钱孔里，做了钱的奴隶。我再讲几个浅近而又深刻的事实给你们听：大家都说要敬重祖宗，如祖宗有祭产留给子孙，那么宗祠里坟墓前，一定很热闹；否则，祖宗没有遗产留给子孙，那也不用想望子孙的敬重！譬如某人有三个儿子，长子做生意，每年能赚几千元，他的父亲一定很钟爱他。次子坐卧在家里，不能出息，但也不浪费，他的父亲，虽不爱他，也不可恶他。第三个儿子，命运不好，动辄丧财，他的父亲，一定很厌恶他。所以家庭里面，人都说至亲骨肉，但我要说一句赤裸裸的说话：子孙不认得他们底祖宗，只看见祖宗底金钱；父亲不是真喜欢他的儿子，也只看见儿子底金钱！终［总］之现在的人，生活在金钱上面。你们去谋金钱，是不错的；你们想谋更多的金钱，也是应该的。你们用劳动工作去换金钱，这是大大不错的正路，可是你们有一点自己不觉的错误，就是想去同资本家做朋友。我也知道你们劳动工作不能养活你们底父母子女，看见资本家保险箱里有许多金钱，就想去同他们做朋友，希望他们发点慈悲心，这是你们底梦想……

你们若还不觉悟，我要讲目前切近的利害关系给你们听：他们吃的是油，穿的是绸，住的是高堂大厦；你们吃不饱，穿不暖，住的茅屋，不能遮风避雨。他们还有奇奇怪怪觉悟的享受，为你们所不知道，而你们吃了十分难受的苦痛，终该觉悟！资本家比一只老虎还要凶；虎吃人，是一口咬杀，痛苦只在一时。资本家吃人，是一口一口继续不断的咬着，不咬你们一个死，今年咬一口，你们受了伤，等到明年你们还复转来，他们再来咬一口；于是你们要吃一切的苦痛。他们不但咬了你们本身就算了事，简直还要咬你们底子子孙孙呢！你们如果这样的一直下去，是情愿的，那也罢了；否则，须得想个法儿！这个法子，也不难，只要收回你们底手足和身体就成功了。因为从前你们把自己底手足和身体卖给资本家了。你们想想，资本家生产了些什么？他们只知道消费，不知生产，不能生产。如果他们要用刀来杀你们，你们只要不制造刀；如果他们要用枪来击你们，他们只要不制造枪；如果他们再不肯去种田，你们就不要供给米和菜！世界上一切的东西，都是劳动者底气力造成的。你们试看这个庵里底瓦、柱、戏台，……哪一件不是劳动者底汗血造成的？没有劳动者，泥土永不会变瓦，木头永不会变柱，……金钱的所以有势力，也全靠你们劳动者底气力。如果没有劳动者，把许多金钱堆在这里，要他变成瓦、柱、戏台，……能够么？这岂不是笑话么？世界不是金钱底世界，是劳动者底世界。劳动者是我亲爱的朋友。世界上一切东西，都应该归劳动者所有。锄头铁耙是农夫的工具，土地也是农民底工具；斧头尺是工人底工具，机器也是工人底工具。可以耕种底土地，可以生产底机器，不是天然生成的，也不是地主行东底娘肚里生出来的，是从你们劳动者底手里产出的。

我说了许多话，你们大概终有些明白。终［总］之世界是劳动者底世界。你们劳动者不要放弃本来的权利给坐食的资本家！你们应该争回被夺的权利了！你们不要说我的话可说不能行。你们去联结劳动者做朋友！劳动者在世界上是大多数，资本家的数目，很少很少。你们结合起来，不要做一堆散沙，散沙是容易失败的；你们要结成做一块石头，别人很不容易把你们分开来，也很不容易移动你们。

我是一个资本家，讲这些话，并不是荷叶包刺菱，里戳出。我已明白了我吃的穿的住的一切享受的东西，都是劳动者底汗血，我再也不能把我底良心泯灭了！

在座底资本家，若以我的话为错，就请上来评理。我知道他们不敢。我知道他们躲在人背后，暗地里气我罢了。

（原载《民国日报》副刊《觉悟》1921年8月26日）

月下的人语

（1921 年 8 月 20 日）

天上一轮月，
地面两个人；
高树影模糊，
低树影分明。
人影垒树影，
树影落人身；
枝材缺处明月偷窥人，
照见两人谈话声——
世衡说，
“如此好明月，
可惜做乏了的劳工都睏熟了！”
我说，
“除非摇夜船，车夜水的还有分，
工厂里上夜班的，哪里得见月光如水浸着煤烟一路横？”

（原载《妇女评论》第 2 期，1921 年 8 月 20 日）

石　子

（1921 年 8 月 21 日）

这篇小说，是锦潮在龛山拾来的一段故话。

近世亲子关系，尽在财产计较得失多寡的算盘当中，金钱已经成为

"量人尺"了。"贫贱则父母不子，富贵则亲戚畏惧"，二千二三百年前的家庭中间，早就淹在利害计较的冰洋底里，何必只是非难近世！可怜在个当中，居然还有人"倡资本主义"，所以我把伊所述的记了下来。

玄记

"没有石子，饿死老子"，这句话怎么解释？

因为从前有一个老头子，生了两个儿子都娶了亲，儿子也都生了儿子了。老头子正想尝尝"养儿防老"的滋味，不料他底儿子、媳妇、孙子和他十分地疏远。很热闹的一家子，他这个老头子独自寂寞着，几乎要受冻饿了。

他定了一个计划：——

他底二房孙子，有一天跑到老头子跟前，老头子对他说："我底乖孙子，你去到我眠床底下那扣箱子里，替我拿一件小衫来。小衫只在面上，揭开箱盖就是。乖乖，你快去，我有点冷了。你快拿来，我给你糖吃。"八九岁的小孩子，听他祖父说有糖吃，三脚两步就跳到他祖父房里，揭开箱盖，曳出小衫，只见箱子里满装着一颗颗亮晶晶像鸽子蛋似大小那样东西，他正伸手想拿，老头儿刚踱了进来，他便拿小衫给他，要糖吃。老头笑眯眯地给了他两片糖，披上小衫，哼了一声，躺在床上。

这个小孩子把他看见过的东西，告诉了他的母亲了。他底母亲，就是老头子底二媳妇。

从此这二媳妇就成为孝媳妇了。从此老头子把他底箱子严密地封锁了起来。可是他底小媳妇已经偷偷地掂过几回斤两，觉得很重，两只手一气[起]掀不动的。他底大媳妇也得到点风声了。也着实对老头子献殷勤，但总不及二媳妇那样孝顺那样殷勤，老头子总算享了几年福。

有一天，老头子要死了，他第二房的儿子、媳妇、孙子早就看守了好几天，他大媳妇大儿子也来了。

老头子临终之先，两个媳妇争先提起老头子底箱子怎样分配的话。自然二媳妇比较孝顺该多分些。大家打开箱子一看，可尽是锡箔包的石子。老头子说："幸亏石子，不然，饿死老子。"这是老头子最后的〈一〉句话。

他们很无情很失望的看了死过的老头子一眼，老头子可笑眯眯再也不理睬了。这便是"没有石子，饿死老子"这句话底来头。

1921年8月衙前

（原载《民国日报》副刊《觉悟》1921年8月21日，此据《玄庐文存》）

制宪问题

（1921年8月22日）

（沈玄庐在杭州演讲　阮毅成、查猛济合记）

今天学生联合会邀我来讲制宪问题，我也狠［很］愿意借这个机会和诸君谈谈。但这个问题底范围，包含很广，只得先将"为什么要制宪"的一个前提先说一说。

我从民国六年，在公民大会的会场上，和本省的父兄见面以后，今天要算是第一次了。我那时曾经说过："浙江人如果不能治理浙江，中国人就休想治理中国。"那时杨善德、齐耀珊初要到浙江，很有人疑我这话专对他们而发，其实我这几句话，决不是受了政治上一时的激刺而发的。浙江幅员既小，知识也总算优秀，很适宜自治，倘使浙江还要假他方面的力量，那么其他二十二行省和蒙古、西藏区，又将怎样呢？我讲这话的第二年（民国七年），欧洲大战争告终了。世界上的人类，对于一切旧制度，起了一个很大的怀疑，并且急于希望新制度新建设的实现。试问世界汩汩的新潮，中国能不受着影响么？我想是一定要受着的。五四运动的学生不必说，就是站在官僚、军阀、资本家的地位上的人，即不怀疑，也要生多少的恐怖。中国人常说："逆水行舟，不进则退。"我们倘在这个时候，要逆潮流而行，当然是不可能；但是要顺应潮流，也很不容易。例如川河放顺水船，撑船的要分外用力，在普通的理想，以为顺水推船，何必用力，却不知顺水船，倘不如此努力，必定要触岩石没漩涡蒙非常危险的。现在我们顺应潮流的努力机会到了，就是这个制宪法问题。

乡土感情，人人都有。即就我个人而言，我在别处时，吃的、穿的、住的，虽然不是直接由浙江人供给，但是这些都是拿浙江人底血汗换来。所以我回到故乡，无论私人谈话，对众演说，都愿意尽我所晓得的说，从不肯半吞半吐，着些微虚伪，因为我吃的饭米，不是虚伪的。现在对于本题且分三段来讲：

（一）近世政治，倘使离开了各个人均等充分良好的生活是没有意义的。我们可以晓得政治的目的，是要达到各个人均等充分良好的生活，试问十年来有没有一件事向这条路去做，可算一件也没有。原因固然很多，最大原因，还是因袭上的劣根性。

（1）顽固性——革命以后还有人梦想义皇，以为倘没有秦皇汉武等真命天子出世，仍旧不能得着安宁。这种人脑子本来满装着这样的思想，我们只是可怜他，却不能十分说他很坏。到了“党同军阀”“朋比官僚”的，那才是顽固一流中坏透骨髓的。

（2）超实性——这类的人虽然常常想到社会和个人底改造，但他们为了要改造个人的缘故，落了宗教的漩涡，踏入成佛成仙的迷途，或者痴心妄想，以为找到了一个桃花源乌托邦，就可脱离这恶浊的世界。这种超实主义，实在是中国不进步的一个大原因。

（3）惰性——自己只知安逸衣食够了，或者得到一种不至于死的生活，从不打算到什么政治上的革命，由依赖而趋避，听人摆布，结果便得到愚笨、贫弱、苦痛罢了。

有了上面这三样劣根性，中国那里还能进步，所以制宪法问题是一个开著门引我们进去努力的机会。〈但〉是这扇门不是谁给我们开的，就是世界潮流冲开了引我们进去努力的。中国向来瞧不起政治，以为政治是卑陋不屑谈的，不知政治就是为各个人谋均等充分良好的生活底方法，所以我们必须注意他的中心。政治底中心是什么？便是法律。神权和君政已经过去了，说要一脚跨到无治底一境，究竟是不可能的。——法律既是群治底中心，所以制宪法是我们个个应注意的。

（二）制宪底现状和我们应该选择的途径。在杭州有势力的人，或是我的旧友，都以为我不应该或不配讲下面这些话的，但我却老实要讲了。

浙江天天闹制宪，究竟在什么意义底下制宪呢？大约可分出三条路来：

A. 政治潮流一时的现状的所发生的，依前些日子的浙江讲来，是北军阀半骗半夺到他们手里的东西，而北京非法政府，又把浙江放在他底一个系统底下。自从北军阀中直皖系崩裂以后，北京政府唯恐浙江握有最高军权者底不依附，未尝不是百计牢笼。但是北京政府，不成其为政府，即使三岁孩儿，也知道的，卢永祥也未必不明白？所以不愿为北京政府所吸收，正是他保全自己的地位。一面又看见广东涌现了一个政府，依南依北，两无所可，在这一个场所，便发生出“自治制宪”的大题目来，一般在政治舞台上叨生活的，也就附丽在这个意义上面，——所以这种制宪简直可以叫做“地盘制宪”。

B. 辛亥革命所获到的民宪政治，究竟还是一块空招牌。在一部分人的德谟克拉西底下，全功未竣。要完竣这部分工作来制宪这可叫做“一部分人的自治宪法”，但和第四阶级的劳工及一般妇女是不相干的。

C. 这种宪法，是预备浙江人将来一个建设的大纲，为将来破坏一切制度后的进行方略，这可叫做“革命宪法”。

这三条路，条条不同，随便可取哪一条去走，但是这三条，决不能互相冒充。例如浙江宪法草案第二章是否建筑在旧经济制度上面？倘不是的，那便可叫做革命的宪法——否则，便不能叫做革命的宪法。辛亥革命产生的约法所产生的国会省议会选举法如要维持这一条路，必先维持这条系统。今宪法会议中，一面主张停止第三届选举，一面在施行法草案第四条说“省宪施行后，应改组之各机关，在新机关组织未成立以前，暂仍其旧”。那末，第二届已满，依宪法的议员没有产生，怎样可以停止第三届选举呢？倘以为省议会可不必仍旧，那末，督军公署省长署……为甚要暂仍其旧呢？这不但引起我们的怀疑，不但不能算是革命的制宪，就是为一部分人而制宪，（第三阶级御用宪法），也不是这样的。

约法第二条说："中华民国之主权属于国民全体。"无论劳工妇女，都是国民（由经济方面说起来劳工实在是中坚的分子），可是照众议员选举法第四条，那半数的妇女已屏在国民以外，底下四款：一二两款规定财产，三四两款规定知识，当真照这样说永远做下去，那末国民中生产劳动者，永远屏在国民以外。劳动界底子弟除了勤苦作工以外，那里还有功夫去读书，那里还有高小毕业的程度！所以众议院选举法实在是破坏约法的不祥物（参议院和省议会的选举法，也是这样）。这种实在是一部分人底德谟克拉西底下的法律。由此系统说来，现在浙江的宪法（看宪法草案第二条所规定权利义务），便是一部分人的宪法。现在浙江的宪法会议，也便是一部分人的宪法会议。我辈既不为地盘而制宪，又不为一部分人的自治而制宪，那倘不用第三种革命的意义而制宪，就无路可走。所谓革命底制宪，就是顺应世界潮流，趋到改造的第一线上去，要这样努力，才能前进。但这也算不得是万全的方略。大凡一种法律，必定产生于革命以后，倘我们要在革命以前先定出一种建设的大纲，以为破坏后的准备，不但在世界上没有这种便宜的事，就在实际上，也颇难做得到的。可是依中国特殊的情形，藉此能够使一般劳工与妇女，都站在人类的水平线上，不经过惨酷的革命，而得到机会，未始没有希望。能行与否，姑不去管他，即使能行，如果压没在第三阶级御用宪法下面，关于教育生活各项机会，都不能普遍的提高。资本家总说劳动界程度不够，男子总说女子的程度不够，但资本家和男子，倘不给劳动〈者〉和妇女一个较好的机会，可断定由二十世纪到二百世纪，还是没有进步的。有产阶级和无产阶级的利害本来冲突在两阶级要争宪法上的权利，于是两阶级间的斗争，就越加显明，不能够调和。至此，就应该讲到浙江人制宪的责任了。

（三）浙人制宪的责任。发动无产阶级为主和妇女平等的提议的人，必定是社会主义者。社会主义的派别，各个不同，比如英国行会社会主义，法国工团主义，俄国共产主义，因各国社会状况底差别遂发见种种不同的设施。可是他们要以改造人类品性为终极的目的，是一样的。但当没有达到这目的以前，不得不仰仗于一种法律。不过从前的法律，只是拥护男子和资本家，来压迫劳动〈者〉和妇女的，就是说，这种法律，单为资本家和男子而设，也没有不可的。因此劳动〈者〉和妇女，在他们的眼里看起来，不过是一件生产生殖底活动家机器和商品罢了！要知道劳工和妇女，不但是人，并且是世界上努力的人，生存、继续、发展，是人类重大的要求。生存是劳工担任的，继续是妇女担任的，由此而进于发展，人类要达到这要求，自然不得不连络劳工和妇女，这不但浙人如此，就是世界的人，也没有不如此的。

如果浙人制宪，是立定脚跟，站在全世界前面，那么这种制宪，就是全人类所要求的，然在我们自身，绝对不是为劳动者和妇女底自私自利起见，也不是像那班慈善家的怜悯劳动者和妇女，由感情而发为这种议论的。我们应该铲除资本制度，因为资本家常常不劳而获得超过他生活费的金钱。——贫苦人家求一饱而不能得，而资本家常常以一次的宴会，而牺牲多量的物资。——这便是他们从物质上所得到的罪恶。——又时常瞧到，资本家坐了汽车，撞死一个人，大约罚五十块钱，就可了事，——这是他们从精神上所得到的罪恶。世界上的兵，可以说都是以杀人为任务，而我国的兵却大多数以生活为前提而卖去其生命。所以大资本家，决不肯当兵，就是小资本家，除开有要做军阀领袖底野心以外，也不肯当兵，当兵的人大多不能养活其妻子。一般劳动者，到不能养活他的妻子时，于是一般妇女，不得不入工厂，资本家因此就招女工，工人还要感谢资本家，以为这是资本家的好意，其实资本家要以此来破坏劳动者和妇女的家庭。譬如一家人家，有三个人，本来单靠男子一人负担生利的责任，倘男女二人生利，那没［么］就可分担经济上的责任，实则不然。例如一个工厂里边，分日班夜班作工，而男子作工的时间和女子作工的时间不同，那没

[么] 岂不是使他们两人，永没有见面的时候？就是他们的孩子，也不能不养育于别人，他们三人，就分成三处。倘二人中间，有一个病倒，那又要加一重负担了！雇佣女工，不过是资本家自由竞争的方略，因为女子心细，工银又少，所以用女工，非常便宜，从前因为机器不精良，女子的判断力和腕力，又因受惯压迫而孱弱，所以不多用女工。现在男子特长的判断力和腕力，都可用机器去替代了，而且女子惯于服从弱于反抗，所以管理方面，比较男子容易得多，因此资本家要去利用伊们。并且男子常常有损坏物质底萨波达举的行为，而女子往往视一线一缕非常宝贵，因此资本家就非常欢迎女工。这种缺陷，我们不能不想法子去填平他。我辈受了这种改造的使命，就应该向这方面尽最猛的努力。今天在座的知识阶级居多，试问知识是不是人类的财产。我说一定是的，并且这种财产是全世界公有的财产。由亚丹斯密斯的正统经济学，进而为马克斯经济学；由牛顿的三律，进而为爱〈因〉思坦的相对论，又如建筑学，电学……虽中国没甚发明和大研究，而中国人也一样可以享用这种知识的财产，这是可证明知识是公有的。动物的不能进化，因为他没有知识，人类由巢居而宫室，由茹毛饮血而烹饪，都由于知识的生产。

浙江是世界的一块生产土地，浙人有改造世界的责任，学生有机会得着知识，就应替劳工和妇女做一番事业，不该做时代的落伍者，进化的后进者。这样看来：浙江的宪法，建设以前，必先破坏，破坏以前，必先打算将来的新计划，倘破坏以后，没有进行的希望，就都要变成梦想了。但是我们从不去改造世界，世界终有来改造我们的一日，等到有别人出来替我们担负改造的责任，那是很惭愧的，现在讲的时间已经不少了！我对于宪法底内容，还要加以研究，将来倘有机会，可再和诸君讨论。

（本篇原没有多大的精义，那学生联合会，把来刊作小册，因为内中有许多排错处，大略校正了一遍。玄庐记）

（原载《民国日报》副刊《觉悟》1921 年 8 月 22 日）

观　弈

（1921 年 8 月 26 日）

一时的现在，
把将来卖了，
棋分黑白人颠倒。
这局输赢且不管，
眼睁睁为一子两子把全盘抛掉。
人家说你是“围棋圣手，落子不虚”，
为什么只博得冷眼人在一边冷笑？

（原载《民国日报》副刊《觉悟》1921 年 8 月 26 日，
此据《玄庐文存》）

自　奋

（1921 年 9 月 9 日）

（一）

低头看书，扬声说话。放胆做事，平心估价。

（二）

有机会，趁机会；没机会，造机会。机会造不成——权且学呆。

（三）

前面铁蒺藜，大踏步过去。哪时候踢倒，后来的阶梯。放大胆，猛进取。用不著怀疑。

（四）

“讨饭永不穷，除死无大难”。世界寂无人，有什么不敢？

（原载《民国日报》副刊《觉悟》1921年9月9日）

燕子飞

（1921年9月9日）

燕子天上飞，生趣了无障。
空中无藩篱，群来复群往。
独往独来人，到处曲和枉。
打破枉曲关，自由得心赏。
此亦一嗜好，并无价值偿。
准备好身手，一扫大罗网。

（原载《民国日报》副刊《觉悟》1921年9月9日）

活泼泼的猴儿

（1921年9月9日）

青年呵！你们对于现社会种种满意么？满意，请你不要谈进取！
青年呵！现社会底势力可怕么？你怕，请你做和尚去！
青年呵！过去可宝贵么？你要宝贵过去，请你牺牲将来！

时间？一瞬！空间？一身！你恋你底历史，你便失掉全数的人们！

你底生路在你底前头，你底死路在你底退后。你若瞻前顾后，除非立住不动。不动，能休！

羞！带头人面调猴头。锣声响，钱声亮，揭落面具，眼灼灼向主人脚下一囚。

（原载《民国日报》“随感录”1921 年 9 月 9 日）

沈定一等反对九九宪法电

（1921 年 9 月 10 日）

各报馆鉴：省自制宪，非特时代潮流，实显人民本能，苟达众意，岂利推行。今浙江省宪会议组织法，既不完备，审议手续，又多疏漏，军财两政重大问题，均无适当之规定，设官之冗，支出之滥，有过目前。事前各职业团体驰电非难，该会竟悍然不顾，草率从事。无非少数人别有作用。青日该会宣布全文，省民及总商〈会〉有非经人民总决，誓不承认之宣言；各商店标贴万难承认之字条；各县法团亦纷纷来电指斥。同人等恐远地震于制宪自治之虚声，故将本省现在事实之真相，谨电奉闻。浙江第三届省议员许祖谦、任凤冈、毛翚、郑永祚、汪昭、张景澄、徐应经、张润玉、毛云鹄、唐廷章、王元善、童士鸿、朱章宝、虞旌贤、陈猷、林茂修、丁仁、应迪康、王化人、洪铎、王一之、胡梅生、王廷烈、方一仁、黄群、周庆瑗、沈钧业、朱泉、陈焯、叶蔚、洪启尧、郑迈、杨振炘、王理孚、侯亦白、吴达、赵侠、陈悦宾、潘绍岳、金廉方、张韬、盛邦彦、沈定一、骆瀛、许国桢、王邈达、陈邦达、谢金柱、陈宰霆、朱念慈、张维岳、王承祖、金乙□、范康保、应西、金宗湘、陈钟祺、张鸿材、许一藩、陈士雄、金乃濬、梁成、杜棣华、张旭人、陈谅、蔡经贤、潘澄监、凌福镜、张天锡、戴敦勋、范瀛桂、丁凤元、王一成、蒋玉麟、张佩璇、吴清、虞秉璋、查人伟、郭献诗、沈本、王敖仁、李开福、朱锦荣、蒋世芳等叩蒸。

农民自决[①]

（1921 年 9 月 23 日）

你们二三十村农民，要我到这四围稻花中的山北土地庙戏台上来演说，你们当我能够了解你们苦痛的朋友看，我也了解你们要求我演说的意义。

你们自以为是可怜人，你们希望世界上有表同情于你们的来可怜你们，不错，——可是世界上吃现成饭的，那一个配说可怜你们的话！

你们既有一付生产能力，养活一般不劳而获的人，他们底生活程度，高过你们几千倍，几百倍，而且凌驾在你们头上，做官吏，做议员，做绅士，做老爷、少爷、点王（王上加一点是个主字，“点王”是萧山附近六七县称田主财东等的称号），压住你们的头，年年课收你们的租息，你们依旧要顾到你们自身及家庭的生活，你们生产能力的伟大，比钱塘江水底源流还要长远。可是你们只管培养压迫你们的人，你们自己和你们家庭倒反要发叹声说：“这样，叫我怎样活得过去呵！”

你们底气力化到哪里去了？

你们仔细想想：从小时候受教育的机会有没有？壮年时候保不定有病的安全养病的机会有没有？老来做不动了，吃一口安安稳稳的菜饭的机会有没有？不但提起这种很平常的生存条件，你们顾不到计划，连你们正在着力种田地的时期，还顾不到眼前怎样活法。

---

① 这是 1921 年 9 月 23 日沈定一在萧山山北的演说稿。

你们底气力化到那里去了？

你们都知道气力换来的米、棉花、六谷等等，都被你们叫他作“老爷、少爷、点王”的收了去了。你们没得剩了。

为什么压迫在你们头上的，他们能够把你们劳苦所得的搜刮得精光呢？

你们又会说，常常这样说，“他们是雪白的银子买来的田地”，“种一年田地该还一年租”。

如今我先解释“他们拿雪白的银子买来的田地”这一层说话：他们的银子是那里来的？如果说是收租来的，那么，明明是你们给他们的——设或从别种方法得来的：做官，便是括地皮；带兵，便是截旷（就是吃虚额）；经商，便是榨取劳工底血汗；无一不是像你们完纳的租息一样。现在姑且不问他们底银子从那里得来，要问土地怎样会发生价格。市场地亩、田亩……底价值，权且不说，这航坞山迤北，尽是沙地，我且拿沙地底价格标准来说。南沙沙地每亩平均值三十五六元，这每亩三十五六元底价格，是把什么作标准而定的？沙地是浮沙淤积成的，初淤叫做“紫沙”；紫沙经过二年或三年长了芦草，就叫做“草荡”；草荡加以六年的人工，就成“熟地”。熟地，便值钱了。为什么熟地值钱？——每个农夫，平均能垦十亩面积的草荡，每人每年衣、食、住、工、料，至少要费六十元，以六年计算，就得费三百六十元，以三百六十元得十亩地，所以每亩平均价格三十五六元。这是露天敞着的工作，你们都是两只臂膊一锹一锄做过来的，你们当然了解这些事。

你们虽是了解这些事，但是从来没说明过，所以你们总以为“他们是雪白银子买来的”。如今可真明白了么？

其次，要说明“种一年田地，还一年租”这句话了。

土地经过劳力才有出产，你们都明白的。土地底价格，以你们所施的劳力程度作标准，上面也曾经说过。为什么你们施劳力的人，倒反要完纳租息才有田地种呢？——我再拿沙地作比例来说明。

当钱塘江改线，东坍西涨，淤紫沙为草荡底时期，你们能出气力去开垦的，未尝不独立背负一把开荒锄头，到一望无边绿茫茫的芦草荡里挖沟做埂。可是一面农民自淘伙里没有协作底组合，又没有分配机关，便发生争夺和械斗的事情。一方面有势力的绅士老爷们，在“夺到手就算自己的”私有财产制度下面，便赵家竖起一张赵家旗划几百几千亩，钱家圈起一处钱家园划几百几千亩，到官厅一注册，赵家若干，钱家若干，于是你们一般挖沟做埂的只可忍气吞声皈依在几个大地主脚步底下做一个地户，而且他们一班大地主还不相信你们能够替他做一头诚实的牛，要你们予先交一年租才有牛做，所以“现租”（沙地予收一年租的名目）这个风气，也正是拿经济来困住你们防范你们的方法。

你们和那班大地主，一样有眼耳鼻舌五官四肢心脏的人，何以你们能够劳动生产的反倒陷落到这步田地呢？——因为他们是有产阶级，现在正是有产阶级的世界，他们是有组织的：软来有官吏替他们讲他们的法律，硬来有军警替他们提刀枪，你们是没有组织没有团体一盘散沙似的人民，自然被他们屈服下了降为奴隶牛马。

你们以为“奴隶，牛马”，是侮辱你们的恶名词么？在我看来，他们一般大地主、绅士、老爷、点王们底待遇你们比奴隶牛马还要残酷。十六七世纪俄国行使农奴制度时（这种农奴制度，和四川云南等处有土地的土司相仿），地主有自由虐待农奴的权；但至少也要维持农奴及其传种的生活。中国底农民，形式虽是自由农民，可怜一般地主的敲剥，比从前的俄国地主对待他们农奴还要凶，因为萧山绍兴等处的地主，绝对不负维持佃户生活的责任。这些事实，彰明较著在你们目睹身受之中，也不用我来举例。塘里的种田的这些虐待敲剥的苦痛，比沙地上的地户还要深刻。至于牛马，主人也是负维持生活的责任的，而大地主可从来不行负维持农民生活的责任。所以从实际上看来，现在的农民，比农奴牛马尤为不如！

你们处在这种少不得教，老不得养，壮年的不得自存的生活状况中，你们除去“农民自决”一个方法之外，更找不出别的活路来。

你们受的苦痛也够了！你们怀中的愤气也充满了！暴动么？——不然的。

如今你们要求我发表根本的主张，我的主张，便是废止私有财产，“土地公有”这个主张，将来必有实现的一天。但是也要看你们团结的力量和组织上的努力而定这个主张实现的迟速。目前为救急计，你们大可依照衙前等村农民协会底组织法，先团结起来。

最后，我有几句还要忠告你们的——

一、不可以无组织的暴动。因为无组织的暴动，只是一哄便散，结果，不但无益，而且旧社会里面潜着有许多“危险分子”，利用一时的暴动，把你们良好的劳动习惯也弄坏了。这种分子，正被淘汰着，他们对于社会不负丝毫责任的，有抢的机会就抢，有烧的机会就烧，有奸淫的机会就奸淫。他们抢掠的形式虽和资本阶级不同，而结果只是残害你们劳动职业的光荣，破坏你们前途底建设。

二、你们要知道国家是你们劳动者的。国家底行为，便是你们劳动者底行为，你们对于赋税等等，不该取消极的仇视态度，应该从组织上面谋得国家底主权归你们掌握。

你们有了组织，就不怕牺牲。用得着牺牲的时期，便是你们进到幸福的时期。

你们赶快的团结呵！你们精密的组织呵！大地主们总有一天投降你们的。

（原载《新青年》第9卷第5号，1921年9月）

我所希望于浙江第三届省议会

（1921 年 10 月 5 日）

我们浙江省议会是根据于一千九百十二年以民主主义战胜君主主义而产生的，全浙江三千多万人（依民国九年食盐销数比较，参看篇末的注）没有一个不是浙江底生产劳动者——农夫，工人——所养活的。浙江底生产劳动者，便是世界的生产劳动者。生产劳动者既负担了浙江最大的义务，那么浙江主权底中心，当然属于生产劳动者。我们第一步是要生产劳动者在主权地位，更显出民主主义底战胜一切军国主义、资本主义。

我们同事一百五十二人被选举投身到省议会来做全浙江人底代表，当我们被选举时，选民并不曾告诉我们代表他那种意思——可是“谋全民的幸福”这是一个笼统观念，是全浙江人一致的。

选民所根据的选举法，第一层限定男子，第二层限定财产，这两重制限，和约法“……主权属于国民全体”底意义，大大相差。但是我们底责任，选举法可没有制限我们。所以我们同事不是专门代表男子，更不是代表有产阶级。

我们试溯省议会底历史：民国二年到五年遭袁世凯底非法解散而中断，民国六年又遭到齐耀珊对于合法政府宣告独立，从六年至今，中间经过第二届一个任期，凡是一届的同事反抗洪宪帝制的，和二届中有几位诚意要为浙江做点建设事业的人，没有不腐心切齿着民主主义底被压迫于君主底还魂，和资本主义中的军阀官僚底肆虐。

政治革命还未曾完工的中国，而世界新潮又进到经济的政治革命，在这一个形势中间的议会同事，一方面负担建设底责任，一方面还要负担革命底责任。

法律上伦理上的第三届省议会，在处常和应变的期间，关系全浙江人现在和将来的利害，如今开幕了。我们一百五十二个同事，在“谋全民幸福”这一个抽象的希望之中，想必有许多抱负要发舒的。我且把我底意见写了出来，作诸同事底前驱，同时希望诸同事和浙江人民对于我所贡献的意见加以赞助。

一、三届议会在法律上的地位

从民国六年第一届国会又遭非法解散时，所谓中华民国首都的北京，早经没有中华民国底中央政府。省议会是根据约法产生的，如果戴着一个非法政府，还讲什么立法机关？因此，我们开宗明义便应该对于北京现在所自号为政府的宣告他们叛国的罪状，和他们脱离一切政治、经济、军事上的关系。

有人以为“此种行动，必须有军事、经济上的实力，省议会只是人民代表，恐怕实力上做不到”。这种论调，压迫久了吓僵的人民心理中，未尝不是片段的事实。可是民主主义下面的国家，试问除人民外，还有什么实力？还讲什么实力？况且现在的浙江，经济上已经显然和北京非法政府断了关系，而本省的军队，又是在创造民国这段光荣的历史上拚过命来的。即驻在本省的客军，吃的是中华民国浙江人做出来的饭，穿的是中华民国浙江人制成的衣，住的是中华民国浙江人建筑的房屋，无论士官目兵，哪一个不想做一个堂堂的义侠男子，难道在五色国旗之下，还会不赞助我们浙江效忠于约法上的行为么？

有人以为“这种行动，在先例上都是督军省长握有那一省最要政权的做的事，省议会似乎是一个无能力者”。这种论调，无异对于民国十年来的纷扰作一种说明，要知道中华民国不是军民长官底中华民国，我们浙江就不是军民长官底浙江！如果军民长官赶在人民先头为这种宣告，那么，浙江就变成军民长官底浙江了。现在浙江的督军、省长，如果不反对民主主义，那么，对于省议会这种宣告，当然一致；如果不遮在人民先头想把持浙江，那么，对于省议会这种宣告，当然赞助的。

二、三届议会在处常应变上的方法

上面所述民国六年国会第二次遭解散后，其中包含着许多纷扰惨酷的历史，全国投在变乱的漩涡中已经五个年头了。我们浙江，因为地形上交通上种种的形势得幸免变乱，尚容我们舒舒徐徐地开会，这是我们浙江一个偶然的处常的机遇，我们当然据法律底常轨行使职权。可是我们浙江，明明是在变乱的民国中的一部分，还未曾投到变乱的漩涡里而想以努力消弭这种变乱，应得以应变的方法，来对付这种时局。因此，三届议会，该包两重性质：（一）处常的，照暂行法行使职权开常会；（二）应变的，关于职权上所没有列举的——例知［如］制宪——开非常会议。

三、三届议会在建设上的任务

省议会依暂行法在"议决本省单行条例"项下，实在有很广的权能。我们依这一项来行使职权，着实能够发挥许多学力和见解。我们试一考虑如今半官式的团体——如教育会、商会、农会……哪一种能够充量的进行？还有许多极重要的，如——

生产、教育、妇女、军事、财政、社会上种种组织，……

都应该就各同事中学力识见所能贯彻得到的地方，努力定出以上种种的"法典"。

我们只是在做人的意义上服议员的任务，不是站在议员地位上来和任何一个人相比较。试回头看一届二届底过去现象，所努力的还只是在消极方面廓清随时发生的腐朽，而第二届更有许多由议会自身所发生的腐朽，不堪使我们回想的。人类一定是进化的，后起的胜于过去的，正是进化的公例，我们不愿意逃出这一个进化的公例，并且要把这种公例方式弄简单起来，我们更不能不在建设上努力。

同事诸君！我们从今日起，该行全浙江人所委托的立法任务了。我们纵览全浙江各阶级的人，从豪富的子弟一直到乞丐娼妓，哪一个不在我们所代表的全民中？有一个农夫得不到田种，有一个工人得不到工做，有一个兵士不改革他的不安宁的生活，有一个女子受习惯上的欺凌，都是我们的羞耻呵！

浙江潮，能发壮澜的笑声，也能发极悲惨的哭声。浙江人还是哭呢？笑呢？现在还要看着我们一百五十二人底行动。

（注：民国九年分［份］，两浙各岸行销食盐总数计二百另九万四千五百八十六担三十六斤。假设省外——苏、皖、赣——行领略和省内私盐销数抵销，又按每人每日食盐最少量三两计算，约得浙江全省人口总数三千零八十万二千七百四十人。）

（原载《民国日报》1921 年 10 月 7 日）

教育与经济

（1921 年 10 月 9 日在杭州一师演讲稿）

经济制度不改革，教育底性质，不是助长掠夺者底腕力，便是养成反抗掠夺的决心。

人类生存和传种，比其他动物没甚差别：人和其它动物的差别点，就是在求知欲发达到或一程度，备具知识的生产。依物种进化说看来，其他种物底进化途径，也许因为有人类当头拦住，把彼等发展的本能，压迫到不能伸张的一境，似乎已经失去了这种向上本能。人与人间的差别，也是因为压迫阶级对于被压迫阶级形成知识底的相差，这是在现在经济制度上很容易认识〈的〉。

父母拿教育来掠夺子女，老师拿教育来掠夺学生，都是现经济制度所产生的罪恶。

你们不是要“建设社会教育”吗？你们不是常常主张“教育普及”

吗？我相信你们不是虚谈，更不是妄想。可是要在现经济制度下面，建设社会教育，只是现今社会状况底社会教育，要在现经济制度下面，求教育普及，那是一句欺骗的话了。试从学校统系看：依现制所谓国民小学，高等小学，中学，专门，大学，一级级的段落；你们究竟主张把哪一段落作教育普及的标准？依人民底年龄方面看，有学龄儿童、青年、壮年的不同，你们究竟主张教育普及到哪一种年龄的人民？假如设一个最低限度，只就学龄儿童，以国民小学作标准而实行教育普及，这是没有再降低教育的余地了——可是浙江三千多万的人口，依最少的比例计算，十人中占一个学龄儿童，应该有三百多万的学童，每一个学童，再以每年最少的消费教育经费额计算七元，合计要二千一百多万银元，近年来浙江省岁入，所谓国税、省税、烟酒、印花、盐税、关税、盐课、灶课，一切收入略计每年只得二千一百万元。这样：尽浙江的岁入统通拿来办最低限度的教育普及还不够，于是“教育普及”这句话，便落了虚妄了。

我可断言一句：现经济制度不改革，不但定不出全民社会教育底方针，并且不配讲教育普及。

这么说来，难道将教育事业废止了么？——不然的。在改革现经济制度上努力，便是为“人的教育”努力。

就浙江教育现状看来，作一个无可奈何中的设想：

一、筹备杭州大学；

二、初级师范收女生，不续收男生；

三、男女同校；

四、改学校系统为学期；

五、废教育厅，改设浙江全省教育委员会；

六、废止小学教员检定委员会；

七、废教育会；

八、增加教育经费；

九、禁止儿童工作。

上列各项，就是平时常常想到了写了几个标题出来，有机会，还要逐条的详细的贡献于社会。

（原载《民国日报》副刊《觉悟》1921年10月14日）

沪杭夜车中

（1921年10月10日）

车中人半醒不醒，
一个个由着头儿左右倾。
偶然汽笛一声，
断续的语声和呵欠声时有所闻。
独自凭窗得意，
载得满车明月过临平。

（原载《民国日报》副刊《觉悟》1921年10月16日）

梦　回

（1921年10月13日）

隔院人声闹，
梦儿惊醒，
刚正廿四点钟过了。

高空雁儿叫，
一声声裂破秋风，

送作枕边诗料。

人声悄，
雁声杳，
远远地一声鸡——
“哥哥”天晓！

（原载《民国日报》副刊《觉悟》
1921年10月13日，此据《玄庐文存》）

双十节

（1921年10月13日）

十年十月十，
旧历也初十，
我在沪杭火车中，
听说这十数相逢的佳节。

晨光留不住，
十点钟过去，
何用留晨光，
前驱事正忙。

回想十年事，
一部英雄史。
过去的光荣坟墓中，

兄弟姊妹们得“从新来造”。

（原载《民国日报》副刊《觉悟》
1921年10月13日，此据《玄庐文存》）

野桥人影

（1921年10月16日）

人立野桥上，
倒影入清流。
桥下水流去，
水流影不流。

人在时间住，
寿逐时间去。
为时愈长寿愈促，
如何留得时间住？

（原载《民国日报》副刊《觉悟》1921年10月16日）

做人总该朝正路上走

（1921年10月16日）

我在一个心爱他的小朋友书案上接到一封信，因为我和这小友暂时寓在一处，这信封上第一个字和我底名字相同，我不细检，就拆来看。不看，到也罢了——一拆开信，分明有一行很大的字写在信纸背面使我先见，“做人总要朝正路上走”。这不是小友底朋友规劝我小友的话么？小友！你到底走了什么不正的路？你到底认识了正路没有？那种小资本家的哲学家所谓“到自由之路”，有人批评他不是“路”。我希望我小友先从认识路上下工夫，再讲“朝”，再讲“走”！

（原载《民国日报》副刊《觉悟》1921 年 10 月 16 日）

题张静江与友合写的山水

（1921 年 10 月 20 日）

胸中邱壑君知否？
正风雨连天，烟云掖肘。
世界是普遍心苗底发展，这观念人人可有？
马粪车尘闹市中也压不住这点灵光轻透。
放胸襟洗尽繁华，
腕底江山随笔走。
从今后！
便要改造江山，也须有个对手。

（原载《民国日报》副刊《觉悟》1921 年 10 月 20 日）

人与两间的牢狱

（1921 年 10 月 20 日）

读书得意时，

仰面向天笑：
只这空间一我、时间一我，凭什么支配住了？
如果是潦潦草草把时间抛弃；
如果是糊糊涂涂把空间占住；
莫怪空间一狱、时间一狱，开着门儿，
等候人们朝里跳。
——可是赶上时间努力的人，
多少上了空间底镣铐；
更有无数空间的努力人，
又被时间拘役了。
空间狱是关不牢，
时间狱是难脱逃。
——果真想跑？就跑，
过去支配现在这把枪也没用了。

（原载《民国日报》副刊《觉悟》1921 年 10 月 20 日）

诗人与风月

（1921 年 10 月 23 日）

准备诗囊，
搜索尽人间风月，
经多少才人剥削，
更无渣滓。
算是把无穷支配无穷，

为什么随地婴孩——一字不识?
为什么新月晨风——一般清白?

（原载《民国日报》副刊《觉悟》1921年10月23日，
此据《玄庐文存》）

护　花

——读适之先生“希望”有感

（1921年10月28日）

冷风时来，新霜偷袭，
屋子里几剪兰花，
相伴更加亲密。
便园里风霜也被窗儿隔绝，
更不怕深山寒气压坍四壁。
人为爱花将护花，
花若有情正该感激。
莫怪他殷殷期望，
一剪两剪三四剪地流露一番香色。
只可惜兰花心里，
已经忘记了山岩深处的晓风初日！

（原载《民国日报》副刊《觉悟》1921年10月28日，
此据《玄庐文存》）

西兴渡口

（1921 年 10 月 28 日）

老缘地、浅褐天，
似雾非烟！昏腾腾把太阳迷住。
暮色平升，
炊烟四起，
渡江的车轿行人，
急忙忙奔来跋［波］去。
江干等渡，
看隔岸杭州！装入闷葫芦里！

（原载《民国日报》副刊《觉悟》1921 年 10 月 28 日）

偷食以后的“猫”

（1921 年 11 月 8 日）

猫儿偷腥碗儿响，
恐怕捉住敲巴掌。
轻轻跳上瓦檐头，
高高踞坐屋山上。
抹嘴抹脸事体多，
主人看见奈他何！
夜来老鼠扛车罗。

听说现在的浙江省议会议长沈钧业当选员的时候。浙江省长沈金鉴从名单上瞧见他底姓名。就说“这是一头猫”。现在这头猫竟受了外来的恶邻舍底唆使。做了玄庐诗中谓的“偷食以后的猫”，而且“高高踞坐屋檐上”了。浙江的一班主人，难道竟没奈他何吗？——未必吧。汉胃

（原载《民国日报》副刊《觉悟》1921 年 11 月 8 日，
此据《玄庐文存》）

沈定一等代农民问官吏

（1921 年 11 月 8 日）

浙议员沈定一等为农民请求减租，地方官吏加以威吓诬以过激主义特提质问书，限省长八日答复。原案云：岁歉农民请求减免租息，虽极专制时代，也是常有的事。如今公然以这种请求，诬为过激主义，出示威吓。究竟地方官吏，是否专为有产阶级底委员，非驱农民于死亡不可？特依省议会提出质问书如左。

（一）萧山县属南沙沙地，十年以来，坍去二三十万亩。失业农民，流离相属，本年夏秋间，又被风雨潮水夺去农作之半，而地主且依习惯课收明年的租息，叫做“现息”。农民被逼于催租和缺乏粮食，死亡相继。例如萧山县属坎山乡农民李文校，被地主张明正逼讨尾租，文校没奈何向他亲戚沈金松借些衣服去当，满望当来还租，不料当不起钱，并且被当伙拒绝不收，他登［顿］时急得吐血，跌倒就死。这是前月二十日在坎山乡市上的事。又如仁字号一带地方，已经饿死了百多农民，这些人吃一餐断二餐，或是有一天没一天，连急带饿陆续死亡。这种惨酷的情形，如今还是继续着。本省省长究竟有所闻见没有？究竟对于这种“乐岁终身苦凶年不免于死亡”的社会生活状况，负不负责任了？此质问者一。

（二）农民在这种困苦死亡情形下面，向萧山县公署跪香哀求出示减收租息，人民心目中认县公署为陈诉机关，才肯对县知事乞命。而萧山县知事庄纶仪，不但不能为他们来告的农民负丝毫的责任，反放任警察，殴逐向他哀求乞恩的穷百姓，一面接连出示禁止人民陈诉，并且诬到县跪香陈诉的农民为过激主义运动。约法第八条所谓“人民有陈诉于官署之权”，如今饥饿的苦痛逼来，尚且不许他们喊一声痛。这是何种政治现象？此质问者二。

过激主义底名称从何来？过激主义底内容是什么样？过激主义底运动方式如何？地方长官也曾一一了解了没有？是不是人民向地方官吏跪香禀求，便是过激主义？此质问者三。

这三重质问，均有事实发生。本席是吃饭长大的人，并且是一般人民底代表，特依法提出，限浙江省长八日内答复。

提出者：沈定一

连署者：任凤冈、许祖谦、陈谅、应迪康、徐一青、王廷烈、蒋方震、叶桐知、王侃、叶蔚、查人伟

（原载《民国日报》1921年11月8日）

理想中的妇女生活状况

（1921年11月9日）

我是否认男性中心说的，更不会做女性中心的梦。主张男性中心的，不过是现社会的一般事实，也只是武器发明后直到如今的一段男女历史底缩写，算不得什么主张；主张女性中心的，尤其是历史和现象激出来的反响，——其中有许多是爱情路上的奇花。这两种偏见，都被［是］过去及现在的社会生活支配出来的意志，所以明白了社会生活和意志关系的作用

的人，要说“经济制度未经改造以先，妇女底生活状况没法变动”，社会生活的变迁，虽得经过一个一个的阶段，可是从甲阶段到乙阶段时，不是空中有一个人指挥，也不是半空地腾跃，正是要脱离的那一个社会生活阶段，挤得分交不开时，不得不别开生面。妇女问题底发动，就是社会生活将要变迁时的作势。当作势时，一般趋于新的方面的妇女，就敢于放开胆量来裂毁家族制度底网罗，打翻历史底柱石，以时俗嘈［嘲］笑伊们的话为快意。这种形势，已经在现社会中驰突了。

正在进行途中的不可掩的事实，必定有要达到的目的地。假定□向上的过程已经经过，妇女底生活状况究竟怎样？换一句话，就是经济制度已经改造以后的妇女生活状况怎样？

依现在的妇女底身心，决不能全数化合在男子中作一般的劳动。现在人眼里，是把“温柔”责任妇女，把“勇敢”责任男子的。因此，凡是温柔的男子，叫他“富于女性的”；对于勇敢女性，便叫伊“富于男性的”。如果把社会生活所需要的“温柔”和“勇敢”的因性不同的责任观念打平了，立刻就会显出“创作”不是男子专有的特长，“整理”不单是女子专有的美德。又从政治组织方面看来，儿童公育院普及了，不必家家妇女是长困在尿臭的儿女绷□；公共食堂普及了，不必家家妇女长困在薰烟的厨灶左近；衣、履等等穿着所必需的制造各由所好分子工作了，不必家家妇女长困在破布堆里。又从社会组织方面看来，家族制度完全夷平以后，男女关系不过社会分子的私人关系罢了，没有翁姑、妯娌、小姑身份上的虐遇和苛求，便没有“强承色笑”、“背人饮泣”的事实，没有男子占有妇女作为商品作为奴隶的俗尚，便没有“嫁鸡随鸡、嫁狗随狗”的任务。又从生理方面看来，妇女除孕、产一种特有的本能专责之外，一切男子所能的劳动，妇女无有不能，而且劳动工具底改善也一般依社会生活底发展而进化，男性淘汰的结果所形成妇女身体底柔弱，将来断没有这种需求，生理变换，不必远求于十代八代以后，只在社会生活底变动途中，妇女底身体，已经逐渐地朝壮健方面变换。

总而言之，妇女问题，只是在男女感受社会不同的待遇中应有的问题，充我们的理想所能到达目的地，断不会再有什么妇女问题了。在眼前看轻两性问题的，诚然缺乏“人”底力量。就是女性崇拜的，也是被现社会生活牢牢地支配住了。

（原载《妇女评论》第15期，1921年11月9日）

筹办杭州大学大纲

（1921年11月17日）

第一章　定名

第一节　本大学定名杭州大学。（说明）本大学设在杭州，所以，名杭州大学。

第二章　校址

第二节　本大学设在杭州。

第三章　组织

第三节　本大学底组织。分为两部：（一）大学董事会；（二）大学。

第四节　本大学董事无定额。分左列两种：（一）常任董事；（二）非常任董事。

第五节　常任董事底资格如左：（一）省内外人民曾捐助本大学基金；或建设费十万元以上者；（二）省内外人民曾捐本大学图书、仪器、器具及各种财产价值十万元以上者。

第六节　非常任董事分左列两种。（一）例任董事。（甲）本大学校长、总务长、教务长。（乙）本省最高立法机关主席者；本省行政机关最高长官；本省教育行政机关最高级官〈员〉；本省财务行政机关最高级官〈员〉；本省金库所在的银行行长；存入本大学基金的银行行长。（丙）省内外人民认捐本大学常年费每年一万元以上者。（丁）省内外人民曾捐助本大学基金或建设费一万元以上、十万元以下。或曾捐本大学图书仪器器具及各种财产价值一万元以上、十万元以下者。（甲）（乙）两项底任期，各依其本职底任期。（丙）项任期，至停止捐款时止。（丁）项任期，得各依捐数底多寡，定为一年以上、十年以下，由董事会决定。但亦得由各捐户联合起来，至数满十万元以上，推举常任董事一人。省内外人民认捐本大学常年费每年一千元以上、一万元以下者，得由各捐户联合起来，至数满一万元以上，推举董事一人。任期依照（丙）项办法。

（二）选任董事。（甲）省内外研究或办理教育的名人，学识超卓，经验丰富，成绩昭著者。（乙）省内外名人，曾在国内外大学毕业，现在国内研究或办理教育者。这两项定额十名。本大学未或［成］立以前，由本省教育行政机关最高级官〈员〉拟就依定额加倍的名单，并详叙各人学行，呈由本省行政最高级官〈员〉，资交本省最高立法机关用连记法举行决选。以得票多数者当选董事，得票少数者为候补董事。但得票多数者，如不满定额的时候，应由原拟者另拟名单，补行决选。本大学成立以后，前项名单，应由本大学校长、总务长、教务长和本省教育行政机关最高级官〈员〉合拟。

这一种董事，任期三年，但得连举连任。

第七节　董事会议职权如左：（一）筹备开办。（二）聘任校长。（三）募捐款项。（四）保管基金。（五）保管及处理本大学财产。（六）编制本大学预算决算。（七）谋本大学基金底增加。（八）保障本大学经济底独立。

第八节　董事会不得干预本大学学校行政及教务。

第九节　董事无俸给，但选任董事，得酌支开会时川资旅费。

第十节　本大学本科生得以书面提出意见于董事会。

第十一节　董事会办事章则由董事会自定。

第十二节　本大学先设文、理两科，以后分期次第开办医、药、工等科。（说明）药学和医学有关系的，只是调制药剂的一门，而调制药剂，在药学专面，又不过是很小的一部分，这是药科和医科分立的理由一。药学除调制药剂外，其余各门，都很重要，确是一种独立的学科，没有附属在医科下面的理〈由〉，德意志和日本等先进国，都已经从医科里面把药科提出来独立了，我们不应该再因袭走他们从前的错误，使将来再多一番由合而分的手续。这是药科和医科分立的理由二。

第〈十〉三节　本大学本科分设各学系，于本大学学制中规定。

第十四节　本大学职员设校长一人，教务长一人，总务长一人，庶务、会计、文牍、图书馆……等各部主任各一人，办事员若干人。

第十五节　本大学校长，由董事会议决聘任，惟须择于选任董事有同等的资格者。

第十六节　本大学校长得由董事会议决辞退。但以有失职或违法行为的时候为限。

第十七节　本大学教务长由教务会议选举。

第十八节　本大学总务长以下各职员，都由校长聘任。

第十九节　本大学职教员俸给，用年功分级累进法支给，支给表由董事会制定。

第二十节　本大学章程、学制，未成立以前，暂由董事会草定，成立以后，由本大学修正审定。

第二十一节　本大学校长对本大学董事会负责。

第二十二节　本大学和本大学董事会完全与本省最高级行政机关和本省最高级立法机关处于对等地位。

第四章　经费

第二十三节　本大学经济独立起见，应筹集基金，基金底由来如左：

一按年从省税中提出百分之二，作本大学基金；二由省内外人民自愿捐助，或由本大学董事会向省内外人民募集捐款，作为本大学基金。

第二十四节　本大学除筹集基金外，应分期筹集建设费。建设费底由来如左：一由本大学董事会咨请本省立法机关议决，被［定］期促省税中提出若干万元，作为本大学建设费。二由省内外人民自愿捐助，或由本大学董事会向省内外人民募集捐款，作为本大学建设费。三如开办时需款急迫，而前两项不能立时筹集或不敷的时候，得由本大学董事会咨请本省立法机关，议决发行临时省债若干万元，以后由省税中分期发还。

第二十五节　本大学常年费依各科开办次序分期扩张，常年费底由来如左：

一浙江省税；二基金利息；三省内外人民捐助；四各种团体、机关底补助；五其他收入。

第二十六节　本大学各期建设费及每年常年费底收入、支出，都由本大学董事会编成预算、决算，交由本省立法机关议决。（说明）各期建设费及每年常年费底预算。非积有学识、经验者，参酌时势因革，不能编制，所以把这责任，责于董事会。

第五章　筹备

第二十七节　各案议决公布后，即由本省教育行政机关最高级官，于本次常年会期内，拟就候选选任董事名单。呈由省长咨交本会决选，选定后聘请到省，与例任董事组织董事会。董事会至迟应在民国十一年二月末日以前成立。

第二十八节　本大学董事会成立以后，应即择定地址。草定“建设杭州小学计划书”。及杭州大学第一期建设费预算。杭州大学民国十一年度常年费预算，于民国十一年上半年省议会临时会期内，提交议决。议决后即聘定杭州大学校长，于十一年秋季开办。以后分期开办各科，及按年扩张计划，都依此例办理。说明地址应分临时地址和永久地址两种。为现在急行开办起见。应先择定可以移用或借用原有房舍的场所，作为临时地址。为将来确定和扩张起见，应择定适宜建筑的场所，作为永久地址。

第二十九节　本大学［纲］自公布日施行。

（原载《民国日报》1921 年 11 月 17、18、19、20、21 日）

饥

（1921 年 11 月 20 日）

滚汤冲辣子，
咸内醮大蒜。
酒渴肚饿时，
一碗又一碗。

人间痛快事，
饿渴得饮食。
肚饱脑中饥，
何处去求乞！

渴来不择饮，
饿来不择食，
只教消化强，
残羹化神液。

天才不可恃，
真理非永固。
努力复努力，
眼前第一步。

“三天不吃饭，
凸肚皮过桥”，
言浅命意深，
讽人戒虚矫。

老实不客气，
张口要食吃。
不生肠胃人，
一傍笑“吃吃”。

（原载《民国日报》副刊《觉悟》1921年11月20日，
此据《玄庐文存》）

死

（1922年1月1日）

新年新岁，在忙里偷闲读首诗，打头便读到一个人人忌讳的“死”字做题目，不怕引起读者底惨恶心而引为不祥么？——不，不，“从前种种昨日死，以后种种今日生”。昨日不死，今日哪生？旧人不死，新人哪生？世人求生而得死的，今日以前正不知有千千万万，世人敢死而得生的，今日以后也不知有千千万万。与其做一个不生不死半生半死一年无事的闲人，正不如做一个整年寻死没路的忙人。因为忙得要死的人，总是在生路上前进的。那么，新年新岁劈头这一个“死”字，正是大吉大利！

（一）

人生最痛是一死！
读破万卷书，
死后何曾得一字。

（二）

人生最妙是一死，
天下英雄入彀中，
死后何曾得一土！

（三）

人生最快是一死，
时时存个必死心，
天下何曾有难事！

（四）

死，死，死，
踢翻恐怖城，
踏平众怨府，
血路——活路！

（原载《民国日报》副刊《觉悟》1922年1月1日）

火　花

（1922 年 1 月 1 日）

去年正月，我到广州打算发起一个大规模的周刊，没有成功，我就回到浙江来了，留在我意识中间使我长不相忘的，只是这周刊底名字，叫做“火花”。一年容易，提笔为文，就拿这个名字做题目。

火花，火花！饿得回肠发火，冻得顶门冲火，怒极了，双眼冒火。火花，火花！

一个女朋友在病床上呻吟着，“火花，火花”（这是当时的事实），

从西北角上烧到正西、西南，一面烧到东北，正东，东南，南。天空一缕缕浓烟，拥着无数千万条的火蛇，出出没没，长长短短，一腾再腾，烧围了，快合拢天心了，红和黑衬着几角青空，返映到灰色的地面，似有光，似无光，印度洋沸了，大西洋沸了，太平洋沸了，裸体的人们一齐发大喊声，不知是惊怖是快乐，只是沸着，烧着，喊着（这是从前的一个梦境）。

夜气沈［沉］寂，寒暑表降至四十度了，淅沥淅沥，是雪声，是雨声，壁缝里冷飕飕的尖风，吹进一个客人来，忽问：

“华太会议底消息很恶，我们该打什么主意才好？”

消息恶么？原来就是送羊肉到老虎嘴里的一回事……满、蒙、藏，是东方底新波兰，中国□□是共产主义和资本主义最后的决斗场，什么主义好打，只消问我们自己愿意加入哪方罢了，……爱尔兰人已经爱过他们底爱尔兰了，资本主义底国际间社会政策，已经在不得已中得了□了。

可是印度问题，埃及问题。……听我们便，加入哪方？……有力的中国人，自然不愿意抛弃地盘。

客说：“火场专烧死的人，不是睏熟的，便是想救护辎重的。”（这是

客座谈话）

腐烂的垃圾堆，本来缺少燃烧性的，何况许多人穿着湿棉袄等著。火花，火花！难道永远存作精神上一个纪念罢了么？

（原载《民国日报》副刊《觉悟》1922年1月1日）

愚

（1922年1月13日）

萧山绍兴各县八十多个农民协会被官厅解散了，农民协会底委员，被捕的都钉镣收禁，逃走的住屋发封，官厅委员呈覆文中有“今查得农民协会章程，确与现行法令抵触，其主旨专在‘打破阶级资本主义’，言‘土地是农民传播气力，养活人类的工具，土地应该归劳农所组织的团体保管分配’，又言‘该会会员与田主地主立于对抗地位，每年完纳租额数，由会员自由议决’，实行真正平等，实行片面自由……均系向少读书识字无高等知识之真正农愚”。杭州报无我君曾经做了一个时评，题目是“农民的罪恶原来如此”，内容就是拿委员呈覆文中“此次主动者，大抵读书不多，而被动者都属于乡愚”的话，来批评他们愚民的。我也觉得这一个“愚”字，不知含有多少冤枉的血汗在酸辛苦辣中滴出这个愚字来！便借重这个“愚”字来做诗题，并联想到华盛顿太平洋会议。

（一）

受人鱼肉自然愚——
鱼肉他人便不愚？
举国一愚愚到此，
乡愚对哭哭农愚！

（二）

谁说今愚胜古愚？
愚人自分必非愚。
古时方药多灵验，
哪有灵丹可治愚！

（三）

百身莫赎乡愚罪，
众口齐呼黔首愚，
为有愚农无数万，
养成全国尽愚夫！

（四）

到处闻人说智珠，
生来骨相已全愚；
官家用惯愚民策
那个乡农敢不愚！

（五）

养成多少聪明种，
赢得农愚好品题；
何事农愚愚第一？——
种将灵药疗人饥！

第五唱的是大白底作品，我眷上后，又记起龚定庵“国赋三升民一斗，屠牛那不胜栽禾”两句诗来，可邻乡下农民，真个愚到屠牛和栽禾的算盘都打算不来：——如果农民一旦豁然贯通，老实打起这种算盘，不但官仓老鼠通要饿死，便是关门收租吃饭的猪也要一齐倒毙。定庵那时，去今百多年，所谓三升一斗，尚且引为农民底大戚，况如今国赋三升民一石了！

大白又写了三首——

（六）

如今只望减收租！
便被州官唤作愚；
千万再愚愚不得，
种田不会并租无！

（七）

移山闻说有愚公，
许是农愚老祖宗；
但愿愚公愚有种，
化身万亿作愚农。

（八）

石半收成石四租，
何曾认得米如珠？
智人吃尽愚人饭，
莫怪农愚到底愚！

（原载《民国日报》副刊《觉悟》1922年1月13日）

朝无用方面发达的结果是什么

（1922年2月7日）

如今最时髦的论调，莫过于骂人“好古”、“师古”。“古”当真不该好不该师么？“古”当真该咒诅么？古底内容是什么？古底精神在那里？不惟咒古诅古的莫明其所以然——便是好古师古的也一样莫明其所以然。这样，我便要替古人叫屈！

钻进古墓里去学做死人，这好算是师古吗？从古墓里挖出许多骨董出来作为摆饰，这好算是好古么？如今所谓好古师古的便是这样。说古墓里的死人，“他一向没活过”；说古墓里的骨董，“不是人类创作的”。这样的咒诅，公道吗？合理吗？如今所谓咒古诅古的便是这样。

眼见得衣、食、住、医、药……凡是中国人所依恃为物质境遇的制造品，那一样不是古人底内容？那一样不是古人的创作？从拿皇帝的身份横领了土地人民作为私有财产以后，这种内容和创作进化的路程，才划然中断，可是人类总朝进化路上走的，有用的方面既被私有财产制度拦断了，于是就朝无用方面发达，像明、清那种举人进士底科名，八股试帖底艺术；像礼教上种种的仪式，像婚丧年节种种虚伪的人情……究竟中什么用？可是不能不说是很普遍的发达了，实际上还有构大屋，置良田，开设工厂，银行……种种横领着世界的生产机关以为体面气派，把这些体面气派遗传给子孙的，这种思想和行为，真好算一致的发达到全世界了，究竟得到个什么？第一就是给了子孙一个“懒底机会”，人到得了懒底机会，他底本能，也只得卷藏起来不用了。

有内容的古人，是这样吗？

世界当急切改革时，等于地史上的世界上革命。略有地质学知识的，都知道三叶虫、菊石等等许多动物底灭种，就是不能适应海陆变形时的物质境遇，最大的原因，还是因为朝无用方面发达得来的结果。

朝无用方面发达所得的结果，就是“灭种”。如今崇拜古人的，朝无用方面，菲薄古人的，也朝无用方面；遗传子孙的，朝无用方面，位置自己的，也朝无用方面。这样的努力，这样的进化，简直是从灭种方面努力进化！

朝无用方面发达的中国人呵！古生代地层下的生物化石，正等着我们后来居上呢？

（原载《民国日报》副刊《觉悟》1922 年 2 月 10 日，此据《玄庐文存》）

致胡适函

（1922 年 2 月 14 日）

适之先生：

盼先生的《努力》多日了，几时得使我长长见识？

《学衡》一、二期载有《评〈尝试集〉》一篇妙文，先生也曾匀出工夫过目么？

玄庐　二月十四日

（《胡适往来书信选》上册，中华书局 1979 年）

读大白“旧梦”第九十

（1922 年 2 月 26 日）

恋人底意义

实藏在恋者底心理
描写不成、雕刻不成、绘画不成，
便造化也［只］好束手。

（原载《民国日报》副刊《觉悟》1922 年 2 月 26 日）

嚼　梦

（1922 年 2 月 26 日）

梦里啼痕，
瞒不过枕儿。
纸上诗痕，
瞒不过灯儿。
移灯就枕读新诗，
细嚼梦中滋味有谁知？

（原载《民国日报》副刊《觉悟》1922 年 2 月 26 日）

《浙江省平民自治宪法》说明书

（1922 年 2 月 27 日）

浙江制宪问题，哄了一年多了，去年王正廷博士等五十五人，到杭州来发起了一个浙江省宪法会议，定了一部中华民国浙江省宪法，内容一面主张保护私有财产，含有白色宪法的意义，一面主张救济失业的人民，又含有黄色宪法底色采。后来被浙江人民，以“省宪未经人民公决誓不承认”这个主张拒绝了。于是第三届浙江省议会议决了浙江省制宪组织法，把起草和表决权普遍的给该浙江人民全体。从民国十一年一月一日起至六月三十日止，总共收了人民自由提出的浙江省宪法草案一百部，其中有一部题名为“浙江省平民自治宪法”草案，内容略似苏维埃组织，以社会的劳动者全体为主权者。

起初，这部宪法草案是李人杰先生主稿的。当三届省议会开会之初，主张拿这部宪法向省议会请愿，要我介绍；继后我认为这种宪法，最好是革命后发生，未革命以前，就发生这种宪法，无奈太想检便宜，当时虽费了几天工作，草成一篇介绍书，终于因为格着这个形势，提出去必遭很可惜的打销，于是和蒋百里先生同提出一个浙江宪法程序案（后来就成立为《浙江省制宪组织法》），希望浙江全体人民，各个有提宪法的权，这种宪法，或者类于此种性质的宪法，以及其它性质的宪法，都有提出的机会。这部浙江省平民自治宪法，就依了浙江省制宪组织宪法所赋予的权提出了。

本篇是我介绍书原稿，略加修正，发表了出来，以供给研究各省省宪者的参考。(玄庐附识)

《浙江省平民自治宪法》，正是应时代而怒发的呼声，中间具有三个重要内容：（一）中华民国不能成为资本家国；

（二）中华民国已经发见了新统一底中心；

（三）后进国有消弥惨酷的阶级战斗底可能性。

这一个含在《浙江省平民自治宪法》里面的严重意义，读过这部宪法草案的，当然认识，我不过把彼阐发到纸面上来，郑重地说明一番。

（一）中华民国不能成为资本家国。

民国三年起，欧洲底大战乱，我们当然不能忘记的；欧洲大战是列强因经济竞争而酝酿成的结果，我们当然是应该了解的。自由竞争的经济制度，便是人与人间，团体与团体间，国与国间互相掠夺的指挥者，杨子所谓“利不与争期，而争因之”。因自由竞争，而占领；而攘夺，而斗争，而残杀。这种经济制度，便成指挥人类互相残杀的恶魔。我们试一检查为欧战戎音［首］的德国底人口：在民国纪元前十七年至纪元前七年之间，从有产阶级降为无产阶级的，工业方面约八万四千人，农业方面约六万八千人；又因人口增加，卖劳动力过活的，工业方面约增加三百万人，农业方面约增加百六十六万人。那时距离欧战十个年头，正是德国极盛时代，一方面因为小资本家竞争失败，而有产阶级人数减少，一方面因为劳动者增加，而生产过剩。这种握在有产阶级手里的生产过剩，一面形成无产阶级底生活恐慌，一面形成市场上的商品膨胀得无从宣泄，于是不得不拼命地开辟新市场，以宣泄国内生产品底淤积。但是开张在地面上的市场，到处都有极强力的海军陆军拥护着别国底国旗占领住，德国想在群狗围啃死马的形势中占据一个插进嘴去的地位，其势不得不出于一战。在这种现实的状况里面，可以认识一个必要的条件出来，就是“资本家必须向外发展”。姑且不说资本生产制度能够不断地制造出许多穷人这层话，就资本家国必须向外发展这层来说，中国无论如何不会有成为资本家国底可能性：一层，中国是列强经济殖民地；二层，世界的经济竞争达到中国已经碰着了尽头处；三层，地面上更无可容中国的生产过剩品宣泄的地方。总上三层看来，中国即到竭力摹仿资本家制度底生产和分配，只是促进国外的资本家造出更多的穷苦百姓罢了，因为新式机械，只可骤然增加生产能力，不能加增丝毫购买能力。在不明白这层原理的人，以为“中国只消利用新机械增加商品，增加到能够抵制舶来商品底质和量，利权便不外溢，国家便可以在这一个摩傲方法下面富国裕民”。这类错误的理想，充满在一般所谓爱国义的头脑子里。我们要纠正这种错误的理想，只消设一比例来说明，自然会了解的。

例如：假定把中国缩小成为一个新式机械生产的工场，在资本主义下面，竭力要使这工场利益扩张，这工场容十万工人，每人每日给工钱五角，每日支出五万元，而出品价格，加以资本家所榨取的利润，通利以一分计算，得五万五千元，每日该有五千元的剩余价值。倘使不能在工场外觅得市场，则每日的出品，只可消售于本场工人，而本场工人每日以所得的工钱尽数购买了本场出品，那么，这工场每日支出五万元，收入五万元，叫这工场底股东从何获利？这工场的资本家如何成立呢？

依前例看来：帝国主义底幻梦，于现实状况绝不可通，而即此更不但可了解中国不能成为资本家国，并且能够了解个人也不能自成其为资本家。即使有少数人附入外国资本家来榨取中国底劳动剩余，一面便把中国作消售商品的场所，也不过自己国里的人，开门缉盗，又混入强盗队里去分些脏物罢了。这一种结果，试问和爱国主义不相背吗？老实说，就是中国人自己把中国造成一匹死马。

中华民国到现在还勉强存立在地面上，无非仗著多数的生产劳动者底生产力。这多数的生产劳动者，又是逐步向穷苦、失业、死亡这条路上走。既不能造成资本主义底国家，只有拿中国人的所长作主体来组织新的政治，这是《浙江省平民自治宪法》（草案）底第一内容。

（二）中华民国已经发见了新统一底中心

中国过去的历史，只是一部人治的历史，统一在知识或威权之下。从尧典起：帝为第一阶级；九族，第二阶级；百姓，第三阶级；黎民，第四阶级。周：王，第一阶级；卿，大夫士，第二阶级；商人，第三阶级；庶人，第四阶级。秦以后：皇帝，第一阶级；皇族、官僚，第二阶级；资本家、地主，第三阶级；农、工（包括以精神劳动者），第四阶级。由简单而渐进到复杂的阶级制度，无非统属于一尊之下：一直到一九一一年辛亥革命，才把第一阶级独裁的君主统一制度废除了。因为四千多年（有史以来）统属于一尊的习惯，一下子不能扫除，所以直到于今，还留“众非元首何戴”的希望底影响。直接属于第一阶级下面的第二阶级底旧官僚，更是怀着统于一尊的习惯观念，所以民国四年袁世凯称帝和民国六年张勋拥宣统复辟，都是由一种习惯反影底特征。于今虽因时代的潮流渐渐地把这种习惯冲淡了，可是第二阶级底官僚（合军阀说）一方面依然以第二阶级自居，一方面以借著官底地盘，作为取得第三阶级的资格底手段。因此，第三阶级的共和政体，在缺乏法治习惯的民众上面，一面受官僚、军阀、威权所冲激［击］，一面受自由竞争的经济压力所激荡，同时又受不安宁的生活状态所困扼，所以民国虽过了十年，没法在这四周腾播的环境中凝结。国宪制不成，便是这些原因所致。“十年不能产国宪一字”，许多人常常埋怨国会，埋怨复辟党，埋怨军阀，埋怨官僚，埋怨伟人，更有埋怨到革命党的。其实这些个都各有各的意志，而各个的意志又都受了各个不同环境所支配。各个的环境是怎样的环境呢？委实地说，便是各个的不同的社会生活状况。现实的社会生活，又连带着习惯上的生活状况底遗传，同时又同受自由竞争底影响，所以全国都充满了蒸发腐朽的空气，碌乱地送过一年又一年的大好光阴。在这种社会状况中，要寻出一个统一的方法来，表面上觉得很困难的——其实并不很难。我们先把“复古”这一重的迷妄，撇了开去，便认识复辟党是不能作统一底中心了；其次，把“威权”一重迷妄，撇了开去，便认识军阀是不能作统一底中心了；第三，把“苟安”这一重的迷妄，撇了开去，便认识官僚是不能作统一底中心了；第四，把“人治”这一重迷妄，撇了开去，便认识伟人、革命党是不能作统一底中心了。一重重剥蕉抽茧似地将迷妄除去，到后来单只剩了一个法治，这便得了统一底中心——可是法治还是不能脱离习惯、境遇、经验、教育而另外有一个基础的，那么又该探讨习惯、境遇、经验、教育底策源。习惯、境遇、经验、教育是有改造底可能性的，这些底大源是什么？便是社会的生产制度。社会的生产制度基于社会的物质生产力，社会的物质的生产力便是生产底源泉，这生活底源泉找到了，那统一底中心自然涌现。社会的生产制度，构成社会关系。生产关系底总和，成为社会上经济的构造。社会经济的构造，是一切政治、法律底基础。

这是《浙江省平民自治宪法》（草案）底第二内容。

（三）后进国有消弥惨酷的阶级斗争底可能性。

自《人权宣言》出世后，法国经过八十年战乱，人民才勉强从王党手里夺回主权来。后进国像中国这样缺乏人权观念的，不过经几个月的战争，便推翻四千年来历史底柱石，挂起共和底招牌来，这正是后进国底便宜。民国三年起欧洲〈互〉五年的大战，一方面是旧经济制度底崩坏，一方面是新社会底自觉。以中国处在这新旧变革的世界状况中，早已有无数生命为我们作前驱而牺牲的，便是素来缺乏经济观念、组织能力的中国人，也容易觉悟到世界自由竞争的商场到中国已成绝港。在这一点觉悟上，更了解习惯、境遇、经验、教育都有变革改造的可能，于是打算以一纸书通过的改造，顺手捡个便宜，以避免阶级斗争底惨剧。

“宪法是民众威力底表现”。依这句话，宪法必须从革命得来，与“自由花必用血来灌溉”同一意义。可是“人”是世界的，别国人的血未尝不可以灌溉，自己国底花，犹之自己的前驱牺牲者直接为同国继起者的踏磴，间接为别国后进者的梯阶。铁蒺藜布满的世界中，早经许多人冲出了一条血路，后进者从先进的尸骸上过去，决不是一桩危难的事。

这部《浙江省平民自治宪法》，集权于有益社会的劳动者，正是他国已经有无数人民牺牲过来的成绩。而且中国底社会分子中间，有许多“危险阶级”底分子中浑含在内：这种危险分子，虽也从经济压迫的生活状况中产生了来的，但是专趋腐朽的这条路，以抢劫欺诈为生，一面容易被金钱买收受野心家所驱使，一面又巧于仿革命的旗帜而惨酷的骚动。在一般人民程度比较幼稚时期，世界潮流又逼使迎受的状况中，事实上更有免除这种危险分子作祟的必要。

这是《浙江省平民自治宪法》（草案）底第三内容。

《浙江省平民自治宪法》，有三个要点，大体已经说明了。而各省有制定宪法的必要，也不能不说——

烂摊在地面上的中华民国，同一时期陈列着相距离千百年的历史。例如浙江底农人，已经进到自由农民底地位，而云南各处有属地的土司区域，还是和十六世纪的俄国农奴一样。又如电力和汽力的交通状况中，同时还杂有许多人力代畜力的交通。在这种古今浑杂的状况中间，风俗、习惯、生活和进取的形势种种悬殊，万不能单靠一部国宪促进进化底历程，更不会有统一的效果可收。这是发动各省区自制宪法底最大原因。

（原载《责任》第1期，1922年2月27日）

去　了

（1922年2月28日）

（一）

别的没有东西可寄，
只有泪！
泪也无从寄，
除非梦里！

（二）

我为世人生，
难道我敢病？
去了真去了，
墙边送我登车影。

（原载《民国日报》副刊《觉悟》1922年2月28日，
此据《玄庐文存》）

伊去了

（1922年3月1日）

“你是受人抛弃的么?”
“我不是别一个人所有的，便无所‘抛弃’”。
“那么，你为什么自怜自、自愤自、自辱自呢?”
“这是我和伊历史上的关系。”
“你也曾萌抛弃伊的一念么?”
“那是我对于伊的解放。”
“真的么?”
“有一部分是真的!”
“你一向不是所有伊么?”
“我总当作我该卵翼的鸡，
“羽毛未丰便离巢了，可怜么?”
“我祝伊更有安稳的巢!”
“伊自营么?”
“我不知道。”
“你心痛这‘不知道’么?”
“是的!”
“假使伊是解放你呢?”
“伊！怕没有这付能力。”
“你愿再见伊底面么?”
“愿的——我为什么不愿?
我愿得伊真确的好消息。”
“倘使伊没好消息给你呢?”
“我总尽我情理上应尽的责。”

“可怜的伊，
忍辱的伊，
勇敢的伊，
伊去了——你呢!”
“伊是变了我反抗性训练过的徒弟!”

（原载《妇女评论》第30期，1922年3月1日）

星与海

（1922年3月2日）

一

天空的星云啊!
你借别的星团成你一颗玲珑明慧的星，
团成了你时，伊却远远地亮着看你!
伊看见你在大海里沐浴，
海也敞着胸襟沐浴你，
海怎不妒忌你在天空中照着伊?

二

云来了啊!
他隔断了星和海，
海黯了——难道星也黯了吗?
风来了啊!
它播得海水起了波澜，
星底光也在海心里乱晃!

三

风过云收啊！
海也依旧笑眯眯地涵着一颗星，
星还是亮晶晶地照见一颗星。
多谢风云，
他正会摆布着天空的奇景！

（原载《民国日报》副刊《觉悟》1922 年 3 月 2 日，
此据《玄庐文存》）

在杭州

（1922 年 3 月 3 日）

一

醒时不敢哭，
恐伤吾友心。——
惟有梦中啼，
啼向梦中人。——
梦中人不见，
反把自啼醒！

二

一场场痛哭，
一层层寂寞。
谁驱这颗心，
深陷人牢狱？

十三年历史，
独自扪心读！

三

我欲寻伊去，
念伊在何处。
出门莽莽行，
冷风透骨髓。
伊意究如何？
行行行又住！

四

军人非无家，
离家远从军。
便做沙场鬼，
还是梦里人。
孤雁深宵泪，
不是惊弦声！

五

生平两女伴，
是师不是友。
谢伊开我蒙，
得伊深造就。
教鞭遥指处，
“爱情非占有”。

六

凛凛龙泉剑，
磨以爱河水。
爱河水长流，
光芒无渣滓。
手断颈索链，
有生即是爱！

（原载《民国日报》副刊《觉悟》1922年3月3日，此据《玄庐文存》）

送我侄女福贞出嫁

（1922年3月7日）

幼稚的福贞出嫁了，
是谁底主张？
你诚实的爹爹选的“东床”。
女校一月假，
来作新嫁娘。
我将什么持赠呢？
衣裳么？
绮罗文绣污真相；
珠宝么？
明珰翠玉掩灵光。
手弹琴一张，帖一箱，
我是囊箫匣剑者，

急丝无意弹高响，
□经室对凤凰山，
偶然一展三希堂。
福贞呵，
你莫笑阿叔秃唐——
爱河星影有光芒！

一九二二、三、七，衙前

我近来的怀抱，略像寒冬，百生尽蛰，不能因福贞好日，唤起春魂！但是我确见到不远的将来，必须经过短期间的女性中心时代，才得从“性别”上发见“人”，而达到无所谓“男女平等”的男女平等。“爱非专有性”这个普通的大光明，要到那时发光。

玄附记

（原载《妇女评论》第32期，1922年3月14日）

慰　安

（1922年3月12日）

——谢楚伧先生底诗，俍工肃文先生底信——风雪关山、车轮帆影、往事从头细数，整备泪珠三万斛，樱桃花下检情书。

只零笺剩墨，遗失了些，残缺了些，比春魂浓淡何如，是胸中一副爱情图：

要不展开时，心乐里锹锹铮铮绝命词——
若说展开时，纷纷碎碎乱云铺！
友来慰我，

正不知慰伊的人有也无？
待抖擞全神，把凡秽的情天改造过！

1922年3月12日衙前

（原载《民国日报》副刊《觉悟》1922年3月20日，
此据《玄庐文存》）

吾　友

（1922年3月21日）

“吾友，你去了？”
由得梦中呼唤。
心中寻觅，
空中搂抱！

生命流上的波澜，
地球面上的山峦；
如果削山填海，
文章总觉平凡！

春风来，樱花开，
芭蕉缘，樱桃熟。
去年上树摘樱桃，
叫伊不要闪了腰——
今年樱桃花落时，
有人呆立看花枝！

阿娘阿叔语匆匆，
梦里相逢有病容；
竟被枕头欺一夜，
春宵断送月朦胧！

（原载《民国日报》副刊《觉悟》1922年3月21日）

敢问非宗教信徒底反对“非基督教运动”

（1922年4月4日）

宗教，是人类幼稚时代虚妄的创作。弱者依据宗教作自欺的尉安，强者凭陵宗教施杀人的手段。（一）成为人间的障壁；（二）不许疑问的信仰。宗教底本身，本来是一件不可思议的没有的东西，本用不着“反对”。但是，人类中的男子底一小部分，就凭借了这一种不可思议的没有的东西，明目张胆地肆起暴行来，却有这不可思议的没有的东西替他们掩护了罪恶。我要加显戮于这种罪人，所以我反对宗教。备受欺凌、残虐、敲剥的多数人，既沈［沉］沦在这种掩护底迷惘中，便拦断了觉路，反而投入更黑暗的冤桶里，这是社会何等不平何等冤孽的状况？我要救出这大多数备受冤苦的人，所以我反对宗教。因此，我是表同情于反对宗教运动。

如果是任何利用宗教或迷信宗教的人们，对于反对宗教运动发表意见，我也十分地欢迎。大不料自称非宗教信徒的周作人、钱玄同、沈兼士、沈士远、马裕藻五先生，忽然发表了反对“反对宗教运动”的宣言，这不是一桩迷惑的滑稽事么！我细细地把五先生这篇宣言读了一遍。

五先生底宣言说“信教自由，载在约法，知识阶级的人应首先遵守，至少也不应首先破坏”。五先生处在首先破坏约法的非法政府之下，又是在非法政府范围内累索不给薪的学校中，——马裕藻先生是不是北大教师，我不知道——敢放出维护约法的声浪，我很佩服五先生底胆，而可怜五先生底遭遇，北方是白莲教、红灯教蹂躏过来的地方。五先生决不至于因这种宣言而被嫌疑为这类宗教底然［燃］死灰者。我更佩服五先生底识，只是我对于五先生宣言有许多怀疑处，要请教请教。

宗教共有几种？我不得知。有人认孔、佛、耶、回、犹太为五大宗教，有人不承认孔为宗教，有人以佛是不是宗教还是存疑，其余种种宗教，更知道不得许多。假定五大宗教作标准，信仰耶教的同时决不会信仰其他四教，信仰回教的也同时不会信仰其他四教……五种中信仰了一种，必有四个不信仰的。法律只要不制限人民非信仰哪种宗教不可，那么、人民对于这五种宗教，任什么不信仰，总不能说是犯法。因为任什么宗教不信仰，而发表反对任什么宗教的言论，也不能就加上破坏国宪的罪名。现在五先生以非宗教同盟运动为破坏约法，那么，五先生校里的校长蔡孑民先生就是否认孔教的一人，五先生朝夕相处，何以不曾听说五先生加他一个破坏信教自由底罪名，也不曾劝告他“知识阶级的人应首先遵守”底话？敢问：

“我们认为人们的信仰，应当有绝对的自由，不受任何人的干涉。”“信仰”是什么？我信仰荷兰人治水的学术比其他国底人精密；我信仰阿拉伯的马比其他地方产生的良骏。宗教的信仰，只是虚构的一种幻境，在有产阶级，未尝不可以作为清心火的寒泉，可是别一方面便是诱惑无产阶级穷做到死的魔术，收不到寒泉点滴底功，却生受魔术底欺弄。有产阶级得到这种弄魔术的武器，情愿做钻不过针孔的骆驼，却让出奇妙的天国给无产阶级，即此便见得宗教信仰，有产阶级是没有的。有产阶级没有的信仰，却处处装潢出可信仰、该信仰、不得不信仰的广告来，就是什么牧师、神父、会堂，诱惑无告的无产阶级，尽骗入迷阵中信仰他们无可奈何的信仰。这种信仰，就叫做“迷信”。迷信，便是无产阶级底陷阱，是有产阶级掘来坑陷无产阶级的。真正抱这种迷信的人，总是劳工与妇女。这些弱者，我们正该从深坑里援救他们出来，正为他们得不到知识的机会，现在五先生不但不指引他们出这个迷阵，还要替有产阶级做不知有无薪水的牧师、神父，认幻想作信仰，究竟是什么居心。敢问。

前年有一种自由月刊发行，记得里面有几句说，“我们相信无绝对的自由，可是我们要朝绝对的路上走”。五先生所谓“绝对的自由”，一样地使我费解，索兴请五先生一一解释。

“自由”怎解？“信仰”怎解？“绝对自由”怎解？“信仰绝对自由”怎解？五先生多是“知识阶级”里的人，可怜一般乡愚农愚实在得不到一个医愚的机会，要请先生在负责任的宣言发表后再费点滴释疑的墨水吧？

五先生都自称不是宗教中人，为什么主张宗教信仰□□因此？我还有几句要问的，现在的法律，是哪一阶级底人制定的？现在法律所赋予的自由，是哪一阶级底自由？现在法律是保障哪一阶级的？现在的法律和宗教，是利于哪一个阶级的？敢问：……

二二，四，四　衙前

（原载《民国日报》副刊《觉悟》1922 年 4 月 11 日）

醉

（1922 年 5 月 2 日）

狂情把酒浇，
天上星摇，
地上山摇，
手上杯摇。

目光如电浑无定，

思也难熬，
怨也难熬，
四顾苍茫笑拔刀。

（原载《民国日报》副刊《觉悟》1922年5月12日，此据《玄庐文存》）

沉寂中的妙音

（1922年5月5日）

梦回夜静，
天还未明，
沉寂中的醒。

瓦上雨声，
枕上表声，
壁上钟声，
心房跳跃声，
调成了沉寂中的妙音，
温存着踏梦回来还睡着的人。
惺松！忪惺！
这般滋味，
愿与世间人一一平分！

一九二二，五，五　杭州

（原载《民国日报》副刊《觉悟》1922年5月8日，此据《玄庐文存》）

教育底社会化

（1922 年 5 月 7 日）

玄庐先生是位最精诚的社会实际运动家，近居乡间，极力图谋教育事业的发展，联络一般戚族旧友，计划普及全县教育，先生之意，以为“教育即革命，革命即教育”，要实行革命运动非从教育着手不可！萧山龛山周氏宗祠底继志小学校，又继先生以独力创办的农村学校而起了，几经恶魔底厄阻，突于四月十七日完全成立，举行开校式。这篇为先生那天的讲稿，措辞恳切，态度非常严重，要知先生近状的，想必以先睹此稿为快的罢！故急披露出来。

（怀芳女士附识）

我今天以教育会会长资格来做主席。这是我在责任上义所不能容辞的地方，且与周氏，素有姻谊，为众共和，尤宜竭尽绵薄，共来掮社会事业之伟举！继志小学校底匾额，以前为“周氏义塾”四字，改称今名，不冠以“周氏”字样，以明学校为“社会的”，不是哪一姓可得而私的！

中国数千年来的教育，都是为少数人的特殊阶级而有〈的〉教育，未曾注意到民众的教育。私塾之设，完全是特殊的贵族的教育，富有资财者，各延西宾，闭门教读其子弟，与民众毫无关系。今继志小学校，以其族有的资财为创办底基金，又以私塾改为学校，乡人子弟，各有求学底机会，这是财产与教育底民众化与社会化底表现。

周氏，原是大族，为什么开学之始，报名仅二十人呢？说来似乎很奇，其实毫不足怪！因为此处四周包围着的星罗棋布，都是桎梏人类本能发展的私塾！略有几分财产底［的］，就去请一位老先生来教读其子弟，表示他们阔人底态度。我湖州有一个朋友，很有钱，自己屋里请了六个教师，教他一个儿子，现在这位阔公子，年仅十六岁，书原是读得不少了，可是每天闭门吟诵，社会情事，一无所知，试问这样的子弟，将来造就出来，至多也不过是一书篓罢了，更有什么用处？又如周祠中有几位请先生来教他自己底儿子，我曾经看过他们所教的都是《孟子》、《史记》……一类中学高等以上所能研究底书。儿童一方面，终于懂不得一些什么！这不是特殊的贵族的教育，——自杀的教育么？为什么这样的教育，是自杀的教育呢？例如，鱼翅、海参，虽然是些补品，好吃的东西，若是乳婴吃了，能够消化的么？所以我底意思，以为儿童全是“社会的”一个完人，全是中国的一个好国民，父兄不能视为私物，据为已有，操持生杀之权！所以我们不能再坐视这许多小小的好国民，给他耽误了！继志学校设后，如附近的私塾，再不自行取消，送弟子到此地学校里来，那末，我从责任上着想，只有按照教育会议决的取缔私塾底办法执行了！

讲到经济一层，我意以义庄公款项下划作基金，是最好的办法。因为义庄是慈善性质，专为布施贫民，〈因〉穷不能自给者而设，意思原是很好，无如义庄之费有限，现制度底制造贫民如人口增加是有增无减，虽有几十万资产，亦必供不应求，何济于贫民底挨饿呢？而且济贫，虽一善举惠人，但源源救济，益增其惰性，有时反成为莫大的罪恶了。所以我们如果真真表示同情于贫民，与其给以许多金钱，不如授以相当的知识，养成其有独立生活的技能——管理生产机关的技能，这是我所以主张以义庄经费泼［拨］归学校之用的理由。否则，施与愈多，贫民亦必愈多，子弟又必长沦于不学的境界了，社会岂不是很可危险么？

还有一层，是我对于继志小学校底希望。继志学校，最初为周氏义塾，周氏族中，有二十万的财产，除族中零星开支外，假定每年有五千元的收入，并可请得省税三千元之补助，正可以由小学扩充到中学了。如果此地有一中学之设，社会上多得一求知的机会，也可不必到远方去奔波了！这是我对于继志小学底将来最大希望的。

附农村学校致继志学校底祝词

中断十年来的继志，今又颤巍巍地在这清和明媚中重见世面了，这确乎是盛族之下，继志有人底具体的表现！农村同人，在这社会的意义，很欢忻的和继志诸友握手，树着很鲜明的旗帜，永远站在益友底地位，作同一意义底努力。

努力，努力！

人生要在沉寥中，

探索有丰富的意义底努力！

钱江怒潮滔滔地自东流，

逆着潮流遭灭覆！

凤凰山上撒下的一颗，

坚实的美丽的种子，

落在好土得润滋！

（原载《民国日报》副刊《觉悟》1922年5月7日，此据《玄庐文存》）

沈定一等质问省立贫民工厂厂长违法侵权犯法各事项书

（1922年5月8日）

查浙江省立贫民工厂章程第四条“本工厂教授艺徒每日以前项工作八小时外并于夜间授以国文珠算习字等科”。如今该厂工作时间，上午七时开工至十一时三十分，下午十二时三十分至五时，超过法定工作时间一小时。该厂原有两处讲堂，现在只有一处，而且每科每星期只上三天课，（例如：星期一、二、三木工科上课，星期四、五、六雕嵌科上课），又只有法定授课时期之半；教员并且时常旷课。又，同章程第六条“厂长由省长遴委本省人曾在工业专门以上学校毕业并曾任工厂事务确有成绩者充任……”如今该厂厂长马衡，籍江苏省淮阴县，并且不是工业专门以上学校毕业的。又，同章程第八条“艺徒年龄须在十五岁以上……”如今该厂艺徒年在十五岁以下的很多。又，同章程第十四条假日“（一）星期日”。如今该厂星期〈日〉上午还是开工。其次：凡犯违警罪、刑律的，自有警察厅司法科和法庭判决执行。如今该厂艺徒犯违警罪，而该厂厂长马衡竟侵警察厅权躬犯刑律而加艺徒以体罚（例如：四月二十三日和五月二日等日，织布科艺徒某及毛巾科艺徒潘小泉、刘海官等因犯赌博被责手心罚跪二十分钟等事）。

以上种种，违法一，侵权二，犯法三，省长有所闻知没有？议员等依省议会暂行法提出质问，请省长三日内答复。

提出者：沈定一；连署者：陈钟祺、陈子亭、陈惠民、陈邦达、查人伟、郑献诗、张佩璇、盛邦彦、潘保润、朱念慈、金廉方。

（原载《浙江省议会民国十一年第一二次临时会议员质问书》上编）

沈定一等质问前图书馆长钱恂不将补钞四库全书及余额移交事项书

（1922 年 5 月 14 日）

查前浙江公立图书馆馆长钱恂，于民国四年向巡按使署领去补钞四库全书经费银四千元，于去职时未将已钞书本及余款移交后任，迄今八年之久，又未据只字缴馆。该前馆长以齿德兼尊自命，竟不计我浙文献，意图私占前项公有钞本，于公德私德两有惭色，乃贵省长何竟置之不问？未闻勒限严追。议员等深滋疑义，特具书质问，希于三日内答复。

提出者：查人伟；连署者：沈濬昌、沈定一、任凤冈、张韬、虞秉璋、丁文炳、陈惠民、王培燨、郑献诗、许祖谦。

（原载《浙江省议会民国十一年第一二次临时会议员质问书》上编）

沈定一等质问地方实业银行收归省办尚无办法事项书

（1922年5月15日）

浙江地方实业银行收归省办一案自本会议决、咨由贵省长公布后，当然无通融之余地。乃闻新商股一方百计钻营以遂其并吞该行之计划。据报纸所载财政部总次长张弧、卢学溥等竟不顾职权所属，妄自委员验资，批准注册。且闻一再函恳贵省长希冀推翻法案。查贵省长准本会正副议长沈钧业、杜棣华、祝绍箕等公函，函聘俞炜、俞曹济等为该行查帐员，究竟该行账目查账员能否秉公澈底查明？贵省长何以不将查陈账略咨交本会审查，岂此中有难以明示之处耶？事关省有财产，本会有议决取分之权，何以收归省办一案，时逾四个月法定期限，贵省长尚一无办法，是否屈服于新商股等之势力？抑暗受新商股等之运动？傅说纷纷，莫明真相，议员等益滋疑义，爰依省议会暂行法第十九条提出质问，希贵省长于三日内确实答复，毋任盼祷。

提出者：丁文炳；连署者：潘士邦、陈惠民、於畏三、任凤冈、郑献诗、虞秉璋、沈定一、马义新、沈濬昌、吴清、许祖谦。

（原载《浙江省议会民国十一年第一二次临时会议员质问书》上编）

沈定一等质问女子蚕桑讲习所疑义四款事项书

（1922 年 5 月 26 日）

查省立女子蚕桑讲习所额定学生一百名，以五人为组，共二十组，分组养蚕，制种实习，每年每组提茧十二斤，又每组约有同宫茧十余斤，每组平均以二十斤合计，这项蛾口、同宫所制成的丝棉，以产量最少额计算，每斤应得丝棉二两，每组应得丝棉四十两，二十组合计，最少应得八百两，而省长答复丁议员凤元底质问所附实业应呈文，说是“七年试制丝棉五斤，八年十二斤六两，九年十六斤八两”，和产量相差太远，这是被该所所长中饱了呢？抑或和实业厅通同舞弊？此质问者一；

其次，该所产茧，原为学生实习缫丝用，而该所竟将产茧卖给纬成公司，使学生缺乏实习材料，究竟历年茧底报销怎样？此质问者二；

又其次，该所学习膳费，按照预算每人每月三元四角，查该所包厨每人每月三元一角，并且学习在假期内，该所还要向厨司按日扣除，究竟此项膳费，历年如何报销？此质问者三；

又其次，每生每学期缴纳杂费三元六角，原来就是讲义纸笔草纸等费，而这些费用，仍须学生在缴纳杂费之外一一另出代价。以“夏赏、年赏”，这种养成校役奴隶性的习惯，正应革除，而该所所长竟公然指令学生给赏。究竟省长对於该所所长这类举动，是否采不干涉主义？此应质问者四；

以上四项：本议员认为疑义，依法提出质问，请省长三日内答复。

提出者：沈定一；连署者：盛邦彦、金廉方、许祖谦、任凤冈、丁文炳、虞秉璋、马义新、郑献诗、陈惠民、潘士邦、吴清。

（原载《浙江省议会民国十一年第一二次临时会议员质问书》上编）

儿童保障条例[①]

（1922 年 9 月 1 日）

无论何种动物，在彼幼稚时期，都是无条件得受养与教底权力。童权出诸天赋，比较得被一切制度所掩蔽的人权，尤为显著。正为个体底寿命有限，而延续人类各个体的寿命底儿童，和时间底流一样的无穷尽，所以成年者常常谋建设和爱康宁的社会，畀诸承续他的生命底儿女，并且满贮了无止境地进化的愿望，可是过去和现在一切掩蔽人权底恶习惯，几乎陷儿童亦为成年者所有物一样。家庭私有子女，师傅私有徒隶，种种残暴惨酷的待遇，实在使我们人类含羞。本员为补充法律上简陋的缺憾，并同时使我浙江省人民明白了解儿童是最密切的将来底承续者起见，特地拟具左列条例，都十条，请大会公决。

第一条　凡浙江省儿童自产生日起至满十八岁止，无论男女，均得享受本条例之保障。

第二条　婴孩初生时，最大限在二十四小时内，其家族应开具性别、生时，报告附近警所登记。

前项报告，亦得托邻右代表。

自本条例施行日起，限六个月内，凡本省十八岁以上之人口，均须由各地警察查明登记汇报，嗣后每六个月查报一次，各县每次查报总数，在《浙江公报》上公布。

第三条　儿童满二岁，得有受幼稚教育之权；满六岁，得有受小学教育之权。

第四条　儿童不满十三岁，不能操任何劳动工作。

---

① 这是沈定一在浙江省议会提出的议案。

第五条　儿童满十三岁至十五岁，每日劳动工作时间，不得过二个小时，并不得从事于危险或妨碍发育之劳动工作。

第六条　儿童满十五岁至十八岁，每日劳动工作时间，不得超过六小时，并不得从事于危险或妨碍卫生之劳动工作。

第七条　儿童不得为夜工作。

第八条　无论何人，不得以儿童为贩卖品及赠品，不得加儿童以体罚。

第九条　产前三个月之孕妇，如系佣妇或女工人，有随意工作之权，雇主对于此项雇工，须給全薪，至产后满一个月。

第十条　本条例公布日施行。

（原载《妇女杂志》第8卷第9号，1922年9月1日）

玄庐答“伊”的通讯

（1922年10月2日）

十一年十月二日，玄庐从风中雨中岸上可行船的大水中看灾回来，默默地坐在一间没遮拦的监牢里，设想一般将要断食粮的男男女女，正在洪灾中等死，连喊痛的气力也没有了的，怎样“起来拯救”他们？采什么方法“努力”？究竟物质——粮食——不能无中生有的，一个汹汹的灾世界，究竟有多少人口，还有多少粮食，谁也不知道。就食吗，朝哪头去？运粮吗，运出的地方又该怎样？分配吗？毫无统计！千回百转，总想不出一个完善的计划！

最痛快地设想，就此“这样凶恶的人类社会，索性淹死完了，却也省得许多事”。但我下不了这一个“割”字的棘手！或者说横死竖死不免一死，把一切纠缠都看破了，由意境□营一个诬伪的极乐世界。但我又迷不住这一个“脱”字！正在从没法中间搜索救援的□□时，忽然接了力子先生一封信，信内附得有署名“伊”的一封信。这位“伊”的，是玄庐□承教的先生，伊教导玄庐，就是“割忍”两个字。

玄庐女友中得两师，一个教玄庐“解脱”，一个教玄庐“割忍”，而玄庐对于一切有情的人类，解脱既不能，割弃又不忍，所以才有这封回信。伊！

我十个月来醒时梦中所想念而抛不掉的你，我到一个地方似乎有很像你就是你的一个你，我常常从睡梦中起来想去寻找的你，我在疾病、愤怒、苦思中求得一个伴侣的你；你今天有了消息了，我当最猛烈的刺激中得到无限的快慰！

你拿了我当座右铭口头常念着的“讨饭永弗穷，除死无大难”两句话作最后的标准，鼓起勇气，把十三年来思思想想的历史割断了，这样牺牲心和冒险能力，除却我也发展不了你，除却你也没有这样快的发展，你可算是我第一个私淑弟子了！可是你倒是我底教师吧！因为我却没有这样“忍”！我又尝说，“我们从第三阶级跳出去为第四阶级做解放事业，到成功时，要准备第四阶级嘲笑我们底历史，并且要很忠实的会退出指挥的地位，这才可以主张革命”。究竟财产权底看穿，是各有智慧的所能够，而暂断男女间的历史，到要加十倍的勇气吧！我当过这一关时，什么很心，自己都咽下去了，什么辣手，自己先斫断了，只求得我所主张的是人类的，人类的目的达到时，便是我所获得的报酬，可是我总放心不下呵！

我所放心不下的，正为汹汹的世界中，何处不张着你们的罗网，如今你有了消息了，虽说“没甚好消息报我”，料必不是罗网，你真个能够自己解放自己的，即使你受了别种冲动，也要算我几年来的笔舌不虚。

信里有些话，或者不是你底意思吧！我从信封上面“上海”两个字，可以断定是你亲笔的，我就当你的信读罢！

奇怪！“我心中两个影子”，都在江苏省境，所以我常常怕到上海来，所以从你去后竟没有到过上海，而天天望着凤凰山背后的云天，不觉泫然下泪！

只是□□，我虽没有和伊发生关系，却认为事实上的良侣，伊偏要抛撇了社会事业，钻到不可思议的佛里去，使得我知道了伊底住所，也不愿意和我所反对的一切宗教里的人通信。但是，一个人当十分枯寂烦闷时，何尝不会从生命底弱点上流出逃禅的一念，我亦不能自解，“写经室对凤凰山”这类诗句，便是这种时候所发；这原是一种迷信——无奈我去寻迷，迷却不来招待我，所以终究变不了我那驰聚披猖的气质，你说“消沈［沉］不是我应该做的生活”，又劝我“不要灰心”，我很感激你，请你放心，世间既有我在，总有一天领出一条人生底大路来。可是开步走总得自己发脚！

零碎话太说多了，我要简单说几句男女间的话：凡是同在一支生命流上的男女，合，不必定有什么名称，只是接近的伴侣罢了；分，一样是胶漆相投的朋友。如果不同在一支生命流上进行的，即使用种种法律名义来束缚，施种种方法来刺激，也像捏了啐瓶盛酒精似的。设或因为离合的不同，便发生或种仇视，危害的言动，图自己底便利，把别人当一种物质的占领，那就真个像你信里所说的“提画眉笼”了。鹰爪下面，没有活命的小鸟，我是不是鹰，我自己无从认知，我欲要养成一切自承为小鸟的都能够摩空直上和鹰奋搏！

我信弱者不终于弱者，我希望无数的弱者不妨首先学你“割忍”这两个字！

伊！你是我同生命流上的好友，希望你长足进步！希望你机会好！希望你事事如意！

再谈罢！请！

玄庐　十一年十月二日　衙前。

（原载《民国日报》副刊《觉悟》1922年10月6日）

浙江萧山县水灾状况

（1922 年 10 月 5 日）

浙江七十五县，从六月初遭风雨，一次、两次、三次、几乎无地无灾。绍兴萧山等七县，灾状最显著而奇惨的，当然要算诸暨，诸暨第一次遭灾后，有人从水底下撩摸早稻时，一亩田内，居然发现出十多副枪毙的尸体、从尸体旁边、拉丝半芽未烂的稻穗来，如果不是饿慌的，哪里还能下咽，这是诸暨一大部分的灾状这样。萧山处诸暨下流，地势西东横亘，北面滨钱塘江，受灾的情形，形式上却没有诸暨的惨酷，而受灾的程度却不能因形式不显而轻减，兹觅得萧山旅杭水赈会底代表沈君剑侠报告如下：

我们依农业为中心的全国同胞公鉴：平年从夏到秋的合风，盘旋惠顾到浙江兼及邻近各省，受这种疾风淫雨底摧折的，当然是我浙江七十五县食力的农民，你说“我这里没收成了”，他说“我这里没淘成了！”我说“我这里没得吃的了！”，“天呀！为什么专门苦我百姓呢?”这类的叹声，还是求不到“淹死”的机会的才有分发出这声长叹。

我是代表这叹声的，所以特地抽象地把这一声叹息，写在纸面上，送入我依农业为生的同胞底耳朵里。我个人的任务，应该代表人类，至少也代表浙江一省的人民，可是如今萧山旅杭水灾筹赈会，要我代表萧山一县对于我们同族喊一声痛，所以发表下列的记述。

萧山地势处诸暨下流，本年诸暨的灾情，大家都很知道是惨劫了。萧山南乡正居诸暨下流之冲，所以浦南乡一带，有许多田亩，不但收成没有，并且田亩都冲成沟渠，南乡瓜藤十八村，素来以穷著名的，又经这种奇劫，不但没有立锥之地，竟直没有立地之锥了。但是急溜［流］直冲，一泻便过，早稻杂粮，虽根株尽绝了，晚稻或许还有几分希望吧，无如结［接］二连二［三］的洪水中，更加积夜连朝的淫雨，结果，便是什么收成也没得。

这是南乡一带的情形如此。说到东乡，占全县四地面积三分〈之〉二以上，南沙一带，紧邻钱塘江，上受江水冲刷，下受江潮激荡，从民国初元，坍去每亩价值三十五元的膏腴地，二十多万亩，这都是经三五十年农人底血汗所汇成的，地坍了，人呢，逃的逃，死的死，逃不了死不去的便挤拢来谋划地种，人稠地窄的农业地带，平常的年岁，已经是吃菜过冬了，东乡南沙沿江一带居民，到冬天粮食断绝时，很有许多用菜代米饭。丰年呢，这些农人，以为地不是自己的，也不是社会的，草舍不是自己的，也不是社会的，只有两双手劳力得来的农产品是自己，而且用尽气力开垦出来的地又是坍涨无常，所以无论怎样丰收，只要图得今天醉饱再说，因此，丰年也毫无余积。今年可苦了，南沙秋收，大宗是棉花，其次是麻，其次是杂粮，一阵两阵三阵的狂风夹着一潮两潮三潮长期的雨，又加以江潮一度两度的掩盖，扑落的扑落，摧折的摧折，腐烂的腐烂，所期望丰收，结果，是被风收去了，所期望的有余，结果是只有雨了，不但花麻摧折尽，连未到收成的番薯芋艿也埋在雨浸的泥土中霉腐，白菜子草数，下一次漂一次，萝卜种子，贵到一百二十多元一担，比药店里用厘戥称的还要贵，这就是沙地一带的情形了。

至于塘里，除被水冲去的地方说，早稻本有十成希望，将要成熟时，风摧倒，雨淋透，水浸着，老点的抽芽，嫩点的霉烂，即使从风雨中用船打捞了些起来，即没有地场摊，也没有日光晒，结果，也和浸在水里望得抽芽霉烂是一样，眼前的晚稻，也是照这一个公式演着。

大致可说，诸暨底水灾，是急性；萧山的水灾是慢性。萧山南乡当冲和南沙滨江的水灾是急性，其他各处是慢性。急性死的固然痛，慢性死的尤其可痛。

我们以农为中心生活的同胞呵，我们萧山水灾状况如此。报告者沈定一。

十一年十月五日沪杭车中

（原载《民国日报》副刊《觉悟》1922年10月6日）

心弦断后的微笑

（1922 年 11 月 11 日）

快乐中的寂寞，
要算真寂寞了。
浩浩荡荡活泼泼的儿歌队里，
可惜心弦断了。
真个断了心弦，倒了罢了——
有时还发微声，
把冰冷的灵魂儿缩得比微尘还小。
长啸！绝叫！
无声的声，
只有晚烟听懂，就立刻把群山拥抱，
湖水冷冷，
一轮冷月，照他微笑。

（原载《责任》第 6 期，1923 年 1 月 1 日）

梦里相逢

（1922 年 11 月 25 日）

曾经碰着，
既要回来，

如何放却，
也不该独自一个！

一一，一一，二五，杭州

（原载《责任》第6期，1923年1月1日）

说“间”

（1922年12月27日）

我们设想物物交换以前，并交换的动作都没有，就像马鸣所说人自取得果实吃的时代，那时代，人与人间，并没有什么“间”的问题。

人与人间，既没有“间”的问题，当然没有什么团体。我们再设想老子底理想世界，他所谓：“至治之极：邻国相望，鸡狗之声相闻，民各甘其食，美其服，安其俗，乐其业，至老死不相往来。”依他底理想，人已经不是畸零地一个顶一个了，各个生活团体，自身有充分的物质境遇。不过团体和团体间，不发生什么关系联结罢了。

现在的时代，是什么时代？——当然不是物物交换以前的时代；现在的状况，是什么状况？——当然不是各个团体不相关系联结的状况。那么“间”的问题，就成为人类唯一的重大问题了。

由不相交换而进到物物交换，又由物物交换而进到货币底发明，货币底作用，便是表示生活底复杂，由生活底复杂而看见“间”底扩大和错综。

到了货币做成“间”底主要分子，于是较量一切物品底价格的金钱，便成为特殊的人格而成为人类间的主宰了。金钱人格的状况，便是时代应有的产儿，也可说是生活进化底历程中已经不能避免的境遇。

就交通上说，“老死不相往来”的痴梦，如今应该没有人做了。请看成队的海舶，布匹似的电线，经纬似的铁路，高空的飞航，乃至星罗棋布的无线电台，无一不是将“间”继续着发展、扩大而促进其敏捷。原来交通的发达，是资本主义先锋军应有的布置，可是这种布置，同时使人类中的无产阶级认识了“间”的发达，是妨害旧式生活的民族底生存，更认识了“间”的发达是没法抵抗，不该抵抗，而一变其对于“间”的仇视为更换“间”底主权。

“间”的主权者，渐渐已由私有而转移为国家所有、社会所有了。例如，中国底电报局，从前属于私人组织的公司；又如邮递，从前属于民局；又如公司铁道，在革命前反对国有的，如今一变其主张。铁道主张国有民有的争议，正如现在招商局一样，不过人民对于现政府不信任的一种故意的表示罢了。

我们不反对“间”的发达，我们却主张“间”有变更性质的必要。因为空间底界不开，正如时间的划不断，变动和变化，都是朝群众公共利益方面趋。人类间最伟大的能力，就是从认识“间”是人类共同点开始，由这个认识而提议支配“间”底作用的主张，就在目前一一的发见了。

一一，一一，二七　衙前

（原载《责任》第6期，1923年1月1日）

从改善运动到革命运动

（1923年1月29日）

情，是纯善的；反情，是纯恶的。革命底建设方面，是情底创造冲动；革命底破坏方面，是反情底摧毁冲动。革命底进行，是情底力底表现。情底力正表现时，一直线往前进，任什么利害危险都不顾，成功就成功，失败就失败，那一瞬间的决定，从不少日子的训练而来，决不会有什么转变。革命事业，未必完全成功于径情直行者底手里，可是决破四周坚压的环境，全使径情直行者作先锋。先锋底责任，是在决破环境。当和四周环境冲激时，就将破坏作了唯一的嗜好；自我不顾到什么牺牲，前途也顾不到什么建设，一往无前径情直行的气概，便是革命先锋军最善良的气质。

四周的空气，压迫得能受呵！革命底大本营在哪里？一枝苍头崛起的别动队，披了改善式的外套，在各个都市或村落起起落落的发动了。如萧山农民协会，广州海员会，汉口、唐山工人运动是。

厂东憎恶工人组织团体，田主憎恶农人组织团体，是一个教师教会的。这一个教师是谁？就是一向支配人类社会现在也正支配着的“资本家底经济制度”。大财东，大地主，憎恶劳动者底结合——部分底结合——常常喜欢用温清主义来缓宽冲突；一部分底劳动团体，首先短兵相接的，还是一班小资本家小地主。小资本家、小地主所占领的生产工具较少较窄，和工人农人较接近，他们所恃为生活的劳动剩除，在工业方面间断不得一个月，在农人方面间断不得一年。大革命足以制大资本家、大地主底死命，而改善式的改革，大资本家、大地主却回旋得过来。至于小资本家、不地主，并改善式的改革，也感受生活需要底影响。大家进逼到回旋不来时，小资本家，小地主无不奋勇和工人农人肉薄［搏］，在背后带了温清面具指挥他们动作的，还是大资本家、大地主。一方面指挥着小资本家、小地主和工人农人血战，一方面却不知不觉进行吞并小资本家、小地主的方略。被吞并的小资本家、小地主，只有三条路：

一、降服——降服于大资本家、大地主底剥夺事业下面，做一个管理员。

二、革命——逼入于无产阶级充一个劳动者，心有未甘，知识也较一向的无产阶级发达；既站不到有产阶级的地位，便回转身和无产阶级携手，对有产阶级宣战。

三、灭亡——革命要有革命底才力，降服要有降服底才力，一班不敢革命不能降服的，颓唐地坐以待毙，急躁地自杀。

做大资本家、大地主底护脚兵底结果如此，在有产阶级中一时不感觉人口减少的可惊，还以吞并为得计。其实敌垒中的健将，最初的大部分还是吞并底事实所逼成。深陷在资本家经济制度里头的有产者，并不知道吞并结果是自杀，一迳朝原定计划走。他们对于制度的命令，不敢反抗，也决不会有反抗底感想。

"待遇改善"，在有产阶级、小资本阶级、无产阶级、派［革］命派四方面，所受的影响各个不同。有产阶级，操经济势力底全权，他们决不顾无产阶级灭亡，并且为他们自身利益，要维持无产阶级生存和传种，正如畜养鸡狗牛马一样；更常常顺着物质境遇所需要的状况，表面似乎依无产阶级底要求，或迳不待要求，以较良的待遇给无产者；其实工资底增加和货币价格的低落，早在他们预计中。小资本阶级，一面朝有产阶级跑，一面和无产阶级争着急迫的生活，对于无产阶级生产者底待遇改善，如工资增加，田租减轻，劳动保护之类，都足使小资本家、小地主发生捉襟见肘的状况。从他们锱铢较量意计中透出来的观察，待遇改善运动，竟直和大革命没甚差别；常常过甚其词以唤起同类和大资本家、大地主底感觉，并催促他们施行高压手腕。至于无产阶级，却并不知道是经济制度使他们陷于穷困、苦痛、愚笨的境地，全是因境地底压迫，油然而生改善底希望心。可是改善运用底进行，总不比货价格低落底压迫来得快，任无产阶级本无进步的心，而物质境遇，实逼得他们站不住脚。由要求而团结，由团结而且达到一两度要求底目的的，渐渐由物质上觉悟自己阶级团结起来的利益。当初次团结时，总难免自己阶级里面的少数人被有产阶级引诱而充作奸细破坏团体；但是经过几度成功或破坏，自然得到第二重觉悟，而渐趋于有恒性的组织和有产阶级成为显然对抗的壁垒。至于革命底派或个人，从不反对待遇改善运动；无论极猛烈的先锋军，也常常参加待遇改善底运动。正〈因〉为一度成功，无产阶级决不因改善而得到久长的宁息，逐步逼紧的斗争，西落东起的斗争，一波一波，或起或落，都能够使未经记载的生活状况逐渐呈露出来，作大建设计划的根据，酝酿成为大斗争。在利害不同的两大阶级间，断没有不经局部或明或暗的冲突而能够施行总攻击的。全部建设底计划，必在树立旗帜之先决定，大本营底成立，也就是集合同一方向的局部战斗员从事实上团结成的。

（原载《责任》第 10 期，1923 年 1 月 29 日）

我们怎样对付贿选问题

（1923 年 2 月 12 日）

北京的知识阶级干政运动（这是我代拟的标题），浙江的公民大会，问题看似不同，其实人民对贿选的意义则一。北京方面：是从驱彭问题发难，引绳披根地归到两院选举受贿，蔡元培氏宣言“选举是金钱决赛”这句话，早就提出知识阶级的注意的目标；浙江方面，是从反对省参议员行贿当选，归根追究到选举人省议会议员身上。就贿选问题根本上说，当然是现行的经济制度作祟，可是要短兵相接地解决眼前的问题的民众，断断不该放他们朝这个最大问题里跑走，更不该抛弃现在一部真的事实不干。

民众所依据的是他们明目张胆的事实，不必像司法机关明明晓得的还要侦查什么证据。民众所结合是大众的公愤，不必要找哪个人为己谋而利用团体的主顾。民众底势力，就是团结的群众，民众底武器，就是扫除选举弊病的正义。眼前该奋斗而可牺牲的机会，至少也得推倒这一班当选和同意的省参议员和阁员，同时应该建设的就是更定《选举法》。

《选举法》所最要紧而首先得规定的，就是“才能”资格；“民众底选举，只能选德，不能选才；才能资格必须经过考试”。这是孙中山先生前两个星〈期〉和我论及的，我〈认〉以为要打破金钱人格底恶风，用考试先定候选者资格，正是全国人民所应该主张而努力的！

（原载《责任》第12期，1923年2月12日）

凭我，你们依我来！

（1923年2月）

皇帝拍拍胸部说：“世界太纷扰了吗？凭我，你们只依我来！”一般人听了这番话，也许有最愚蠢而薄弱的，想跑到皇帝旗帜底下去偷生。其实皇帝只有杀人的信用，大多数人都认识二十世纪最先破产的是皇帝，要投到皇帝旗帜下面，不但不能求生，只是奴隶的送死。军阀拍拍胸部说：“国家太纷扰了吗？凭我，你们只依我来！”也有人想投倒军阀底马蹄前，希望统一。其实你一军，我一军，暗斗心，明斗力，就拿投倒他们马蹄前的生命，充斗争的武器。胜则为王，是暂时的，败则为寇，也是暂时的。胜败无常，此扑彼起，在他们眼里很寻常的一番波折，牺牲的还是一群活武器，殃及的只是无路逃生的穷百姓。资本家拍拍胸部说：“游民太多了，是纷扰的源泉，凭我，你们只依我来！”这一句话一出口，不等回声发动，就有许多人伸长了颈子，希望土地哪，机器哪，依资本家底支配，给他一个手脚能和这些生产工具接触的机会。有点书本知识的，就希望学校那，报馆那，商店那，依资本家底命令，给他一个工作底场所。可是资本家所拥有的一切生活机会，依他自己底打算，总打算着向做工的身上分几成肥。他嘴里像是说：“游民多了不好”，他底盘算上却是计划着如果你们有工做的不让我分肥，我就命令关在工场外面的游民来替你们底工作，叫你们回头再去当游民底滋味。游民吗？正是资本家生产事业底后备军，是预备来补充经常的做乏了的劳动者退伍的，临时的叛变的——罢工——劳动者填补的。资本家需要游民，正如蒸器［汽］机需要煤矿一样。而且资本家表面像似救济游民，实际却是竭力制造游民，加速度的生产工具，便是制造游民的确证。

皇帝破产，军阀破产，资本家破产，继起的社会主义于是更大声疾呼说："可厌弃的旧制度呵！我要催毁彼了，使彼丝毫不留痕迹在人世间！将来怎样呢？凭我，你们只依我来！"诚然，诚然，旧制度底当不了家，人们早经觉悟了，社会性主义底雄姿，也到处是露于劳动者底颜面。可是A也，B也，C也，都叫做社会主义的，人们为饱受旧制度底苦痛，所以决心破坏旧制度，又因人类不能没有建设，所以要信奉新主义，可是A也，B也，C也，都叫做社会主义的，人们应当趋向哪个好呢？A、B、C三个，更是哪个可以保证人们平和向上的生活呢？要提出这个答案，如果从笼统的理论上说，很轻松的几句话，假如说"只消合于各个国族底共同利害，得最大多数的同意的，便是算最适当"。这句话似乎答解了，但是这个未来的人类主宰，是不是就在这A、B、C三个中居其一，抑或别有一个共同的主宰未曾出世呢？我想因国族情形而产生的主义，决不会和别一国族底利害丝毫不同，却也不能单见共同不见其异。例如B产生于俄，C产于英，B和C不是无同点，而何以英不产B而俄不产C？社会主义底母亲只一个，社会主义底女儿却多着哩。女儿中像牝狮般马克思，伊要算第一个勇猛了。可是伊底儿子，在德国的说德国话，在俄国的说俄国话，伊早经有了遗训了，伊说："德国底学者先生，非常热心得到这种著作。但是他们却忘记了法国的社会状态不会同这些著作一同移来。所以这些法国底著作，对于德国底社会状况，全然失了眼前实行的意义，成了纯粹文学的景况"。这几句遗训，不就是说我们中国只想躲懒，贪便宜，趁现成抄袭别个国族的文章，译作本国底文字，自欺地认为自己底作品吗？难道这个牝狮般的母亲，独在中国不会生中国的狮子吗？也许还未曾受孕。

"凭我，你们只依我来！""我"是什么？是这个国族底社会状况所产生的眼前实行底意义。

躲懒的观念打消吧！统一的迷梦醒了吧！我们眼前可实行的是什么，我们就做什么。记得清末时锡良问我："怎样？才是革命党？"我说："实事求是，就是革命党。"不安于旧制度生活的，有志改造社会的，无论站在哪种地位，都有眼前可实行的事实，离开了社会现状去改造社会的，莫若去做和尚；离开眼前可实行的事实去凭空想的，莫若去进天国；离开了自身接近的事实去经营包罗万象的空口革命的，莫若去做皇帝；离开了局部可能的进取去张□全国的，莫若去做军阀。

主义底标榜哪！国体底结合哪！各个人就实行事业上修养成独往独来的气质，到汇合时，自然成为至坚无隙的团体，自然有个如日中天的主义。铢得健槌成，撞得血钟响，我对李成虎墓，想"二十事件。"

一二、二　凤凰山楼

（原载《责任》第13期，1923年3月5日）

闻讯

（1923年3月5日）

猛然震眩，
凄然肠断。
费大力娇情强镇定，
早兜起心头碌乱。
听风过去抚佩刀，
数谁是仇头可斩？
莽苍苍叫绝秋风，
满脸火花狂闪。

杀人无计，
杀身无计，
更偷生无计，
捧出腾腾心一粒，纳入何人腹里？
生知决绝，死友长眠，一身之外泪而已！
寻常如此，
何况将赴战地！

一重觉悟，
一重痛苦，
哪有楼台弹指现，
重担儿挑上无休路。
西北风云，东南烟雨，胸中容得几多事？
容不下也只可容容，
到人前诉说是奇耻。
咽下去，
打断的牙齿。

（原载《责任》第13期，1923年3月5日）

萧山东乡办赈记

（1923年3月26日）

浙江萧山东乡建设有组织的办赈机关，以灾民为本位，一破向来宗教式的以灾区为本位的办赈。他们要我友玄庐主持这事。玄庐知道辞不脱的，他也不忍不负这个责任。现在他将经过情形，寄来给我看，我觉得办赈本不是消极的慈善事业，天下哪有见人将死而不赶急去救的道理？而且办赈果真得法，可以乘着机会把一切地方应做的事业做起来，把一切应具的知识灌输到受赈者底脑子里，只不过这不是旧式办赈的人所能胜任罢了。所以现在我把玄庐寄我的稿子在这里发表，供给有觉悟者参考。

力子附记

萧山东乡灾赈情形

浙江萧山县东乡都十一乡，海塘横界在中间，塘内乡名龙泉、仁化，塘外称南沙九乡。南沙自民国元年前五年开始被江潮冲坍，至去年止，约坍去二十余万亩。沧海桑田，本也算不得什么，所苦的是地面的农作居民，不但历年的劳作尽付东流，即一切田庐园林工具也都靡有孑遗，甚至有蹈海以殉土地的，这是何等的惨剧呀！此灾余黎民，去年夏秋间又受极重大的水灾，虽经华洋义赈会、旅杭萧山水灾义赈会各慈善团体，勘划灾区，举办冬赈，只苦灾重赈微，到了今年春天，当质贷借皆绝，籽种肥料，十室九空，甚至鬻卖儿女以图活旦暮！于是乡人于三月二十日集议，组织办振［赈］委员会（章程附后），举沈定一为委员长。其进行步骤：一宣讲；二调查；三春赈工赈分头办理；四收养婴孩。宣讲，由该乡教育会通俗讲演团主任其事，已于二月二十五日分头出发，前赴受灾处所，演讲灾民应努力共同修筑长亘五十里的防潮堤埂（自荏山至曹家案）。调查，取严格主义，以不得食即死的灾民，为享有工赈、春赈的资格，各乡依地域分为若干区，区设调查员，其调查表式甚严密。收养婴孩，由南沙育婴堂经办，设临时寄养部若干处，专收灾民将要卖去的儿童，寄养部代养至蚕桑起后，仍由寄养之家领回。似此，大规模的彻底办赈方略，虽委员会中有“毁家纾难”的创议，也怕未必能全达目的，但委员会底进行很具决心，而东乡富户也颇不少，或者可以有观成的希望！

宣讲之组织与进行

（甲）组织

一、本乡教育会总干事为宣讲主任。

二、本乡各校教师，凡有通俗演讲之经验者，皆得请托其于指定处所讲演。

三、宣讲员由办赈委员会委托各乡自治委员招待。

（乙）宣讲范围

一、笼统之意义：以人类相互辅助抵抗自然界之变动（天灾）为标准。

二、春赈之意义：为维持老弱疾病无生活能力者之生活现状。

三、工赈之意义：为共同工作防御自然界之加害（潮荒），即以共同之工作，为利害相关之农业，建筑堡垒（堤埂）。

四、关于调查员之咨询，应切实答复其理由何在。

（丙）规约

一、宣讲员之演讲，不得涉及办赈委员会委托范围以外：

二、宣讲至三月二十七日（二月十一）止。

三、宣讲用费，由办赈事务所担负。

调查员须知

（甲）通则

一、此次办振［赈］，以受灾人民为本位，非以受灾区域为本位，而灾民之调查取严格，不但非灾民不得冒滥列入，即受灾之人民，不至于不得食即死之一境者，亦不与于赈之列。

二、每乡区分若干区，幅员既小，调查自易，应将各该区之人口，全数列入，其为灾民则列号，非灾民则不列号。

（乙）调查册填注法

一、“号数”即该区合于灾民资格者次第列号，非灾民则不列号。

二、“住址”即下列姓名某者，在该区住居之小地名。

三、“姓名”男子则填其习用名号，女子亦然（如某某大娘，某姑之类）。

四、“性别”男则填一“男”字，女则填一“女”字。

五、“年龄”填实足年纪（如甲年十二月生至乙年十二月，只得填为一岁）。

六、“职业”十六岁以内之儿童不必填，过十六岁者，即照其所恃为生之职业填列（如务农者填“农”字，经商者则填“商”字，依财产者则填“有产”字样）。

七、“属于何项灾民”灾民分四项：

（甲）田庐飘没者；

（乙）耕作无收者；

（丙）贫不能生活及无工可做者；

（丁）妇孺老弱疾病者。

凡合于上列资格之一，处于不得食即死之境者，即依调查所得，项一“甲”或“乙、丙、丁”等字样，如非灾民，则此格空起。

（注意）工赈表，不列丁项之资格；春赈表，虽备甲、乙、丙之或项，而必须具备丁项资格。

八、“能否做工”此格限于“甲、乙、丙”三项之灾民，视其体格，问其能力，能做，则填一“能”字，不能则不填。

九、“愿否做工”此格基于上列之能做工者，问其志愿，愿否受工赈做工，愿则填一“愿”字，不愿则不必填。

（注意）如能做工而不愿做工者，不得与于赈之列，调查员应先通知其本人。

十、“备考”此格所应记载者，在上列九格所不列之特殊状况（例如工赈灾民，其不愿做工之理由）。

（丙）灾民凭照

一、灾民凭照分两种：

（甲）印红色者，是工赈凭照，灾民愿做工者，持此凭照，候委员会分配该区之灾民工作处所。

（注意）工赈灾民，得此凭照者，莫污损、撕毁、遗失，做工时随时须受监工部查验，至工赈完成，仍须携带回来，三个月内备复查。工作处所，从荏山头起至曹家案止之塘埂。工赈所得，每人每日得值价小洋三角之粮食。愿做工之灾民，须自行携带铁耙等工具（调查员须将上列情形通知工赈灾民即发给工赈照，照照内所列各格填列）。

（乙）印黑色者，是春赈凭照，凡合于丁项灾民之资格者，调查时即给予春赈凭照，并通知该春赈灾民，静候委员会散放部赴放赈。

（丁）各区汇报

一、各该区调查手续至迟不得过夏历二月二十三日，须交各该区副主任。

一、各该区调查汇报，须依调查汇报表综列各该区调查所得之数目，依表填写。

委员长　沈定一

中华民国十二年三月二十六日

（原载《民国日报》副刊《觉悟》1923年4月1日）

坍江片影

（1923 年 5 月 6 日）

浙江萧山县境内的南沙地方，从前清光绪三十一二年间坍起，坍去垦熟的地亩二十几万亩，西牧乡全乡，完全化为一片汪洋，其它龛山、仁化、西仓各乡，多小［少］都坍去一些，如今西仓乡在桃花汎头上又继续地坍起来了。

潮风过去，一浪，半个竹园没了；一浪，几陵桑园没了。在潮声，风声，有时雨声中的坍江声，拆屋抢命的喧哗声，倒也还觉得兴奋；——到了月黑星孤，大江沈寂的夜里，微有火光的茅草篷，东一个，西一个，疲劳极的壮年男子是入了丰收的梦境了。那时，儿啼声，妇女饮泣声，老人长叹声，时起时息，夹着偶然砰！砰！一两声的坍地声，足够使天地英雄，血轮全冻。

这种天崩地塌的惨剧，在南沙演了将近廿年了。

这回西仓乡西，有人从坍江边来，据说：这回总算是小坍，有一家，阿弟在那里掘地，阿哥背着手到江边去看坍势，看看晓得支持不住了，蹒蹒跚跚摇着头回来。

阿弟问："到底怎么样？"阿哥摇摇头说："我们也保不住了！"阿弟登［顿］时把锄头丢掉，坐在地上，瞪着他的阿哥惨黑的面孔，一声不响。草舍里同时钻出几个女人来，——丢了饲蚕的工作出来——对着他们嘿然的两个兄弟，搓搓手说："这样，我们该怎样？"报告我的人，把这片话说完，继续又是一句："这回还算是小坍。"

（原载《民国日报》副刊《觉悟》1923 年 5 月 6 日，此据《玄庐文存》）

给章太炎的信

（1923 年 9 月 10 日）

太炎先生：

我在松花江上，接到南来的报纸，见有替赵恒惕发保标的电报的，是你。本来早想发信纠正，因为我底精神全部，整日价抖擞着游戏于自然界底美和人间新造的生活状况中，总没闲情写信；这两天，胸背上阵伤大发作，奇痛，在活世界里做了一个动弹不得的病人，未免发闷，从［重］新把我要和你通信的思想连续起来。

你替那赵恒惕保标的电报，拿“省自治”作立论中心。依你底主张，赵是执行湖南省自治的，不该声讨。用这层意思做了骨干，于是循着你底逻辑，以为“讨赵”便是“摧残湖南自治”，一方面维护着赵恒惕，一方面抵御了谭组安。更依同样的逻辑法，说是“对赵”，便是“毁坏湖南省宪”。你以为如此这般的行文妙用，必可引起醉心省宪省自治的群众，皈依到你底逻辑径路来，盲动地“助赵”“拒谭”吗?

先生，错了！赵恒惕还［归］赵恒惕，湖南自治归湖南自治，这大家都认识的。如果依你主张，把赵恒惕和湖南自治混作一气，那么，赵恒惕沟通吴佩孚、陈炯明，就是湖南自治沟通吴佩孚、陈炯明；赵恒惕杀黄爱、庞人铨，就是湖南自治杀黄爱、庞人铨；赵恒惕辇金在上海收买破产人物，就是湖南自治收取破产人物。断乎不是如此这般的吧！

谭组安底好歹且不说，总之，湖南自治，不是沟通南北军阀者底护身符，也不是残杀青年者底免死券，社会上已经宣告死刑的赵恒惕！参看蔡孑民所发表的关于黄庞遇害的意见——人人得而诛之，正不必问讨伐他的是这样那样的人。

就湖南自治说，湖南底自治，是民众底自治呢抑或是赵党底盘踞？当湖南省宪发表时，一般的舆论，已经否认是民众底宪法了。这种初初萌动的新思想呼声，表面上的力量十分薄弱，而且民众的呼声，也未必能入先生底清梦，——但是先生分明没煞了民众，而想把如此这般的文章引动群众底盲附，这何异于明明大家知道他是瞎子，却要拦住了三岔路口硬顶着充指路碑呢！——但是赵恒惕总是感激你哩！

先生，算了吧！易姓改物的封建式革命，不是这个时代了！封建式革命已过了时，随着封建式的谋臣、策士、竖儒底饭碗也就捧不得了！新兴时代的青年思想，正在崩坏的封建制度和旧经济制度底颓砖败瓦中怒茁，凡悖逆"人底觉悟"底潮流的，没有不站在被革命地位的。如果没甚能力的老师宿儒，并被革命的资格都没有，只落得投入垃圾桶而身受粪除的境遇吧！

先生，你既不是大财东大地主，又不是真穷到没饭吃，你又何苦替残贼青年的民贼赵恒惕保标？

临了，我还有一句要忠告先生的：中国人差不多都认先生是一个"国学家"，那些"奉张，保曹，洛吴"等等，某报馆访专为节省电费而取的名词，照这样的国学家，值得步武他们而创造什么"广孙"新名词吗？如果"孙"只限于"广"，不惟谭不会有讨赵事，陈炯明也不是这样形式的叛变了。行文首贵正名，愿先生自家珍重！

我不是病中寻你开心，你却不要忘了维护这样的湖南自治的章炳麟，就是反对浙江自治的章炳麟！

玄庐　十二年九月十日在RM

玄庐从数千里外寄来这封信稿，嘱我刊登《觉悟》，可见太炎先生那种谬论实在太使有血性者忍不住了。虽然这封信在时效上似乎太迟，这一月以来太炎先生也不再发此种谬论；但赵恒惕近仍盘踞长沙，而玄庐从数千里外为学者进忠告为社会明是非的一番恳挚的意思，也决不容埋没，所以仍在这里发表。力子

（原载《民国日报》副刊《觉悟》1923年10月7日）

最近的新俄罗斯
——从莫斯科寄回来的四封信

（一）

九月三十日在彼得格拉（离莫斯科十四个钟头火车）国际旅馆餐室里，见有红纸印黑字的布告挂在壁间，译意是说："人们！以人格希望堂倌，——不要拿小帐买他。"回头望中国，议员平时所受的津贴，临时所得的票价；兵士的赏犒；官吏的陋规；工人的外快酒钱；无一不是小帐，无一不看轻劳力代价的工资而重视小帐；从"被小帐卖了人格的国家民族"中出来的我，看见他们以为很寻常的布告，个个字刺心透背。这里到处有可珍的宣传品，惜乎我不会识得；所以各到各处，有一种"如入宝山空手回"的隐憾！十月二号，回到莫斯科。

最可笑的，要算我的学习俄语了：俄国语法之精细复杂，生平得未曾有的知道，那都不去管他；只是读过几百回，用过几十次的话，忽然间说不出来或者说错了；这种状态中，我就用极顽皮的方法对付。怎样一个顽皮方法呢？读过，忘了，好，再读；又忘了，一笑，再读；并不是以努力和健忘奋斗，实在是和健忘的记忆力调皮。在这里一个多月，观察所得，写在下面：

一、党　红俄的脑和红俄的心，就是一个党，凡百设施之前，党的决议，比任何国家的最高立法机关还要重要；决议之后，党的监视行为，比任何国家的监督机关还要严重。党员受政府的任命（其实由党决议任用），无论到哪种机关里，依组织（党在各种机关的内部组织）上的任务去做事，总要比一般非党员的多做些；薪水不比别的多，而住宿服御饮食等等，反比非党员的俭朴（例如，有一位最高人民委员会的代表，他一家子只住一间房子）。他们整天高兴着忙着做事，似乎把一切肉体上的享受忘记了似的。因此：党在国内，有一种凛然不可犯的威权建筑在热情毅力的行为上（前年共产党有七十多万，去年淘汰了二十多万，只剩五十多万，党外的人想入党很不容易；就是允许入党了，也有很长的候补期间；知识阶级的候补期间，比劳动者要长一半）。在革命有功绩的党员，一面做事，一面读书，惟日不足地向前进，已经令人十分钦佩；而关于青年党员底培养提携，尤其不遗余力，五十万的少年共产党员，哪一个不是他们将来更有力量的主力军？俄国将来的成就，断非现在所能想象的。

二、军　陆军四十多万，我们所看见的，都是二十二三岁精壮的青年，出身都是农人，工人（农人约占全数十分之八）。军事上的训练，除通常和别国相同外，更有各个单独训练的特点，他们的计划是要把全部兵士都练成将材。军事教育的中坚意义，就是把兵、农、工镕成一个利害关系上的个体。军事底党部，由政府名义委员担任，任何本部（军，师，旅，团）底命令都得经过它（就是政府委员，也可称作党底代表者）签名，才生效力。所以他们能够运用从前帝俄时代的旧将校，运用旧党底人才，不怕有意外变故的，就因为（1）有这样的组织，（2）有这样的训练和努力。军中无一不识字的兵，而且差不多都能做点短文，更无一不认真做事的将；兵将之间，无有尊卑大小的区分，不过任务不同罢了。海军：这样东西是花钱最多而发展最不容易的。现在只就经济能力所及的地方经营，他们宁可把军港在战时击毁了的防浪堤不修，而先修货栈；宁可把被英国袭击沉的兵舰不打捞，半成功的无畏舰工作停起，而买很多的铁道机关车；在这点上，已经可以看见他们是从民众底实际得益上用钱。但是关于潜艇，飞机，毒汽炮的制造和整理，是很努力的。海军学校学生，共产党占全部约十分之八，陆军平均不过半数。正为非共产主义的海军国，都是俄国底死敌，所以在经济和工作上不易发展的海军，俄国不能不先取守势。

三、经济　竭力发展农业和电气事业；政府新出的金纸币，完全得到信用，每一个金纸币，五月间只值现金卢布五个，现在已升到七个八，还在升价中。商业已经大半回复，由政府监视中从前大商家现在做小资产家营业的商人经营的居多。国家和地方的托拉斯，正在组织中，实现期间，不过半年的将来。这种托拉斯，和通常所谓托拉斯企业，完全不同，由政府设立地方托拉斯，吸收各地生产品，并吸收外货；在货品的消费上既可调节；又可得社会所需求的种种品物质量标准，经营国家所经营的工艺；地方托拉斯的中心，是国家托拉斯，就是中央托拉斯；中央托拉斯，负担着指挥全国农工产品的调度。依我观察，这个组织，不但可以扑灭任何雄资的私人营业，并且可以促成各个国家卷入于社会主义的国家资本主义化的组织。工业：手工艺和机器工业，同时并进。大工业在国家手里，小工业由国家租与私人经营；国家既操工业的重心，这种小工厂，不但平时受政府的监视，和佣工法的束缚，政府随时可以收回或命令停闭。要研究俄国关于农工商业底趋势，在莫斯科河畔，政府以千四百多万所设立的展览会，完全表现。这个展览会，若使在外行人底眼睛看来，里面竟没有一样值钱的东西，可是依我观察，无论很高明的经济学家，断非一两个月所能够研究透。德国经济学博士傅兰克。他同我去研究过两次，他是农业经济的专门家，依他说，他参观了一个多月，还不能十分透澈。

以我浅学的人，单看他一种表，旁边有人指导着，尚且非一两天所能竣事，如果没有人指导，简直各到各处在数千幅的表式中看，莫明其妙罢了。起初，我很想把他详细说明出来，后来越看越深，越走越远，我底知识能力实在来不得，不但是我的躯体累了我的志愿；可是无论如何，我总要把我的能力所及的一部分或笼统写他出来。展览会上面的建筑：（一）俄国各地的农民住所（都有当地农民在内居住，演述他们实际生活的现状）；（二）将来的农村组织（凡住所，公会，苏维埃，农业，政治，教养，都在内，并且有人实演将来的状况）；（三）国家的生产单位。展览会最后的结束，只要看两样东西，就可以明白他全部的命意：（一）用各种兵器改造的农具；（二）电气化的农村，由政府招待来参观的各地农民十五万人，自费的不计其数；来看这个纯马克思主义所建设的未来社会的模型。依我观察，这个模型，俄国不过要照这样做的一个过渡社会，因此内部有许多组织的含义，已超于实际上所要到达的意义，现时不过在其可能性上走必定应当这样走的路罢了。

四、社会种种现状　伟大慈祥而迂缓的俄国民族，在这样的积极进行的新兴社会政治中，办事人员——合政府人员和党人说——努力地使一般社会在他们材力和经济能力够得到的地方，“得明其妙”地向前进，凡是指摘红俄的，都在他人才和物力一时及不到的地方搬嘴弄舌，西比利亚乞食的儿童，没工作做的老年人，都足以充反对红俄的材料；可是站在人类社会地位，做人所能做的事的，不但不因此诽议红俄，并且因此可以显出社会主义者建设国家的诚实处。俄国的好处，就是切切实实把短处陈列出来，切切实实朝可能性上努力做去，眼光远，脚地实，决不像帝国主义国做欺饰的工夫。我们平心静气仔细地想一想，这样大的俄国，包含许多不同的民族，社会的母胎里又带了许多暗疾来，能够只凭一声霹雳树起社会革命的红旗，立刻马上什么吃的，喝的，穿的，戴的，住的，教育的，战争的样样都有完，这不是梦中的梦想吗？凡是反对红俄，指摘红俄的，不是自欺的宗教家，便是帝国资本主义者的奴隶。我初来时，也带了几个疑点：（1）怕俄国复返帝国主义，列宁会做皇帝；（2）帝国资本主义者由新经济政策侵入。如今实地一考察，觉得从前疑点错了：（1）俄国现在正急急忙忙把农人工人生存和自卫的工具，往一般农人工人手上脑里搬运进去，任何弱小民族被压迫的苦痛，都足以引起他们底同情，决不会返到帝国主义这一条路上；（2）新经济政策，正是俄国战后灾余的活命丹，他们扑灭资本主义的战略，就是运用新经济政策的妙处；只有资本主义被新经济政策灭亡，俄国决不会因行使新经济政策而招帝国资本主义的侵入。例如，莫斯科的商店差不多八九开齐了，物价固然腾贵，但是工人所住的、吃的、用的、政府都替他们完完全全设备好；工人所住的房子，就是从前资本家贵族底高楼大厦，精美的器具、电流、热气管、工人用不着花钱，就是办事人员，薪水虽然薄（列宁，一百五十块钱一月；齐却林，八十元一月；陆海军师旅长以上的官只有六七十块一月；以上均照中国钱约计）但是住所种种的供给，却比商人省得多；例如，一样的房屋，商人住一间，每月要花八十块租金，办事人员，只收三元零，而且电流、热气炉，种种公共的费用，只摊得着商人。中国华侨在此多做商贩，担负税则极重，一间轿子大的摊棚，每年光是摊棚租钱要七十元。工人，进工场的，和俄工同等待遇；学生无费，同等待遇，中国学生宿舍，比兵士营房好得多。

克鲁泡特金的诞生宅，就在我们住所附近，这一条马路就叫做克鲁泡特金街，革命后改的，他老先生住到八岁有庭院的铁栏白色屋，现已经成为世人公览处；无政府党的机关部，就设在里边。托尔斯泰的夫人，未死前，革命政府给以年金；他底房子，政府还是给他后裔住，不没收（托氏底房子很多，有两处已经政府收作博览会，也是留作托氏的纪念），不过托氏的后裔，贵族气极重，政府对于他的住宅，收他十块钱税一个月，不许他转租。

十二年十月十日　莫斯科

（二）

俄国（现在已经更名为“社会主义苏维埃共和国联邦”，俄国这个名词，已经是历史的了，取其便而易解，故暂仍其旧）以共产主义作根基，实行的是国家资本主义。这国家资本主义底实行，又完全代表工人农人底利益的。工人生活颇好，青年工人和工人底子女，都有教和养的机会。农村都有小学校，苏维埃，消费协作社；农民生活状况，和桃花源里人无所轩轾，不过他们是不许白云隔断的武陵源，尤其是将种种文明普遍的建设各个农村；集村为乡，集乡为县，集县为省，集省为国，集国为联邦。农村电汽化的建设，在他们一年内的预算中实行。国有土地不过百分之四零。大工艺场和森林矿场都在联邦或各个国手里。他们的教育（乡村小学）是将本村本人最接近的四围环境作教材，三十个学生一个教师，教师多女子。

俄国农业生产工作，和通常的生活秩序，因为气候底关系，和中国有好些不同的地方：离莫斯科（现在苏俄的政治策源地）十四个钟头火车，从前俄国帝政时代底京城，叫做彼得格拉，那里在夏天有一个月之久，没有黑夜（这个理由，只要参考地图上地球绕日的偏度，就明白。）可是夏天并不热，通常一套薄呢衣服，可以过夏（今年夏天顶热到华氏表八十度，而且只有两天）。冬天在室内，无论哪种人家，房屋都严密没有一丝透风的缝，室内总生火或热气管；所以冬天只消一套厚点的呢衣服也就可以过冬；但是冬天室外就很冷很冷。莫斯科还是比较暖和的地方，通常冬天在摄氏表三十五度以下，所以一出门，就要穿极厚的呢外套，今年特别的暖，到如今还没有下雪。为这些气候的关系，在农业方面，十一月就下种，由它冰在雪堆里，一直到第二年四月冰融后抽芽。若使在正二月间天气骤然变暖，冰融化了，那粮食种子早发的芽，就会被重来的严寒冰死；遇到这种状况，靠得住要闹大饥荒。今年春间就是这样。幸亏政府（他们底政府，是代表农工的利益的，所以事事关心）觉察得早，赶紧发许多种子给农民，所以不但不闹饥荒，而且在前年去年两次灾荒后，今年还有四百万“浦德”（一浦德四十磅）白面出口。

十二年十月十七日

（三）

我在这里，参观了些红军，红色海军和军港，以及工场，农村博览会等等；近日到联邦中央执行委员会（为社会主义苏维埃共和国联邦底最高执行机关）出席旁听。我很苦于未习欧洲用语，虽然有很自由很利便的研究机会，与夫敞开胸襟给我研究的环境，终于只能得到空间的认识，得不到时间的认识。因此，还想以老囡上绣绷用力去研究世界上文法最复杂的俄文。可是记忆力不行了，希望有志的青年无论如何，总得把俄德文字，至少学会一种。这是要做世界上的人的话。以下我说些关于他们内容的大概：

要知道红军的真相，不必问他们的兵力怎样——虽然现在有人说红军是目前世界上最强的陆军——只须注意他们底两大特点。这两大特点是：一、教育；二、组织。

甲，关于教育的：把兵士和农人工人的利益，和在一起，譬如以一块铁铸成农具工具武器，结果是主张销武器为工农具。军中无有不识字的兵，并且没有一个不受政治知识训练的兵；兵士都能够用笔或舌发表他自己底意思。兵底出身非农即工，兵底年龄满年廿一与廿三之间。于整队教练之外，施以单独训练，他们是从兵教育到将教育，使个个兵都能为将。兵、将之间，只有任务和知识的不同，并无阶级的区别。从陆军总长起到排长，左右并无类似中国的护兵马弁等人，师旅长的生活，和兵一样。我曾访过几个高级将校底家庭，不但父母都有社会的任务，其妻如果不是因为儿女多，决没有佣雇使用人的权，而且也没有佣雇使用人的财力。因为师旅长每月连饭钱只有六十元（合中国钱算）。但是他们不因为这样的生活状况，发生什么弊端；不但没法发生弊端，而且没有一个人不是整天很高兴的做事，正为他们社会的人生观已经由主义实行的环境上训练成熟了，况且每日又有他们所做的工作底成绩。将既如此，兵的生活趣味也一样的热烈和活泼，因为他们整天的浸在保护农人工人妇女幼孩的热情的爱河水中受训练，所见无论哪一个兵，无论单独或队伍，对于一切人只有爱护的表现，从没有一些骄武的态度，形诸人前。任何一个兵，你对他只要提起农人工人妇女小孩和他们底关系，他都能够很爽快地答复你：关于他自身的任务。

乙，关于组织的：军、旅、师、团本部，都有一个政党代表机关；主持这个代表机关的代表，名是政府委任，其实由党部选择了适当分子去充任。军、师、旅、团本部底主将，任何部令，非得代表的签名，决不发生效力。所以军中无论任用帝政或白党底军官，决不会发生挟兵造反的事。而所谓政党代表其人，他每天总要比别人多做些事；关于教育上尤其是代表任务担得多；这种代表，不必定要通军事学的人。因为他所负担的教育，是兵自身和人类的关系，由于阶级不同上发生了利害冲突，指导兵自身的任务和意义。他们有一团的图书馆（他们无论任何团体，都有图书馆、俱乐部、党的宣传部、演剧台）。标语就是“知识是战斗的武器”。

至于红色海军，他们眼前单只维持固有战斗力底现状，从培养人材方面下手；因为海军所耗经济太巨，他们在工、农、教育与生产方面正注全力，所以海军在物质上的进行，只就飞机、潜艇、毒弹的攻击防御上用一点力。

我写到这里，因为参加十月革命六周〈年〉纪念节（阳历十一月七日）的阅兵式，我就搁下了。此刻刚从阅兵场所回来，趁新鲜写点今天的事情：——

今年是十月革命第六次纪念节，共产主义能够建设国家，在这个人欲横流的世界中间，真好算是一桩奇事。如今已渐渐走深到建设事业的路程了。可是共产主义和帝国主义，其在阶级的利害关系上，不能并立于人世间，所以注全力于领域内民族相互的建设工作之外，在革命纪念机会上不能不大大地做他们在世界上的主义统一的宣传。今天纪念口号是：

1. 六年前，我们推翻了地主资本家，——解放工人农人底六周年万岁！

2. 六年前，我们建立了劳农政府，——苏维埃政权底六周年万岁！

3. 六年前，我们粉碎了民族压迫的锁链，——民族解放底六周年万岁！

4. 西欧资本家，以战争恐吓欧洲，各国劳动者须给他们以非常大的打击！

5. 工人们与农人们！为和平而战，是反对资本家底横暴！

6. 对于破坏和平者——坚决的抗击！

7. 劳工专政——惟一的救济欧洲！

8. 反对地主与资本家底联盟——工农伟大的联盟！

9. 工人底德国及我们的工农联盟——为和平与劳动的砥柱；

10. 德国底汽锤、苏维埃的面包能战胜全世界！

11. 使我们从“农人底面包和德国交换的路上走”！

12. 德国革命不成功，必逼迫我们的农人偿还俄皇时代的旧债——德国革命万岁！

13. 白色的德国与俄皇将军们联盟，是把活动的农人送死，把链子圈在工人的颈子上！

14. 掠夺德国者，必又来掠夺我们的劳动联盟——注意，预备！

15. 法西斯德（参观前锋创刊号）底刽子手们，白色将军们，帝皇底奴仆们——死！

16. 我们的共和国中民族如兄弟的联结——反对资本主义者的掠夺，忠实的防御。

17. 工人农人的联合——我们胜利的根基。

18. 我们底实力——在不停的改善经济。

19. 愿和平——改良经济，帮助农人，赞助红色经济员，保护我们的红色海军与红军。

20. 红色经济员及红色农业专家万岁！——我们国民经济的企望！

21. 我们工农青年的前途——他们是负着我们国家将来的前途。

22. 红军及红色海军——我们底剑，我们底保护者，赶快帮助他们。

23. 向俄罗斯共产党四周护着——他是十月革命的指导者，他是战胜田尼根、柯尔怯克、佛拉哈稜、有田尼切等的组织员。

24. 各国无产阶级，共产国际旗帜下面进行。

这是他们纪念节底口号，共产国际秘书史泰林的手笔。

阅兵时，马、步、炮、工约三个师，包含有蒙古红军，土耳其红军，波斯红军，飞机队（约五六十余）在空中列队回翔飞行，共产党、国际行政委员会之委员演说，预备兵为阅兵场中最后的行列。国民参加（有组织有标语的）纪念的，约百五十多万人，群情在成功的纪念中，预备和世界的帝国主义奋斗。狂热，宁静中，秩序井然，老幼少壮咸入行列，终日无乱列，亦无倦容。

十一月八日早上写毕

（四）

前天我去参观卢森堡染织工场，大致如下：

（1）管理　场归国有（苏俄国有工场，约占全国所有工场百分之九十），由工会荐任管理员，或由政府对工会要求举荐，经莫斯科共产党认可，充工场管理员，管理原料购备，机械整理，出品销售，和全场工人。

（2）工人　全场工人一千二百人（如果机器全部使用，每天开机八小时，可容二千五百乃至三千工人，因丝织品非生活必需，所以单就分配和用丝的程度经营），女工占全部工人百分之七十。

（3）工人生活状况　住所，由政府指给他们的，在工场附近之楼房；衣服，工场工作衣服，由工场给予；日常穿的，由工场每年给八十块钱，自由购置；吃的，由工场给他们每日所需的代价。

（4）出品　绸和半绸（搀棉纱织），棹衣，窗帘之类。

其外，有两个最大特点：这两个特点，不包括工作时间和工人生活，因为八小时工作和工人相当的生活，在俄国已经成为"本来应该这样"了。其一，染室消毒，政府费了不少钱，设备了两架换空气的电机，不但工场内不感觉到恶劣的呼吸，并且比通常住人多的房子里面空气要清洁。其二，工人的子女（约在手抱或哺乳时期的）在做工时间，就由工场抚养。抚养小孩的人，由工人选择（在职工介绍所举荐的中间），工钱由工场付给，凡哺乳（小孩都喂牛乳）食餐，游戏，疾病，都有专门看护的女子。室内空气清洁，更是他们所注意的；我们入内参观时，须洗了手，换过他们为一般参观者穿的消毒过的衣服，方许入内。

我近来身体很好，能任多时间的奔走和思想，检查身体上已经没有什么病了，因为这里的生活有秩序，饮食的营养分也足够。身体是做事的工具，知识是战争的武器，“文明脑筋，野蛮身手”，朋友们应当随时随事修养的。

十二年十一月九日莫斯科

（原载《新南社》第 1 期）

留别留俄同志们的一封信

（1924 年 1 月 1 日）

我于一九二三年九月二号到了世界革命的中心地莫斯科，除到彼得格拉去参观一次之外，整整住了七十五天，这七十五天，又除掉初到时病了半个多月，常常自己拘留在优待的监狱里，实际上的参观和考察，还不上十天；所得正是有限。其他，是从同志们这里得了一些片段的和抽象的知识。从前瞿秋白同志他到俄国来的时候，想做采花酿蜜的蜂儿，蒋百里先生他在欧洲战后重到欧洲去想找一把开东方秘钥的钥匙；我今日一来囿于本来的常识薄弱，二来耳和口似乎忘了携带，纵然有两只眼一片心，到底不能吸收有统系的实际知识——可是聋子没有忘记听，哑子没有忘记说，只就我能力所及的，为 S. S. C. L（社会主义苏维埃共和国联邦）中心的苏俄，下一个定义：

“以马克思〈学〉说为基础，运用巴黎革命的军事经验，在帝国资本主义旧势力的包围中，开始建设劳动者和被压迫民族联络的分区自治”。

我依据什么下这个定义呢：请听我说：——

马克斯、盎格尔思《共产党宣言》第二章所列的十项设施，除不列两性问题，可以算得包举劳工专政的政治经济底全部。苏俄除第一项“废止土地私有权”因为被农民母胎里带来的暗疫格住了不能急切实施，和第十项“一切儿童施以免费教育”因为革命正在婴儿时期就连遭内乱外患大荒年的厄运，所以还没充分发展之外，其他，都件件照科学的方法，拿马克思学说做骨子积极的进行。看苏俄现在得步进步（原文如此）的努力，在少年农民身上，不出十年，包管可以完全做到《共产党宣言》的第一项，同时又在少年工人身上，包管可以收到第十项的成功。这十个年的预料，任谁对于共产主义建设有所怀疑的，只要在实际上亲身来考察一周，在这里住下一年或十个月，必定晓得十年之计不但不是虚谈，或者在顺当的状况中用不着这许久的年限。

革命是一桩越过死线的事，指导大多数人民超越死线，岂是不负责任的儿戏？我们拿铁箝夹断颈项上的锁链，决不是夹断我们自己底颈子，发端稍有差误，很容易使革命本身和建设上蒙极大的害处，这就是军事上的动作了。马克思学说里面，没有关于军事的主张，可是以马克思学说做全身骨干的共产革命，就将巴黎革命的军事经验，为生龙活虎的骨干所运用。巴黎革命，虽是破天荒的创举，但是第三、第四两个阶级间的壁垒只有斗争而不能调和——就是死线上最后最大的一个陷坑——当时还未曾发现，把代表资产阶级利益的“旧军”、“骑兵”，混合在一道战线里，“志愿兵”出钱雇替身；那时劳动者和无产阶级都被资产阶级的“自由”、“平等”、“共和”笼统的口号所蒙骗，赤脚持矛（一七九二年前后，法国许多奋敢的志愿兵没有枪没有皮鞋）以血肉和敌兵拼命；结果，战胜了！是谁胜呢？是劳动者和无产阶级做好了茧，却被资产阶级穿在人前夸耀他底华贵！所谓“全民”幸福，到底只是少数人享有。但仔细地研究那时代的行动，也不能说绝对没有劳动者的地位，更不能说那时革命指导者并无一个关心到劳动者的幸福，只是在极急迫的打倒军政和封建阶级时期，一般的智慧，都被眼前的战云所蒙，在劳动者原不曾觉悟同一道战线中有掠夺他们幸福的人，就是很忠心的革命指导者也误认利害冲突的两阶级为一体；这是阶级革命史上实在的过程。在这过程中间，资产阶级因为要使用劳动者底生命，已经播下了最后的阶级革命的种子，并且预先定好许多方法：“国防委员会”哩，“混合军制”哩，“军中人民代表”哩，这种种方法，到最后的阶级革命，件件适用。苏俄的军事委员会，军中政党代表，和使用非共产党的军官，几种重要组织和方法，不曾见有什么不同处，所不同的一点，就是极鲜明的代表农人工人底利益做种种组织和施行方法的基础。美哉！在法国封建崩颓的基址上所播下的种子，到俄国来开第一朵鲜红的花！

我所见到的S. S. C. L. 中心地苏俄现在的状况如此，依他们向广的发展，扶植世界的无产阶级和被压迫民族底革命；他们向深的发展，培养将来主持世界的少年人；在今日要设想将来的成效，更足以引起富于创造观念者的兴味。人们如果愿意子孙互相残杀则已，如果不愿，S. S. C. L. 大成功的日子，就是人类永远弭兵的日子。

“管中窥豹，只见一斑”的我，自信所见只会不全，决不会落予［于］误谬，反观我们中国，我们认识处较多的中国，怎样呢？

如果单就我们个人自身说，本来我们在世界上做一个人，何处不是我们底家庭，我们更不愿意充已经在淘汰中的狭义爱国主义者，更何必把中国的事萦回我们底梦觉呢？这种貌似觉悟而实则贪懒的新人物，不是逃禅式的独乐主义便是新村式的无政府主义者；他们到了苏俄，以为只要找到田耕找到工做找到书读，落得干净点做一世人：觉悟吗？贪懒吧！我们要知道世界上为什么会有容人干净的苏俄，正由许许多多同志们血命拼换得来的，世界问题一天不解决，这一片干净土时时刻刻在饿龙饥虎的帝国资本主义者窥伺之中；我们如果不将龌龊底归纳地廓清了，只想到这里享现成清福，不但是“人”底责任上含羞，简直的是新世界的掠夺者。“革命是为群众的，不是群众为革命的”，我们既是为群众而非革命不可的群众之中的一分子，我们就要明白中国是最后两阶级斗争的最大的战场，我们生长在中国，所晓得的中国事情，平均总要比任何一国人清楚些，所以我们应当在中国做中国关于世界的事。

“纵横三万里，上下五千年”这样古今中外杂陈的中国，我们该秉持何种主义，用何种方法，使中国同趋于世界进化的一途呢？秦皇汉武，再也轮不到出风头了（中国现在还有一部分从前士的阶级，希望中国回复从前独尊的帝国，吴佩孚底先生蒋某人就是这样希望吴佩孚）；官僚，他们公然直认不讳地做了帝国资本主义列强国底苍鹰走狗了；什么为列强作虎伥的“宗教救国”哩，痴人说梦的“好人政府”哩，乃至于什么“定宪法”、“联省自治”……这一类政客投机换汤不换药的名词，任他们怎样嚣尘，我们只要看准他们为谁的利益的，什么么［妖］魔鬼怪底真相毕露。这样说，依世界现在的热潮，和大多数人的利益，正该大鼓吹而特鼓吹共产主义革命，——不然不然，不可能。为什么知道现在不可能呢？共产主义革命，离了马克思学说是没有基础的，马克思学说不能离开社会底实际现状，这是涉猎过马克思学说的人都知道的。中国社会的实际现状怎样？为各种机器商品的先锋，不是火柴吗？中国不单是西北西南和中部有许多地方不曾使用火柴，连东南各省被经济大炮打得七洞八穿的地方，尚有许多荒僻的山村里不曾使用火柴，外国银行纸币，虽充斥各都市，但是东南方面，还有物物交换的地方，西南各地，连货币都不通行的地方很多。上海，汉口，广州，天津等处，虽有许多吸收劳动者血汗的烟突，然统计全国新式工厂工人不到二百万人。在这种实际社会状况下面，放着许多不具备的条件，我们能够贸然主张共产革命吗？

那么，我们等到帝国资本主义各列强国，把中国雕刻成为玲珑剔透的工业地带以后，再来革命吗？这又不然。

以空名横领的帝政造成虚浮夸大的民众习惯，积了二千多年，从前“名”的“升级”观念盛行时，中国执政中心的士的阶级，耻谈家人生计，到一九一一年革命以前的几十年，用钱捐官的例一开，数千年“贱商”的习惯下面的商人，才渐渐有政治的地位，但是完全受士的阶级（那时可以科举出身代表士的阶级）所抑制；到一九一一年革命以后，议员被选举的资格以财产作标准，于是商的阶级，陡然凌驾在士的阶级上面，近来财政部底政务官，几乎非打得开外国银行门的洋行小鬼干不成；士的阶级底精彩，完全被现金打倒了，于是全国人民就赤裸裸站在金银利害得失计较中，完全成为“利”的“升级”观念。低阶级从不作打翻或抗御上阶级的主意，单知道朝上阶级扒［爬］：工人什九想升工头，工头想作小资本家，农人中的雇农想作佃农，佃农想作自耕农，自耕农想作半耕农，半耕农想作小地主，伙友想作小行东，学生想做官；小资本家小地主又想作大资本家大地主，兵士无论站在哪一方面的战线上，主要目的就是得到现金；于是手上有兵的军阀，一面靠兵力，一面倚外势，拿威权作掠夺现金的器具，而压倒一切。在被压倒的工人、农人、学生、小资本家小地主，因为“利的升级”的兴会十分浓，在工人农人就只会自怨命运，在学生、小资产阶级就只会取媚钻营；从来不想到联结起来和军阀争斗；这是最大多数国民实际上的观念如此，我们用不着讳言。全国公民就像一个螃蟹，绝对没有钳断篓上蔑片的作自己解放的计划，单只是往上爬，往上爬；这种升级观念，既占据了国民全部的头脑，而帝国资本主义各列强，无论怎样操纵着变他们要变的戏法，国民毫不觉察。虽如“抵制日货”的国民运动，也未尝不是爱国的表现，可是中间还夹得有西洋货排斥东洋货的色彩；虽如“京汉路罢工”，未尝不是阶级觉悟，可是工人最大多数还是被动的一哄；不过我们不因为举动不纯粹而忽视，这正是我们中国革命的萌芽。国民运动有可能性，就在这种动作给我们切实的证据。在这两桩事里面，我们应该说明的重要点：抵制日货，是反抗日本的侵略，诚然不错，可是背后如果没有英美因为抵制日货有利益于他们的，中国抵制日货的运动，还是要受他们抑制的；我们为二十一条款和旅顺大连收回问题，起来反抗日本，威海卫不是和旅大同样问题吗，上海学生联合总会就因为发了威海卫问题的传单被封。这件事很给我们一个明确的教训，就是：我们如果倚恃了［甲］的帝国资本主义国家反对［乙］，结果仍旧为［甲］做了奴隶；我们如果不倚恃任何一列强，他们站在同一压迫地位的必定起来压迫我们；如果一般的反对他们，他们尤其是要来压迫我们。其次：京汉路罢工的事，这一件事底失败点，都不足以算为我们底过失，中间有一个大误点，就是：认吴佩孚（一切最高权者都绝对不能联络）可以联络的谬误。总合这两种教训，我们就可以得到这样一个结论：同一个阶级（压迫阶级与被压迫阶级）在私有习惯——也可以说是制度——下面，除非为有利于己，才会起争夺，——同阶级的争夺——而利用别一阶级，如果为同一阶级共同的利害关系，必定结合，或不待邀约或无条件的援助，于是我们可以认清——

（一）帝国资本主义的列强和军阀，是压迫阶级；

（二）革命党，工人，农人，学生，小资产阶级，是被压迫阶级。

一般被压迫阶级，除革命党又当别论外，比较有觉悟的一线光明的，当然要数学生。但是许多青年学生，对于张牙舞爪强盗式的日本，有一部分觉察了，而对于和颜悦色骗贼式的美国，居然当它是一个好人。拿中国出产的原料，用中国劳动者的体力，制成商品，卖给中国人，民众绝对不想到原料和工资对于商品价格比较怎样！被他们剥夺去几何？也不察觉一个外国大公司开张，便使许多小商店不能攫利，甚至闭歇，这一种大蛇吃小蛇的经济自由竞争底结果怎样？尤可惊的：列强一面造成中国的军阀，接济他们许多金钱和军械，残伤人民底生命，剎夺人民底利益，图他们自己的好处；一面却假惺惺什么华盛顿会议保全中国国际上的地位哩，什么爵士高倡和平会议哩，这种“口里仁义礼智，心里男盗女娼”的魔术，我们只要看日本底残杀华工，美国底拒绝华工，都是他们保全中国国际地位的做出来的“好事”，变出来的“好把戏”，中国民众，也一样地未曾感觉到！

可怜的糊涂梦中的国民，仅仅只有极少数人，一壁厢对于帝国资本主义加在我们头上这种状况愤慨，又仅仅只有极少数人，只敢对于帝国资本主义列强所豢养的鹰犬——军阀——宣布他们一部分的罪状，和他们作战。这就是中国惟一的一线命根——同站在革命地位的中国国民党、共产党、社会主义青年团三个团体。

共产党员四百多人，老实地（怎样叫“老实”呢？挂名不算，要的确觉悟为被压迫者利益而革命的，又实在做革命工作的才算）审查起来，还不上一百人；社会主义青年团三千多人，依上例只好算三百人；国民党据说党籍上有六十万人，据我依上例背［算］不上百个人，算是我晓得的少，真工作又全仗无名英雄，加他六倍七倍，也不过六七百人；统计三个革命团体多不过一千人。这一千人投在三面包围的地势中，对内奸外寇作战，无论怎样很法，在中国全民族中，只占八十万分之一（这是依一九一〇，一九一一，一九一二，三个年官盐数目比较计算，中国的人口七万万八千多万，如果合非官盐的数目加倍，中国人口当在一千五百多万万，照后列这个数目，革命分子，在总人口中占一百六十万分之一），一个民族（包举汉满蒙回藏说）为主权为生活而起革命，断非得一士可王的揭竿起义时代可比，这一千人就算是十分地勇猛精进，也只是一个小集团的人数。如果再四分五裂互相猜忌起来，不但不能进行革命，并且会因猜忌分裂的状况抛弃了公共敌人而互相残害。要如何才能团成一气呢？就要认定自身所代表的哪一个阶级，同时就认定这个阶级底公敌是谁。中国底公敌——

"帝国资本主义列强国和所造成的军阀"。

有人说（美洲求学回国的博士居多），"因为中国不行使帝国主义资本主义，所以帝国资本成为我们的敌人，如果我们中国也行使帝国主义资本主义，难道不能化敌为友？"这种荒谬的论调，我们听的也不只一次，驳的也不只一次。看我们中国处在列强国际间，一面担负生产的责任，一面担负消费的责任，世界更无其他比中国土地更大人口更多工商业更幼稚的民族，可容中国施行帝国资本主义种种的侵略方法，所以中国断不能成为帝国资本主义国，不但人类间进化底趋势上不容许，事实上也成为不可能的肯定。中国自身既不能成为帝国资本主义国，在现时却身受帝国资本主义列强国的堕迫。他们看穿了中国人民夸大务虚名的习惯，决不采用形式上亡中国的方略（其中只有日本，他自身还是军阀操最高权，又因地势上的特别情形，所以还带有几分形式亡人国的色彩）而施用实际的榨取方法，从鸦片战争起到临城案，无一桩不是以经济掠夺为他们行为的中心。他们不仅在外交席次上陈列宰割中国的刀俎，并且在社会上煽惑中国商人替他们行消商品，引诱中国内地诚朴的农人到都市上替他们做活机器，尤其恶毒的，是引诱中国较有知识的青年替他们做商品底活广告。全国商人农人工人学生既全身堕入列强帝国资本主义催眠术中，他们于是挟他们所豢养的鹰犬，军阀，——我们在这里应该说是列强在中国设立的“北京政府”——替他们拉开经济底大纲，竭中国底泽而渔利。国民如果不信，请考察历来军阀政府的借款，凡是国民所反对的，他们何尝理会。越是国民所反对的人，他就越肯借债，越喜欢招兵，越肯借债的，就越得列强各国所欢迎。例如：全国国民至今犹继续吃苦痛的盐税借款，和这笔借款同一桩事的袁世凯迎合日本二十一条款，承认临案交涉的曹锟贿选总统，美国帮助吴佩孚，陈炯明宣布孙中山先生中俄德三国联盟主张以见好于英国等等，都是借军阀底手拿利刀刺入国民底胸膛，他们却坐吮国民的血，而分余沥于军阀。

列强不单是这样使用军阀，他在运用上还露出许多破绽，他们更要制造“财阀”，帮着军阀来残贼我们，这更凶更险的组织，我们不能不详细晓得的。什么叫做“财阀”？就是站在军阀背后，专门拿金钱做利刀的，银行哩，矿业哩，大工业哩，大规模的垦殖公司哩，这些都是国民为自己利益应该做的经济事业，他们却在军阀政府手里得到了，表面上似乎可以养活一小部分民底生命，其实是断绝国民经济的源泉。他们逐渐把经济事业，都打入网里，一面就继续使用“财阀”，来替他们组织“议会”。例如民国十年徐世昌手里新新国会底选举，就是一般银行家所根本雇养的小奴才当选，现在新新国会要算是议员的主张，已经见于江苏督军齐夔元底电报。第一届国会议员分子的不良，国民大家都知道，但是不良分子中还有少数是良分子——指曹锟收买不去的说——这少数的良分子，很足以阻挠军阀卖国的行为，很足以使列强感觉不便利，若使由他们一手包办的国会，方便于列强的方面越多，国民的受害也越烈。现在站在军阀背后的财阀，将来就是军阀的替身，他们底罗网愈组织愈严密，国民在反对军阀的时候，不可不知道军阀就是列强底爪牙，更不可不注意列强还有军阀底组织。

列强底组织财阀，就像经营彩票；每一次开彩，未尝没有几个暴富的人，这几个暴发户，就是下一次销售彩票的广告。发来发去，总是搬弄中国人民，而彩票公司老板的列强，从来也只会赚钱不会贴本。一个英美等国留学回来的青年，不过学了些普通常识，有些连常识都不具备，只要在彩票公司充个小伙计，也尽够他洋房汽车大菜的浇里，在财阀要发见的时期，必有一部分甘心做小奴才的感觉生活底容易。

我们在这愈趋愈严重的形势下面，非揭穿列强的阴谋，打倒一切军阀，断没有别的生路可寻。这就是非革命不可。可是一哄的革命，浪漫的革命，都不能够摆脱实际的压迫，我们要有组织，要有步骤，要有建设计划，远的且暂时不说，是近的将来，我们该做的工作：关于组织的，明明暗暗要有很精密有系统的构造；关于步骤的，是将国民实际上所感受的苦痛，用数字普告大众；揭穿列强对于侵略中国的种种图谋；联结被压迫的民众，同时并举，打倒军阀；关于建设的，以国家底财力，开发土地矿产林业开办大工业场，国家在不与原有的小资产阶级冲突中，使失业的工人、农人、退伍兵士，以及原有的土匪和游离分子，有生产工作底机会，得到安宁生活；建设代表我们——限于被帝国资本主义和军阀所压迫的分子——利益的政府。同时为保护利益，防御公敌，组织军队，凡是压迫分子，及格的都有军事责任；教育事业，特别注重少年和儿童。

我们为送死而革命，为求生而革命，蝮蛇噬腕，壮夫断臂，勇气要建筑在求生的设施上，才见得大勇底精神。我们这很少数为国民作先驱的，不必忧虑我们分子太少；从来革命事业总是从很少数为代表大多数利益做起来的。惟其代表的是大多数，所以革命分子，一面因为受敌人底压迫而增多，一面因为有组织有计划而加精。在现时期，我们同志们，各就机会上尽我们本能上的所长，充分地使用自己底能力，充分地预备我们底工具。

留俄同志们！知识是战斗的武器，知识是生活的工具，为建设而有志革命的同志们，大家各自排除遗传上好高务远虚桥［骄］的恶习惯，切实地用功，诚实地说话，认真地做事。

同志们！负担中国革命的种子底责任者，我们在血泪的欢笑场中再会！

被压迫的民众万岁！

革命同志万岁！

中国革命万岁！

世界革命万岁！

（原载《民国日报》副刊《觉悟》1924年1月1日）

游俄报告

（1924年2月）

沈玄庐在萧山东乡教育会讲　钱义璋　王贯三记

此番费时四个月，历程三万里，极愿把世人注目的红世界，就我观察所得，报告于在座诸同志。

苏俄状况，我们从前得到的报告，约可分为极褒极贬的两派：极褒的或羡苏俄为天堂，极贬的或称它为地狱；——其实苏俄并不是强盗世界，也不是神仙幻境。

我于未到苏俄以前，对于苏俄，抱有两种疑点：

一、大权全操于列宁、托尔次基等手中，——他们是不是变相的皇帝？

二、因施行新经济政策，会不会被资本主义侵入，复演他帝国底原形？

处在列强视为一块肥肉的中国，独有苏俄，一反从前帝俄的态度，将帝俄时代一切侵略去的交还我们；倘使苏俄一旦失败，或复演帝国主义的恶剧，必于中国十分不利〈衍〉。以上两个疑点，是在中国本身利害关系上出发，所以我有去考察的必要。

我到世界革命中心地莫斯科的日子，正是日本帝国首都大地震的日子，现在先说说日本地震所给予人类的教训是什么。日本大地震的大损失，超过于日俄战争的损失约五倍。世界各国，对它有表示表面的同情的，也有深为庆幸的；也有以太平洋战争迟缓了引为可惜的；也有以战争缓和而乐得苟安的。种种不同的感想，都是不从自己的努力来解除“自然”的危害，单由国际现状所形成的思想。日本从明治维新四十余年来，全国一致努力建造侵略工具——陆军海军。一个岛国而练了许多陆军，这是明明要到大陆来侵略的预备。他们既倾全国的力量于侵略，就无暇来研究自然界底危害和预防的方法。倘使日本拿侵略中国的聪明才力来研究“自然”，虽不能防止地震的发生，总可多得点避免的方法，而减少损害。从前因侵略所耗的财力，或已由被侵略的国家中取偿了，使被侵略的国家，受重重的损失。但这番地震的结果，远超过于所取偿的几倍，这是帝国主义所结的良果，可怜的日本人如今正尝着良果的滋味哩！

我们为全人类的经济和幸福着想，无论大小民族，都应从认识“自然”和运用“自然”上努力，不应该学古人底侵略手段。正为侵略行为，不会增加人类享受的物质，只会枉费物力的——但是帝国梦的日本，何尝因一震而醒呢？

能够不侵略他民族，不占领他民族底利益，努力从认识“自然”和利用“自然”同时联合各被压迫民族而防御侵略的，只有苏俄。在实现的主义上观察，与其说它是共产主义，不是说它是国家资本主义，更不如老实叫它作“社会的实利主义”。——以社会的利益为行为底目的。

俄民在俄皇积威之下，无时不想革命，而帝俄政府，往往运用向外发展的战争，来缓和国内的革命，这是世界各帝国政治家的惯技，而俄皇之所以加入协约，也因为此。

但是国民方面和各国的社会主义者对于帝国主义底国际战争，不谋而合地反对。当俄国屡败的时期，反对战争的空气，已经由普通社会传染到军队里去。尼古拉斯——俄国最后的皇帝——恐怕留兵不稳，尽调赴前敌，驻于波兰境地。哪里知道调赴前敌的兵，早就带了反对战争的使命去，而后方空虚，恰好给革命运动者，运动了海军占据俄国皇帝底老巢的彼得格拉，等到俄皇帝带了反对战争的军队回来时，谁也不受他底命令了。尼古拉斯全家和他底大臣，结果就都死在他们一向枪毙人民的武器前面。这就是“二月革命”。

革命既成功，克伦斯基在俄厉行迪克推多制，因防军队太多或生不测，又主张战争。共产党就在此时大唱非战，劳工团体，现出世界主人翁底真面目来，立刻把克伦斯基推翻，行苏维埃制，这就是“十月革命”。

苏俄既成立，基于反对战争底主张，和德国议和。那时德国所提出的条约，十分苛刻，不但全国骚然，连布尔色维克也起反对，独列宁力排众议以半个月不睡眠的奋斗，始得全国人的谅解。辩论的要旨有二：

一、我们不去和德国以制服皇党，那么皇党将和德以制服我们。

二、我们因为反对战争而与德和，任何吃亏条约都可以签字，因为不久德国将摹仿我们变为我们的朋友，则此吃亏条约也不过是一纸空文。

后来德国果然革命，欧洲大战才算告终。各资本主义的国家转其兵力来侵略俄国和封锁俄国；但都不能加害于苏俄。

当时布尔色维克主张没收农产，列宁反对无效，于是台尼金、苛尔却克等运动农民起兵反抗，声势浩大，苏俄几乎被推翻。列宁所主张的“新经济政策”，就在内乱极度时涌现的，苏俄底起死回生，就靠此一着。没收农产，是苏俄第一件的大失策。

内乱既定，苏俄拥有红军二百万人，国内民心，又是一致，就趁此长驱入波兰。究竟革命事业，要民族自动的，用枪炮去替别个民族包办革命，终于被英法利器所乘，一战而死红军二十万，这是苏俄第二个大失策。

苏俄经过这两次的大教训后，共产党得到一个大觉悟，就是列宁著作的《什么是国家》一书里所说的："无论各界，应使他们有一条生的路。"共产党因十月革命后十二分的兴奋，竟忘记了列宁的话，两次虽经列宁的反对，但总挽不住没收农产和长驱入波兰的狂潮。等到失败后，才知道而且佩服列宁是他们惟一的导师。

苏俄自从改行新经济政策后，工业农业的制度，就又变了。

从前俄国的大资本家，本来很少，大工厂大都是英美人开的；革命后全被政府没收。自从行新经济政策后，国内的工厂，已回复战前状态；但十分之九归政府办，十分之一归私人办。——私人向政府出租。无论何种工厂，一律工作八小时。但共产党人，往往自愿做八小时以上的工作。

此次先去参观电气工厂（此厂本为德人所办，后被政府没收），厂内最大的引擎，有一万二千匹马力以上的多具。现在又新添三部引擎，每只约值三百万金元。可知俄国的工业，着重在"原动力"。

厂内男工较多，工人的住宅就在离厂最近的一所大楼房（凡国家经营的工厂都是这样）。有工人俱乐部，俱乐部之内容为党机关部、图书馆、音乐室、图书室、跳舞室、课堂等等；又有合作部、缝纫所，给工人的妻女工作，也有教师指导。

因为俱乐部设备完善，所以工人在八小时工作完了后，很喜欢到俱乐部去，而不愿意到设备简陋的家里或咖啡店酒店里去"饮酒骂人"（俄国旧习，酗酒的比中国多），大半也因为生活适应，没有郁积不平的感想所致。

苏俄凡是公共机关，建筑设备都甚完美，私人住宅，却很简陋，所以大都乐于从公；中国却反是。

我又曾参观一染织工厂。这厂本来是美国人办的，现在也被政府没收了。这厂现有女工三千人，机器只开三分之一，一则因为俄国现在不到需要奢侈品的时期，所以停了三分之二的机器；二则因为国内的蚕桑事业，无更变之必要，熟练的专门的染织工人，无改业之必要，所以才开三分之一的机器。厂内没有电灯，这是不做夜工的证据（我们沪杭各丝织厂中，常用一百支灯光，这损伤女工的目力不浅）。又因为染场空气混恶，所以在染池四周有电气换气机使空气流通。

这染织厂中，因为女工多，所以把工厂中最精美的楼房，作为工人子女寄养所。女工进厂时，将其子女交付寄养所职员，就进厂去作工，保姆们就给小孩换衣服，照年龄分类到各室里去。吃乳的，就照医生所指定的分量（人乳已是过去时代中婴孩的食料，现在是全用牛乳了）。凡儿童饮食、便溺，各别详记；病儿各以病类别置一室。中国富豪家的育婴，没有这样讲究的。其他各工人子女年在六岁以上的，有学校寄宿舍；在宿舍内有管理人负教管和护送入学的责任。年龄在十三岁以上的青年工人，设有劳动学校。

家庭雇有佣工，很不容易，男子绝对不能雇人为佣，女子有小孩三人以上的，在法律上才许雇人为佣。违犯的，罚款很重。

至于他们的农业与农民生活如何？也是很重大的问题。农民的住宅，间隔很远，不像中国的密集，大村落不多，农民耕作的技术，不如中国底江南，因地浮于人的原故。

自从施行新经济政策后，土地归农人，各人所种农田，已经合并在一起，不像从前那样从田主处东租一块三亩，西租一块四亩的种植不便了。

租是当然不必完了，税是要完的。每年一家平均须纳八“普特”。——四十磅——面包，纳面包的多少，与那家小孩的多少为反比例；因子女多的，已尽了政府应尽的责任的一部。

每村公举苏维埃代表只［至］少三人，由代表决议和执行本村执行范围内的事件。

选举苏维埃代表时，凡在本乡二十岁以上的人——不论男女——都有选举权。政府派人将该乡选举人集合，把临时提出的被选举人一一写出，然后以次举手表决，以多数的三人当选。这是因为乡民不识字不能写选举票而再简便也没有的好方法。

政府极注意于各乡的统计和宣传，所以村民对于本村应兴应革的事，都很明了。村民纳税，一半归政府，一半归地方——村、乡、县——；村民既然明了本村应举办的事情，所以非但没有欠税不完，竟有喜欢多完的，因为税越多完，地方事业越得振兴，而村民公共越多受益处。

每村有一学校，校舍是该乡最好的一所房子，教师是从县中教育科派的，以女子为多，每教师所授学生以三十人为限。

工业和农业是说过了，现在说他们底商业。前三四年，莫斯科市上没有店，面包都由政府分配。现在已回复战前的状态了，小商人在俄国极不能得便宜，因为小商人往往想增高物价，从中取利，政府因此不停地增加税率。大商店是政府经营的居多。苏俄现在很想吸收外国资本：南俄有许多低洼地，现由美国大商家承揽去种植。但须容纳多少苏俄农民，设立多少农业教育机关；又必须种植俄国所缺乏的作物，几年后归还政府。

合农工商三业，可在农业展览会中作一总观察。此会苏俄政府费去一千四百万金元，与普通展览会性质不同。将旧有的农村种种建筑和耕种状况，都照实在情形在会中陈列出来，更按照科学和共产主义底种种新方法，在同地点陈列，一经比较，就优劣分明了。去参观展览会的农夫，单由政府分地出资邀请参观的有二十五万人。会内并且有专家说明各种，如选种、播种、施肥、耕耘、收获底新方法和新机器底使用法。

国家现有土地，占全国百分之四五，这就是从前散在各处的皇家御用田，现在就是苏维埃政府指作经济单位的。

各乡出产什么，缺乏什么，都由各处苏维埃调查详尽，总汇于中央，由中央支配各乡须种植和制造什么，使各种生产品不致因两不接头而缺乏或剩废。

各村乡苏维埃又可运用信用组合购买新式的种田机器，凡是纳税的农民，都可以借此机器来耕种。因为用这机器来耕种的便利，所以田塍是自然而然地自愿取消。更因为用机器耕种，人工自然减少的缘故，大家情愿委托耕种的事业于管机器的少数人，而自己去做别的生产工作。

军队组织中最出色的，为军中政党代表的组织。这个组织的最高机关为革命军事委员会，凡陆军海军底全权是操在此会，而此会又从共产党出发，凡军师旅团中均有政党代表的机关，团以下的营连等，只有代表而无机关。这种机关，很像法国革命时代的人民代表机关。每个机关中有正副代表各一人，军官底命令必须经代表签字才发生效力。军官只负一种机械的责务，而政党代表都负战争的意义底决定。因此虽是反对党人，只要有做军官的能力，红军中都用得着他。

陆军名红军，海军名红色海军。“红”，并且是苏俄一切运动的灵魂！他们关于“红”的释义，是说世界上人种皮肤底颜色，虽有种种不同，但是血是没有黑红黄白棕的分别而都是一样的。——所以“红”字又可为全世界运动底灵魂。

红军最多时有二百万，现在约有四十八九万。人数虽比从前少，可是比从前精，因为从前是革命时代，只要能拿枪冲锋的都好，现在却非但要好好儿训练成兵，竟要个个训练成将，所以战时就有四十五万军官了。

全俄行征兵制，从十八岁到二十岁为预备兵期。在此期中的青年，须学满九十六小时的军事教育，每时有每时的教学顺序。因为各乡都有军官散处，而且军官学校暑假很长，所以城乡间常有普通服装的队伍，作军事练习。

从二十一岁到二十三岁为现役时期，现役兵，实际是入兵学校。飞机现役三年（最长），炮、马、工、辎、步，以次通减。

此番曾去参观第二十八团步军。团中兵士，大都在二十一岁到二十三岁，有妇女二十二人，平时在厨房中任烹饪洗濯并学习战时烹饪法，战时兼作为看护妇之用。

兵士出身，都是农夫、工人。除练习军士的勤务以外，更随他们本来的职业而做工作。

参观时有一军士来与我谈话，原来是高丽人。他十二分殷勤与我问答，而团长则在旁伫立，绝对不加干涉。又去参观厨房，见挂有本周的菜单，单上经医生与政府代表各级军官签字。进去时，兵士因为我们东方人去参观，就把各种东西，请我们吃点儿，作为东道主。军中有周报，此报登载各军士提出的质问和答复，任何一级军官，都有答复质问的义务。

以上的情形，在中国的学校中，恐怕还办不到，何况军队呢！

苏俄对于海军，因为太不经济，而且一举便要接触的英法舰队，苏俄决不用一般海军战斗力的笨方法和他们碰，所以现状只从守势上做工作，而注力于红色军官的养成。例如被英国击沉的舰，并不捞起，又有两只无畏舰，在帝俄时工程已经到十分之七，并不继续构造。这件事，可以从迁都的动作上看出，苏俄从彼得格拉迁都到莫斯科，是避去别国海军的侵袭。从前帝俄以侵略为目的，迁都于彼得格拉；现在侵略手段，非苏俄所要取的了，所以迁回莫斯科。一切建设以莫斯科作中心，这就是世界大家庭底新京了。

全俄苏维埃会议议决明年全俄各机关，须备飞机一架，平时凡各乡村间的邮件和紧要事务，都可用飞机转运，驾驶术只须六个月毕业，人员由各地配送，政府施各乡以教育，一年之后，俄国任何一个乡村都有飞机和驾驶飞机人员，就是苏俄有大量的武器和使用武器的战斗员了。一旦有战争，这些飞机，只要加上一个战斗员名称和置备炸弹等，就可以横遮在敌军阵线之上。这和练许多陆军，造许多战舰，整日价消耗着的国家比较何如?

“你当兵是代表谁的利益的?”

“国家是谁的?”

“如何保卫国家?”

这三个问题，红军中没有一个兵士不能答复的，他们了解“你们要来当兵，是要求你们一个‘死’”，这是托尔斯基给他们明说的。

从陆军总长到军士，衣服的质地是一样的，军服形式，美秀而文雅。

军队行列和兵士单独出来时，和妇女小孩相遇若家人，因为他们都很明白“我们是为他们底利益而当兵”的缘故。

苏俄的教育状况，也有报告的必要，因为他们是注全力于第二代苏俄的发展的缘故。

教育总长为卢那恰期基，他本是个大资本家，革命后，他从监狱中放出来为教育总长。

他与我会面过几次，他有一句要紧的话，就是“经济与教育是水涨船高的；如其经济的水没有涨高，那么教育的船是飞不出水面上的”。

苏俄教育的可以报告处有七点；

一、去宗教。此事在中国人听了，或者不以为奇。但在有一千八百余所教堂的莫斯科环境中，要去宗教，是一件极难的事。俄皇底利用宗教来压迫人民，等于中国皇帝底利用孔子来愚弄人民；苏俄去宗教之难，也等于中国的去孔庙的难。

二、男女同校。在革命初期一九一七与一九一九见，性的问题，大起狂涛，但这不过是过渡时代一时的现象。

三、学生自治。自治中行为动作最密的，就是会议，无论什么事，都要开会讨论。天天有各种性质不同的会，在同一个野生团体之中，错综复杂，因此党派，也无从分起。俄国学生无论哪个没有不懂会议规则，无论哪个，都能够演说。

四、统一学制。

五、注重劳动者教育。

六、学校接近社会生活。学校生活若使与社会隔绝，那么，秉质聪明的，毕业后还能应付；不聪明的，竟是个“字纸麓”。俄国现在的小学校，大都用混合设计教学法，而且常常到野外去教学实际的教材。如走到一座桥边，要知道桥的高低，水的深浅，河面的阔狭，都可由学生用绳子来测量，更可知勾三股四弦五的实际。学生经过这样实测一次，比之在教室内硬学算学教科书，容易了解而记忆了。

七、养成农工的生产人才。农工当然是生产的，更何须养成呢？但是农工底生产是自然的因袭的，现在须养成为知识的生产人才。

小学校中学生家属职业，百分之八十是农夫工人子弟，百分之二十，是机关办事人员底子弟。从这个比例上看来，也很可惊的：我们中国学校底学生家属职业比较，大都以军人官吏商人居多。试问谁是贵族教育，谁是平民教育？

大学校设劳工预备科，三年毕业，再可入专科大学。苏俄现有五个大学。劳工的入预备科的，有三万人；今年升学的，已有八千人。

革命以前，一百人中，有八十五人不识字，不识字人，他们称他做文盲。列宁夫人所主张的文盲扫除法，因大荒不能实行，但已扫去了三百万了。

教育预算为一万二千万金卢布，占全国预算百分之十四，半为中央教育费，半为地方教育费。照他们教育者底计划，须三万二千万。

乡村教育，按照实际上可能上做去。乡村教育费不足时，由县补助，或由省补助。

教育用具，全由国家分发。

现在教育是讲完了，但是诸位耳中，必定听到了所谓共产党了。究竟共产党是怎样？共产党人又怎样？谅必为在座诸君所愿意知道的。

苏俄的共产党，已经由八十几万人中淘汰到四十万，近来竭力增加，只加到五十多万人。共产党人底生活，并非可以较一般人为便宜。实在较一般人底责任重大。从前要做共产党员，须经过六个月的候补，现在须有二年的长期的候补了。无论到各机关去参观时，可以一望而知谁是共产党员，因为共产党员没有不热诚活泼的。非共产党员，大都工作八小时，而共产党员往往工作在十二小时以上。

我曾从卢哥夫斯基学了十几个钟俄文，他底叔父因为革命被亚历山大第二枪毙；他底父亲是反对革命的。他在革命时，曾经许多次战争，得累次负伤的胜利，现为是个旅长在陆军教学总监那里办事，他底薪水每月只有六十元，在苏俄不够买一双皮鞋。

在中国像他那样资格，不知该如何阔绰哩！但他所住的房子，不过八张八仙桌大，屋内只有一只床，一只沙发，一只钢琴，一架书厨；厨上有许多书籍和战利品。他为我讲战争中的经历，津津乐道；从来不说“茅舍简陋，有慢贵宾”的客气话。这可见共产党员自奉的薄。

现在可总结说句话：苏俄底政治非变戏法，非地狱，乃是在可能的范围内指导人民去做。

苏俄因为要保护小孩，所以灾荒中死去老年人不知多少！这是因为他们从将来着想，不得不舍其老而养其小。

儿童不是我底儿童，乃是社会底儿童。

依苏俄底计算进行，祝它不遇日本式的天灾，三年后的成绩，必有意外的可观。

我从这些考察上，把最初的疑虑冰释了。诸位对于苏俄，总也可以依以上的报告，谅解一二而再不致于谈虎色变吧。

我观察的对不对，不敢自信；但我的报告，是忠实的。

（注）彼得尔格拉，今已名为列宁格拉。

（原载《民国日报》副刊《觉悟》
1924 年 2 月 11 日、12 日、13 日、15 日）

蒙古独立问题

（1924 年 4 月 15 日）

“五族共和”，是推倒满清时国体政体革命底标语，意义极是——数目却弄错了。中国现在领土内的民族，汉、满、蒙、回、藏五族之外，还有许多苗、蛮、夷、猺、猓猡……之类的小民族。这些小民族，断不该摒诸域外，不与同共和。即此可见五色旗代表五族，很是一张错误的标帜，可是我们不该因为标语在数字上错了，连中华民族（包含国内一切民族而言）应该自由联合经营共和国家的意义都抛弃。

中华民族，在民族间所处什么地位？是人都知道处于国际帝国主义压迫下的民族。压迫下的民族所要求者，第一步就是解放。解放，不是求祷压迫者来解放我们，是被压迫者用自己的力量来反抗压迫。最理想的解放，是中华民族，结合成为一个团体，齐心并力，朝我们有系统有步骤的共同目的，积极的组织我们底国家，以反抗国际帝国主义底压迫。但是现在的状况，外面既受国际帝国主义的高压，内部又受帝国主义者发纵指使的军阀的蹂躏，犹之全军被围，敌压于外而奸发于内，截断了一切系统。急切没有实际上连接的可能的形势。在这截断的包围形势中，其中任何一部队，只要能够突围而出，足可裂破全军底死气而展开战斗底新机。蒙古独立，正是被国际帝国主义重困中一支首先冲开血路的围军。我们比较围层更厚的部队，即腾不出手来援助蒙古，只［至］少也该替蒙古发一声喊壮声威。

不料国内竟有引我国族安于死地的报纸，一面掩住国民底眼目，不许国民看见目的敌的国际帝国主义，一面教唆军阀，派兵入蒙古去妨碍蒙古底独立！

“赞成北京政府接收蒙古的人，是受了军阀政府运动费在那里宣传，是军阀政府底洋钱说话”。这种替帝国主义爪牙充喉舌的，在我们围军的民族中，绝对不愿有这样奸细。除非死心塌地甘作帝国主义者底奴才的，才惯受洋钱底指挥，——否则，就是公然主张“军阀派兵收蒙古”，也只是母胎里带来的认识错误。

凡是不认识共和是什么，不认识中华民族是怎讲的，当然不会认识“中华民族自由结合经营共和国家”底意义。开始就把辛亥革命认为汉族取满族以一族专制诸族之地位而代之的，当然把蒙古民族，认作被治的民族，放在被征服者底地位；同时把蒙古底土地、矿产、森林、牲畜、仓廪和各种生产工具都认为汉族的财产。由这样一个错误的认识，演出许多错误的行为：筹边使、经略使种种的名目；派兵震慑的主张；都是认识错误底结果。这一种错，不是民国纪元后产生的，是纪元前几千年遗下来的传统观念。死抱这种观念，不用说许多小民族，还踏在被国际帝国主义所践踏者底靴脚底下，蒙古、藏部、回部，也是一样地遭汉族传统观念作践之中，不过脚力没观念的范围大，只是想踏要踏而不能完全践踏罢了。戴这副头脑的，一听到“蒙古独立”，斗［陡］然惊觉空想的脚底下有一个蒙古要扒［爬］起来，便大声疾呼地“派兵！派兵！派兵镇压”！不但不想到派兵的是中国什么机关？这种机关里是何等样人？这何等样人底背后又有何种磨牙吮血的强国紧尾着兵队到蒙古？尤其想不到这种行为，直接更增加蒙古底恐怖而形成根本上的分离，间接就影响到回、藏发生恐怖而形成分离。这难道是认识错误者底主张派兵镇压蒙古所愿意的结果吗？以自己不愿被帝国主义压迫的，倒反替帝国主义者充先驱去压迫正在挣扎中的小兄弟，压迫不了，不单是蒙古之幸，果真被压迫住了，那不单是蒙古之不幸。

即使把中国国族最理想的解放搁开一边，单讲策略：我们要蒙古同肩任被国际帝国主义压迫的重担子，也只能用实际的援助，抹淡历史上的恐怖而联络虚伪的感情；或者蒙古被感情蒙住了也安然处于帝国主义压迫下而无辞！可是我们在被压迫民族底责任上，是否永远甘隶于国际帝国主义金制的铁蹄底下的？敢信中华民族，断没有甘为奴的决心。那么，蒙古独立，正是中华民族对于国际帝国主义大呼解放底先声，在我们不单该和之以空虚的声援，竟［径］直应该给蒙古实际的援助。可是现在关内外底形势，有什么实力可以援助蒙古呢？窃据北京的曹酋和北洋正系军阀，他们正计算如何利用诱惑蒙古少数的王公，如何分配护赃的武力出口去，如何借此抨击苏俄的外交，如何诬蔑中国国民党员，来干些取媚帝国主义者的勾当，哪里配得上说什么援助蒙古？真个要援助蒙古独立，配援助蒙古独立，还只有觉悟我们是同样被国际帝国主义压迫的国民，还只仗自力斩断历史上传统观念的优秀国民。

我们国民的援助蒙古，不是讲什么感情，不是弄什么外交上的鬼祟，我们只是在中华民族利害关系上认清楚蒙古独立是有利于中华民族在国际帝国主义压迫下解放的运动。

（原载《民国日报》副刊《觉悟》1924年4月15日）

说　党

（1924年5月11日）

（沈玄庐先生在上海大学讲演，谢硕笔述）

今天我想趁着这个机会把党说一说，当人们把个体看得很重要时候，许多个体受许多不同阶级底压迫，然后才警觉到有“集体”的必要。从个体感觉到个体的痛苦和集体必要的时候，那种集体的结合，就叫做党。在同一条件之下，党的结合和自我观念的变更，都是有一种必要底暗示，并非为着感情的作用。

但，被压迫阶级至需要集体时有党之组织，压迫阶级同时也有党的组织。地主有地主底党之组织，厂东有厂东底党之组织。军警或法庭的组织，在资本制度之下，都是为压迫不同阶级而设的，早就是一种党的组织。国与国际，亦复如是。譬如临城案，以国际底党来向中国进攻，这便是国际帝国主义——外交团等等组织，像临案赔偿这样压迫接二连三的不知有多少回。当临案发生时，没有掳去一个日本人，而日本人在东交民巷明目张胆地主张和我们严重交涉，真是岂有此理，我们总算够受了。所以要做个有主义有组织有系统有力量的党，去打倒帝国主义，非为着感情，也并非理想，完全为着国族所受的生活痛苦，才有大结合的需要了。

不过，压迫阶级，是不准被压迫阶级有党的组织〈的〉。地主是要严防农民有党的组织，厂东是要严防工人有党的组织，国际帝国主义者是不许被压迫底民族或被压迫的国家有党的发展——革命组织底发展。

有时，国际帝国主义者，未尝不帮助中国革命运动，我并非挖苦我们自家。我们受他们的帮助，完全是一种无诚意的帮助，他们的用心，好似斗牛者在运动场上用心，牛不斗了他们便没有事做，真要斗个死活出来，他们又恐怕没有事做，所以他们等着斗到剧烈时，轻轻的便把铁练［链］拉开了。

我们既要组合大党以反抗压迫底国家和压迫底阶级，我们的经验，知道外力是不可靠的。那末，我们靠什么来做党底实力呢？当然是国民底觉悟。觉悟个什么呢？觉悟我们在共同利害关系上有共通［同］的主义可靠靠孙先生底三民主义。

我们为什么要研究三民主义？三民主义要是孙先生关门造出来的，我们可以一毫不要理会他，但是三民主义，不是孙先生杜造的，是我中华民族个个人所共有的。不过由孙先生亲手揭了出来。——也是我民族因感受各种压迫痛苦的产物。

民族主义，从普通的看起来觉得很窄狭的。但我们中国却有几千年已经忘了自己的民族观念，常常自以为早就解决世界问题了，“天下一家”，“大一统”等字样，满装在脑子里面庞然自大。因此孙先生组党之始，要集合散漫的民族思想，来对抗各种国际国内底压迫阶级，应该先从民族主义着手，故民族主义是中国国民革命军的第一支先锋队。

当初，巴黎的革命，也是用全民作口号，利用全民族把政权从君主手上夺来了，翻过脸来仍然是一部分民族把大部分民族踩在脚底下，这狠［很］不是话。俄国有三十九种民族，往日只有白种的皇室贵族资产阶级操有政权，其他多数的民族，都是被压迫阶级，被压迫阶级的四方八面的酝酿、反抗，才有今日这样的局面。中国被压迫民族的历史是狠［很］长的。君主专制底毒手腕，也比较欧洲为恶辣阴狠，比如科举制度，那翰林举人秀才各色各样的圈子，使一般人渐渐变成书呆子，等到头发雪白了，侥幸的握到政权，早就了君主所铸成的模型，毫无民族思想入当年将相底清梦；科举不第的只是喊天怨命，老死牖下，埋头于一无用处的八股堆中。“冒籍”犯禁，“逆丧”犯禁，例如浙江有定额的举人，别省有人考浙江举人，浙江人便要狠命的去攻“冒籍”。总之，科举制度是要把国人个个分开甚至家庭父子间最亲的组织，也被科举制度，打得粉碎，被压迫的个体，永远没有组合密的可能。而且中国民族，因为交通不便，隔阂太多，政治犯往往处以极刑。国民中有政治观念的，既被科举制度所软化，残余一线末光，又被君威和严刑所折服。历史上像韩愈充军充到潮州，王守仁充军充到贵州，使滨海的潮州和荒远的贵州，稍知道中原一些事体，总算得了他们充军的便宜，能借此机会去施点教育，使民族间得点气脉相通的机会，这算是很难得的。一千九百一十七年俄国革命前十年内的政治犯多至一万一千余人，女子要占十分之二，他们犯罪后也做不少宣传工作。中国人不拿起笔杆的，既自动的放弃了政权，忘掉了民族，又缺乏知识阶级的指导，已经有很长的时间。若不先有一种有力的宣传，怎么能把民族精神集合拢来，怎么能把民权认识得明白？照现在形势，设如用投票方法，例如赞成“共和”者投甲种票，赞成“真命天子出现”者投乙种票，一百张中至少有九十多张投乙种票子的。所以我以为辛亥革命，连民族一部分工作，都没有做完，孙先生也说过“自动的放弃了民权，忘记了民族的，不是中华民国人民，是君主时代的遗民。”诸位青年们！民族主义应该在我们反抗各种压迫的党之组织，要首先注意的。

其次，我们要在民生主义注意。德国去年革命，工人们拿三个月没有洗澡做革命话柄的一种，在中国真是笑话啦，三个月没有洗澡算个什么一回事呢？但在德国生活上已经够得上要革命的条件了。我们中国有些地方的生活，真是低到无可再低，我在云南四川各偏僻地方，人家橱灶里有两个竹筒，一竹筒装辣椒，一竹筒装盐，一家老小弄点饭菜拌点辣椒或盐，便算生活了。生活低落到这个样子，国际资本侵略又那么样猛烈，民生问题的确是国民革命组党底主要问题。

更有一层最紧要的，党员与国民有不同点，党员立在冲锋陷阵的地位，国民则处于后方勤务的地位——帮助地位。党员是代表国民发展利益的，不是代表国民享受利益的。各个党员的意义，投入党后，就要把各个的意义，变成一个整个的意义。党员一进党，便要牺牲自我，自我有一毫存在，那个党便会立刻拆台。一进党时，要先牺牲个人自由，有一毫个人自由存在，那个党也便会立刻拆台。要集合许多的自我造成一个大我——党。要各个党员每人将他所有的自由尽数集归党里，集合各个党员的自由力量，做党的自由发展。这样，党之力量将无坚不摧了！诸位！我很希望的诸位青年！赶紧抛弃自我观念和个人自由，党的工作发展和完成，我们狠［很］不客气地可以说这样就行了，一旦不幸，我们的身体，被监禁或被伤害了，这不是个人的牺牲，是党的牺牲，为中国牺牲，也就是为世界牺牲——为世界被压迫阶级牺牲。那末，我以为我们要与世界有关系，与民族有关系，至低限度，要与被压迫阶级的革命党有关系。

党，有党员各个的自我融合成的，党底纪律比什么纪律要严。俄国共产党员在去年一年里由七十一万减至四十一万，他们确是狠［很］严格的、工人每日八小时工作，党员每日不止八小时工作，星期日也不放假，一般国人起初怕他们，后来敬他们爱他们，这个理由，也狠［很］浅近的。譬如我们家里一个年老的雇佣，爱护我们从摇篮里到现在长大了，我们因为伊是有勤苦的历史，怎该敬伊爱伊，我们做革命的党员，也应该有勤苦的历史，使人们爱我敬我。

诸位！我们进党后，不是父母的儿子，是党的儿子了，不是恋爱者的情人，是党的情人了。

我今天所讲的，第一点要我们明了党之由来；第二点要我们从三民主义的民族民权两样特别着眼去做党的发展，去同全世界被压迫阶级的组合合作；第三点要我们明了党员的责任和非党员不同。今天口讲这些，下次再说吧！

十三，五，十一日于新闻路

（原载《民国日报》副刊《觉悟》1924 年 5 月 15 日）

我们的党

（1924 年 6 月 1 日）

“我们的党叫做什么党？”我们的党叫做中国国民党。

“我们的党是什么党？”我们的党是革命党。

“我们为什么要革命呢？”因为我们民族，被压迫在国际帝国主义（英、美、法、日本、列强各国，联合起来，用武力经济侵略我们的，就叫做国际帝国主义）下面，失去了自由；因为我们国家，被压迫在国际帝国主义下面，不能独立；因为我们国家经济、社会经济乃至于个人底生活，被压迫在国际帝国主义下面，无从发展；国际帝国主义者，并且利用中国军阀，做他们的爪牙，一步紧一步地逼迫我们国族蹈于日渐衰亡的境地，所以我们不得不革命。

中国国民党，是要把我们民族，我们国家，我们的经济地位，从压迫下面解放出来；所以中国国民党是我们的党。

且把我们党底略历先叙一叙：

十三年前，我们因为满清政府底制度不好，政府不良，内政不肯修明，外交累次失败，我们起义革命，许多次，一直到革命前一年，三月二十九日那天七十二烈士在广州殉难的义举，逼到十月武昌这一战才成了功；总算把满清政府推倒了，君主制度取消了，成立了中华民国。当时，我们民族中大多数的同胞，还不知道民国是哪种样子的国，还是拿旧时君主治下的身分做个“理乱不知，黜陟不闻”的人民，于是国际帝国主义各列强明目张胆和北方军阀领袖袁世凯勾结起来，一面恣意借债卖国，一面凑合他做皇帝；当这种事实未曾显露以前，国民党看得清清楚楚了，对民众大声疾呼，要防遏袁世凯造反，我们民众没有理会，所以国民党战败了。

民国四五年间，我们民众感觉到袁世凯底不是了，云南一举义，袁世凯的势力立刻土崩瓦解。袁世凯既死，他的兵力也就分散了，国民党底主张，是歼除帝制余孽，那里知道惯做投机事业的进步党伙着乘栎攫位的几位先生，利用但求无事的国民心理，只安顿几个督军和几个国务员底位置便算了事（我们设回头一想，辛亥革命时各省设立都督，原为革命军政时期，必然的过渡设置，后来袁世凯废都督置将军；“督军”这个名称，便是剪取了都督的“督”字，和将军底“军”字，凑合成功。袁世凯死虽死，他的余孽，单在这种名称上，便可想见他的遗毒还满布国中。）于是有督军团发生，于是又闹第二次解散国会，于是我们党底总理孙中山先生遂恂众情有护法之役。徐世昌既去，护法告了结束，国都所在地的北京，依旧被军阀所盘踞，他们竟公然下了“解散国会”的旗帜，挂起“护法胜利”的招牌。孙中山先生，总当他们是言行一致的（按中山先生素来对于倾向爱国方面的人，总当他们是好人，从不追求［究］他们的往过，宁可到他们反叛的事实发现时再声讨），所以主张裁兵（中山先生的裁兵主张，不是把现役兵不管有没有饭吃好歹裁掉，他要先把兵底生活机会预备好了，所以叫做“兵工政策”。）而北京军阀嘴里是满口奉承，实际上却纷纷地成师增旅。结果，国会议员底大多数，就在兵力底下俯首帖耳的接受曹锟贿买总统的金钱，形成现在这样一个混乱的时局！

照上面所述这段经过的情形看来，可以说，袁世凯未死以前，中国有一个在中山先生指挥之下的革命党，袁世凯既死之后，单只见中山先生一个人的革命工作，并没有革命党的工作。革命不能成大功的形式［原因］

的在此，实际上还是革命党想走捷径，过分注重军事行动；最大的错误，还是认对面的军阀，和充军阀走狗的政狗团体，也是一个党。基于这种错误，便形成“调和”“妥协”种种错误的行为。究竟军阀和政客，他们和国民的厉害，完全站在反对地位；国民党想和他们妥协起来谋发展国民底利益，正是母亲和拐带商量抚养小孩一样的错误。比这个错误更大的，就是国民党对国际帝国主义底列强，不断然下和他们反对的决心。因为这个更大的错误，遂使一般国民，只是很肤浅很软弱的对于军阀表示不满。帝国主义者，施展他们种种手段侵略中国的列强，反可以假惺惺地装作希望中国和平的样子，引诱一般可怜笨得要死的中国人当老虎作保姆看待。究竟中国的军阀，如果背后没有国际帝国主义各列强做他们的靠山，军械哩，借款哩，源源不绝的输送到军阀手上，中国军阀，也早经被国民党打倒了。我们试看，现今的北京军阀政府，除却国际帝国主义各列强承认他是政府之外，哪一个人民愿意做这样政府统治下的人民？国民党因为不敢断然表示和列强反杭［抗］的决心，和对于军阀取调和妥协手段，是相因而至的错误。虽说是因为恐怕国民担不起这样大的肩仔，想从逐渐改良的方法上走到国利民福的途径，但是以中国国家独立中国民族自由为不利益的列强，永远也不许中国上这一条路。而国民党从袁世凯死后，总想找这条路走，所以革命工作只有中山先生一个人负担了。国民和国民党不发生利害关系的原故，也是国民党为恐怕国民担不起重担子而想抄捷径成功革命事业所形成。

说到这里，我们不能不再三注重中山先生了：

中山先生，他不单是中华民国的严父，他更是中国国民的慈母，他不忍艰难缔造的中华民国，长此凌践在国际帝国主义下面，他不思劳苦愚笨的国民，长此蜷伏在列强和军阀纸票利刃下面，所以他这回毅然决然把国民党改组过。

国民党改组，有两个最重要点的表示：

一、中国国民党不是普通的政党，是为国家民族存亡关系而反抗国际帝国主义和国内军阀的革命党。

二、中国国民党不是哪一个人的党，是被列强和军阀所压迫的中国全国国民底党。

我们只消细细地把为改组国民党而召集的第一次全国代表大会所发表的宣言研究几遍，就会明白中国国民党是我们国民自己的党。这个宣言，不是发表我们党底最终目的，是发表我们党初步的主张。因为我们国民深陷于历史的因袭，不是贴贴伏伏做一个强者下面的顺民，就是空空洞洞想超出实际生活做一个仙佛，独自咀嚼“精神自由梦”的滋味；这都是受君主专制压迫过久的拘挛症，我们自己要解放由遗传得来的这类思想和行为，我们就得从实际上对外对内的破坏和建设的初步做起。我们首先要了解的，就是中山先生从国民种种生活里面抽出来的总和“三民主义”，是我们人人活命的源泉。

中山先生说：“我们党如果抛弃了民生主义，就不成其为革命党”。我们党底最终目的，是何等光明，何等伟大，何等和平！

中山先生说：“我们党是建筑高大房子之先一个贮藏材料的小棚子，我们不要嫌这个棚子湫溢，我们将来大建筑的材料都在这里，我们要宝贵这一个棚子。”我们自问，只要我们不是不可雕的朽木，能够合得上做什么用的材料的，我们就得预备做什么材料。我们要时刻严防外来的风雨烈日来损坏我们，我们要慎防家贼来偷了我们去充做贼用的武器，我们要在明白主义下面有系统的组织起来计划将来的大建设。我们够得上做我们的党员，才够得上中华民国优秀的国民；要我们能够组织我们的党，才能够组织我们的国；我们现在能够把党组织好，将来也能够把国家建设好！我们要服从我们自己的党！我们要宝贵我们自己的党！我们要恢弘我们自己的党！

（原载《浙江周刊》第1期，1924年6月1日）

美国已决定排亚的移民案

（1924 年 6 月 1 日）

自从五月十六美国国会通过规定七月一日实行排斥亚洲人入境的移民案，日本全国满布了愤激和恐怖浑在一起的空气：依它传统的帝国主义，向来凌虐别人成了习惯的，对于移民案，自然是愤激；依它震灾的新剧，和较美为弱的国力又不能不现出恐怖。在国家的厉害得失计较中，呈露了绝矛盾的态度，就是什么色种联结的主张，把凡尔塞会议的取消人种差别案都提了出来作资料，把活受它二十一条侵略条款的中国，也不得不引为利害共同的老大哥。原是在受帝国主义压迫的中国，在利害关系上，应该和日本表示反抗美国的同情，——可是日本一手提着帝国主义的刀，对中国行劫，一手却招求中国和他一致反抗提帝国主义的刀的美国；在这种状况下面，不但日本自身起了绝大矛盾，使从来不肯苦待倒霉人的中国，也似乎徘徊胆顾起来。在这样矛盾的态度中，更有使人不忍考虑的事，可是日本全国在含怒中对于美国绅士的殷勤，更使我们看出日本矛盾的地方，可是日本一方大张其口叫唤同色人种协力御侮，一面却依什么保安令第二条解散一百七十一个团体参加的朝鲜劳农总同盟发起会；另一方面，又见上海总商会发出对日抗争排华苛例的通牒。

这移民案已经于五月二十七日经美总统柯立志批准了。“斧头吃凿凿吃木”，“螳螂捕蝉黄雀喜”我们正来不及替日本担忧，正为我们担满一身的忧，其中有一部分，是我们同色种的国家给我们的厚惠！

（原载《浙江周刊》第 1 期，1924 年 6 月 1 日）

英国工党内阁

（1924 年 6 月 1 日）

英国劳工还未曾觉悟到巴力门政治——英国议会政治——可厌弃，也犹之中国国民还未曾明了军阀政治根本和人民利害冲突一样。这回英国劳工党在选举上获得第二位多数的国会席次，得到自由党合作的助力，工党领袖麦克唐纳尔，居然出来做内阁总统；开始的行动，很足以振发国际耳目，引起世人多大的注意，就是承认苏俄和停止星［新］加坡建筑军港两件事；依这样的动变，似乎英国历史上的腥秽，——可是巴力门政治之无能为役［力］，早就被列宁先生看透了。

英国工党内阁生下地后才三天，列宁就死了。工党内阁底必成，固然是列宁在他同志底努力中早决定［的］；工党内阁一定不会做出什么重要的事，也是列宁在三年前决定［了的］。列宁先生所以要同志挈助英国工党底握到政权，是认定了英国缺少革命机会——就是因为英国劳工迷信巴力门政治——所以特地帮助工党握到政权，暴露了不从革命取得政权的政权到手，什么重要事都不做的真相；这种真相，很足以使英国劳工，进到革命的正轨上去。果然，麦克唐纳尔继续承认苏俄后的英俄会议，依旧受了英国传统的帝国主义所宰制，——就是英国银行家对于英俄会议所提出的意见“（一）要苏俄承认从前帝俄时的公私债务；（二）给还个人私产；（三）尊重私人合同；（四）保障不没收私人财产；（五）商人在俄不受政府干涉……”如果工党内阁容纳了银行家意见，不但工党要完全抛弃了自身的对俄主张，失却承认苏俄的本意，连工党自己的党纲，也没有存在的余地。其二，新加坡停筑军港事件，只是一时的停止进行，统一党、自由党侵略中国的野心，正因英国四大殖民地的生产变化而更加紧，西藏的增兵，逼迫藏人习用英语，都和停筑军港的原则相反。以上两件事实的例证：麦克唐纳尔如果依自己党的党纲进行，工党内阁就立刻坍台，如果依英国传流政策发展，工党更何必要这样依人作嫁的政权？工党内阁，连小小一件有利于房客的事都被自由保守两党打消，哪里还说得到和苏俄携手的实际问题？那里还说〈得〉到抛弃武力侵略中国的问题？

总之，工党能够因什么重要事都做不出来的教训，使全国劳工一齐醒了希望巴力门政治底迷梦，断然上革命轨道工作，那么为世界和平而起的国际大战，也就不难立起，世界和平的坦途，也就不难立到。可是依中国这样受了不计次由文的军阀政治的痛苦，只今还不见有什么觉悟作比例，英国劳工，如果也同样的蠢笨麻木，那就一次的教训，还是不够吧。

（原载《浙江周刊》第 1 期，1924 年 6 月 1 日）

“赤化”与“非兵”两个该纠正的误解

（1924 年 6 月 8 日）

如果存心要造我们党的谣，欺骗国民，说“中国国民党赤化了”，说“中国国民党既反对军阀，为什么不主张非兵，为什么还要打仗”，我们党的同志，即使流血成河，也难以洗净打定注意放谣言的龌龊心理。我们对于这班蓄意造谣的，不但匀不出工夫和他们分辩，也不屑和他们分辩。可是一般可怜的群众，因为听了这番谣言，发生多大的误解。在军阀方面，更乐的利用这种谣言，朝恶贯满盈的路上直趋，无理的杀害工人底朋友；这种事实所发生的影响，仅够引起国民恐怖的心理。我们在觉悟群众的责任上，应该使民众认识“国民党赤化”“国民党应该非兵”是一种欺骗国民的谣言。

在这两种谣言形式上看，似乎风马牛不相及的，但是欺骗国民的作用则一。民众无论相信了那一种，都可以使民众回避国民革命的责任，永远的俯首帖耳受国际帝国主义者和军阀的宰割。我们的党为的是做国民革命底先驱，要出死入生杀出一条血路来，给全国国民爽爽荡荡的走。如果国民始终望着这条唯一的生路，趑趄不前，我们党的同志，又何苦万死不顾一生向前猛进？但是现在的国民，不能就算为已经觉悟的国民！正因为我们党的宣传工作还没做到；所以我们做革命工作时，第一步就是使国民详析种种误解之后，同情于我们的党。

中国国民党，明明是开山凿岭的先锋，他们放"中国国民党赤化"的谣言，无异说中国国民党是老虎；开山凿岭的明明得挟带武器，歼灭久居深山的虎豹，他们放"中国国民党应该非兵"的谣言，就无异说中国国民党不该携带武器。馋龙饿虎的国际帝国主义者，施展他的爪牙中国军阀，闯到我们民众队里来猎人吃，不是我们民众一致团结起来向前打灭他们，不［就］是他们生吞活剥的把我们子子孙孙咬吃得精光。如今正是咬吃的时候，还容得我们有迟疑瞻顾的余地吗？打头阵的中国国民党，还容得他们散放谣言，使民众在迟疑瞻顾中间亡国灭种吗？国民经不起再迟疑了，所以我们该把这同一作用的两种谣言，分解给民众听。

"中国国民党赤化"这句话，从那些人嘴里说出来的，大家都知道是从我们的敌人方面说出来的。此话怎解？就是说"中国国民党变了俄国共产党了"，共产党的旗号是全红的，说"赤化"就是说"共产党化"。"到底中国国民党赤化了没有呢？"我们要问这句话，就得先明白共产党底要义是什么。共产党底第一要义，是将所有一切的生产工具，都收归国有。在这个要义下面，我们试一检查"中国国民党第一次全国代表大会宣言"，并没有一章一句一字和共产党要义相合的。详细点说：中国是著名的手工农业生产国，农业生产，是以劳动为生产底父，土地为生产底母。关于分配使用土地的主张，中国国民党宣言明明主张"平均地权"，断乎不同共产党底"没收土地"。或者竟有人疑宣言所说"农民之缺乏田地沦为佃户者，国家当给以土地，资其耕作"，就认为没收土地之先声，这种不明事理，不审察这一段宣言全文底意义，并且竟不懂这一句宣言的，所在多有。明白说，中国国境之内，不属于私人所有的荒旷土地各省区都有，不惟西北东北一望平原，所多旷地，就是普通人认为尺寸土皆有属主的浙江尚且卯湖、湘湖等五个涸出的大湖，都未曾经耕作的嘉壤，不属于那一个人私有的。国家既拥有许多荒旷土地，正不必亟亟没收成熟的土地，来供给缺乏耕地的农民，而且已经开垦成熟的土地，必定在农民手上耕作着，国家焉有夺农民甲底耕田以与农民乙的道理。更进一层说，中国国民党的敌人，一是帝国主义者，一是军阀，正〈因〉为帝国主义和军阀，是国民底两重压迫，国民为自己的生存上都应该反抗的；那么，中国国民党底敌人，正是国民底公敌。中国国民党为反抗帝国主义、反抗军阀，主张全国国民联结成为一道战线，更不愿把同一战线上的国民，使在大敌当前时，自己发生敌对的状况。况且拥有资产的人，往往把自己的产业得失居先，把国族的兴衰存亡落后，挂洋旗做“顺民”的人，到不是出卖气力的劳动者所亟亟的。德国几个大资本家，宁可容受法国占领鲁尔，而竭力破坏德国无产阶级底团结抗法，就是一个很显明的例证。在中国国民党旗帜下面，诚哉不许托命于外人的商人组织不能代表全民利益的政府，但也不是将商人除外，因为中国国民党把商人也看在全民里面，单只标明“节制资本”，不使私有资本制度，操纵国民底生计罢了。

共产党又一个要义就是“劳工专政”。中国国民党既不把商人除外，同时也不把劳工除外，“全民”的眼光中，把中国国民都看在被帝国主义和军阀压迫之列，这固然是中国国民党底见地和主张，在中国实际上的情形也必得如此才能走入中国国家在列强国际压迫中解放的步骤。中国国民党，是认清楚中国国族底实在情形，在国族比较可能性上做革命工作，断不是“菜单式”的空口说白话的革命。这种实际的主张，不惟中国国民党认为当然，就是无政府主义者，共产主义者，也承认中国国民党底主张为当然的。有名的共产主义者马林先生，他在莫斯科东方大学对中国青年同志说“……以中国人口之多，无产阶级还不满一百万人而且阶级觉悟的程度又非常幼稚，在解放的工作上，当然要取‘国民革命’的途径……”由各个方面认识了中国底真实状况发为相应的同声，所以共产党党员加入中国国民党来合作，正和无政府主义者加入合作一样。如果因此要说“中国国民党赤化”，那末，“中国国民党黑化”之说应该先发动了（无政府党底党黑帜色）。说“中国国民党赤化”，不单是对于中国国民造谣，而且对于共产党也一样的造谣，亏他们从日本贩了“过激”两个字来，遮掩国际帝国主义底罪恶，并且送给杀人喋血的军阀做一个屠戮青年志士的话头；正不知帝国主义知［和］军阀，应该怎样赏赐他们，应该更榨取几多被压迫者底血来膏他们的吻！

我们知道他们“中国国民党赤化”的谣言，要渐渐的售不出去了，他们同时又造了一个“中国国民党应该非兵”的谣言，以迎合苟且偷活的民众心理。国民因为素来缺乏政治的素养，不明白革命是不可避免的进化过路［程］，于是把革命旗帜下面的军队，和军阀旗帜下面的军队，看做同样性质的东西，笼统的憎恶战争。试问帝国主义的列强和军阀，互相凭籍，压迫我们国民，难道单是屈伏下面的憎恶，用“孝经退黄巾”的方法，就可以使列强和军阀收敛爪牙退避三舍吗？敌人既不能应我们憎恶而退却，那我们当然有用力抗敌的必要。非兵论者底荒谬，不惟是吃素的西藏讽经御英国机关枪，而且要事主放下刀来听任强盗抢劫。强盗——帝国主义者和军阀——手上既经拿了刀，我们御盗的事主，其势不能不执干戈以自卫，而说风凉话的偏说是我们和强盗一样拿了刀，这不是荒谬之极致的说头吗？所以然的原故，就是民众不懂得政治和革命。连“军”和“军阀”都不能分辨的民众，正凑着非兵论者底造谣，于是群起而陷“敌我同观”的谬妄。要知道敌人手上的刀，和我们手上的刀，使用的意义，完全相反。我们如果不打倒敌人使他们屈服和灭亡之日，我们底刀，断乎不能丢手。

原是军阀部下的兵士和革命党旗帜下面的军队，都是一样的兵，现在严格地可说是缺乏“革命军”，不能说在革命旗帜下面的兵和军阀部下的兵同一作用。所以我们党看军事行动的进展，不在乎克了某城，进了某地，是在我们旗帜下的兵士，明白了手上的枪是单向国民底敌人刺击的。

沈［沉］昏的国民，醒了吧！我们天天希望帝国主义和军阀放出慈善心来，断不如使他们永远不能作恶。我们在无可避免的革命工作，该一致努力团成一个坚固不动摇的团体，摧毁我们底敌人，共产主义，既非中国国民党所主张，更非我们被压迫的民族所畏避。屈伏的苟延生活，尤其不是我们所恃长治久安之策。我们把一切迷云扫除尽了，就是首先要把我们底误解去了，清清楚楚明明白白认清我们的敌人，一、国际帝国主义；二、军阀。简单明了的赴敌作前驱，是我们党的责任，简单明了作我们党的后劲，是国民为自己的生活。

（原载《浙江周刊》第 2 期，1924 年 6 月 8 日）

中俄回复邦交以后

（1924 年 6 月 8 日）

我们中国国民党，只问我们主张与否，不问我们底主张经那一个人手上发出。北京军阀诚然不是代表我们国民利益的政府，但是他发出的主张，能够合了我们的，我们当然该说“这样不错”。可是他不能因这一件事不错，就可以掩盖过一切错的，这是全国国民所应该明白的。

充欧洲大战决胜品的中国，因为欧洲大战，结果打倒了著名专制的尼古拉斯，打倒了著名开明专制的威廉二世，俄国底红色革命，正是中国续命的唯一救星，如今和中国携手了，他要拿列强死敌的资格，加入在协而谋我的列强中，帮助中国脱这个压迫的苦科，我们正不必抱着列强更要加害的疑怯心，毅然以国族利害和赤色苏俄开诚相见。正为赤色苏俄和我们中国携手，他是为自己底生存上联结中国，决不是什么虚伪的感情，我们和赤色苏俄联结，也一样是为自己底生存关系，决不是先有什么感情。感情，是要联结以后，发生相互的利益时才会产生新的国际和民族间底伦理作用的，断不是预先悬一个感情做目标。

（原载《浙江周刊》第2期，1924年6月8日）

金佛郎案和德发债票

（1924年6月8日）

商人也知道金佛郎案和德发债票之有大损害于中国了。上海商联会底通电（见本周上海《民国日报》及各报）明明揭穿了军阀政府底加害国民的行为，我们如果不忘“六三”运动的国民运动底光荣，正该合农工商学各界一致起来反对这两宗卖国自肥的酝酿中的案件

（原载《浙江周刊》第2期，1924年6月8日）

三民主义问答

（1924年8月3日）

孙中山先生发见“三民主义”三十多年了，只微微运用了一点，便把四万万压服在满洲政府之下的民族，解放了出来，只可惜大多数国民，不懂得三民主义，所以不会运用三民主义，至今还得不到三民主义底好处。不是三民主义不肯把好处给国民，是国民不懂三民主义和国民自身有密切关系的原故。三民主义，犹如粮食衣服屋宇舟车一样，凡是生活着的人，

都省它不来的，而且是一切生活的源泉。有这样密切关系的一种宝贝，国民居然不认识它，老实同看饭饿杀一样的愚笨；这不单是对不起三民主义，并且对不起孙中山先生爱国爱民的苦心，实在是国民自己对不起自己！

论起来，中国一向所分为士、农、工、商四种职业的人：读书的只消有书读，务农的只消有田种，做工只消有工作做，经商的只消有生意，似乎都不必懂得三民主义。——可是大家只要自己检查自己底生活状况，究竟青年学生，有安稳的书好读吗？租赁田地耕种的佃户有安稳的田好种吗？生意经人，有安稳的商业好经营吗？到底是缺少安稳的机会。不知道三民主义的人，不但缺少安稳的生活机会，而且没有不是吃一行怨一行，苦苦生生在沉闷贫穷窘迫种种苦恼中挣扎着过活。不维士农工商如此，连身上穿着制服，手上拿着武器的兵，除却在中国国民党旗下面，哪一个够得上做“为国民利益而战”，“为中国国家独立而战”的兵士？兵士底沉闷贫穷窘迫苦恼，又何尝比士农工商减轻？士农工商兵都陷落于这般苦痛境遇，就只因为自己不认识自己是一个中华民国的国民。因为国民不认识自己是国民，所以常常把自己看轻了。一面把自己看轻，一面反把压迫在国民头上的洋鬼子，北方带兵的曹锟、吴佩孚等和各处的文官武官看得尊严到一百二十分，似乎这般洋鬼子和官僚，都可以支配我国民底生命似的，这样可怜的笨法，这样笨的可怜法，这还不算是国民底奇耻大辱吗？凡百种种的苦痛耻辱，都只为不会运用三民主义的缘故。不会运用三民主义，由于不懂三民主义，不懂得三民主义的国民，常常自己不把自己当人看待。中国国民党在这种状况下面，何等样地替国民痛心呵！

为什么“国民自不当人看”，要中国国民党来“痛心”呢？因为中国国民党，是孙中山先生手造的党，由“同盟会”改称为“国民党”，又改称“中华革命党”，现今定名为“中国国民党”。名称虽经四改，主义却是一贯，自从同盟会时代打灭清朝，中华革命党时代打灭袁世凯帝制，一直和北方的军阀（就是现在北方带重兵的曹锟、吴佩孚他们）和欺侮中国人的洋鬼子，明争暗斗到如今，死了许许多多有志气有胆力抱定三民主义忠心于国民的党员同志，好容易挣得一块中华民国的招牌，而中国国民，还是终日屈服在洋鬼子、军阀压迫的下面，过不是人底生活。你们想想，这样忠心于国民的党，焉有不痛心的？

中国国民党，决不因为痛心而灰心，也决不见怪国民底不会运用三民主义，只是要求国民自己要认识自己是一个堂堂的中华民国国民。要认识自己是堂堂的国民，便先要懂得三民主义，为此，作三民主义问答：

问　凡是一个国家，必有一种主义的吗？

答　凡立国于现代，必抱定一种主义的。

问　世界各国，有多少种主义呢？

答　大率可分为三种：（一）共产主义，像现在的社会主义苏维埃共和国联邦，它主张劳工专政，代表世界第四阶级——无产阶级——底利益的；（二）帝国主义和资本主义，像现在的英国、美国、日本、法国，它们挟自己国底权力，用政治的经济的文化的种种侵略方法，侵略别的弱小民族和国家，它们是代表第三阶级——有产阶级——的利益的；（三）就是中国国民党所持的三民主义，是代表中华民族底利益，同时可扩张到代表世界一切被压迫民族的利益。

问　什么叫做“三民主义”？

答　就是孙中山先生在三十多年前，所提倡的“民族主义、民权主义、民生主义”，总称叫做“三民主义”。

问　民族主义怎样解释？

答　民族主义：一方面是连结我们自己底民族，在一条战线上，抵抗外来民族底侵略压迫，像辛亥那年的打灭满清政府，像现在中国国民党主张反抗列强帝国主义底侵略；一方面是连结我们自己底民族，积极的为民族利益而建设自由独立的国家。

问　我们中华民族，何以知道是被压迫的民族呢？

答　列强的海军陆军，自由可以开到中国来，此其一；明明是中国底领土，列强侵占了去，像上海、汉口、广州、威海卫、香港、旅顺、大连、广州湾等处，有的叫做“租界”，其实只是洋鬼子在租界内收中国人种种苛刻的租税，中国从来也未曾得到它们一文钱租金，此其二；在侵占地带内，中国人对洋鬼子打官司，要归洋鬼子审判，中国人对中国人打官司，也要洋鬼子审判，这就叫做“领事裁判权”，此其三；警察权侵入中国内地，此其四；海关税归洋鬼子占着征收，此其五；用金钱或军器接济北洋军阀曹锟、吴佩孚等一班军阀，来打我们在南方的革命旗帜下面的军队，此其六；命令北京用人民膏血的钱买来的政府，禁止国民爱国运动（例如日本国公使行文北京政府，叫它禁止“五七”、“五九”等爱国运动），并且指挥中国军阀杀爱国的志士，像民国十二年二月七日吴佩孚在汉口杀戮京汉路工人和工人底朋友，军阀为巴结洋鬼子起见，今年又在汉口捕去了五个青年同志，到洛阳枪杀他们，此其七；拿纸票子来吸收我们现金或现货，此其八；教会学校，和宗教师，传播麻醉性的教育来断送我们的青年子弟，此其九；中国无论士农工商兵，到英美法日本等帝国主义的国内去受它们底杀戮虐待驱逐，连自己国内都要受他们制裁，此其十。如此等事，中国人受过苦痛的，千千万万，现在还是一样地继续受着苦痛。所以我们很明白认识我们底民族，是被压迫的民族。因此：我们要懂得民族主义，是叫我们大家一致团结起来，来反抗压迫我们的国外列强，国内军阀。

问　我们为反抗国外列强国内军阀而讲民族主义，我们只要使我们自己富强起来，正应该拿别人施于我们的，还他一个压迫，何以我们要联络其他被压迫的民族？

答　主义底作用，是为取利避害。我们民族被压迫，已经成为国际性。怎样叫做国际呢？列强各国，他们是联合起来压迫中国。安南亡于法国，地方变了法国人底殖民地，人民成为法国人底奴隶；印度埃及亡于英国，地方成为英国底殖民地，人民成为英国底奴隶；朝鲜亡于日本，地方成为日本底殖民地，人民成为日本底奴隶。安南印度朝鲜的民族，他们只做一国的奴隶，我们中国的民族，在形式上虽不亡于哪一国，——但是凡帝国主义的国家，和他们的资本家，对待我们，常常自处于主人翁地位而奴隶我，而且他们是联络一致的。例如：抱犊个孙美瑶底袭劫火车乘客，其中并没有日本人在内，而日本公使，偏要烦劳他很严厉的对待中国；五七、五九的爱国纪念，并不涉英国、美国、法国的事情，他们偏要帮衬帮亲日本，禁止中国学生爱国。这都是国际帝国主义压迫中国很鲜明的例证。帝国主义者，他们既经协而谋我，以我们一个民族，一个国家和他们抵抗，其效果当然是联合世界底压迫民族共同抵抗来得大。现在世界显然分两个壁垒，一个是帝国主义的壁垒；一个是被压迫民族的壁垒。弱小民族底国际性，由于帝国主义底国际性所形成。一九一四年，资本主义崩坏的欧洲大战，那时印度人在星［新］加坡起反对英国运动，日本海军，公然登陆，替英国压倒印度人底革命。帝国主义，这种国际的行为，一方面显他们同壁垒的威风，一方面就是给被压迫民族一个大觉悟。凡是被压迫的民族，如果没见到这种事实的，那就是瞎子，如果见到这种事实，还不觉悟被压迫民族要联合起来的，那就是一个呆子。

问　被压迫民族，即经该联合起来，成为一个壁垒；那末，我们乐得讲世界主义，何必讲很窄狭的民族主义？

答　不错，这是将来的工作，我们民族要加入将来的工作，断不可忽略不可避免的过程。如果我们同民族都不能联合起来，如何能加入世界的壁垒？我们履行不可避免的过程，是世界事业的初步。

问　照这样看来，我们只要达到民族主义的目的就是了，为什么又有民权主义呢？

答　民族主义是使我认识民族间的压迫，团结是我们的手段，解放是我们的目的。民权主义是使我们认识政治上的压迫，暴官污吏、豪绅政客，敢于残虐欺弄人民，就因为人民不懂得民权的缘故。

问　人民既不懂民权，那里还好讲民权主义呢？

答　坐火车的人，不必要会驶车，但是在车上的人，必定有坐车的权。驶车是一种技能，不是一种权，坐车是一种权不必要有技能。我们国的人民同坐在一辆中华民国的车子上，这辆车向民众目的地前进，不是依使车的执政者的目的为目的。在民权发达的民族，才没有讲民权的必要；连民权都不懂的民族，正该竭力鼓吹。

问　民权主义的内容是什么？

答　（一）创制权；（二）免官权；（三）复决权；（四）选择权。

问　何为创制权？

答　国家所运用种种法律制度，为以前所没有的，人民可基于自己底利益上，创始制定。

问　何为免官权？

答　官吏之认真做事与否，与人民有直接的利害关系。国会和地方议会查办弹劾官吏，往往谨限于违法，而溺职的官吏，其为害有比违法尤甚的。溺职就是吃俸不管事，免官就是不要他做官，人民有免官权就是不要吃俸不管事的做官。

问　何为复决权？

答　国会所决定的事情，往往同生铁铸成一样，议决的不错，固然是好的，如果有建［违］反大多数人民利益的决议，往往没法救济。这复决权，就是把国会的决议案，由人民重复表决。

问　何为选举权？

答　君主国的议员官吏，是代表君主的利益的，所以由君主任命。资本主义国的议员官吏，是专门代表资产阶级利益的，所以要有财产的才有选举权。中国国民党所主张的选举权，是要使官吏议员是代表人民的利益，所以由人民直接选举，选举者和被选举者都不以财产为资格。

问　现在人民底程度，能行使以上四种权吗？

答　主权底能否行使，要看他是否觉悟自己是一个主权者，只消国民觉悟他自身是一个主权者，立刻觉悟到现在北方军阀政府以及一般的豪绅达官威风凛凛的议员都是侵犯国民主权的罪人，进一步说，国民觉悟自身是主权者一分子，自然会连结起来，以反抗压迫国民的人。反抗底结果，就是得到行使民权底自由。国民党所以振起觉悟底呼声，就是负得有为国民作先驱的使命。

问　我们得到民族主义，就可以从帝国主义底列强压迫下面解放出来；我们得到民权主义，就可以从军阀暴官恶绅压迫下面解放出来；国民只消去掉这两重的压迫，自然生活很安适了，为什么还要讲民生主义呢？

答　民族主义和民权主义，虽说它本身也有目的，可是最大最终的目的，要归到民生主义。孙中山先生对第一次全国代表大会赴会各代表说“我们如果抛弃了民生主义，不维个人算不上一个革命者，党也算不得是革命党”。可见民族主义、民权主义只是达到民生主义一个相联系的手段罢了。孙中山先生在他底著作上曾引佐治亨利著的《进步与贫乏》书上的话：“现代文明之进步，仿如以一尖锥从社会上下阶级之间，突然插进：其在尖锥之上者即资本家极少数人，则由尖锥推之上升；其在尖锥之下者，即劳动者大多数人，则由尖锥抑之下降；此所以富者愈富贫者愈贫也。”这种属于社会经济制度所形成的恶状况，只有民生主义能够使大多数劳动者离脱这样恶的生活状况。

问　要解决民生问题，只消把器归工地归农，自然不会发生贫困，何必要别寻途径呢？

答　现代供给生活的物质，不像从前那样简单，无政府状态的生产，更不利于经济制度的改革的时期，中国虽则是近代生产落后的国族，但是民生主义，是教人开发的，不是教人占据的，是教人得到充分的享用的，不是教人死守贫困的，正为人底生活是进化，世界许多国族，都向进化路上努力，不能单使中国民族停顿不前，所以生产落后的国族，更有生活进展的必要。要使生活进展，必得要用最经济的方法使它在短时间实践必须经过的历程；而且在成族民权做解放工作的时期，尤其该注意该努力于进行步骤，所以中国国民党以（一）平均地权，（二）节制资本为民生主义底最要原则，就是由于人民知识程度和生产能力及其状况所得之结果。

总之：三民主义，是适合于中国民族改变因袭改造环境一个复杂的整个的东西，中国国民要从国际间民族间政治上经济上所受的层层种种的压迫解放出来，必须认识三民主义底整个，同时要理解三民主义所包含的复杂，眼光要放得远，脚步要踏得实，手段要下得辣，意旨要抱得诚，依不断进化的程序向前进，中国国民党底历史和三民主义底运用，都可以证实革命团体和主张是在进化的前驱上急进。群众为自己乐利而革命，革命为群众底乐利，自然底乐利，其进行线往往迂回或有时停滞或有时因袭而回旋，革命，便是促进自然进化，换一句话说，就是因苦痛而缩短苦痛期间，使牺牲的立刻得到报酬。苦于国际帝国主义压迫的人民，苦于国内政治压迫的人民，苦于经济状况压迫的人民，快快联合起来，拥着中国国民党向前猛进，三民生义便是一般国民同乘到乐利世界底公车。

（原载《浙江周刊》第9期，1924年8月3日）

致沈钧业电

（1924年10月12日）

杭州沈馥生兄鉴：接电促赴会，至可骇异。三届议员本年七月已满任期，四届未曾选举，吾浙曾何省议会之有？帝国主义之走狗孙传芳，称兵犯浙，在兰溪聚奸避兵之妇女，在省垣捉民充军，置诸前线，更多方搜刮，以纵兵相要挟，似此民贼，浙人皆快其速亡，兄竟冒议长名义，视颜迎之，使此獠据以豪于众曰：“浙江省议会欢迎我。”此即议会存在，亦当被父老唾弃。况伪耶，作伪日拙，徒为贼用，浙人未尽死，必有起而为兄涤此耻者。弟虽为贼所婴，顾念杀身非祸，纵贼维祸，正义吾责，舍之虚生，望兄速省。

沈定一庚

（原载《民国日报》1924 年 10 月 12 日）

和平梦，醒也未？

（1924 年 10 月 15 日）

排满战争，国民跳着舞着；讨袁战争，国民叫着喊着；护法战争，国民呆着看着。此后，粤桂咧，川滇黔咧，皖直咧，奉直咧，国民惴惴地恐惧而求和平了，乃至于现今的东南，及东北战争，国民逃了！无处可逃，无路好逃。于是起而向战争的魔鬼祷告。怎么祷告呢？像是说“护军使改镇守使”。“兵工厂移地方”，这就是国民哀求战争的魔鬼赐与和平最后的希望了。但这样就和平了吗？做梦！如果护军使改称镇守使就会和平，那末，都督改了是战，改了将军还是战，改了督军又是战，改了督办督理更加要战，这很明白的先例，到现今正在砰砰蹦蹦演着的，国民难道还不觉察吗？如果兵工厂移地方就会和平呢，那末，意大利底大批军火，法国底飞机，挪威船载来的万多支枪，何尝是上海兵工厂的出品呢，除非填平东海，筑起长城，使各帝国主义列强国底军火，一件也到不了中国来。除非把汉阳、德州、奉天……兵工厂都移开，还得迁移到无人境，这或者可以说“没有战争的武器，战争或者消灭”的话。可是弓矢时代，戈矛时代，又何尝没有战争呢！义皇梦里人，还都听到杀伐声，如今就是沿革过来的时代。一部经济战斗史未曾换过组织制度的时代，而且比过去一切都要猛烈的时代，并且将要进到更凶恶的时代，——可是痴梦方酣的国民，只会向战争底魔鬼祷告哀求赐与和平！

（原载《民国日报》1924 年 10 月 15 日）

和平梦，醒了罢！

（1924年10月16日）

朝为婚媾，暮作寇仇，波谲云诡，翻云覆雨的战局中。我们哪是中华民国底人民，只合做比武场中的蝼蚁，在东驰西突的蹄铁下面，不希罕的断送了不少工作和生命。不单是人民如是，火线上握有杀人武器的兵士，不过充做双方比赛输赢的枪靶子。这就是中国眼前的状况，这就是梦想和平的国民所形成的局势。

不料杀人剖腹的行为，孙传芳在浙江做了不算事，竟见之于广东商人的待遇工人。我亲爱的工人同胞呵！我们的敌人，不单是军阀，商人得了武器，他们对待工人的惨酷，不是和军阀一模一样吗？我们亲爱的国民呵！和平梦，醒了罢，要和平，只有我们国民团结起来，拿钱和血拼出来的和平，才是真和平，——不然，他们也惯用和平罩子，笼住他们的武器，暂时来谎骗我们哩！

请看：广州底商团，起反革命了，工人自从受了商团捕杀工团的教训，立刻觉悟，团结工农，连［联］合革命大同盟，开始要用自己的意思为自己的利益而和敌人肉搏争和平了。不革命，只有坐着等虐待、敲剥、杀死罢了；唯一的生路，就是工农相依为命，集成一体，对一切军阀一切敌〈人〉争最后的呼吸。我们设或不自觉悟，设或不团成一体，设或不亲手拿武器来争最后的呼吸，你们不但永远胜不了军阀，永远要吃反革命的残虐，更有重大危害的，就是扼我吭而抚我背的帝国主义，你们还不及时兴起吗？

（原载《民国日报》1924年10月16日“时评”）

果真是商人反抗革命政府吗?

（1924 年 10 月 18 日）

广州商团，私运军火，被政府查着，把运械的哪［挪］威船扣留，商团团长陈廉伯一向蒙着国民党广州市党部执行委员的面幕，就在商团到大本营请愿发械时被我们总理孙先生一番演说揭穿了，于是陈廉伯就公然露出他的洋商买办的真面目来。在香港英文报上发表言论自命为法西斯谛（是专门残害工人的党派），又被孙先生在民众面前举发了，于是他底同党陈恭寿等遂煽惑并且胁迫广州市商人罢市，公然对于革命政府起反抗的行为。于是广州革命政府，就断然施以武力镇压的手段，一方面调兵入市，一方面武装工农，那时单就形式上看的，早就陷于广州商人和革命政府宣战的错误。

原是有欲倒革命政府而甘心的，但断断不是真正的广州商人。何以故呢？当政府调兵镇压罢市风潮时，同时命令没收陈廉伯底财产，哪知陈廉伯不单是他有股份的商店插入洋旗，他自身早就入了英国籍，连他在西关那一所住房，也高悬起英国旗，并且有四十多名印度兵守护着，说他那一所住宅，是汇丰底财产。印度兵跑到中国内地来，守护叛中国人的财产，在陈廉伯固然沾光了，在中国国际上的地位如何？难道竟比不上一个陈廉伯？果然陈廉伯住宅是汇丰底财产，何以印度兵驻守之外还有许多商团驻守着，这种商团，与其说他们是陈廉伯〈的〉雇佣，无宁说他们是英国人的雇佣，较为切实。我们在“这是外国人运外国军械，不是中国人运外国军械”这种狐狸献尾地批评革命政府的处置，很可以明白商团后台老班［板］是谁，并且在罢市态度中，更显见他们的指挥者。广州市罢市情形，约可分为四种，（一）小资本商店，完全照常营业；（二）半关门；（三）将铁棚关上，里面或外面挂一块纸牌上写“进内照常交易”字样，边门是大敞着；（四）完全闭锁。这完全闭锁的商店，如长堤的大东酒店，一段（原文如此），如永溪马路的陈家庚公司……都当门高插一张强国国旗，或英、或美、或日，在风日中很骄傲招展着，似乎说："我仗养它，它是操纵我底生命的!"

到此，还执迷不悟究竟对革命政府宣战的是谁，这不是白痴，也是声聩吧！究竟真正商人何仇于革命政府，他们明明晓得广州革命政府是国民党政府，国民党底主张，是不分阶级属性，联合全民族成一战线以谋国家的独立民族的自由的，国民革命成功日底优先红利，是资产阶级的，真正商人，断断不会对革命政府宣战。而对革命政府宣战的，是受帝国主义指使的所谓"商人"。我们单只看陈廉伯要问政府骗取军械时，什么话他都会说，他只不肯说"为帝国主义所利用之错误"的认错，何况沙面会议，八月间英领突如其来的最后通牒，现在军械骗到了手立刻作战，这些更足以证明商团运械和四省攻浙同时并发的军阀大战计划，更足以暴露帝国主义者欲推倒唯一援救中国的革命政府而利用一般所谓"商人"。

险哉，这十三岁才做流血的纪念周的中国生命前途，不单是广州真正爱国的商人应当认清目的敌而雪此大辱奇耻，全国的商人都应该猛省，革命政府是正受外力摧残的中国唯一政府。

（原载《民国日报》1924 年 10 月 18 日"时评"）

指示浙江自治政府应走的路

（1924 年 10 月 18 日）

中国国内战乱的纷纭，一方面实演旧社会崩坏，一方面生受帝国主义者底操纵，社会下层的火山脉，也正在这两种形势中酝酿爆发。单说国内战乱，约可分为三种：（一）部落战争，像过去的川滇黔战争是；（二）封建战争，像皖直、奉直两次大战是；（三）反革命战争，像广东商团叛乱是。

这三种不同性质的战乱，都有相混的色彩。归纳起来，就是大小军阀站在损人利己的壁垒上自由竞争的博赛输赢，都有帝国主义者做他们后台老板。这样的战争，在民众是有百害而无一利的。可是此次浙江自标［治］军政府属于上列三种性质底哪一种？从“联夏”这点看，就属于部落战争；从“屈映光、吕公望他们的属系”看，就属于封建色彩的战争。只要属于上列两种性质，背后必有某个帝国主义者充后台老板，一旦和民众接触时，逃不了要属于第三种的反革命。

依民众的利害关系，决不愿意新产生的浙江自治军又演损害民众的老把戏。要不演老把戏，只有他——自治军——自己努力斩断因袭的葛藤，向一切军阀奋勇进攻，抱定肃清全国的决心，在人不正孙传芳一个，在地不单是浙江一隅，在战争底目的，不单是扫除军阀，并且要扫除一切军阀底总指使者的帝国主义。苟无澄清世界底决心，决不配做现在中国的事。

以此希望于浙江自治军，无奈太忽视物质吧！但是他们仅会不向正路走，我们底责任却不该不这样说！

（原载《民国日报》1924年10月18日“时评”）

“齐燮元的奸细”谁？

（1924年10月19日）

忠勇的同志黄仁，努力宣传“打倒一切军阀，反对帝国主义”的同志黄仁，在七尺多高的演说台上，被反党义的一推跌倒台下来，纷扰中发出一声“齐燮元的奸细”的打人口令，拳足交加在许多忠勇诚实的同志身上。伤了，死了！

为党义而死，是革命党员第一等的善终，要不然，投身入革命海中做了一滴水，如果不飞上潮头，平时所下“为被压迫民族充先锋”的决心，岂非造谎？死了，受最后的试验了，不错！唉！死伤的同志，当被推被打的一瞬间，曾饱受“齐燮元的奸细”这个污蔑口令的冤气！

为反对一切军阀的演说者，竟被诬为“齐燮元的奸细”。真正替齐燮元做事的又怎样呢？在广州，有陈廉伯其人者，以国民党市党部执行委员而勾结军阀；在上海，也已有人露头角了。

吾党同志注意！监察委员尤其要注意，帝座下面的御史大夫，而且不许作寒蝉仗马，——身任革命党监察的责任的，再莫放过陈廉伯第二了！

（原载《民国日报》1924 年 10 月 19 日“时评”）

扑灭反革命

（1924 年 10 月 20 日）

这几天为广东革命政府厉行镇压反革命的法西斯蒂派的商团，惰性的分子，未免以“辣手须防人不堪”的软弱心理。批评革命政府的处分，“兵凶战危”，人人所知，何以一班人不对于军阀纵兵下批评，而独对于革命政府求全责备呢？这是一班人对于军阀底纵兵残民，已认为当然的事，而以革命政府，责备他不该如此这般，这是民众对于革命有厚望的心理底表见。

革命政府，在民众的厚望面前，纵然严格处分违法乱纪的军士，振救被难的人民，但是因镇压反革命的商团而殃及的市民，已竟蒙了极大的损害了。这种损害，革命政府切心的苦痛，当不比殃及的市民会减轻，可是在这样深钜的创痛情形中，革命政府当根本努力选择兵的分子和将领的训育，澈底的做好这一部的工作，然后这回广州市民所受的牺牲，终有大大的偿还的日子。

火器施攻击时，没有不向敌瞄准，而希望收得破坏的效力的。可是弹片横飞时，断不能一一如愿，在野战且然，何况栉比似的市场上巷战？但在挟市民底生命，负隅而起反革命的广东商团，政府为要达到革命目的起见，当然不能顾惜。例如父母妻子在顽抗的围城中，此时的进退，如果因骨肉也陷在围中而辍攻，这就是放弃战争底责任。革命政府，视市民如骨肉，也不能稍纵处置反革命的断然手段。

这种常识，在我们身受帝国主义和军阀压迫的国民，所应该备具的，难道新闻记者，并［连］这点常识都没有？——可是不能责诸研究系的《时事新报》。

《时事新报》记者，连“革命”、“反革命”都分辨不清，其实他自身站在反革命地位，（参观本报昨日觉悟栏“反革命者眼光中的反革命”）他为代表反革命者的利益起见，满纸登载了些谩骂的作品，希冀摇惑富于惰性的人心。我们只要举此番革命政府镇压反革命的战争中一两桩事实，就可以证明《时事新报》底荒谬。当政府派兵令商团缴械时，商团如果量力度德，以保全市民为责任的，他们不待政府用兵，应当奉令即缴，且不待政府有缴械之令，根本就不会有私运枪械的事。商团既私运枪械，又强迫市民罢市，他们强迫市民的罢市时，竟不许市民看报，对于手持任何报纸的市民，武装商团，施以毒打，并且不准派报人入西关街闸。商团敢于如此，一方面是挟市民为质以劫持政府，根本是依托外援。这是商团强迫罢市时的一桩事。商团既作帝国主义者的走狗以挟持政府，政府在责任上不能不用兵。开火后，在商团积威的范围内，出万死不顾生作政府军队的内应的，就是工人。工人断然不是为被商团最近的枪杀和剖腹而发生报仇的行为，是在国家民族乃至于阶级的认识上对于商团革命，就是民众底攻击反革命的行动，或者不信广东工人已经到这程度，请看下面所记的演说：

“我们觉悟革命政府是代表我们被压迫民族被压迫阶级利益的政府。我们政府发枪支给我工友们，是使我们得到保障自己利益的武器。商团私通外国，危害政府，我们明白政府〈是〉我们非革命不可的民众的行政机关，危害我们底政府，就是危害我们自身。我们工友们大家出死命和他（指商团）博最后的胜利。”

这是广州工团军第一期初起集合时一个工人演说的一段话。

反革命的听者，革命党对于现在的敌人，并不十分看重，正为去掉现在的敌人，不是十分难事。重要责任，还在扑灭反革命，因为反革命派也深入社会，散布各处的。

我们下决心了，不扑灭反革命，单去眼前的敌人，革命算不得成功。不扑灭反革命，革命党无建设的余地。

你们自绝于民众的准备吧！

关于此问题来驳诘《时事新报》的著作很多，有些登在《觉悟》或《评论之评论》，后到而意见相同的，不赘登。记者附白

（原载《民国日报》1924 年 10 月 20 日“言论”）

仇视革命者正做了革命最有力的宣传

（1924 年 10 月 21 日）

自从广州革命政府，镇压了反革命的商团后，上海方面的空气，很浓厚的包围着这一个问题。尤其是著名凑合帝国主义和仰承军阀的鼻息的《时事新报》，梦想借这个问题，撼捻革命政府。他们满含狗血，向人乱喷，昨天公然发表自认华侨，自称国民党员的，诋毁中山先生的论说，“余深悔虚掷无量之血汗金钱……挂名党籍，毁家以殉革命”。看他这全文的主要点，无异自画供招，赤裸裸的唉声叹气，怨加入国民党得不到升官而发更大的财的好处。这样的怨恨，是国民底耻辱呢抑还是国民党的光荣？

他们又有公然提出“电函北京公使团，香港政府，上海领事团，宣告孙党残害地方人民罪状，并请严加防范……”这样的办法对中山先生，革命政府当镇压商团起反革命行动以先，就通告指定地带的居民，叫他们三日内迁避。固然地方蒙难，革命政府十分痛心，但通知了不理，这就不能专事责备政府。而《时事新报》更无异自画供招，赤裸裸地凑合帝国主义的政策。这样的对付方法，更足使民众了解仇视革命政府的，是搏噬人民的鹰犬，是帝国主义抵［底］虎伥。

（原载《民国日报》1924 年 10 月 21 日“时评”）

告关心广州商团战乱者

（1924 年 10 月 21 日）

凡是商人，尤其是广帮商人，莫不惊心动魄于这回广州商团的战乱。各方面来的消息，直接间接由商团传出的固然不可靠，就是和商团无关，而与国民党作对头的帝国主义和军阀各机关或个人传出的消息，也一样不可信。至于投机惯了的研究系机关或个人所宣传的，更是别有作用。慌乱的人心，被四面八方的讹言莠语所激荡，自然是交相惊顾。在这种状况下面，正确的消息和理论，转为群奴所掩蔽！昨天《申报》载有关于此事的广东通信，较为详实，特引列如下：

《申报》记广东商会接收政府发还枪械的通告说：“凡我商民人等，务须捐除意见，安居乐业，勿再受人利用，纵有匿名揭贴，鼓动罢市，亦勿再听谣惑，务必即日开市，免至自扰商场。”

《申报》又载范石生军长致总商会书：“如明日（十三）尚不复业，则人言公等一切皆成事实（指主持商团者沟通敌人倒现政府事），而石生与品卓（廖行超）皆成联车罪人，本市治安，将焉是保。”

又载“经手发还团械人李福林、李朗如二人，以商团反覆，大为灰心，公安局长李朗如立即辞职，……电中有‘民情奸诈若此夫复何言’之句，盖此时平日表同情于商团之福军，亦愤商团之卤莽矣。”

又载“据一般人民称，平民非不赞成商团之正当防卫，特不应作无计划之战争，与出无名之师耳。”

观以上所记，可见广州政府，在商团未挑战之先，并不欲以严厉手段处置通敌嫌疑的商团，——不然，政府何以不缴团械于八月间的罢市行动，又不以同样手段处置商团于未得械而罢市的时候，政府赞成商人有正当防卫的组织和武器，正和平民同情。

《申报》又记：“无如商团受三数人之劫持，仍不复业，致演十五日之惨剧，主持商团之辈，知政府有改组商团消息，十二日晚即在沙面租界，召集秘密会议，议决与官军作战计划……

“十三日商店既为商团迫令勿再复业，十四日西关一带，形势骤形紧张，所有各商团军，已分布西关各质肆之高楼以为炮垒，各路口均堆垒沙包及掩护物，严阵以待，政府方面，遂议决以武力改组商团。”

《申报》纪录更有极切实的言论，“此次粤省商团领回扣留之械后，卒召解散之祸者，纯系把持商团之总副长及秘书等数人之累［类］，因此辈数人，运动得商团推举为主持人，以为挟商团之实力，既可操纵一切，浸假且籍商团以为政争利器，把持商团之领袖，甚有与现政府之敌人时通声气。而一般商团分子，多系无知商人，不知辨别利害，受若辈之催眠盲从。此次政府发还扣械四千，欠发者只少数，一般罢市商家多以愿和平了结而复业。而把持商团者，竟用商业联合会名义，胁迫坚持罢业，致弄出此回西关激战，无辜商店（广州商店有十分之六七未入商团者）受兵灾火烧者之浩劫，追原祸始，不能不归罪于把持商团者之轻举妄动也”。

观此，一般谈虎色变的商人，应当可以祛疑，而不至于再被不公正的宣传所摇惑了。至于商人自身对于我民所处的民族间地位如何？对于国家在国际间所处的地位如何？尤其该看个明白；然后对唯一的革命政府，唯一的忠爱国家民族的孙中山先生，才会有正确的信仰！

（原载《民国日报》1924年10月21日“言论”）

速国亡的直系军阀

（1924年10月22日）

一切军阀，都站在和国民利益相反的地位：凡有利于国民的事，便是有害于军阀的事，反之，凡是于军阀有利的，必于国民有害的。因此，国民和军阀，势不两立的。

干卖国残民的勾当，岂独是直系军阀，——可是直系军阀，眼睁睁占着卖国残民的当局，所以我们国民应该特别注意他们的行为，应该对于他们首先下攻击。

看呵！“外交界确息：顾维钧派岳开先赴日本疏通朝野，尊重满蒙既得权，承认二十一条，在满蒙首先实施，为助直驱张（作霖）之交换条件。”

这是何等凶恶的消息呵！国民拼死命争着要废除的亡国二十一条件，他们为一时的争地盘火拼。公然主张“承认”，公然主张“实施”。我国民一向为此做一贯懦弱不敌的非买同盟的事，现在并懦弱不彻底的勇气也没了！国民呵！还是处在直横竖弄不好的形势下面，吞声饮泣以放任直系军阀残逞呢？抑或含怒未发要算一笔总账呢？由前说我想我国民不至于死心塌地到这一境，由后说，世间断无特如其来的一哄之事。帝国主义的狡展，决不是直接伸手在国民胸膛里挖我们的心，是由中国一部分图自己个人利益的充引线的。例如广州商团，替军阀作走狗而勾结外援。上海一部分商人请求外人保护闸北而引起扩充租界的主张……国内无奸，国外虽多寇也不足患。如今奸细几乎满布全国了。国民当真是含怒未发，应该怎样努力的准备才是。

准备！团结起来。打倒直系军阀，打倒一切军阀，扑灭反革命，推翻帝国主义！

（原载《民国日报》1924 年 10 月 22 日“言论”）

妇女问题杂感

（1924 年 10 月 22 日）

《妇女周报》将要排版时，定期担任的稿子迟到，社里要我写点充篇幅，如果信手写些不负责任的话，不但在物质上对不起造纸、制墨、排字、印刷、派报许多工人朋友，并且对不起读者。“可能十万珍珠字，买尽千秋儿女心?”既没有这样如海的才，又限于匆促的时间，更没有这样深雅委婉的雄心，提笔凝思，只有把我和华芬平时谈论的话，写些在下面，或者可减少点前者的罪过吧！

（玄附记）

（一）

母权时代过去以后，经济权完全操在男性之手。又因为生产底变化，经济权愈加集中于少数人手上。任何一层社会，只要是掌握经济权的，便掌握一切权。在阶级属性上看，经济权是操在资产阶级底手里，凡一切技术家、艺术家，乃至于手握兵符的大将。在这种经济制度下面，莫不恭听资产阶级的指挥。美国银行街为决定内政外交以至于战争的总意识机关，就是一个显例。同一是男性，其人底意识行为，尚且听命于掌握经济权者之指挥，何况屈服在男统制度下面的女性，自然是一颦一笑都得依男性所好恶为转移！经济权失落者的妇女，不惟是啼笑都被经济所操纵，连女性底社会，也被经济大炮打得粉碎而成为各个被使用的畸零人。

（二）

革命是进化路程一种突飞的动作。一切被革命的切断了粉碎了，另换一章人类社会的历史，这是很有趣的事，可是男女间就不能起本身性底革命。资产阶级，起［祈］求推倒帝制，他们可以把帝制底历史切断作用打碎；无产阶级，起来专政，可以把资产阶级底历史切断作用打碎。两性底本身，就不是如此，也决不会如此，因此，我们要想从重重压迫底下援助女性起来，只能把压迫的制度——现经济制度——切断打碎，不能把压迫女性的男性切断打碎。由此我们可以明了只要是被压迫阶级站起来的日子，就是妇女站起来的日子。可是被压迫的工人农人总要比一般妇女先站起来，由此我们更可以明了，妇女问题——现在的——不是种种女性本身的问题，是属于阶级问题。

（三）

将来的社会怎样？我们不必想像。因为想像的社会，是虚绘影子，是空想的门境。把旧社会彻底的粉碎了，新社会的光华自然透露出来。基于人权宣言的女权主张，无一不是欺人自欺的梦呓，我们把眼前可努力推翻的不做，更从何做起？我们是“人”，不是“神”，不必作天府底神游。我们是“人”不是“鬼”，不必怕地狱鬼使。眼睁睁看得见一层一层压迫着尚且不敢去动摇它的，只有终身作活地狱底冤鬼罢了！列宁夫人说得好“厨房问题不解决，妇女们总有一部分拖带着的。”这句话，是很明白在生产事业变化上指示人们可能的努力的路途。我们眼前看得见的妇女问题，知识经济压迫的一重，经济制度变更后的妇女问题，我们还是只有从生产事业上一层一层揭开，一度一度的解放。（未完）

（原载《妇女周报》第59期，1924年10月22日）

镇压反革命后治安问题的商榷

（1924 年 10 月 24 日）

少数祸首，要引着陈炯明、吴佩孚各军阀进据广州，以遂其自己某是省长某某是厅长的梦想，不惜私通帝国主义者替他们发人寿保险状，更不惜利用蠢如鹿豕的商团。商团自身，既甘心充做了少数祸首的鹰犬，又直接地去强迫全市的商民，以致酿成这场战乱。

这一战，市民所蒙的损失当然不在少数，蒙了这重大的牺牲，正应该由相当的进化，这就是此后的治安问题了。

原来商团何尝不是托名站在治安分上的呢？可是实际上商团自身早就自己承认他是不中用的。因为商团份子，大都是富家儿穿上武装在市井上显显威风给邻翁邻妇看看的。因此在八月间第一次罢市时，陈廉伯等就打算起反革命战争，当时他们自己经过一番检阅，知道原有商团分子，只合充摄影机的对象，于是四处雇了许多流氓地痞充顶。这层事实，凡稍知商团内容的都明白。原有商团分子，既不中用，而他们雇替的又尽是地痞流氓，如果此后仍旧把蒙了偌大牺牲收回的枪械，交给原有或是同性质的商团分子，势必构成第二次反革命，而广州市民将蒙更强烈的损害。

革命底首都，关系全国国民底视听，所以实际上本身的治安，非有真正和自身同利害的民众，断不该交武器给他，使他们担负治安的重大任务。在别处毫无根抵的地方，原是一陸不易着手的事，而在广州，既有比较富于革命性的民众作基础，又有工团军农团军的组织编制，近更工农大联合的集体，这是一等一“民警”基本呵！

治安问题，如果能以民警的组织负责任，不但革命首都平时的治安有了付托，即或有军事发生时，执武器以保卫自己的政府底民警，没有不效命的。而且依此设施，一方面还可以使广州市和近郊的工人农人，不致离开他们自己底职业，而受旧时军队的恶化。

广州市如是，凡在革命政府范围内的治安问题，也应该如此。然后，革命政府用兵力收管的区域，极有治安的根据。

这个提议，我很盼望中央能够采纳，我并希望我们同志起来讨论！

（原载《民国日报》1924年10月24日“言论”）

帝国主义的奇货入京了

（1924年10月25日）

无论哪一个军阀，不分大小，也无南北，从曹吴起至陈炯明，没有一个不是帝国主义各列强手上臂上的鹰犬。素来以基督将军著名的，尤其是英美所居的奇货。如今这奇货已经在北京上市了。

英美底富商、巨绅、牧师，凡眈眈虎视着中国的，莫不交口在中外市场上称扬冯玉祥将军。伦敦《泰晤士报》，竟称冯部为中国最优等的军队。这“最优等的军队”的广告，恰恰和“中国第一军人吴佩孚”的影戏广告，交相辉映。——可是曹吴这两个货色，在中国已经不能行销，当这自由竞争的商场中，积年登了广告得英美合式的奇货，自然要和日本所捧的张作霖比一比声色了。

为世界战争旋涡中心的中国，旧社会的崩败，新思潮的崛起，一般受了世界潮流所激荡，愈逼愈紧。以前分裂生殖的军阀，必待一派或一系生殖成熟后才分裂，如今不及等待兼并成熟，分裂即朝动作而起，小军阀底南北依达，大军阀底分崩离析，莫不依照帝国主义者底作用为转移，以中国政局为自由竞争的市场，或竟直是他们底狩猎场吧！

国民呵！我们不能以自己的国家，放任他们逐鹿了。要知军阀底胡为，无论他带上任何面具，终不能脱去帝国主义者底操纵。我们如果再求治于帝国主义所操纵的军阀们蹄铁之下，是直自趋于绝路！欧洲共管之声，如果国民此时自己不再努力，一定将由这位基督将军传递到中国来了，列强争持的形势，从此将一为而变为均衡的共管："和平，和平。"国人不是自手造成的和平，都是假的和平，都是积薪厝火的和平呵！

（原载《民国日报》1924年10月25日"言论"）

在时局变动的机会上国民应有的要求

（1924年10月26日）

中国现状，纷乱达于极点，穷苦达于极度，威迫也达于极地，可怜一般无知无识的大多数国民，每日的生活，就投在这纷乱的局势中各忙各的穷苦，连国家民族处于这样危迫的境地也顾不得，这是谁给他们的恩惠呢？一言以蔽之曰"帝国主义的列强"。

在这形势下面，一切军阀，和帝国主义者，固然不当国人作人看待——在国民自身，又何尝把自己当人看待？国民呵！我们到底是"人"，人是要自己振拔出这些纷乱威迫穷苦的境地，人是有利益的要求的。那只凭帝国主义各列强所承认而全国国民都否认他是总统的曹锟，他如今被冯玉祥禁住了，据日来消息，有什么"国是会议"咧，或是"和平会议"咧。人民固酷好"和平"，人民就应该起来解决"国是"。国是如果不是在人民为自己国家和本身的利益上解决，人民更应该立刻破坏为他们利益的和平：因为人民有破坏为他们利益的和平，人民才能得到真正的利益。这利益是什么呢？就是中国国民党宣言上所载的对外政策六条和对内政策十六条。如果能依这六条和十六条做的，国是会议也好，和平会议也好，总统制也好，委员制也好，——不然，什么都不好。

喁喁望治的国民呵！要求的机会到了，不要再笼笼统统底以为曹锟倒了任什么人任什么组织都是好的！

国民党政纲录后

甲　对外政策

一、一切不平等条约，如外人租借地领事裁判权，外人管理关系权，以及外人在中国境内行使一切政治权力，侵害中国主权者，皆当取消。重订双方平等、互尊主权之条约。

二、凡自愿放弃一切特权之国家，及愿废止破坏中国主权者，中国皆将认为最惠国。

三、中国与列强所订其他条约，有损中国之利益，亦须重新审定，务以不害双方主权为原则。

四、中国所借外债，当在使中国政治上实业上不受损失之范围，保证并偿还之。

五、中国境内不负责任之政府，如选举僭窃之北京政府，其所借外债，非以增进人民之幸福，乃为维持军阀之地位，俾得行使贿买，侵吞盗用；此等借款，中国人民不负偿还之责任。

六、召集各省职业团体（银行界商会等）、社会团体（教育机关等）组织会议，筹备偿还外债之方法，以求脱离因困顿于债务而陷于国际的半殖民地之地位。

乙　对内政策

一、关于中央及地方之权限，采均权主义。凡事务有全国一致之性质者，划归中央，有因地制宜之性质者，划归地方，不偏于中央集权制，或地方分权制。

二、各省人民得自定宪法，自举省长，但省宪不得与国宪相抵触，省长一方面为本省自治之监督，一方面受中央指挥，以处理国家行政事务。

三、确定县自治单位，自治之县，其人民有直接选举及罢免官吏之权，有直接创制及复决法律之权。

土地之税收，地价之增益，公地之生产，山林川泽之息，矿产水力之利，皆为地方政府之所有；用以经营地方人民之事业，及应育幼养老济贫救灾卫生等各种公共之需要。

各县之天然富源，及大规模之工商事业，本县资力不能发展兴办者，国家当加以协助，其所获纯利，国家与地方均之。

各县对于国家之负担，当以县岁入百分之几，为国家之收入，其限度不得少于百分之十，不得超过于百分之五十。

四、实行普通选举，废除以资产为标准之阶级选举。

五、厘订各种考试制度，以救选举制度之穷。

六、确定人民有集会结社言论出版居住信仰之完全自由权。

七、将现时募兵制度，渐改为征兵制度，同时注意改善下级军官及兵士之经济状况，并增进其法律地位，施行军队中之农业教育及职业教育，严定军官之资格，改革任免军官之方法。

八、政府当设法安置土匪游民，使为社会有益之工作。

九、严定田赋地税之法定额，禁止一切额外征收，如厘金等类，当一切废绝之。

十、清查户口，整理耕地，调正［整］粮食之产销，以谋民食之均足。

十一、改良农村组织，增进农人生活。

十二、制定劳工法，改良劳动者之生活状况，保障劳工团体，并扶助其发展。

十三、于法律上，经济上，教育上，社会上，确认男女平等之原则，助进女权之发展。

十四、励行教育普及，以全力发展儿童本位之教育；整理学制系统，增高教育经费，并保障其独立。

十五、由国家规定土地法，土地使用法，土地征收法，及地价税法，私人所有土地，由地主估价呈报政府，国家就价征税，并于必要时，得依报价收买之。

十六、企业之有独占的性质者，及为私人之力所不能办者，如铁道航路等，当由国家经营管理之。

尚有对外政策三个议决案，乃与政纲有同等效力者。并录之如下：

一、取消租借地名义；

二、居留中国之外人，应受中国法律之约束；

三、庚子赔款收回，充作教育费。

（原载《民国日报》1924 年 10 月 26 日“言论”）

谁能替军阀做担保？

（1924 年 10 月 27 日）

问看戏的孩子说“看的是什么戏”？孩子说：“一个穿红的走进，一个穿绿的走出，一个拿刀，一个拿枪。”年来国民所看见的政局，就是这样一个状况，自身总站在台角上抖着吃枪刀柴屑。站在言论界的，就不能不略加考虑了，因为总要说几句话。如北京政局变动，除却别有作用的趁老虎宣言不吃人时，他就匣剑帷灯地指着如果老虎能不吃人，那就是一只靠得住的老虎了。用这样勾引的曲笔相要，总觉得脸皮厚得太苦。此外，用四面凌空不着一点实际的笔法，等消息来形成言论。这些，积极的错误虽没有，可是一样引导国民到只盼望军阀官僚赏赐个“苟且偷安”的错误上去。像《商报》“论冯玉祥之行动”能对于军阀表示不能信任的态度，要算是有见地的了。

军阀有时也以投机的口惠买好于无知的国民，但总要以军阀御用的兵力左右政治，谁能担保他不再对国民造反？或许有绿眼睛高鼻子的替他担保，“军阀本身，与人民利害相反……故凡为军阀者，莫不与列强之帝国主义发生关系”，国民党宣言中，早就替我们下了定论，我们难道还能够请列强担保军阀吗？舍此，除非国民出来做他的担保了，要知道国民已经早充了他们借款养兵的担保品。

国民只有自己担保推倒一切军阀，才算靠得住。凡不甘放弃军阀地位的是同受帝国主义底洗礼的呵！

（原载《民国日报》1924 年 10 月 27 日“言论”）

革命工作范围扩大了

（1924 年 10 月 28 日）

曼殊同志遗诗有“偷尝天女唇中露”的句子，接着就描写失望的态度，这无异指示我们用取巧的手段，到底是要失望的，详尽点说，就是革命的工作，要切切实实的深入民众，取得民众底拥护，革命才能成功！——如果误入机会主义，根本会和民众真实的利益无关，革命是不会成功的。

北京政局底变化，最容易引我们同志走入机会主义底错路。虽然说政治底冲突，不必牵连历史，但是他们袈裟里面穿的总是铁甲，我们就得时刻注意着杯酒谈笑间壁室里的伏兵。我们并不反对他们放却宰割人民的屠刀，我们并且要夺下他们的屠刀，但是现在他们手上的刀不□归我们夺下，而且他们还牢握在手里，他们单是这样说“我从此不拿这把刀做内争的工具了”。我们为群众而革命的，到底不是贵族，要实地试验他们这句话的真伪。如何才能相信他们“我从此不拿这把刀作内争的工具了”这一句话呢？决不是他们邀请我们在会议场上占一席，更不是由他们分配的给我们几只做官的饭碗，尤其不是他们用空言推崇我们，就可轻易相信。要从实际上遵照我们党纲做去的，看他们做的程度如何，才能分别他们说话的真伪。因为我们底党纲，是有利于中国国家民族的。所谓利益，是中国在国际间的平等地位，人民日常的实际良好生活，凭这些来考察他们是否真正的觉悟，才不会有错误。

这一只是我们任联合战线的政策上一种期望罢了，不好算是我们的工作。我们在反对方面势力压迫之下，处的秘密集合地位，做的是秘密宣传工作。假定一向反对我们的，自己不用势力来压迫我们，我们就立刻可以做公开的工作。在国内各地，容我们做公开工作的很少。浙苏战后，我们更加缩小可以公开的区域了，北京局势这一变，只能认为公开工作的地位加多，断不能认为工作底目的达到。我们要造成“三民主义的群众党”，使三民主义涵盖了中国，实施我们党纲上的建设计划，断不待他们的允许，是在我们自己底努力！

对于主义不怀疑的同志，当然对于工作不松懈，而且我们更重大的工作，还在尽数扑灭敌人之后。假使如今曹吴势力尽消灭了，我们提出“敌人尽数扑灭了么”这一句问话，谁也不能轻易回答“敌人尽数扑灭”。在敌人未扑灭以先，革命工作应如何上劲，“革命尚未成功，同志仍需努力”，孙先生这句训辞，我同志时刻不能忘的。北京局势变动，可引以为乐观的，就是我们〈的〉工作范围扩大〈了〉。

（原载《民国日报》1924 年 10 月 28 日“言论”）

洋大人心目中已经没有了中国国民

（1924 年 10 月 29 日）

去年这时期，正曹锟大开其猪仔收买议员。伦敦《泰晤士报》，穷形尽相底描写国会贿选那天议场上的丑态。一般读者，以为伦敦泰晤士，还不失公正态度的记载——到了第二天，可变了语调了。为的是某项交涉，已经在曹锟手上取得便宜，所以立刻转变丑诋的声口而为希望曹锟“逆取顺守”的口吻。并且说“贿买选举，在欧洲各文明国也在所不免”这类话，抹淡曹锟底罪恶。原来伦敦泰晤士公正记载的目的，如是如是。

“他也料不到曹锟太不做人”，这是吴稚晖先生替去年这时期的“冯焕章君”说话，或许只有他们认曹锟为大总统的洋大人。“他也料不到曹锟太不做人”，“逆取”诚逆取了，到底盼不到他“顺守”。因此昨天上海《字林西报》把“他也料不到曹锟太不做人”的“冯焕章君”底举动，说“冯玉祥之目的不论若何高尚，但彼如此对吴倒戈，断不能逃诡谋之谥”。这样深刻的论调，是不是同伦敦《泰晤士报》“公正的记载”同一作用，我们无从悬揣，——可是洋大人所欲者，更是“东渐海表西极流沙”。

卑污苟贱的曹锟，穷兵黩武的吴佩孚，早在国民怨恨中去之为快的，但试问承认他做大总统的谁人？不是中国人民，——是洋大人。再问供给他金钱军械纵容他穷黩的谁人？不是中国人民，——是洋大人。曹吴既为中国人民所共弃，凡是破坏他们底计划和推倒他们底地位和权势的行为，不问出于谁人，自然得一般民众的同情，而对于推倒曹吴的，民众单是对于他表示这件事的同情，断不能囫囵吞枣的把国家大计就付委了他，自己避开政治底责任。这是现在中国一般优秀的青年所觉悟的。在这般军阀自身崩裂的状况之下，正是中国人民显露民主国民底真面目起来负政治责任的时期，关于最近将来的政治步骤如何，关于国家底根本大计如何，国民断不能把这些肩子请洋大人代夯。可是《字林西报》公然主张“吾人目下不禁以为列强应行动之时机已至……此行动之形势，决非干涉，亦非调停，但以为列强不妨请中国各交战领袖全体开一大会议，而各国政府合派代表一人加入，或为主席，或为公断员……中国各领袖，假使一经聚首，而会议于中立的主席之下，则彼此不同的意见或不难泯灭而归于一致”。国民听者，这是何等严重的警告呵！处理中国国是，不但消极方面没有中国人民底地位，而且积极方面，偏有了洋大人持所谓“主席”“公断”之权，《字林西报》的心目中没有了中国人民，在他这主张上还看不出来吗？而且还主张这洋大人当“主席”“公断员”的产出方法。他说“此代表宜不取诸北京公使之内，而由华人于其外人中自定其选”。浙苏争战时要求洋大人保护闸北那一部分的商人，或许真会接受此项提议——一般国民，尤其是有觉悟的青年，在军阀间战事初起的时候，早就料到帝国主义各列强，会有这一着。我在《字林西报》未发表这种蔑视中国国民和国家人格的主张以先，也已经屡次在群众面前，提起“列强或许拿一条索链，把军阀各首领缚在一间屋子开会议，而他们监督着，向像连串的罪犯拉压路机一样”的警告。果然，《字林西报》公然发表这主张了！国民呵！快醒！

（原载《民国日报》1924 年 10 月 29 日“言论”）

军阀倒和倒军阀

（1924 年 10 月 30、31 日）

凡是一个统治的阶级，决不会自己倒的。经四千多年历史的中国，倒一朝，又一朝，换姓做皇帝的二十多番，倒来倒去，李仆张继，总归有个皇帝老子压在万民头上专政。辛亥那年，如果不在民众向帝制进攻变更国体，就不能说是帝制倒，不能算是革命。帝制倒了，封建的余孽依然存在，这就是现在的大小各军阀。

任何一个军阀当权，没有不勾结帝国主义者做些残民卖国的事。民众在千灾百难过来中，仇恨军阀，诅咒军阀，也好算是竭众怨之极致了——可是军阀依旧压迫在万民头上干他们卖国残民勾结列强的好事。这并是军阀不□倒不会倒，正〈因〉为中国国民并未曾向军阀进攻，只希望军阀自己倒。从前袁世凯是著名的军阀领袖，人民倒他，袁世凯固然倒了，可是倒的是袁世凯，不是军阀——继袁而起掌握政权的还是军阀。如今吴佩孚是军阀著名的大将，人民要倒他，冯玉祥起来倒他，吴佩孚将要倒了。但如果倒了吴佩孚，撵了曹锟，继起还是一个军阀，那么倒的只是吴佩孚、曹锟，军阀依旧没有倒。倒来倒去，李仆张继，总归有一个军阀老子压在万民头上勾结列强残民卖国。

所以国民党宣言，主张倒一切军阀，不是倒军阀之中那一个或那几个。这就和推翻帝制一样，不是不许“宣统”做皇帝，却许“统宣”做皇帝。——不然中国就会复演换姓做皇帝那样走马灯式的黑暗历史。

被治阶级的人民呵！下一种牺牲的决心，齐集在国民〈党〉旗帜底下，自己起来倒军阀。

在大小军阀互相排挤并吞或代谢的状况中，乘机渗入的就是商人。普通一般商人，是不会渗入的，渗入的只是买办阶级。曹锟内阁的王克敏，就是一个显例。军阀本身的倒来倒去，在政治上决不会有进步，而在进化的路程上，就很看得出资产阶级底代封建阶级而起。就是财阀起来代军阀专政。在经济异常落后的中国，买办阶级，更是操纵于帝国主义者之手，而帝国主义者在利用国民弱点上势必趋于援助买办阶级而颠覆军阀。制造反革命，亦复循这轨道进行，广东商团团长陈廉伯，就是一个显例。

在这个一定的趋势支配之下，进化的分子或团体，如果不是一直向民众去，必定倾向到反革命这方面，自己取得一个被革命的资格。

因此，国民党宣言，不反对商人参加政治，而反对商人政府，就是明白看到买办阶级将缘外来的帝国主义而勃兴，替代军阀。

买办阶级——财阀，有倒军阀底可能，国民革命也有倒军阀底可能。军阀倒在国民革命的手上，民众或可减轻买办阶级的危机，如果军阀倒在买办阶级手上，为祸更烈于军阀，——他们是杀人不见血的！

广州革命政府，所以非把陈廉伯打下来不可的，就是在“为虺不摧，为蛇如之何”的意义上，为民众除害。

大家短兵相接了，袖手旁观，只有等着做奴隶的分——莫待财阀兴，速起倒军阀。

（原载《民国日报》1924 年 10 月 30、31 日“言论”）

复吴稚晖书

（约 1924 年 11 月初[①]）

稚晖先生：读手书很佩服先生“君子成人之美的态度”，我乡间有一句俗语：“弥勒治世，天下太平。”先生或许就是那位弥勒临凡，放开“大肚皮”与人为善。在我看来，如果现时当真有个弥勒，他底肚皮倒许是气大的吧！先生主张“助他（冯玉祥）代得成吴佩孚再说，应该口头笔头，助冯倒吴，没有闲工夫作冯的批评”。先生怕的是“冯代吴不成，吴转强于先……吴强，帝国主义诸国的利益多”。

如先生所主张而顾虑的，虽不比用洪宪代宣统，却绝像用袁世凯代溥仪。固然是袁世凯这一代，结果把洪宪也代掉了，可是洪宪就从这“一代”而生出来的。国民经过的苦痛，或吃贵盐这点上也应该每饭不忘的。冯吴交恶，他们各有所为，各有所恃。所为的，支配中国的政权；所恃的，背后帝国主义国。先生也说“冯吴黑白本来差不多”。既不甚相差，那末［么］，先生用以了解《时事新报》助吴抑冯的眼先［光］，就会成为泰晤士河口的灯塔。

一切军阀都是帝国主义诸国底虎伥，都是人们底公敌。我们国民党宣言上打倒军阀，是打倒一切的军阀，不是打倒军阀中的那一个或那几个，留些蒂儿，受东方政治祭台上的供养。先生和我，同是接受国民党党纲的党员，正应该在军阀交恶的时期，口头笔头，努力宣传他们一切残民祸国

① 本篇时间系根据内容确定。

的恶行，使一般民众了解军阀的作恶，然后民众才会齐集到国民革命旗帜下面来。国民党是为民众而革命的政党，口头笔头，是到民众去，不到军阀去的。革命路途正遥远，应该把民众底思想领通，不该领到半路徘徊着。在一般民众，未能辨识“军”和“军阀”的蒙昧时期，口头笔头，尤其应该划清分际。

至于我们党诚然有联合张卢作战的事实，这正是表见国民自己力量底薄弱（国民党力量的薄弱，是国民不普遍了解国民革命意义的原故），才会使国民自己的党，采用这些策略，我们负口头笔头的责任的，是该拿党义对国民宣传呢？〈还〉是该拿策略对国民宣传呢？而且一般军阀，朝为袍泽，暮作寇仇，原是他们奇蠢不过的野心所致。可是他们凡有大举动，背后总有帝国主义者牵线，何择于冯吴。那么，我们口头笔头，在军阀也是被动的行为上，显得出什么力量，民众只有我们摇笔弄舌的才奉为主人，在一切军阀，看民众如待境的牺牲罢了。

“革命工作范围扩大了”我所讲的，是指宣传的工作，因为过于秘密的地位，虽也有团结坚强的好处，但是宣传的工作，却利于公开，这是东方的“言论自由”的现象。冯起，一时许不会和真正的国民革命团体过不去，所以我们对于他表示攻吴的同情，谁能担保冯不作吴佩孚第二。没有这个保证，我们在他未曾死心塌地投到国民党旗帜之下的时期，总归认识他也是一个军阀。他背后也有帝国主义的洋大人。他如果真个如先生愿“成美”了（这美只要不是美国的底美），那么，我们就再说得露骨些也说他不着，不然，我们凭口头笔头，抬举他到天国底屋顶上去也白劳笔舌。

“少数不良分子，以个人凑去传热”，这确是一件最痛心的事。一个党底进行，和长途电车一样，随处有人上，随处有人下。在主观上，如果一个党，自己不能淘汰不良分子，结果就会反背原来的意义，伤心哉。袁世凯起，替我们淘汰了些；岑春煊起，替我们淘汰了些；黎元洪、徐世昌起，又替我们淘汰了些。乃至于丑劣万状的曹锟起，也替我们淘汰了些。以后如何，我愿先生施广长舌，唤起群迷，不希望先生放开大肚皮，包容万汇。先生是吾们先进者，祝先生健康，随先生“杭育”。

沈定一上

附 吴稚晖致沈定一书

玄庐先生：先生今天在报上指我昨天代冯玉祥原谅，说冯在去年“他也料不到曹锟太不做人”，无异去年英国《泰晤士报》的洋大人认曹锟为大总统，“他也料不到曹锟太不做人”。先生比喻得对了，但我再来加几句说明，使人格外了然。去年《泰晤士报》对曹锟就无异昨天我的对冯玉祥。“泰晤士”为什么希望曹能做人，站稳那总统的位置呢？就是曹锟做总统，比较能使英国占利益。吴稚晖为什么希望能做人，代用吴佩孚呢？就是冯玉祥代了吴佩孚，如先生昨天讲的“革命工作范围扩大了”。英国多占利益，是“泰晤士”所希望；革命工作范围扩大了，是先生与兄弟所同希望。“泰晤士”与我们，虽造因的是非不同，能得比较“有利”的结果则同。所以兄弟也就用君子成人之美的态度，尽一点笔头上不费的“杭育”，助他代得成吴佩孚再说，好像《时事新报》一流，失了头脑（或者他们利害不同）竟开了门，直接帮吴佩孚，间接帮齐燮元，不知是何肺肝？冯吴黑白，本来差得不多者，自然尤是混乱凑成一个冯君的不利，代不成功。吴佩孚转强于先，照先生的论断，反证之，“革命工作范围缩小了”，岂不糟么？所以，这回的滑稽改变，事情固然是邻猫生子，却甚不同于隔岸观火。要责备于冯者，望“革命工作范围扩大了”的，在这两天，应该口头笔头，助冯倒吴，没有闲功夫作冯的批评。凡恐怕“革命工作范围扩大了”不利于己的，由他们去鸡鸣狗吠，助吴拥曹。吴强，帝国主义诸国的利益益多些。冯代，革命工作扩大了些，些细得失，本也算不了什么。但“河海不择细流”，“字林”、“大陆”群起而求一贯于“泰晤士”，他们真也小气，不管也好。在我个人，则感于陈仲甫先生愿停止广州军事行动，其理由则“平和”（我的想当然）宣传，为效较大。若说到宣传，革命工作范围，自然愈大愈好。赤俄要宣传共产主义于世界，故委曲同什么乌龟忘［王］八蛋的国度都去订约。难道我们共产党，要宣传先生前天揭登的三民主义党纲，不好赞成十八世纪的教士去代用十六世纪的秀才一下么？所以我替冯君原谅，就是望他成功。

至于我们应持的态度，及应有的希望，我一百二十分赞成先生，只希望“革命工作范围扩大”。什么合作呀，分赃呀，自然一切说不到。然时势现在也进步了，不但我们党中无人愿提什么合作与分赃，就是进步党等也不屑说。不过少数不良分子，以个人凑去传热，乃是再过一千年，任何一党，都不免有此败类的。或者经先生明白限定了，尤令人头脑静定。个人也少去几个，是先生一言之益。敬叩道安不尽。

弟吴敬恒　一三、一〇、二九

（原载《吴稚晖先生书牍》）

我们再不要列强的赞助

（1924 年 11 月 1 日）

自科举制度起，民族中凡有政治思想的，可算全数投入这个制度的役中。一般平民，完全自己放弃了政权，皈依服法于治者阶级之下。革命十三年了，一般惯于屈伏在被治地位的民众，总是希望别人治他，从不想到自己起来治国，但教握的最高权，总受举国所属望。以前希望袁世凯，希望黎元洪，希望段祺瑞，希望徐世昌，有些乃至于希望曹锟。希望的结果如何，终于是落得流离恐怖病苦死亡罢了。于是引起看准苗头的帝国主义各列强，以为中国民众只是希望人，不会自己来，放言外国人来做和平会议主席，来做公断员。昨天《大陆报》竟下十二分的肯定说：“中华民国之状况，将大类于世界大战后之欧洲许多国家。换言之，中国彼时将成一片石田，在此石田之上建筑之任何政府，必须有外国赞助，方能活动。”老实说中国民众在累次希望失败之后，多少有点觉悟了。英美日法等帝国主义者，不是曾经赞助过袁世凯吗？黎元洪、段祺瑞、徐世昌，乃至于曹锟、吴佩孚，何尝不是列强赞助过的吗？换一句话说，我们中国人民底不幸，都是由帝国主义列强赞助出来的，也不得谓言之过甚。如今列强也跟着中国人民起厌弃军阀的应声了。

但凭你所抬举的“商业上有所策划之人”，我们也早领受过这些买办阶级王克敏卖国和陈廉伯祸粤的滋味了。他们帝国主义者，所说“破产之国家，加以重造”，他们是重造他范围大的商场罢了。他们以为“施诸中国，定有绝大效力”，正是计划更做得好买卖。他也会深筹熟计赞助和平统一会议呢！多谢各帝国主义者，凡过去和现在得你们赞助的，只构成我国民种种的不幸罢了。结果一句话，我中国非达到国际平等这一境，断断不要列强赞助！

（原载《民国日报》1924 年 11 月 1 日“言论”）

帝国主义报纸的蠢和狡

（1924 年 11 月 1 日）

当广州商团作乱时，帝国主义者底报纸嘲笑中山先生说这番不知坐了什么船走，在他们总以为这样反革命运动一起，中山先生一定在广州站脚不住了。原来帝国主义者，并不觉悟革命党站在群众的基础上。况且以“反帝国主义”为革命口号的革命领袖，那有再托庇于帝国主义权力之理。中山先生屡次宣言“以后再不亡命了”，这原是他的决心，且可见得他革命底勇气，一面活现出帝国主义报纸狡的蠢态罢了。

又来了，香港《孖刺西报》，登载“广州市的杀戮”新闻一则，也是帮衬买办阶级陈廉伯宣传而诋毁革命政府和中山先生的。到政府一去质问，他便老实说“本报为人所误”，向中山先生和革命政府道歉。他并且说“该新闻得知于商团机关”。他以为这一来，什么罪恶都推上商团身上，哪知道他却自尽供招为反革命机关，他更自承认帝国主义者底鼓吹反革命运动。在他这一推，适见其蠢，由这蠢相上又见他道歉之狡。这才真是帝国主义的报纸。

（原载《民国日报》1924 年 11 月 1 日“时评”）

中国的国际地位与时局

（1924 年 11 月 2 日）

现在各个帝国主义国自身的经济地位，又和大战前一样，力求自己的单独兴盛。因此，帝国主义底国际间，并不因过去的世界大战所受的惩戒而收敛只知利己的野心，努力制造第二次国际间的大战。英国保守党选举得最大多数的胜利。果如保守党报纸有四年之久可以稳固的预计，无异新式巡洋舰和新加坡的军港已在中国人眼前耀威。和平的侵略，重复还到武力的侵略，势必发见于最近的将来。列强自己单独兴盛的野心，在商场世界化的现状下，已经不是从前各自发展经济的闭关时代，现在是“要别人倒灶，自己才能发财”的时期了。

华盛顿限制军备的条约，完全建筑在利己的野心上，其效必趋于世界公共市场的争夺而发生战斗。世界唯一的市场，既富于廉价的劳动，又负担购买责任的，自然要数我们大中华民国为第一了。列强既视中国为唯一的大商场，要从这个庞大而愚鲁的穷人身上，获取兴盛他自己的经济地位，最便利的方法，自然是明明暗暗地支配中国政治底生命。辛亥前后乃至于现在，从满清到吴佩孚，任何方面，莫不首先以保护外人生命财产，承认被侵略的不平等条约，结好于帝国主义列强——这就是我国政争中外交的策略。

因此，国内有一度变动，列强进一步努力。并不必其人其事完全出诸列强共同或各［个］别的预计分配。主张和动作者，总愿意自己凑上去给他们许多便宜。况且列强并不是坐着等食吃的，他们密计中国的情势，调度策略，正如工厂里吸收熟练工人一样。他们大大的敞开着，会制铁的，就收入铁工厂去；会纺织的，就收入纺织工厂里去。这边凑去，那边引来，自然尽数入他们底彀中了！所以他们在武力统一计划中能获到何种利益的，当然吸引主张武力统一的一班人；在联省自治计划中，能获到何种利益的，当然吸引主张和平会议的一起人。任你怎样聪明，翻来覆去，总跳不脱帝国主义者底手掌，就是凡投入政争旋涡的，总懂得首先要把列强安置好的中国外交。结果，便为增高他们自己底经济地位而酿成第二次的国际间的大战争。

列强煞费苦心，在东方经营利益于他自己的事业，无论武力也好，和平也好，分治也好，统一也好，他总有个合式的工厂，来收买各种技艺的工人，替他工作；——但是他决不会来找中国国民党。因为国民党所主张的“取消不平等条约”，正是针锋相对和列强的“利己”主张冲突的。

真爱国的人们，齐集在国民党旗帜底下！

（原载《民国日报》1924 年 11 月 2 日“言论”）

有了军阀就没了国民

（1924 年 11 月 2 日）

武力统一主张的吴佩孚、曹锟，将继文治主张的徐世昌下台了。我们不问他们这一窝子是打下台的或撵下台的。凡不利于国民的下台了，总是一件极的好事。

且慢高兴吧！“总要保全北洋派的实力”的声浪，已经随直派自身正在崩溃中紧跟着发动了。眼见的长江一带和浙江的形势，所谓提戈待命的军阀，自从冯玉祥回兵，已经三变其态度：（一）冯玉祥初回兵时，（二）吴佩孚电报到时；（三）天津困斗时。不到一星期，（一）坐观；（二）赴援；（三）中止。可是他们中心的主张，不外“总要保全北洋派的实力”。

国民朝夕期望的是什么？“和平”。要如何才能和平？“没有了军阀”。如今军阀不但不会没有，而且要进一步的结合了。单知期望老虎自己死在山上的国民呵。“打得老虎杀，大家有肉吃”——不然，国民身上的肉，是老虎的食料。

（原载《民国日报》1924 年 11 月 2 日“时评”）

告友军

（1924 年 11 月 4 日）

国民党对于反直派的军队，不认为同志军，也不认为敌军，是认为“友军”。国民党是负担中国国民革命唯一使命的党，受国民党以友相许的军人，当然是很热烈的欢迎，这一承认的光荣。

同一的军队，何以能得国民党认为友军呢？要答复这一问，必先明白国民党第一步要做的工作是什么？

（一）中国之所以不振，无论在政法上经济上文化上都很明显的呈露在一切社会上的面前，就是受国际帝国主义压迫的原故。

（二）中国既受外来的帝国主义所压迫，替列强剥削中国的又是谁，就是国内的军阀。

因此，国民党所要建设中国的计划，横被帝国主义和军阀阻断，所以国民党在目前任什么事都可搁起，非尽先推翻这两重障碍，国民永无出头的日子，中国也无建设的可能。

国民党底友军，就是反对市位（原文如此）黩武的直派军阀的军队，在国民革命的进行上，既要把军阀的最高峰摧陷，而此反直派的军队，和国民党取一致的行动，所以即使其中有本在敌人地位的，也因在这一时期动作相同，所以深信不疑的认为友。可是国民党第一步的责任，不单是把直系打倒为止，是要扫清一切军阀，更要排去一向做军阀靠山的国际帝国主义，我友军如果能更多一重觉悟，自拔于军阀的地位，来向一切不愿自拔的军阀进攻，再更多一重觉悟，对帝国主义反抗，那就由友的地位进于同志。合国民的全力而肃清军阀，在国民党是有充当先锋军的责任，在我友军也更足以自拔于军阀的地位。爱国的军人，谁个甘心在民众头上黩武？合国民的全力而反抗帝国主义的侵略，在国民党更是有充当先锋军的责任，在我友军也更足以进于建功的地位。爱国的军人，谁个愿意听自己的国家受外来的帝国主义者的蹂躏？

国民党知道，凡是爱国的军人，必从种种压迫的经验上和国民党联合战线，并且更知道必有一日从友的地位而进于同志。——可是利己的功利主义，正支配着一切思想的现时代，今天反直派的军队，难保明天不归入曹锟第二吴佩孚第二的掌握中，一样地行直派之行，言直派之言，或许更做些有甚于直派的勾结帝国主义残民害国的事，这真不能保其必无的倾向。但是我所要进忠告的，是对于各级干部乃至目兵全部，并不是对于取直派的地位而代的一二野心家。因为受利己的功利主义的野心家，莫不明明暗暗和国民党主义为敌而压迫民众的。

友军军人们！直派魁恶的推倒，就是现在的事，这几个元凶大憝推倒以后，“友”的地位，是不能久居的呵！非我同志，即我仇敌，全国国民的视察正严，愿我友军更进而和国民做同志！

帝国主义倒，军阀灭，我爱国的军人万岁！

（原载《民国日报》1924 年 11 月 4 日“言论”）

闻国焘同志出狱讯

（1924 年 11 月 6 日）

天空一颗颗亮晶晶的星，
努力地激射光芒，照着人间的黑暗。
忽然被乌云吞了几颗去了——
明知乌云灭不了星光，
只对面犹如隔世！
旧社会是一个大监狱呵！
除却北极晓光中，
哪里一片干净土？
这其中心焦力瘁的人们，
不是禁卒，就是囚徒。
五个月以前，
听说你陷入大监狱的牢底了，
听说你指节骨被刑伤了，
一样是劲盘铁索的囚徒，
坐待红日三竿，
调弄镣铐一副！
禁卒们也有不相容的时候呵！
他们打起架儿来了。
牢底地围墙，
却为他们打架坍了一堵。
听说你在颓墙中徐徐出来了。
狱墙暂时坍，

囚人暂时出，
出狱吗?
大监狱破坏得不彻时，
依旧时狱中呢！
何况还有开封城头的冷月?
狱中愤泪万丝
一滴何曾飞越出?
你那十个指头无恙吗?
多少笔尖儿，等待你来秃。

（原载《民国日报》副刊《觉悟》1924 年 11 月 6 日）

国民的政治责任

（1924 年 11 月 27 日）

沈玄庐先生在南洋大学讲　徐恒耀记

同志诸君！——我为什么以同志称诸君?诸君或有怀疑，我可解释一下：凡是青年，皆具有革命的血轮，富有革命的精神，都是我们革命党的同志。所以我以同志相称，想诸君必不以我为冒昧。我现在要讲的，不是个人问题，我们所要讨论的，就是国家问题和民族问题。试问中国现在在世界上是否还可算个国家?它的地位怎样?试问中国民族的生存问题怎样?我们民族在国际间是否和他种民族立于同等的地位?这两个问题结合起来就成为政治问题。我们国民在政治上的责任，只有国民自己去负担，自己去解决。

谈到民族的生活问题，在欧美和日本等国，都比中国好得多，但在它们国家，每个地方，都还有非革命不可的倾向。例如，德国十月革命的口号：一星期只可吃一次牛油，两次糖；三个星期内都没有沐浴，都是为生活实际问题，所以要革命。中国处于各国经济的压迫之下，人民失业者这样的多，实际生活真是穷困不堪，又哪得不急起而革命呢？就我个人所目观的四川、云南一带的人民，多半没有房屋，凿洞而住。穿的衣裳，是和我们米口袋的粗麻布一样，吃的是野菜和大豆，一竹筒盐，一竹筒辣椒末，就是他们终生享受的盛馔。不独四川、云南是如此，总计全中国的人民，度这样的生活，或是竟不能聊生的，当占十分之七八。况且外国对于中国的经济侵略，又日迫而来，有增无已。所以中国人民的生活，在今日已不是好坏的问题了，已经成了有无的问题了。像这样连最低限度的实际生活还不能维持，哪得不想个方法，又哪得不要革命呢？

固然，学者先生们，可以在案头勤读，在研究室里实验，生活优越，似乎不感觉什么痛苦。但是全国的学校很少，全国的人口这样多，像我们这样可以安心研究学问的才有几个人？如果说是我们只顾自己就算了，其余的无数困苦的同胞，我们毫不过问，那中国又何需乎我们这样的国民？那我们岂不是辜负了国家吗？而且我们所以要研究学问的，正是应用学理，以采取自然物而善用之，贡献于一般人，使得大家享受幸福。同时我们要设法增进民众的生活，使民众能够运用我们。否则，我们求学和研究，究是为了什么？我们更何有研究学问的必要？我们还成为什么学者？所以在今日中国的情形之下，我们的求学，我们的研究，都必含有政治的意义，才不是个读死书的人。被压迫在最下层的劳动者，他们一天到晚劳作不休，还不免有冻馁之余，他们哪有闲暇计划革命？若是我们知识阶级的人们不去领导他们起来革命，这便是我们的错误。

对于我们这样危机四伏的中国，列强无论其为政治侵略、经济侵略，或是文化侵略，其目的无不在垄断中国的经济权。我们何以知道文化侵略的目的，也是在于经济呢？可以从以下的举例看出来：曾经来华的某英国牧师，回到英国，要筹款在中国创办学校。筹了三星期，仍无着落，后来他和某经济博士商量。这经济博士是个伦敦总商会的雇员，于是他就对总商会的一班人说："你们何以不肯为牧师筹款到中国去办学校？你们每天、每时费了许多的广告费，大登广告，也不外要在各地的贸易发达，独占各地市场，世界的市场，能有比中国更大的吗？今你们只需节省几分钟的广告费，就可用以在中国办十几个大学，教育中国人。广告不能说话，效力还小；若办学校，他们读的是英国书，说的是英国话，识得的是英国底事事物物，这才是最好的广告。况且又不独在学校的学生成为我们的广告，既是学生的家族，和他们相识的朋友，连带成为广告。又何乐而不为呢？"

此说很得商会的同情，大家捐了很多款，供给英国牧师到中国来办学校。我们处于这种外国文化侵略的情势之下，若没有一种奋斗的精神，起来反抗，只是在外国的压迫下，苟偷生活，为外人做机械，必不能解除我国人民所受的压迫，将反而使我们所受的压迫加重。如曹汝霖、顾维钧一班人，直是帮助外国人，遗害我国民，都是我们所当反对〈的〉。我们又可以记得民国元年的时候，某外国大经济学者，为袁世凯筹经费，令国民皆出人口税，在盐斤上加价。盐是人人要吃的，便是人人得供给军阀领袖袁世凯一些费用，使人民的生活越发困难。革命党是要为人民解决生活问题的，要使国民个个都有生活。但要有生活权必先有劳动权，不然，要去种田，田有主；要去打渔，池塘又有主，一般穷民没有劳动的机会，都成为社会上游民的份子，盗、贼、兵、匪即从此起。中国的兵也是和外国兵一样，杀人就是他们的职业，他们的目的是在求生。我们如须使以杀人为职业的兵改变其求生的路，也非与以劳动的机会不可。中国亘横在地球上这样大一块土地，果真政府能给人民以生产工具，劳动的机会是可有的。但这不是军阀的政府所能行的，必须革命的政府，为人民谋利益而组织的政府才可以办到。

至于中国在国际间的地位，尤为危急，即如最近齐、卢、张、吴的战争，都不外军阀与军阀相斗，都不是为人民的利益而战，人民只不过遭了无数无目的的牺牲。在这战争背后，还有个大主宰，就是国际帝国主义在里边作祟。我们中国所称的军阀，就是骂军人之作恶者。这种军阀，不像外国的军阀以其国家的利益为本位而对外黩武的军阀，中国军阀是在外人掌中。如美国在奉直战争时，借无线电台发电报告奉军阵势，日本便起来干涉，这是外国帝国主义帮助军阀的一种证据。又如，正在吴佩孚倡四省攻浙的时候，广东商团偷购英国步枪九千多支，手枪二千多支，想暗中起事，攻击广东革命政府，国民政府取缔商团，英国香港政府就出来为商团保镖，这又是一个证据。

日本乘欧战的机会，得了不少的利益，英美不免有些妒忌它，因而英日联盟解约，美国通过移民案。美国哪里真是怕日本移民？波斯、波兰、芬兰等人移美的更不及日本移民的程度，美国不过藉端使日本丢个脸罢了。法国因鲁尔占领问题被美英所劫持，也和日本一样，成为孤立的形势，两孤联合，这是国际间当然的倾向。如果日美起了战争，日本可得法国的帮助。如果英法战争，法国可得日本帮助。若使英美日法联合起来，那又是一个局面，它们在中国只要是利害不冲突，它们便连成一条铁链，将主持什么和平会议由互争而变为共管来宰制中国。

在这种的形势之下，国民党对外要打到国际帝国主义，对内要扑灭军阀。至于一时的革命策略，与国民党根本的主义无关。盖用以促进封建制度的崩坏藉以消除其一部分之势力，这并不是同化于军阀，一般国民或不能明白这曾意思。我们有机会就当解释给他们听。要使中国在国际间的地位平等，中国的生活良好，谁负这种责任？如说这种责任要外国人负担，那中国便要亡国。自然只有我国国民自己负担这种责任，而国民党就是我们唯一的指导者。如若我们不负这责任，不努力奋起而完成这种责任，那就不能算是中国的国民，并且会失去世界上“人”的地位。

（原载《民国日报》副刊《觉悟》，1924 年 11 月 27 日）

在萧山民众追悼孙中山大会上的演说词

（1925 年 4 月 18 日）

我们的孙中山先生死了！

人，投身入革命团体，早经把自我一切认识得清楚：什么道德、名誉、财产、生命，凡是因袭的思想，都荡涤得干净。——可是革命团体，一面勘破了旧的道德名誉财产生命，紧接着就建设了新的道德名誉财产生命。阶级的道德，不是道德；个人的名誉，不是名誉；私有的财产，不是财产；自我的生命，不是生命；惟有民族的国家的才是革命团体所承认为道德名誉财产生命。

人，连自我的生命都勘破，似乎再没有什么“情感”可言，何以对於孙中山先生的一死，震悼到如此？因为孙先生这一个人，为我们民族国家奋斗积劳而死，是我们民族的孙先生，是我们国家的孙先生；是我们的，所以在肺腑中所包含的真正情感，不觉的就流露出来。哭孙先生的泪，真是中国民众的泪。

民族的生存和发展，固然大有赖于文化，可是生活问题，更是一切文化的基础。我们民族，在辛亥革命告一段落以前，困于帝制；孙中山先生倡为“排满”口号而颠覆满清，这可以算是我们民族在革命途径上开了步，不能认为革命成功。满清既倒，二千余年的帝制余毒，还深深伏于民众的思想界中，所以袁世凯的叛国称帝，张勋的复辟，督军团的作乱，都是民众的旧观念在那里作祟；同时看得出他们失败，就因为有一部分优秀的民众，都集在孙中山先生旗帜下面，和他们决斗。但至今封建的余孽还未全消，所以孙先生更倡为“打倒一切军阀”的口号，指示民众清除内乱的方针。一切军阀，依买办阶级作媒介，分头和帝国主义列强国相勾结，经营他们自己的生活，拿不足衃的兵士生命来牺牲，把人民土地当作无主的财产来争夺，背后全是帝国主义者在一旁指挥；而且历来帝国主义的列强，对中国所订立的条约，大都是剥削中国的主权和利益的，所以孙中山先生更揭出“反对帝国主义”的口号，指示民众抵御外患的方针。

“中华民国是什么人倡始的?”大众都晓得是孙中山先生倡始的，所以国民呼孙中山先生为“国父”。

最努力爱护中国民族的是谁？大众部［都］知道是孙中山先生，所以称孙先生为“中国的妈妈”。

领袖一般优秀的国民，指导一般国民的是谁？大众都认识孙中山先生是唯一的导师，所以国内外同胞，无人不称他为“先生”。

一身兼父、母、师的孙中山先生，如今去世了！

他，从二十岁起，就把解放中国民族的责任，担上自己的肩膀。学生时代，鼓吹排满革命，被知道他的人呼他为“寇”，当他是一个“大逆不道”的人。当时的社会，自然当反对皇帝的必定是自己想做皇帝，和当代皇帝反对的就呼之为“寇”，看作大逆不道；也犹之如今工农分子反对资产阶级，一般都含有“升级”的思想核心，同一样错误。所以中山先生，有革命者“胜不为王，败亦非寇”的话，以纠正一般对于革命者的认识错误。

孙先生备历广东、港滨、武汉、京津等处联络革命运动，并考察国内各地的风俗思想形势，经甲午中日之战，知道中国要从帝国主义者手上解放出来，非赶紧推倒满清不可。为充实自己的内容和普遍的运动革命，于是几次三番到美洲、欧洲、日本和南洋群岛各国殖民地，去考察他们社会政治的组织，连终华侨，创立兴中会。中间历经广州的挫折，伦敦的被囚，更披根的考究欧洲政治，知道欧洲名为富强，其实一般劳动民众还是吃苦，于是接物潜心倡为“三民主义”。

这三民主义，便是孙先生劳瘁一生的结晶，也就是孙先生传给我们中国民族一宗莫大的遗产。

他因为中国人民，十分涣散，不知道团结一致，所以受尽帝国主义者的压迫和欺凌，终究要陷入灭亡的一境。要反抗这灭亡的大劫运，非把自己民族团结一致不可，因为被压迫的民族，除却团结一气之外，便没有别的方法，可以反抗压迫我们的敌人。我民族在被压迫的状况下，唯有仗自己团结的大力量，才能解放。因为我们受压迫的痛苦既深且巨。我们固然要自己起来解放，同时我们自己的民族，再不能去压迫别的民族。“民族主义”大昌的日子，岂但我们中国民族身受其赐，凡世界一切被压迫的民族都同样受福的。自从帝制扑灭以来，孙先生尝说：“人民个个自皇帝了，但是不是和从前做皇帝的做法，从前的皇帝，自己不用顾全生活，现在的皇帝，要自己营谋生活。所以一切在政务上、事务上的人员，从前是效忠于君，现在是效忠于民。”说“人民程度不够”的话，便是为君主张目，不是“民权主义者”。孙先生所提倡的民权主义，又如“天赋人权”不同，他是主张人民自己动手取得“政权”。人民惟有政权在手，才能够使政治的生命为民众利益而发展，决不是坐等那一个人或某一个少阶级，来占领政治权以支配民众政治的行为。

我们为什么要信仰孙中山先生所提倡的民族主义、民权主义，无非是为自身的生存、子孙的昌盛。这个目的，就是孙中山先生所倡的“民生主义”。孙先生常常说：“民生主义是我们的目的，革命党如果不了解民生主义，便不配做革命事业。”在他《建国大纲》上所说的，也是说“建设之首，要在民生”，“家给人足”，世界才能真正和平。压迫我们民族的帝国主义者，侵占我们人民政治权的军阀，根本的为害，是陷我人民无以生，所以孙中山先生传给我们的口号，是“反对帝国主义”，是“打倒一切军阀”。又恐中国民族在遗传思想上，很容易流入“个人主义”，个人主义会使涣散的民众愈涣散，利于敌而不利于我们，所以必须提倡民族主义民权主义。

这是三民主义的大旨。三民主义，是中华民国的国父创的，是中国的妈妈创的，是我们的先生创的；我们在继承这空前的创始大业中，认清楚中山先生为什么要创三民主义，就是要我们国家在不自由不平等的国际间解放出来，以赴建设的目的。我们民众为解放的要求和建设的要求，信仰中山先生的三民主义，因此我当称三民主义为孙中山主义。

中山先生为进行主义起见，组织同盟会，组织中华革命党，去年又改组为“中国国民党”。这中国国民党，便是民众进行孙中山主义的唯一机关。

为什么要组织中国国民党？因为国民党无论个人或团体，只要不反对孙中山主义的进行，都有享受革命利益之权。党员，便是牺牲了自己利益，受党的制裁，为国民作先驱的。凡要得到利益的事，必定有所牺牲，何况这般重要紧迫的国家大计呢？如何［果］没有国民的一部分，牺牲了自己，努力向前奋斗，如果［何］能够使中国国家从外来的帝国主义列强手里解放出来？如何能够使中国人民从国内封建余孽的军阀手里解放出来？孙先生肉体虽然逝世，他亲笔把效忠国族的责任，交付我们国民党党员担上肩头。要孙中山主义大昌，必得党员在服从党纲上努力。党，就是孙中山先生的继身，觉悟的民众，应该帮助党的进行的，齐集在孙中山主义底下。民众应该时时记得这位身兼父、母、师的孙中山先生，他的主义，方才和民众的血脉开始接通。党员同志，时刻要注意，我就是我们总理孙先生的后身。

努力奋斗，革命总有成功的一日，我们应该高呼

“孙中山先生不死！”

“孙中山主义万岁！”

这篇演说词，虽然是那时哭我们导师的一番悼语，但是数月以来，环顾四周，形势却更森严，压迫我们的民族的“帝国主义者”和侵占我们政治权的“军阀”，非特不痛改前非，甚且得寸进寸，有加无已。同时国民的涣散！不知团结，也依然如故！灭亡的劫运，正临在我们民族的头上，

我们正宜如何去反抗，这篇讲词就是给我们一个指示。

编者

（原载《萧山月刊》第2号，第9－16页，1925年11月20日）

革命与人生[①]

（1925年5月2日）

刚才诸君听了中山先生的遗音（留声机片），当然有一点感想。我记得孙先生有一次到日本的时候，朝鲜有一个团体派了代表到孙先生那里去。那代表对孙先生说："我们不敢欢迎先生，因为我们今天欢迎先生，明天就会要下监牢的。不过我们朝鲜人很羡慕中国有这么一个慈爱的父亲，忠实的导师，勇敢的战将，同时感觉到我们本国没有如先生一样的人。所以我们很盼望先生也看我们如儿子一样把我们从帝国主义压迫之下救援出来！"他说到此地的时候，连声带哭的又说道："先生，我今天只能够在这间屋子里面哭，如果在别的地方，被警察看见了，我马上就会要被他捉去"！高丽人对于孙先生是这样的态度，我们大多数人在孙先生生时，看他不过是一个很平常的人，自从他为我们奋斗而死了之后。大家才觉得在这四万万人中寻不出第二个这样的人来。所以我们听了他的遗音，不能不大为感动。不过我们不要空空地〈的〉感动，最要紧的，还是继续他的事业。他去年在广州讲演的时候，有几句最要紧的话，他说："从前革命是孙文，推倒满清是孙文，打倒袁世凯是孙文。那时主义是我一个人的主义，国家是我一个人的国家，但是自从中华革命党改组以来，许多的青年受了世界压迫的痛苦，世界革命的影响，都有了觉悟。晓得革命非我一个

① 本文是沈玄庐在沪江大学的演讲，由潘楚基、潘启基记录。

人的事，所以我从今天起，把这救中国的责任交给民众，交给民众中的优秀青年。”诸位！孙先生把这个责任放在我们背上，我们怎样的去继续进行？我们现在所急切需要的是实行三民主义。我们处在列强帝国主义压迫之下，想要求到平等自由，不是一举手可以做得到的事，我们首先要能够唤起全国的国民了解革命的意义，知道革命的责任以来实行我们的主张。但是这个责任是什么人担负？我可以说，就是中国有知识有机会的青年。因为一般国人在政治经济势力压迫之下，顾个人的衣食住行还来不及，还有什么机会来求知识？——来求了解人生不是为个人的，而是为全国全世界的知识。知识是革命的武器，诸君既有机会，又有知识，那么，为被压迫的群众做革命的工作，诸君是责无旁贷的。所以我今天讲这个题目“革命与人生”。

人不是单独能够生活的，不但是吃饭穿衣要依靠群众，就是他在母亲怀里吃乳的时候，也不是母亲一个人能养活他的。因为母亲的乳，是由于母亲的衣食住得［的］满足而来的；母亲的衣食住，是由于社会上多方面的结合的劳动力得来的。所以一个小孩子呱呱坠地哭了一声以后，事事物物，无一不仰给于社会。人类生产的方法不同，在上古时代，地大人少，生活简单，原始的人们跑到山中摘树上的果子吃，后来他们把果子摘下来藏在家内慢慢的吃，有人就在取来的地方吃现成的果子，因为这种取来取去的关系，就生出两种人来：一种是抢夺人家的，一种是被抢的。抢夺者要团结许多人去抢夺，被抢夺者也要团结许多人去抵抗，所以团体的关系，也就是由于这两种人发生。现在我们穿不是树叶木皮，食不是茹毛饮血，住不是穴居野处，我们的生活，与原始时代的人们虽完全不同，然而结合团体的需要则一。可惜我们大多数人，现在不知道人家有团体，又忘记了自己没有团体。他们抢劫的人大规模的团结起来，我们被抢的人，却一个一个的如散沙一般，现在中国人口占全世界四分之一，但是据我看来，如果仍不团结一致，即使我们的人数占了四分之三也不能避免那种亡国灭种的惨祸！至于他们掠夺者如何团结来抢劫我们，这是很显而易见的事实。去年广州海关事件，孙先生对英国人讲，要收回中国的海关权。但是美国、日本、法国以及极小的葡萄牙，都未［来］插口［手］干涉，联合几十只兵船来示威。当时美国的公使从北京跑到广州来调停，孙先生对他说："你不应当开口，因为你已经联合他们把兵船来威迫我，还有什么调停可言？"那位公使听了，觉得无理可辩，于是把兵船退去。可是兵船虽然退去，美国到底肯不肯把不平等条约取消？到底肯不肯承认我们征收应得的赋税？他们结合团体，任何事取一致行动，来压迫我们，我们除了供给他们压迫以外，所得到的代价，就是民族精神衰弱，人民生计困难，思想愚腐。在这种情形之下，我们国民应不应该大家团结起来继续孙先生的责任呢？

近来关于帝国主义侵略的行为，优秀的青年，多少要得点了解。他们的侵略，是分为政治的、文化的、经济的。政治为经济侵略的手段，文化不能彻底侵略，文化还是经济的目的。举一个最明显的例来说：在欧战以前，有一个英国教师想要在武昌——中国的中心——办一个大学，在英国到处募捐。捐了两三个月，还没有什么成绩，后来他就与他的一位朋友商议。他的朋友，是英国最有名的经济学家，马上替他打个主意。主意是什么？他——这位经济学博士——第二天就去找伦敦商会的人向他们说："你们在伦敦费了多少的广告费，无非是图你们的货物畅销，但是世界上第一个好销货的商场就是中国，你们的广告为什么不贴到中国去？贴在壁上的广告，极容易失效力，——你贴不久，人家又贴一张在上面。还有风雨日头，都是它的破坏者，——现在有一种顶好的广告，人家不能撕去，风也不能侵，雨也不能蚀，日头也不能晒坏，你们为什么不办呢？"那些商家就喜逐颜开连问他的法子是什么？他说："现在某教士要到中国办大学，你们何不赶快捐钱，助成他这件事呢？你们要晓得如果他的大学办得成，他们所教育出来的学生，口里所讲的是洋话，身上所穿的是洋衣，眼里所看见的是洋东西，他们完全变成了洋化，还不是绝好的广告吗？并且这种广告，不仅在他们身上生影响，同时有一种很大的传播力，因为他们变成了洋化之后，为要抬高他们的身价起见，不得不把洋东西在他们亲戚朋友的面前大吹特吹。这种有化学作用的广告，岂不是比任何广告还是［要］好吗?”由上面这条例看起来，我们就可以晓得文化侵略，也就是经济侵略了！中山先生的民生主义，所讲的就是要解决生活问题，我们生活何以这样的困难？就是因为受帝国主义的压迫。帝国主义用什么法子压迫我们呢？最初就是用武力和那与人民痛痒不相关的满清订条约。后来不断的又和袁世凯、冯国璋、徐世昌、曹锟等许多军阀官僚，订许多卖国借款条约，于是乃借着这些条约的力量来压迫我们。现在我们都深恨那些卖国贼。但是我们要晓得卖国贼——军阀官僚、劣绅、买办阶级——是帝国主义者的轮机一样。我们要打倒他们，首先就要打倒他们的倚靠者，——帝国主义者，现在帝国主义者很多，我们用什么方法去打倒他们？我们的方法就是首先把他们中间最强的打倒，再依次的打下去。譬如我们推翻满清的时候，即袁世凯、冯国璋也认做友军，我们反直的时候许多人反对我们联络军阀，但是他们不晓得我们因为国民对于打倒军阀事不一致，放弃责任，袖手旁观，所以我们迫不得已，取这种手段。帝国主义中最强的不打倒，世界恶势力不会变的。我们在辛亥以前对满洲称奴才，当然不晓得什么叫做压迫。但自从得了这个中华民国的名称，自应当了解革命的意义，联合在革命旗帜之下奋斗，来打倒一切帝国主义，来求得孙先生所希望的每人都有良好生活。

青年诸君，你们如愿意中国的民族发挥光大的传下去，你们应当了解革命的意义，解除全世界被压迫阶级的痛苦，当说就说，当做就做。我相信中国的前途，全靠在诸君身上。固然有许多人批评我们过于信任学生，但是我相信学生有一种特别的性质就是学生们是不容易压迫的，不容易利诱的，更不容易麻醉的。讲到此地，我要插一句闲话来证明：当徐世昌做总统的时候，他自己称为文治总统，想了许多的法子要来监督各学校的学生，我当时写了一封信给我的朋友说：政府想要把学生当做木棒，随意的播弄，可是学生并不受政府的愚弄，政府也绝对的不能愚弄他们。又如最近关于庚子赔款一事，举国的人，主张以退还的款，用在教育事业上，在这个文化侵略的时代，替外国人多贴广告，中国人像是很吃亏的。然而国民党并不反对，也就是因为中国的学生，不易麻醉。外国人虽然用了许多手段，结果还是难于达到目的。近来有许多外国人也感着［觉］到这一层，前几天的报纸上有一件狠［很］可注意的事，就是说英国的工业界在那里竭力反对把退还的庚子赔款，作中国教育经费。他们提出来的理由大约是："现在中国学生界发生了一种民族思想，已经有了政治运动，如果我们把庚子赔款给他们办了学校，那就无异于造成大批叛徒！所以最好把这笔款子在中国办工厂妥帖得多。"从这点看来，我们更可以晓得青年学生是不易麻醉的，即或在某时代某种情形之下，不得不与文化侵略妥协，但是及至他们得到了学识以后，晓得自己是什么人，晓得人生的意义不是为个人而是为群众，就决不至为人所利用，更不至为非人的生活。（记者按：现在一班学生——尤其是教会学生——被人利用，情愿做人的广告自身长处于麻醉状态中的，沈先生的话，大约是含有一种"有则改之，无则加勉"的意思吧）。至于外人为什么要拿这一笔钱办工厂，这也是很容易懂得的。办了工厂，他们的货物不会更畅销吗？他们经济侵略的政策，不会更得帮助吗？咳！他们以前，叫我们吃鸦片烟，我们就吃鸦片烟；他们以前，叫我们替他们做广告，我们就做广告。及至有一部分的广告不大生效力，他们恐怕耗了本，就改变方针叫我们去作苦工，他们这种文明民族的行为，真正文明得很！但是我们怎样？……

上面说了许多外国资本家经济侵略的行为，但是他们这种行为，本国的国民能够受利益吗？我们都知道他们本国在行保护政策，以很高的关税，阻止别国货品在本国销行。同时把本国的大宗出品，到他们的殖民地——尤其是半殖民地——销售。不幸在这些地方，他们是常遇着了许多别国的敌手，所以他们不得不减低成本来图胜利，他们减低成本在哪里取偿呢？又是在他们国内的劳动者身上。所以劳动者受了这种政策的恩赐。本国的货品，自己做得便宜卖得贵，有苦也无从诉起。现在中国如果能够革命，不独中国被压迫阶级可以拨云雾见青天，也可以说全世界的被压迫阶级，都要得着幸福。诸位不要说我们与世界关系很少，我们的生活总是与世界有关系的，我们穿外国做成的衣的人，固不必讲，就是乡下的人，也不能说完完全全脱离了外国的东西，乡下人所用的缝衣针，是不是外国来的呢？可怜我们中国人，一口针也不能做，一口针也带有世界的色彩。我们若能起来革命，把压迫者打倒，全世界的人受我们的赐，岂不顶大吗？所以我最后总结一句：诸位要了解革命与人生的关系，不仅为救中国应当赶快起来革命，为全世界全人类着想；尤其要起来革命！

记者附白　五月二日沈先生在沪大演讲，当时由楚硌等笔记，翌日沈先生赴粤，故此稿未及送寄先生校阅，所有错误之处，皆系楚硌负责，特此声明。

（原载《民国日报》副刊《觉悟》1925 年 5 月 8 日）

劳动者集团与中国前途

（约 1925 年 6 月下旬[①]）

我们不必袭用法律家口吻，说人民有集会、结社的自由，要知道法律是死物，并且是保护特权者的利益〈的〉，一切法，尽是特权者所使用的武器，正和使用手上的武器一样。特权者自己操其柄而以锋刃加于别人，人民要在特权者所持的刃锋底下，享受防卫，正如小鸟想使用鹰爪以保障自己的生存。吴佩孚为图谋战争上的便利，允许京汉、津浦两条铁路上的工人组织工会，到战争胜利以后，工人团体已成为高鸟尽后的良民，其酬

① 本文时间系根据内容确定。

报铁路工会的，两字“解散”，其酬报铁路工人的，一味惨杀。二七事件，是很合于吴佩孚的统治计划，并且能够获得其他军阀的同情。上海五卅事件发生后，无职业别、无阶级别一致集合在救国主义下面的爱国运动，工人团体，正如春园之笋，从瓦砾堆中裂土而出，总同盟罢工的声浪，能合［给］帝国主义者及其走狗自己觉得命运的短促。于是一般军阀，也因帝国主义者的战栗而动震。北京的段祺瑞，奉天的张作霖等，也跟随一般社会援助工人的后面接济经费，这并不是他们的“天良发见”，是由于工人把国家掮上肩头，团结起来和侵略我们的帝国主义者相搏。这一种救国抗敌的威力，不因帝国主义的领袖英帝国主义者的继续压迫如浔、汉、渝、宁、粤的继起惨杀事件而退阵，反因帝国主义者加重压迫而认明五卅事件不是上海局部的事。当那时期，帝国主义的领袖大英帝国，在中国所受的反抗，应到它本国的矿业和海员的总同盟罢工。又，同时在上海香港航线中发见印度人手上的“上海牺牲队”的旗帜，显见到被压迫民族的联合运动、被压迫阶级的联合运动，一致向它反攻，帝国主义的权威，绅士的态度，都形出捉襟见肘的极相。于是一向尊崇帝国主义者为无上威权的军阀，感触到帝国主义者震惊的律动，也就不能不敷衍工人团体以图保障自己将来的地位。这一般军阀，我们不能断定他们天良尽灭，但是他们感于一时的环境，从自身的利害关系上伸出手来援助工人，断乎不是由于天良的发见。如果由于天良，二七事件何致发生？如果由于天良，段祺瑞、张作霖他们何致于一致动作甘为帝国主义者走狗而解散工会。

一般军阀已老实告诉民众，中华民国的存亡，和军阀无关，中国民族是合该被帝国主义者蹂躏，并且表示他们对待国民的态度，直接视帝国主义的态度为转移。上列的两宗事实，就是很显明的例证。

（原件萧山区法院档案室藏“王华芬案卷”）

呈报第二次全国代表大会出席代表选举结果

（1925 年 9 月 7 日）

为呈报选举第二次全国代表大会出席代表开票情形，及请求决定事：本省选举第二次全国代表大会出席代表选举工作，于本月四日全部结束，即日开票，除曾将本年七月五日开全省各级党部执行委员会全体会议议决选举执行并通过复选标准三人呈报在案外，兹将经过情形逐项报告，并请决定示遵。

甲　选举经过之报告

一、本省收到中央印发空白选举票二百另三张（中央来函说明二百张，点收实得二百另三张）。初选当选九十三人，除重复三人，实际发出选举票九十张，存余空白选票百十三张。

二、各地初选当选人，除重复外，计九十人，内有陈启贤、汪荣、蒋中正三人，未投复选举票，实投到复选举票八十七票。

三、前者全省各级党部执行委员会全体会议，以同志间相互选举，当不致发生团体内之团体为选举而活动。因此则复选人，选初选当选者之投票不易集中；二则初选当选者，过于集中其需选于一二名之下。如此等意料中应有之事实，皆重费手续而不易解决。执是之故，全省各级党部执行委员会全体会议，决定以蒋中正、经亨颐、沈肃文三人为复选当选之标准。此决议案，除呈报外，于复选之时并初选当选名单，通知全体初选当选之同志。

四、上项八十七票中，遵此标准投票者五十一票，不遵此标准而投者三十五票，废票一票，分配如下：

遵照全体会议通过之标准投票者五十一票

蒋中正十七票

经亨颐二十四票

沈肃文十票

不遵照全体会议议决之标准投票者三十五票

宣中华十八票

张秋人十六票

何赤华一票

废票一票（连书蒋中正、经亨颐、沈肃文三人）

乙 请求决定示遵事件

一、依上列四项之报告，以个人得票多数当选计算，则应以经亨颐二十四票、宣中华〈十〉八票、蒋中正十七票为比较多数当选。此之计算，在选举法虽未明定，而通常之选举习惯则如是。

二、以上述三四项之报告，以五十一对三十五，得票多数者当选计算，则应以经亨颐二十四票、蒋中正十七票、沈肃文十票当选。此之计算，以纪律言，党员需一致进行决议；以先例言，总理于第一次代表大会履行选举中央执行委员之选举时以全部人选，付大会表决。遵此先例计算票数，五十一对三十五，实占多数。经亨颐、蒋中正两代表当选第二次全国代表大会代表，已毫无疑意，当由本省执行委员会给予证书。惟沈肃文与宣中华两同志中，以谁当选，本省执行委员会未能决定，特呈请指示。此请中央执行委员会上海执行部。

附通知复选标准及初选人名单一纸。

中国国民党临时浙江省执行委员会常务委员沈定一。

十四年九月七日

（原载《浙江》不定期刊第1号）

《浙江》发刊词[①]

（1925 年 10 月 28 日）

建设是破坏的先声，破坏是建设的结果，成功是革命的目的。我们所要破坏的（一）帝国主义，（二）军阀，（三）由帝国主义传染进来的资本主义。外来的帝国主义，国内的军阀，他们已经压迫我们到极致了。他们随时随地加我们以暴虐和痛苦，国民一一身受，并且已经受到无可忍受了。所以我们对他们的口号是“打倒帝国主义”、“打倒军阀”。至于由帝国主义所传染进来的资本主义，如今方在滋长中，我们要预防社会革命的危险，所以不待它滋长成熟，就用“节制资本，平均地权”的方法，限制它的成长以消弭祸根。

帝国主义是我们全民族的死敌，断然和它没有妥协的余地。我们因为全民族都处于帝国主义压迫之下，对于军阀中间的分子，只要求他能够输诚于民众，抛弃了特殊地位和民众合力抗此死敌。我们因为资本家地主更是同属于被压迫的地位，对于资本家地主，只要求他能够尊重农人工人的团体，通力合作来反抗帝国主义和军阀，我们很欢迎他们由觉悟而加入于国民革命的战线。

如何可使军阀中间的分子觉悟呢？一方面我们他要做宣传工作，一方面我们要指导民众组织团体，惟有民众备具了团结的力量，然后军阀中间的分子才能领悟我们的宣传，才肯抛弃他特殊的地位。如何可使资本家地主中间的分子觉悟呢？一方面我们对要做感化的工作，一方面我

---

① 本文在《浙江》不定期刊第 1 号“目录”中注明作者为“玄庐”，正文中落款为“中国国民党临时浙江省党部议决”。

们要指导农人工人组织团体，农人工人备具了团结的力量，然后才能得到资本家地主的重视，然后资本家地主才能被感化，才肯和农工团体通力合作。

军阀能够领悟，就不是帝国主义的走狗，就是很有能力的国民。资本家地主能够领悟，就不忍压迫农工，就是很有能力的国民。他们本来是国民，只是他们离开了国民的地位和帝国主义者同样或勾结起来压迫我们国民，压迫国民的，都是国民之敌。如果他们能够领悟，回复到国民地位，才够得上联合战线对公敌的帝国主义作战。我们要他们领悟的是什么？就是全国国民所当一致信仰的三民主义。我们不是说军阀中间的分子恢复到国民地位来，不许他带兵，只是要他觉悟他所带的兵，是国民的武力，不是他个人的武力，而且他自己的力量也是国民的力量。我们不是说资本家地主中间的分子，回到国民地位来，要他担任农工的工作，只要他明白自身也正该负国民革命责任反抗帝国主义的，我们并不是不许他有私有财产。

国民革命，是我们民族这时的需要，是我们民族出死入生的途径，团结全民族来反抗帝国主义列强的革命，惟有集合全国民的力量，统在青天白日旗帜下面，才会成功。我们党要集中各个阶级的革命分子，所以不用阶级斗争的方法。一方面团结民众，以督促自外于民众者的归附，一方面宣传我们党义党德，使自外于民众者因为觉悟而有所依归，使散漫的民众知道团结。质言之，我们党革命的方法，是使各个阶级都能够接受。

本党继续总理孙中山先生救国的大业，努力国民革命。本刊是本党浙江省党部的出版物，如今开始印行，为此宣言，以明知趣。凡我同志，依此知趣，唤起民众。

中国民族团结起来！

各个阶级的革命分子集中！

努力国民革命！

中华民国万岁！

孙文主义万岁！

（原载《浙江》创刊号，1925年11与25日）

中国民族的生存问题

——致杭州学习联合会的一封信

（1925年10月）

杭州学生联合会青年同志均鉴：接来信，约期演讲，在这内乱外患短兵相接的时期，一息尚存，忍不努力，何况国家的责任分子，除青年学生外，眼前竟找不出更纯粹的分子，民众的集团，除学生联合会外，眼前也找不出更有觉悟的团体，对于青年同志交换知识，是最获益而最有兴趣的一件事。无如一则病了，一则群众运动式的讲演，当兴奋剂则可，要想在偶然一度的演说场中充实听众所要求的内容，则收效甚微而且也甚恍惚。依我的经验，会场里听口头，不如静室中看纸面，广众前的口讲指画，不如谈话会的质疑问难。我今既困于病，又住在乡间，勉力挥此疲痛的手腕，代我口头。

我今天所提出的，是我们民族生存问题，就是国家生存问题。在这里先要声明的，我不是国家主义者，所谓国家，即是民族，（参观三民主义民族主义第一讲）国家不过是民族生存的工具，国家生存，就是民族生存的手段。

我们民族生存的责任是那些人担负着呢？凡是一个民族的兴废存亡，完全操在有知识者的手里，最大多数的无知识者，或者是得不到求知机会的，统通是废兴存亡的本体，这本体并不会操废兴存亡的大权，也没法负废兴存亡的责任。不但一个民族如是，全人类从不知所始来乃至不知所终中间，除最短时间的特殊状况外，没有不是知识者专政。在任何制度下面，惟知识者的主张是依，起初是群众为自己的利益而拥护推崇知识者，继后便发生知识者愚弄群众的病理状态，到了这病理状态形成，就不必是知识者也会愚弄群众，这就是特殊阶级的作祟。而群众中间的有知识分子，断不因此特殊阶级的作祟而消灭，反因此状态而挺生。由群众中挺生出来的知识者，必反此状态以发挥其知识，就是以群众的利益为其生命力进展的目标。在别一方面看，如果此知识者不根据于群众利益而进行，将无所用其知识。中国受专制君主柔化的压迫，民众间受毒之深，实在远过於欧洲各民族，凡农工商职业的，都抛弃了政权，而自甘居於于治者阶级。大多数民众既经帖服于被治者地位，外来的帝国主义者和内里的帝制余孽便公然为所欲为。民众一切容忍了，但其中最小部分的有求知机会的极少数的天才，眼见到容忍便是灭亡的基点，所以必须起来反抗。首领的斗争世界，已经进到集体的斗争世界了。能斗争的分子，群集在一个团体下面，唤起民众，作更大的结合，似乎一般民众，都在此集团中，实际上斗争者只是知识者。惟斗争总有牺牲，牺牲是知识者甘为的，绝不是民众甘为的。斗争的结果，不幸此集团的干部，完全覆亡，那么，这集团溃散，在此集团中的民众，受压必愈甚。如果是民族斗争，则某一民族的知识者全部牺牲，正犹之一军的干部全灭，即是全军覆灭。

革命者从来不打干部覆亡后的算盘，因为死了，就算退伍了，所以革命者单取攻势。

中国民族，已经到了非越出死线不可的时期，在此为生存而斗争中，哪些分子是知识者，便是这阵线上的指挥者，哪个团体是干部，便是这阵线的参谋中央。青年同志们，如果我们不要了我们民族，我们还有革命的必要吗？我们究竟为的是什么而求知识而集合团体呢？

但是我们自身四周的环境怎样？

一、出手革命，低头读书，做哪样好？

二、家庭的要求，境况穷的，当我们作摇钱树，境况好的，当我们作纪功坊，或者两样都要求的。

三、革命的途径，选择不定，依书本上——译著——的主张去做呢，抑或按我民族的现实状况？

这三个难题，时时乱箭般向我们心头激射，差不多有觉悟的青年，无不感受这三种苦痛。我今试提答案如下。

一、革命呢、读书呢？这个问题，可以简单地说，我们为革命而读书，要读书便是要革命。

二、家庭的要求，如何应付呢？这不是应付的问题，是责任问题，处今两重责任的我们，除出临阵必前，家愁国恨，是要一手承当，世间断乎没有回避责任的革命者。

（原载《萧山月刊》，1925 年 10 月）

喜党军东征胜利

（1925 年 11 月 25 日）

（一）

口舌无灵了继之以手，
为救同胞而杀同胞，最难分别的是恩仇。
阵云深，弹雨骤，

“打倒帝国主义”齐声吼！
挡住我们前进的是帝国主义的走狗。

（二）

谁说是“天险的惠州”，
谁说“这名城有名将守”。
一脚踢开，一拳打倒，
且小试革命男儿的身手。

（三）

要奋斗才有生命，
要决心才肯前进，
要以生人之道杀人，
要在刺刀上表现民族精神，
要捧出青天白日来奠定乾坤。

（四）

“革命猎[掠]夺者”我所羞，
“反对革命者”我所仇。
惟有孙文主义的信徒是“仁爱”的呵！
亦惟有孙文主义的信徒是“勇敢”的呵！

（原载《浙江》不定期刊创刊号，1925年11月25日）

国民党对于各团体之态度及民众运动之政策[①]

（1926年1月29日）

吾浙人对于国家之责任，在历史上已认吾人宜为全国先。今世界潮流之激冲已激发我民族潜伏之能力，盖非出于国民革命一途，不能保我民族之生命及其发展也。中国国民党为领袖全民向前进展之唯一政治革命党，对于共产党及新兴之国家主义团体之态度，与在民众间运动之政策，当为我兄弟姊妹之所问。甲、对于中国共产党的态度。阶级斗争是经济的革命方法之一，本党认为中国的革命方法，宜致力于国民革命，认清全民有一公敌，即帝国主义各国。阶级斗争之方法，最易使国家分为二，且在资本主义未充分发达以先，阶级斗争之条件，亦不能适合。本党既认社会革命，非中国国内所必须的急需，复重视中国固有的道德，而对于帝国主义，将来又必须予以根本的铲除，由是确定对于中国共产党态度，为纠正彼等之错误计及发达中国在世界革命前途计，（一）中国共产党宜致力于资本主义充分发达的国家；（二）中国共产党宜建设自己的生命；（三）革命宜以仁爱为基念。乙、对于国家主义团体之态度。中国国家主义者所宣言，理论上已标明为救国主义。救国主义为三民主义之综合名词，允宜视为一体，但既别三民主义而独立，则其扩张民族主义之部分，已可概见，循是而往，极易流入于狭隘的国家主义，此之歧途，本党负有纠正之责，而在现时为谋己国独立自由之意义，本党必力于维持。丙、国际政策。环国皆敌也，为吾敌之领袖者，惟英帝国主义，故对英当为口个的敌抗。日本则宜联结其民众团体，而攻击其军阀政府，以达到消灭东方帝国主义之

① 这是1926年1月29日沈定一在杭州新闻记者招待会上的讲话，原新闻报道标题为“国民党浙省党部之工作”，现标题为编者所加。

根基。俄国则宜以友谊的纠正其对东方国际政策之入于错误。丁、农工运动。农工之对众，如单纯的惟见有广东地主，则成阶级斗争之革命方法。本党对于工业及工人，欲使国民明了，凡在［是］大资本家为其共同之敌。对于农业及农人，欲使失业农佃农地主外在政策上得其利，□维移民。凡此主张，切望国民了解，并助其实现。

（原载《民国日报》1926年2月1日）

慈母的泪花

（1926年2月16日）

（一）

慈母的怀中最能容受碎花成屑的婴儿，
可爱的婴儿，
纷纷的花屑上转滚着你慈母的泪珠呵！
慈母的泪珠，
是育着婴儿堕地的。

（二）

婴儿长大了，
碎花的心事也转变了，
由慈母泪润过的花英从新吐口时，
你看见花匠的拗花，做什么感想？

十五、二、十六

（原载《民国日报》副刊《妇女周报》1926年2月17日）

革命妇女的模范

（1926 年 3 月 9 日）

孙文主义的信徒，为研究孙先生的遗教，常常感觉到陈炯明叛变，炮击广州观音山，把孙先生革命几十年所凝结的三民主义的原稿付诸一炬的事变。孙先生在三民主义讲演记录的自序上所引用为“痛恨”的，在一般继起革命的英才，必定更加几倍的痛恨。现在要述的，就是陈炯明炮击观音山总统府时的孙夫人宋庆龄的行动。陈炯明抱了魁杰的野心，以为弑了孙先生，全党就在他手上。这种野心，在民国二年讨袁失败以后，亡命到南洋时已经流露了。十一年六月十六日叛变，就是他所包藏的野心最后的大爆发。

当消息很紧时，许多同志，急得请先生离开总统府，孙先生约孙夫人一路走。孙夫人说“事急了，我走路慢，你先走!”孙先生留了两个卫兵，随护孙夫人，自己带了几个同志步行出总统府。跟着，炮弹枪弹，雹快雨点般向总统府罩着打。

孙夫人换了普通妇女的衣服，上天桥避弹。其时，陈部叛兵已经齐集击毁了总统府门前，停了枪，孙夫人在天桥上的皮鞋声，被叛军所听见，密集的向天桥射击，孙夫人脱去皮鞋，匍匐出天桥，那时叛军已到天桥口，卫士中有一人，见来势过凶，以身避夫人，一面拿了一方白手帕，向叛军招摇。孙夫人立刻上前，把卫士手上的白帕扯去。卫士说：“我为奉总统命，保护夫人，不得已而出此。”孙夫人厉声的说“总统叫你保护我的人格，今你表示降贼，是断送我人格，赶紧退。”孙夫人即向前，越过叛军出了总统府向平坍的破民房里去。其时两个卫士，死了一个，一个负伤跟孙夫人走，出总统府时，也就失散了。失散的卫士找不到孙夫人，立刻跑到东山报告廖仲恺夫人何香凝先生。廖夫人一得孙夫人失踪的消息，亲自闯到洪兆麟司令部（陈炯明的先锋司令），质问洪兆麟为什么造反，洪说是奉总司令（陈炯明）命令。廖夫人说："你既知道奉总司令命令，你的总司令，是总统任命的，如何可服从叛令，如今总统夫人失踪，我要责成你。"洪理屈词穷，又侦知孙先生已离开总统府，他们叛志未逞，所以即派了护兵用司令部汽车，载了廖夫人和受伤的兵去找孙夫人。

廖夫人到总统府门前，许多凶势滚滚的叛兵，看着一个妇人很严厉的在兵丛中视察，也就觉得奇怪。廖夫人就依卫兵所指的方向，到半坍的民房里寻找，只见瓦砾上一片血迹。她在惊疑之中，自己镇定了精神，详细审视，见有女子的血足印，出破屋到马路，就灭了。她就断定孙夫人由此经过。一路寻向，直到江边，问着摆渡的说"有像你所说这样服装的妇人，雇了艇子，向嶺南大学去"。

于是廖夫人雇了艇子，直到嶺南大学，找着孙夫人在一间小板屋。廖夫人自身的厄运也轮到了，她把孙夫人安顿以后，仲凯先生被拘囚的消息，机关枪弹般打入心窝。洪兆麟派了军官，带了一连兵，来包围东山住宅。这军官见着廖夫人，说明来意，是要廖夫人替仲凯先生具保结，可以免死，可以自由，否则仲凯必不能幸免的话。廖夫人当时，真冲突的难受了，革命的事业和夫妇的情感，在胸中斗了一阵。结果，毅然决然对那军官说，"仲凯是革命党，我不能污了他革命的历史"。这回仲凯先生总算幸而免陈炯明的毒手。

如今，孙先生逝世了，仲凯先生被刺了。孙先生如果不死，仲凯先生或不致于被党奸所殪！

我纪念孙先生，而联想到孙夫人，为孙夫人这一断革命的历史，而联想到廖夫人。上述的话，多半是廖夫人何香凝先生对我说的，记了胡来，一则做革命妇女的模范，一则纪念孙先生并纪念仲凯！

十五、三、九

（原载《妇女周刊》第3号，1926年3月10日）

为妇女解放纪念孙中山

（1926 年 3 月 10 日）

孙中山先生，是中华民国的创造者，先生创造中华民国，使全国国民脱去满洲政府的奴圈，解除了帝制的束缚，国民因为先生的功业而信仰先生的主义，并推崇先生的人。先生的主义——孙文主义——于先生逝世后而愈益明显。

在满清时代，妇女问题，完全压服在帝政下面，民众不曾透过帝政来看到妇女问题，即妇女本身，也不知道有关于一切政治经济文化乃至民族人种的重大问题伏压在自己身上。所以，辛亥革命以前，同盟会政纲上所定的“男女平权”，很不容易引起一般的注意。及满清帝政推翻，妇女问题，便崭然露了头角。宋钝初为取消“男女平权”这一条政纲，而引起妇女的反对，就是一个很明显的例证。但是这件事在当时多么稀罕呀！孙先生是一位绝不迟疑的革家［命］导师，他在日本东京和宋庆龄先生缔婚时，对一般同志说“我爱我的国家，我爱我的妻”，“我不是神，我是人”，“我是革命者，我不能受社会的恶习惯所支配”。这样光明磊落负责任的态度，是两性相互间道德的标准。

到民国十四［应为三］年国民党改组时，孙先生对于女性更毅然提出下列的政纲：

“于法律上经济上教育上社会上确认男女平等的原则，助进女权之发展”。

此政纲列在中国国民党第一次全国代表大会宣言对内政策第十二项，大会接受孙先生的主张而决定的政策，孙先生的主张，即是中国国民党的主张，也即是全国国民对于妇女问题所当承认为最合理的原则。在此原则下面，我们试一观察现实的情况，妇女在法律上平等了么？在经济上平等了么？在教育上平等了么？在社会上平等了么？现实的情况，和这个原则，相离实在很远，在优秀的人民，有相互的机会的，固然可以依此原则，而行使合理的主张，但在一般国民，还蜷伏在现实的不平等下面。男性方且以不平等为便利自身，即女性也多数蜷伏在此不平等的习惯之下。对外高呼“废除不平等条约”的兄弟姊妹们，自身却以不平等为便利，却限于恶习惯而不自振拔。

（原载《妇女周刊》第94期，1926年3月10日）

今日何日[①]

（1926年3月29日）

各位同志，十五年前的三月二十九日，是中国国民党失败的日子，也是中国国民党成功的日子。今年的三月二十九日——今天——也是中国国民党失败的日子，同是［时］也是成功的日子。本来无论什么事情，没有不经失败而成功的，没有不经困斗流血而胜利的。十五年前的今天，是黄花冈七十二烈士困斗流血的日子，今天是第二次全国代表大会困斗猛战的日子。一则为国民革命继失败而开成功的大业，一则为国民革命中绝而复兴的殊绩。其性质虽不同，其意义是一样。

中国国民党由三个要素组织而成的。第一是总理孙先生的主义及其全

---

① 本文是1926年3月29日沈定一在西山会议派非法召开的所谓中国国民党第二次全国代表大会开幕式上代表中央执行委员会的演说，由孙冕笔记。

部遗教；第二是党的组织纪律与分子；第三是中华民族的全民族。这三个要素，缺了一个便不能成为国民党。我们现在要融合上面三项的要素，秉着总理及七十二烈士的精神，一步一步向前猛力进行，要从四面八方的困难压迫之中挺身出来，这是我们大会同志都该了解的。

现在我们的总理孙先生死了，但是孙先生的主义仍旧存在，孙先生的精神不死。总理所主张的国民革命假使成功了，所有一切的民生问题，也就立刻解决。在此，所有做中国国民的——尤其是我们国民党党员，都应该切实的负起国民革命的重任来。大家负起国民革命的重任来努力向前——国民革命才能成功。

从总理逝世一周年以来，本党内部骚乱的情形，已经闹到极点，吾党真正同志之被离间、污蔑，以至暂时的失败，此固由于共产分子暗中结合，故意破坏，但我同志切不可因被破坏而起仇视，做清党运动，使其分开则可，用横暴手段，恣意扑灭则大不可。

现在本党之被共产分子要挟欺骗，大家想必感觉到了，假使我们不做清党运动，就不会有今日广东之变。

我们总理孙先生在日，他能领导我们去工作，现在孙先生已经去世了，我们内部的同志，就有人想称王称霸，不然，何以会有今日广东的事变。

被共产分子的要挟把持及总理逝世后内部同志之想称王称霸，这是近来本党失败的两个大原因。近日来广东事变，我们中国国民党的新生命也就起来了。新生命起来了，我们孙文主义的信徒，赶快努力向前进取。

我们的老同志和青年同志应该联合起来，大家在革命精神上力求贯彻，如此，国民革命的成功，方可指示［日］而待。

（原件藏萧山区法院档案室“王华芬案卷”）

第四次中央执行委员会议的由来[①]

（1926年3月30日）

关于第四次中央执行委员会议的由来，第一，由第三次会议中所发现的中国危险的现象，自从总理容纳共产分子以来，大家知道总理是容纳共产分子并不是容纳共产党。在历史上无论无政府主义的分子及其他团体的分子，总理也是一概容纳。自从共产分子加入后，半年来尚称努力。这时马林回到俄国向列宁汇报道：照中国情形只有三民主义国民革命，后来列宁逝俄国共产党的右派，把持党权，同时威金斯克有一个报告说：中国有了国民党便没有共产党，有了三民主义便没有共产主义。于是俄国共产党极力设法运大批左派〈来〉中国，专以破坏国民党为主旨，这是中央执行委员会开第四次会议的缘由。自此以后，党内发生经济问题，党内的经济本不甚多，后来大权竟落在鲍罗庭之手中。为怎样落在鲍〈罗〉庭的手里，我不能不有一个负责的报告。当时各地的党部都向中央要求接济，那时廖仲凯同志掌握本党经济的事务，鲍罗庭主张须以革命工作努力与否为给接济的标准，这从理论上原来是不错，在事实上亦不错，可是他们以为努力的地方必定有组织，有组织的地方必定有共产分子把持，而那时的组织部长，就是共产党分子谭平山。所以简单可说经济的接济必须经过鲍罗庭的审查。因此，凡是共产党员乃容易得到经济的接济，即浙江一带党部，要求接济的时候，鲍罗庭必先询得上海共产党中央执行委员会同意，黄河一带党部要求接济的时候，鲍罗庭必询得北京共产党中央执行委员会的同意。第二，威金斯克之主张将国民党与农人工人之关系截断，比如南洋兄弟烟草公司罢工，共产党□得不得了，即请国民党调解。但一方面对

① 这是沈定一在国民党伪中央二全大会上的报告，标题为编者所加。

工人又宣称国民党是保护资本家。又如共产派一方面主张国民党应该与湘滇各军政当局联络起来，以便广州统一，但他一方面又宣传国民党与湘滇各省军阀联络是不应该的，使国民党失社会上的信仰，这种都是鲍罗庭个人暗中挑拨的阴谋，均在中央执行委员第三次全体会议以前所发现的事实。此外另有一件很重要的事，就是共产党早知道国民党一定议决接受总理遗嘱，于是中国的上海共产党草一宣言，由鲍罗庭译为英文，交本党中央执行委员会第三次全体会议，他们以为无论如何修改，至少也得十分之六的原文，因为他们立意破坏我们国民党。但中央执行委员纯正党员占多数，非操纵如此不能使该党在本党中发生十分大的影响。

此事发现后，中央执行委员便在广州商议团结一致，弗再为彼所乘。这时中央执行委员会接到黄埔军官学校来的一封很奇异的信。这信说近来军官学校里组织特别市党部，居然有反共产的宣传，兵舰内居然有中山主义的研究会，应严加禁止等语。这岂不是一件很奇怪的事？在当时中央执行委员便亲到军校视察，就看出很危险的气象，同一军官校里，一个韩国学生不请假出校，军官便对他说：“军人应以遵守纪律为天职，如果要脱离已［亡］国奴的地位，亦应该从遵守纪律做起。”这学生说：“我不请假是奉党是［部］命令。”于是这学生向党部报告，党部反谓这军官是侮辱弱小民族，于是议决开除这军官党籍。其实这军官所说的话，差在何处？这时仲恺同志事务甚忙，未及过问，中央党部事均由谭平山包办，而谭平山竟将开除该军官党籍一事批准，同时《向导》报上，就有国民党左右派的谣言，而我们第四次中央执行委员会议的决心，至此益坚，这个信息被鲍罗庭探了，他知道的［对］他们一定有所不利，于是把展堂同志放逐俄国。在这种情形之下，我们第四次中央执行委员会必须离开广州，才能开得成功，遂决定往北京西山在总理灵前开会，以表示救党救国的决心，及不忘总理的意思。

我们的革命必须安建筑在先烈的坟墓上，此次首先清党，尤须要建筑在总理坟墓上，所以在总理灵前开会。虽然明知北京有军阀、帝国主义、反革命种种压迫和束缚，但我们仍然冒险而去。这时林森、邹鲁同志是另负国民外交团的使命。邹同志是广东大学的校长，广东大学是总理在日所建立的培植革命人材［才］的地方，其中容纳许多韩国的学生、安南的学生等等弱民族的学生，是想造成东方民族革命的策源地，那里知道鲍罗庭竟用种种手段把邹鲁同志逐出广东。即时我们有两个主张：（一）不问中央执行委员会人数，只要是孙文主义的信徒；（二）二十四个执行委员，二十个是国民党，我们想联合起来以为抵抗。叶楚伧本是发动人之一，而此时北方有于右任、李烈钧、柏文蔚，上海有戴季陶、邵元冲，湖北有石瑛、居正都是赞成的。北京监察委员吴稚晖也主张在北京开会，亲自署名于召集会议通电。此外，孙科同志亦是发动人中的一个，且连电北京催促开会，而各地党部之来电，赞同者亦必日有数起，可算是凡是国民党员都赞成在北京开会的。可是外间受了不少谣言，共产党把本党分折［扺］为左右派。第一时期是反对共产分子加入本党者为右派，主张与共产党相近者为左派；第二时期是共产党是左派，不是共产党〈是〉右派。左派是革命的，右派是不革命的。冯自由是右派，是不革命，右派都是冯自由，这是共产党的逻辑。他们又侮［污］蔑吾们第四次会议是右派。至于这次会议的人数，究竟如何？前查本党中央执行委员二十四人，候补八人。中央执行委员第一次全体会议是在代表大会散会后开会的，其时各代表尚留广州，所以全体出席。后来就主张每一个委员有缺席时，候补委员可以随时递补，以补难以召集开会之弊病，这个主张，第二次执行委员会全体会议并未通过，第三次执行委员全体会议到会委员果然不够，过半数尚缺少一人，都是尽管开会，迨各案决定散会后，才去找杨希闵签字的，可是不到三日，杨希闵便反叛了。这次开第四次全体会议，是专为解决共产派问题，中央执行委员及候补委员如李大钊、谭平山、于树德、张国焘、瞿秋白等一般共产分子，应该回避不能列席。

至于谭延恺、汪精卫在广州军务繁忙，事实上不能离开广州到北京来出席。李烈钧在张家口，人虽未到，都有电有信来的。柏文蔚在河南任军务，更有熊克武在粤被拘，胡展堂逐放在俄，教［叫］他们如何能够出席，其中于右任略有变态，恩克巴图、丁惟汾、王法勤三人，并不表示态度，然而不表明中不啻已表明了。所以在中央执行委员内只是十个人不赞成开会，他们不赞成的原因，以为如果离开广州开会，对于共产党一定大有不利。但是二十四个执行委员只有十个不赞成，则赞成的是多数呢是少数呢。如一定要到会列席的才算数，前第二［三］次全体会议在广州继续开会时，人数也不够。我们在西山开第四次全体会议的时候，广州方面的中行［央］委员的人数只有几个，简直演不到人数问题，这又如何说呢？我们为国家大事计，当然不能满足他们的意思，即难免他们的攻击，只要我们主张正当，事实明白，无论如何是不能被他们动摇的。再关于第四次中央执行委员会的经过情形，我还有一个小小报告央执，就是我和季陶同志被绑票的一件事，但这并不是我的伤心事。当在我们要到西山开会的时候，北京报纸都大造谣言，冯自由看到我们都是共产派，所以极力造谣中伤我们。同时北京的共产分子早知道我们开会，于他们大有不利，于是也大造谣言，我们要和官僚军阀勾结破坏国民党，但当时我们很忙，没有工夫完全看见北京的报纸，所以没有与他们好好的申辩，不过我们革命不是出风头的。不是不出风头，便是不革命，所以人家无论如何说我们右派不革命，但我们事实上是革命，良心要革命的。同时北京许多头脑简单同志受他们宣传后，都很愤怒，把我和季陶都捉到北京城里，后来经我们说明之后，他们向我们道歉，我说我们都是同志，你们受了奸人的利用，我们原谅的。

这次会议的重要决议，第一是修正第二次全国代表大会选举法。因为第三次全体中央执行委员会所决议的选举法，是共产分子的主张。因为该法规定，已经照新章组织的地方，其党务必定系共产分子把持，苟无共产党分子把持，谭平山就不派人去组织，且不准党员自动的组织，这样一来便变成只有共产分子才能出席代表大会，是以我们必须修改，若不修改，广州的第二次代表大会简直可算是共产党的代表会议。第二是取消共产派在本党的党籍。因为如果没有取消的决议案，我们真的东西就没有了。这事希望第二次代表大会把这精神容纳。第三是取消政治委员会。因为政治委员会是中央执行委员会中关于政治的讨论机关，不能对外的。总理死后，鲍罗廷就主张扩大范围，在执行委员会之上，他的决议案竟然要执行委员会服从，我们并不是反对政治委员会名称，但这种跋扈的政治委员会是我们所反对的，此事与解除鲍罗廷职有关。第四是决定鲍罗廷解雇。第五是决定对于国际之决议。我们继续总理遗嘱，要实行平等，所以要人平等待我，但我们亦以平等待他。第六是开除汪精卫党籍六月，这是希望他自省、解悟。第七是前定预算案。我们为要不受任何国际的津贴，所以有这个决议，因为我们不应当为了我们的生活而卖党国。

以上系第四次全体会议经过及决议各重要议案情形，用第四次全体会议所议决公布之案与所发宣言、训令业经印成专册，请诸同志披阅，便知详细。第四次全体会议在西山总理灵前开会，事关本党成败存亡，务望大会对于这次全体会议的全部决议案，表示接纳，且须郑重表示，是则本党前途的大幸了。

（原载居正编《清党实录》第151－153页）

中山舰事件是国民党共产党的自然分离现象[①]
——在国民党伪中央二全大会上的发言

（1926年3月31日）

关于广州勘平内叛事实及应付方法，上午及刚才百四十号代表已说明白了，不过我们又要晓得，此次广州事变的原因，实在复杂，我们晓得共

① 这是沈在国民党伪中央二全大会上的发言（1926年3月31日），标题为编者所加。

产派在本党的寄生生活，为时已久，他们对政治上军事上的各种计划，实在计之已详。总之依他们的心愿，是要把我党的政治力量和军事力量统夺过去，使现在的国民政府变为工农政府，使党军变为赤军，因为有此整个的计划，所以此次广州事变，我人认为决非偶然，非仅关系于广东一部，我人认〈为〉关系我党全部的。只是第一点要注意的。本党做的清党运动，一般人皆认为国民党分裂，其实大谬不然，因为国民党与共产党完全是不相同的，既以两不相同的政党，混在一起，当然不是良计，所以近来本党因做的清党运动而起的现象，是自然分离的现象，我人决不能认此为本党本身之破坏。因此我们：一、就是自己团结起来；二、要努力求得本党的自由。现在本党第二次全国代表大会在上海开会，诸同志想想我们党自由抑不自由呀，我们的党既不自由，要取得自由，必须要我们同志的努力奋斗。广州是我们总理多年的奋斗而得来的，是我们同志的头颅热血而得来的，他们共产党既无努力奋斗，又未牺牲头颅和热血，可是现在的广东竟被他们安然得去了，这是何等痛心一事。从前总理在满清皇帝横暴之下，尚要带了同志去袭击广东总督衙门，现在我们同志难道不能去拼一拼不成。所以我主张我们大会在这个时机应马上移到广州去开，假使萎缩不前，摇尾求食于人，就是不革命，我们现在要全体代表一同到广州去，就是死也死在广州好了。这是兄弟的主张，请诸同志采纳。

（原载居正编《清党实录》）

我们应该移粤开会[①]

（1926 年 4 月 1 日）

方才各同志对移粤开会事，讨论甚多，顾虑亦深，这种顾虑是应当

---

① 这是沈定一在国民党伪中央二全大会上的发言，标题为编者所加。

的。不过我以为太顾虑了，固为我们革命党是创造环境的，不是因人成事的。我们不到广东去，如何显见革命的精神，这是第一点。在事实上，方才有位同志将《申报》上消息报告，可以料定广东一定有许多同志欢迎。不欢迎我们的不是我们的同志，我们不是应该因非同志之拒绝而不去，应该看到许多同志的欢迎，而奋斗勇往前。至于各个人能不能去，和有没有轮船等等，我以为都不成问题。……我个人是发起共产党的人，但是现在抛弃了共产党，加入了国民党，恪守纪律的一个人。我们大家怕到广东〈去〉，为的只是各人的个体，顾了个体，岂是革命者，这是第二点。第三点，我们到广东去，是统一的工作，我们在上海开会，大会有大会的工作，因为有热的血应该有静的脑。我们到广东的应有一决定，我们诚恳的希望诸同志考虑。

（原载居正编《清党实录》）

在浙江省党部改组委员会宣誓就职式上的答辞

（1927年6月20日）

委员等奉中央命令来改组浙江省党部，今天中央代表致辞中有二点是很重要的：（一）统一意志，（二）严守纪律。在这两点中可以见出此次改组浙江省党部的意义，是使本党有共同之信仰，使信仰集中起来，使各级党部均严守本党纪律。所谓统一意志、严守纪律，不但在本党各级党部应该如此，就是本党领导之下的民众团体也应该如此。

关于改组省党部的工作。省党部是浙江全省各级党部之最高指导机关，一切民众团体的组织系统均须以本党为中心。例如，清党前有许多二［工］会发出的文件有“工会是解决经济的，党是解决政治的”这种谬误的主张，本党应该加以纠正。

本党急须有严密之组织，使各级党部阵线整［缜］密起来，为求有整［缜］密之组织，并须养成相当的人材，同时对于一般民众团体亦使其有严密之组织。过去和最近的现在，本党同志常常发见有因袭而来的错误点。其一好为单身奋斗，不能作团体的活动；其二因感觉单身奋斗会陷入到无从斗起的一境，就有许多同志在本党内组织小团体，要是没有深切了解这种小团体是不必要的，恐怕不必其他的组织来破坏我们的党，就是本党自身也会因此而纷崩的。

改组委员会今天已正式成立了，本会即从今天起当积极工作，使各级党部于最短期间改组就绪。本委员会即与浙江清党委员会同时宣告结束，以便第三次全国代表〈大会〉之前能成立正式省党部，这是本会所希望而努力的。

（原载《浙江省党部周刊》第1卷第1期，1927年7月23日）

在省党部临时执行委员就职典礼大会上的演说

（1927年10月4日[①]）

各位委员各位同志，中央这次以很慎重的手续选委九位同志，来担任浙江省党部临时执行委员的工作，中央不仅对九委员具很大的希望，并且对全浙江的同志希望都为“最理想的同志”。所谓“最理想的同志”，就是肯放弃自我，把民族、国家、社会的各种责任都放到自己肩上来，党国最危险困难的事，尽其所能，努力去做。我们国民党，是为民众耕耘的，每一个党员都是为民众谋利益的工具，不是把民众来做工具。因此我们希望全浙同志把整副精神，遵照总理遗交我们的主义，来为党国牺牲，为民众

① 本文时间系考订确定。

牺牲。诸委员现在及今后应该注意去做的有下列四点；（一）应领导全省民众拥护中央特别委员会。中央是民众的中央，现在有一部分不了解或故意破坏或固执于因袭的法律思想的同志，对中央有所怀疑，这实在是大错特错。本党的最高权力机关是代表大会，在全国代表大会闭幕时，中央执行委员会就是最高权力机关，决定党国大计的。最高权力机关，是一切法的策原［源］，无所谓法与非法。况且特别委员会，事实上已有先例，第一次就是杨希闵、刘震寰的叛变，常［当］时杨刘自己亦属中央执行委员，中央为应付环境起见，当时就有特别委员的组织。这次宁汉的清党，虽时期上有先后之分，实际上是海内外忠实同志一致的主张。中央本身的份［分］子，既有叛乱的质点，混入其中，环境之恶劣，实较杨刘叛变为甚，像杨刘的分子，也较前更多，因此中央执监联合第一次全国代表大会由总理提出决定为中央委员会的忠实同志，认有组织特别委员会之必要。我们应还记得，当中央第二次大会开会时，浙江发现了共产党中央支配国民党出席全国代表大会的代表人名单，并觉察共产党支配第二次中央执行委员，故意把国民党因职务不能分身的同志，安排在内，选举的结束，当选者在形式上三分之一为共产党，而候补则大部分为 CP，因委员中许多同志事实上不能就职，列在候补的份［分］子，就发生很大的力量。这种情形，沪部同志，深知灼见，在力竭声嘶中未尝间断号呼，那时在粤中央同志，不肯断然对共产弃绝，隐忍至今，无可再忍，事实需要上的中央特别委员会又有第二次的产生，这层意见是要诸同志尽量解释，使一般同志明了的。中央特别委员会在事实上和理论上都有稳固的立足点，同志们应一致拥护的。（二）须训练党员，以身作则。本党有很好的理论，很好的方法，可是本党党员却没有输送到民间，以致民众对本党的主义，不能充分了解，本党革命的方法，不能普遍的实行，这就是同志缺乏训练的原故。训练党员，应向区分部区党部等基本组织上下功夫，能把区分部训练好，就可成立巩固的区党部，区党部巩固，则省党部亦巩固，有各个巩固的省党部，中央党部自然巩固。否则，党是空的，是没有基础的。这层，是要各位同志极力注意，并以一切行动，要以身作则。（三）严密各级党部的组织，努力下层功［工］作。本党因没有严密的组织，以致时蒙危险。而民众团体，尤其应严格训练。本党从前的民众团体的组织法，都是鲍罗庭起草的，那时中央各委员因事务繁忙无暇及此，对鲍氏又信托不疑，那知鲍氏奉第三国际使命，包藏祸心，他特把工农商特别分作工人、农民、商民，分出不同的名称来，而组织方面农人的组织叫“农民协会”，商民叫“商民协会”，工人的组织，却特别的叫做“总工会”，特意来分开民众的势力，并且把店员等亦强拉入工会之下，以扩张共产党的基本势力，这真是心怀叵测。中央现已洞察鲍罗庭起草各种章程条例的用意，和信托他的错误，对各种民众团体组织法，均将重新订定，并已有一个中心建设的决定，无论什么民众团体，以党为中心，照这个中心建设做去，各个民众团体，可都在党的指挥扶植之下，得到实际的利益。倘仍照错误的办法进行，把农、工、商、青年、妇女，各以个别的利益为中心，则党内各部自己要分裂打起架来。在工作上便利起见，在业务的不同而分设各部，是相互相生的，决不是有对抗作用的。（四）慎用人员，不把党部职员作政府机关雇员看。从前各级党部的人员，被共产党暗中支配，党的内部，起了两个壁垒，办事上常常掣肘，而理论上更因信仰之主义不同而起隔阂，内部有了这种隔阂，党务的发展自受影响。这一点是要非常注意〈的〉。嗣后各级党部内是不能再容共产分子暗中捣乱的。党部的工作，是一种苦工，是不眠不休的任务，不是点工做的雇员。职员的薪水因和政府人员相差太远，更显然分子劳逸不同工资差别，这也足以引起政府高出于党的错觉。为国家社会的经济能力着想，党部人员薪水如不能增，则政府人员的薪水就应该减。再则党部人员经过一期的工作，脑子里就装了一段的历史和多了一段时期的经验，委员是选举或委派来的，一批委员上台，一批职员就随同歇职，不管他能力是否很胜任，同从前衙门一样，这也是大错特错的。同志们认识了上述四点，向民众中间极力去物色同志，训练同志，使本党的人才增加起来，党的力量坚固起来，党的组织严密起来，把民众根本教会了，则共产分子、腐化恶化分子，贪官污吏，劣绅士豪，都可根本产除了。中央希望浙江省党部能本此做去，并盼于最迅速期内成立浙江正式省党部。

（原载《浙江省党部周刊》第1卷第7号，1927年10月24日）

田主的活路

（1927年10月25日）

拥有耕田，坐收租息，所谓火烧不掉盗劫不去的基业，传之子孙，这是何等牢靠的饭碗？还用得著革命者替他们担忧吗？年丰谷贱，多收一斗是一斗，年荒谷贵，多收一斗更是一斗。田主们生气盎然，还用得著革命者替他们找活路吗？不然的，“万重江山一点墨”这句俗语，根本动摇了。二千多年的帝政，打破了，推翻了，灭绝了；八十来年的不平等条约，动摇了；赵家出契，钱家置产，要李家在他们两家一张白纸的墨迹上，负劳而不获的责任，也发生问题了。这个问题的发生，就是田主一向走惯的活路上有了坎坷出了岔路了。革命党人，暂时不把所有一切田主地主当作皇帝看待，当作侵略我你的帝国主义者看待，不是怕了〈田〉主，更不是见好于田主，是为革命进程中方便起见，所以也要替田主指出一条活路，这就是国民党为要求整个民族的生存与独立，进行联合各阶级齐趋于国民革命的方针。

中国的佃农，在滇边川边土司辖境以内的固然是奴隶的生活，各省区的佃农，似乎是自由农了，其实欲求农取生活而不可得的，还居多数。丰年遇暴主，好收成是得不到什么余粒，凶年遇暴主，好些是卖了子女来还租。据最近的农村调查统计，男子占百分之七八四，女子却只有百分之一二五。这可惊的结果：（一）女孩出卖，（二）女婴失育（乡村育婴堂，男婴和女婴，一与二百九十九的比例）两个原因。这两个原因的原因，就是因为租息负担过重为之总因，由这个总因而造成儿童失学、儿童失养，乃至贫苦农人娶不起亲。疯狂的、犯罪的、流徙的种种由此总因生出来的现象，几乎陷劳苦的农人于牛马不如的生活。

农人的生活现状如此，在中国民族生存要求中负起国民革命使命的国民党是不是放弃了为全民族生产基础占总人口百分之八十乃至八十五的农人于不顾？国民党断断乎不放弃农人的。国民党在孙中山先生遗下来整部的遗教上，必须团结农人、组织农人、训练农人，而团结农人的第一步，首先就碰到业佃争租息的多寡问题，难道国民党还能再帮助田主而加以更重的榨取吗？这就是田主在一向走惯的生活途中起了问题了。

国民党绝对不要逼田主到死路上去，可是多数农人的生活，无论政治上经济上民族上任何方面的关系，国民党都有扶植农人的必要。因此，国民党中央农人部所提出的《佃农缴租条例》草案上，第一条就规定正产总收入对分为最高租额，依此最高租额为百分减二十五的实缴实收，质言之，每石的收入业得三七五，佃得六二五。草案的主张，依长江、黄河、珠域［江］的上下两岸普通习惯而定为最高中［标］准，一向缴租成分低于此的正多，凡低于此的，悉准向来低例缴收。这不过是制裁横征暴敛的业户，并不能算是甚严重的革命政策。但是少数田主，席［袭］过去的余岁［威］，勾结不懂革命的官吏，并各地党部和省政府规定的比较中央草案收缴成分（浙江定四六分，比中央草案要多收百分之二五）都起类似反对的态度，这明明是少数田主，忘记了中国民族的生存，抛弃了国民革命责任。

如今，有好些佃农，因怯于田主的威势，不得已而依田主的需要缴租。这种现象，田主们不要以为得计，这种积薪厝火的行动，是造成燎原的趋势。农人和死海一样，不动则已，一起风浪，是无术平定的。在目前田主们以为还有几个不懂国民革命的官吏可靠，要知道这是青空丽日底下的冰山，它自身的融解，可期而待的。

老实说，田主当此时期，只有投入国民革命的活动中间，自动的努力起减收租息扶助农人的主张，将业农联合成为一气；另一方面，再研求农业发展方法，以充裕全国粮食的源泉，树立工业的基础，并且要教督子弟们以自力渐渐脱离不劳而获的生活机会，这才是光明的坦途，这才是当行的活路。

十六年十月二十五日

（原载《浙江省党部周刊》第1卷第8号，1927年10月31日）

告求学时期的青年

（1927年10月31日）

假使你们在研究室里探求“这是什么”，“那是为什么”，“这又是为什么会这么”，用脑子里的钥匙，向种种不会说人般的话的去开发秘缄，探求一个究竟。遇到思想径路迷了方向的时期，你们会不会起需要指导的要求？如果你们不会起需要指导的要求，那不惟不发生师的选择，简直不须有师。

假使你们起了求师的要求，当指导你们的时候，你们抛开了求师指导的问题，看他的辞色，审他的态度，端详他的品貌。或者以鸿鹄将至的心对诲弈的弈秋，那不惟要求指导者是摆了一个假样子，连指导者都被摆为一个假样子。

假使你们当精心深思的时候，你们的同学，用种种的方法来煽惑你们捣乱你们，你们还是拒绝他，仰或跟了他团团转？

假使你们吃奶的小弟弟小妹妹，恋着传染病的奶娘，在你们有权处理的范围内，你们的责任，还是依你们弟妹自己选择乳？抑或你们为弟妹择乳。

假使你们为弟妹择乳的场合，对于生病的奶娘，或者是奶枯绝了，还是一拳一脚打他出去？还是医治她遣送她？

假使你们进了教室，只计算坐足钟点，积若干时就算满足一学期，积若干学期就算满足了毕业年限，文凭到手，诸事大吉，科举式的侥幸和徒刑式的满期并在一起作为学生时代的生活过程，这面算盘如意吗？

革命的青年学生！读书的未必革命，革命的没有不读书，一般老头子遇到叫嚣堕落的求学青年，开口“学风坏了”，闭口“士气嚣张”，其实哪是“学风”？“学疯”罢了！哪是“士气”？“市气”罢了。物质的境遇，不去打科学的门，却只计点金钱，疯狂般投向。解决自己生活问题，作所谓革命的同般目的，自身在穷到脱壳的东方民族中居然得到求学的机会，什么“农人利益”，“工人利益”，无非哄骗着一般没有求学机会的农工，自身吃着使用了农工的血汗，连求学时期分内的工作都懒得做，剽窃了革命的头衔，取假名，说慌话，朝开秘会，暮行苟且，趁着机会，还要煽动同学罢课，工人罢工，几绺钢笔板的小纸儿，叫做议决，叫做命令，叫做纪律，压迫一般蠢材，什么“暴动”，什么“巷战”，什么“决心”，什么“誓言”，驱一般蠢的去做冤大桶，他自己却躲在保险箱里指挥，还要责备别人“懦怯”、“没决心”、“不服从命令”、“不遵守纪律”，这就是剽窃学生名义的共产党徒CP用什么“大学”、“本校”等等名词来愚弄青年，欺骗青年，煽动青年的聪明手段。我不信一般青年把聪明的玩意儿，都让给什么CPCY去做；我不信中国民族堕落到革命的创造力都完全丧失，只会依附西屁、西歪拾得一滴“阶级斗争”的吐沫来活剥生敲中国的境遇；我不信杭州市的青年学生，都会瞎撞到无主孤魂的牌位上去拥护什么“杭州市学生联合会”；我不信什么“择师自由”的标语，会制造疯狂；我更不信躲在卢布保险箱里几位共产党先生们，能用唆狗的方法来愚用青年群众！

我很诚恳地告求学青年。（一）失掉了创造力的民族必亡，我们要笃信孙中山先生的主义，我们要研究孙中山先生全部的遗教如何见诸实施的方法，来创造新的中华民国。（二）中国民族穷极了，救国首要疗贫，国家和社会的经济能力，如何才能够伸张，积极方面，必须运用科学，才能树立经济的基础。（三）革命事业，是挑上重担儿走无休路。破坏的工作，只消有决心肯牺牲，是容易做的；建设的工作，就非加以实学的力量不可。（四）择师是大学的责任，学生的知识能力，若高过于师，在事实上就难乎为师。若学力可以为师的，学生又从何择起，而且凡是专门学者，断不可以神貌态度来窥测，婴孩自己选择奶娘到底是一桩不可能的事，真个不对胃口，也应当对大学说话。军阀时代的学生运动，已经是过去的陈迹了，现在如果再应用，犹之孙传芳走后，我们再用大炮来轰杭州城，不是很大的错误吗？（五）读书的要点，在用科学还科学，事实还事实，知识还知识，民众还民众，这就是读死书的结果。我们的读书责任，是使科学与事实合成一气，"知识是革命的武器"、"知识是生产的工具"。知识民众化，民众科学化，一切学问三民主义化，这才是建设求学青年所以要读书的中心思想。

（原载《浙江省党部周刊》第1卷第8号，1927年10月31日）

讨唐中的回忆和前进

（约1927年10月[①]）

久处笼中的鸟儿，开笼放它出去，一回翔指顾间，依旧飞回笼来。如果认为鸟性如此，诚不如说它习惯使然。笼中鸟饮的现成、食的现成、住的现成，不必要用自己的力量去营巢觅食惯了，所以海阔天空的志气，山深林密的幽情，一切抛弃了来安适它狭的笼。总理在日，抚驯陆荣廷，提

① 本文时间系根据内容确定。

拔陈炯明，卵翼杨希闵，总想感化他们成为三民主义的护士，更希望他们做第一事业的革命者。无如陆荣廷终究要到他的旧君宣统面前叩头，陈炯明终究要勾结吴佩孚作乱。总理在日，曾说他们“改不了奴性”。总理逝世，杨希闵投了段祺瑞从革命策源地的广东造起反来，连这回唐生智的勾结张作霖叛党，在他们个人，同样是“改不了奴性”，迷恋他们处惯了的狭笼。

奴性深的，解放原是不易。共产党徒的依附苏俄，和陆陈杨唐的投靠军阀，同样是受奴性的支配。他们的反对国民党，反对三民主义，也正如笼中处惯了的鸟，忘了阔海深山。笼鸟并没有一种别的势力来破坏解放他们的革命团体，陆陈杨唐却是另有一种势力。豪门之仆，易姓改名，如果乡村里的家族，劝他归宗，除非在他老宗祠里有一些便宜可讨时，他才肯敷衍几度，若讨不到便宜，他立刻就回到豪门翻过脸来欺侮他乡村生活的同宗，这是寻常见的事。从前的陆荣廷、陈炯明、杨希闵和如今的唐生智，也正如豪门隶仆的为讨便宜而暂时归宗。

大凡有一种旧的恶势力者，常常想保持他们所席［袭］的势力，并且常常想扩张他们的势力。这种势力，被革命的新力量四周激荡的时期，他们为保持其势力起见，很容易的加进新力量来。但他们并不是革命力量中的质点，而是革命力量所包裹的别一种力量。这种力量被包裹到某一时期，不是化成革命的力量，便是裂开新力量的包裹而成为敌对势力，依旧站在一种恶势力的地位。这种恶势力，不待他分裂而出、发现反革命动作之后才察觉，即隐混在整个的革命力量之中也极易识别的。因为革命的力量，是整个的系统的组织的主义的，在整个的系统组织之中，觉到别有一种力量存在和活动，必有一日脱开整个的组织系统以去，并且一定站在敌对的阵地，而且必定与一向所敌对的团体结合。这不单是国民党中包含过不少的大小军阀的事实足以证明，就将国民党中包含共产分子也趋于一条的路径。狡猾的唐生智，其手段更比陆荣廷、陈炯明、杨希闵高，其方法也不减于共产党的复杂。

唐生智一方面用斩杀起码的共产党徒的手段，来见好于白色帝国主义，对张作霖暗示同情，并且可以欺骗国民党的同志；另一方面，却是容纵著要的共产党人，给苏俄一个暗示，反对唐生智的共产党人是起码的苏俄所认为不甚爱惜、无足轻重的。唐生智落得杀几个，第三国际的“东方总监”赐号，口头上四万枝枪，羊毛出在羊身的四万块钱，这是唐生智所情愿九顿百拜领苏俄之赐的。

（原件藏萧山区法院档案室“王华芬案卷”）

挽成虎联

——成虎殉难六周年筹备会作

（约1928年1月）[①]

众人为求生，
社会为求生，
国民革命正为求生。
生是中心，
在生前苦苦辛辛勤勤恳恳！
军阀要他死，
官僚要他死，
劣绅土豪更要他死，
死所不免，
到死后明明白白烈烈轰轰！

（原在《萧山东乡自治月刊》创刊号，1929年4月30日）

① 时间系据内容确定。

徜前村试办乡村自治筹备会成立宣言

（约 1928 年）

整块的专制石压着的好籽种，经过了四千多年，从来没〈了〉发过萌芽，这些被压迫的籽种，也几乎忘记了还有萌芽的能力，更不敢做开花结果的妄想，这就是中国民族对于治理国家的态度。这大块专制石，十七年前是皇帝，帝制推翻，石头打碎，无数的大小石片，就是一般军阀和劣绅土豪；军阀是因袭封建的余感［孽］，劣绅土豪，是承袭了士的统治的末运，一样地高压在民众头上。虽然说，清朝末年也曾举行过什么“乡议会”，军阀时代，也曾经有过什么“自治委员”，但这些不过是石上的青苔，绝对不是民众本身的自治萌芽，这些青苔，一方面点缀了自治，欺骗民众，一方面更给土豪劣绅一个新的地位，加紧地压迫民众榨取民众；这是许多经过的事实告诉我们的。

在这种习惯下面，农人提起锄头，努力种田，什么政治不过问，工人提起工具，努力工作，什么政治不过问，商人提起算盘帐簿，努力做生意，什么政治不过关，教育机关，按本宣科，从八股科举到学校文凭，一直没有变动过“只消摸到一个资格，就有饭吃”的观念。什么政治，口头却偶然会随班喊几声口号，实际还是不过问。至于妇女，绝少数的入了纸醉金迷的脂粉队，大多数充了苦人中间的终身奴役，什么政治，更不入妇女的清梦了！这些习惯的迷雾，被革命的春雷震开，革命的春雷，不容许民众再蛰伏于“理乱不知，黜陟不闻”的地位，于是中国国民党总理孙中山先生的训政计划和地方自治实行法，才由国民党党员努力之中放出曙光来，民众间从古潜伏的政治思想籽种，才渐渐地发抒，笑迷迷地要长出萌芽来了。

散沙似的民众，同一职业，尚且有同行忌妒互相倾轧的恶习惯，何况农工商的职业不同，教育机关的地位又迥然超于群众，尤其是重男轻女的习惯支配住的妇女，要使一向职业不同地位不同的民众，团结一致，事实上必定感觉困难。惟其习惯至深，困难点又十分烦重，所以才有革命的需要。革命，不是一哄之市，是要用社会的力量促社会的进步。消极的破坏，其范围只限于非破坏不可的一点，不是破坏社会自身。目前，社会自身的建设，好像正在开始团结的星云，这一颗新的自治明星，我们任何一省一县一个有施行自治能力的乡村，都应该深信不疑地能够如中山先生所指示的实现。要求实现自治，是中国民族自救的基本的政治工作，各个不同职业不同地位的民众团体，尤其必须在政治的密切组织下面发生不可分离的密切关系。这个关系的中心，在训政时期必须一切受命于党。然后散沙的习惯，歧视的习惯，才能够由新的团结的结果来脱离旧思想的支配。

试办衙前村自治，是遵照中山先生的遗教产生，在县党部核准之后举行，在区分部指导之下实施。我们的区域，东自匯头张西至凌家港横亘十八里，北自海塘小河南至西小江直长八里，方约一百四十里，人口一万余，农业生产劳动者二千余，学龄儿童一千余，除农产外，目前没有别的生产事业，环顾四周各乡村，社会情形，经济能力，大致相同，但是他们的盖藏，都比本村丰富。本村试办自治，不单是使一般民众得到实际的团结机会，并且要在自治的设施上救济我们的穷困，振拔我们的愚鲁。

（原载《萧山东乡自治月刊》创刊号，1929 年 4 月 30 日）

致张静江、蔡元培、蒋介石、戴季陶痛论党政书

（1928 年 7 月 20 日）

静江先生、孑民先生、介石先生、季陶先生惠鉴：本党与共产党革命方法不并立，共党之活动亦与本党不并行。我为消灭社会革命（此语见总

理手订地方自治实行法），共为挑起阶级斗争；我利民智，共利民愚；我利民富，共利民贫；我以忠，共以伪；我以仁，共以暴。故共产党之分化策略行，则吾党败；而吾党之融化功效著，则共产党消灭。民众利益，未尝不隐含于好杀，贪得者之心，生利以益民，未尝不引起好情务忍者却步。丁此民生凋敝，社会困穷之秋，好功猎利之徒，卑污秽忍之辈，挺于都市，逞于乡市，共产党利用之以为爪牙，而善良民众，转袖手待人而治，不知团结，故杀人放火，可发之于崇朝，而生聚教训，转疑其为迂阔，此难易之势分，而生杀之途判也。

清党以后，共党遗毒尚极横流，共之得假者，为一朝愤激之心，我之可操者，为居恒平日之气。以积极之设施，平其愤气，图此固难，收效极大也。北平既定，凡百建设，即当开端，中央党政军之指导，尤为举世所瞩目，何图中委员贤如稚晖先生，才如精卫先生，尚发为交讦之声，启内讧之争。汪果不德，纪律可也，吴如失言，忠告可也，任中央之重任而互短于未经训政之民众之前，使相倾之辈，执以为分派别之符，遂致党中昆季，尚有拾共党之口沫，如“西山派”、“桂系”等名词，以击同志，此定一不解者一也。总登记，美事也，清共决策也，而中央派赴各省指导员如浙江者，竟派出犯有共匪案者多人，分往各县办理登记，使忠实同志震恐彷徨，莫之所适，此定一之所不解者二也。北平既定，残寇输诚，宜如何蓄精养锐励精图治，而党军诸将，各领所亲，分布防地，袍泽而事樽俎之折冲，策计亲视高宜之颜色，为民众之武方［力］之党军，为主义而奋斗之武装同志，北伐大功初就，尚且未能求相安，此定一所不解者三也。

定一以革命毁家，新丁兄丧，奉老母居乡。将罄毕生之力，以从事于乡村自治，个人权利幸福无图，灾祥生死不在念，虽前者被共产党报诬所中伤，近今遭同志中流言所袭击，但义之所在，苟利党国，既老母亦许其出万死而为之，故敢冒不韪，书述所见。

其一，同志与非同志之分野，当以言行证之。凡同志，即见解稍有异同，宜以相谅者相为切磋，力排分化，力趋融合，此谓同志，诚以整个民族之团结，视全党同志为中心，中心之团结不坚，则民众之趋势必异，凡有共产贪污土劣之言动事迹者决非同志，当弃绝之。盖此辈之言动［行］，实基于个人主义。个人主义者，党国之大敌，三民主义之隐寇也。

其二，国际联络委员会之亟宜立也。总理在日，曾亲提议案于中央全会。内容大致为联络各民族，各国之民族革命、平民革命、社会革命，一切团体置第三国际于所联络中之一员。案经通过，旋为鲍罗廷所忌而搁置。今国基初倡，尤当继续总理遗志，确立国际部，密置委员会，俾我民族在革命的世界中，建立世界的生命，是不惟足以消弭大战之隐忧，实足以建树三民主义于人类，永久和平之先河。

其三，裁兵以解决其生活机会（劳动机会）为先决条件。治河筑起［路］，为有时间性之劳作，当使被裁之兵，明了其所治之河，为于身有利之河，如指与滨海垦地是也。明了其所筑之路，为于身有利之路，为农工产品之交通是也。被裁之兵，务使幡然有谋生之径，国家因其功而特提前助成之，常则以合作相生，变则以同仇偕作，此国家自卫之道，亦寓兵长策也。中部植林，西北开边，尤为总理遗训所示，建国要图，当务之急也。

其四，厉行总理手订地方自治实行法，以课全党同志之实际工作。总章确定区分部，为基本组织，本党不常勖同志努力下层工作，如曰基本，下层宜如何设计，如何能行，方不落虚谈，则地方自治尚矣。地方自治实行法，规模私［宏］大，计划谨严，深合国情，民病善后，能容纳多量饱学〈衍〉之士，树国家万年不拔之基，入此轨中，鄙夫可宽，懦夫可立，可以破吝者之悭，可以平矜者之慢，训练党员，建树国族，莫善于此，基本要图，不容缓也。

上述四者，以定一之愚，认为当行能行之事，至于总章之运用，与民众之组织训练运动，尤当以适合于训政时期，为定立章法之原则，从务与停止皆不宜也。凡此皆第三次全国代表大会以前宜审核草就之重大议案，得闲当更陈述管见，贡献于诸先生左右，诸维留意察鉴。定一手启，十七年七月二十日。

（录自《追悼沈定一先生特刊》1928 年 11 月 1 日）

廖仲恺殉难三周年纪念挽词

（1928 年 8 月 20 日）

不招人忌是庸才，滚滚红尘，那有闲情问休咎？
能破天惊非枉死，堂堂白日，全凭正气作光芒！

（原载《再造》第 19 期，1928 年 9 月 12 日）

在萧山东乡廖仲恺殉难三周年纪念会上的祭文

（1928 年 8 月 20 日）

维中华民国十七年八月二十日为廖故中央执行委员仲恺同志殉难三周年纪念，萧山东乡全体党员，及乡村自治会，农、工、商、妇女、学校各团体代表，以深刻哀忱招祭仲恺先生之灵而告之曰：国民党同志之死道亦多矣，外而帝国主义者及其爪牙，内而军阀、官僚、奸商、工贼、土豪、劣绅以至于党奸，其与我同志不能并存于人世者，无不逆图攫我同志之生命。诚以国民党同志秉三民主义之巨炷，荡除奸邪，广通风气，其为民族谋独立生存也，势必出于与帝国主义者争，其为人民谋政法权力也，势必出于与军阀争，其为凡百民生谋其畅遂也，势必出于与一切恶势力争。争者死之因，为人民而争者其死因愈多。国民党同志所以敢冒危难、不避险阻、出万死不顾一生而赴之者，主义信仰之大力自策之也。故在中山先生之领导之下，为人民谋福利出革命手段而以身殉者，死于挫折，死于惨死，死于战斗，多显然出于敌人之手，惟执信先生与先生之死于狙击，迄今犹昏昧不明，罪人未得，其为痛特甚，为哀特深！

国外有敌，国内有贼，党内复隐伏有奸，先生处群凶之围，任中央之重，复致力于扶植农工之工作，且党容共之时，又处于管理财政之地位，殷勤恳挚，劳怨不辞，此先生之所以致死也！先生之被刺，如果出于敌人之手，亦何尝不足以自慰，若使中于忌者疑者之密谋暗算，虽执主谋者而凌迟之，亦不足以雪同志间之愤，而稍补党国之损失也。盖先生之于帝国主义者与夫军阀官僚既深恶而痛绝，于容共之中，防共之深，又非疏慢偏仄者所得而及，其于财政，历十三年之收管支付无丝毫不可以复按，先生倘在，至今北伐告成，共罪昭著，力事训政建设之秋，举党国大计之有待于先生策划者，其周详审虑，必愈加缜密而易行。痛者逝矣！三年于兹！魂其归来兮！我坚苦。呜呼哀哉！

（原载《再造》第 19 期，1928 年 9 月 12 日）

后 记

史料是史学研究的基础，无论是研究领域的拓展或深化，还是新观点的提出，很大程度上都有赖于新史料的发掘。所以，编辑出版史料是惠及同行、推进史学研究的基础性工作。然而，编辑史料也是一项艰辛、清苦的工作，在当今的考核机制下，更是“投入产出”严重不相称的差事。

自上世纪90年代初，笔者开始涉及沈定一研究，在搜集了一些沈氏著述后，便萌生编辑《沈定一集》的想法。然而，由于沈定一的复杂经历，沈氏著述除20世纪20年代初编出的《玄庐文存》外，未曾有人搜集、整理，散在有关档案和各种报刊杂志中，沈定一的一些信函、文稿又在“文化大革命”初期被毁，所以搜集工作非常困难。经时断时续20年的努力，才具今日之规模。在资料搜集过程中，得到了中国国家图书馆、浙江省图书馆古籍部、上海图书馆近代文献室、浙江大学图书馆、浙江大学历史系资料室、杭州师范大学图书馆、浙江省党史研究室、浙江省青运史研究室、萧山区党史研究室、萧山区法院档案室等单位的大力支持和帮助，在此一并致谢！中共中央统战部宣传办、新闻出版总署图书出版管理司对《沈定一集》的出版一直给予关心和指导；原浙江省党史研究室副主任杨福茂同志、原萧山区党史研究室副主任朱淼水同志不但一直关心《沈定一集》的编辑工作，而且为我提供了不少沈氏著述的线索；国家图书馆出版社的殷梦霞女士为我提供了国家图书馆所藏《公民激进党丛报》的相关资料，广东省中山图书馆的倪俊明先生为我提供了《沈剑侯致袁世凯书》手

后 记

史料是史学研究的基础，无论是研究领域的拓展或深化，还是新观点的提出，很大程度上都有赖于新史料的发掘。所以，编辑出版史料是惠及同行、推进史学研究的基础性工作。然而，编辑史料也是一项艰辛、清苦的工作，在当今的考核机制下，更是“投入产出”严重不相称的差事。

自上世纪90年代初，笔者开始涉及沈定一研究，在搜集了一些沈氏著述后，便萌生编辑《沈定一集》的想法。然而，由于沈定一的复杂经历，沈氏著述除20世纪20年代初编出的《玄庐文存》外，未曾有人搜集、整理，散在有关档案和各种报刊杂志中，沈定一的一些信函、文稿又在“文化大革命”初期被毁，所以搜集工作非常困难。经时断时续20年的努力，才具今日之规模。在资料搜集过程中，得到了中国国家图书馆、浙江省图书馆古籍部、上海图书馆近代文献室、浙江大学图书馆、浙江大学历史系资料室、杭州师范大学图书馆、浙江省党史研究室、浙江省青运史研究室、萧山区党史研究室、萧山区法院档案室等单位的大力支持和帮助，在此一并致谢！中共中央统战部宣传办、新闻出版总署图书出版管理司对《沈定一集》的出版一直给予关心和指导；原浙江省党史研究室副主任杨福茂同志、原萧山区党史研究室副主任朱淼水同志不但一直关心《沈定一集》的编辑工作，而且为我提供了不少沈氏著述的线索；国家图书馆出版社的殷梦霞女士为我提供了国家图书馆所藏《公民激进党丛报》的相关资料，广东省中山图书馆的倪俊明先生为我提供了《沈剑侯致袁世凯书》手迹照片，上海市档案馆的何品博士为我提供了沈定一发表在《妇女评论》杂志上的文章，杭州师范大学历史系同仁舒仁辉、夏卫东两位博士帮我点校了沈氏辛亥革命时期的部分著述，浙江省民国浙江史研究中心为本书提供了出版资助，在此也表示衷心的感谢！

编辑名人文集不但是件苦差事，还常是件憾事。这不仅因为集子付梓后总会有关于集主的著述被陆续发现，也因为一些已知线索的著述一时无法找到原文或原文破损残缺而不能编入文集，《沈定一集》也不例外。本书的遗憾还在于：由于特殊的原因，一些已编入文集的沈氏著述，主管部门在审读时认为不宜编入而被删除。相信随着时间的推移，我们一定有机会编辑出版《沈定一全集》。

陶水木

2009 年 5 月 10 日

国家图书馆出版社简介

国家图书馆出版社，原名书目文献出版社，一九七九年成立。一九九六年更名为北京图书馆出版社，二〇〇八年改为现名。

本社是文化部主管、国家图书馆主办的中央级出版社。二〇〇九年八月新闻出版总署首次经营性图书出版单位等级评估定为一级出版社，并授予“全国百佳图书出版单位”称号。

建社三十年来，通过与各图书馆密切合作，形成了两大专业出版特色：一是编辑出版图书馆学和信息管理科学著译作，出版各种书目索引等中文工具书；二是整理影印中文古籍等各种稀见历史文献。此外还编辑出版各种文史著作和传统文化普及读物。

本社设有社长总编办公室、财务部、历史文献影印编辑中心（下设文史编辑室、古籍影印编辑室、民国文献影印编辑室）、图书馆学情报学编辑室、中华再造善本编辑室、营销策划部、发行部、储运部等部门。